RUS': a Comprehensive Course in Russian

This comprehensive foundation textbook is expressly designed for students embarking on a Russian language programme. Accompanied by cassettes, it develops the four key language skills – reading, writing, speaking and listening – and provides all the material required to reach intermediate level either at high school or during the first year of university. Highly interactive and activity-based, the course puts students firmly at the centre of the learning process, developing their autonomy as learners.

- Thorough grounding in the grammar and structures of contemporary Russian
- Wide-ranging tasks and exercises for both classroom use and self study
- Informative texts selected to foster cultural awareness
- Topics including family life, education, history, geography, work and leisure
- Clear, attractive layout with lively illustrations to reinforce learning
- Extensive reference features including section on basic concepts of grammar
- Teachers' guidelines to enhance practical application in the classroom
- On-line answerkey at *http://uk.cambridge.org/resources/0521645557*

SARAH SMYTH is a lecturer in Russian at Trinity College, Dublin. She is co-author of two Russian language textbooks, *Basic Russian, A Grammar and Workbook* (1999) and *Intermediate Russian, A Grammar and Workbook* (2001).

ELENA CROSBIE is lecturer in Russian at Heriot-Watt University. She is an experienced interpreter and is on the editorial board of the Russian journal *Rusistica*. Her publications include papers on language teaching.

RUS'
a Comprehensive Course
in Russian

SARAH SMYTH
Trinity College, Dublin

ELENA V. CROSBIE
Heriot-Watt University, Edinburgh

CAMBRIDGE
UNIVERSITY PRESS

PUBLISHED BY THE PRESS SYNDICATE OF THE UNIVERSITY OF CAMBRIDGE
The Pitt Building, Trumpington Street, Cambridge, United Kingdom

CAMBRIDGE UNIVERSITY PRESS
The Edinburgh Building, Cambridge CB2 2RU,UK
40 West 20th Street, New York, NY 10011–4211,USA
477 Williamstown Road, Port Melbourne, VIC 3207, Australia
Ruiz de Alarcón 13, 28014 Madrid, Spain
Dock House, The Waterfront, Cape Town 8001, South Africa

http://www.cambridge.org

First published 2002

Printed in the United Kingdom at the University Press, Cambridge

Typeface Times 10/13pt   *System* 3b2   [CE]

A catalogue record for this book is available from the British Library

Library of Congress cataloguing in publication data

Smyth, Sarah.
    RUS': a comprehensive course in Russian / Sarah Smyth, Elena V. Crosbie.
        p.   cm.
    Includes bibliographical references and index.
    ISBN 0 521 64206 X (hardback)   ISBN 0 521 64555 7 (paperback)
    ISBN 0 521 01074 8 (cassette set)
    1. Russian language – Textbooks for foreign speakers – English.
    I. Crosbie, Elena V.   II. Title.

PG2129.E5 S65 2001
491.782'421 – dc21

ISBN 0 521 64206 X hardback
ISBN 0 521 64555 7 paperback
ISBN 0 521 01074 8 cassette set
ISBN 0 521 52955 7 audio CD set

Illustrations: Vitaly Palkus

Contents

Contents

Preface: to the students

The course

The authors hope that you will enjoy studying Russian and using this textbook. It is the result of many years' work and has been piloted in three educational centres over the last ten years. It has thus passed through many students' hands, many of whom have gone on to become professional Russianists.

The course is primarily intended for use in a classroom situation. Indeed, one of its main aspirations is to provide learners with the motive and opportunity to explore and use Russian as a tool for communication. This is not to suggest that classroom work alone will make you proficient; experience has shown that the students who make the best progress normally spend an hour in private study for every contact hour with a teacher. Classroom tasks and activities provide you with the opportunity to interact with other learners and your teacher *in* and *about* the language; private study, be it reading, organising your notes, organising your vocabulary, doing exercises to reinforce grammatical concepts or working with the tapes, allows you to consolidate what you have learnt in class, to take stock of your progress and to monitor your learning.

Remember that learning a language is not easy. Textbooks that suggest you can do so in three months are only misleading the gullible public. A language reflects a culture, its history and its way of viewing the world. Avail of any opportunity that arises to practise your Russian and to acquaint yourself with Russian life, past and present. You will find the experience broadens your horizons, develops your curiosity and makes you look at the world and how we talk about it with a more open mind.

Language awareness

The 'Language awareness' section is intended to help you situate your growing knowledge and understanding of Russian in the context of knowledge you already have about the functioning of other languages (and English in particular).

The language awareness component of the course is intended as an optional extra for those who feel they need it and find it helpful. If you are used to learning languages in a formal classroom context, you may not need it at all. If, on the other hand, you find increasingly that the jargon used to refer to language is a useful short-hand and that you would like to become more familiar with it, then you will probably find it useful. The main thing is not to be daunted byit.

The sequencing of concepts in this section closely parallels the sequencing of language exponents in the units. In this way discussion of the key concepts may be integrated into classroom interaction if you so wish.

In this section reference is made to other languages (Latin, French, German and

Spanish) with which you may be familiar. The aim of including these languages is to enable you to draw on knowledge you already have, not to teach you about other languages and how they function. The exercises focus principally on English (and in later units, Russian). Where exercises address other languages, you should restrict yourselves to those you know.

Grammar summary

The 'Grammar summary' is intended as a reference tool. Beware of becoming dependent on it. It provides tables and texts outlining the grammatical patterns of Russian. It is not intended as a descriptive grammar and is not a substitute for classroom discussion and hypothesising about how Russian functions. If you have questions or come across problem areas, the best person to ask is your teacher. The main use of the grammar section is to check something. Its purpose is not to teach, but to remind.

Summary of functions

This is a table which lists the language functions introduced in the course. A function, in the linguistic sense of the word, refers to the use to which we put language in social interaction. The functions are listed in the order in which they are introduced in the course. We recommend that you keep a record of what you can *do* in Russian by ticking the relevant box as and when you feel you are comfortable with a given function.

Vocabulary checklist

The book also includes pages which list the main topics covered in the course. It is an important part of learning to keep monitoring what you do and do not know. These pages are intended as a tool to help you monitor your learning of vocabulary.

Though everyone has his or her own system for recording and learning vocabulary, one suggestion is to keep a vocabulary file with a page dedicated to each of the topics and sub-topics listed. The chart will help you assess how many words you have recorded and feel you have learnt.

In your vocabulary notes it is advisable to differentiate between key and peripheral words on a given topic. Possibly key words could be stored on one side of the page and peripheral words on the other. How you decide which words are key, and which peripheral, will in part depend on your interests, in part on your reasons for learning Russian and in part on common sense.

It is also important to take note of common constructions used with particular words. One way of doing this is to illustrate each entry with examples of a word's use: a phrase or sentence from a dictionary or from the text where you came across a word. With regard to verbs, make sure you note what case they govern. Furthermore, Russian tends to use adjectives more than we do in English, so make note of common adjective and noun combinations.

Since Russian is a word-building language, it is also helpful to group together words which are derived from the same root. Many of these words will refer to the same topic: for instance the word set **учить, учиться, ученик, учитель, учебный**, which are all derived from the root **уч-**, all relate to studying/teaching. Using a highlighter, common roots can easily be identified. Recognising word-building patterns considerably reduces the load on your memory.

This might seem like an awful lot of work. It is. But it pays off in the long run. If you are systematic about recording and learning vocabulary right from the start, you will find it becomes part of your routine. Determine to work on a small number of words every day. You will be pleasantly surprised at how much easier it gets with time.

This section also lists tasks relating to each of the vocabulary topics which you should be able to do. Indeed, it is not simply enough to know a word: it is important to be able to use it in speech and writing. Again there are boxes for you to tick off as a way of monitoring your progress.

Most importantly enjoy your work and do not get downhearted. Work steadily and regularly, do not be afraid to play with the language. When you crack your first joke in Russian, it will all have been worthwhile.

Acknowledgements

We would like to express our gratitude to all the people who have encouraged us, advised us and supported us in the production of this course. First and foremost we would like to thank our families: a special debt of recognition is due to David and Stanford without whose forbearance and practical help this course could never have seen the light of day. Thanks in particular to David for his technical advice and assistance. We acknowledge our gratitude to the University departments which fostered the production of the course and allowed us to pilot it extensively during the last ten years: Edinburgh University, where the course was originally conceived, Trinity College and Heriot-Watt Universities to where the authors subsequently moved. We would like to thank all the students and colleagues whose feedback has been essential in the shaping and reshaping of the course. In particular we would like to thank members of staff in all the Russian departments which have been directly involved in the production of the course: Mary Kate Halpin, John Murray, Uná Ní Dhubhghaill and Connie Dowling in TCD, Jim Halliday in Heriot-Watt and Elena Cook, formerly of Edinburgh University, who contributed many ideas for activities and exercises at various stages of the development of the course. We are grateful to all the specialists in teaching Russian as a foreign language who have given us the benefit of their experience, especially Elena Mikhailovna Maksimenko, Liudmila Borisovna Seregina, Irina Abdalyan, Dmitri Tsiskarashvili, Nikolai and Anna Kochurov. We would like to thank Olga Manakova for contributing to the key to the exercises. Thanks are due to colleagues from the German, French and Spanish departments for providing invaluable assistance with the 'Language awareness' section, in particular Sheila Watts, Claire Laudet and Susana Bayó. We owe a debt of gratitude to Sean Devitt, Eimear Farren and Dee McGarry for their comments on the 'Teachers' guidelines'. Many thanks are also due to all those who supplied the photographs for this textbook: Vladimir Kallistov, Connie Dowling, John Murray, Vladimir Shugurov, Emily Finer, Anatoliy Tchikine, Aleksandr Olegovich Sholokhovskiy and Aleksandr Astafiev. A particular thanks to Vitaly Palkus for his lively and imaginative line-drawings. Thanks to Elena Baburina, Manushak Hovsepyan, Dmitri Tsiskarashvili and Vladimir Shugurov for their reading of the recorded material and to John Murray for producing the recording sessions. Thanks also to John Grimes, the sound engineer in the CEL Studios, Radio Centre, RTE for his contribution to the production of the tapes. Thank you to Natalya Uvarova for her careful copyediting. Thanks are also due to all the Russian publishers whose texts are included in this course: every possible attempt was made to contact them and seek permission to reproduce extracts. Many have ceased to exist, others failed to respond. We have assumed that silence is consent. And last but not least many thanks to Kate Brett, Pauline Graham, Camilla Erskine, Jacqueline French, Jenny Landor and Caroline Murray of Cambridge University Press, for their support, perseverance and commitment to the project.

We accept sole responsibility for the mistakes, infelicities of style and imperfections that no doubt remain in spite of the best efforts of all colleagues and advisors involved in this project.

Sarah Smyth	Elena Crosbie
Lecturer in Russian	Lecturer in Russian
Trinity College	Heriot-Watt University
Dublin	Edinburgh

Outline of the course

Unit	Functions	General notions	Topics	Skills	Language awareness
0				Reading and writing the Cyrillic script. Articulating sounds in isolate word forms. Articulating stress patterns within words.	
1	Greeting and leave-taking. Identifying people and objects. Locating people and objects. Giving directions.	Location. Negation. Gender.	Russian names. Professions/occupations. Places in a town. Technology.	Reading and writing the Cyrillic script. Articulating sounds in connected speech. Recognising international loan-words.	Words, phrases, clauses and sentences. The noun. Derivational morphology. Inflectional morphology – gender.
2	Locating people and objects. Talking about the past. Expressing and enquiring about knowledge of information.	Location. Past reference. Theme/topic. Temporal reference. Numerals 1–12.	Russian names. Everyday and leisure activities. Occupations. School subjects. Geography.	Conducting a classroom poll. Scanning to locate specific words. Grouping words in semantic fields.	Personal pronouns: person and gender. The noun: case. The nominative case.
3	Talking about likes and dislikes. Asking and telling about desire/want/wish. Introducing oneself and others and responding.	Accusative case (direct object). Motion. Numerals 10–29. Reference to time.	Russian names. Famous people. Work and leisure. Places in a town. Classroom activities.	Illustrating a narrative. Scanning a text. Decoding strategies: recognising semantic and syntactic relations; using contextual clues to deduce the meaning of unknown words; recognising international loan-words. Constructing a summary using guiding questions.	The noun – animate and inanimate reference. The noun: countable/non-countable/collective nouns. The accusative case. Word order: statements. Word order: definite/indefinite reference. Naming and greeting.

Unit	Functions	General notions	Topics	Skills	Language awareness
4	Asking and telling when something happened. Asking and telling why something happened. Structuring extended discourse (narrative). Identifying people precisely.	Plural of nouns and adjectives. Numerals and nouns. Aspects.	Work and leisure. Daily routine. Biographiesin brief.	Recoding monologue into dialogue. Scanning a text. Classifying hyponyms. Recognising root morphemes.	The noun: number. Prepositions. Word order in questions.
5	Expressing your opinion. Enquiring about and expressing a wish/desire. Stating whether somethingis correct or not. Talking about interests/ occupations/ professions.	Instrumental case (complement of copula). Instrumental case with prepositions. Verbs of motion (ходить, идти, пойти).	Professions and occupations. Education, study, training. Interests and hobbies. Biographies. Geography.	Retelling/summarising. Expanding information contained in tabular form into a continuous text. Expressing information from continuous text in tabular form.	Verbs. Aspects. Direct object and complement.
6	Asking and telling about possession. Talking about people's lives and families. Enquiring about and expressing a wish/desire.	Genitive case. Present reference (1st conjugation verbs).	Family relations. Biographies. Education and schooling.	Matching nouns and appropriate nominal modifiers.	The verb. Aspects in narrative. Nominal attributes.
7	Asking for an explanation. Structuring discourse. Expressing an opinion. Expressing emotions. Expressing agreement/ disagreement. Suggesting a course of action. Expressing regret.	Dative case. Impersonal expressions. Present reference (2nd conjugation verbs). Numerals 10–100.	Education, work and leisure. Weather.	Recoding information in continuous text to complete a form. Responding to a letter. Identifying and replicating syntactic patterns. Using guiding questions to structure continuous discourse. Matching nouns and appropriate adjectives.	Direct and indirect objects.

Unit	Functions	General notions	Topics	Skills	Language awareness
8	Defining words.	Indirect speech. Case system (revision). Present reference (revision). Prepositions and nouns (revision). Interrogatives (revision).	Professions and occupations. Biographies. Education.	Paraphrasing: matching words and definitions; defining words. Parsing. Identifying root morphemes, prefixes and suffixes. Using Russian-language source materials.	Interrogative pronouns.
9	Enquiring and telling when something happened. Expressing greetings and good wishes on special occasions.	Time expressions: dates. Ordinal numerals.	Holidays and specials occasions. History. Biographies. School subjects.	Distinguishingthe main idea from supporting details. Transcoding information from tabular form into continuous discourse.	Adverbs and adverbials. Word order and adverbials.
10	Enquiring and telling when something happened. Inviting. Accepting and declining invitations.	Time expressions: telling the time. Temporal relations (revision).	Daily routine. Television viewing. Leisure. Biographies.	Using the answers to a survey to identify questions posed. Identifying the plan of a text. Compounding words from derivational morphemes.	Conjunctions. Prepositions and conjunctions.
11	Describing a person's character. Explaining what people do.	Plural reference (nominative case): regular and irregular. Adjectives. Adverbs. Voice. Relative clauses.	Character. Professions. Student life. Biographies.	Deriving adjectives from nouns. Understanding relations between parts of a text through the lexical cohesion devices of synonymy and hyponymy. Recoding information from and into tabular or graphic form. Planning and organising information in expository language by describing a state and changes of state. Identifying key words in a text. Distinguishing the main idea from supporting details.	Nominal modifiers: adjectives, determiners, relative pronouns.

Unit	Functions	General notions	Topics	Skills	Language awareness
12	Describing a person's appearance. Talking about one's health.	The prepositional case (of nouns, adjectives and pronouns). Irregular locatives in -y.	Parts of the body. Health. Clothes. Colours. Student life.	Identifying and describing verbal governance. Composing a narrative based on a visual stimulus. Selective extraction of relevant points from a text, involving the charting of information.	Nominal modifiers: prepositional phrases.
13	Seeking, granting and withholding permission.	The instrumental case (of nouns, adjectives and pronouns). Modals. Quantifiers. Adverbials of means and manner. Verbs of motion. Transitive and intransitive verbs.	Festivals. Theatre. Cinema.	Enquiring about an unseen document and reconstructing it on the basis of information obtained.	Voice.
14	Expressing what you intend to do. Expressing where you intend to go. Expressing when you intend to do something. Suggesting a course of action.	Future reference. Aspects and the future tense. 'If' clauses.	Residential language courses. Travel and tourism. Moscow. Museums.		Verbs: auxiliaries.
15	Asking for and giving directions.	Prefixed verbs of motion. Adverbials of purpose.	Travel, transport, tourism. Russians abroad.	Scanning to locate specifically required information on a number of points. Report writing.	Verbal prefixation.
16		The dative case (of nouns, adjectives and pronouns). The comparative and superlative degree of adjectives. The declension of surnames.	Work and holidays. Travel and tourism. Holidays.	Analysing the structures of extended discourse: understanding relations between parts of a text through grammatical cohesion devices (comparison and logical connectors).	

Unit	Functions	General notions	Topics	Skills	Language awareness
17	Structuring extended discourse. Expressing your opinion. Enquiring about someone's opinion. Agreeing/ disagreeing. Epressing uncertainty.	The genitive case (of nouns, adjectives and pronouns). Quantitative notions.	The family. Men and women. Gender roles. Student life.	Identifying discourse markers in expository prose. Structuring extended prose. Deciphering riddles.	
18	Asking for repetition/ explanation/ clarification. Asking someone to do, or not to do, something. Advising. Inviting. Requesting, ordering. Giving instructions.	Adverbials of place (revision). The imperative mood.	House and home. Housework.	Extracting salient points to summarise the underlying idea of a paragraph.	Aspects and functions.
19	Expressing wishes and requests.	The conditional and subjunctive moods. Indirect speech. Short adjectives.	People: desires, wishes, aspirations, dreams. Student life.		
20		'To be able'. Indefinite pronouns. Negative adverbs and pronouns. Друг друга.	Social gatherings.	Understanding word formation (roots, affixation, derivation, compounding).	

Key to symbols used in the course

☞ Grammar note

📖 Reading material

✏ Writing exercise

✎ Drawing exercise

🗣 Conversation

👥 Group work

👫 Pair work

V+ Vocabulary development

🎲 Game

🎵 Song

🏛 Cultural awareness

✍ Homework

📼 Listening comprehension

Part I: Course materials

INTRODUCTORY UNIT

In this unit you will learn about:

- the Russian alphabet
- Russian pronunciation
- the importance of word stress in Russian
- the cursive Cyrillic script

You will also learn how to:

- pronounce Russian sounds and words
- recognise and read Russian letters and printed words
- write Russian letters and words
- hear and recognise the stress patterns in a word
- recognise and understand international loan-words

The Russian alphabet

printed form	cursive form	name of the letter	similar English sounds
А а	*А а*	ah	a in bar
Б б	*Б б*	beh	b in ball
В в	*В в*	veh	v in van
Г г	*Г г*	geh	g in guy
Д д	*Д д*	deh	d in doll
Е е	*Е е*	yeh	ye in yellow
Ё ё	*Ё ё*	yo	a clipped yo in yoghurt
Ж ж	*Ж ж*	zheh	s in pleasure
З з	*З з*	zeh	z in zoom
И и	*И и*	ee	ee in feet
Й й	*Й й*	ee krátkoe	y in toy
К к	*К к*	ka	k in kit
Л л	*Л л*	el	l in lollypop
М м	*М м*	em	m in mug
Н н	*Н н*	en	n in nut
О о	*О о*	o	clipped shortened version of o in open
П п	*П п*	peh	p in pal
Р р	*Р р*	airr	a rolled r: r-r-r
С с	*С с*	ess	s in sock
Т т	*Т т*	teh	t in tail
У у	*У у*	oo	oo in boot
Ф ф	*Ф ф*	eff	f in flag
Х х	*Х х*	kha	ch in Bach or loch
Ц ц	*Ц ц*	tseh	ts in boots
Ч ч	*Ч ч*	cheh	ch in cheap
Ш ш	*Ш ш*	shah	sh in sheep
Щ щ	*Щ щ*	shchah	sh+ch as in Danish cheese
ъ	*ъ*	hard sign (tvyórdy znak)	no sound
ы	*ы*	eeh	i in tint
ь	*ь*	soft sign (myáhki znak)	no sound
Э э	*Э э*	eh	e in debt
Ю ю	*Ю ю*	you	you in youth
Я я	*Я я*	yah	ya in yap

Classwork

A Recognising Russian letters

We have divided the alphabet into five groups:

Group 1 These letters look and sound similar to their English counterparts.

Аа = [a]   Ее = [e]   Кк = [k]
Мм = [m]   Оо = [o]   Тт = [t]

Group 2 These letters look like English, but are pronounced differently.

В в = [v]   Н н = [n]   Р р = [r]
С с = [s]   У у = [oo]   Х х = [kh]

Group 3 These letters look different, but are pronounced similarly to English sounds.

Б б = [b]   Г г = [g]   Д д = [d]
Ё ё = [yo]   З з = [z]   И и = [ee]
Л л = [l]   П п = [p]   Ф ф = [f]
Й й = as [y] in boy

Group 4 These letters are peculiar to the Cyrillic alphabet.

Ж ж = [zh]   Ц ц = [ts]   Ч ч = [ch]
Ш ш = [sh]   Щ щ = [sh+ch]
Э э = as [e] in 'ten'   Ю ю = [you]   Я я = [yah]

Group 5 These three letters never occur at the beginning of Russian words, so their capital forms are only used in headings.

ы = similar to [i] in 'tint'   ь and ъ = have no sound
  • The soft sign ь and the hard sign ъ have no sound of their own, but affect the letters which stand next to them.

B Russian pronunciation: general notes

Read these notes before listening to the first cassette.

B1 Word stress

Only one vowel in a word is stressed, therefore words of one syllable do not need the stress marked. Throughout this course the word stress is marked with a symbol (´) above the stressed vowel of words of two or more syllables, with the exception of the letter ё which is always stressed.

The quality of Russian vowels differs significantly depending on where the stress occurs in a word, as you will hear on the first cassette. You should try to reproduce the Russian speaker's stressed and unstressed vowels in the 'Listen and repeat' exercises.

Russian books and periodicals never mark the stress, as Russian readers know where the stress falls. For purely technical reasons, in this course the stress symbol is not placed above capital letters, e.g. at the beginning of names like **Анна**. In the body of the course the stress is not marked for the written tasks in each unit. Do not use the stress in writing tasks unless specifically asked to do so (e.g. in dictations).

B2 Russian vowels

There are ten vowel letters in Russian: **а, е, ё, и, о, у, ы, э, ю, я**.

Five of them have a 'softening' effect on the preceding consonant. It is useful to think of them as five pairs of similar sounds with 'hard' and 'soft' variants:

> а and я = sound [a]
> о and ё = sound [o]
> у and ю = sound [u]
> ы and и = sound [i]
> э and е = sound [e]

The 'softening' effect of the vowels on the right not only changes the quality of the preceding consonant, but also completely changes the meaning of words. Though it may not be easy to hear at first, this phenomenon will be dealt with in more detail later. There is a special 'Soft consonants' listening exercise at the introductory section of the first cassette. For a discussion of 'hard' and 'soft' consonants see the 'Grammar summary' (1.1).

B3 Russian consonants

Most Russian consonants can also be thought of as pairs of voiced and voiceless consonants.

voiced	voiceless
б [b]	п [p]
в [v]	ф [f]
г [g]	к [k]
д [d]	т [t]
ж [zh]	ш [sh]
з [z]	с [s]

At the end of words all voiced consonants (in the left column) become devoiced, i.e., they are pronounced like their voiceless equivalent (on the right), just like in German. The meaning of the word does not change with devoicing. For example, **дог** is pronounced [dok] and means 'a great Dane'; **Горбачёв** ends with an [f] sound, **Мадрид** with a [t] and **Париж** with a [sh].

C Notes on individual letters

We have divided the alphabet into five groups of letters. Please study the notes below group by group, referring also to the general notes in section **B**, before going on to the listening exercises on your cassette.

Group 1 А а, Е е, К к, М м, О о, Т т

Study these notes before you do Listening exercises 1 and 2.

- Russian **т** is more like a French or German [t] rather than an English 't'.
- **о** when stressed is pronounced like [o]; when un-stressed sounds more like [a] or like the English indefinite article 'a'.
- **е** is pronounced [ye] as in 'yes' at the beginning of a word or after another vowel; when stressed it is pronounced [e] as in 'let'; when un-stressed it is pronounced [i] as in 'become'.
- **е** is one of the 'softening' vowels, which means that the consonants (**к, м, т** and most consonants in Groups 2 and 3) are pronounced differently before **е**. This difference is demonstrated in the 'Soft consonants' Exercise 13 on your cassette. (See **B2** above.)

Group 2 В в, Н н, Р р, С с, У у, Х х

Study these notes before you do Listening exercises 3 and 4.

- Russian **р** is more like a Scottish or Spanish rolled [rr] than a standard English [r].
- Russian **х** is like Scottish in 'loch' or German in 'doch', but not as vigorous as the Spanish 'jota'.
- Double consonants (**нн, мм, лл, рр**) are pronounced as double-length sounds, as in Italian 'mamma mia!'.
- **у** is pronounced [oo] wherever it stands in the word.
- The consonants **в, н, р, с** are affected by the 'softening' vowels after them. (See **B2** above.)
- At the end of a word **в** is pronounced [f]. (See **B3** above.)

Group 3 Б б, Г г, Д д, Ё ё, З з, И и, Й й, Л л, П п, Ф ф

Study these notes before you do Listening exercises 5 and 6.

- **и** is pronounced like [ee] as in 'feet' whether it is stressed or unstressed, with the stressed **и** being slightly longer.
- **ё** is pronounced like [yo] as in 'yonder' at the beginning of a word or after another vowel. In the middle of a word **ё** is pronounced [or]. Remember that **ё** is always stressed in a word.
- Both **и** and **ё** are 'softening' vowels. This is demonstrated in the 'Soft consonants' Exercise on your cassette. (See **B2** above.)
- The letter **й** occurs only after vowels and is pronounced like the English '-y' after a vowel as in 'boy', 'day', 'guy', etc. The capital letter, though rarely used, appears mostly in foreign names: for example, Йорк (York), Нью-Йорк (New York), etc.
- The Russian **д** is closer to a French or German rather than an English [d].

- At the end of a word the consonants **б, г, д, з** are devoiced. (See B3 above.)

> **б** is pronounced **п**
> **г** is pronounced **к**
> **д** is pronounced **т**
> **з** is pronounced **с**

Group 4   Ж ж, Ц ц, Ч ч, Ш ш, Щ щ, Э э, Ю ю, Я я

Read these notes before you do Listening exercises 7 and 8.
The consonants in this group:

- **ж** is similar to a French 'j' in 'je'; at the end of words **ж** is pronounced [sh]. (See B3 above.)
- **ц** is a combination of [t+s]
- **ч** = English [ch]
- **ш** = English [sh]
- **щ** is a combination of [sh+ch]

The vowels which may follow these letters are determined by the spelling rules which you will learn later. These consonants are not affected by 'softening'. (See B2 above.)

The vowels in Group 4

- **э** is pronounced like [eh] whether stressed or unstressed. It occurs mostly in foreign words and names; a few Russian words begin with a stressed **э́**.
- **ю** is pronounced [you] as in 'you' or 'youth' at the start of a word or after another vowel. In any other position **ю** is pronounced [oo].
- **я** is pronounced [ya] as in 'yard' at the start of a word or after a vowel. In other stressed positions **я** is pronounced [ah]. Unstressed **я** is pronounced [i], similar to unstressed **e** in 'begin', 'become', etc.
    Both **ю** and **я** are 'softening' vowels in the same way as **e, и** and **ё**. You can hear this in the 'Soft consonants' Exercise for group 4 on your cassette. (See B2 above.)

Group 5   ы, ь, ъ

Study these notes before you do Listening exercises 9 and 10 (there are no examples with **ъ** at this stage).

- Russian words never begin with these letters, so they appear mostly as small letters in the middle or the end of a word.
- The unstressed vowel **ы**, with a few exceptions, mostly occurs at the end of words in the plural; and normally presents no difficulty for English speakers. The stressed **ы** is not so easy at first, but if you listen carefully to the cassette you will be able to imitate the **ы** as pronounced by the Russian speaker.
- **ь** (the 'soft sign') has no sound of its own. It occurs only after consonants, 'softening' them in the same way as the vowels **e, и, ё, ю, я**.

You will hear examples of this in Exercises 9 and 10 and in the 'Soft consonants' Exercise for Group 5 letters.

- ъ (the 'hard sign') has no sound of its own. It occurs in very few words in modern Russian. You will come across it in later units of this course. There are no examples of it in the introductory section of the first cassette.

D Recognising spoken words. Listening

Listening practice 1: reciting the Russian alphabet. Алфавит

The Russian alphabet is read by a Russian native speaker. Listen several times and then try saying it together with the Russian speaker. Refer back to the alphabet supplied at the beginning of the unit.

Listening to words: exercises 1–10

There are two exercises (two tasks) for each of the five groups of letters. You will hear instructions in English at the start of each exercise.

Task 1 Listen and repeat

Listen and repeat after the speaker all the words and proper names on the list in each of the five groups.

Task 2 Listen and number

In the second exercise the order of words in each of the five groups is jumbled up, and every word (excluding proper names) is preceded by a number in English. Put the appropriate number for each word on your list.

Group 1 Exercises 1 and 2 а, е, к, м, о, т	Group 2 Exercises 3 and 4 в, н, р, с, у, х	Group 3 Exercises 5 and 6 б, г, д, ё, з, и, й, л, п, ф
акт	ванна	актёр
атáка	кáктус	бúзнес
как	кассéта	вóдка
кот	кóсмос	газéта
кто	мáстер	гитáра
кéта	нерв	дирéктор
комéта	оркéстр	лáмпа
мак	ракéта	магазúн
мáма	ракéтка	парлáмент
мат	секс	перестрóйка
так	старт	полúтика
такт	теáтр	спорт
там	тéкст	студéнт
тéма	террóр	турúзм
том	хáос	фонтáн
томáт	хор	
	футбóл	
	хоккéй	

Group 4
Exercises 7 and 8
ж, ц, ч, ш, щ, э, ю, я
а́кция
аэропо́рт
делега́ция
журна́л
журнали́ст
иде́я
матч
маши́на
мотоци́кл
реа́кция
центр
цирк
чемпио́н
экза́мен
э́ра
эта́ж

Group 5
Exercises 9 and 10
ы, ь, (ъ)
буты́лка
бульдо́г
гла́сность
джи́нсы
интервью́
Кремль
компью́тер
рубль
царь
часы́

Follow-up work

Listen to exercises 1–10 again and try to imitate the Russian speaker's sounds, rhythm and intonation.

 Listening exercise 11: proper names

Listen to the list of names of people and places. Each name is preceded by a number (in English). Put the correct number by the appropriate name in the table below.

Пу́шкин	Фра́нция	Ду́блин
Бори́с	Ита́лия	Москва́
Англия	Шекспи́р	Эдинбу́рг
Кли́нтон	Че́хов	Толсто́й
Бе́льгия	Ле́рмонтов	Ирла́ндия
Ди́ккенс	По́льша	Шотла́ндия
Ельцин	Ста́лин	Солжени́цын
Чайко́вский	Ло́ндон	Нью-Йо́рк
Го́голь	Хрущёв	Анна Каре́нина
Росси́я	Достое́вский	Горбачёв

 Listening exercise 12: months of the year

The names of all the months of the year are similar in English and Russian. But of course, they sound slightly different in Russian. The spelling also differs: they do not start with a capital letter. Listen to the tape, repeat each month after the speaker and insert the missing letter in each word.

```
я – в а́ р ь      а – р е́ л ь      и ю́ – ь      о – т я́ б р ь
ф е в – а́ л ь    – а й            а́ в – у с т    н о я́ – р ь
м а р –          и ю́ – ь          – е н т я́ б р ь    д е к а́ б – ь
```

 Listening exercise 13: 'soft consonants'

Listen to the Russian speaker and try to hear the different quality of 'soft' consonants affected by the vowels e, ё, и, ю, я and by the soft sign ь.

Group 1   Consonants and the vowel **e**

та – то – те   там – том – те́ма
ма – мо – ме   мат – мот – коме́та
ка – ко – ке   как – кот – ке́та

Group 2   Consonants and the vowel **e**

ва – во – ве   ва́та – вот – Ве́на   са – со – се   Са́ра – сок – секс
на – но – не   она́ – но́та – нет   ха – хо – хе   ха́ос – х ор – хек
ра – ро – ре   тра́ктор – рок – ре́ктор

Group 3   Consonants and the vowels **и**, **e** and **ё**

ба – би – бе   бар – бис – Би-Би-Си – 'Биг Бен'
га – ги – ге   газ – гимн – ге́ний
да – ди – де   да́ма – ди́ктор – студе́нт
за – зи – зе   зал – визи́т – музе́й
ла – ло – ли – ле – лё   ла́мпа – лото́ – лист – Ле́нин – Лёва
па – по – пи – пё   па́па – спорт – спирт– Пётр
фа – фо – фи – фё   факт– фо́рма – фи́зик – Фёдор

Group 4   The vowels **ю** and **я**

бо – бу – бю   бокс – бум – бюро́
та – ту – тю   такт – тур – тю́бик
ла – лу– лю– ля   лак – луна́ – Лю́ба – Ля́ля
но – ни – ня   но́ты – Ни́на – ня́ня

Group 5   **ь** (the 'soft sign') after consonants

The soft sign has the same effect on the preceding consonant as the 'softening' vowels **e**, **ё, и, ю** and **я**. It is important to hear the difference as each of the words means something very different:

брат (brother) — брать (take)   мат (checkmate) — мать (mother)
вес (weight) — весь (whole)   мел (chalk) — мель (sandbank)
дал (gave) — даль (distance)   по́лка (shelf) — по́лька (polka)
ел (ate) — ель (Christmas tree)   стал (became) — сталь (steel)
ест (eats) — есть (is/has)   у́гол (corner) — у́голь (coal)
                                     шест (a pole) — шесть (six)

E Recognising printed words

 Reading practice 1

On the left are some geographical names and, on the right, some well-known past and present politicians' names. See if you can recognise them. Supply the English equivalent.

Geography		Politicians	
Аме́рика	Ло́ндон	Пу́тин	Ле́нин
Африка	Пари́ж	Горбачёв	Митерра́н
Кана́да	Ду́блин	Коль	Хуссе́йн
Берли́н	То́кио	Кли́нтон	Тэ́тчер
Вашингто́н	Мадри́д	Ельцин	Ста́лин
Жене́ва	Эдинбу́рг	Манде́ла	Хрущёв

 Reading practice 2

Write down the names of these Russian writers in English. What other Russian writers do you know about? Discuss with the teacher how their surnames are written.

А. С. Пу́шкин	Н. В. Го́голь	М. Ю. Ле́рмонтов
Л. Н. Толсто́й	А. П. Че́хов	Ф. М. Достое́вский

 Reading practice 3

Study the map of the former Soviet Union and neighbouring countries.

3.1 Find the names of the 15 former Republics of the USSR on the map on p. 11. Match the English names listed below to the Russian ones and put the appropriate number on the map. Try reading the names of the countries aloud in Russian.

1. Armenia
2. Azerbaijan
3. Belarus
4. Estonia
5. Georgia
6. Kazakhstan
7. Kirgizstan
8. Latvia
9. Lithuania
10. Moldova
11. Russian Federation
12. Tadjikistan
13. Turkmenistan
14. Ukraine
15. Uzbekistan

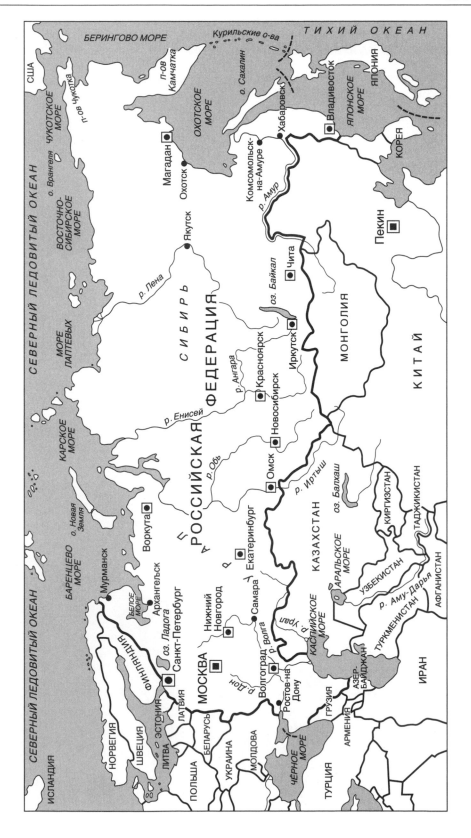

3.2 *Now find the following towns and cities on the map of Russia. Place the appropriate Roman numerals next to them.*

i. Archangel	vii. Samara
ii. Vorkuta	viii. Novosibirsk
iii. Irkutsk	ix. Omsk
iv. Saint Petersburg	x. Vladivostok
v. Volgograd	xi. Yakutsk
vi. Murmansk	xii Yekaterinburg

3.3 *Find the following Russian rivers on the map of Russia. Put the appropriate English letter next to these rivers on the map.*

(a) Ангара	*(d) Иртыш*	*(g) Урал*
(b) Амур	*(e) Лена*	*(h) Волга*
(c) Дон	*(f) Обь*	*(i) Енисей*

3.4 *List the countries which have a common border with the former Soviet Union in Russian and English.*

 Reading practice 4

Read the following tickets and cards and try to identify what they are.

Reading practice 5

Read the following names for means of public transport and try to match them with the photographs below.
Means of transport: (1) автóбус, (2) троллéйбус, (3) трамвáй, (4) микроавтóбус, (5) автомобѝль.

Reading practice 6

Read the advertisement below and list in Russian and English all the words you can recognise.

Автомоби́льный сало́н
ШОУ–РУМ
Европе́йские автомоби́ли
европе́йский се́рвис

Автомоби́ли нове́йших моде́лей:
«Во́льво» «Ситрое́н»
«Мерседе́с-Бенц»

Микроавто́бусы «Фольксва́ген»

Спорти́вные автомоби́ли «Альфа-Роме́о»
Автомоби́ли «Роллс-Ройс» кла́сса «люкс»
Наш а́дрес: проспе́кт Гага́рина, дом 7
Телефо́н: 535 40 78
Факс: 535 44 89
Фи́рма «ЭКСПОРТ – ИМПОРТ»

Answer the following questions:
1. What is the name of the shop in English?
2. What do they claim to offer to their customers?
3. What makes of cars are mentioned in the advert?
4. What do they sell apart from cars?
5. Are there any other words you have recognised in this advertisement?

F Writing Russian letters

There are very few difficulties in learning how to write Russian letters for users of the Latin script. A number of letters are very similar to English, others look different only in their capital or only in their small form. A few letters do differ from English significantly, but most of them include elements which are familiar to the learner. Joining letters together is desirable, but not compulsory, as there are a number of letters that cannot be joined. Most Russians use quite simple handwriting, not as ornate as in the computer script below. We suggest that you practise writing individual Russian letters, starting with the following.

1. **Letters which look similar to English copperplate / handwriting**

   You can use your normal handwriting for these letters.

Printed Russian letter	capital	small
А а	*𝒜*	*a*
В в	*ℬ*	*ƅ*
Е е	*ℰ*	*e*
Ё ё	*ℰ̈*	*ё*
И и	*𝒰*	*u*
Й й	*𝒰̆*	*й*
О о	*𝒪*	*o*
Р р	*𝒫*	*ƥ*
С с	*𝒞*	*c*
У у	*𝒴*	*у*
Х х	*𝒳*	*x*

2. **Letters which are partly similar to copperplate / handwriting**

   Use your normal handwriting where possible and practise the characters which are different.

Printed Russian letter	capital	small
Д д	*𝒟*	*g*
З з	*3*	*ʒ*
К к	*𝒦*	*к*
М м	*ℳ*	*м*
Н н	*ℋ*	*н*
П п	*𝒫̄*	*n*
Т т	*𝒯̄*	*m*

3. **Letters which include familiar elements of English or other Russian letters**

Printed Russian letter	capital	small
Б б	*Б̄*	*ƌ*
Г г	*𝒯*	*ɜ*
Ж ж	*ℳ̆*	*ж*
Л л	*𝒜̆*	*л*
Ф ф	*ℱ*	*ф*
Ч ч	*𝒰̆*	*ч*
Ц ц	*𝒰̦*	*ц*
Ш ш	*𝒰ℓ*	*ш*
Щ щ	*𝒰ℓ̦*	*щ*
Э э	*Э*	*э*
Ю ю	*𝒥̆𝒪*	*ю*
Я я	*𝒜̇*	*я*
ъ		*ъ*
ы		*ы*
ь		*ь*

Some practical hints to help you write these letters

- The letters *л м я* start with a thick dot or a hook just above the line to distinguish them from *u* in connected writing.
- The letter *Ш ш* is similar to *И и* with a third parallel stroke; it is not similar to a W.
- Both small *и, щ,* and capital *И, Ш,* include an element of *u* or *И* with a small loop or tail added at the end of *И, и,* and *Ш, щ.*
- The capital letters *Г, П, Т* all contain the element of *Г.*
- Many Russians use a simpler form of small *т* as an alternative to *m.*
- A bar is often added above small *m̄* and below *ш* to distinguish them from each other in connected writing. However, the bar is never used with *щ.*
- An easier way of writing *ж* is to think of it as an expanded *x* with a sharp zig-zag in the centre.
- The small letter *ч* is reminiscent of a copperplate French or English *t.*
- The capital letter *Ч* is often written simply as a larger version of the small *ч.*
- Similarly capital *Э* is sometimes written as a larger version of the small *э.*
- The small letter *э* is reminiscent of a backward English *s.*
- The letters *ъ, ы* and *ь* are always small; they are really quite easy to write if you think of the *ь* – a short version of the English *b* – as the basis for all three letters.

Now practise writing all 33 Russian letters in alphabetical order. Write a whole line for each letter.

Now try writing a few words from each group of letters. Note that the stress is normally not marked in cursive writing.

как	how	кино	cinema
кто	who	газета	newspaper
так	so	машина	car
мама	mum	центр	centre
тема	topic	журнал	magazine
текст	text	экзамен	exam
кассета	cassette	идея	idea
оркестр	orchestra	часы	clock, watch
театр	theatre	компьютер	computer
хор	choir	бутылка	bottle
студент	student	гласность	glasnost'
футбол	soccer	интервью	interview
водка	vodka	перестройка	perestroika

Кроссворд 1

Across: по горизонтали

1. March
3. December
5. June
7. September
9. November
11. May

Down: по вертикали

2. April
4. August
5. July
6. February
8. January
10. October

Notes:

1. Unlike English, the names of the months begin with a small letter in Russian.
2. You can use printed letters in a crossword.

G Reading letters

In acronyms and abbreviations each letter is named separately, as it is called in the alphabet (Cf. BBC, ITV, CIA, FBI, etc. in English).

Read aloud the following abbreviations, past and present. Your teacher will explain what they mean.

СНГ	СССР	КГБ	МГУ
ЕС	США	ЦРУ	СПГУ
РФ	КПСС	ФБР	ЦПКО

 Working in pairs, take turns to spell out the following words. Can you guess what they mean?

1. és – té – a – ér – té
2. pé – ee – ér – a – té
3. a – ér – yé – én – a
4. gé – a – zé – te – a
5. pé – a – té – ér – ee – o – te
6. ee – dé – ee – o – te
7. tsé – ye – én – té – ér

8. zé – o – o – pé – a – ér – ka
9. sha – a – én – és
10. éf – o – én – té – a – én
11. ché – yé – ém – pé – ee – o – én – ka – a
12. yu – ém – o – ér
13. a – dé – ér – yé – és
14. bé – yu – er – o

 Write any ten of these words in cursive Cyrillic script.

H Reading and writing words

What Russian words do you know? Try and write them in the Cyrillic script.
If in doubt ask: **Как пишется** . . . ? (How do you spell . . . ?)

Match the words and the symbols below.

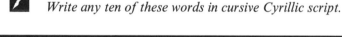
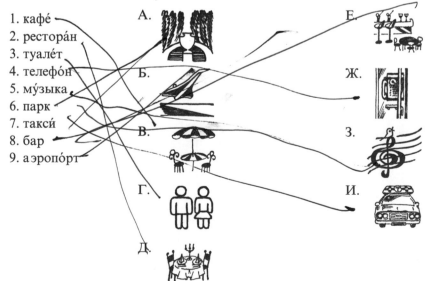

1. кафé
2. рестора́н
3. туалéт
4. телефóн
5. му́зыка
6. парк
7. такси́
8. бар
9. аэропóрт

А.
Б.
В.
Г.
Д.
Е.
Ж.
З.
И.

Copy out each of these words in cursive script.

 Take it in turns to spell out / read out the following words. Try to guess their meaning with your partner.

матч	Кремль	дискоте́ка	ка́рта	сюрпри́з
журна́л	магази́н	жира́ф	Москва́	актёр
бензи́н	гара́ж	ма́ска	лото́	комите́т
э́хо	по́за	па́ра	фа́кты	луна́
ви́ски	не́рвы	метро́	бана́н	ва́хта
авто́бус	сквер	гастроно́м	конья́к	шанта́ж
раси́зм	спортсме́н	турни́р	автома́т	жарго́н
интере́с	Ло́ндон	идеа́л	гла́сность	борщ
му́зыка	репорта́ж	бутербро́д	флаг	тигр
Эдинбу́рг	ла́мпа	фле́йта	сати́ра	шофёр
шокола́д	чемпио́н	слова́рь	цикл	компью́тер
маши́на	энциклопе́дия	эпо́ха	эта́ж	поэ́зия
ягуа́р	кроссво́рд	перестро́йка	я́хта	ю́мор

Ask the teacher about the words you can't guess: **Как по-англи́йски . . . ?**

 Match the following words with those in the table above. Copy each word out three times. Which word is not listed in the table above?

дискотека	жираф	маска	луна
виски	автобус	расизм	интерес
музыка	шоколад	машина	ягуар
флейта	чемпион	сюрприз	словарь

 Read the following names of newspapers. Which ones do you recognise?

Which one(s) might be read by each of the following?

a resident of St Petersburg? a literature specialist?
a business person? a resident of Moscow?
a young person? a general reader?

What other words can you recognise on these headers?

I Stress patterns

In words of two or more syllables only one vowel is stressed. In this course, and in most text books for learners of Russian, the stress is marked above the stressed vowel, with the exception of the letter *ё* which is always stressed. In books and periodicals for Russian native speakers the stress is not marked, and even the letter *ё* is printed as **e** (e.g. Горбачев).

 Reading in chorus

Read the following groups of words in chorus with the teacher, paying particular attention to the stress pattern in each group:

1. ´_	2. _´
автор	балет
адрес	буфет
атом	диктант
драма	гараж
Дублин	кафе
кофе	лимон
лампа	метро
Лондон	Москва
мама	привет
папа	поэт
ректор	студент
роза	такси
Саша	театр
эхо	футбол
юмор	этаж

3. ´_ _	4. _´_	5. _ _´
акция	автобус	алфавит
Англия	газета	бизнесмен
Африка	Европа	витамин
здравствуйте	кассета	детектив
лексика	Канада	космонавт
лекция	конфета	институт
логика	компьютер	интерес
музыка	Марина	лимонад
опера	машина	магазин

практика	работа	мотоцикл
радио	ракета	ресторан
станция	спасибо	семинар
фабрика	студентка	футболист
физика	таблетка	хулиган
Франция	экзамен	шоколад

6. _ _́ _ _

Америка
гостиница
история
пожалуйста
политика
теория
экскурсия

7. _ _ _́ _

калькулятор
комментатор
перестройка
сигарета
стюардесса
телевизор
физкультура

8. _ _ _ _́

аэропорт
велосипед
капитализм
магнитофон
пенсионер
чемпионат
экскурсовод

J Comprehension

J1 School subjects

Look at the timetable below. List the school subjects in Russian in alphabetical order, translate them into English and state how many hours per week they are allocated. (Each lesson lasts one hour.)

Например: 1. английский язык — English — 4 hours / week

Расписание уроков

понеде́льник	вто́рник	среда́	четве́рг	пя́тница	суббо́та
ру́сский язы́к	а́лгебра	геогра́фия	биоло́гия	англи́йский язы́к	ру́сский язы́к
англи́йский язы́к	фи́зика	ру́сский язы́к	ру́сский язы́к	исто́рия	геоме́трия
литерату́ра	геоме́трия	литерату́ра	хи́мия	хи́мия	англи́йский язы́к
исто́рия	литерату́ра	англи́йский язы́к	а́лгебра	литерату́ра	физкульту́ра
геогра́фия	биоло́гия	физкульту́ра	физкульту́ра	фи́зика	физкульту́ра

J2 Names

Read the words below and classify them in four groups: surnames, first names, cities and countries. Write out all the words in cursive script in alphabetical order.

Росси́я	Наде́жда	Фра́нция	Пра́га
Ива́н	Севи́лья	Вашингто́н	Евге́ний
Еги́пет	Кли́нтон	Че́хов	Ле́нин
Москва́	Ивано́в	Усти́нов	Джулье́тта
Аме́рика	Наполео́н	Ку́ба	Англия
Бори́с	Горбачёв		

J3 People, politics, culture and sport

Read the words below and classify them in four groups: people, politics, culture and sport.
Write out all the words in cursive script in alphabetical order.

матема́тик	терро́р	му́зыка	журнали́ст
ша́хматы	фильм	генера́л	бале́т
раси́зм	поэ́т	перестро́йка	аплодисме́нты
экра́н	кри́тик	компью́тер	демокра́тия
бизнесме́н	фи́ниш	ви́део и кино́	актёр
ма́стер	спорт	детекти́в	телекоммента́тор

J4 Word game: В го́роде

Assign a Russian letter to each of the photographs supplied below. Write the appropriate letter in the box on the left, and the names of the public amenities on the right. Where would you go if you wanted to . . .

☐ – send a letter
☐ – get your hair cut
☐ – have a drink of beer
☐ – play billiards
☐ – get some money
☐ – have a quick snack
☐ – go to the opera
☐ – watch a film

☐ – eat a meal
☐ – make a phone call
☐ – attend a computer course
☐ – book a holiday
☐ – have a cup of coffee
☐ – buy some medicine
☐ – buy some groceries

J5   Кроссво́рд

Clues: find the Russian for each of the following clues in the collage of texts opposite.

Across: по горизонтали

3. prose
4. row
5. satire
6. place / seat
7. Moscow
9. screen
10. sports hall
11. chocolate
14. cinema
17. stalls
19. culture
20. truth
22. music
23. humour
24. price

Down: по вертикали

1. crossword
2. perestroika
8. telephone
10. stadium
12. (tennis) court
13. democratisation
15. ticket
16. chess
18. radio
19. computer
21. asphalt

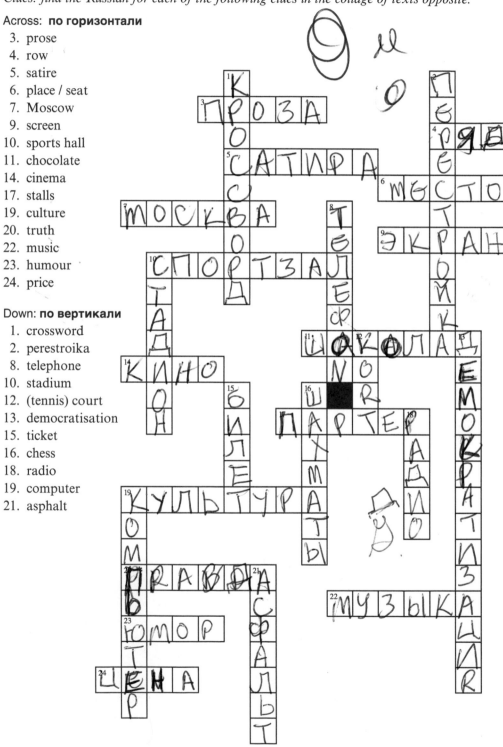

Центральный стадион имени В. И. Ленина Универсальный спортзал «Дружба»	Входной билет на теннисный корт с покрытием «асфальт» на 2–4 чел. за 1 час	007916 Цена 100 руб.

компьютер

КРОССВОРД

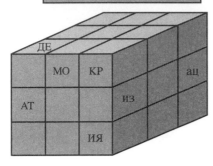

ДЕ

МО КР ац

АТ из

ИЯ

Кинотеатр «Звезда» Ряд 7 Место 15	
70 руб.	039561

ПРАВДА

Музыка

радио

шахматы

SHAHMAEE

Поэзия

Юмор — Сатира

UMER SATEERA

МОСКВА

ПРОЗА

ЭКРАН

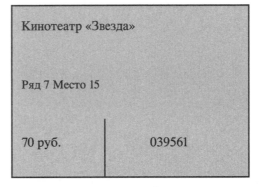

перестройка

PalKa o dvu Kan

ПАЦКА О.

ДВУХ

КАНЦА

КУЛЬТУРА

Шоколад 'Сказки Пушкина' Молочный шоколад изготовлен из сахара, какао-бобов, сухого молока, с добавлением жареного тертого ореха.

Московский театр «Современник» Чистопрудный бульвар, 19-а Телефон 921-64-73
Вечер Начало в 19 часов ПАРТЕР Правая Сторона Ряд 3 Место 7 Tsena Цена 150 р.

О

Ю

М.С. Горбачёв

UNIT 1 урок

In this unit you will learn how to:

- identify people and places
- greet people and take your leave
- locate people and objects
- give directions
- use Russian in classroom conversation

Classwork

A Identifying people

A1 Russian names — Рýсские именá

 Read through the following list of names. Do you know of any Russians called these names?

Мужскúе именá		Жéнские именá	
Ивáн	Николáй	Екатерúна	Раúса
Борúс	Алексéй	Елéна	Татья́на
Васúлий	Дмúтрий	Людмúла	Надéжда
Пáвел	Антóн	Натáлья	Зинаúда
Пётр	Алексáндр	Тамáра	Анастасúя
Максúм	Лев	Óльга	Галúна
Сергéй	Фёдор	Нúна	Елизавéта
Владúмир	Олéг	Марúна	Вéра
Вúктор	Михаúл	Анна	Марúя

Note that stress marks are never indicated on capital letters. Similarly, the stress is not marked on words of one syllable.

 List the first names and surnames of the Russian people you know about.

A2 Identifying people — Кто э́то?

— Кто э́то?
— Э́то Ви́ктор.

— Кто э́то?
— Э́то А́нна, а э́то Ива́н.

A3 Clarifying who someone is — Э́то Анто́н?

Listen to the following dialogues. Repeat them in the pauses provided on the tape. Imitate the speakers' pronunciation and intonation.

— Кто э́то?
— Э́то Ви́ктор.

— Э́то Анто́н?
— Да, э́то Анто́н.

— Э́то Анто́н?
— Нет, э́то не Анто́н, а Ива́н.

— Э́то Ви́ктор и́ли Ива́н?
— Э́то Ви́ктор.

B Greeting, identifying and leave-taking

Listen to the following greetings and leave-takings. Repeat them in the pauses provided on the tape. Imitate the speakers' pronunciation and intonation.

B1 Greeting (formal)

— Здра́вствуйте!

B2 Greeting (informal)

— Здра́вствуй, Ве́ра!
— Здра́вствуй, Анто́н!

— Э́то Ники́та, а э́то И́горь.
— Приве́т, Ники́та!
— Приве́т, И́горь!

B3 Saying good-bye

— До свида́ния!

— До свида́ния, И́горь!
— До свида́ния, Ники́та!

B4 Meeting and introducing people — Знако́мство

 Read the following dialogues.

— Здра́вствуйте!
— Здра́вствуйте!
— Как вас зову́т?
— Меня́ зову́т Ива́н. А вас?
— Меня́ зову́т А́нна.
— Очень прия́тно.

— Здра́вствуйте, вы Тама́ра?
— Нет, я Гали́на.

Write two dialogues.

1. Vera meets Lev, they greet each other and introduce themselves.
2. Boris mistakes Zinaida for Anastasia.

B5 Introducing others — Как его/её зовут?

Read the following dialogues.

— Как его́ зову́т?   — Познако́мьтесь: э́то Ви́ктор, а э́то Ни́на.
— Его́ зову́т Ви́ктор.   — О́чень прия́тно!
— Как её зову́т?   — О́чень прия́тно!
— Её зову́т Ни́на.

Write two dialogues.

1. Boris meets Vladimir, who introduces him to Ivan.
2. Elena meets her old friend Viktor. He introduces her to Tamara.

B6 Professions and occupations — Профе́ссии и заня́тия

Match the following words with the pictures. Number the pictures on this and the next page appropriately. Write out all the words putting them into alphabetical order.

1. пиани́ст
2. шахмати́ст
3. гид
4. футболи́ст
5. тури́ст
6. шофёр
7. фи́зик
8. врач
9. хи́мик
10. журнали́ст
11. шко́льник
12. фото́граф

B7 What are they called and what do they do? — Его́ зову́т . . . Он . . .

Working in pairs, one person using table A below and the other table B, ask your partner to supply you with the information you require to complete your table.

Например:
— Он журнали́ст. Как его́ зову́т?
— Его́ зову́т Ива́н.

— Её зову́т Мари́на. Кто она́?
— Она́ фи́зик.

A

Его́ зову́т Ива́н. Он журнали́ст.	Её зову́т Мари́на. Она́ фи́зик.	Его́ зову́т Ви́ктор. Он тури́ст.
Её зову́т Ве́ра. Она́ . . .	Его́ зову́т . . . Он врач.	Её зову́т . . . Она́ шофёр.
Его́ зову́т Михаи́л. Он шахмати́ст.	Её зову́т Людми́ла. Она́ хи́мик.	Его́ зову́т Никола́й. Он шко́льник.
Её зову́т . . . Она́ гид.	Его́ зову́т Анто́н. Он . . .	Её зову́т Гали́на. Она́ . . .

Б

Его́ зову́т Ива́н. Он журнали́ст.	Её зову́т Мари́на. Она́ . . .	Его́ зову́т . . . Он тури́ст.
Её зову́т Ве́ра. Она́ пиани́ст.	Его́ зову́т Фёдор. Он врач.	Её зову́т Ольга. Она́ шофёр.
Его́ зову́т . . . Он шахмати́ст.	Её зову́т . . . Она́ хи́мик.	Его́ зову́т Никола́й. Он . . .
Её зову́т Анна. Она́ гид.	Его́ зову́т Анто́н. Он футболи́ст.	Её зову́т Гали́на. Она́ фото́граф.

C Identifying objects

C1 Asking what something is — Что это?

Listen to the following dialogues. Repeat them in the pauses provided on the tape. Imitate the speakers' pronunciation and intonation.

— Что это?　　　　　— Что это?
— Это дом.　　　　　— Это школа.

— Что это?　　　　　— Что это?
— Это магазин.　　　　— Это ресторан.

C2 Asking for clarification — Как по-русски . . . ? Как по-английски . . . ?

— Как по-русски *house*?
— Дом.

Think of ten other buildings one would find in a town and ask the teacher what they are called in Russian: **Как по-русски school?** *Ask how these words are spelt:*
Как пишется . . . ?

Place five objects on your desk in front of you. List them in English. Ask the teacher what they are in Russian: **Как по-русски pencil?** *Ask how these words are spelt:*
Как пишется . . . ? *Write the Russian beside the English.*
In Russian ask your neighbours about the objects they have placed in front of them: **Что это?** *Ask how to spell them:* **Как пишется . . . ?** *Add the new objects to your list. Test your neighbour by asking for the English of the objects you have listed:* **Как по-английски . . . ?**

Например:　　　　— Как по-английски карандаш?
　　　　　　　　— Pencil.

C3 Game Игра́

Match the following words and pictures. Ask each other in turn how to name each object in Russian.

Например: — Как по-ру́сски *radio*?
            — Ра́дио.

калькуля́тор   фотоаппара́т   маши́на   ла́мпа
кинока́мера   диске́та   при́нтер   компью́тер
телеви́зор   видеомагнитофо́н

 а   б   в

 г   д   е   ё

 ж   з   и

C4 Clarifying what something is — Э́то вино́?

— Что э́то?   — Э́то вино́ и́ли во́дка?
— Э́то вино́.   — Э́то вино́.

— Э́то вино́?
— Да, э́то вино́. / Нет, э́то не вино́, а во́дка.

*Practise these questions and answers with the words you have come across to date. If you have forgotten what a word means, ask for the English: **Как по-англи́йски . . . ?***

D Locating objects

D1 Asking where something is — Где . . . ?

*Draw a plan of a town. Take it in turns to ask where the following public amenities are: **Где . . . ?** and to answer: **Вот здесь.***

Public amenities: *заво́д, теа́тр, поликли́ника, шко́ла, магази́н, по́чта, цирк, гости́ница, библиоте́ка, апте́ка, общежи́тие, банк, телефо́н-автома́т, кафе́, кинотеа́тр, ресторáн, бар, парк, кио́ск.*

D2 Locating objects — Он здесь. Вот он.

— Где телефо́н-автома́т?
— ~~Он здесь~~. Вот он.

 There are four forms of the pronoun used in the answer. Can you identify a pattern?

— Где рестора́н?
— Вот он.

— Где по́чта?
— Вот онá.

— Где кафе́?
— Вот оно́.

— Где парк и библиоте́ка?
— Вот они́.

 Gender: for a discussion of gender of nouns and pronouns in Russian see 'Grammar summary' (2.1 and 3.1.1). Note that the endings marking gender in nouns also apply to pronouns and adjectives. Masculine nouns, pronouns and adjectives end in a consonant, *-ь* or *-й (Бéлый дом)*; feminine nouns, pronouns and adjectives end in *-а* or *-я (Бéлая гвáрдия)*; neuter nouns, pronouns and adjectives end in *-о* or *-е (бéлое винó)*.

D3 Locating people — Где Олéг?

— Где Олéг?   — Где Людми́ла?
— Вот он.   — Вот онá.

— Где пáпа?   — Где мáма и пáпа?
— Вот он.   — Вот они́.

☞ Note that a number of masculine nouns end in **-a** or **-я**. See 'Grammar summary' (2.1.3).

Using the names you have come across to date, design a set of flashcards and practise asking where people are. Answer using the pronoun.

D4 Dialogues — Диалóги

*Looking for places in town. Listen to the following dialogues and then practise reading them aloud in class. What function do the words **скажи́те** and **спаси́бо** fulfill in these dialogues?*

1. — Скажи́те, где здесь кни́жный магази́н?
   — Вот он.
   — Спаси́бо.

2. — Скажи́те, где студéнческое общежи́тие?
   — Вот онó.
   — Спаси́бо.

3. — Скажи́те, где здесь Москóвский университéт?
   — Вот он.
   — Спаси́бо.

4. — Скажи́те, пожа́луйста, где Публи́чная библиоте́ка?
   — Вот она́.
   — Спаси́бо.

5. — Скажи́те, пожа́луйста, где Кра́сная пло́щадь?
   — Вот она́.
   — Спаси́бо.

List all nouns, pronouns and adjectives from the dialogues above and sort them according to gender.

E   Directions

E1   Directions — Напра́во, нале́во, пря́мо

    нале́во ⬅   пря́мо ⬆   напра́во ➡

E2   Asking the way — Скажи́те, пожа́луйста, где . . . ?

1. — Скажи́те, пожа́луйста, где метро́?
   — Метро́ пря́мо.

2. — Скажи́те, пожа́луйста, где университе́т?
   — Иди́те. . .   пря́мо
                    напра́во
                    нале́во

3. — Скажи́те, пожа́луйста, где кафе́ «Макдо́нальдс»?
   — Вот здесь: напра́во кинотеа́тр «~~Росси́я~~», а нале́во «Макдо́нальдс».
   — Спаси́бо.   Россия

E3   Dialogues — Диало́ги

*Listen to the following dialogues and practise reading them aloud in class. What function do the words **пожа́луйста** and **иди́те** fulfill in these dialogues?*

1. — Скажи́те, где здесь метро́?
   — Метро́ нале́во.
   — Спаси́бо.
   — Пожа́луйста.

2. — Скажи́те, пожа́луйста, где ~~здесь~~ университе́тское общежи́тие?
   — Университе́тское общежи́тие? Пря́мо.
   — Спаси́бо.

3. — Скажи́те, пожа́луйста, где здесь банк?
   — Иди́те пря́мо и напра́во. Банк там.
   — Спаси́бо.
   — Пожа́луйста.

4. — Скажи́те, пожа́луйста, где́ здесь магази́н?
   — Магази́н? Так . . . Иди́те напра́во, пото́м нале́во и пря́мо. Магази́н там.
   — Большо́е спаси́бо.
   — Пожа́луйста.

5. — Скажи́те, пожа́луйста, где здесь телефо́н-автома́т?
   — Так. . . Иди́те пря́мо и нале́во. Там по́чта, и там телефо́н-автома́т.
   — Большо́е спаси́бо.
   — Пожа́луйста.

*Draw a table to summarise the information in the dialogues above using the following
headings: (1) What is the person looking for? (2) What directions are given? Complete the
table in Russian.*

E4   Pair work — Где дом?

    *In the two sections that follow, there is a set of questions and a set of answers. One student
refers only to section A, which has half the questions and half the answers. The other refers
only to section B, which has the remaining questions and answers. The answers are supplied
in the boxes with pictures. The position of each picture in the box indicates its whereabouts
(right, left or straight ahead). Working in pairs, take turns to locate the places listed in
your questions. Write your answers down in Russian as in the example.*

Наприме́р: — Где дом?
              — Дом нале́во.

              — А где кинотеа́тр?
              — Кинотеа́тр напра́во.

              — А где парк?
              — Парк пря́мо.

1.

Где завод?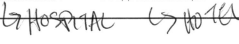

А где теáтр?

А где поликлúника?

3.

Где магазúн?

А где цирк?

А где гостúница?

5.

Где шкóла?

А где пóчта?

А где библиотéка?

⤷ HOSPITAL   ⤷ HOTEL

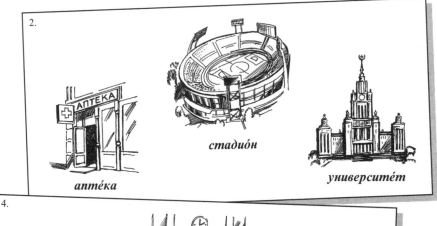

2.

аптéка

стадиóн

университéт

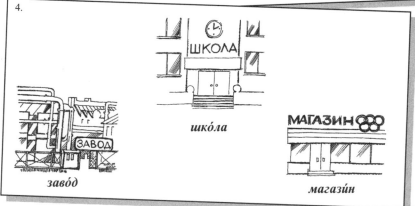

4.

завóд

шкóла

магазúн

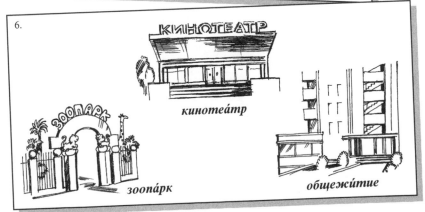

6.

зоопáрк

кинотеáтр

общежúтие

2.

Где апте́ка?

А где стадио́н?

А где университе́т?

4.

Где шко́ла?

А где магази́н?

А где заво́д?

6.

Где общежи́тие?

А где зоопа́рк?

А где кинотеа́тр?

1.

теа́тр

поликли́ника

заво́д

3.

цирк

гости́ница

магази́н

5.

по́чта

библиоте́ка

шко́ла

Homework

 For an introduction to the syntactic categories of word, phrase, clause and sentence see 'Language awareness' (1.1).

For an introduction to the syntactic category of noun see 'Language awareness' (1.2).
For an introduction to derivational and grammatical morphology see the 'Language awareness' (1.3).

 Written exercises — Письменные задания

Упражнение 1. Gender: nouns and pronouns. он, она, оно. *Indicate which pronoun (**он, она** or **оно**) would be used to replace each of the following nouns. If in doubt check your dictionary.*

1. матч	16. эхо
2. Кремль	17. площадь
3. дискотека	18. луна
4. карта	19. озеро
5. сюрприз	20. метро
6. журнал	21. банан
7. магазин	22. автобус
8. жираф	23. сквер
9. Москва	24. гастроном
10. актёр	25. расизм
11. бензин	26. спортсмен
12. гараж	27. лампа
13. маска	28. поэзия *(poetry*
14. лото	29. вино *(n.)*
15. комитет	30. фамилия *(last name)*

Упражнение 2. Gender: adjectives and nouns. Какой? Какая? Какое? Какие? *Match the following adjectives and nouns to form common collocations. Translate the phrases you have formed. Group your answers according to gender.*

Adjectives: Большой, исторический, коммунистическая, Красная, Литературный, Московский, музыкальная, музыкальный, публичная, Российская, студенческий, университетское.

Nouns: библиотека, институт, инструмент, клуб, общежитие, партия, площадь, программа, театр, университет, факультет, Федерация.

Упражнение 3. Dialogues Скажите, пожалуйста, где здесь . . .? *Translate the questions and answer them in Russian.*

1. Is there a bank near here?
2. Excuse me, is there a shop nearby?
3. Can you please tell me where the nearest pharmacy is?

Упражнение 4. Reading and comprehension. Реклама. *Read the following small advertisements and attempt the following tasks. Identify all the words you can recognise and understand. List them and supply their meaning in English.*

Туристическая фирма «Арфатур» приглашает:

1. Таиланд: Бангкок — Паттайя

2. Египет: шоп-туры

3. Израиль: Иерусалим — Нетания

(7–10 дней)

Шоколад «Детский»
Молочный шоколад изготовлен из сахара, какао-бобов, ароматизирован ванильной эссенцией.
Масса НЕТТО 50 г
Цена 7 руб.

Английский на Арбате.
Английский, немецкий, французский в Выхино.
Стоимость одного академического часа 150 рублей.
Контактный телефон:
374–57–40

Новый маршрут в этом сезоне для деловых поездок русских бизнесменов — Южная Африка. Тел: 251–79–53

Национальный институт бизнеса
Высшее образование по специальности:
— финансы и кредит
— менеджмент
— аудит
— юриспруденция
Начало занятий с
15 февраля 2001 года.

5. Lexical exercises — Лексичекие упражнения

It is very important to learn vocabulary regularly and systematically. We recommend that you try to learn 10–20 words a day, five days a week. The exercises in this section will provide you with models of how to organise your vocabulary learning. However, just completing these exercises is not enough to 'learn' a word. Frequent exposure to a word, and most importantly, frequent use of a word are essential for it to become a meaningful part of your foreign language repertoire.

A vocabulary checklist is supplied at the end of the course. You may find it useful to refer to the suggestions made there for organising vocabulary.

5.1 Jumbled words. Головоломка. *Unscramble the following words.*

1. зетага ГАЗЕТА   6. арб БАР
2. ефко КОФЕ   7. мдо ДОМ
3. скати ТАКСИ   8. булк КЛУБ
4. имхки ХИМИК *chemist*   9. шалок ШКОЛА
5. дги ГИД   10. жрага ГАРАЖ

5.2 Semantic groups. В городе. *Under each heading, supply the names of three people, places or things associated with the following topics: cultural life, entertainment, communications, public transport, health, eating and drinking, public amenities, education.*

5.3 Word-building. Кто она по профессии? *Supply the feminine equivalent of each of the following.*

студент   спортсмен
футболист   пенсионер
журналист

5.4 Word-building: Род занятий. *Supply the name of the person associated with the following activities.*

журнализм   туризм   футбол
химия   шахматы   школа

5.6 Semantic groups. Профессии. *Supply the names of eight professions included in this unit.*

5.7 Semantic groups. Электроника. *Supply the names of eight pieces of electrical equipment included in this unit.*

5.8 Vocabulary notebook. Как расширить свой словарь. *Organise the words you have come across in this unit and in the Introductory unit in a vocabulary notebook or file. You can group them according to topic, alphabetically or by parts of speech (nouns, adjectives, verbs). Where a noun ends in a soft sign (-ь) indicate what its gender is.*

5.8   Crossword. В городе

Down: по вертикали
1. shop; 4. coffee; 5. underground; 6. house; 7. camera; 9. bus; 10. bar; 14. bank; 16. cafe

Across: по горизонтали
2. garage; 3. park; 8. restaurant; 11. theatre; 12. taxi; 13. cinema; 15. library; 16. kiosk; 17. school

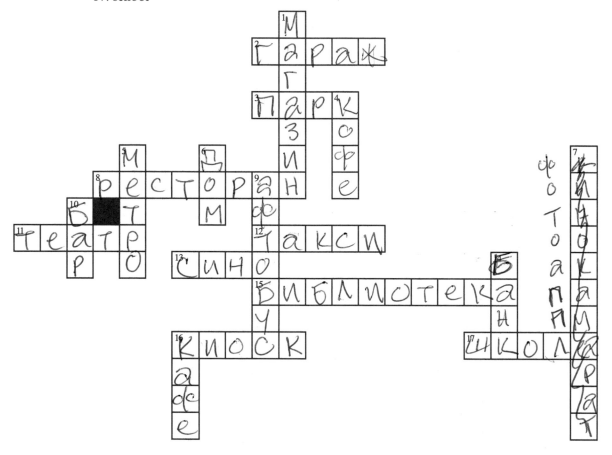

Listening comprehension

Each unit in this course is accompanied by a cassette. The cassette includes some of the texts and dialogues from the unit, and several self-study listening, speaking and comprehension exercises. The following sections from Unit 1 have been recorded on tape:

A3   Clarifying who someone is

B   Greeting, identifying and leave-taking

C1   Asking what something is

D4 Диалоги

E3 Диалоги

Упражнение 1. Listen and repeat. *Лексика*. *Listen to the following four groups of words and repeat each word after the Russian speaker in the pauses provided on the tape. Mark the stress on words of more than one syllable. Then do the tasks indicated for each group.*

1.1 *In each of the following columns circle the odd one out.*

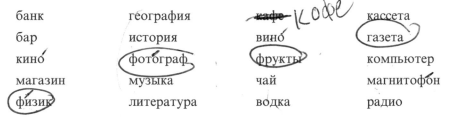

банк	география	кафе кофе	кассета
бар	история	вино	газета
кино	фотограф	фрукты	компьютер
магазин	музыка	чай	магнитофон
физик	литература	водка	радио

1.2 *In each of the following columns circle the words which answer the question кто?*

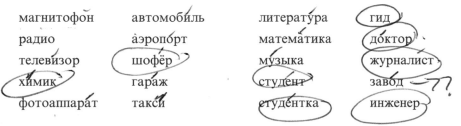

магнитофон	автомобиль	литература	гид
радио	аэропорт	математика	доктор
телевизор	шофёр	музыка	журналист
химик	гараж	студент	завод
фотоаппарат	такси	студентка	инженер

1.3 *In each of the following columns circle the words for which you would use the pronoun он.*

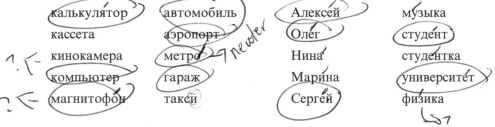

калькулятор	автомобиль	Алексей	музыка
кассета	аэропорт	Олег	студент
кинокамера	метро	Нина	студентка
компьютер	гараж	Марина	университет
магнитофон	такси	Сергей	физика

1.4 *In each of the following columns circle the word which has the same root as the first word.*

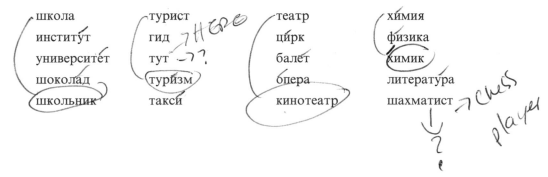

школа	турист	театр	химия
институт	гид	цирк	физика
университет	тут	балет	химик
шоколад	туризм	опера	литература
школьник	такси	кинотеатр	шахматист

45

Упражнение 2. Introducing people. Познакомьтесь! *You will hear four short dialogues involving the eight people listed below. Indicate who is introduced to whom, and in what order. Repeat the dialogues aloud after the Russian speakers, trying to imitate their sounds and intonation.*

Наташа, Олег, Миша, Нина, Катя, Саша, Марина, Петя

Упражнение 3. Dictation. Что это? *Listen and repeat each question and answer, imitating the Russian speaker's sounds and intonation. Write down the missing definitions and mark on the stress in words of more than one syllable.*

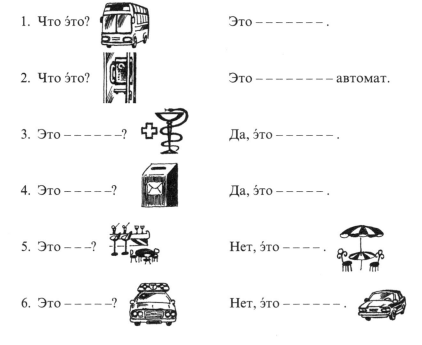

1. Что это?   Это – – – – – – .

2. Что это?   Это – – – – – – – автомат.

3. Это – – – – – –?   Да, это – – – – – .

4. Это – – – – –?   Да, это – – – – – .

5. Это – – –?   Нет, это – – – – .

6. Это – – – – –?   Нет, это – – – – – – .

Упражнение 4. Pointing out objects and places. Где? *Listen and repeat each question. Write the answers in Russian:* **Вот он / Вот она / Вот оно / Вот они**. *You will then hear the correct version on the tape.*

1. Где багаж?   Вот . . .

2. Где почта?   Вот . . .

3. Где такси?   Вот . . .

4. Где билеты?   Вот . . .

5. Где здесь кафе?   Вот . . .

6. Где здесь телефон–автомат?   Вот . . .

Упражнение 5. Asking for and giving directions. Скажите, где здесь . . . ? *Listen and repeat the questions and directions on the tape, imitating Russian intonations and sounds. Write down* **направо, налево** *or* **прямо** *as directed on the tape.*

1. Скажите, где здесь почта?   Почта . . .

2. Скажите, где телефон-автомат?   Телефон . . .

3. Скажите, где гостиница?   Гостиница . . .

4. Скажите, где ресторан?   Ресторан . . .

5. Скажите, пожалуйста, где здесь бар?   Бар . . .

6. Скажите, пожалуйста, где туалет?   Туалет . . .

Упражнение 6. Comprehension. Это далеко? *Write down the places indicated below. Listen to the directions given in the four short dialogues. Indicate what directions are given using arrows to indicate* straight on, left *or* right. *Answer* «Да» *or* «Нет» *to the following question:* **Это далеко?** *(Is it far?)*

1. Где метро?   3. Где библиотека?
2. Где кинотеатр?   4. Где стадион?

In this unit you will learn how to:

- refer to location
- refer to actions in the past
- talk about leisure activities
- count to twelve

Classwork

A Cultural awareness

A1 First names — Как его/её зовут дома?

Working in pairs and each person using either table A or table B below, ask your partner what the men listed in the first column are called by their families. Then ask what the women listed in the third column are called by their families.

Пример 1: — Его зовут Иван. А как его зовут дома?
— Дома его зовут Ваня.

Пример 2: — Её зовут Наталья. А как её зовут дома?
— Дома её зовут Наташа.

A

Men's names: *мужские имена*		Women's names: *женские имена*	
Владимир	. . .	Наталья	. . .
Борис	Боря	Елизавета	Лиза
Виктор	. . .	Людмила	. . .
Александр	Саша	Мария	Маша
Михаил	. . .	Ольга	. . .
Алексей	Алёша	Галина	Галя
Пётр	. . .	Зинаида	. . .
Василий	Вася	Екатерина	Катя
Фёдор	. . .	Анна	. . .
Николай	Коля	Татьяна	Таня
Сергей	. . .	Анастасия	. . .
Иван	Ваня	Елена	Лена
Дмитрий	. . .	Надежда	. . .

Men's names: *мужскúе именá*		Women's names: *жéнские именá*	
Владúмир	Волóдя	Натáлья	Натáша
Борúс	. . .	Елизавéта	. . .
Вúктор	Вúтя	Людмúла	Лю́да
Алексáндр	. . .	Марúя	. . .
Михаúл	Мúша	Ольга	Оля
Алексéй	. . .	Галúна	. . .
Пётр	Пéтя	Зинаúда	Зúна
Васúлий	. . .	Екатерúна	. . .
Фёдор	Фéдя	Анна	Аня
Николáй	. . .	Татья́на	. . .
Сергéй	Серёжа	Анастасúя	Нáстя
Ивáн	. . .	Елéна	. . .
Дмúтрий	Дúма	Надéжда	Нáдя

☞ For a discussion of masculine nouns ending in **-а** or **-я** see the 'Grammar summary' (2.1.3).

B   Location

B1   The prepositional of place — Предлóги «в» и «на»

☞ The prepositions **в** and **на**, which govern the prepositional case, are used to express location. The formation of the prepositional case of nouns is illustrated in the table below. For a discussion on the uses of the prepositional case see 'Grammar summary' (5.6).

	masculine	*feminine*	*neuter*
hard	в университéт**е** на стадиóн**е**	в шкóл**е** на пóчт**е**	на окн**é** на óзер**е**
soft	на спектáкл**е** на трамвá**е**	на плóщад**и** на лéкци**и**	на мóр**е** в общежúти**и**

🖉 *Supply the nominative singular of the nouns in the table above.*

☞ Some (loan) foreign words: *кинó*, *метрó*, *кафé*, etc. are indeclinable neuter. These do not change in declension: *в метрó*, *в кинó*, *в кафé*.

☞ Both **в** and **на** are used with the prepositional case to indicate location, meaning in/at a place. In this unit's exercises the nouns which take **на** are marked with an asterisk (*). For a table listing the nouns governed by the prepositions **в** and **на** see 'Grammar summary' (10.2.2).

— Где Борúс?   — Где Рúта?   — Где Алёша и Тáня?
— Он в метрó.   — Онá в пáрке.   — Онú в ресторáне.

B2   Group work — Где ба́бушка?

Unscramble the following jumble of people and places/events.
1. *Make a list of all the people and all the places (in the nominative case).*

2. *Write eleven questions asking where each of the people is and supply answers in the prepositional case.*

Наприме́р: — Где ба́бушка?
           — Она́ в магази́не.

3. *Match the following people and places. Write twelve sentences stating who is where.*
People: балери́на, библиоте́карь, кри́тик, музыка́нт, пиани́ст, спортсме́ны, студе́нт/студе́нты, тури́сты, тури́стская гру́ппа, футболи́ст, хи́мик
Places: в конце́ртном за́ле, в «Литерату́рной газе́те», в Моско́вском университе́те, в Моско́вской консервато́рии, в Публи́чной библиоте́ке, в спорти́вном клу́бе, в университе́тском общежи́тии, в хими́ческой лаборато́рии, на Кра́сной пло́щади, в Большо́м теа́тре, на Центра́льном стадио́не, на Чёрном мо́ре
Наприме́р: Балери́на в Большо́м теа́тре.

Deduce rules for the formation of the prepositional case in masculine, feminine and neuter adjectives.

C   Past reference 1

C1   The verb 'to be' — Быть

☞   The formation of the past tense of the verb *быть* is illustrated in the table below. See also 'Grammar summary' (9.3.1.1).

infinitive	masculine: я/ты/он	feminine: я/ты/она́	neuter: оно́	plural: мы/вы/они́
бы*ть*	бы*л*	была́	бы́*ло*	бы́*ли*

For a list of personal pronouns in Russian see 'Grammar summary' (3.1).

 The verb after the interrogative pronoun **кто** (who) goes into the masculine singular form.

Напримéр: — Кто был на лéкции? (Who attended the lecture?)

— Кто был дóма? (Who stayed at home?)

 Дóма means 'at home'. Note that it is used without a preposition.

C2 Classroom poll — Опрос в классе

*Conduct a classroom poll to establish where everyone was yesterday evening (**вчерá вéчером**).*

Напримéр: — Где ты был/былá вчерá вéчером?

V+ Preliminary exercise

Do you know what all the following places are? If not ask: *Как по-англúйски . . . ?*

*лéкция   музéй
*дискотéка   *рабóта
*балéт   *рынок
*экскýрсия   *концéрт
 бассéйн   галерéя
 спортзáл

Are there any other places for which you want the Russian? Ask: *Как по-рýсски . . . ?*

Write up your findings in Russian.

Using the classroom poll data, answer the following questions.

Кто был в кинó?   Кто был в теáтре?
Кто был на концéрте?   Кто был дóма?
Кто был в библиотéке?   Кто был в бáре?
Кто был на рабóте?   Кто был на мáтче?
Кто был на рынке?   Кто был в . . . / на . . . ?

C3   Pair work — Где был . . .?

Using the two tables below, find out where the people listed were yesterday by asking the following question.

Вопрос 1. — Где был . . . / Где была. . . вчера?

Например: — Где был Иван вчера?
                 — Иван был вчера в школе.
Nouns marked with an asterisk (*) require the preposition **на**.

А

	школа	*лекция	магазин	*концерт	кино	общежитие	*стадион
Катя	.	.	✓	.	.	.	.
Наташа	.	.	.	.	.	.	.
Саша	.	✓	.	.	.	.	.
Лёня	.	.	.	.	.	.	.
Пётя	.	.	.	.	.	✓	.
Ира	.	.	.	.	.	.	.
Зоя	.	.	.	✓	.	.	.
Вера	.	.	.	.	.	.	.
Миша	.	✓	.	.	.	.	.
Маша	.	.	.	.	.	.	.
Антон	.	.	.	.	✓	.	.
Павел	.	.	.	.	.	.	.
Иван	✓	.	.	.	.	.	.
Вова	.	.	.	.	.	.	.
Аня	.	.	.	.	.	✓	.

Б

	школа	*лекция	магазин	*концерт	кино	общежитие	*стадион
Катя	.	.	.	.	.	.	.
Наташа	✓	.	.	✓	.	.	.
Саша	.	.	.	.	.	.	.
Лёня	.	.	.	.	.	.	✓
Пётя	.	.	.	.	.	.	.
Ира	.	.	✓	.	.	.	.
Зоя	.	.	.	.	.	.	.
Вера	.	.	.	.	✓	.	.
Миша	.	.	.	.	.	.	.
Маша	✓	.	.	.	.	.	.
Антон	.	.	.	.	.	.	.
Павел	.	.	.	.	.	.	✓
Иван	.	.	.	.	.	.	.
Вова	.	.	.	.	.	✓	.
Аня	.	.	.	.	.	.	.

Check the answers you obtained by asking the following question.

Вопро́с 2. — Кто был в / на . . . вчера́?

Наприме́р: — Кто был в кино́ вчера́?
— Вчера́ в кино́ бы́ли Ми́ша и Ве́ра.

Answer the seven questions you hear on the tape in the pauses provided. Answer in the past tense. See the key for the answers.

You will hear: *You say:*
Где был . . . ?   Он был в . . . / на . . .
Где была́ . . . ?   Она́ была́ в . . . / на . . .
Где бы́ли . . . и . . . ? Они́ бы́ли в . . . / на . . .

D   Vocabulary development

*Agree on four places where you spend most of your time. Write down these places in the prepositional case. Ask for the Russian of four verbs describing what one would do in each of these places: **Как по-ру́сски** 'to . . .'? Beside each of the places, list these activities in the infinitive.*

☞ The infinitive form of verbs — Инфинити́в

The infinitive is the form of a verb which you will find in a dictionary. The infinitive of most Russian verbs ends in **-ть**.

Наприме́р: to read = чита́ть
to be = быть
to watch = смотре́ть
to drink = пить

☞ For a discussion of infinitives see 'Grammar summary' (9.1.1).

E   Past reference 2

E1   Who did what where? — Кто . . . ? Где . . . ? Что де́лал . . . ?

☞ The formation of the past tense of the verbs **чита́ть, смотре́ть, пить** is illustrated in the table below. For a discussion of the formation of the past tense see 'Grammar summary' (9.3 and 9.3.1).

infinitive	masculine: я/ты/он	feminine: я/ты/она́	plural: мы/вы/они́
чита́**ть**	чита́**л**	чита́**ла**	чита́**ли**
смотре́**ть**	смотре́**л**	смотре́**ла**	смотре́**ли**
пи**ть**	пи́**л**	пи**ла́**	пи́**ли**

E2 Talking about the past — Где был Ива́н вчера́?

Working in groups, ask and tell each other what the people in the pictures below are called, where they were and what they were doing there.

`Наприме́р:	Студе́нт А	— Как его́ зову́т?
	Студе́нт Б	— Его́ зову́т Ива́н. Где был Ива́н вчера́?
	Студе́нт В	— Он был в ба́ре.
	Студе́нт Б	— А что он там де́лал?
	Студе́нт Г	— Он пил пи́во . . .

E3 Classroom poll — Опрос в классе

Conduct a classroom poll to establish where four of your classmates were yesterday and what they were doing there.

Напримéр: Где ты был / былá вчерá? Что ты там дéлал / дéлала?

Write up your findings and report back to the class what you have discovered.

Напримéр: Джон и Анна бы́ли вчерá в кафé Макдóнальдс. Они́ там
пи́ли лимонáд, éли гáмбургеры и разговáривали о
футбóле . . .

F Theme/topic

F1 The prepositional of topic — О чём . . . ? О ком . . . ?

The preposition *o/об*, which governs the prepositional case, is used to express the topic of a conversation, book, film, etc. The formation of the prepositional case of nouns is illustrated in the table below.

	masculine	*feminine*	*neuter*
hard	о Ельцин*е* ⁺об университéт*е* о футбóльн*ом* мáтч*е*	о класси́ческ*ой* му́зык*е* о кни́г*е*	⁺об óзер*е*
soft	о спектáкл*е* о Ру́сск*ом* музé*е* о Николá*е*	о Кáт*е* о Крáсн*ой* плóщади о лéкци*и* о ру́сск*ой* поэ́зи*и*	о Чёрн*ом* мóр*е* о граммати́ческ*ом* упражнéни*и*

⁺When the noun governed by this preposition begins with a vowel the variant *об* is used.

Look back at the pictures in E2 and discuss the topic of the characters' conversation, book, film, play, TV programme. Answer the questions below.

О чём / о ком они́ разговáривали?   О чём / о ком они́ смотрéли фильм?
О чём / о ком они́ читáли в газéте?   О чём / о ком былá телепередáча?

G Reading and grammar

G1 Text — Жизнь в Москвé

Пётр, Вáня, Николáй, Кáтя и Сóня — студéнты.

В прóшлом году́ они́ бы́ли в Москвé на прáктике и жи́ли в общежи́тии. Натáша — учи́тельница. Онá тогдá рабóтала в Москвé и жилá в гости́нице.

- Что они́ де́лали ве́чером?
- Где они́ бы́ли?
- Куда́ они́ ходи́ли?
- Что они́ там де́лали?

Ната́ша: Ка́ждый день я ходи́ла в магази́н, где покупа́ла хлеб, молоко́ и фру́кты. Ве́чером я у́жинала в гости́нице и смотре́ла телеви́зор. Иногда́ я е́ла в университе́те и сиде́ла весь ве́чер в библиоте́ке, где я чита́ла журна́лы.

Со́ня и Ка́тя: Мы жи́ли в общежи́тии. Днём мы встреча́лись в кафе́. Там мы пи́ли ко́фе и разгова́ривали. Ве́чером мы иногда́ смотре́ли телеви́зор в гости́нице, где жила́ Ната́ша.

Ва́ня и Пётр: Мы ча́сто встреча́лись в рестора́не на пло́щади Пу́шкина, пи́ли пи́во, е́ли га́мбургеры. Пото́м мы смотре́ли кино́ в кинотеа́тре «Росси́я». Иногда́ мы игра́ли в ша́хматы в клу́бе.

Никола́й: Обы́чно я сиде́л весь ве́чер до́ма и слу́шал ра́дио. Иногда́ ве́чером я ходи́л на конце́рт и́ли в теа́тр.

Verb inflections. The past tense

Transcribe the table below and complete it. ***Запо́лните табли́цу.***

как по-англи́йски?	infinitive	masculine я/ты/он	feminine я/ты/она́	plural мы/вы/они́
. . .	чита́**ть**	чита́**л**	чита́**ла**	чита́**ли**
. . .	покупа́**ть**	покуп. . .	покуп. . .	покуп. . .
. . .	игра́**ть**	игр. . .	игр. . .	игр. . .
. . .	рабо́та**ть**	рабо́т. . .	рабо́т. . .	рабо́т. . .
. . .	слу́ша**ть**	слу́ш. . .	слу́ш. . .	слу́ш. . .
to go (on foot)	ходи́**ть**	ходи́**л**	ходи́**ла**	ходи́**ли**
. . .	жи**ть**	жи**л**	жила́	жи́**ли**
. . .	пи**ть**	. . .	. . .	. . .
. . .	ес**ть**	ел	е́ла	е́ли
. . .	сиде́**ть**	сид. . .	сид. . .	сид. . .
. . .	смотре́**ть**	смотр. . .	смотр. . .	смотр. . .
to get together	встреча́**ться**	встреча́**лся**	встреча́**лась**	встреча́**лись**

☞ Adverbials. Expressions of Time

Find all expressions of time in the text «Жизнь в Москве́» and classify them under the following headings:

When? (point of time)   How often? (frequency)
How long? (duration)   And then? (transition)

Using the text «Жизнь в Москве́» transcribe and complete the following table. ***Запо́лните табли́цу.***

Кто?	Что он делал? Что она́ де́лала? Что они́ де́лали?		Где?
. . .	слу́шал ра́дио	. . .	
. . .	смотре́ли кино́	. . .	
. . .	. . .	в библиоте́ке	
. . .	разгова́ривали	. . .	
. . .	. . . хлеб	в магази́не	
. . .	. . . в ша́хматы	. . .	
. . .	. . . телеви́зор	. . .	
. . .	. . . га́мбургеры	. . .	

Вопро́сы и отве́ты.

Give short answers in Russian to the questions below.

 Наприме́р: — Когда́ студе́нты бы́ли на пра́ктике в Москве́?
— В про́шлом году́.

1. Где бы́ли студе́нты на пра́ктике?
2. Где они́ жи́ли?
3. Где жила́ учи́тельница?
4. Как её зову́т?
5. Куда́ она́ ходи́ла ка́ждый день?
6. Что она́ там покупа́ла?
7. Что она́ де́лала в библиоте́ке?
8. Где встреча́лись Ка́тя и Со́ня?
9. Что они́ там де́лали?
10. Где они́ смотре́ли телеви́зор ве́чером?
11. Что обы́чно де́лал до́ма Никола́й?
12. Что Ва́ня и Пётр пи́ли и е́ли в рестора́не?
13. Где они́ смотре́ли кино́?
14. Где они́ иногда́ игра́ли в ша́хматы?

G2 Role-play — Студе́нтка в Пари́же

 A journalist (role A) has been assigned the task of interviewing a foreign student (role B) about his/her year abroad.

Role A: *Complete the questions below, and ask them of B. Record his/her anwser in note form.*

Вопросы

1. К – – тебя́ зову́т и как твоя́ фами́лия?
2. К – – ты?
3. Где ты учи́лась в про́ш – – – году́?
4. Г – – ты там жила́?
5. Куда́ ты ходи́ла дн – –?
6. Что ты покупа́ла в магаз – – –?
7. Ты ча́сто у́жинала вресто – – – –?
8. Где все студе́нты встреча́лись ка́ж – – – ве́чер?
9. Ч – – вы там пи́ли и о ч – – вы разгова́ривали?
10. Куда́ вы ходи́ли вме – – – в воскресе́нье?
11. Бы́ло интере́сно жить в Пар – – –?

Role B: *Complete the text below and answer the journalist's questions. Use these questions to check the words you have inserted in each of the gaps.*

 Меня́ зову́т Ли́нда Си́мпсон. Я студе́нтка. В про́шлом году́ я жила́ в Пари́же, где я . . . в университе́те. Я . . . в общежи́тии в це́нтре го́рода. Днём я . . . на ле́кции и семина́ры в университе́т, и́ли . . . в библиоте́ке. Пото́м я . . . в магази́н и . . . хлеб, молоко́, ко́фе, вино́ и фру́кты. Я обы́чно у́жинала в общежи́тии, но иногда́ . . . в кафе́ и́ли в рестора́н.
Жить в Пари́же бы́ло о́чень интере́сно!
Ка́ждый ве́чер все студе́нты . . . в кафе́ и́ли в ба́ре. Там мы обы́чно . . . вино́ и́ли ко́фе, . . . о поли́тике, о кино́, о му́зыке, о спо́рте. В воскресе́нье мы вме́сте . . . в теа́тр, в кино́ и́ли на конце́рты.
Ве́чером мы . . . в ка́рты и́ли в ша́хматы. Оди́н студе́нт . . . на гита́ре. Иногда́ мы . . . телеви́зор, но не ча́сто.

G3 Text — Попо́вы

Read the text aloud and try to guess the meaning of the new words in the text.

Это Алексе́й. Его́ фами́лия Попо́в. Он студе́нт–фило́лог. Его́ специа́льность – англи́йский язы́к и литерату́ра. Это его́ ма́ма. Она́ журнали́стка, её зову́т Ни́на Ива́новна. Это его́ па́па. Он инжене́р, его́ зову́т Бори́с Никола́евич. Это его́ сестра́ Ольга. Она́ то́же студе́нтка. Она́ хоро́шая спортсме́нка. Его́ брат Оле́г – шко́льник и футболи́ст. Ба́бушка Мари́я Фёдоровна и де́душка Никола́й Ильи́ч – пенсионе́ры.

G4 Exercises — Упражне́ния

Но́вые слова́

Match the English and the Russian words below.

1. фами́лия
2. фило́лог
3. специа́льность
4. инжене́р
5. брат и сестра́
6. шко́льник
7. ба́бушка и де́душка
8. пенсионе́р
9. хоро́шая спортсме́нка

a. engineer
b. brother and sister
c. linguist
d. good at sports
e. old age pensioner
f. surname
g. special subject
h. grandparents
i. schoolboy

Now read the following phrases and word combinations aloud in chorus, paying attention to stress and intonation.

познако́мьтесь; познако́мьтесь: это Алексе́й, а это Джейн
фами́лия; его́ фами́лия Попо́в; её фами́лия Смит
фило́лог; студе́нт-фило́лог; он студе́нт-фило́лог
англи́йский; англи́йский язы́к; англи́йский язы́к и литерату́ра
ру́сский; ру́сский язы́к; ру́сский язы́к и литерату́ра
спортсме́н; спортсме́нка; его́ сестра́ спортсме́нка; его́ сестра́ хоро́шая спортсме́нка
шко́льник; его́ брат шко́льник; его́ брат шко́льник и футболи́ст
ба́бушка; ба́бушка и де́душка; ма́ма, па́па, ба́бушка и де́душка
пенсионе́ры; они́ пенсионе́ры; ба́бушка и де́душка пенсионе́ры

H Cultural awareness

H1 Counting in Russian — Счёт: 1 to 12

Counting to twelve and back. Listen to the cassette. Count to twelve and back with the Russian speaker.

1 оди́н
2 два
3 три
4 четы́ре

5	пять	9	де́вять
6	шесть	10	де́сять
7	семь	11	оди́ннадцать
8	во́семь	12	двена́дцать

Dictation

Write down the numbers from 1 to 12 and back.

H2 School timtetable — Расписа́ние уро́ков в спецшко́ле

Read through the school timetable and answer the questions below.

	понеде́льник	вто́рник	среда́	четве́рг	пя́тница	суббо́та
10.00	а́лгебра	фи́зика	ру́сский язы́к	исто́рия Англии	литерату́ра	ру́сский язы́к
11.00	геоме́трия	хи́мия	эконо́мика	англи́йский язы́к	хи́мия	францу́зская литерату́ра
12.00	геогра́фия Англии	биоло́гия	трудова́я пра́ктика	англи́йская литерату́ра	фи́зика	англи́йский язы́к
Больша́я переме́на						
2.00	оте́чественная исто́рия	физкульту́ра	трудова́я пра́ктика	а́лгебра	зооло́гия	францу́зский язы́к
3.00	исто́рия Фра́нции	физкульту́ра	домово́дство	литерату́ра	бота́ника	геогра́фия Фра́нции

H3 Exercises — Упражне́ния

Give the Russian for Monday, Tuesday, Wednesday, Thursday, Friday, Saturday and the English for **воскресе́нье**.

At what time on a given day do the students study the following subjects? Answer in Russian.

Наприме́р: Algebra on Thursday. В два.

Physics on Friday. English literature on Thursday. Biology on Tuesday.
French geography on Saturday. Literature on Friday. Trigonometry on Monday.
Economics on Wednesday. Zoology on Friday. Chemistry on Friday.
Physical education on Tuesday.

Which would be your favourite / least favourite day. Answer in Russian.

— if you like languages? — if you hate metal/wood work and cookery?
— if you are keen on sports? — if you are not too keen on natural sciences?
— if you are not very good at maths? — if you love literature?

Choosing the subjects from the list below, write your own timetable.

францу́зский		францу́зская	
неме́цкий		неме́цкая	
испа́нский	язы́к	испа́нская	литерату́ра
ру́сский		ру́сская	исто́рия
италья́нский		италья́нская	
англи́йский		англи́йская	

Other possible subjects on your course.

филосо́фия — социоло́гия — археоло́гия — теоло́гия — театрове́дение — странове́дение — лингви́стика, etc.

I Knowing/not knowing

I2 Geography — Геогра́фия (1)

Do you know where these cities are? Ask and answer in turn matching the towns with the appropriate countries.

Наприме́р: — Ты зна́ешь, где Каи́р?
— Зна́ю. Каи́р в Еги́пте.

Жене́ва	Варша́ва	Шотла́ндия	Росси́я
Йорк	Сидне́й	Кана́да	По́льша
Эдинбу́рг	Пари́ж	Испа́ния	Ита́лия
Со́фия	Де́ли	Англия	Че́хия
Торо́нто	Пра́га	Аме́рика	Швейца́рия
Мадри́д	Москва́	Фра́нция	Индия
Мила́н	Вашингто́н	Болга́рия	Австра́лия

I3 Geography — География (2)

РОССИЯ

Ask your partner to point out the towns, seas and lakes which are missing on your map and write them on the map of Russia.

Наприме́р: – Ты зна́ешь, где Омск?
– Зна́ю. Вот он.
– Нет, не зна́ю. А ты зна́ешь?

Студе́нт A needs to find the following:	Арха́нгельск	Волгогра́д
	Екатеринбу́рг	Ирку́тск
	Москва́	*Чёрное мо́ре*

Студе́нт Б needs to find the following:	Ана́па	Владивосто́к
	Му́рманск	Омск
	о́зеро Байка́л	Санкт-Петербу́рг

A

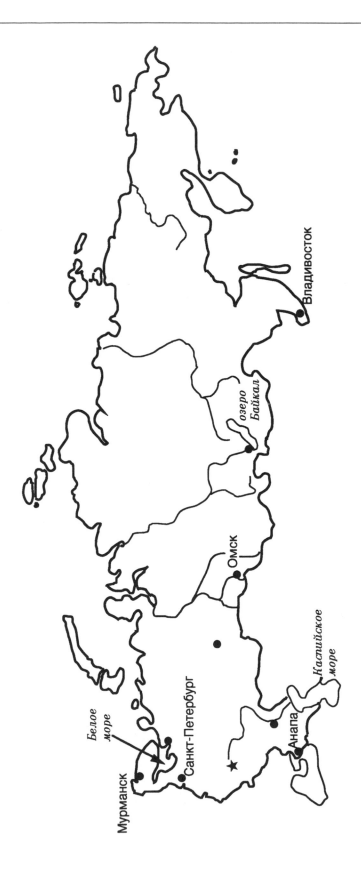

ь

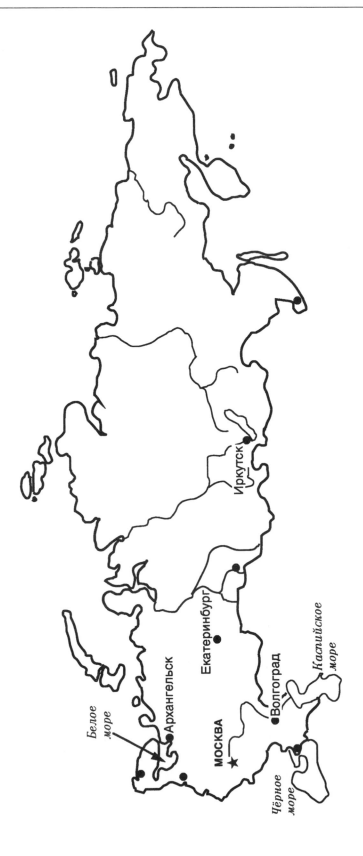

Homework

 For an introduction to the syntactic category of personal pronoun see 'Language awareness' (2.1).

For an introduction to grammatical/inflectional morphology (the noun — case) see 'Language awareness' (2.2).

For an introduction to the semantics of case (the nominative case) see 'Language awareness' (2.3).

 Written exercises — Письменные задания

Упражнение 1. First names. Имена. *Give the formal equivalent of each of the following.*

Алёша	Аня	Боря	Ваня
Вася	Витя	Володя	Галя
Зина	Катя	Коля	Лиза
Люда	Маша	Миша	Наташа
Настя	Оля	Петя	Саша
Серёжа	Таня	Федя	Лена

Упражнение 2. Objects and places. Что где? *Write six sentences stating where you are likely to find each of the objects listed below. Choose a place from the list below. Where several options are possible choose only one.*

Например: Матч на стадионе.

Objects: фильм, балет, ужин, журнал, словарь, телевизор
Places: книжный магазин, университетское общежитие, центральный кинотеатр, французский ресторан, Большой театр, Публичная библиотека

Упражнение 3. Questions and answers. Где он? *Answer the following questions using the phrase supplied in brackets. In your answer replace the noun subject by a pronoun. Nouns which require the preposition **на** are marked with *.*

Например: — Где папа?
                 — Он на стадионе.

1. Где Антон? (русский ресторан)
2. Где мама и папа? (Чёрное *море)
3. Где Кремль? (Красная *площадь)
4. Где Невский проспект? (Санкт-Петербург)
5. Где студентки? (интересная *лекция)
6. Где жираф? (московский зоопарк)
7. Где студенты? (студенческое общежитие)
8. Где Дом книги? (Невский *проспект)

Упражнение 4. Cloze. Где вы были? *Complete the sentences below by putting the words in brackets into the correct form.*

1. — Вы были в (Япония) . . . ?
   — Нет, я не была в (Япония) . . . , но я была во (Франция) . . .
2. Ирина была на (почта) . . . и в (банк) . . .
3. Я часто покупал хлеб в (магазин) . . . на (центральная площадь) . . .
4. Студенты сидели в (университетская библиотека) . . . и читали.
5. Они иногда смотрели телевизор в (студенческое общежитие) . . .
6. Где вы были — на (лекция) . . . или на (семинар) . . . ?
7. — Вы всегда жили в (Берлин) . . . ?
   — Нет, мы жили и в (Париж) . . .
8. Антон читал журнал в (автобус) . . .
9. Профессор был весь день в (Литературный институт) . . .

Упражнение 5. Questions and answers. О ком? О чём? Где? *Answer the following questions using each of the words in brackets. Write full answers. Nouns which require the preposition **на** are marked with *.*

1. О чём / О ком была лекция? (Пушкин / русская опера / классическая музыка / Ленин)
2. О чём была программа по радио? (Большой театр / спорт / жизнь в России)
3. О чём вы разговаривали? (классический балет / лекция / русская история)
4. Где вы работали в прошлом году? (музыкальная школа / Омск / *почта / *завод)
5. Где вы ужинали? (ресторан / гостиница / кафе)
6. Где вы играли в шахматы? (дом / университетское общежитие / спортивный клуб)
7. Где вы были вчера? (зоопарк / концертный зал / центральный *стадион)
8. Где вы учились в прошлом году? (музыкальная школа / Литературный институт / Московский университет)

Упражнение 6. Prepositions. Предлоги «в», «на» и «о». *Insert appropriate prepositions in the spaces provided.*

1. Боря слушал лекцию . . . аудитории.
2. Саша и Миша играли . . . футбол . . . стадионе.
3. Студенты разговаривали . . . коридоре . . . матче.
4. Иван и Мария танцевали . . . дискотеке.
5. Где вы учились . . . прошлом году?
6. . . . чём была лекция?
7. Соня сидела . . . библиотеке и читала книгу . . . революции . . . России.
8. . . . ком вы говорили?
9. Катя и Борис играли . . . шахматы . . . общежитии.
10. Вчера вечером мы были . . . концерте.

Упражнение 7. Verbs in the past tense. Что вы делали? *Select an appropriate verb from the list below and insert it in the appropriate form of the past tense in the spaces provided.*

Verbs: встречаться, жить, играть, работать, разговаривать, сидеть, слушать, танцевать, смотреть, ужинать, учиться, читать

1. Когда он . . . в Литературном институте, он . . . в студенческом общежитии.
2. Вчера вечером Маша . . . дома и . . . телевизор.
3. Он . . . роман.
4. Балерина . . . в Большом театре.
5. Студенты часто . . . в кафе.
6. Кто . . . в шахматы в клубе?
7. Учительница . . . в школе.
8. Марина и Пётр . . . в ресторане.
9. Что вы . . . по радио?
10. Мы . . . о футбольном матче.

Упражнение 8. Guided dialogues. — Где вы были и что вы там делали? *Complete the following dialogues in Russian.*

1. — Что ты делал вчера вечером?
   — . . .
   — О чём была программа по радио?
   — . . . .
2. — . . . ?
   — Я читала журнал в библиотеке.
   — . . . ?
   — Журнал был о жизни в Англии.
   — . . . ?
   — Да, я была в Лондоне в прошлом году.

3. — Где ты была вчера?
   — . . .
   — . . . ?
   — Фильм был о революции в России.
4. — Где ты ужинал вчера?
   — . . .
   — . . . ?
   — Я ел котлеты.
   — . . . ?
   — Я пил пиво.

Упражнение 9. Guided essay writing. Что вы делали на прошлой неделе? *Write a short imaginary diary for last week choosing the places and activities from the lists supplied below. In not less than fourteen sentences write an imaginary account of how you spent that week, where you were and what you did there.*

Activities: смотреть (что?), слушать (что?), пить (что?), есть (что?), покупать (что?), играть (во что?), читать (что?) etc.

Places/events: цирк, магазин, *матч, музей, ресторан, университет, *семинар, кино, *концерт, клуб, театр, *стадион, *урок, общежитие, бассейн

Например: В понедельник я был(а) в кафе. Там я пил(а) чай и ел(а) печенье . . .

Note that the days of the week always begin with a small letter; the following forms with the preposition *в* mean 'on Monday . . .', etc.

в понедельник	во вторник	в среду	в четверг
в пятницу	в субботу	в воскресенье	

Упражнение 10. Reading and comprehension. Реклама. *Read the following advertisement. List the words you can understand. Summarise the advertisement in English.*

Ortex
Внешнеэкономическое коммерческое предприятие «ОРТЭКС» предлагает:

Телевидеоаппаратуру:
телевизоры (экран от 36 см до 72 см); видеомагнитофоны.

Электротовары:
VHS PAL/SECAM, видеомагнитофоны; видеоплейеры; видеокамеры; кондиционеры; портативные генераторы; холодильники; электрические и газовые плиты; пылесосы; кухонные комбайны; стиральные машины.

Оргтехнику и средства связи:
телефонные аппараты с автоответчиками; телефаксы; фотокопировальные машины; электронные печатные машинки с русским и латинским шрифтом; диктофоны; настольные калькуляторы; термобумагу для телефаксов; картриджи для фотокопировальных машин.

Микроавтобусы:
«Мерседес-190Е»

Джипы:
Форд «Транзит»; «Вольво-460GL»; джип «Чероки»; Ниссан «Патрол»; автобус «Мерседес-0303» (49 мест).

Продукция ведущих фирм Японии, США, Западной Европы, Южной Кореи.

 Lexical exercises — Лексические упражнения

11.1 Semantic groups. Семья. *Using the words listed below, design a family tree.*
мама, папа, брат, бабушка, пенсионеры, дедушка, студенты, сестра, инженеры.

11.2 Word collocations. Что делать? *Select a verb which refers to an activity associated with each of the following pairs of places. Supply it in the infinitive form.*

1. в школе / в университете
2. в ресторане / дома
3. в общежитии / в гостинице
4. в библиотеке / дома
5. в кафе / в клубе

11.3 Word collocations. Что делать и где? *List two places where one might reasonably expect to do each of the following. Supply the places in the prepositional case with the appropriate preposition.*

1. танцевать
2. слушать музыку
3. покупать хлеб
4. играть в карты
5. смотреть телевизор
6. разговаривать о политике

11.4 Crossword. Days of the week and parts of the day. Какой день недели? Какое время суток?

По горизонтали: 5. Wednesday; 6. week; 7. Sunday; 8. Friday; 10. Tuesday
По вертикали: 1. Monday; 2. evening; 3. Thursday; 4. day; 5. Saturday; 9. morning

11.5 Vocabulary notebook. Как расширить свой словарь. *Update your vocabulary notebook/folder. When recording verbs, make sure you supply examples of the various constructions they govern.*

Например: играть (во что?)   играть в карты
             играть (на чём?)   играть на гитаре
             играть (где?)   играть в клубе

Listening comprehension

The following sections from Unit 2 have been recorded on tape:

C3   Где был . . . ?
G1   Жизнь в Москве
G3   Поповы
G4   Counting in Russian

Упражнение 1. Listen and repeat. Лексика. *Listen to the following groups of words and repeat each word after the Russian speaker in the pauses provided on the tape. Mark the stress on words of more than one syllable. Then do the tasks indicated for each group.*

1.1 *In each of the following columns identify the odd word out.*

бассейн	год	ужин	пить
бар	день	хлеб	есть
страна	месяц	фрукты	ужинать
магазин	неделя	чай	читать
общежитие	юг	водка	обедать

1.2 *In each of the following columns identify the words which are verbs.*

сидеть	автомобиль	Кремль	есть
слушать	смотреть	учитель	пять
тетрадь	день	играть	быть
танцевать	спектакль	ужинать	пить
жизнь	площадь	жить	шесть

1.3 *In each of the following columns identify the words for which you would use the pronoun* **она**.

запад	практика	бабушка	музыка
карта	тетрадь	молоко	студент
море	урок	ужин	студентка
север	учитель	сестра	университет
страна	учительница	папа	физика

1.4 *In each of the following columns identify the words which have the same root as the first word.*

шахматы	жить	учиться	когда
институт	гид	учитель	физика
университет	жизнь	балет	химик
шахматист	туризм	учительница	литература
школьник	общежитие	кинотеатр	тогда

Упражнение 2. Dictation. Диалоги. *Listen and repeat. Mark the stress on words of more than one syllable. Write down the missing nouns and prepositions*

1. — Где Иван?
   — Он в . . .
   — А Даша?
   — Она тоже в . . .

2. — Где Антон?
   — Он на . . .
   — А Зоя тоже на . . .
   — Да.

3. — Скажите, Вова дома?
   — Нет.
   — А где он?
   — Он . . .

4. — Где Саша?
   — Он . . .
   — А Миша?
   — Он тоже . . .

5. — Петя и Аня . . . ?
— Да, они здесь, . . .

6. — Где Ира и Катя?
— Они . . .

7. — Где Маша?
— Она . . .
— А Наташа?
— Она тоже . . .

8. — Где Алёша?
— Он . . .
— А Павел?
— Он тоже там, . . .

Упражнение 3. Dictation. Шотландские студенты в Санкт-Петербурге. *Listen to the text and fill in the missing verbs in the gaps. Then answer the questions which follow the text in Russian.*

В прошлом году студенты из Глазго учились в России. Вот что они рассказали. В январе мы . . . в Санкт-Петербурге, где мы . . . в университете. Утром мы . . . на лекции и семинары, а днём . . . в библиотеке. Мы . . . в общежитии, где был буфет. Обычно вечером мы . . . в буфете, но иногда . . . в магазин, . . . там хлеб, молоко, кофе и . . . дома.

В общежитии был большой телевизор, и мы каждый вечер . . . новости. Иногда вечером мы . . . в шахматы в клубе. Раз в неделю мы . . . в кино или в театр. Мы часто . . . в баре на Невском проспекте. Там мы . . . пиво, вино или шампанское, . . . о музыке, о кино, о литературе, о спорте. На улице было холодно, а в баре было тепло и хорошо. Один русский студент . . . на гитаре, и мы пели русские песни. В баре мы всегда . . . только по-русски!

Вопросы

Listen to the questions. Supply the missing question words. Then answer the questions in Russian.

1. К – – – – шотландские студенты были в Санкт-Петербурге?
2. Г – – они учились?
3. К – – – они ходили утром?
4. К – – – – они занимались в библиотеке?
5. Г – – они обычно ужинали?
6. Ч– – они покупали в магазине?
7. К – – часто они смотрели новости?
8. К – – – студенты ходили раз в неделю?
9. Г – – они часто встречались?
10. Ч – – они там пили?
11. О ч – – они разговаривали?
12. К – – играл на гитаре?

Упражнение 4. Sums. Арифметика. *Listen to the tape, write down the sums and their answers.*

Упражнение 5. Comprehension. Лабиринт. *You are in a large shopping arcade. Listen to the directions given on the tape. Make the moves along the squares in the maze below starting each time with **вход** (entrance). Number the places you end up in from 1 to 5 and answer the question **Где вы?** in Russian about each place you visit: **Я в** . . .*

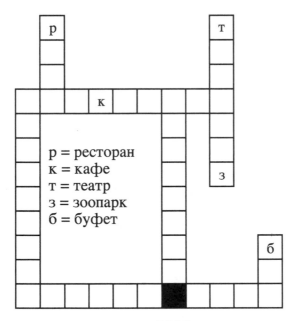

р = ресторан
к = кафе
т = театр
з = зоопарк
б = буфет

ВХОД

In this unit you will learn how to:

- introduce people and respond
- refer to likes, dislikes, wishes and necessity
- refer to movement
- talk about work, leisure and study

Classwork

A Cultural awareness

A1 Full names — Фами́лия, и́мя и о́тчество

Meet the Smirnov family.

Смирно́вы

па́па   ма́ма
Ива́н ♥ Ольга
↓
де́ти
Еле́на Ива́новна и Бори́с Ива́нович

Now complete the following family tree, using the names and patronymics supplied below.

*Names and patronymics (**именá и óтчества**):* Сергéй Пáвлович, Василий Николáевич, Нúна Алексáндровна, Галúна Васúльевна, Алексáндр Борúсович

Борúс Семёнович	♥	Ларúса Алексéевна
	↓	
1	♥	Ольга Игоревна
	↓	
Пáвел Петрóвич	♥	2
	↓	
3	♥	Надéжда Максúмовна
	↓	
4	♥	Ирúна Сергéевна
	↓	
Михаúл Владúмирович	♥	5

A2   Visitors — Гóсти

 Read the text aloud with the teacher. Imitate her/his intonation and pronunciation.

After the first reading, try to guess what the title means. Read the parts in class as a role-play.

(The door bell rings. Alexei's family have visitors.)

Джейн: Здрáвствуйте!
Джим: Здрáвствуйте!
Пáпа: Здрáвствуйте, здрáвствуйте! Вóлков Борúс Николáевич. А вас как зовýт?

Алексе́й:	Познако́мьтесь: э́то Джейн и Джим, студе́нты из Гла́зго. А э́то — де́душка и ба́бушка, па́па и ма́ма.
Де́душка:	Очень прия́тно. Я — де́душка, Никола́й Ильи́ч, а э́то...
Ба́бушка:	Что?.. Кто?.. Как?.. Как вас зову́т?
Алексе́й:	Её зову́т Джейн.
Джейн	Я студе́нтка из Гла́зго.
Джим	А меня́ зову́т Джим. Я то́же студе́нт и то́же шотла́ндец.
Ма́ма	Очень прия́тно. Меня́ зову́т Ни́на Петро́вна, мо́жно про́сто Ни́на. Пожа́луйста, пожа́луйста!..

(Shows them into the room where the younger Volkovs are waiting at the table laid for tea.)

Оле́г	А! Приве́т! Меня́ зову́т Оле́г. А вы — Джим и Джейн из Гла́зго? Я зна́ю: в Гла́зго о́чень хоро́шие футболи́сты! Ой, да! Познако́мьтесь: э́то Ольга.
Ольга	Очень прия́тно. Мой брат зна́ет то́лько футбо́л!..
Ба́бушка	Пожа́луйста, к столу́: ру́сский чай, самова́р...
Ма́ма	Вот са́хар и молоко́. Или лимо́н?..
Джейн	Молоко́, пожа́луйста.
Джим	Мо́жно лимо́н?
Ольга	Вот, пожа́луйста, лимо́н. А вот торт, конфе́ты, шокола́д.
Джим	Спаси́бо большо́е.
Джейн	Спаси́бо, торт о́чень хоро́ший, и конфе́ты то́же.
Ма́ма	Пожа́луйста!

Asking for and giving permission   *— Мо́жно?*   *— Пожа́луйста.*

A3   Famous people — Истори́ческие де́ятели

Match the names and descriptions by allocating the appropriate number to each name.

Алекса́ндр Серге́евич Пу́шкин 1799–1837	(1) Russian playwright and short story writer. Author of *The Lady with a Dog, Uncle Vanya, The Three Sisters, The Seagull*, etc.
Лев Никола́евич Толсто́й 1828–1910	(2) Soviet prose writer, playwright and critic. Author of the novel *Mother*.
Фёдор Миха́йлович Достое́вский 1821–1881	(3) Soviet astronaut. The first man in space.
Анто́н Па́влович Че́хов 1860–1904	(4) Russian scientist and poet. Founder of Moscow University in 1755.
Пётр Ильи́ч Чайко́вский 1840–1893	(5) Collector of Russian art work and founder of the Tretyakov Gallery in Moscow.
Влади́мир Ильи́ч Ле́нин 1870–1924	(6) Russian composer, pianist and conductor.
Макси́м Го́рький 1868–1936	

Юрий Алексе́евич Гага́рин
1934–1968

Ио́сиф Виссарио́нович Ста́лин
1879–1953

Па́вел Миха́йлович Третьяко́в
1832–1898

Наде́жда Константи́новна Кру́пская
1869–1939

Ива́н Серге́евич Турге́нев
1818–1883

Михаи́л Васи́льевич Ломоно́сов
1711–1765

Серге́й Васи́льевич Рахма́нинов
1873–1943

(7) Close associate and wife of V. I. Lenin.

(8) Russian novelist. Author of *War and Peace, Anna Karenina*, etc.

(9) Russian poet. Considered the father of the Russian literary language. Author of *The Queen of Spades, Eugene Onegin*, etc.

(10) Founder of the Communist Party of the Soviet Union and of the Soviet State.

(11) Russian writer, friend of Tolstoy. Author of many novels, including *Fathers and Sons*.

(12) Russian composer. His best known works include the opera *Eugene Onegin* and the ballets *Swan Lake* and *The Sleeping Beauty*. . .

(13) Close associate of V. I. Lenin. Ruled the Soviet Union after Lenin's death.

(14) Russian novelist. Author of *Crime and Punishment, The Idiot, The Brothers Karamazov* etc.

1. Write a list of all the names alphabetically by surname. Supply each person's dates.
2. Match the following English and Russian titles. What strategies did you use to inform your guesses? Do you know who wrote these works?

1. «На дне́»	☐	*Uncle Vanya*
2. «А́нна Каре́нина»	☐	*The Three Sisters*
3. «Спя́щая краса́вица»	☐	*Mother*
4. «Идио́т»	☐	*Lower Depths*
5. «Дя́дя Ва́ня»	☐	*War and Peace*
6. «Бра́тья Карама́зовы»	☐	*Anna Karenina*
7. «Пи́ковая да́ма»	☐	*Eugene Onegin*
8. «Мать»	☐	*Swan Lake*
9. «Преступле́ние и наказа́ние»	☐	*The Queen of Spades*
10. «Евге́ний Оне́гин»	☐	*The Sleeping Beauty*
11. «Три сестры́»	☐	*The Idiot*
12. «Лебеди́ное о́зеро»	☐	*The Brothers Karamazov*
13. «Война́ и мир»	☐	*Crime and Punishment*
14. «Отцы́ и де́ти»	☐	*Fathers and Sons*

B   Likes and dislikes

B1   Likes and dislikes — Я люблю / не люблю . . .

☞   **Verb inflections. The infinitive**

Я люблю́ . . . / Я не люблю́ + infinitive
                  чита́*ть*
                  смотре́*ть* телеви́зор
                  пи*ть* пи́во

V⁺   **Vocabulary development. Infinitives**

Devise a bilingual list of activities which you like or dislike doing: **Я люблю . . . ;**
Я не люблю . . . *Ask the teacher:* **Как по-ру́сски** *'to . . . '?*

B2   The direct object — Что?

☞   The direct object in a sentence is expressed by a noun or pronoun in the accusative case. For example, **Я читал (что?) журна́л / газе́ту** (I read (what?) a (the) magazine/ newspaper). Very often in Russian-language textbooks and dictionaries, the case governed by a verb is indicated by the interrogatives **что?** or **кто?** in the appropriate case.

☞   The following table illustrates the formation of the accusative case of inanimate nouns and adjectives. See 'Grammar summary' (4.2).

	masculine	feminine	neuter
hard	спорт Большо́й теа́тр	Москву́ Литерату́рную газе́ту	америка́нское кино́ кра́сное вино́
soft	инди́йский чай музыка́льный спекта́кль	ру́сскую исто́рию поэ́зию Кра́сную пло́щадь	Чёрное мо́ре студе́нческое общежи́тие

Write down the nominative singular of the nouns in the table above. What rule can you deduce about the formation of the accusative case of inanimate nouns?

B3   What do you like? — Ты лю́бишь . . . ?

Я люблю́ / не люблю́ + accusative

— Ты лю́бишь во́дку / пи́во / лимона́д?
— Да, люблю́. / Нет, не люблю́.

— Ты лю́бишь джаз?
— Да, о́чень. / Нет, не о́чень.

— Ты бо́льше лю́бишь джаз или рок-му́зыку?
— Я бо́льше люблю́ джаз.

Vocabulary development. Nouns

Devise a list of things which you like or dislike.

 Опрос в классе

Design two questionnaires to establish (1) the likes/dislikes and (2) the preferences of four of your classmates.

1. — Ты любишь . . . ?   — Да, люблю. / Нет, не люблю.
2. — Ты больше любишь . . . или . . . ?   — Я больше люблю . . .

Complete the questionnaires and report your findings back to the class.

B4   Pair work — Кто что любит делать?

 Working in pairs, use the two tables below to ask and answer in turn about the likes and dislikes of the people in the table.

Например: — Петя любит играть в карты?   — Да, любит.
                                                                    — Нет, не любит.

А

	Зоя	Петя	Ира	Миша	Лена
читать детективы	любит		не любит		любит
смотреть телевизор		любит	любит		
слушать рок-музыку	любит		не любит		не любит
пить пиво и вино		не любит	не любит		
разговаривать о футболе	не любит		любит		любит
играть в пинг-понг		не любит	не любит		
есть в кафе «Макдональдс»	любит		любит		любит
читать газеты		любит	не любит		
танцевать	любит		любит		не любит
сидеть дома		любит	не любит		

Б

	Зоя	Петя	Ира	Миша	Лена
читать детективы		любит		не любит	
смотреть телевизор	не любит			не любит	любит
слушать рок-музыку		не любит		любит	
пить вино и пиво	любит			не любит	любит
разговаривать о футболе		любит		любит	
играть в пинг-понг	любит			любит	не любит
есть в кафе «Макдональдс»		любит		не любит	
читать газеты	не любит			не любит	любит
танцевать		не любит		любит	
сидеть дома	не любит			не любит	любит

Summarise the information in your table.

Например (1):   — Что лю́бит/не лю́бит де́лать Зо́я?
— Она́ лю́бит чита́ть детекти́вы, слу́шать рок-му́зыку, пить вино́ и пи́во, игра́ть в пинг-по́нг, есть в кафе́ «Макдо́нальдс» и танцева́ть. Она́ не лю́бит смотре́ть телеви́зор, разгова́ривать о футбо́ле, чита́ть газе́ты и сиде́ть до́ма.

Например (2):   — Кто лю́бит слу́шать рок-му́зыку?
— Зо́я и Ми́ша лю́бят слу́шать рок-му́зыку.

☞ As in English the pronoun **кто** (who) always governs a verb in the third person singular. See Unit 2 C1.

Например: — Кто лю́бит чита́ть газе́ты?
— Ле́на и Пе́тя.

B5   Naming people — Как зову́т Горбачёва?

☞ In the first two units you learnt how to ask someone's name using the question **Как его́/её зову́т?** You also learnt how to answer that question using the construction **Его́/её зову́т** . . In these questions and answers the pronoun *его́/её* is not in the nominative case, because it is not the subject of the verb. It is in the accusative case.

✎ *Recall how you name yourself and enquire about others' names. Supply the accusative of the pronouns in the table below.*

number	gender	person	case	
			nominative	accusative
singular	masculine and feminine	1st person	я	.....
singular	masculine and feminine	2nd person	ты	.....
singular	masculine	3rd person	он	.....
singular	feminine	3rd person	она́	.....
plural	masculine and feminine	1st person	мы	нас
plural	masculine and feminine	2nd person	вы	.....
plural	masculine, feminine and neuter	3rd person	они́	их

☞ **The accusative case of animate nouns**

masculine:	Пу́шкина	Толсто́го
	Го́голя	Достое́вского
feminine:	Ахма́тову	

Do you know the nominative case forms of these names? If not, find them in the lists below. Can you deduce a rule for the formation of the accusative case of animate nouns?

👥 *Match the famous people in the first list to their first names and patronymics in the second list. Спроси́те друг дру́га и отве́тьте:* **Как зову́т Терешко́ву/Горбачёва/Чайко́вского?**

Surnames

писа́тели	полити́ческие де́ятели	други́е
А. С. Пу́шкин	М. С. Горбачёв	Ю. А. Гага́рин
Н. В. Го́голь	Б. Н. Ельцин	В. Н. Терешко́ва
Л. Н. Толсто́й	В. И. Ле́нин	Р. М. Горбачёва
Ф. М. Достое́вский	И. В. Ста́лин	М. П. Му́соргский
А. А. Ахма́това		П. И. Чайко́вский
М. И. Цвета́ева		

First names and patronymics

1. Лев Никола́евич
2. Никола́й Васи́льевич
3. Юрий Алексе́евич
4. Валенти́на Никола́евна
5. Влади́мир Ильи́ч
6. Михаи́л Серге́евич
7. Раи́са Макси́мовна
8. Мари́на Ива́новна
9. Пётр Ильи́ч
10. Моде́ст Петро́вич
11. Алекса́ндр Серге́евич
12. Ио́сиф Виссарио́нович
13. Бори́с Никола́евич
14. Фёдор Миха́йлович
15. Анна Андре́евна

Who are/were these people? What are they famous for?

В6   Who loves whom? — Кто кого́ лю́бит?

Working in pairs, ask and answer who loves whom. Then complete the table below.

Наприме́р: — Кого́ лю́бит Анна? — Бори́с лю́бит Анну?
            — Анна лю́бит Бори́са. — Нет, Бори́с не лю́бит Анну.

А

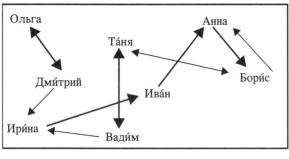

──▶ лю́бит   ──▶ не лю́бит

Б

	Бори́с	Анна	Та́ня	Ири́на	Ольга	Вади́м	Дми́трий	Ива́н
Бори́с	x x x x							
Анна		x x x x						
Та́ня			x x x x					
Ири́на				x x x x				
Ольга					x x x x			
Вади́м						x x x x		
Дми́трий							x x x x x x	
Ива́н								x x x x

B7 Animate direct object — Кого́?

Put the words in brackets into the correct form as in the model. Then insert the diminutive form from the list below into the sentences in the right-hand column.

Наприме́р: Я не люблю́ (Ви́ктор).   Я не люблю́ Ви́ктора.
                                              Я не люблю́ Ви́тю.

Diminutive forms: Бо́ря, Ва́ня, Воло́дя, Гри́ша, Ди́ма, Ко́ля, Ко́стя, Ми́ша, Са́ша, Серёжа

1. (Бори́с) встреча́л Анну в кафе́.   . . . встреча́л Анну в кафе́.
2. (Влади́мир) всегда́ слу́шал па́пу.   . . . всегда́ слу́шал па́пу.
3. Ма́шу вчера́ ви́дел (Алекса́ндр).   Ма́шу вчера́ ви́дел . . .
4. Мы о́чень лю́бим (Серге́й).   Мы о́чень лю́бим . . .
5. (Никола́й) зна́ет Лю́ба.   . . . зна́ет Лю́ба.
6. Олю лю́бит (Дми́трий).   Олю лю́бит . . .
7. Она́ слу́шала (Ива́н).   Она́ слу́шала . . .
8. Ты не ви́дел (Константи́н)?   Ты не ви́дел . . . ?
9. Я до́лго ждал (Михаи́л).   Я до́лго ждал . . .
10. Я зна́ю (Григо́рий).   Я зна́ю . . .

B8 Poetry — Он люби́л . . .

Listen to the reading of the Anna Akhmatova poem. Mark on the stress. Attempt to read the poem with the speaker.

Он любил три вещи на свете:
За вечерней пенье, белых павлинов
И стёртые карты Америки,
Не любил, когда плачут дети,
Не любил чая с малиной
И женской истерики.
. . . А я была его женой.

(Анна Ахматова, 1910)

C   The past tense

C1 What were they doing? — Кто что де́лал ве́чером в до́ме но́мер 10?

В дом но́мер де́сять пришёл милиционе́р и спроси́л: Кто что де́лал ве́чером?

What did the residents tell the policeman they were doing that day? Choose from the list below or add your own suggestions. Complete the diagram so that it illustrates your sentences.

Слова́рь: игра́ть в игру́шки   игра́ть на гита́ре/пиани́но
             слу́шать му́зыку/ра́дио . . .   смотре́ть телеви́зор/футбо́л . . .

убира́ть кварти́ру
гото́вить обе́д/у́жин . . .
пить чай/во́дку . . .

чита́ть газе́ту/кни́гу. . .
де́лать уро́ки

1. В кварти́ре но́мер . . . Ива́н Ива́нович . . .

2. В кварти́ре но́мер . . . Ма́ша . . .

3. В кварти́ре но́мер . . . де́ти . . .

4. В кварти́ре но́мер . . . ма́ма . . .

5. В кварти́ре но́мер . . . студе́нты . . .

6. В кварти́ре но́мер . . . па́па . . .

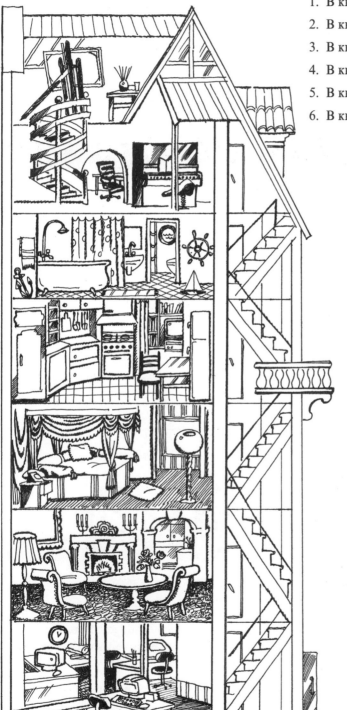

C2 What did we do in class? — Что мы де́лали на заня́тии?

Match the class activities and the noun phrases listed below.

Class activities: учи́ть, повторя́ть, писа́ть, чита́ть, слу́шать, де́лать, отвеча́ть

. . . ру́сский алфави́т	. . . стихи́ Пу́шкина	. . . на вопро́сы
. . . текст	. . . кассе́ту	. . . грамма́тику
. . . сочине́ние	. . . учи́тельницу	. . . «Литерату́рную газе́ту»
. . . но́вые слова́	. . . перево́д	. . . расска́з Че́хова
. . . контро́льную рабо́ту	. . . дикта́нт	. . . граммати́ческие упражне́ния

D Reading and grammar

D1 Text — Мать и сын

Жи́ли-бы́ли мать и сын. *Ка́ждый день мать рабо́тал*а, а сын ничего́ не де́лал. Он не люби́л рабо́тать. Одна́жды мать *це́лый день рабо́тал*а, а сын сиде́л до́ма, смотре́л в *окно́*, лежа́л на дива́не и кури́л. Ве́чером, когда́ мать пришла́ домо́й, сын сказа́л:
— Я хочу́ есть.
Мать пригото́вила *ры́бу*, сын съел *оди́н кусо́к и сказа́л*:
— Я не хочу́ есть *э́ту ры́бу*, потому́ что она́ невку́сная.
Мать ничего́ не сказа́ла.
*На друго́й день мать сказа́л*а:
— Сего́дня ты до́лжен рабо́тать.
Це́лый день они́ рабо́тали. Ве́чером, когда́ они́ пришли́ домо́й, мать пригото́вила *ры́бу*. Сын бы́стро съел *всё и сказа́л*:
— Кака́я сего́дня вку́сная ры́ба!

D2 Vocabulary development — Но́вые слова́

| окно́ | кусо́к | дива́н | ры́ба |

☞ **The imperfective and perfective forms of verbs**

Russian dictionaries give two infinitives for each verb: imperfective and perfective. The perfective infinitive of many verbs is formed by a prefix which is added before the stem. Some perfective forms are completely different from the imperfective, as with ***сказа́ть*** from the text in D1 which is the perfective of ***говори́ть***.

Fill in the blank spaces in the table with verbs from the text **«Мать и сын»**. *Запо́лните табли́цу.*

imperfective	perfective	imperfective	perfective
рабóтать	порабóтать	есть	
	посмотрéть	жить	прожи́ть/пожи́ть
	полюби́ть	готóвить	
	посидéть		захотéть
	полежáть		сдéлать
	покури́ть	приходи́ть	прийти́: пришёл, пришлá, пришли́

D3 Grammar — Грамма́тика

☞ **'Double' negatives with verbs**

Что ты дéлал?	Я ничегó не дéлал.
Что ты читáла?	Я ничегó не читáла.
Что ты ел у́тром?	Я ничегó не ел.
Что онá сказáла?	Онá ничегó не сказáла.

☞ **The accusative case:**

The expressions in italics in the text are all in the accusative case. Categorise them into three groups: (1) direct objects, (2) adverbials of time and (3) other.

☞ **Aspects. What are they?**

*Read the following two passages from the text «**Мать и сын**». Compare the two texts and deduce a rule of thumb for the use of imperfective and perfective past.*

- *What do the verbs in the first text have in common?*
- *How do they differ from the verbs in the second text?0*

Imperfective verbs

Жи́ли (-бы́ли) мать и сын. Ка́ждый день мать рабóтала, а сын ничегó не дéлал. Он не люби́л рабóтать. Однáжды мать цéлый день рабóтала, а сын сидéл дóма, смотрéл в окнó, лежáл на дивáне и кури́л. Цéлый день они́ рабóтали.

Perfective verbs

Вéчером, когдá мать пришлá домóй, сын сказáл: (—Я хочу́ есть.) Мать приготóвила ры́бу, сын съел оди́н кусóк и сказáл: (—Я не хочу́ есть э́ту ры́бу, потому́ что онá невку́сная.) Мать ничегó не сказáла. На слéдующий день мать сказáла: (—Сегóдня ты дóлжен рабóтать.) Вéчером, когдá они́ пришли́ домóй, мать пригото́вила ры́бу. Сын бы́стро съел всё и сказа́л: (—Кака́я сего́дня вку́сная ры́ба!)

 For a discussion of aspects see Grammar summary (9.3.3).

D4   Guided writing — Письменное заданле

 Retell the story in strip cartoon form. Make sure that every element of the original text is expressed visually.

 Listen to the recorded version of the story and answer the questions which are read on the tape.

E   Likes — wishes — necessity

E1   Vocabulary development — Но́вые слова́

 Devise a list of activities one might like, want or have to do:

Я люблю́ . . . + infinitive
Я хочу́ . . . + infinitive
Я до́лжен/должна́ . . . + infinitive

 For a discussion of the expression of obligation see 'Grammar summary' (7.3.3.2).

E2   He wants to . . . , but has to . . . — Он хо́чет . . . , а до́лжен . . .

хоте́ть	я хочу́/ты хо́чешь	
	он/она́ хо́чет	
	мы хоти́м/вы хоти́те	} спать
	они́ хотя́т	
до́лжен	я/ты/он до́лжен	
	я/ты/она́ должна́	} рабо́тать
	мы/вы / они́ должны́	

 Now ask what your partner would like to do this evening, and what he/she has to do instead.

— А что ты хо́чешь де́лать сего́дня ве́чером?
— А что ты до́лжен/должна́ де́лать?

 Ask and answer each other in turn to complete tables A and B.

Что хо́чет де́лать Ива́н? А что он до́лжен де́лать?
Что хо́чет де́лать Ольга? А что она́ должна́ де́лать?
Что хотя́т де́лать студе́нты? А что они́ должны́ де́лать?

	хо́чет/хотя́т	до́лжен/должна́
Ива́н	смотре́ть футбо́л	
Ка́тя и Ми́ша		сиде́ть до́ма
Ольга	смотре́ть телевизор	
Бори́с		рабо́тать
учи́тельница	игра́ть на роя́ле	
ма́ма		убира́ть кварти́ру
профе́ссор	лежа́ть на дива́не	
студе́нты		занима́ться в библиоте́ке
Ната́ша и Га́ля	игра́ть в ша́хматы	
Анна Ива́новна		идти́ в магази́н
Пе́тя	игра́ть в хоккей	

Б

	хо́чет/хотя́т	до́лжен/должна́/должны́
Ива́н		чита́ть кни́гу
Ка́тя и Ми́ша	игра́ть в те́ннис	
Ольга		де́лать уро́ки
учи́тельница		чита́ть сочине́ния
ма́ма	слу́шать концéрт	
профе́ссор		гото́вить ле́кцию
Ната́ша и Га́ля		гото́вить у́жин
Анна Ива́новна	игра́ть на гита́ре	
Пе́тя		слу́шать ле́кцию

F Expressing motion

F1 'To go' (on foot) — Ходи́ть

Он/я/ты ходи́л
Она́/я/ты ходи́ла ⎫
Они́/мы/вы ходи́ли ⎭ в/на . . . + accusative

F2 Going places — Куда́ . . . ? в/на . . .

☞ The accusative case is used to express destination.

Куда́ ты ходи́л вчера́? Я ходи́л в Ру́сский музе́й. Я ходи́л в музыка́льную шко́лу.
Я ходи́л в Большо́й теа́тр. Я ходи́л на интере́сную ле́кцию.
Я ходи́л на стадио́н. Я ходи́л на по́чту.
Я ходи́л в общежи́тие. Я ходи́л на заня́тие.

Note that the same nouns which take the preposition *на* in the prepositional case also take *на* in the accusative. For a table listing the nouns governed by the prepositions *в* and *на* see Grammar summary (10.2.2). They are marked with an asterisk (*) in this unit.

 Рабо́та в кла́ссе

1. *Ask each other: Куда́ ты ходил(а) вчера́?*
2. *List all the places your classmates went yesterday. State which gender the places are. Place an asterisk beside the nouns governed by the preposition на. Design a table illustrating (a) the nominative form of the place name, (b) the adverbial of place in the accusative case (motion) and (c) the adverbial of place in the prepositional case (location).*

F3 Motion and location — Куда́ . . . ? Где . . . ?

☞ Compare the first three examples in the table below. Note that the two sentences are two ways of expressing the same thing.

ходи́ть (куда́?) в/на . . .	быть (где?) в/на . . .
Я ходи́л в бар.	Я был в ба́ре.
Ты ходи́ла в Ру́сский музе́й.	Ты была́ в Ру́сском музе́е.
Он ходи́л на Центра́льный стадио́н.	Он был на Центра́льном стадио́не.
Она́ . . . в . . .	Она́ . . . в италья́нском рестора́не.
Мы ходи́ли в . . .	Мы . . . в Большо́м теа́тре.
Вы . . . в кни́жный магази́н.	Вы . . . в . . .
. . . на рабо́ту.	Он был на . . .
Она́ . . . на уро́к.	Она́ . . . на . . .
Вы ходи́ли на . . .	Вы . . . на интере́сной ле́кции.
. . . в . . .	Я была́ в студе́нческом общежи́тии.
Мы . . . на дискоте́ку.	Мы . . . на . . .

Complete the rest of the table using the accusative or the prepositional case as appropriate.
Заполните пропуски в таблице.

F4   Days of the week — Дни недели

  Как по-русски *on Monday/on Tuesday . . .*? *Identify the gender of each of the days of the week.*

| в понедельник | во вторник | в среду | в четверг |
| в пятницу | в субботу | в воскресенье | |

You have been telephoning your partner every day, but could not find him/her in. Ask and answer in turn where you went each day. Fill in the blanks in your table according to your partner's answers.
*Note that in Russian 'to visit (friends)' is expressed by the idiom **ходить в гости**.*

Например: — Куда ты ходил/ходила в понедельник?
— В понедельник я ходил/ходила в/на. . .

А

понедельник	
вторник	*дискотека
среда	
четверг	университет/*лекция
пятница	
суббота	музей/*выставка
воскресенье	

Б

понедельник	библиотека
вторник	
среда	театр/*опера
четверг	
пятница	клуб/*концерт
суббота	
воскресенье	гости

F5 'To go' (by some means of transport) — Ездить

☞ Он/я/ты е́здил
Она́/я/ты е́здила } в/на . . . + accusative
Они́/мы/вы е́здили

Make a list of all the countries and cities you know in Russian. Group them according to gender.

Using the countries and cities you have listed, write sentences stating where you went last year: **В про́шлом году́ я е́здил(а) в . . .** *(All cities and most countries are governed by the preposition* **в***.)*

G Humour

G1 Joke 1 — Ле́кция профе́ссора Н.

Read the following joke. The order of the sentences has been jumbled up. Try to work out the correct order.

☐ «Не надо! Все студенты знают, что профессор Н. плохо читает лекции».

☐ «Да», — сказал другой.

☐ «Я должен пойти», — сказал другой. «Я профессор Н.».

☐ Два человека разговаривали в автобусе.

☐ «Вы хотите сегодня пойти на лекцию профессора Н.?» — спросил один.

G2 Joke 2 — Сочине́ние о футбо́ле

Read the following joke. The order of the sentences has been jumbled up. Try to work out the correct order.

☐ Один школьник написал очень быстро.

☐ Учительница посмотрела его работу и прочитала:

☐ Учительница сказала, что школьники должны написать сочинение о футболе.

☐ «Шёл дождь, футбола не было».

G3 Joke 3 — Что де́лали де́ти?

Read the following joke and match each element of the dialogue with a frame of the cartoon.

☐ Папа пришёл домой и спросил:

☐ «Что вы сегодня делали дома, дети?»

☐ «Я мыла посуду!» — сказала Маша.

☐ «А я её вытирал», — сказал Петя.

☐ «А потом я собирала кусочки . . . » — сказала мама.

  Listen to the stories as recorded on tape and mark on the stress marks as appropriate.

G4 Game — Игра́

Agree on a time limit (one or two minutes for each exercise). In teams of two or three, make up as many sentences as you can combining each of the pairs of words given below. The winning team is the one with the greatest number of correct sentences.

Наприме́р: кни́га—кни́жный магази́н

Мы купи́ли кни́гу в кни́жном магази́не.
Я чита́л кни́гу в кни́жном магази́не.
Мы говори́ли о кни́ге в кни́жном магази́не.
«Я хочу́ посмотре́ть кни́гу о Росси́и», — сказа́л профе́ссор, когда́ пришёл в кни́жный магази́н.
Он написа́л кни́гу о кни́жном магази́не.
В кни́жном магази́не она́ не рабо́тала, а ду́мала о кни́ге.
Когда́ Пе́тя шёл в кни́жный магази́н, он чита́л кни́гу и не уви́дел маши́ну.

(1) Со́ня—Большо́й теа́тр   (2) студе́нты—ча́сто   (3) ка́ждый день—*дискоте́ка

H Numerals

H1 Counting from 1 to 19 — Счёт: 1 . . . 19

Write the numbers 1 to 10 on the board. Each read out a number in turn. After each reading rub off one of the letters. Keep reciting the numbers until there are no letters left on the board. Then write out the numbers from memory.

State how many of the following objects there are.

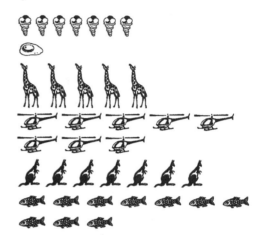

H2 Counting from 10 to 29 — Счёт: 10 . . . 29

11 одиннадцать	14 четырнадцать	17 сешнадцать
12 двенадцать	15 пятнадцать	18 восемнадцать
13 тринадцать	16 шестнадцать	19 девятнадцать

H3 Арифме́тика

10+ 🐄🐄🐄 =

10+ 🦘🦘🦘🦘🦘 =

10+ 🦒🦒🦒🦒 =

10+ 🐋🐋🐋🐋🐋🐋🐋 =

10+ 🐟🐟 =

10+ 🐿🐿🐿🐿🐿🐿🐿🐿 =

10+ 🦉🦉🦉🦉🦉🦉 =

10+ 🦅🦅🦅🦅🦅🦅🦅🦅 =

10+ 🐁🐁🐁🐁🐁🐁🐁🐁🐁🐁 =

H4   Counting from 20 to 29 — Счёт: 20 . . . 29

20 двáдцать	22 двáдцать два
21 двáдцать одѝн	23 двáдцать три, etc.

Design your own board game. In each box put the name of a place: a country, a city or a place/public amenity in a town. Throw a die and move the number of places indicated by the number on the die. As you move through the grid, read the numbers in each box you pass. When you stop, say where you are (in the prepositional case). If you make a mistake, move back to СТАРТ. Идѝте назáд!

Как по-англѝйски «шаг вперёд и два шáга назáд»?

	ФИНИШ!	*29*	*28* *два шáга назáд*
24 *три шáга назад*	*25*	*26*	*27*
23	*22*	*21* *одѝн шаг вперёд*	*20*
16	*17*	*18*	*19* *одѝн шаг назáд*
15	*14*	*13*	*12*
8	*9*	*10* *два шáга вперёд*	*11*
7	*6*	*5*	*4*
СТАРТ →	*1*	*2*	*3*

Homework

For an introduction to the syntactic category of noun (animate and inanimate reference and countable, non-countable and collective nouns) see 'Language awareness' (3.1 and 3.2).

For an introduction to the semantics of case (the accusative case) see 'Language awareness' (3.3).

For an introduction to word order in Russian see 'Language awareness' (3.4).

For an introduction to sociolinguistics (naming and greeting) see 'Language awareness' (3.5).

Written exercises — Письменные задания

Упражнение 2. Case endings. Грамматика. The following tables summarise the formation of the endings of masculine, neuter and feminine nouns in the cases you have covered to date.

Indicate which gender each of the tables refers to, which case each row exemplifies and insert appropriate forms where they have been omitted from the tables. Check your answers by comparing them to the forms supplied in the tables in the Grammar Summary 2.2.

Gender: _____

case	hard inanimate	hard animate	soft -й inanimate	soft -й animate	soft -ь inanimate	soft -ь animate
	университет	. . .	. . .	. . .	спектакль	. . .
	университет	. . .	музей	. . .	. . .	писателя
	(в)	(о) студенте	(в)	(о) герое	(о) спектакле	(о)

Gender: _____

case	hard -о	soft -е	soft -ие
	слово	. . .	. . .
	. . .	море	упражнение
	(о)	(на) море	(в)

Gender: _____

case	hard inanimate	hard animate	soft -я	soft -ия	soft -ь
	. . .	. . .	неделя	. . .	тетрадь
	школу	. . .	. . .	лекцию	. . .
	(в)	(о) сестре	(на) неделе	(на)	(в)

Упражнение 2. The accusative case. Когда использовать этот падеж *The following list describes various uses of the accusative. Read through the questions and answers supplied below and indicate which of the uses, listed below is illustrated in each example:*

(a) *to express destination in answer to the question 'Where (to)?'*
(b) *to express time reference in answer to the question 'When?'*
(c) *to express the direct object in answer to the question 'What?'*
(d) *to express time reference in answer to the question 'For how long?'*
(e) *to express the direct object in answer to the question 'Whom?'*
(f) *to express time reference in answer to the question 'How often?'*

Examples:

1 Что ты читал?   (Я читал) журнал / книгу.
2. Кого ты видел?   Я видел Катю/Ивана.
3. Куда ты ходил вчера?   Я ходил в кино/в школу/в театр.
4. Ты часто ходил в библиотеку?   Да, каждый день.
5. Сколько времени он сидел в библиотеке?   Весь день.
6. Когда она ходила в театр?   В понедельник.

Упражнение 3. Questions and answers. Кого? Что? *Answer the following questions using the words given in brackets. Write full sentences.*

1. Что вы видели на улице? (автобус, Белый дом, новая машина, станция метро)
2. Что вы читали вечером? (интересная книга, «Литературная газета», американский журнал)
3. Что слушали студенты в клубе? (лекция, концерт, классическая музыка)
4. Что вы ели утром? (мясо, вкусная рыба, чёрный хлеб)
5. Что вы пили утром? (индийский чай, кофе, молоко)
6. Кого вы видели вчера? (профессор, бабушка, Катя)

Упражнение 4. Questions and answers. Кто/что? О ком/о чём? Кого/что? *Answer the following questions using the words supplied in brackets.*

1. (интересная книга) Что вы читали? О чём вы говорили? Что было на столе?
2. (Иван) Кто был в классе? Кого видела Соня? О ком говорил студент?
3. (сестра) Кого вы давно не видели? Кто написал это письмо? О ком вы часто думали?

Упражнение 5. Cloze. Кто что делал? *Insert the missing letters in the following sentences. Match the sentences with the pictures on this and the next pages.*

1. Иван сид – – в парке и читал кни – – .
2. Борис ходил на выста – – – .
3. Миша сидел до – – и пис – – письмо.
4. Мария и Сергей ужин – – – в рестор – – – .
5. Антон иг – – – на рояле.
6. Павел и Наташа пи – – лимонад в кафе.
7. Маша смот – – – – фильм о жиз – – в Москве.
8. Профес – – – Иванов был в муз – –
9. Андрей занимался в библио – – – – .
10. Петя и папа иг – – – – в шахм – – – дома.
11. Таня и Николай танце – – – – в рестор – – – .
12. Дедушка сидел на див – – – и чит – – гдзету.
13. Пётр Иванович ход – – на поч – – .
14. Студенты смот – – – – матч на стадио – – .
15. Иван раб – – – – в рестора – – .

Упражнение 6. Prepositions. Предлоги «в» и «на». *Insert appropriate prepositions in the spaces provided.*

1. Я ходил . . . театр.
2. Я ходил . . . стадион.
3. Я ходил . . . семинар.
4. Я ходил . . . институт.
5. Я ходил . . . библиотеку.
6. Я ходил . . . галерею.
7. Я ходил . . . лекцию.

8. Я ходил . . . общежитие.
9. Я ходил . . . оперу.
10. Я ходил . . . Красную площадь.
11. Я ходил . . . матч.
12. Я ходил . . . цирк.
13. Я ходил . . . клуб.
14. Я ходил . . . школу.

Упражнение 7. Guided writing. Диалоги. *Complete the following dialogues.*

1. — . . . ?
   — Вчера я читала интересный роман.
   — . . . ?
   — Я читала весь вечер.
   — . . . ?
   — Роман был о ФСБ и ЦРУ.

2. — Ты знаешь, кого я видел вчера?
   — . . . ?
   — Машу.
   — . . . ?
   —Вчера утром.
   — . . . ?

— В библиотеке.

— . . . ?

— Она там занималась.

3. — . . . ?

— В прошлом году я был в Москве.

— . . . ?

— В общежитии.

— . . . ?

— В буфете.

4. —Когда ты был в Москве, ты ходил в Большой театр?

— . . .

— . . . ?

— Да, часто. Каждую неделю.

— . . . ?

— Я больше люблю балет.

5. —Ты уже видела новый фильм Вуди Аллена?

— . . . ?

— Хочешь пойти вместе?

— . . .

— . . . ?

— Нет, в среду я должна заниматься в библиотеке.

— А в понедельник?

— . . .

Упражнение 8. Guided writing. Сочинение на тему: что я делал вчера? *Write an account (real or imaginary) of what you did yesterday. Answering the questions below might help. You should join your answers together into a continuous text.*

Что вы делали утром/днём/вечером?

Где вы были?

Что вы там делали?

Куда вы ходили?

(Note the use of the verb **пошли** in the question: **а потом куда вы пошли?**)

Где вы обедали/ужинали?

Что вы ели/пили?

Что вы смотрели? (по телевизору / в кино / в театре)

Что вы слушали по радио?

Что вы читали?

О чём вы читали?

О чём вы разговаривали?

Упражнение 9. Scanning and word recognition. Объявления: куплю *Read through the entries in the wanted column below, then refer to the exercises which follow.*

Куплю

Новую импортную мебель или отдельно мягкую мебель; бинокль БПЦ 20х60.
Тел. 438-92-46

Аварийный автомобиль «Жигули», прицеп ММЗ.
Тел. 393-41-02

Приёмник «Сони 7600, 2001Д» и подобные; импортные: дрель, лобзик, инструменты, мультиметр, осциллограф, телефон, газовую плиту, электробритву.
Тел. 353-67-29

Дачу. Тел. 482-45-93

Видеодеку «Шарп-70, 501, 779», цветной телевизор 230, 266, 280, 281, стереомикрокассетник, диктофон.
Тел. 210-40-8626

Импортные: кинескоп, телевизор, монитор, плеер, автокассетник.
Тел. 142-74-37

Книги по авангарду, футуризму, а также пасхальные яйца, статуэтку и бронзовый канделябр, часы каминные, небольшую картину старого мастера.
Тел. 170-48-23, Михаил Семёнович

Старинные открытки, значки, жетоны, каталог монет. Тел. 451-62-00

Генератор телевизионных сигналов ГИС 002.
Тел. 153-83-57

Пианино. Писать: Москва, 107140, аб. ящ. 421

Садовый домик, дом, полдома (до 100—150 км).
Тел. 335-36-91

Садовый домик, часть дома, дом в деревне.
Тел. 215-81-43

Японскую видеокамеру «Панасоник М7», аккумуляторы к ней и к «Хитачи 600».
Тел. 554-56-88

Велосипед «Стартшоссе».
Тел. 341-09-68

Автомобиль ВАЗ, ГАЗ-24.
Тел. 336-19-15

Старинные настольные, напольные часы.
Тел. 277-48-69

Книги и журналы (до 1917 г.), собрания сочинений. Тел. 406-69-91

Небольшой недорогой кирпичный дом.
Тел. 931-76-47, Надежда Николаевна.

1. *Find the Russian for the following.*

| furniture | car | telephone | gas cooker |
| electric shaver | candelabra | generator | bicycle |

2. *Transliterate the following brand names.*

| Сони | Панасоник | Хитачи | Шарп |

3. *List any other words you can recognise or decipher.*

10. Lexical exercises — Лексические упражнения

10.1 Word search. Учёба *In the following word search find the sixteen words referring to education, language and language learning.*

у	ч	и	т	е	л	ь	з	к	а	с	с
с	ч	л	ш	к	о	л	а	д	г	л	а
т	х	и	м	и	я	в	ч	у	р	о	к
у	т	г	т	з	ф	з	ё	ф	а	в	к
д	е	л	е	ь	г	а	т	й	м	о	т
е	к	а	ф	о	с	н	д	о	м	а	е
н	с	г	щ	ж	ю	я	м	ф	а	з	т
т	т	о	д	и	к	т	а	н	т	я	р
й	у	л	е	к	ц	и	я	и	и	ё	а
ф	и	з	и	к	а	е	т	ш	к	ч	д
о	а	х	т	с	е	м	и	н	а	р	ь
у	п	р	а	ж	н	е	н	и	е	ь	н

10.2 Incomplete words. Что можно делать? *Supply the missing letters in the following phrases.*

1. Что можно делать утром?
   есть з – – – р – к   п – – у – – – ь бутерброд в буфете
   х – – – ть на занятия   пить – о – е
   з – – – м – – – – я в библиотеке ч – – а – – газету

2. Во что можно играть?
   в т – – – ис   в к – р – ы
   в ш – – – а – ы   в ф – т – л
   в х – – к – й   в б – – – етб – –

3. Что можно делать вечером?
   пить – – во   встречаться в – – – е
   ч – – – – – детективы   т – – е – – – – на дискотеке
   – – р – – – в карты   слушать поп- – – з – – –
   – мо – – – – – телевизор

4. Что можно читать/писать?

с – ч – – – – – е   к – и – –
д – т – – – – – ы   р – – ан
ст – – и   п – – ь – о

5. Что / кого можно слушать?

к – – с – – у   л – – – – ю
п – – – у – – – у   ра – – о
п – – н – – т –   у – – т – – ь – – – у

10.3   Crossword 1: Что делать, когда хочется есть?
        Verbs associated with food and drink

10.4   Crossword 2: От одного до десяти.
        Numerals one to ten

10.5   Semantic groups. О чём можно разговаривать? *List ten things you often talk about.*

10.6   Verb-noun collocations. Режим дня. *List five objects which could reasonably be governed by each of the following verbs. Put them in the appropriate form.*

читать, есть, пить, смотреть, слушать, покупать

10.7   Semantic groups. Время. *Put the periods of time listed below in order. List them from the shortest to the longest.*

неделя, день, вечер, год, месяц

Listening comprehension

The following sections from Unit 3 have been recorded on tape:

A2   Гости
B8   Он любил . . .
D1   Мать и сын
G1, 2, 3 Юмор

Упражнение 1. Listen and repeat. Лексика. *Listen to the following three groups of words and repeat each word after the Russian speaker in the pauses provided on the tape. Mark the stress on words of more than one syllable. Then do the tasks indicated for each group.*

1.1   *In the following columns indicate which object(s) are associated with the place listed first.*

вокзал	море	квартира	почта	стадион
машина	рыба	кусок	открытка	завтрак
поезд	хлеб	час	письмо	газета
троллейбус	молоко	телефон	кофе	матч
метро	пиво	диван	чай	юг

1.2   *In the following columns indicate which activities are associated with the place listed first.*

библиотека	дом	занятие	концерт	ресторан
есть	знать	есть	слушать	заниматься
лежать	сидеть	учиться	разговаривать	ужинать
читать	готовить	мыть	играть	спать
говорить	убирать	завтракать	курить	обедать

1.3 *In the following columns indicate which adjectives/pronouns are associated with the nouns listed first.*

вино	день	рыба	балет	хлеб
красное	красный	красная	красный	красный
белое	белый	белая	белый	белый
чёрное	чёрный	чёрная	чёрный	чёрный
большое	большой	большая	большой	большой
вкусное	вкусный	вкусная	вкусный	вкусный
это	этот	эта	этот	этот
каждое	каждый	каждая	каждый	каждый

Упражнение 2. Comprehension. Как зовут его папу? *Listen to the tape and connect the names of the children to their father's names, and then the fathers' names to their jobs.*

children's names	fathers' names	fathers' jobs
Витя	Павел Иванович	милиционер
Петя	Алексей Ильич	учитель
Настя	Степан Петрович	инженер
Марина	Семён Борисович	шофёр такси
Лёня	Иван Сергеевич	детский врач

Упражнение 3. Саша и Соня. *Read the text below with the Russian speaker. Mark the stress on words of more than one syllable.*

Каждый день Саша и Соня завтракали рано утром. Но сегодня они встали поздно, потому что вчера они ходили на дискотеку. Завтракали они недолго. На завтрак Соня ела фрукты и пила сок, а Саша съел один бутерброд и выпил чашку кофе. Когда они позавтракали, Саша пошёл в университет на лекцию, а Соня — в библиотеку. В библиотеке Соня читала книгу об Англии. После лекции Саша пообедал в буфете и пошёл домой. Дома он сидел на диване и читал газету, а Соня готовила ужин. Когда Соня приготовила ужин, они поужинали и пошли в парк. Они долго гуляли в парке.

Вопросы. *Listen to the questions on the tape. Fill in the missing words. Answer each question in Russian in the pauses provided.*

1. Когда обычно . . . Саша и Соня?
2. Почему сегодня они . . . поздно?
3. Что . . . Соня на завтрак?
4. А что она . . . ?
5. Что . . . и что . . . на завтрак Саша?
6. Куда . . . Саша, когда они . . . ?
7. А куда . . . Соня?
8. Где . . . Саша после лекции?
9. Что . . . Саша, когда Соня . . . ужин?
10. Где . . . Саша и Соня, когда они . . . ?

Упражнение 4. Dictation. Диалоги. *Listen to the five dialogues. Repeat them with the speaker. Fill in the gaps in the sentences below.*

1. — . . . вы ходили вчера?
   — Я ходил в кино на новый американский . . . А вы?
   — А я . . . футбольный матч на . . .

2. — . . . ты была вчера вечером?
   — Я была на . . . А ты?
   — А я никуда не . . . —сидел весь вечер . . . и . . . телевизор.

3. —Алло! Извините, пожалуйста, Виктор . . . ?
   — Нет. Он ушёл в . . .
   — Скажите, а . . . он ушёл?
   — Минут . . . назад.

4. —Вы . . . вчера интересную программу по телевизору?
   — Нет. А о . . . была эта программа?
   — О жизни в . . .

5. —Здравствуй! Я давно не . . . тебя. Где ты была?
   — Я была в . . .
   — Как интересно! А где ты там . . . ?
   — Я училась в . . . и жила в . . .

Упражнение 5. Counting. От десяти до двадцати. *Listen and repeat the numbers after the Russian speaker.*

Упражнение 6. Sums. Арифметика. *You can probably guess the meaning of* **плюс и минус**. *Listen to the sums recorded on tape and fill in the numbers (in figures). Supply the results in Russian in the pauses after each sum.*

(1) . . . плюс . . . = . . .   (6) . . . ми́нус . . . = . . .
(2) . . . плюс . . . = . . .   (7) . . . ми́нус . . . = . . .
(3) . . . плюс . . . = . . .   (8) . . . ми́нус . . . = . . .
(4) . . . ми́нус . . . = . . .   (9) . . . плюс . . . = . . .
(5) . . . плюс . . . = . . .   (10) . . . ми́нус . . . = . . .

Упражнение 7. Speaking about yourself. Что я делал(а) вчера? *Answer the questions on the tape in Russian. Do not use a dictionary, use only the words you know.*

1. Что вы де́лали вчера́ у́тром?
2. Что вы пи́ли и е́ли на за́втрак?
3. Куда́ вы ходи́ли у́тром?
4. Где вы обе́дали?
5. Где вы занима́лись?
6. Что вы чита́ли в библиоте́ке?
7. Куда́ вы ходи́ли ве́чером?
8. Что вы там де́лали?

UNIT 4 **урок**

Classwork

A Telling the time

A1 What time is — Ско́лько сейча́с вре́мени? Кото́рый час?

☞ *Вре́мени* is a form of the noun *вре́мя* (time). See 'Grammar summary' (2.5.2). For a discussion of numerals and nouns see 'Grammar summary' (8.1.2).

Сейча́с   час.
            два, три, четы́ре часа́.
            пять, шесть . . . двена́дцать часо́в.

Ско́лько вре́мени?

A2 Times of day — Семь часо́в ве́чера / утра́.

Три часа́ дня.   Шесть часо́в утра́.   Семь часо́в ве́чера.   Два часа́ но́чи.

 Лото́

*Write down six different times. Specify whether they are a.m. (**но́чи, утра́**) or p.m. (**дня, ве́чера**). Take it in turns to name a time. The first person to have all their times called out wins.*

A3 Time zones — Ско́лько вре́мени в . . . , когда́ в Ло́ндоне 10 часо́в ве́чера?

— Ско́лько вре́мени в Москве́? (+3)   — Ско́лько вре́мени в Хе́льсинки? (+2)
— Ско́лько вре́мени в То́кио? (+9)   — Ско́лько вре́мени в Гонко́нге? (+8)
— Ско́лько вре́мени в Пари́же? (+1)   — Ско́лько вре́мени на Ку́бе? (–4)
— Ско́лько вре́мени во Владивосто́ке?(+10)   — Ско́лько вре́мени в Вашингто́не?(–5)

A4 At what time — Во ско́лько . . . ?

в час (дня / но́чи)
в 2, 3, 4 часа́
в 5, 6, 7, 8, 9, 10, 11, 12 часо́в

 Посмотри́те, что и когда́ де́лал вчера́ Ми́ша:

8.00 утра́	за́втрак
9.00	университе́т
10.00	ле́кция о Шекспи́ре
12.00	семина́р о дра́ме
1.00 дня	обе́д в буфе́те
по́сле обе́да	библиоте́ка: «Война́ и мир»
7.00 ве́чера	у́жин до́ма
9.00	ТВ: но́вости
10.00	ра́дио: «Дя́дя Ва́ня»

Слова́:   за́втрак → за́втракать   обе́д → обе́дать   у́жин → у́жинать

 Запо́лните про́пуски в те́ксте:

Вчера́ Ми́ша . . . в во́семь часо́в утра́. Он . . . ко́фе и . . . бутербро́ды. Пото́м он . . . ле́кцию в университе́те. В час дня он . . . в буфе́те. Пото́м Ми́ша . . . «Войну́ и мир» в библиоте́ке. Он . . . до́ма в семь часо́в ве́чера. В де́вять часо́в он . . . но́вости по телеви́зору. В де́сять часо́в он . . . «Дя́дю Ва́ню» по ра́дио.

B Cultural awareness

B1 Plural of nouns — Мнóжественное числó

☞ The following table illustrates the formation of the nominative plural of all nouns and the accusative plural of inanimate nouns.

	masculine	feminine	neuter
hard	ромáны урóки*	газéты кнѝги*	óкна
soft	словарѝ музéи	тетрáди аудитóрии	моря́ заня́тия

Supply the nominative singular of the nouns in the table above. Deduce rules for the formation of the nominative plural of nouns.
*What spelling rule affects the formation of the nominative plural of some nouns? See 'Grammar summary' (1.2).

*State whether the following noun phrases are in the singular or plural. Supply the plural form of singular phrases and the singular of plural ones. Note the nominative plural of adjectives is the same in adjectives of all genders. However, a spelling rule determines whether -**ы** or - **и** should be used.*

Напримéр:	нóвое слóво	нóвые словá
	граммати́ческое прáвило	граммати́ческие прáвила
	большóй дом	больши́е домá

интерéсный рассказ; лéкция о Росси́и; послéдняя кассéта; нóвый текст; трýдный вопрóс; рýсская пéсня; прáвильный глагóл; стихотворéние Пýшкина; рýсские ромáнсы; вкýсные бутербрóды; документáльный фильм; граммати́ческие упражнéния

B2 Classroom activities — Кýрсы рýсского языкá

Using the verbs supplied below and the nouns and phrases supplied in B1, indicate what the students did in each of the classes they attended:

V+

Глагóлы: есть, отвечáть (на), переводи́ть, петь, писáть, повторя́ть, слýшать, смотрéть, учи́ть, читáть

Расписáние студéнтов-филóлогов

9.00	граммáтика	15.00	перевóд
10.00	домáшнее чтéние	16.00	разговóрная прáктика
11.00	фонéтика	17.00	лéксика
12.00	пи́сьменная прáктика	18.00	странове́дение
13.00	обéд	19.00	ýжин
14.00	литератýра	20.00	Вéчер рýсской песнд

B3 Genres — Жáнры

Supply the nominative plural of the following nouns:

ромáн	пóвесть	пьéса	расскáз	фильм
скáзка	газéта	журнáл	словáрь	учéбник

Below is a list of publications. Indicate what genre the two texts on each line belong to. Select your answers from the genres listed in B3.

1. «Одúн день Ивáна Денúсовича» и «Пúковая дáма»
2. «Дáма с собáчкой» и «Тóлстый и тóнкий»
3. «Жар-птúца» и «Василúса Прекрáсная»
4. «Огонёк» и «Деловы́е лю́ди»
5. «Рýсский язы́к для всех» и «Рýсский для бизнесмéнов»
6. «Три сестры́» и «Дя́дя Вáня»
7. «Войнá и мир» и «Брáтья Карамáзовы»
8. «Ивáн Грóзный» и «Андрéй Рублёв»
9. «Аргумéнты и фáкты» и «Москóвские нóвости»
10. «Рýсско-англúйский словáрь» и «Англо-рýсский словáрь»

C   Daily routine

C1   Vocabulary development — Нóвые словá

Devise a list of daily activities which punctuate the day. In what order and at what time did you do each of them yesterday? Состáвьте распоря́док дня: когдá и что, напримéр, вы дéлали вчерá?

C2   Text — Борúс

Listen to the text and try to answer the following questions. Ответьте на вопрóсы по тéксту. Then indicate the correct order of the cartoon pictures.

1. Когдá обы́чно вставáл Борúс?
2. Во скóлько он приходúл на рабóту?
3. В котóром часý он нáчал читáть кнúгу?
4. Скóлько бы́ло врéмени, когдá Борúс прочитáл кнúгу?
5. Когдá Борúс заснýл?
6. Во скóлько он встал ýтром?
7. В котóром часý он прúнял лекáрство?
8. Во скóлько он встал на слéдующий день?
9. В котóром часý он прúнял душ?
10. Когдá он пришёл на рабóту?

Listen to the text again and answer the following questions. Отвéтьте на вопрóсы по тéксту.

1. Что люби́л дéлать Бори́с?
2. Что он пригото́вил вéчером?
3. Что сказáл начáльник, когдá Бори́с опоздáл на рабóту?
4. Что емý дáли товáрищи?
5. Что сказáл Бори́с, когдá его товáрищи пришли́ на рабóту?
6. Что сказáли товáрищи в отвéт?

Бори́с óчень люби́л читáть. Кáждый вéчер он дóлго не ложи́лся спать и кáждое ýтро вставáл пóздно. Поэ́тому он всегдá опáздывал на рабóту.

Однáжды вéчером Бори́с пригото́вил ýжин и поýжинал. Потóм при́нял душ. Лёг на дивáн и нáчал читáть интерéсную кни́гу. Когдá он прочитáл кни́гу, бы́ло ужé 2 часá нóчи. Он лёг спать. Но дóлго не мог заснýть. Заснýл Бори́с тóлько в 4 часá утрá. Утром он встал пóздно – в 9 часóв. И, конéчно, опоздáл на рабóту.

«Не хорошó опáздывать», – сказáл начáльник.

Товáрищи дáли емý лекáрство и сказáли:

«Вот лекáрство. Ты дóлжен принимáть егó вéчером.»

Вéчером Бори́с немнóго почитáл. Потóм при́нял лекáрство и бы́стро заснýл. Встал Бори́с óчень рáно – в 7 часóв. Он при́нял душ, позáвтракал, и в 8 часóв он был ужé на рабóте. Когдá пришли́ его товáрищи, он сказáл:

«Сегóдня я пришёл рáно.»

«Но где ты был вчерá?» – спроси́ли товáрищи.

(*Смотри́ и говори́*, Посóбие по разви́тию рéчи для инострáнных студéнтов, 126–8)

 Глагóлы

Note that the perfective form is not always derived from the imperfective by prefixation. Also, a number of verbs can have several perfective variants. For a discussion of the formation of aspectual pairs see 'Grammar summary' (9.5.2).

Напримéр: вставáть/встать   опáздывать/опоздáть
говори́ть/сказáть   принимáть/приня́ть
засыпáть/заснýть   спрáшивать/спроси́ть
ложи́ться/лечь   читáть/почитáть (немнóго)
начинáть/начáть   читáть / прочитáть (кóнчить читáть)

 Словосочетáния

Note the following common word collocations

ложи́ться/лечь спать   дéлать/сдéлать урóки
принимáть/приня́ть душ   готóвить/пригото́вить ýжин/обéд
принимáть/приня́ть лекáрство   готóвить/пригото́вить лéкцию/урóки

C3 Exercises — Упражнéния

Using different coloured pencils/highlighters, indicate which words/phrases/clauses in the text answer each of the following questions.

Кто?   Что?   Когдá?   Где?   Кудá?

Отвéтьте на вопрóсы по тéксту.

Почемý?   потомý что

Почемý Борúс чáсто опáздывал на рабóту?
Почемý он заснýл тóлько в 4 часá утрá?
Почемý товáрищи дáли емý лекáрство?
Почемý он рáно лёг спать?
Почемý он бы́стро заснýл?

V+

In the text find antonyms (words with the opposite meaning) to each of the following and give the English for both words.

вставáть	проснýться	рáно
хорошó	мéдленно	ýтром

C4 Aspects: What are they? — Вúды глагóла

☞ **The background: imperfective aspect**

What kind of person is Boris? In the text find the verbs that characterise Boris and the norms of the fictional reality he inhabits. These verbs provide us with the background and contextual information we need to interpret the story.

☞ **The plot: perfective aspect**

What happened to Boris? In the text find all the verbs which provide the narrative thread and move the story on.

☞ If you were to write a summary of this story, would it contain predominantly imperfective or perfective verbs? Why?

Make up the conversation which Boris had with his boss.

D Humour

D1 Exercises — Упражнéния к тéксту

Read through the text «Телефóнная бýдка» and give the Russian for the following words.

1. wife	3. telephone box	5. receiver
2. a watch	4. to lift (x 2)	6. to continue

Illustrate each section of the story.

D2 Text — Телефóнная бýдка

1. Однáжды мы шли домóй. Вдруг моя́ женá увѝдела на ýлице телефóн-автомáт.
2. Женá вошлá в телефóнную бýдку, сняла́ трýбку и началá говорѝть.
3. Я посмотрéл на часы́. Прошлó ужé дéсять минýт. Женá продолжáла говорѝть по телефóну.
4. Прошлó ужé двáдцать минýт, двáдцать пять, трѝдцать, трѝдцать дéвять! А женá продолжáла говорѝть.
5. Тогдá я пóднял бýдку и пошёл домóй. А женá всё продолжáла говорѝть по телефóну.

(*Улы́бка*, Progress Publishers, Moscow, 1971: 41)

D3 Discourse structures — начáть, продолжáть, кóнчить

Beginnings, middles and ends

Note that the following verbs are always followed by an imperfective infinitive.

начала́
продолжáла   +   imperfective infinitive
кóнчила

Prefixed verbs of motion

In this text, and many others you will read in the coming weeks, you will come across prefixed verbs of motion. These are presented systematically and revised in Unit 15. For the time being, we recommend that you start to compile a list of the prefixes and the verbs they commonly modify. In your list, identify the prefix clearly; indicate what additional meaning it confers on the verb of motion; supply an example of the use of each verb by writing down a sentence which clearly illustrates the meaning and the adverbial construction(s) which each verb governs. For a table illustrating the meanings of prefixed verbs of motion see 'Grammar summary' (9.7.4).

Напримéр: Женá вошлá в телефóнную бýдку.
Prefix *во-* (inwards) + verb *идти* (to go on foot) = to enter
Adverbial: *кудá?* expressed using the preposition *в* and the accusative case.

Discuss the use of aspects

Imperfective

1. Однáжды мы шли домóй.
2. Женá (началá) говорѝть.
3. Женá продолжáла говорѝть.
4. А женá всё продолжáла говорѝть по телефóну.

Perfective

1. Вдруг моя́ женá увѝдела телефóн.
2. Женá вошлá в телефóнную бýдку, сняла́ трýбку и началá говорѝть.

3. Я посмотре́л на часы́. Прошло́ уже́ де́сять мину́т.

4. Прошло́ два́дцать мину́т, два́дцать пять . . . три́дцать де́вять!

5. Тогда́ я по́днял бу́дку и пошёл домо́й.

 Write the wife's side of the story.

E   Reading and comprehension

E1   Text — Валенти́на Терешко́ва

 Валенти́на Терешко́ва – пе́рвая же́нщина-космона́вт.

Валенти́на Терешко́ва родила́сь в дере́вне. Её оте́ц был трактори́ст. Её мать рабо́тала на фа́брике в го́роде Яросла́вле. Де́ти учи́лись в шко́ле. Валенти́на то́же начала́ рабо́тать на фа́брике, когда́ око́нчила шко́лу.

Она́ рабо́тала на фа́брике и учи́лась в те́хникуме. Она́ люби́ла чита́ть и слу́шать му́зыку. Она́ была́ хоро́шая спортсме́нка. Валенти́на ча́сто ходи́ла в аэроклу́б, потому́ что она́ люби́ла парашю́тный спорт.

Когда́ лётчик-космона́вт Юрий Гага́рин полете́л в ко́смос (1961 г.), Валенти́на начала́ учи́ться в шко́ле космона́втов.

Че́рез два го́да Валенти́на Терешко́ва, пе́рвая же́нщина-космона́вт, полете́ла в ко́смос.

Пото́м она́ вы́шла за́муж. Её муж, Андрия́н Никола́ев, то́же космона́вт. И тепе́рь её фами́лия Никола́ева-Терешко́ва. Её дочь зову́т Алёнушка.

 Note that *де́ти* (children) is a word used only in the plural. The word *ребёнок* (child) is used in the singular.

E2   Exercises — Упражне́ния

In the text find the sentences or parts of sentences which bear out the following statements. Найди́те в те́ксте сле́дующую информа́цию.

1. Both her parents worked.
2. Her family lived in the country.
3. On leaving school she worked with her mother.
4. She continued to study after leaving school.
5. She enjoyed sport.
6. She first wanted to fly into space in 1961.
7. She is now married with a daughter.
8. She was not an only child.
9. Her family lived not far from Yaroslavl.
10. Valentina was still single when she flew into space.

*Listen to the recording of the text and indicate whether each of the following statements is true (**пра́вильно**) or untrue (**непра́вильно**).*

1. Валенти́на Терешко́ва родила́сь в Яросла́вле.
2. Её оте́ц рабо́тал в дере́вне.
3. Её мать рабо́тала в дере́вне.
4. Когда́ Валенти́на око́нчила шко́лу, она ста́ла рабо́тать в дере́вне.
5. Когда́ Валенти́на око́нчила шко́лу, она́ ста́ла учи́ться в те́хникуме.
6. Она́ мно́го чита́ла.
7. Она́ не люби́ла спорт.
8. Юрий Гага́рин – лётчик-космона́вт.
9. Муж Валенти́ны – тракори́ст.
10. Его́ фами́лия Андрия́н.

 Note the following 'families' of words:

роди́ться	спорт	муж	жена́
ро́дина	спортсме́н	мужчи́на	же́нщина
роди́тели	спортсме́нка	вы́йти за́муж	жени́ться
родно́й		за́мужем	жена́т
тра́ктор	лете́ть/полете́ть	ко́смос	
тракори́ст	лётчик	космона́вт	

F Biographies

F1 Who is who? — Кто они́?

— Ты зна́ешь, кто тако́й/кто така́я . . . ?
— Да, зна́ю. Он/она́ . . .
— Пра́вильно.

— Ты зна́ешь, кто тако́й/кто така́я . . . ?
— Да, зна́ю. Он/она́ . . .
— Непра́вильно. По-мо́ему, он не . . . ,
  а . . .

— Ты зна́ешь, кто тако́й/кто така́я . . . ?
— Нет, не зна́ю.

Match the names on the left with the descriptions on the right.

1.	Чайко́вский	дочь царя́ Никола́я II (Второ́го)
2.	Ле́нин	музыка́нт/виолончели́ст
3.	Терешко́ва	хи́мик
4.	Кру́пская	балери́на
5.	Толсто́й	поли́тик
6.	Горбачёв	революционе́р
7.	Нури́ев	исто́рик
8.	Тро́цкий	морепла́ватель
9.	Гага́рин	спортсме́н
10.	Ре́пин	фило́соф
11.	Ахма́това	кинорежиссёр
12.	Менделе́ев	жена́ Ле́нина
13.	Эйзенште́йн	матема́тик
14.	Ростропо́вич	космона́вт
15.	Ельцин	матема́тик
16.	Па́влова	фило́соф
17.	Ста́лин	экономи́ст
18.	Анастаси́я	поэ́т
19.	Лобаче́вский	генерали́ссимус
20.	Крузенште́рн	писа́тель
21.	Соловьёв	компози́тор
22.	Бердя́ев	танцо́вщик
23.	Яшин	худо́жник

Наприме́р: — Ты зна́ешь, кто тако́й Тро́цкий?

— Да, зна́ю. Он музыка́нт.

— Непра́вильно. По-мо́ему, он не музыка́нт, а революционе́р.

F2 **Nationalities — Кто он / она́ по национа́льности?**

Complete the following table by adding the name of the country/continent in the right-hand column. If there are any other nationalities represented in your group, add them to the list.

masculine	feminine	plural	country
ру́сский	ру́сская	ру́сские	Росси́я
англича́нин	англича́нка	англича́не	. . .
америка́нец	америка́нка	америка́нцы*	. . .
кана́дец	кана́дка	кана́дцы*	. . .
австрали́ец	австрали́йка	австрали́йцы*	. . .
новозела́ндец	новозела́ндка	новозела́ндцы*	. . .

 * Note that the suffix *-ец* contains what is called a fleeting (or mobile) vowel and is altered in the nominative plural form: if the stem ends in a consonant the *-e-* is dropped altogether, if the stem ends in a vowel the *-e-* becomes an *-й-*. For a discussion of fleeting vowels in the declension of masculine nouns see 'Grammar summary' (2.2.1.2).

Think of ten historical figures of different ethnic origins. Ask your neighbour about the people you have selected and answer your neighbour's queries about their selection.

Например: — А Бутч Кáссиди? Кто он по национáльности?
— Он америкáнец.

F3 Aspects — Вѝды глагóла

 Make a list of verbs frequently used in people's biographies. Divide them into (1) verbs which designate major events punctuating someone's biography, beginnings, ends and transitions (perfective) and (2) verbs which designate on-going activities, time fillers (imperfective).

 How many of the verbs can you group according to the following models?

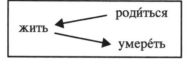 

F4 Brief biographies — Крáткие биогрáфии

 Примéр

Русский писатель Л. Н. Толстой родился в Ясной Поляне. Он учился в Казанском университете на факультете арабского языка, а потом на юридическом факультете. Всю жизнь он прожил в Ясной Поляне и в Москве. Он умер на станции Астапово.

 Listen to the recording of this brief biography and mark on the stress.

Supply the missing endings in the table. Write a short biography of any three of these people.

1. Кто где родѝлся, учѝлся, жил и ýмер / погѝб?

КТО?	родѝлся	учѝлся	жил	ýмер / погиб
Толстой	в Ясн _ _ Полян _	в университет _ , в Казан _ (на факультет _ восточных языков, потом на юридическ _ _ факультет _)	в Москв _ и в Ясн _ _ Полян _	на станц _ _ Астапово
Ленин	в Симбирск _ , на Волг _	в университет _ , в Казáн _	в Петроград _ и в Москв _	в Москв _
Сталин	в Груз _ _	в семинар _ _	в Кремл _	в Москв _

КТО?	роди́лся	учи́лся	жил	у́мер/погиб
Эйзенштéйн	в Риг _	в высших режиссёрских мастерских у В. Мейерхольда	в Москв _	в Москв _
Пушкин	в Москв _	в лице _	в Санкт-Петербург _	на дуэли в Петербург _
Маркс	в Герман _ _	в университет _ , в Бонн _ и Берлин _	в Англ _ _	в Лондон _
Нуриев	на Урал _	в балетн _ _ школ _	в Росс _ _ , во Франц _ _	в Париж _
Гагарин	в деревн _ в Смоленск _ _ области	в школ _ космонавтов, в Чкаловск _ _ военн _ _ училище	в Москв _	при выполнении тренировочного полёта во Владимирской област _

2. Кто где роди́лся, учи́лся и живёт сейча́с?

Think of five people who are alive now and complete a table about each of them under the following headings.

Кто . . . ?   Роди́лся/Родила́сь . . .   Учи́лся/учи́лась . . .   Живёт сейчас . . .

 Working in pairs, talk about the lives of the people you selected in the exercise above.

F5   Biographies and autobiographies — Биогрáфии и áвтобиографии

 Спроси́те учи́теля:
— Где вы роди́лись?   — Где вы учи́лись?
— Где роди́лся ваш пáпа/отéц?   — Где вы рабóтали в прóшлом году́?
— Где родила́сь вáша мáма/мать?   — Где вы тогдá жи́ли?
— Как зову́т вáшу мáму/мать?   — Что вы лю́бите дéлать в свобóдное врéмя?
— Как зову́т вáшего пáпу/отцá?

 Now make up some additional questions of your own.

Write at least ten sentences about your teacher and his/her family.

 Отвéтьте на вопрóсы учи́теля:
1. Где ты роди́лся/родила́сь?   6. Что ты лю́бишь дéлать в свобóдное врéмя?
2. Где роди́лся твой пáпа/отéц?   7. Что лю́бят дéлать твои́ роди́тели?
3. Где родила́сь твоя́ мáма/мать?   8. Кто они́ по профéссии?
4. Как зову́т твоегó пáпу/отцá?   9. Кто они́ по национáльности?
5. Как зову́т твою́ мáму/мать?   10. Где ты хóчешь жить/рабóтать чéрез 5 лет?

Автобиогрáфия

Write at least ten sentences about yourself and your family.

Homework

 For an introduction to grammatical/inflectional morphology (the noun – number) see 'Language awareness' section (4.1).

For an introduction to the syntactic category of preposition see 'Language awareness' (4.2).

For an introduction to word order in interrogative sentences (questions) see 'Language awareness' (4.3).

 Written exercises — Письменные задания

Упражнение 1. Case endings. Грамматика. The tables below supply the nominative singular forms of nouns and illustrate the formation of their nominative and accusative plural forms. *Indicate which gender each of the tables refers to, which case each row exemplifies and insert appropriate forms where they have been omitted from the tables. Check your answers by comparing them to the forms supplied in the tables in the 'Grammar summary' (2.3).*

Remember that the accusative plural form of animate nouns has not yet been covered. Do not attempt to fill in those spaces. These are marked by . . . in the tables.

Gender: _____

case	hard inanimate	hard animate	hard mobile -e-	soft -й animate	soft -й inanimate	soft -ь inanimate	soft -ь animate
. . .	студент	. . .	. . .	музей	спектакль	. . .
университеты	. . .	отцы	герои	. . .	. . .	писатели
. . .	. . .	. . .	. . .	музеи	. . .	. . .

Gender: _____

case	hard -o	soft -e	soft -ие
	слово	море	. . .
	слова	моря	упражнения

Gender: _____

case	hard inanimate	hard animate	soft -я	soft -ия	soft -ь
	. . .	. . .	. . .	лекция	. . .
	школы	сёстры	недели		тетради
	. . .	. . .	. . .	. . .	лекции

Упражнение 2. Spelling rule. Существительные. *Indicate which of the following nouns are affected by a spelling rule in the formation of the nominative plural.*

экзамен   студент

книга   гараж   машина

шофёр   вода   врач

гитара   школа

товарищ   томат

завод

театр   школьник

урок   матч   лампа

карандаш

гостиница   аптека

эпоха   гид

Упражнение 3. Spelling rule. Прилагательные. *Indicate which of the following adjectives are affected by a spelling rule in the formation of the nominative plural.*

грамматическое   разговорная   московская

белый   вкусная

русская   телефонная

большой   плохой

хорошая   документальная

интересный

публичный   деловой

письменная

Упражнение 4. Practising the plural. Национальности. *Complete the following sentences using the nationalities listed below. The verb* **живут** *is the third person plural of the present tense of the verb* **жить**. *The nationalities must therefore be put into the nominative plural form.*

Например: немец — немцы

В Германии живут немцы.

Nationalities: американец, африканец, белорус, венгр, голландец, грузин, ирландец, испанец, итальянец, пакистанец, поляк, португалец, украинец, француз, шотландец, эстонец

1. В Голландии живут . . .
2. В Пакистане живут . . .
3. В Грузии живут . . .
4. Во Франции живут . . .
5. В Эстонии живут . . .
6. В Италии живут . . .
7. В Америке живут . . .
8. В Венгрии живут . . .
9. На Украине живут . . .
10. В Африке живут . . .
11. В Испании живут . . .
12. В Польше живут . . .
13. В Шотландии живут . . .
14. В Ирландии живут . . .
15. В Португалии живут . . .
16. В Беларуси живут . . .

Упражнение 5. Practising the plural. Профессии. *Complete the following sentences using the professions listed below.*

Professions: акробат, актёр, актриса, библиотекарь, биолог, врач, клоун, медсестра, официант, студент, тракторист, учительница, физик, химик, школьник

1. В школе работали . . .
2. В университете учились . . .
3. В школе учились . . .
4. В деревне работали . . .
5. В ресторане работали . . .
6. В лаборатории работали . . .
7. В театре работали . . .
8. В цирке работали . . .
9. В библиотеке работали . . .
10. В поликлинике работали . . .

Упражнение 6. Guided writing. Диалоги. *Write a dialogue.*

Ivan and Katya are students. They meet in the third week of term and talk about how they have spent their first three weeks in college. Иван и Катя студенты. Они встретились через три недели после начала семестра и разговаривали о том, куда они ходили и что они делали эти три недели.

Упражнение 7. Aspects. Работа по картинкам. *Match the sentences below with the pictures.*

1. Студент читал книгу.
2. Студент прочитал книгу и лёг спать.
3. Оля пила чай и ела конфеты.
4. Оля выпила чай и съела конфеты.
5. Дети смотрели телевизор.
6. Дети посмотрели телевизор и ушли.
7. Студентка писала письмо.
8. Студентка написала письмо и пошла на почту.
9. Художник рисовал картину.
10. Художник пришёл домой и нарисовал картину.
11. Ваня ел яблоко.
12. Ваня съел яблоко и пошёл в школу.

Упражнение 8. Aspects. Светлана. *Fill in the spaces with the correct form and aspect of the verbs given in brackets:*

Одна девушка, Светлана, всегда поздно (вставать/встать) ..1.. утром и поэтому часто (опаздывать/опоздать) ..2.. на занятия. Врач (давать/дать) ..3.. ей лекарство и (говорить/сказать) ..4..: «Вы должны (принимать/принять) ..5.. его каждый вечер».

Вечером Светлана (принимать/принять) ..6.. лекарство и (ложиться/лечь) ..7.. спать.

Утром, когда Светлана (просыпаться/проснуться) ..8.., она (видеть/увидеть) ..9.., что ещё рано. Когда она (приходить/прийти) ..10.. на занятия, она (встречать/встретить) ..11.. подругу и (рассказывать/рассказать) ..12.. ей, что вечером (принимать/принять) ..13.. очень хорошее лекарство и поэтому не (опаздывать/опоздать) ..14.. сегодня на занятия.

«Молодец!»– (отвечать/ответить) ..15.. подруга, – «Но где ты была вчера?»

Упражнение 9. Aspects. А вы уже закончили дело? *Replace the verbal phrase* **кончить** *+ infinitive by an appropriate verb in the perfective aspect.*

1. Петя кончил читать детектив.
2. Учительница кончила объяснять урок.
3. Папа кончил говорить по телефону.
4. Сын кончил есть рыбу.
5. Брат кончил смотреть футбол.
6. Антон кончил завтракать.
7. Студент кончил пить водку.
8. Художник кончил рисовать портрет.
9. Я кончил писать письмо домой.

Упражнение 10. Reading and comprehension. Объявления: продаю. *List in Russian and English the dogs which are for sale in the 'For sale' columns below. Then do the exercises supplied below.*

Продаю
Щенков колли
(с отличной родословной,
от чемпионки Москвы).
Тел. 307-43-03

Щенков породы
американский коккер-
спаниель (с отличной
родословной).
Тел. 367-42-67

Щенков добермана
(с родословной).
Тел. 581-95-37

Щенков породы
миттельшнауцер (с
отличной родословной).
Тел. 396-98-25

Щенков ирландского
терьера (с родословной).
Тел. 157-58-72

Щенков афганской борзой
(от международного
чемпиона). Тел. 235-99-31

Клубных щенков породы
афган. Тел. 430-45-63

Щенков серебристого
карликового пуделя
(от призеров выставок,
с отличной родословной).
Тел. 489-54-76

Щенков ньюфаундленда
(с отличной родословной).
Тел. 232-40-76

Щенков черного терьера.
Тел. 371-50-73

Щенков пуделя.
Тел. 321-77-20

Щенков породы
ризеншнауцер.
Тел. 299-11-07, спросить
Юлию Яковлевну

Щенков эрдельтерьера.
Тел. 174-66-40

Щенков английского
коккер-спаниеля

(с отличной родословной).
Тел. 381-78-71

Телевизор «Рубин Ц-208»
ПАЛ/СЕКАМ, плеер,
видеомагнитофон «Хитачи
11ЕК». Тел. 573-21-43

Магнитофоны «Яуза-207»,
«Маяк-203» с катушками,
деки «Орель-306»,
«Вильма-204», телевизор
«Радуга-716».
Тел. 214-00-19

Пианино «Ростов».
Тел. 365-49-42

Лилии для сада. Писать
до бостр: Москва, 103030,
аб. ящ. 740

Кинокамеру 16-мм.
Тел. 478-12-19

Собрание сочинений В.
Шекспира. Тел. 227-45-96

1. *What does* **продаю щенков** *mean?*
2. *Find the Russian for the following.*

   tape recorder   television   video recorder

   cinecamera   record decks   piano
3. *What English dramatist's works are for sale?*
4. *List any other words you can recognise in the For Sale column.*

V+   11. Lexical exercises – Лексические упражнения

11.1   Word-building. Как образовать глаголы и существительные? *Match the following nouns and verbs. Highlight the root which they share.*

Verbs: ответить, писать, танцевать, работать, спросить, завтракать, учиться

Nouns: работа, вопрос, писатель, учитель, ответ, танцовщик, завтрак

11.2 Word search. Профессии. *In the following word search find nineteen nouns which name professions.*

т	е	с	ч	э	д	а	п	и	с	а	т	е	л	ь
ш	а	ч	р	к	а	т	ч	х	к	ё	ю	ь	ё	ч
ц	ч	н	ы	о	к	о	с	м	о	н	а	в	т	г
с	р	и	ц	н	ш	б	о	х	м	а	о	т	ч	я
т	х	у	д	о	ж	н	и	к	п	с	е	ф	и	й
а	и	т	а	м	в	т	б	и	о	л	о	г	к	с
н	м	р	р	и	е	щ	г	л	з	д	е	т	й	у
ц	и	д	б	с	г	а	и	в	и	я	п	ы	й	п
о	к	б	а	т	ц	ф	д	к	т	я	р	о	к	ф
в	м	б	а	к	т	ё	р	ы	о	ю	щ	ш	э	о
щ	я	д	х	л	п	у	р	в	р	а	ч	о	х	т
и	н	ж	е	н	е	р	п	й	н	л	с	ф	н	о
к	щ	к	и	н	о	р	е	ж	и	с	с	ё	р	г
ч	ш	н	к	п	о	л	и	т	и	к	а	р	п	р
о	д	о	ф	и	ц	и	а	н	т	п	ы	у	т	а
а	к	л	о	у	н	к	п	и	а	н	и	с	т	ф

11.3 Word-building. Слова из текста «Борис». *Give the English meaning for the words below and supply the imperfective and perfective infinitives formed from the same root as these words.*

поздно   начало
ужин   вопрос
работа   ответ
долго   письмо
жизнь

11.4 *Supply the missing letters.*

1. Semantic groups. Какие профессии вы знаете?

ко _ п _ _ ит _ _   а _ р _ _ ат   к _ о _ _   ф _ _ ос _ _
_ ед _ е _ _ ра   п _ с _ _ ел _   _ еж _ с _ _ р   _ и _ _ _ ог
_ иб _ и _ _ ек _ _ ь   п _ _ ит _ _   а _ _ р _ _ а   х _ _ о _ _ ик
м _ _ е _ _ ти _   _ _ с _ _ на _ _   _ _ ши _ _ с _ _ а   ле _ _ и _

2. Common collocations: Студенческая жизнь.

по _ _ у _ _ ть в университет
об _ _ _ ть в буфете
_ _ с _ _ ь сочинение
_ лу _ _ т _ лекции
_ _ он _ _ ть университет

_ _ н _ _ ат _ _ я в библиотеке
делать _ р _ _ и
х _ _ и _ _ на занятия
п _ _ е _ _ ди _ _ на английский

11.5 Perfectives formed other than by prefixation. Глаголы из текстов «Борис» и «Телефонная будка». *Match the following aspectual pairs. Which verb has two perfective forms?*

1. вставать	☐	принять
2. говорить	☐	заснуть
3. давать	☐	снять
4. засыпать	☐	дать
5. кончать(ся)	☐	поговорить
6. ложиться	☐	встать
7. начинать(ся)	☐	опоздать
8. опаздывать	☐	начать(ся)
9. отвечать	☐	сказать
10. поднимать	☐	ответить
11. принимать	☐	поднять
12. просыпаться	☐	кончить(ся)
13. снимать	☐	спросить
14. спрашивать	☐	проснуться
	☐	лечь

11.6   Crossword 1. Выражение временных отношений. Time expressions.

11.7   Crossword 2. Говорение. Verbs relating to speech: perfective and imperfective

11.8   Crossword 3. Жанры. Genres

Listening comprehension

The following sections from Unit 4 have been recorded on tape:

C2   Борис
E1   Валентина Терешкова
F4   Краткие биографии

Упражнение 1. Listen and repeat. Лексика. *Listen to the following two groups of words and repeat each word after the Russian speaker in the pauses provided on the tape. Mark the stress on words of more than one syllable. Then do the tasks indicated for each group.*

1.1   *Identify the odd man out in each row.*

(a)	тракторист	космонавт	двадцать	лётчик	спортсмен
(б)	отец	жена	муж	брат	море
(в)	родина	газета	книга	журнал	роман
(г)	школа	институт	университет	техникум	деревня
(д)	есть	слушать	завтракать	ужинать	обедать
(е)	учитель	химик	математик	машинистка	доктор
(ё)	окно	часто	иногда	обычно	редко
(ж)	читать	писать	гласность	любить	работать

1.2   *In each of the following rows find the word with the most general meaning.*

(a) бабушка, брат, сестра, дочь, семья, муж, жена
(б) профессия, тракторист, врач, космонавт, учитель, медсестра, актёр
(в) футбол, хоккей, баскетбол, теннис, спорт, гандбол, гольф
(г) рыба, хлеб, пиво, кофе, обед, фрукты, молоко
(д) стол, диван, душ, мебель, кровать, доска, стул

(е)   понедельник, среда, вторник, суббота, четверг, пятница, день

(ё)   Германия, Ирландия, Англия, Шотландия, Франция, страна, Грузия

(ж)   автобус, троллейбус, транспорт, поезд, электричка, метро, такси

Упражнение 2. Dictation and comprehension. Лариса. *Listen and repeat the text together with the Russian speaker. Supply the missing adverbials (expressions of time, space, manner, etc.).*

Лариса . . . любила читать. Каждый вечер она . . . не ложилась спать и каждое утро вставала . . . Поэтому она . . . опаздывала на лекции.

. . . вечером Лариса приготовила ужин и поужинала. . . . она приняла душ. В 11 часов она легла на диван и начала читать интересный роман о любви.

Когда она прочитала роман, было . . . два часа ночи. Она легла спать, но . . . не могла заснуть. Заснула Лариса . . . в 4 часа утра. Она встала . . . — в 9 часов. И . . . опять опоздала на лекции.

«. . . опаздывать!» — сказал профессор.

Её товарищи сказали: «Вот лекарство. Ты должна принимать его . . . »

Вечером Лариса поужинала и . . . почитала. В . . . она приняла лекарство и . . . заснула. На другой день Лариса встала очень . . . — в . . . часов утра. В . . . часов она позавтракала, и ровно в . . . часов она была в университете. . . . пришли её товарищи, Лариса сказала: «. . . я пришла . . . !»

«Молодец!» — сказали товарищи. — «Но где же ты была . . .?»

Вопросы. *Answer the questions according to the times on the clocks. Write short answers to each question. Record full answers in the pauses on the tape.*

1. Когда обычно вставала Лариса?   (утра)

2. Во сколько она обычно приходила в университет?

3. В котором часу она начала читать роман?   (вечера)

4. Сколько было времени, когда она прочитала роман?   (ночи)

5. Когда Лариса заснула?   (утра)

6. Во сколько она встала утром?   (утра)

7. В котором часу она приняла лекарство?

8. Во сколько она встала на другой день?   (утра)

9. В котором часу она позавтракала?

10. Когда она пришла в университет?

Упражнение 3. Counting. С двадцати до сорока. *Listen and repeat after the Russian speaker.*

Упражнение 4. Additions. Арифметика. *Write the additions you hear on the tape in words and supply the result in Russian. Record the answers in the pauses at the end of each sum.*
Например: четыре *плюс* восемь: двенадцать

Упражнение 5. Listening for information. Сколько времени? *Listen to the 'speaking clock' and write the time in figures (24-hour clock). Include the words* **час/часа/часов**, **минута/минуты/минут** *in the correct form.*

Упражнение 6. Listening comprehension. Что идёт по телевизору . . .? *Listen to the TV programme on Channel One. First, give as much information in English on each item on the programme as you can. Then give short answers in Russian to the questions on the tape.*

1. Что идёт в 18 часов?
2. Когда идёт концерт?
3. Что идёт в 21 час?
4. Когда идёт футбол?
5. Какие команды играют?
6. Что идёт в 21 час 45 минут?
7. Кто играет вальсы Чайковского?
8. Что идёт по окончании спортлото?
9. Когда идёт программа о Москве?
10. Когда передают прогноз погоды?

Упражнение 7. Speaking about yourself. Мой день. *Answer the questions on the tape in Russian. Speak in the pauses after the questions.*

1. В котором часу вы легли вчера спать?
2. Когда вы сегодня встали?
3. Что вы делали утром?
4. Когда вы позавтракали?
5. Когда вы пришли на лекции?
6. В котором часу сегодня урок русского языка?
7. В котором часу сегодня последнее занятие в университете?

UNIT **5** урок

In this unit you will learn how to:

- talk about professions and occupations, interests and hobbies
- talk about education
- refer to where you went
- refer to people you did things with
- express your opinion

Classwork

A Professions and occupations

A1 Poetry — Пётр Вели́кий

Listen to the recording of the poem. Mark on the stress. Record your reading of the poem.

То акаде́мик, то геро́й,
То морепла́ватель, то пло́тник,
Он всеобъе́млющей душо́й
На тро́не ве́чный был рабо́тник.
    (Алекса́ндр Серге́евич Пу́шкин)

A2 Who is who? — Кто они?

Вели́кие лю́ди эпо́хи Возрожде́ния.

Match the following names with the descriptions provided below.

1. Леона́рдо да Ви́нчи	(1452–1519)	6. Жан Ка́львин	(1509–1564)
2. Никола́й Копе́рник	(1473–1543)	7. Серва́нтес	(1547–1616)
3. Микела́нджело	(1475–1564)	8. Фрэ́нсис Бэ́кон	(1561–1626)
4. То́мас Мор	(1478–1535)	9. Рене́ Дека́рт	(1596–1650)
5. Ма́ртин Лю́тер	(1483–1546)	10. Анто́нис Ван Де́йк	(1599–1641)

Descriptions

(a) де́ятель Реформа́ции в Герма́нии

(b) флама́ндский худо́жник, учени́к Ру́бенса

(c) по́льский астроно́м

(d) англи́йский фило́соф

(e) италья́нский худо́жник, ску́льптор, музыка́нт, поэ́т, изобрета́тель

(f) де́ятель Реформа́ции в Швейца́рии

(g) францу́зский фило́соф-рационали́ст

(h) англи́йский мысли́тель-гумани́ст, основоположник утопи́ческого социали́зма

(i) италья́нский ску́льптор, худо́жник и архите́ктор

(j) испа́нский писа́тель-гумани́ст, а́втор рома́на «Дон Кихо́т»

Ask and answer in turn.

Наприме́р: — Ты зна́ешь, кто тако́й . . . ? — Да, зна́ю. Он . . .

— Не зна́ю, но по-мо́ему, он . . .

— Пра́вильно!

— Непра́вильно!

A3 Who were they? Кем они́ бы́ли?

The instrumental case of nouns

	masculine	feminine	neuter
hard	студе́нтом	студе́нткой	окно́м
	*това́рищем	*гости́ницей	
soft	Алексе́ем	Ка́тей	мо́рем
	учи́телем	тетра́дью	общежи́тием
	трамва́ем	ле́кцией	

Write down the nominative singular of the nouns in the table above. Deduce rules for the formation of the instrumental singular of nouns.

*What spelling rule affects the formation of the instrumental singular of some nouns? See 'Grammar summary' (1.2.4. and 2.2.1.1).

Кем они́ бы́ли? *Look back at the exercise in A2 and complete the following sentences according to each of the models.*

Пу́шкин был поэ́том.
Копе́рник был . . .
Бэ́кон был . . .
Микела́нджело был . . .

Толсто́й был ру́сским писа́телем.
Лю́тер был . . .
Ка́львин был . . .
Леона́рдо да Ви́нчи был . . .

Дека́рт был фило́софом–рационали́стом.
То́мас Мор был . . .
Серва́нтес был . . .

A4 What did he/she become? — Кем он стал? / Кем она́ ста́ла?

Answer the questions **Кем он стал?** *and* **Кем она́ ста́ла?** *using the professions supplied in the box below.*

пиани́ст	экскурсово́д	секрета́рша
шофёр	дирижёр	фи́зик
парикма́хер	буфе́тчица	
	касси́рша	
стюарде́сса	инжене́р-программи́ст	
	преподава́тель	
ветерина́р		лётчик
фармаце́вт	библиоте́карь	врач
ху́дожник	хи́мик	тракто́рист

B Cultural awareness

B1 The education system — Систе́ма образова́ния

Табли́ца: Кто где у́чится

Age	Who			
0			я́сли	
1	*дошко́льник*			
2				
3			де́тский сад	
4				
5				
6			нача́льная шко́ла	
7				
8				
9	*шко́льник*			
10				
11				
12				
13			непо́лная сре́дняя шко́ла	
14				
15		***Те́хникум*** библиоте́чный хими́ческий	по́лная сре́дняя шко́ла	***Учи́лище*** медици́нское парикма́херское
16			АТТЕСТАТ О СРЕДНЕМ ОБРАЗОВАНИИ	
17		ДИПЛОМ О СРЕДНЕМ СПЕЦИАЛЬНОМ ОБРАЗОВАНИИ	*ву́зы* МГУ	ДИПЛОМ О СРЕДНЕМ СПЕЦИАЛЬНОМ ОБРАЗОВАНИИ
18				
19	*студе́нт*		педагоги́ческий университе́т худо́жественный институ́т консервато́рия ветерина́рная акаде́мия	
20				
21				
			ДИПЛОМ	
22	*аспира́нт*		аспиранту́ра	
23				
24				
			КАНДИДАТСКАЯ СТЕПЕНЬ	

B2 Exercises — Упражнéния

Read through the table and give the Russian for the following.

(a) child of pre-school years   undergraduate
     pupil   postgraduate

(b) crèche   secondary school
     kindergarten   third level institution
     primary school   vocational school

(c) What qualifications do pupils and students get at what levels?

B3 Pre-school education — Дошкóльное образовáние

Read through the following text about the provision of pre-school education in the Soviet period and supply the Russian for the words in italics. Note that many of the former Soviet Republics have changed their names since becoming independent states.

Pre-school education has been differentially available as the *day nursery* or *creche* for children aged six months to three years, and the *nursery school* or *kindergarten* for those aged three to six or seven. These institutions are increasingly combined. Older and urban children have greater chances of places than younger and rural ones. In 1988 over 17 million or 58 per cent of Soviet *children of pre-school age* were accommodated on a year-round basis, but this varied greatly by republic, from 71 per cent in *Russia* and *Belorussia* to 16 per cent in *Tajikistan*.

There was provision for 69 per cent of urban Soviet children, ranging from 81 per cent in *Moldavia* to 31 per cent in *Azerbaijan*, against 40 per cent of rural ones, from 62 per cent in *Moldavia* to 5 per cent in *Tajikistan*.

Parents paid a modest income-related sum for meals and also for optional foreign-language teaching, when it was offered. Although the traditional emphasis of Soviet pre-school education was encapsulated in the term for it, *vospitanie* or upbringing, there was pressure on this sector in the last years of the *USSR* to concern itself more with intellectual development. A major problem was, and remains, the shortage of qualified staff. In 1988, with an average monthly salary of 128 rubles against the national average wage of about 220 rubles, pre-school teaching was one of the lowest-paid occupations in the USSR.

(*The Cambridge Encyclopedia of Russia and the former Soviet Union*, CUP, 1994: 472–3)

B4   Where did he study? — А где он учи́лся?

 Working in pairs and using the information in the list of third level institutions supplied below tables A and B, complete your table. Then ask your partner about the information that is still missing.

Наприме́р: А. — Ива́н стал врачо́м. А где он учи́лся?

Б. — Он око́нчил медици́нский институ́т и стал врачо́м.

Кто?	Что око́нчил(а)?	Кем ста́л(а)?	А
Ива́н	. . .	врач	
Ра́иса	. . .	. . .	
Со́ня	. . .	парикма́хер	
Ва́ся	. . .	. . .	
Лари́са	. . .	стюарде́сса	
Оле́г	. . .	. . .	
Серге́й	. . .	ветерина́р	
Ири́на	. . .	. . .	
Па́вел	. . .	фармаце́вт	
Мари́на	. . .	. . .	
Серге́й	. . .	дирижёр	
Ни́на	. . .	. . .	
Макси́м	. . .	экскурсово́д	
Анна	. . .	. . .	
Ве́ра	сре́днюю шко́лу	касси́рша	

Что он/она́ око́нчил(а): ветерина́рная акаде́мия / сре́дняя шко́ла / консервато́рия / медици́нский институ́т / ку́рсы стюарде́сс / ку́рсы экскурсово́дов / медици́нское учи́лище / парикма́херское учи́лище

Кто?	Что око́нчил(а)?	Кем ста́л(а)?	Б
Ива́н	. . .	. . .	
Ра́йса	. . .	преподава́тель англи́йского языка́	
Со́ня	. . .	. . .	
Ва́ся	. . .	шофёр	
Лари́са	. . .	. . .	
Оле́г	. . .	худо́жник	
Серге́й	. . .	. . .	
Ири́на	. . .	хи́мик	
Па́вел	. . .	. . .	
Мари́на	сре́днюю шко́лу	буфе́тчица	
Серге́й	. . .	. . .	
Ни́на	. . .	библиоте́карь	
Макси́м	. . .	. . .	
А́нна	. . .	инжене́р-программи́ст	
Ве́ра	. . .	. . .	

Что он/она́ око́нчил(а): худо́жественный институ́т / политехни́ческий институ́т / хими́ческий институ́т / филологи́ческий факульте́т МГУ / ку́рсы шофёров / библиоте́чный те́хникум / сре́дняя шко́ла

B5 **Where did he study? What did he become? — Где он учи́лся? Кем он стал?**

Using the information from the pair work in B4, identify who studied where and what they became.

Наприме́р: Иван учи́лся в медици́нском институ́те и стал врачо́м.

B6 **Conversation practice — Разгово́рная пра́ктика**

Где ты у́чишься?	Я учу́сь в/на + Prep. case
Кем ты хо́чешь стать?	Я хочу́ стать + Instr. case

For the conjugation in the present tense of the verbs *учи́ться* and *хоте́ть* see the 'Grammar Summary' 9.2.4. and 9.2.6.

C   Interests and hobbies

C1 Interests and hobbies — Чем я интересу́юсь/занима́юсь/увлека́юсь?

☞ **Verbs requiring the instrumental case.**

интере́с: an interest in	интересова́ться: to be interested in	я интересу́юсь	⎫
заня́тие: an occupation	занима́ться: to occupy oneself with	я занима́юсь	+ instrumental case
увлече́ние: a hobby	увлека́ться: to do as a hobby	я увлека́юсь	⎭

For the conjugations of these verbs in the present tense see the Grammar Summary 9.2.3.2.

Запо́лните про́пуски в табли́це.

Я	занима́юсь интересу́юсь увлека́юсь	футбо́лом ру́сским язык . . . спо́рт . . . америка́нским футбо́л . . . англи́йск . . . теа́тр . . . па́русн . . . спо́рт . . .
Я	занима́юсь интересу́юсь увлека́юсь	му́зыкой фи́зик . . . физкульту́р . . . африка́нской литерату́р . . . шотла́ндск . . . му́зык . . . кита́йск . . . поли́тик . . .
Я	занима́юсь интересу́юсь увлека́юсь	поэ́зией исто́ри . . . жи́вописью япо́нск . . . поэ́зи . . . полити́ческ . . . ситуа́ци . . . в Росси́и ру́сск . . . исто́ри . . . италья́нск . . . жи́вопис . . . культу́рн . . . жи́зн . . . в Росси́и

Я	занимА́юсь интересУ́юсь увлекА́юсь	рисовА́нием искУ́сств . . . америкА́нским искУ́сств . . . плА́вани . . .

C2 Group work — Чем ты интересУ́ешься / занимА́ешься / увлекА́ешься?

Ask one another about your interests and hobbies. Compile a composite list. СпросИ́те товА́рищей в грУ́ппе.

D Verbs of motion

D1 Verbs of motion in the past tense — Что ты дЕ́лал? / КудА́ ты ходИ́л?

 Глагол *ходИ́ть*.

For a discussion of uses of verbs of motion in the past tense see 'Grammar summary' (9.7.2).

ходИ́ть ⟶ кудА́	он ходИ́л она ходИ́ла они ходИ́ли

— Что ты дЕ́лал(а) вчерА́?   — КудА́ ты ходИ́л(а) вчерА́?
— Я ходИ́л(а) в кинО́/теА́тр/университЕ́т.   — Я ходИ́л(а) на вЫ́ставку/в бар.

— ВчерА́ я тебЕ́ звонИ́л, но тебЯ́ нЕ́ было дО́ма. Где ты был(А́)?
— ВчерА́ я ходИ́л(а) в кафЕ́.

D2 Pair work — Алиби

Кто кудА́ и с кем ходИ́л? Кто сказА́л непрА́вду?

Using the tables below, find out from your partner who was doing what where. Can you tell who was lying?

A

КА́тя	. . .	ВИ́ктор	разговА́ривал с БорИ́сом в бА́ре
ИвА́н	. . .	ОлЕ́г	ходИ́л в кафЕ́ с КА́тей
БорИ́с	. . .	МА́ша	смотрЕ́ла фильм с МИ́шей
ТА́ня	. . .	ГА́ля	слУ́шала МО́царта с ТА́ней
Оля	. . .	АнтО́н	встречА́лся в клУ́бе с ИвА́ном
МИ́ша	. . .	СА́ша	сидЕ́л дО́ма с сестрО́й

Б

Катя	обедала в кафе с Олегом	Виктор	. . .
Иван	играл в шахматы в клубе с Антоном	Олег	. . .
Борис	пил пиво в баре с Виктором	Маша	. . .
Таня	ходила на концерт с Галей	Галя	. . .
Оля	танцевала на дискотеке с Сашей	Антон	. . .
Миша	ходил с Машей в кино	Саша	. . .

Так кто же сказал неправду?

D3 **Group work — Кто когда с кем куда ходил в нашей группе?**

Спросите всех товарищей в группе. Потом расскажите об этом на уроке.

— Куда ты ходил(а) в воскресенье / в субботу . . . ?
— С кем ты туда ходил(а)?

Например: В воскресенье вечером Джон с Анной ходили в клуб.

E Detective story

E1 The suspects — Убийство в доме номер десять

 Жители дома номер 10:

Борис Петрович Иванов: пенсионер
Ольга Антоновна Кузнецова: студентка
Иван Михайлович Петров: студент
Елена Николаевна Тихонова: медсестра

Попов: сержант милиции

Вчера в доме номер 10 убили шофёра такси. На другое утро пришёл милиционер, сержант Попов. Он спрашивал всех в доме номер десять, кто что делал вчера. Кто же убил шофёра такси? Когда убили шофёра такси?

 In each dialogue a different verb of motion is used. Try and work out what the verbs of motion in each of the dialogues have in common with one another, and how they differ from those used in the other dialogues.

E2 Interview 1 — Снача́ла он спроси́л Бори́са Петро́вича Ивано́ва

(1)

Сержа́нт Попо́в:	Граждани́н Ивано́в, что вы де́лали вчера́?
Бори́с Петро́вич:	Утром я сиде́л до́ма, чита́л газе́ту и слу́шал но́вости по ра́дио. По́сле обе́да я ходи́л в магази́н. Ве́чером я ходи́л в теа́тр.
Сержа́нт Попо́в:	В како́й магази́н вы ходи́ли?
Бори́с Петро́вич:	В Дом кни́ги на у́лице Го́рького.
Сержа́нт Попо́в:	Каку́ю пье́су вы смотре́ли в теа́тре?
Бори́с Петро́вич:	«Три сестры́».

(2)

Сержа́нт Попо́в:	В кото́ром часу́ вы пошли́ в магази́н?
Бори́с Петро́вич:	Я вы́шел из до́ма в два часа́.
Сержа́нт Попо́в:	А в кото́ром часу́ пошли́ домо́й?
Бори́с Петро́вич:	В четы́ре часа́.
Сержа́нт Попо́в:	Когда́ вы пошли́ в теа́тр?
Бори́с Петро́вич:	В семь.
Сержа́нт Попо́в:	А когда́ вы пришли́ домо́й?
Бори́с Петро́вич:	В де́сять.

(3)

Сержа́нт Попо́в:	Кого́ вы встре́тили, когда́ шли в магази́н?
Бори́с Петро́вич:	Олю.
Сержа́нт Попо́в:	Что она́ де́лала?
Бори́с Петро́вич:	Она́ шла в библиоте́ку.
Сержа́нт Попо́в:	А кого́ вы встре́тили, когда́ шли из теа́тра?
Бори́с Петро́вич:	Ива́на.
Сержа́нт Попо́в:	Что он де́лал?
Бори́с Петро́вич:	Он стоя́л на остано́вке авто́буса. Мы пошли́ домо́й вме́сте.

E3 Interview 2 — Ольга Анто́новна Кузнецо́ва

 Supply appropriate words/endings in the gaps below.

Пото́м сержа́нт Попо́в спроси́л Ольг____ Анто́новн___ Кузнецо́в____ .

(1)

Сержа́нт Попо́в:	Что вы . . . вчера́?
Ольга Анто́новна:	Утром я . . . в университе́т на ле́кции. Пото́м рабо́тала в лаборато́р____. По́сле обе́да я . . . в библиоте́ку. Ве́чером я . . . в теа́тр.
Сержа́нт Попо́в:	Каку́ю пьес____ вы . . . в теа́тре?
Ольга Анто́новна:	«Три сестры́».

(2)

Сержа́нт Попо́в:	В кото́ром часу́ вы . . . в библиоте́ку?
Ольга Анто́новна:	В четы́ре час____ .

Сержа́нт Попо́в:	А в кото́ром часу́ вы . . . домо́й?
Ольга Анто́новна:	В шесть час____ .
Сержа́нт Попо́в:	Когда́ вы . . . в теа́тр?
Ольга Анто́новна:	В во́семь час____ .
Сержа́нт Попо́в:	А когда́ вы . . . домо́й?
Ольга Анто́новна:	В оди́ннадцать.

(3)

Сержа́нт Попо́в:	Кого́ вы встре́тили, когда́ шли в университе́т?
Ольга Анто́новна:	Ива́на.
Сержа́нт Попо́в:	Кого́ вы встре́тили, когда́ . . . в библиоте́ку?
Ольга Анто́новна:	Бори́са Петро́вича и Ле́ну.
Сержа́нт Попо́в:	А что де́лал Бори́с Петро́вич?
Ольга Анто́новна:	Он . . . дом____ .
Сержа́нт Попо́в:	А что де́лала Еле́на Никола́евна?
Ольга Анто́новна:	Она́ . . . в библиоте́ку. Мы пошли́ вме́сте.
Сержа́нт Попо́в:	Кого́ вы встре́тили, когда́ . . . из теа́тра?
Ольга Анто́новна:	Ле́ну.
Сержа́нт Попо́в:	А что она́ . . . ?
Ольга Анто́новна:	Она́ стоя́ла на остано́вке трамва́я.

E4 Interviews 3 and 4 — Ива́н и Еле́на

Working in groups of three – сержа́нт Попо́в, Ива́н и Еле́на – use the information in the following tables to answer the policeman's questions. Based on the information contained in the texts and tables, work out together 'who done it' and when. **Кто уби́л шофёра такси́? Когда́ уби́ли шофёра такси́?**

Ива́н

вопросы	у́тром	пото́м	по́сле обе́да	ве́чером
Куда́ ходи́л?	в университе́т	в кафе́ «Ко́смос»		в кино́
Где был?			сиде́л до́ма	
Что там де́лал?	слу́шал ле́кции	обе́дал	чита́л журна́л	смотре́л фильм «Рэ́мбо»
В кото́ром часу́ пошёл?		в 2 часа́		в 7 часо́в
В кото́ром часу́ пришёл домо́й?			в 4 часа́	в 10 часо́в
Кого́ встре́тил?	Олю (она́ шла на ле́кции)	Ле́ну (она́ шла в кафе́)		1. по доро́ге в кино́ — Ле́ну (она́ шла в кино́) 2. по́сле кино́ — Бори́са (он шёл домо́й)

Еле́на

вопро́сы	у́тром	пото́м	по́сле обе́да	ве́чером
Куда́ ходи́ла?		в кафе́ «Ко́смос»	в библиоте́ку	в кино́
Где была́?	до́ма			
Что там де́лала?	спала́	пила́ ко́фе	занима́лась	смотре́ла фильм «Рэ́мбо»
В кото́ром часу́ пошла́?		в 2 часа́	в 4 часа́	в кино́ в 7 часо́в по́сле кино́ — на рабо́ту в 10 часо́в
В кото́ром часу́ пришла́ домо́й?	в 6 часов утра́			
Кого́ встре́тила?		Ива́на (он шёл в кафе́)	Олю (она́ шла в библиоте́ку)	Ива́на (он шёл в кино́)

In four sentences explain what everyone was doing at the time of the murder.

F   Folk tale

F1   Pre-reading exercises — Но́вые слова́

V₊   Глаго́лы

ГДЕ?		
сиде́ть на сту́ле	лежа́ть на крова́ти	стоя́ть на у́лице

КУДА?		ОТКУДА?
сади́ться сесть на стул	ложи́ться лечь на крова́ть	встава́ть встать с посте́ли со сту́ла

 Существи́тельные

лес   доро́га   до́мик = ма́ленький дом
ко́мнаты   столо́вая — ко́мната, где за́втракают/обе́дают/у́жинают
     спа́льня — ко́мната, где спят
ме́бель   стол — предме́т, за кото́рым едя́т, пи́шут
     стул — предме́т, на кото́ром сидя́т
     крова́ть — предме́т, на кото́ром спят
посу́да   ло́жка — предме́т, кото́рым едя́т суп, ка́шу . . .
     ми́ска (*устар.*) — предме́т, из кото́рого едя́т суп . . .

 Прилага́тельные и наре́чия

большо́й   сре́дний   ма́ленький
больша́я   сре́дняя   ма́ленькая

вку́сный   ≠   невку́сный
удо́бный   ≠   неудо́бный
гро́мко   ≠   ти́хо

F2   The Three Bears — Три медве́дя (по Л. Н. Толсто́му)

Одна́ де́вочка пошла́ в лес. Она́ до́лго ходи́ла по́ лесу, иска́ла доро́гу домо́й, но не нашла́. Вдруг в лесу́ она́ уви́дела до́мик. Она́ вошла́ в до́мик.

В до́мике жи́ли три медве́дя: большо́й медве́дь, медве́дица и ма́ленький медвежо́нок Ми́шка. В э́то вре́мя они́ бы́ли в лесу́.

В до́мике бы́ло две ко́мнаты: столо́вая и спа́льня. Де́вочка вошла́ в столо́вую.

Там стоя́л большо́й стол. На столе́ стоя́ли три ми́ски: больша́я, сре́дняя и ма́ленькая. Ря́дом лежа́ли три ло́жки: больша́я, сре́дняя и ма́ленькая.

Де́вочка захоте́ла есть. Она́ взяла́ большу́ю ло́жку и немно́го пое́ла из большо́й ми́ски. Пото́м она́ взяла́ сре́днюю ло́жку и пое́ла из сре́дней ми́ски. Ка́ша была́ невку́сная. Наконе́ц, она́ взяла́ ма́ленькую ло́жку и пое́ла из ма́ленькой ми́ски. Эта ка́ша была́ вку́сная.

Де́вочка захоте́ла сесть. В ко́мнате стоя́ли три сту́ла: большо́й, сре́дний и ма́ленький. Она́ се́ла на большо́й стул, но он был о́чень высо́кий; се́ла на сре́дний стул, но он был неудо́бный. Она́ се́ла на ма́ленький стул. Этот стул был о́чень удо́бный. Она́ взяла́ ма́ленькую ми́ску и начала́ есть.

Когда́ де́вочка съе́ла всю ка́шу, она́ начала́ кача́ться на сту́ле. Стул слома́лся, и она́ упа́ла на́ пол. Тогда́ де́вочка вста́ла и пошла́ в другу́ю ко́мнату. Там стоя́ли три крова́ти: больша́я, сре́дняя и ма́ленькая. Де́вочка захоте́ла спать. Она́ легла́ на большу́ю крова́ть, но крова́ть была́ о́чень высо́кая. Она́ легла́ на сре́днюю крова́ть. Эта крова́ть была́ о́чень неудо́бная. Тогда́ она́ легла́ на ма́ленькую крова́ть. Эта крова́ть была́ о́чень удо́бная, и де́вочка ско́ро засну́ла.

В э́то вре́мя медве́ди пришли́ домо́й и захоте́ли есть. Большо́й медве́дь взял большу́ю ми́ску и гро́мко сказа́л: «Кто ел мою́ ка́шу?» Медве́дица взяла́ сре́днюю ми́ску и сказа́ла не так гро́мко: «Кто ел мою́ ка́шу?» А Ми́шка уви́дел ма́ленькую ми́ску и закрича́л: «Кто ел мою́ ка́шу и всю съел?»

Большо́й медве́дь посмотре́л на большо́й стул и гро́мко сказа́л: «Кто сиде́л на моём сту́ле?» Медве́дица посмотре́ла на сре́дний стул и сказа́ла не так гро́мко: «Кто сиде́л на моём сту́ле?» А Ми́шка уви́дел ма́ленький стул и закрича́л: «Кто сиде́л на моём сту́ле и слома́л его?»

Пото́м медве́ди пошли́ в другу́ю ко́мнату. «Кто лежа́л на мое́й крова́ти?» — гро́мко сказа́л большо́й медве́дь. «Кто лежа́л на мое́й крова́ти?» — не так гро́мко сказа́ла медве́дица. А Ми́шка посмотре́л на ма́ленькую крова́ть и уви́дел де́вочку. «Вот она́! Ай-яй-яй! Вот она́!» — закрича́л он.

Де́вочка уви́дела медве́дей, пры́гнула в окно́ и убежа́ла в лес и ско́ро нашла́ доро́гу домо́й.

(Н. Н. Ковачёва, А.В. Фро́лкина (сост.), Ру́сские ска́зки, «Ру́сский язы́к»,
Moscow, 1987: 117–18)

F3 Vocabulary development — Лекси́ческие упражне́ния

Существи́тельные. Draw a single picture illustrating all the concrete objects named in the story. Label the picture in Russian. *Нарису́йте и напиши́те назва́ния предме́тов дома́шнего обихо́да (из те́кста).*

Наре́чия. Look through the text again. Using different coloured pencils/highlighters locate and mark all the adverbials of time and place in the story. Classify the above into single words, phrases and clauses.

Дикта́нт. Listen to the first part of the fairy tale and supply the missing verbs.

Одна де́вочка . . . в лес. Она до́лго . . . по ле́су, иска́ла доро́гу домо́й, но не . . . Вдруг в лесу́ она . . . до́мик. Де́вочка . . . в до́мик. В до́мике . . . три медве́дя:

большой медведь, медведица и маленький медвежонок Мишка. В это время они
. . . в лесу.

В домике было две комнаты: столовая и спальня. Девочка . . . в столовую.
Там . . . большой стол. На столе . . . три миски: большая, средняя и маленькая.
Рядом . . . три ложки: большая, средняя и маленькая.

Девочка захотела . . . Она взяла большую ложку и немного . . . из большой
миски. Потом она . . . среднюю ложку и поела из средней миски. Каша была
невкусная. Наконец, она взяла маленькую ложку и поела из маленькой миски.
Эта каша была вкусная.

Девочка захотела . . . В комнате стояли три стула: большой, средний и
маленький. Она . . . на большой стул, но он был очень высокий; потом села на
средний стул, но он был неудобный. Она . . . на маленький стул. Этот стул был
очень удобный. Девочка . . . маленькую миску и . . . есть. Когда девочка . . . всю
кашу, она . . . качаться на стуле. Стул сломался, и она упала на пол.

Тогда девочка . . . и . . . в спальню. Там . . . три кровати: большая, средняя и
маленькая. Девочка . . . спать. Она . . . на большую кровать, но кровать была
очень высокая. Она легла на среднюю кровать. Эта кровать была неудобная.
Тогда она . . . на маленькую кровать. Эта кровать была очень удобная, и девочка
скоро . . .

В это время медведи . . . домой и . . . есть. Большой медведь . . . большую миску и
громко сказал:

— Кто . . . мою кашу?

Медведица . . . среднюю миску и сказала не так громко:

— Кто . . . мою кашу?

А Мишка . . . маленькую миску и закричал:

— Кто . . . мою кашу и всю . . . ?

 Переска́з. *Retell the story in Russian in as few sentences as possible.*
Кра́тко перескажи́те ска́зку по-ру́сски.

G Reading comprehension

G1 Text — «Ти́грис» в океа́не

 Юрий Сенке́вич – ру́сский врач, уча́ствовал в экспеди́циях на папи́русных суда́х
«Ра-I» и «Ра-II» и тростнико́вой ло́дке «Ти́грис». Сотру́дник Институ́та ме́дико-
биологи́ческих пробле́м (г. Москва́).
Он расска́зывает об уча́стниках экспеди́ции «Ти́грис».

1. Но́мер пе́рвый — Тур Хе́йердал, инициа́тор и глава́ экспеди́ции, 63-ле́тний
норве́жец, знамени́тый этно́граф, гео́граф, путеше́ственник.
2. Раша́д Низа́р Сали́м — 20 лет, из Ира́ка, студе́нт-ску́льптор, знато́к дре́вней
ара́бской культу́ры. В экипа́же «Ти́гриса» – на до́лжности матро́са–перево́дчика.
3. Асбьерн Да́мхус — 21 год, матро́с, датча́нин, студе́нт-фи́зик (и матема́тик).
Кро́ме того́, око́нчил уже́ одно́ авторите́тное уче́бное заведе́ние «Атла́нтик-
ко́лледж».

4. Де́тлеф Зо́йтцек — 26 лет, ФРГ, капита́н «Ти́гриса». В пятна́дцать лет — ю́нга; в два́дцать три — капита́н, са́мый молодо́й у себя́ в стра́не. Ходи́л по Ба́лтике, быва́л и у нас в стране́.

5. Но́ррис Брок — 38 лет, США, киноопера́тор Пи́ттсбургского телеви́дения. В экспеди́ции — телеопера́тор, как и . . .

6. То́ру Сузу́ки — 43 го́да, Япо́ния. Опера́тор телеви́дения, а ещё владе́лец рестора́на в То́кио. Тала́нтливый и трудолюби́вый, как мураве́й.

(по материа́лам Ю. Сенке́вича, «Спу́тник», 1985: 151ff.)

G2 Exercises — Упражне́ния

V+

Match the Russian and English words.

Как по-англи́йски?	Как по-ру́сски?
1. владе́лец рестора́на	ant
2. глава́ экспеди́ции	anthropologist
3. знамени́тый	cabin boy
4. киноопера́тор	cameraman
5. матро́с–перево́дчик	crew
6. мураве́й	educational institution
7. путеше́ственник	explorer
8. тала́нтливый	famous
9. уча́стник экспеди́ции	head of expedition
10. уче́бное заведе́ние	member of expedition
11. экипа́ж	restaurant owner
12. этно́граф	sailor-interpreter
13. ю́нга	talented

Using the information contained in the text «Тигрис», complete the table below.

и́мя/фами́лия	национа́льность/ страна́	во́зраст	профе́ссия и други́е да́нные	роль в экспеди́ции
1. . . .	. . .	63	. . .	инициа́тор и глава́ экспеди́ции
2. . . .	из Ира́ка	. . .	. . .	. . .
3. Асбьерн	. . .	. . .	. . .	. . .
4. . . .	ФРГ	. . .	. . .	. . .
5. Норрис Брок	. . .	. . .	. . .	. . .
6. . . .	. . .	. . .	. . .	владе́лец рестора́на в То́кио
7. . . .	. . .	_____	сотру́дник	врач

Тепе́рь напиши́те о ка́ждом уча́стнике экспеди́ции «Ти́грис» в проше́дшем вре́мени.

Наприме́р: Юрий Сенке́вич был врачо́м в экспеди́ции «Ти́грис».

Comprehension. *Listen to the text and take notes in English to answer the comprehension questions supplied below. Then reconstruct the contents of the whole text in English and record your translation/summary.*

1. What was Yuri Senkevich's job in Moscow?
2. In which previous expeditions did he sail?
3. Who initiated and led the *Tigris* expedition?
4. What is his nationality?
5. What is he famous for?
6. Which country was Mr Salim from?
7. What was his profession back home?
8. What was his role on the expedition?
9. Where was Mr Damchus educated?
10. Describe Captain Zoitzek's career.
11. Where does Mr Brock normally work?
12. What does Mr Suzuki own in Tokyo?

H Revision

H1 Quiz — Игра́-виктори́на

1. Divide into teams of three or four and answer the following questions.

Кем он/она́ был(-а́)? Писа́телем, полити́ческим де́ятелем, космона́втом, компози́тором, учёным, хи́миком, худо́жником, кинорежиссёром или танцо́вщиком?

Алекса́ндр Серге́евич Пу́шкин	Анна Андре́евна Ахма́това
Анто́н Па́влович Че́хов	Бори́с Никола́евич Ельцин
Валенти́на Никола́евна Терешко́ва	Влади́мир Ильи́ч Ле́нин
Дми́трий Ива́нович Менделе́ев	Ива́н Серге́евич Турге́нев
Илья́ Ефи́мович Ре́пин	Ио́сиф Виссарио́нович Ста́лин
Лев Никола́евич Толсто́й	Макси́м Го́рький
Михаи́л Васи́льевич Ломоно́сов	Михаи́л Серге́евич Горбачёв
Моде́ст Петро́вич Му́соргский	Мстисла́в Ростропо́вич
Наде́жда Константи́новна Кру́пская	Па́вел Миха́йлович Третьяко́в
Пётр Ильи́ч Чайко́вский	Рудо́льф Хаме́тович Нури́ев
Серге́й Васи́льевич Рахма́нинов	Серге́й Миха́йлович Эйзенште́йн
Фёдор Миха́йлович Достое́вский	Юрий Алексе́евич Гага́рин

2. Sort the places listed below into the following categories: countries, rivers, lakes, mountain ranges, seas/oceans and cities.

Азербайджа́н	Аму́р	Ангара́	Ара́льское мо́ре
Арме́ния	Арха́нгельск	Афганиста́н	Байка́л
Ба́ренцево мо́ре	Белару́сь	Бе́лое мо́ре	Бе́рингово мо́ре
Владивосто́к	Во́лга	Волгогра́д	Гру́зия
Дон	Екатеринбу́рг	Енисе́й	Ира́н
Ирку́тск	Ирты́ш	Исла́ндия	Казахста́н
Каспи́йское мо́ре	Киргизста́н	Кита́й	Коре́я
Красноя́рск	Ла́твия	Ле́на	Литва́
Магада́н	Молдо́ва	Монго́лия	Москва́
Му́рманск	Ни́жний Но́вгород	Новосиби́рск	Норве́гия
Ла́дога	Обь	Омск	Пеки́н
По́льша	Росто́в-на-Дону́	Сама́ра	Санкт-Петербу́рг
США	Таджикиста́н	Ти́хий океа́н	Туркмениста́н
Ту́рция	Узбекиста́н	Украи́на	Ура́л
Финля́ндия	Хаба́ровск	Чёрное мо́ре	Шве́ция
Эсто́ния	Яку́тск	Япо́ния	Япо́нское мо́ре

Homework

 For an introduction to the syntactic category of verb (lexical, copula) see 'Language awareness' (5.1).

For an introduction to aspectual pairs in dialogue see 'Language awareness' (5.2).

For an introduction to the semantics of case (direct object and complement) see 'Language awareness' (5.3)

 Written exercises — Письменные задания

Упражнение 1. Case endings. Грамматика. The following tables summarise the formation of the endings of masculine, neuter and feminine nouns in the cases you have covered to date.

Indicate which gender each of the tables refers to, which case each row exemplifies and insert appropriate forms where they have been omitted from the tables. Check your answers by comparing them to the forms supplied in the tables in the 'Grammar summary' (2.2).

Gender: _____

case	hard inanimate	hard animate	hard fleeting e	soft -й animate	soft -й inanim.	soft -ь inanimate	soft -ь animate
	. . .	. . .	отец	. . .	музей	спектакль	. . .
	университет	. . .	. . .	героя	музей	писателя	. . .
	. . .	студентом	. . .	героем	. . .	спектаклем	. . .
	(в) . . .	(о) студенте	(об) отце	(о) . . .	(в) . . .	(о) спектакле	(о) . . .

Gender: _____

case	hard -o	soft -e	soft -ие
	слово	. . .	упражнение
	. . .	море	. . .
	словом	. . .	упражнением
	(о) . . .	(на) море	(в) . . .

Gender: _____

case	hard inanimate	hard animate	soft -я	soft -ия	soft -ь
	школа	. . .	неделя	. . .	. . .
	. . .	сестру	. . .	лекцию	тетрадь
	школой	. . .	неделей	. . .	. . .
	(в) . . .	(о) сестре	(на) . . .	(на) лекции	(в) тетради

Упражнение 2. The instrumental case. Когда использовать этот падеж? *The following list describes various uses of the instrumental case. Read through the questions and answers supplied below and indicate which of the listed uses is illustrated in each example:*

(a) *to express the object of reflexive verbs in answer to the question 'What?'*
(b) *to express the predicate in answer to the question 'Whom?'*
(c) *to express time reference in answer to the question 'When?'*
(d) *to express with whom an action is performed in answer to the question 'With whom?'*

Пример:

1. Когда вы ездили в Париж?   Весной.
2. Кем работала мать?   Мать работала врачом.
3. Чем занимались ученики?   Ученики занимались русским языком.
4. С кем разговаривал студент?   Студент разговаривал с учителем.

Упражнение 3. Copula verbs. Глаголы «быть», «работать» и «стать». *Replace the present tense by the past tense.*

Пример: Мой брат — инженер.
                 Мой брат был/работал/стал инженером.

(а) Моя сестра — детский врач.   (д) Моя подруга — студентка.
(б) Мой товарищ — студент.   (е) Марина Петровна — учительница.
(в) Его сестра — писательница.   (ж) Наташа — журналистка.
(г) Она геолог.   (з) Наша бабушка — артистка.

Упражнение 4. Complements and copulas. Кем он стал? *Put the words in brackets into the correct form.*

(а) Раньше я была (школьница) . . . , а теперь я стала (студентка) . . .
(б) Мой товарищ был (студент) . . . , а теперь он стал (инженер) . . .
(в) Моя подруга была (медсестра) . . . , а теперь она стала (врач) . . .
(г) Раньше отец был (учитель) . . . , а теперь он стал (директор) школы . . .

Упражнение 5. Interests. Кто чем интересуется? *Write at least seven sentences matching the people and interests listed below.*

People: брат, я, отец, профессор, студентка, наш друг, моя подруга, бабушка
Interests: биология, популярная музыка, медицина, американская литература, теоретическая физика, русская история, арабский язык, химия

Упражнение 6. Coordinated subjects. Кто с кем? *Connect the people below with the preposition с and write a sentence describing what they were doing.*

Пример: я + мама = Мы с мамой ходили в кафе.

(а) я + брат   (г) я + подруга
(б) я + сестра   (д) я + отец
(в) я + друг   (е) я + товарищ

Упражнение 7. Coordinated subjects. Кто с кем что делал? *Put the words in brackets into the correct form.*

(а) В субботу я был в театре с (брат) . . .   (е) Я хочу поговорить с (Катя) . . .
(б) Вчера я ужинал с (Борис) . . .   (ж) Отец ходил в цирк с (Ирина) . . .
(в) Я говорил по телефону с (товарищ) . . .   (з) Он разговаривал с (профессор) . . .
(г) Мальчики ходили в музей с (учитель) . . .   (и) Мать гуляла в парке с (сын) . . .
(д) Вчера он был на стадионе с (отец) . . .

Упражнение 8. Prepositions. Предлоги «с», «за», «в», «на» и «о». *Insert appropriate prepositions in the spaces provided.*

1. Мать . . . сыном гуляли . . . парке.
2. Они пили кофе . . . молоком.
3. Мы сидели . . . столом и разговаривали . . . университете.
4. Летом он жил . . . даче . . . бабушкой.
5. Студенты сидели . . . буфете и ели бутерброды . . . сыром.
6. Они смотрели фильм . . . Москве . . . интересом.
7. . . . обедом разговор шёл . . . футболе.
8. Вчера профессор встретился . . . первокурсником.
9. Брат . . . сестрой учатся . . . школе.
10. Переводчик переводил книгу . . . словарём.

Упражнение 9. Aspects. Три медведя. *Put the verb in brackets into the correct form of the appropriate aspect. Check your answers by referring back to «**Три медведя**».*

Девочка (хотеть/захотеть) ..1.. (садиться/сесть) ..2.. . В комнате (стоять/постоять) три стула: большой, средний и маленький. Она (садиться/сесть) ..3.. на большой стул, но он был очень высокий; (садиться/сесть) ..4.. на средний стул, но он был неудобный. Она (садиться/сесть) ..5.. на маленький стул. Этот стул был очень удобный. Она (брать/взять) ..6.. маленькую миску и (начинать/начать) ..7.. (есть/съесть) ..8..

Когда девочка (есть/съесть) ..9.. всю кашу, она (начинать/начать) ..10.. (качаться/качнуться) ..11.. на стуле. Стул (ломаться/сломаться) ..12.., и она (падать/упасть) ..13.. на пол. Тогда девочка (вставать/встать) ..14.. и пошла в другую комнату. Там (стоять/постоять) ..15.. три кровати: большая, средняя и маленькая. Девочка (хотеть/захотеть) ..16.. спать. Она (ложиться/лечь) ..17.. на большую кровать, но кровать была очень высокая. Она (ложиться/лечь) ..18.. на среднюю кровать. Эта кровать была очень неудобная. Тогда она (ложиться/лечь) ..19.. на маленькую кровать. Эта кровать была очень удобная, и девочка скоро (засыпать/заснуть) ..20..

Упражнение 10. Grammatical analysis. Кто? Что? Когда? С кем? Как? Чем? Во что? Где? Куда? *Divide the following sentences into phrases. Underneath each phrase indicate which question is being answered. Underneath the verb simply write 'V'.*

Например:	Мы	ходили	в кино	каждый вечер.
	Кто?	V	Куда?	Когда?

1. Вчера вечером мы с сестрой смотрели телевизор дома.
2. В прошлом году они ездили во Францию на поезде.
3. Студент весь день сидел в библиотеке и занимался русским языком.
4. Иван и Николай часто играли в теннис.
5. Столица России называется Москва.
6. Профессор встречался с Иваном и Катей в аудитории.

Упражнение 11. Scanning and writing. Реклама. *Read the advertisement and summarise its content in no more than four brief sentences. Fill in the application form below.*

Молодые и энергичные! Это шанс для вас!

«РУССКОЕ БИСТРО» приглашает на работу в ресторан в Москве на Тверской улице и в новый ресторан на Арбате.

Наши рестораны открыты ежедневно включая воскресенье с 10.00 часов утра до 10.00 часов вечера. Это значит, что работа в «РУССКОМ БИСТРО» обычно начинается в 8.00 часов утра, а кончается в 11.00 или в 12.00 часов ночи. Конечно, работа по флекси-графику: 7 часов в день.

Если Вы знаете иностранные языки, если Вы хотите работать в культурной и приятной атмосфере, если Вы любите работать в интенсивном темпе, то работа в «РУССКОМ БИСТРО» — это шанс для Вас!

Наш адрес: 103050 Москва, ул. Малая Бронная, 46. Ресторан «РУССКОЕ БИСТРО»

(Пожалуйста, напишите на конверте: Приём на работу)

Фирма «РУССКОЕ БИСТРО»

Заявление на работу дата: . . . 20 . . . г.

Персональные данные:

Ф.И.О. . . . .

Дата рождения . . . . . . г.

Телефон . . .

Адрес в Москве . . .

Семейное положение: женат ☐

замужем ☐

неженат ☐

незамужем ☐

Какие языки Вы знаете . . .

Где сейчас работаете/учитесь . . .

Сколько времени от Вашего дома до ресторана «РУССКОЕ БИСТРО»: . . . минут

Могу начать работать в «РУССКОМ БИСТРО»: . . . 20 . . . г.

Подпись: . . .

Упражнение 12. Guided writing. Поездка в Россию. *Below is a page from your diary, outlining what you did on your holidays last summer. Write a letter to a friend in Russian giving a detailed account of your activities during that week.*

июль

понедельник	9.00–12.00 8.00	кафе + Оля *концерт: Большой театр + Борис
вторник	утром вечером	парк + Иван, Миша, Соня дома: телеспектакль «Три сестры»
среда	2.00–5.00 6.00	книжный магазин + Катя Дом дружбы: лекция о Китае
четверг	утром 8.00	лес + Борис ужин + бабушка Бориса
пятница	9.00–1.00 8.00	бассейн поезд в Санкт-Петербург
суббота	7.00 днём вечером	Санкт-Петербург Русский музей цирк + Иван
воскресенье	утром 1.00 после обеда 9.00	Эрмитаж ресторан «Садко» экскурсия по городу поезд в Москву

13   Lexical exercises — Лексические упражнения

13.1   Semantic groups. Интересы, увлечения. *List eight things you are interested in:* **Я интересуюсь** . . .

13.2   Semantic groups. Куда вы ходили? Что вы там делали? *List eight places you have been to in the last week. State what you did there:* **На прошлой неделе я ходил(а)** . . . , **где я** . . .

13.3   Word-building. Кто что делает? *Match the following verbs and nouns. Highlight the root they share. List the suffixes used to indicate the person performing an action.* **Найдите корень слова.**

лётчик путешéственник мыслúтель писáтель знатóк рабóтник владéлец изобретáтель преподавáтель перевóдчик	владéть знать преподавáть рабóтать летéть переводúть писáть путешéствовать мы́слить изобретáть

13.4   Word-building. Кто куда ходит каждый день? *Match the following sets of nouns. Highlight the root they share. What relationship do these words have with one another?* **Найдите корень слова.**

шкóла кáсса библиотéка буфéт	библиотéкарь буфéтчица кассúрша шкóльник

13.5   *Match the following sets of nouns.* Кто чем занимается? *Highlight the root they share. What relationship do these words have with one another?* **Найдите корень слова.**

истóрия мýзыка футбóл филосóфия литератýра искýсство хúмия математúка фúзика шáхматы	литературовéд фúзик шахматúст искусствовéд хúмик математик музыкáнт истóрик филóсоф футболúст

13.6 Word bricks. Прилагательные. *Use the segments of words in the bricks to complete the adjectives below.*

руг	рéд	льш	дол	йче	мйч
лол	роп	вы	врем	диц	éб
кýс	дóб	áл	рус	рóш	

1. д _ _ _ ой
2. но _ _ й
3. тру _ _ _ юбивый
4. (не)у _ _ _ ный
5. фи _ _ _ огический
6. уч _ _ ный

7. физ _ _ _ ский
8. хи _ _ _ еский
9. ев _ _ _ ейский
10. п _ _ _ лый
11. бо _ _ _ ой
12. м _ _ енький

13. с _ _ _ ний
14. ме _ _ _ инский
15. па _ _ _ ный
16. в _ _ _ ный
17. со _ _ _ _ енный

13.7 Adverbials of place. Где? Куда? Откуда? *Match each verb with an appropriate adverbial of place.*

Verbs: 1. вставать 2. выходить 3. ездить 4. ложиться 5. садиться 6. пойти 7. лежать 8. сидеть 9. заниматься 10. поступить 11. встречаться

Adverbials of place: на кровати; в Россию; в библиотеке; домой; на стуле; на кровать; с кровати; на стул; в кафе; в университет; из дома

13.8 Semantic groups. Учебные заведения. *Supply the missing letters.*

1. ку_ _ _ экскурсоводов
2. х_ _ _ ч _ _ _ ий институт
3. б _ бл _ _ т _ _ _ ый техникум
4. институт кин _ _ _ тогр _ _ _ и
5. с _ _ _ н _ _ _ я
6. к _ _ _ ы шофёров
7. б _ л ет _ _ _ школа
8. в _ з

9. шар _ _ _ ахер _ _ _ _ училище
10. кон _ _ _ ват _ _ _ _
11. в _ _ ери _ _ _ ная академия
12. мед _ _ _ нск _ _ институт
13. пед _ _ _ _ ичес _ _ _ университет
14. худо _ _ _ тв _ _ _ ая академия
15. пол _ _ _ _ нич _ _ _ _ _ университет
16. л _ _ _ ое училище

Listening comprehension

The following sections from Unit 5 have been recorded on tape:

A1   Пётр Великий
F3   Три медведя
G1   «Тигрис» в океане

Упражнение 1. Comprehension. Кто куда с кем ходил в воскресенье? *Listen to the tape and match the people, places and activities in the table on p. 152.*

В понедельник студенты встретились в университетском кафе. Они разговаривал о том, что делали в воскресенье.

Кто	с кем	куда ходили	что там делали
Марина	с Таней	в горы	танцевали
Володя	с Иваном	в театр	читали книги, газеты и журналы
Саша	с Ириной	в музей	смотрели спектакль «Три сестры»
Анна	с Ольгой	в библиотеку	устроили пикник
Пётр	с Ниной	никуда	смотрели телевизор
Наташа	с Борисом	на дискотеку	смотрели выставку русской графики

Using the model below write six sentences in Russian stating: Кто с кем куда ходил в воскресенье, и что они там делали.

Например: В воскресенье . . . с . . . ходили в . . ., где они . . .

Упражнение 2. Comprehension. Кем вы хотели стать в детстве? Кем вы работаете сейчас? *Listen to the dialogues. Write down the name of each speaker and answer the following questions in relation to each person: what profession did each speaker choose when they were young* (**Кем хотел/хотела стать в детстве?**)*; what do they actually do now?* (**Кем работает сейчас?**)

Упражнение 3. Speaking. Почему вы туда поступили? *Answer the questions using the instrumental case of the words given in brackets, as in the model.*

Например: Почему вы поступили на экономический факультет? (экономист)
Потому что я хочу стать экономистом.

1. Почему вы поступили на инженерный факультет? (инженер)
2. Почему вы поступили на химический факультет? (химик)
3. Почему вы поступили на биологический факультет? (биолог)
4. Почему вы поступили на библиотечный факультет? (библиотекарь)
5. Почему вы поступили на медицинский факультет? (врач)
6. Почему вы поступили на педагогический факультет? (учитель)
7. Почему вы поступили на факультет журналистики? (журналист)
8. Now you say why you decided to study languages: Я поступил(а) на филологический факультет, потому что . . .

In this unit you will learn how to:

- express possession
- form the present tense
- express a wish
- talk about family relations and education

Classwork

A Possession

A1 Having / not having — У тебя́ есть . . . ?

☞ The following table illustrates the genitive form of the pronouns used to express possession.

nominative	я	ты	он	она́	мы	вы	они́	кто?
genitive	у меня́	у тебя́	у него́	у неё	у нас	у вас	у них	у кого́?

☞ Expressing possession

Наприме́р: — У тебя́ есть слова́рь? — Да, есть.
  — Нет, не́ту.

  — У вас есть тетра́дь? — Да, есть.
  — Нет, не́ту.

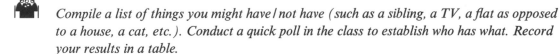

Compile a list of things you might have / not have (such as a sibling, a TV, a flat as opposed to a house, a cat, etc.). Conduct a quick poll in the class to establish who has what. Record your results in a table.

Наприме́р: — У тебя́ есть ра́дио? — Да, есть.
  — У вас есть маши́на? — Нет, не́ту.

A2 Who has what? — У кого́ что есть?

☞ The following table illustrates the genitive form of nouns and adjectives used to express possession.

	masculine	feminine
hard	у ста́ршего бра́та	у мла́дшей сестры́
	у э́того студе́нта	у э́той студе́нтки*
soft	у шко́льного учи́теля	у Ка́ти
	у Алексе́я	у Мари́и

 *The following spelling rule affects the formation of the genitive case of nouns. Always use -*и* (not -*ы*) after *г-, к-, х-, ж-, -ч, ш-, щ-*. Note that this is the same rule that you learnt in Unit 4 in relation to the formation of the nominative plural. See 'Grammar summary' (1.2).

 Practise expressing who has what.

Наприме́р: У Ива́на есть мотоци́кл, у Ка́ти есть ру́чка, а у Ната́ши есть . . .

A3 Do you have a brother? — У тебя́ есть брат?

— У тебя́ есть брат? — У вас есть сестра́?
— Да, есть. У меня́ есть брат. — Да, есть. У меня́ есть сестра́.

— У тебя́ есть брат? — У вас есть сестра́?
— Нет, не́ту. У меня́ нет бра́та. — Нет, не́ту. У меня́ нет сестры́

 The following table illustrates the genitive form of the noun used to express negation absence.

	masculine	feminine	neuter
hard	нет бра́та	нет сестры́	нет окна́
	нет мотоци́кла	нет ко́шки	
soft	нет учи́теля	нет тетра́ди	нет мо́ря
	нет ча́я	нет ле́кции	нет общежи́тия

*Using the examples from the list that you compiled in A1, list five things that you have and five that you do not have. Then do the same for your neighbour. (Work in pairs or small groups.) Report back to class: **Чего́ у меня́ / у него́ / у неё / у . . . нет**.*

Наприме́р: У меня́ нет компью́тера, маши́ны, тетра́ди . . .
А у Джи́ма нет соба́ки, словаря́, карандаша́ . . .

A4 I did not have . . . — У меня́ не́ было . . .

When expressing the absence of something in the past tense, the negative particle *нет* is replaced by *не́ было* (note the neuter form of the verb). For a discussion of the expression of existence/non-existence in the past tense see 'Grammar summary' (9.3.4.2). For a discussion of the expression of 'not having' in the past tense see 'Grammar summary' (9.3.4.1).

Discuss what technology your parents and grandparents would and would not have had at home when they were growing up. Some suggestions are provided in the box below.

видеомагнитофо́н	ра́дио
компью́тер	маши́на
	велосипе́д
холоди́льник	фотоаппара́т
телеви́зор	

Discuss what technology you have in the following places:

1. У меня́ в ко́мнате есть . . .
2. У нас в общежи́тии есть . . .

3. У нас на факульте́те есть . . .
4. У нас в кварти́ре есть . . .

B Present reference

B1 Family relations — Семе́йные отноше́ния

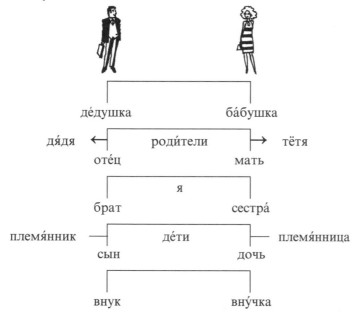

Как его́ зову́т?
моего́ де́душку
дя́дю
твоего́ отца́*
мла́дшего бра́та
ста́ршего сы́на
ва́шего племя́нника
вну́ка

ЗОВУ́Т . . .

Как её зову́т?
мою́ ба́бушку
тётю
твою́ мать
мла́дшую сестру́
ста́ршую дочь
ва́шу племя́нницу
вну́чку

ЗОВУ́Т . . .

*Note that, as in the formation of the plural, the fleeting (mobile) vowel *-e-* in the suffix *-ец* is omitted when the noun is declined. For the declension of *мать* and *дочь* see 'Grammar summary' (2.5.1). For a complete picture of the declension of possessives and adjectives see 'Grammar summary' (7.1 and 7.2.1).

 Draw your family tree. Write a sentence about each family member saying what they are called.

 Ask your neighbour about his/her family. Draw their family tree. Compare your drawing and theirs.

B2 The genitive case and numerals — Два . . . , три . . . , четы́ре . . .

оди́н год/брат	одна́ мину́та/сестра́	одно́ окно́
два го́да/бра́та	две мину́ты/сестры́	два окна́
три го́да/бра́та	три мину́ты/сестры́	три окна́
четы́ре го́да/бра́та	четы́ре мину́ты/сестры́	четы́ре окна́

 After the numeral one (*оди́н, одна́, одно́*) the noun is in the nominative singular. After the numerals two, three, and four the noun is in the genitive singular. After numbers five to twenty the genitive plural is required. The only genitive plural forms you need to use at this stage are: *5–12 часо́в* and *5–20 лет*, which is the genitive plural form of *год*.

 Семе́йный альбо́м. Ти́хоновы

 1. Вот на́ша семья́. Вот фотогра́фия де́душки с ба́бушкой. Это роди́тели па́пы. Они́ ро́дом из Сиби́ри. Де́душка был архите́ктором. Он у́мер во вре́мя войны́, а ба́бушка жила́ с на́ми всю жизнь. Она́ не рабо́тала, а де́лала всё до́ма. Брат ба́бушки был изве́стным шахмати́стом. Он жил и у́мер за грани́цей, в Швейца́рии.

2. Вот на э́той фотогра́фии мои́ роди́тели в день сва́дьбы. Па́пу зову́т Влади́мир Алекса́ндрович. Он роди́лся в Петрогра́де. По профе́ссии он инжене́р. Они́ с ма́мой познако́мились и пожени́лись в Москве́, где ма́ма учи́лась в институ́те. Пото́м они́ перее́хали в Ленингра́д, где живу́т и тепе́рь. Сейча́с па́па уже́ не рабо́тает, он на пе́нсии. Он о́чень интересу́ется поли́тикой.

3. Ма́му зову́т Наде́жда Миха́йловна. Она́ родила́сь в дере́вне на Во́лге. У ма́мы бы́ло четы́ре бра́та и три сестры́. Все её родны́е у́мерли во вре́мя войны́, кро́ме мла́дшей сестры́, мое́й тёти. Вот её фотогра́фия. Тётю зову́т Зинаи́да Миха́йловна. Она́ и тепе́рь живёт в той же дере́вне, где родила́сь. Её муж рабо́тал тракто́ри́стом и у́мер де́сять лет наза́д.

4. Я родила́сь во вре́мя войны́ в Ленингра́де. Пото́м мы с ма́мой и ба́бушкой уе́хали в эвакуа́цию в Казахста́н. По́сле войны́ мы верну́лись в Ленингра́д и жи́ли в коммуна́льной кварти́ре в це́нтре го́рода. Я ходи́ла в шко́лу № 163. Пото́м я поступи́ла в Ленингра́дский университе́т на англи́йское отделе́ние филфа́ка. Там я познако́милась с англича́нином Ро́бертом. Он тогда́ то́же учи́лся в ЛГУ.

5. Два́дцать лет наза́д мы пожени́лись. Тепе́рь мы живём в Манче́стере, где я рабо́таю в университе́те. В свобо́дное вре́мя я занима́юсь на компью́терных ку́рсах. Вот мой муж Ро́берт на фотогра́фии. Он учи́тель, преподаёт матема́тику в шко́ле. Он мно́го чита́ет и увлека́ется джа́зом. Игра́ет на саксофо́не в свобо́дное вре́мя.

6. У меня́ два бра́та. Ста́рший брат Алексе́й роди́лся в Москве́ до войны́. Он ста́рше меня́ на семь лет. Он живёт в Сара́тове, рабо́тает в мили́ции. Он жена́т. Жена́ Алексе́я рабо́тает касси́ршей в гастроно́ме. Её зову́т Фаи́на. У них оди́н сын – мой племя́нник Ми́ша, студе́нт второ́го ку́рса Сара́товского педагоги́ческого институ́та.

7. А вот мой мла́дший брат Серге́й с семьёй. Он моло́же меня́ на де́сять лет. Он роди́лся в Ленингра́де, но давно́ живёт в Москве́. По профе́ссии он фи́зик. Его́ жена́ Га́ля – пиани́стка, рабо́тает в консервато́рии, по национа́льности она́ грузи́нка. У них ма́ленькая до́чка, моя́ племя́нница. Её зову́т Ка́тя. Она́ учени́ца второ́го кла́сса англи́йской шко́лы. Ка́тя увлека́ется поп-му́зыкой и велоспо́ртом.

B3 Present reference — Настоя́щее вре́мя (1)

☞ *From the evidence in the text, supply the missing endings of the following first conjugation verbs.*

first person singular	я	рабо́та. . .	игра́. . .
second person singular	ты	рабо́таешь	игра́. . .
third person singular	он/она́	рабо́та. . .	игра́. . .
first person plural	мы	рабо́та. . .	игра́. . .
second person plural	вы	рабо́таете	игра́. . .
third person plural	они́	рабо́та. . .	игра́. . .

first person singular	я	жив. . .	препода́. . .
second person singular	ты	живёшь	препода́. . .
third person singular	он/она́	жив. . .	препода́. . .
first person plural	мы	жив. . .	препода́. . .
second person plural	вы	живёте	препода́. . .
third person plural	они́	жив. . .	препода́. . .

я	занима́. . .	интересу́. . .	увлека́. . .
ты	занима́. . .	интересу́. . .	увлека́. . .
он/она́	занима́. . .	интересу́. . .	увлека́. . .
мы	занима́. . .	интересу́. . .	увлека́. . .
вы	занима́. . .	интересу́. . .	увлека́. . .
они́	занима́. . .	интересу́. . .	увлека́. . .

For a discussion of the formation of the present tense see 'Grammar summary' (9.2).

☞ **Possession**

*List all the noun phrases from the text which include a possessive adjective (**мой, наш**). State what case, number and gender they are in. Note that in Russian they are used more seldom than in English.*

☞ **Time expressions**

Locate each of the following time expressions in the text and identify the case of the noun.

до войн . . .   во время войн . . .   после войн . . .

 By analogy supply appropriate endings for the following time expressions.

до завтрак. . .   до лекци. . .   до зачёт. . .   до работ. . .
до спектакл. . .
во время завтрак. . . во время лекци. . .   во время зачёт. . . во время работ. . .
во время спектакл. . .
после завтрак. . .   после лекци. . .   после зачёт. . .   после работ. . .
после спектакл. . .

B4 Talking about oneself — Ка́ждый о себе́

*Запо́лните про́пуски. Consult the text «**Ти́хоновы**» and supply the missing words.*

Влади́мир Алекса́ндрович: Меня́ . . . Влади́мир Алекса́ндрович, моя́ . . . Ти́хонов. Мои́ роди́тели ро́дом из Сиби́ри, а я коренно́й петербу́ржец. Когда́ я был . . . , я был на пра́ктике в Москве́. Там я познако́мился с Наде́ждой. Мы . . . и перее́хали в Ленингра́д, где мы живём и сейча́с. Де́сять лет . . . я ушёл на пе́нсию и тепе́рь занима́юсь . . .

Наде́жда Миха́йловна: . . . зову́т Наде́жда. Моё . . . Миха́йловна. Моя́ фами́лия . . . Я родила́сь в дере́вне на . . . Моя́ мла́дшая сестра́ Зинаи́да и тепе́рь живёт в той же . . . , где мы роди́лись. Когда́ я око́нчила . . . , я поступи́ла в . . . в Москве́. Там я познако́милась с . . . и вы́шла за него́ за́муж. У нас два . . . и . . . дочь. На́ша дочь живёт за грани́цей, в . . .

Серге́й Влади́мирович: Меня́ зову́т Серге́й. Я . . . в Ленингра́де, но тепе́рь мы с жено́й . . . в Москве́. Моя́ жена́ Га́ля – грузи́нка. Она́ преподаёт му́зыку в Моско́вской . . . На́ша до́чка Ка́тя занима́ется англи́йским . . . в шко́ле и до́ма. У меня́ есть брат Алексе́й и сестра́ Еле́на. Алексе́й . . . в Сара́тове, а Еле́на живёт за . . .

Ка́тя: Меня́ зову́т Ка́тя. Мой па́па ро́дом из . . . , ма́ма – из Тбили́си, а я москви́чка. В шко́ле я . . . англи́йским языко́м. Я увлека́юсь . . . и всегда́ слу́шаю програ́ммы поп-му́зыки по ра́дио. Я о́чень хочу́ стать поп-звездо́й.

Алексе́й Влади́мирович: Меня́ зову́т Алексе́й Влади́мирович Ти́хонов. Я роди́лся в Москве́, в . . . я жил в Ленингра́де, а тепе́рь . . . в Сара́тове, где я рабо́та . . .

Ми́ша: Меня́ зову́т Михаи́л, моё о́тчество . . . Я студе́нт второ́го . . . пединститу́та в Сара́тове. По́сле оконча́ния институ́та я хочу́ стать . . . фи́зики в шко́ле.

B5 Origins — Отку́да?

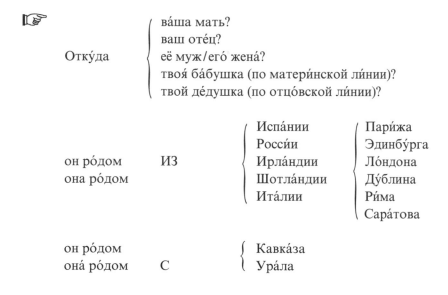

Отку́да		ва́ша мать?
		ваш оте́ц?
		её муж / его́ жена́?
		твоя́ ба́бушка (по матери́нской ли́нии)?
		твой де́душка (по отцо́вской ли́нии)?

| он ро́дом она ро́дом | ИЗ | Испа́нии Росси́и Ирла́ндии Шотла́ндии Ита́лии | Пари́жа Эдинбу́рга Ло́ндона Ду́блина Ри́ма Сара́това |

| он ро́дом она́ ро́дом | С | Кавка́за Ура́ла |

B6 Talking about your family — Расскажи́те о себе́ и о семье́

Спроси́те ру́сского преподава́теля и напиши́те (до́ма) его́ / её биогра́фию. Спроси́те преподава́теля, а пото́м отве́тьте на вопро́сы са́ми и расскажи́те о себе́ и о семье́.

Как вас зову́т?

Где вы роди́лись? Где вы жи́ли в де́тстве? Где вы живёте сейча́с?

Как зову́т / зва́ли ва́шу ба́бушку / ва́шего де́душку по матери́нской / отцо́вской ли́нии? Как зову́т ва́ших роди́телей?

Ско́лько у вас бра́тьев и сестёр? Как их зову́т? Они́ ста́рше и́ли моло́же вас?

Они́ жена́ты / за́мужем? У них есть де́ти? Как их зову́т?

Когда́ вы пошли́ в шко́лу? Ско́лько лет вы учи́лись в шко́ле? Каки́е предме́ты вы люби́ли / не люби́ли в шко́ле?

Что вы де́лали по́сле шко́лы? В како́й институ́т вы поступи́ли по́сле шко́лы?

На како́й факульте́т вы поступи́ли? Ско́лько лет вы учи́лись? Кем вы ста́ли?

Вы за́мужем / жена́ты? Как зову́т ва́шего му́жа / ва́шу жену́? Кем он / она́ рабо́тает?

У вас есть де́ти? Как их зову́т?

Напиши́те сочине́ние на те́му «Моя́ семья́» и́ли «Наш ру́сский преподава́тель».

C   Nominal modifiers

C1   The genitive case — Роди́тельный паде́ж

Read through the following definitions. Insert appropriate endings into the spaces provided.

☞

ба́бушка =	мать отца́	мать ма́тери
де́душка =	отец отца́	оте́ц ма́тери
племя́нник =	сын бра́та	сын сестры́
племя́нница =	дочь бра́та	дочь сестр. . .
внук =	сын сын. . .	сын до́чери
вну́чка =	дочь сын. . .	дочь до́чери

Note the declensions of **мать** and **дочь**: both acquire an additional syllable **-ер-** in all forms other than the nominative and accusative singular.

nominative	*мать*	*дочь*
accusative	*мать*	*дочь*
genitive	*ма́тери*	*до́чери*
instrumental	*с ма́терью*	*с до́черью*
prepositional	*о ма́тери*	*о до́чери*

In Old Russian (OR) this additional syllable was also present in the nominative and accusative forms. The forms **матерь** (OR) and **дочерь** (OR) were thus much closer to the words for mother and daughter in other Indo-European languages.

✦ *Combine words from each of the boxes to create common nominal phrases.*

Припер: план города

портре́т ка́рта	учени́к такси́
	Пу́шкин го́род
остано́вка ча́шка	авто́бус
	исто́рия
дневни́к	университе́т
	молоко́
библиоте́ка ста́нция	чай
	ру́сский язы́к
бути́лка	
ка́федра	Росси́я
музе́й-кварти́ра	метро́
пло́щадь	
стоя́нка	револю́ция
уче́бник	
	царь

D Expressing a wish

D1 I want — Я хочу...

Complete the following sentences by supplying an appropriate infinitive. Choose from the verbs supplied at the end of each section.

1. Я хочу + imperfective infinitive

   (a) Я хочу... всю ночь на дискотеке.
   (b) Я хочу... детективный роман.
   (c) Я хочу... и... в Москве.
   (d) Я хочу... каждый день в ресторане.
   (e) Я хочу... радио.
   (f) Я хочу... в карты.
   (g) Я хочу... в университете.
   (h) Я хочу... телевизор.

читать	слушать	
		танцевать
	играть	
работать	учиться	
		ужинать
	смотреть	
жить		

2. Я хочу + perfective infinitive. (a specified amount / to a specified extent; for a little, a bit, a while)

   (a) Я хочу... письмо домой.
   (b) Я хочу... с подругой в кафе.
   (c) Я хочу... концерт по радио.
   (d) Я хочу... новости по телевизору.
   (e) Я хочу... с ним об экзамене.
   (f) Я хочу... новый фильм.
   (g) Я хочу... с другом по телефону.
   (h) Я хочу... душ.
   (i) Я хочу... шампанского.
   (j) Я хочу... в космос.

написать	поговорить	выпить
	встретиться	
посмотреть		принять
полететь	послушать	

D2   I do not want — Я не хочу́ . . .

1.   Я не хочу́ + imperfective infinitive

(a) Я не хочу́ . . . «Войну́ и мир».

(b) Я не хочу́ . . . уро́ки.

(c) Я не хочу́ . . . в Москве́.

(d) Я не хочу́ . . . в библиоте́ке.

(e) Я не хочу́ . . . в о́череди.

(f) Я не хочу́ . . . на рабо́ту.

(g) Я не хочу́ . . . лека́рство.

(h) Я не хочу́ . . . у́жин.

(i) Я не хочу́ . . . на заво́де.

(j) Я не хочу́ . . . ле́кции.

(k) Я не хочу́ . . . до́ма.

ходи́ть	жить	рабо́тать
сиде́ть		принима́ть
	гото́вить	
занима́ться		слу́шать
	стоя́ть	
		чита́ть
де́лать		

E   Reading and text analysis

E1   Pre-reading exercises — Но́вые слова́

*Draw a rough map (**ка́рта**) of Europe and the Americas (North, Central and South). On the map mark the following places: **Испа́ния, Фра́нция, Великобрита́ния, Ирла́ндия, Ита́лия, Герма́ния, Се́верная Аме́рика, Кана́да, Ю́жная Аме́рика, Центра́льная Аме́рика, полуо́стров Юката́н, Атланти́ческий океа́н, Кари́бское мо́ре, Ка́дис.** Discuss the meaning of the following terms: **о́стров, полуо́стров, мо́ре, океа́н, бе́рег, земля́, дере́вня, порт, го́род, столи́ца, кора́бль.***

На како́м языке́ они́ говоря́т? *Complete the sentences on the left using the appropriate languages listed on the right.*

Испа́нцы говоря́т . . .	по-голла́ндски
Францу́зы говоря́т . . .	по-по́льски
Англича́не говоря́т . . .	по-фи́нски
Италья́нцы говоря́т . . .	по-испа́нски
Фи́нны говоря́т . . .	по-ру́сски
Не́мцы говоря́т . . .	по-гре́чески
Голла́ндцы говоря́т . . .	по-францу́зски
Ру́сские говоря́т . . .	по-италья́нски
Поля́ки говоря́т . . .	по-неме́цки
Гре́ки говоря́т . . .	по-англи́йски

E2   Text — Полуо́стров «Не понима́ю»

В Центра́льной Аме́рике есть полуо́стров Юката́н. Вот как э́то назва́ние попа́ло на ка́рту ми́ра.

В шестна́дцатом ве́ке испа́нские корабли́ иска́ли в Кари́бском мо́ре но́вую бога́тую страну́. Три корабля́ вы́шли из испа́нского по́рта Ка́дис ле́том 1516 (ты́сяча пятьсо́т шестна́дцатого) го́да. На корабля́х бы́ло 110 (сто де́сять) испа́нских солда́т.

В декабре́ они́, наконе́ц, уви́дели зе́млю. Солда́ты сошли́ с корабля́ на бе́рег и вошли́ в большу́ю инде́йскую дере́вню. Капита́н пригласи́л са́мого ста́рого инде́йца на кора́бль.

— Как называ́ется э́та страна́? — спроси́л капита́н по-испа́нски.

— Юката́н! («Не понима́ю!») — отве́тил стари́к по-инде́йски.

Капита́н поду́мал, что Юката́н — назва́ние э́той страны́, и написа́л его́ на ка́рте. Так э́тот полуо́стров называ́ется до сих пор.

(Pockney B. P. (ed.), *88 коро́тких расска́зов,* Collets, 1969: 73–4)

E3   Exercises — Упражне́ния

Match the verbs of motion with the diagrams.

сойти́
войти́
прийти́
уйти́
вы́йти
перейти́

 For a table illustrating the meanings of prefixed verbs of motion see 'Grammar summary' (9.7.4).

 Отку́да?

| Три корабля́ вы́шли | [из] | испа́нского по́рта Ка́дис. |
| Солда́ты сошли́ | [с] | корабля́. |

E4   Who did what, where, when and why? — Кто? Где, куда́, отку́да? Когда́? Почему́?

Look through the text again. Make a list in English and Russian of words, phrases or clauses that answer the following questions: **Кто? Где, куда́, отку́да? Когда́?**

E5 Structuring narratives — Структу́ра расска́за

Without referring to the original text, indicate in what order the following sentences should be put.

☐ В декабре́ они́, наконе́ц, уви́дели зе́млю.

☐ В Центра́льной Аме́рике есть полуо́стров Юката́н.

☐ В шестна́дцатом ве́ке испа́нские корабли́ иска́ли в Кари́бском мо́ре но́вую бога́тую страну́.

☐ Вот как э́то назва́ние попа́ло на ка́рту ми́ра.

☐ Капита́н поду́мал, что Юката́н — назва́ние э́той страны́, и написа́л его́ на ка́рте.

☐ — Юката́н! («Не понима́ю!») — отве́тил стари́к по-инде́йски.

☐ Капита́н пригласи́л са́мого ста́рого инде́йца на кора́бль.

☐ На корабля́х бы́ло 110 (сто де́сять) испа́нских солда́т.

☐ Солда́ты сошли́ с корабля́ на бе́рег и вошли́ в большу́ю инде́йскую дере́вню.

☐ Так э́тот полуо́стров называ́ется до сих пор.

☐ Три корабля́ вы́шли из испа́нского по́рта Ка́дис ле́том 1516 го́да.

☐ — Как называ́ется э́та страна́? — спроси́л капита́н по-испа́нски.

E6 Song — Пе́сенка о капита́не

Му́зыка И. Дунае́вского   Слова́ В. Ле́бедева-Кумача́

Жил отва́жный капита́н,
Он объе́здил мно́го стран,
И не раз он борозди́л океа́н.
Раз пятна́дцать он тону́л,
Погиба́л среди́ аку́л,
Но ни ра́зу да́же гла́зом не моргну́л.
И в беде́, и в бою́
Напева́л он всю́ду пе́сенку свою́:

Но одна́жды капита́н
Был в одно́й из да́льних стран
И влюби́лся, как просто́й мальчуга́н.
Раз пятна́дцать он красне́л,
Заика́лся и бледне́л,
Но ни ра́зу улыбну́ться не посме́л.
Он мрачне́л, он худе́л,
И никто́ ему́ по-дру́жески не спел:

Припе́в:
«Капита́н, капита́н, улыбни́тесь,
Ведь улы́бка — э́то флаг корабля́,
Капита́н, капита́н, подтяни́тесь,
То́лько сме́лым покоря́ются моря́!»

F Cultural awareness

F1 Text — Заня́тия в сре́дней шко́ле

Если де́ти иду́т в шко́лу с 6 (шести́) лет, то они́ у́чатся в нача́льной шко́ле 4 го́да, а всего́ у́чатся в шко́ле 11 лет. Если они́ начина́ют учи́ться с 7 (семи́) лет, то по́сле 3-х (трёх) лет в нача́льной шко́ле перехо́дят сра́зу в 5-й (пя́тый) класс.

В нача́льной шко́ле — с 1-го (пе́рвого) по 3-й (тре́тий) или 4-й (четвёртый) класс — де́ти изуча́ют родно́й язы́к и матема́тику, занима́ются трудо́м, физкульту́рой, пою́т и рису́ют.

В непо́лной сре́дней шко́ле — с 1-го (пе́рвого) по 9-й (девя́тый) класс — шко́льники изуча́ют ру́сский язы́к, литерату́ру и исто́рию, а́лгебру и геоме́трию, геогра́фию и биоло́гию, фи́зику и хи́мию, черче́ние и иностра́нные языки́.

В по́лной сре́дней шко́ле — с 1-го (пе́рвого) по 11-й (оди́ннадцатый) класс — старшекла́ссники изуча́ют ещё обществове́дение, астроно́мию, а та́кже факультати́вные предме́ты.

Есть в на́шей стране́ и спецшко́лы, лице́и и гимна́зии. В таки́х шко́лах в бо́льшем объёме, чем в обы́чных шко́лах, изуча́ют оди́н и́ли не́сколько предме́тов: матема́тику, фи́зику, хи́мию, биоло́гию и́ли иностра́нные языки́. Есть специа́льные шко́лы при Акаде́мии худо́жеств, при Консервато́рии, при Большо́м теа́тре и други́е.

В програ́мму национа́льных школ кро́ме обы́чных предме́тов вхо́дит ещё изуче́ние родно́го языка́ и литерату́ры, геогра́фии и исто́рии да́нного национа́льного райо́на.

F2 Exercises — Упражнéния

*Indicate which of the following subjects (**предмéт**) may be studied in greater depth (**в бóльшем объёме**) in special schools (**в спецшкóлах**).*

рýсский язы́к	биолóгия	литератýра	балéт
матемáтика	астронóмия	истóрия	инострáнный язы́к
обществовéдение	хи́мия	природовéдение	рисовáние
геогрáфия	мýзыка	фи́зика	физкультýра

What additional subjects do students of non-Russian nationality study?

F3 Middle and senior schools — Срéдняя шкóла

Read the following text. Compare the information contained in this text with that in «Занятия в средней школе». Supply the Russian for the words in italics.

At age ten, according to the 1985 curriculum, children enter *class (form or grade) V*. The weekly *timetable* of twenty-four 45 minute *lessons* rises to thirty. *History* and a *foreign language* – usually *English* – are now started. *Geography* and *biology* (in place of nature study) follow in *class VI*.

Physics, technical drawing and one or two *options* or *electives* begin in the next year, and *chemistry* in *class VIII*. Although *art* and *music* finish at the end of *class VII*, all the other *subjects* continue for all the children. Labour training at this stage is entirely segregated by sex in urban schools – technical studies for the boys, home economics for the girls – but less so in rural areas, where both sexes together do agriculture and basic electronics for 60 per cent of the course. *In the summer* there is a continuous period of labour practice. The top of the middle stage, *class IX* (fourteen-plus) sees the disappearance of technical drawing and the start of new minor courses in the principles of Soviet state and law – originally introduced to guard against delinquency – and ethics and the psychology of family life.

After the ninth school year the single path divides into three. Two of these offer vocational or professional training. The third is the two-year senior stage of *general schooling* (three years in the Baltic states). This has traditionally been the principal route to *higher education*, taking some 60 per cent of fifteen-year-olds and conferring the certificate (attestat) of secondary education, by continuous assessment and examination but without specialization apart from four *elective periods* per week. Thus the 1985 curriculum continues the study of the *first language* and *literature* (plus *Russian* if applicable), *mathematics*, *history*, *biology*, *physics*, *chemistry*, the *foreign language*, *physical education* and labour training. *Geography* continues in *class X* only, but four new subjects have been introduced: principles of information science and computer technology, *social studies*, elementary military training and, in *class XI*, *astronomy*.

(*The Cambridge Encyclopedia of Russia and the former Soviet Union*, CUP, 1994: 474)

Homework

 For an introduction to the morphology of the verb (person and reference to time) see 'Language awareness' (6.1).
For an introduction to aspectual pairs in a narrative see 'Language awareness' (6.2).
For an introduction to the semantics of case (genitive as nominal attribute) see 'Language awareness' (6.3).

 Written exercises — Письменные задания

Упражнение 1. Case endings. Грамматика. The following tables summarise the formation of the endings of masculine, neuter and feminine nouns in the cases you have covered to date. *Indicate which gender each of the tables refers to, which case each row exemplifies and insert appropriate forms where they have been omitted from the tables. Check your answers by comparing them to the forms supplied in the tables in the 'Grammar summary' 2.2. Заполните таблицу.*

Gender: _____

case	hard inanimate	hard animate	hard fleeting e	soft -й animate	soft -й inanimate	soft -ь inanimate	soft -ь animate
	университет	. . .	отец	. . .	музей	. . .	писатель
	. . .	студента	. . .	героя	. . .	спектакль	. . .
	университета	. . .	отца	. . .	музея	. . .	писателя
	. . .	студентом	. . .	героем	. . .	спектаклем	. . .
	(в) университете	(о) . . .	(об) отце	(о) . . .	(в) музее	(о) . . .	(о) писателе

Gender: _____

case	hard -о	soft -е	soft -ие
	слово	. . .	. . .
	. . .	море	. . .
	. . .	моря	упражнения
	словом	. . .	. . .
	(о) . . .	(на) . . .	(в) упражнении

Gender: _____

case	hard inanimate	hard animate	soft -я	soft -ия	soft -ь
	. . .	сестра	. . .	. . .	. . .
	. . .	. . .	неделю	. . .	тетрадь
	школы	сестры	. . .	лекции	тетради
	. . .	. . .	неделей	. . .	. . .
	(в) . . .	(о) сестре	(на) . . .	(на) лекции	(в) . . .

Упражнение 2. Pronouns. Местоимения. *Indicate which case each row exemplifies and insert appropriate forms where they have been omitted from the tables. Check your answers by comparing them to the forms supplied in the tables in the 'Grammar summary' (3.1.2 and 3.2).* Заполните таблицу.

case	1st sg	2nd sg	3rd sg	3rd sg	1st pl	2nd pl	3rd pl	animate	inanimate
	я	. . .	он	. . .	мы	. . .	они	. . .	что?
	. . .	тебя	его	её	нас	вас	. . .	кого?	. . .
	меня	. . .	. . .	. . .	. . .	. . .	их	. . .	чего?
	. . .	тобой	им	. . .	нами	вами	. . .	кем?	. . .
	(обо) мне	(о) . . .	(о) . . .	(о) ней	(о) . . .	(о) вас	(о) них	(о) . . .	(о) чём

Упражнение 3. The genitive case. Когда использовать этот падеж. *The following list describes various uses of the genitive case. Read through the questions and answers supplied below and indicate which of the uses listed is illustrated in each example.* Какой пример соответствует какому объяснению?

(a) *to express negation, the absence of something*
(b) *to express origin in answer to the question 'From where?'*
(c) *to express possession*
(d) *to express quantity in answer to the question 'How many?'*
(e) *to qualify or modify a noun*

Examples:
1. У тебя есть словарь?   Да, есть.
2. В этом городе был театр?   Нет, в этом городе не было театра.
3. Откуда Иван?   Иван родом из России.
4. Сколько у тебя сестёр?   У меня две сестры.
5. Что ты купила?   Я купила бутылку молока.

Упражнение 4. Some common first conjugation verbs. Важные глаголы. *Conjugate the following verbs in the present tense. Compare your answers to the forms supplied in the Grammar Summary 9.2.* Какие формы имеют данные глаголы в настоящем времени?

читать	гулять	идти	петь
делать	вставать	ехать	жить
изучать	рисовать	пить	писать

Упражнение 5. Negation. Чего нет. Чего не было. *Put the following sentences into the negative.* Как написать следующие предложения в отрицательной форме?

1. У меня есть брат.
2. У него есть жена.
3. В городе есть театр.
4. У тебя есть сын.
5. Вчера была лекция.
6. В детстве у него был друг.
7. В воскресенье была экскурсия.
8. У нас в городе был цирк.

Упражнение 6. Numerals and nouns. Сколько их? *Complete the sentences using the appropriate form of the nouns listed below. Закончите предложения.*

Nouns: билет, брат, день, лампа, письмо, раз, рубль, сестра, стол, студент, студентка, стул

1. В нашей комнате четыре . . . , два . . . и две . . .
2. У меня два . . . и три . . .
3. Он купил два . . . в кино.
4. Мы уже были в Москве два . . .
5. Эта книга стоит двадцать два . . .
6. Я читал эту книгу четыре . . .
7. Сегодня мой друг получил два . . .
8. В нашей группе две . . . и три . . .

Упражнение 7. Years. Год, года, лет. *Fill in the blanks using the appropriate form of the word **год**. Заполните пропуски.*

1. Я учился в институте пять . . .
2. Он окончил институт два . . . назад.
3. Наша семья жила в Москве десять . . . , а потом переехала в Петербург.
4. Мой друг работал в Петербурге три . . .
5. Его отец работал в школе двадцать один . . .
6. Я окончил школу и через два . . . поступил в институт.
7. Она пошла в школу в семь . . .
8. . . . назад я ездил во Францию.
9. Он женился в тридцать четыре . . .
10. В школе учатся одиннадцать . . .

Упражнение 8. Questions and answers. О семье. *Make up questions to which the following sentences would be the answers. К следующим ответам придумайте подходящие вопросы.*

1. У меня есть сестра и два брата.
2. Моего брата зовут Владимир.
3. Он работал в школе.
4. Он окончил институт два года назад.
5. Он работал на нашем заводе три года.
6. Её зовут Лена.
7. Да, она замужем.
8. Лена вышла замуж семь лет назад.
9. Да, есть. У неё два сына.
10. Их зовут Иван и Виктор.
11. Они студенты.
12. В детстве мы жили в Украине.

Упражнение 9. Guided writing. Семейный альбом. *Complete the following paragraphs by supplying appropriate words in the appropriate form. Вместо точек поставьте подходящие слова в правильной форме.*

1. У нас большая и дружная семья. Вот наш семейный альбом.
2. Это я. . . . . . . Наташа. Моё . . . Борисовна. Моя . . . Петрова. В прошлом году я . . . в университет.
3. Это мои . . . и . . . Они уже старые. Они не работают, они уже на . . . Они живут далеко, . . . Урале.

4. Это мой. . . . . Борис Петрович. По профессии он инженер. Он работает
. . . большом заводе.

5. Это моя. . . . Её . . . Мария Ивановна. Она сейчас работает в . . . . Она врач. Она
. . . в медицинском институте в Минске.

6. А это моя старшая сестра, её . . . и её . . . и . . . собака Спот. Моя . . . сейчас не
работает. Она ждёт ребёнка. Её . . . лётчик. Её . . . школьник. Они купили собаку
год . . .

Упражнениее 10. Nominal modifiers. Страны и столицы. *Match the following capital
cities and countries. Лондон — столица Англии. А Париж?*

Париж	Рим	Ливан	Польша
Москва	Бейрут	Австрия	Россия
Прага	Токио	Норвегия	Италия
Дели	Варшава	Франция	Чехия
Вена	Лондон	Англия	Япония
	Осло	Индия	

Упражнение 11. Nominal modifiers. Чей это портрет? *Complete the following sentences
using the words given in brackets. Закончите предложения, употребив слова или фразы
в скобках.*

1. (американский космонавт) В журнале портрет . . .
2. (новый друг) Я записал адрес . . .
3. (старший брат) Мы сидели в комнате . . .
4. (Игорь) Я встретил сестру . . .
5. (учитель) Девушка ответила на вопрос . . .
6. (трамвай) Где здесь остановка . . . ?
7. (Ирина) Девушка прочитала письмо . . .
8. (Наташа) Муж . . . — инженер.
9. (Мария) У него есть портрет . . .
10. (младшая сестра) Это книга моей . . .
11. (тётя) В Киеве жил брат его . . .

Упражнение 12. Prepositions. Предлоги «из», «у», «с», «после» и «во время». *Insert
appropriate prepositions in the spaces provided. Вставьте пропущенные предлоги.*

1. Отец его . . . Сибири.
2. . . . меня нет времени.
3. Девушка встала . . . стула.
4. Она . . . рабочей семьи.
5. Мы с Ниной часто встречались . . . работы.
6. . . . окончания университел он стал переводчиком.
7. . . . Ивана было три сына.
8. Он погиб на фронте . . . войны.
9. Она родом . . . Кавказа.
10. . . . нас дома нет телевизора.

Упражнение 13. Aspects. Сколько стоит его жизнь? *Insert the correct aspect of the verbs supplied in brackets. Translate the text into lively English.* Вместо точек вставьте глагол нужного вида. Переведите текст.

Однажды поэт Роберт Бёрнс (шёл/пошёл) ..1.. по берегу реки. Он (видел/увидел) ..2.., что *богатый человек (падал/упал) ..3.. в реку. Один *бедный молодой человек (прыгал/прыгнул) ..4.. в реку и (спасал/спас) ..5.. богатого. Богатый человек (давал/дал) ..6.. ему одну монету. Люди, которые (видели/увидели) ..7.. это, сказали: «Какой плохой человек». Они хотели (бросать/бросить) ..8.. богатого обратно в реку. Но Роберт Бёрнс сказал:

— Не надо! Богатый человек лучше всех знает, сколько стоит его жизнь.

(*Улыбка,* Progress Publishers, 2nd edition, Moscow, 1971: 48)

* богатый = человек, у которого много денег
* бедный = человек, у которого нет денег

 14 Lexical exercises – Лексические упражнения

14.1 Word search. Семейные отношения. *In the following word search find the 17 nouns referring to family members.* Найдите семнадцать существительных.

в	у	к	в	н	у	ч	к	а	п
н	р	о	д	и	т	е	л	и	л
у	т	к	я	м	е	р	м	п	е
к	м	п	д	о	ч	ь	а	а	м
д	у	л	я	д	т	ё	т	я	я
е	ж	е	н	а	п	е	ь	п	н
д	у	м	м	ю	р	с	ц	а	н
у	ц	я	а	б	а	д	е	т	и
ш	с	н	м	р	д	и	т	е	ц
к	ы	н	б	а	б	у	ш	к	а
а	н	и	а	т	с	е	м	ь	я
б	о	к	с	е	с	т	р	а	у

14.2   Crossword. Семейные отношения. *Insert nouns referring to family members into the following crossword. Вставьте подходящие существительные.*

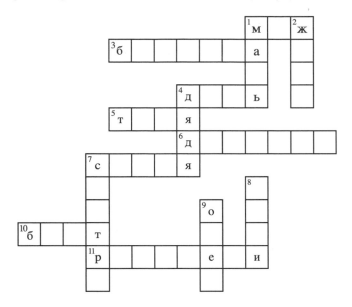

14.3   Word-building. Как образовать прилагательное? *Match the following nouns and adjectives. Highlight the root they share. Найдите корень слова.*

мо́лодость	свобо́да
интере́с	
францу́з	
де́тство	Евро́па
	среда́
же́нщина	
вкус	
ста́рость	
но́вости	

но́вый	же́нский
де́тский	
	вку́сный
сре́дний	
свобо́дный	ста́рый
	францу́зский
молодо́й	
	интере́сный
европе́йский	

14.4   Semantic groups. Кто где работает? *Match each of the professions with an appropriate place of work.*

Professions: 1. тракторист, 2. учитель, 3. кассирша, 4. пианистка, 5. физик, 6. рабочий, 7. библиотекарь, 8. врач

Places of work: в гастрономе, на заводе, в библиотеке, в больнице, в школе, в деревне, в консерватории, в лаборатории

14.5 Semantic groups. Что общего? *Put each of the words below into a thematically organised list. Give each list a title in English. Распределите слова по тематическим группам.*

автобус, блокада, видеомагнитофон; волк, гостиница, дом, домик, карандаш, квартира, компьютер, кошка, машина, мотоцикл, общежитие, ручка, рыба, собака, телевизор, трамвай, эвакуация

14.6 Semantic groups. Антонимы. *Match the following pairs of opposites. Подберите антонимы.*

1. младший, 2. молодой, 3. моложе, 4. молодость, 5. большой, 6. новый, 7. плохой, 8. бедный
Opposites: старше, старость, старый, богатый, хороший, старший, маленький, старый

14.7 Common collocations. Какой? Какая? Какое? Какие? *Match each adjective with a noun. Подберите подходящие прилагательные к следующим словам.*

Adjectives: 1. младшая, 2. детективный, 3. свободное, 4. Центральная, 5. шестнадцатый, 6. коммунальная, 7. коренной, 8. родной, 9. компьютерные, 10. педагогический, 11. Карибское, 12. известный, 13. отцовская, 14. начальная, 15. факультативные, 16. парусный
Nouns: квартира, шахматист, век, курсы, линия, роман, предметы, школа, Америка, москвич, язык, время, спорт, море, сестра, институт

14.8 Common collocations. Какой это день? Это день свадьбы. *Match each noun with an appropriate nominal modifier. Составьте подходящие словосочетания.*

Nouns: 1. день, 2. кафедра, 3. студент, 4. ученик, 5. преподаватель, 6. карта, 7. бутылка, 8. название, 9. Академия, 10. программа, 11. остановка, 12. история
Nominal modifiers: второго курса, мира, художеств, страны, свадьбы, трамвая, концерта, второго класса, русского языка, России, водки, физики

14.9 Desires. Что вы (не) хотите делать? *List eight things you want to do and eight things you do not want to do in the course of the next week:* **Я хочу** . . . **Я не хочу** . . . *Перечислите восемь типов деятельности, которые вы хотите или не хотите делать на следующей неделе.*

14.10 Incomplete words. Что это за предметы? *Fill in the missing first and last letters in the words below. What do these words have in common? Вставьте пропущенные буквы. Что общего у этих слов?*

1. __атематик__
2. __итератур__
3. __стори__
4. __исовани__
5. __ими__
6. __узык__
7. __еографи__
8. __иолоси__
9. __изкультур__
10. __ерчени__
11. __изик__
12. __строноми__
13. __ру__

Listening comprehension

The following sections from Unit 6 have been recorded on tape:

B2   Семейный альбом

E2   Полуостров «Не понимаю»

Упражнение 1. Pronunciation practice. «Что у вас?» (из стихотворения Сергея Михалкова). *Listen and repeat. Слушайте и повторяйте.*

> Дело было вечером,
> Делать было нечего . . .
> Толя пел, Борис молчал,
> Николай ногой качал*.
> Вдруг сказал ребятам Вова — просто так:
> — А у меня в кармане гвоздь*, а у вас?
> — А у нас сегодня гость, а у вас?
> — А у нас сегодня кошка родила вчера котят*,
> Котята выросли немножко, но есть из блюдца* не хотят . . .
> — А у нас на кухне газ, а у вас?
> . . .
> — А у нас огонь* погас — это раз,
> Грузовик* привёз дрова* — это два,
> А в-четвёртых, наша мама собирается в полёт*,
> Потому что наша мама называется пилот!

Словарь:

качать = to rock, to swing	огонь = light	гвоздь = a nail
грузовик = a lorry	котята = kittens	дрова = firewood
блюдце = a saucer	полёт = flight	

Упражнение 2. Dictation. Красная Шапочка. *Listen to this familiar tale and supply the missing words. Do not use a dictionary. Заполните пропуски.*

Жила-была девочка. ..1.. звали Красная Шапочка. Она жила с мамой в ..2.., а её ..3.. жила в лесу. Каждую ..4.. Красная Шапочка ходила в гости к бабушке. В лесу жил ..5.. волк. Он всегда очень ..6.. есть.

Однажды, когда Красная Шапочка ..7.. к бабушке, она ..8.. в лесу волка. Волк хотел ..9.. Красную Шапочку, но сначала ..10.. её:

— Куда ты ..11.., Красная Шапочка?

— Я ..12.. в гости к бабушке, — сказала Красная Шапочка.

Тогда волк подумал: «Ага!!! Лучше ..13.. и бабушку, и Красную Шапочку!» И волк побежал к бабушке и ..14.. её. ..15.. Красная Шапочка пришла к бабушке, волк ..16.. в бабушкиной кровати, ..17.. сигарету и пил ..18..

— Здравствуй, бабушка! — сказала Красная Шапочка.

— Здравствуй, милая ..19..! — сказал волк.

— Почему у тебя такие большие глаза? — спросила Красная Шапочка.

— Чтобы лучше ..20.. тебя, — ответил волк.

— А почему у тебя такие ..21.. уши?

— Чтобы лучше ..22.. тебя.

— А почему ..23.. такие большие зубы?

— Чтобы ..24.. тебя!!!

И волк ..25.. Красную Шапочку. В это ..26.. в домик вошёл лесник. Он убил волка. Из волка ..27.. бабушка и Красная Шапочка. Прошло много лет. Красная Шапочка вышла ..28.. за лесника, и они жили долго и счастливо!

Лексика

1. In the text find the Russian for the following.

Little Red Riding-Hood   eyes *(pl.)*   ears *(pl.)*
why?   teeth *(pl.)*   wolf

2. Supply the words for the following definitions.

мать мамы   дочь дочери   маленькая шапка
пойти быстро   человек, который работает в лесу

Упражнение 3. Comprehension. Правильно или неправильно. *Listen to the tape and say whether the following statements are true or false.* Прослушайте текст и поставьте *галочку (✓), где нужно.*

	правильно	неправильно
1. Маша живёт на втором этаже, а Оля — на первом.	☐	☐
2. Маша и Оля любят животных и музыку.	☐	☐
3. У Оли есть кошка и собака.	☐	☐
4. Кошку зовут Шарик.	☐	☐
5. Каждый день Маша ходит гулять с собакой.	☐	☐
6. У Оли дома есть флейта, но нет пианино.	☐	☐
7. Подруги часто занимаются музыкой у Маши.	☐	☐
8. Маша играет на флейте, а Оля аккомпанирует.	☐	☐
9. Учитель музыки приходит раз в неделю.	☐	☐
10. Маша хочет стать музыкантом.	☐	☐
11. У Оли в комнате есть аквариум.	☐	☐
12. Маша всегда разговаривает с попугаем.	☐	☐
13. Попугай хорошо говорит по-английски.	☐	☐

Упражнение 4. Questions and answers. О себе. *Compose a connected account about yourself, your family, home, school and university studies by answering the questions you hear on the tape. Record your account on the cassette.* Расскажите о себе, ответив на вопросы.

UNIT 7 урок

In this unit you will learn how to:

- express age
- suggest a course of action
- form the present tense
- structure an argument
- express emotions, feelings, necessity, likes and dislikes
- talk about work and leisure, the weather, biographies and education

Classwork

A Expressing age

A1 Numerals: 10 to 100 — Числительные

10	де́сять	60	шестьдеся́т
20	два́дцать	70	се́мьдесят
30	три́дцать	80	во́семьдесят
40	со́рок	90	девяно́сто
50	пятьдеся́т	100	сто

 Лото́

Write down nine numbers between 10 and 100 in a grid. Each player calls a number out in turn. The first person to have all their numbers called out wins.

A2 The dative case — Да́тельный паде́ж

☞ The following table illustrates the dative form of the pronoun used to express age.

nominative	я	ты	он	она́	мы	вы	они́	что?	кто?
dative	мне	тебе́	ему́	ей	нам	вам	им	чему?	кому?

A3 Expressing age — Во́зраст

☞ — Ско́лько тебе́/вам лет?
— Мне. . .

— Ско́лько ему́ лет?   — Ско́лько ей лет?
— Ему́. . .   — Ей. . .

51, 41, 31, 21, 1	год
52, 42, 32, 22, 2 53, 43, 33, 23, 3 54, 44, 34, 24, 4	го́да
55, 45, 35, 25, 5 56, 46, 36, 26, 6 57, 47, 37, 27, 7 58, 48, 38, 28, 8 59, 49, 39, 29, 9 60, 40, 30, 20, 10 11, 12, 13, . . . 19	лет

☞ The following table illustrates the dative form of the noun phrase used to express age.

	masculine	feminine
hard	ста́ршему бра́ту э́тому студе́нту	ста́ршей сестре́ э́той студе́нтке
soft	шко́льному учи́телю Алексе́ю	Ка́те Мари́и

☞ Ско́лько ему́/ей лет?

Ему́ бра́ту Ива́ну Андре́ю Никола́ю	21 год
	23 го́да
Ей сестре́ Со́не Лари́се Мари́и	25 лет

A4 Expressing age — Ско́лько ему́/ей лет?

На ско́лько лет он (она́) ста́рше/моло́же тебя́?

Look at the pictures. Discuss the age of each person. Are they older or younger than you?

A5 Basic personal information — Познако́мьтесь!

Complete the tables supplied below by asking and answering the following

Как его́/её зову́т?   Где он/она́ живёт?
Ско́лько ему́/ей лет?   Где он/она́ рабо́тает/у́чится?

А

. . .	Мари́на	. . .	Ива́н
Оде́сса	. . .	Омск	. . .
. . .	25 лет	19 лет	16 лет
рабо́тает в кафе́	где рабо́тает?	у́чится в МГУ	где у́чится?

Б

Бори́с	. . .	Анна	. . .
. . .	Санкт-Петербу́рг	. . .	Москва́
46 лет	. . .	. . .	. . .
где рабо́тает?	рабо́тает в магази́не	где у́чится?	у́чится в шко́ле

B Suggesting a course of action

B1 Visiting people — Я иду́ к Ива́ну

When expressing motion to a person's house, use the preposition к and the dative case.

Наприме́р: Я иду́ к Ива́ну.
                          Вчера́ я ходи́л к Ка́те.

B2 Expressing disappointment — К сожале́нию

B3 Suggesting going somewhere — Дава́й пойдём . . .

Find out what night you are both free to meet. Спроси́те друг дру́га и отве́тьте.

Наприме́р: Дава́й пойдём вме́сте на дискоте́ку.
                          Дава́й, но когда́? Во вто́рник?
                          К сожале́нию, во вто́рник я за́нят/занята́. Я иду́ к Ка́те.

*Design a page from your diary. You're busy (**за́нят, занята́**) on four nights when you
are visiting **Ива́н**, **Алексе́й**, **Мари́на** and **Со́ня**. Write in the days of the week and the
names of the people you are seeing. Then try to find a night when your neighbour and you
are both free.*

C Talking / asking about oneself / others

C1 Present reference — Настоящее вре́мя (2)

☞ The following table illustrates the differences between first and second conjugation verbs

first conjugation (a)		first conjugation (b)		second conjugation	
я	—у/—ю	я	—у́/—ю́	я	—у/—ю
ты	—ешь	ты	—ёшь	ты	—ишь
он	—ет	он	—ёт	он	—ит
мы	—ем	мы	—ём	мы	—им
вы	—ете	вы	—ёте	вы	—ите
они́	—ут/—ют	они́	—у́т/—ю́т	они́	—ат/—ят

For a discussion of the formation of the present tense of second conjugation verbs see the 'Grammar summary' (9.2.4-5).

Practise conjugating the following verbs. Indicate which conjugation each one belong to.

Infinitive	*Present tense stem*
интересова́ться	интересу́. . .
встава́ть	вста. . .
идти́	ид.у́. .
жить	живу́. .
учи́ться	уч.у́.
люби́ть	люблю́. ./люб. . .
е́здить	езж.. ./езд.. .

☞ Notes

1. Verbs whose stem ends in the consonants *-ж-, -ч-, -ш-,* or *-щ-* are affected by spelling rules 2 and 3 (see 'Grammar summary' (1.2)).

2. In the first person singular of some second conjugation verbs the final consonant in the stem changes: *я е́зжу* but *ты е́здишь, он е́здит . . .* ; *я люблю́* but *ты лю́бишь, он лю́бит . . .* See 'Grammar summary' (9.2.5).

3. The conjugation of the verb *хоте́ть* is mixed first and second conjugation. See 'Grammar summary' (9.2.6).

Using the table below to structure your dialogues, ask and answer the questions in each of the following ways:

(1) in relation to yourself
(2) in relation to your neighbour
(3) in relation to your neighbour's neighbour

Then write down the questions as you would ask them of your teacher (addressing him/her formally).

Куда́ ты иде́шь сего́дня ве́чером?	Я ид _ . . .
Где ты живе́шь?	Я жив _ . . .
Где ты у́чится _?	Я уч _ _ _ . . .
Чем ты интересу́ _ _ _ _ _?	Я интересу́ _ _ _ . . .
Что ты лю́б _ _ _ де́лать?	Я любл _ . . .
Кем ты хо́ч _ _ _ стать?	Я хоч _ стать . . .
Во ско́лько ты вста _ _ _?	Я вста _ . . .
Куда́ ты езд _ _ _ ле́том?	Ле́том я е́зж _ . . .

C2   Visa application — Ви́зовая анке́та

Светла́на Никола́евна МакГре́гор

Listen to the text and take notes. Using your notes, fill out the visa application form supplied below on Svetlana's behalf.

Познако́мьтесь! Это моя́ подру́га. Её зову́т Светла́на Никола́евна МакГре́гор. Она́ родила́сь на Кавка́зе, а учи́лась в Воро́нежском университе́те. Ей 30 лет. Она́ живёт в Эдинбу́рге, на у́лице Роз Стрит, в до́ме №16. Она́ не шотла́ндка, а ру́сская. Она́ рабо́тает в Эдинбу́ргском университе́те, преподаёт на ка́федре ру́сского языка́. Три го́да наза́д она́ вы́шла за́муж за америка́нца. У неё есть ма́ленькая до́чка, кото́рую зову́т Мари́на. Ка́ждый год она́ с до́чкой е́здит в Росси́ю отдыха́ть и ви́деться с бра́том, Серге́ем Никола́евичем Ива́шко. Её роди́тели у́мерли давно́.

Ка́ждый раз, когда́ она́ собира́ется е́хать в Росси́ю, она́ заполня́ет анке́ту, что́бы получи́ть ви́зу.

ВИ́ЗОВАЯ АНКЕ́ТА	
Фами́лия	Национа́льность
Имя	Ме́сто рожде́ния
Отчество	Ме́сто жи́тельства
Де́вичья фами́лия	Образова́ние
Пол: М Ж	
Ме́сто рабо́ты / профе́ссия	
Во́зраст	
Адрес	

Create a similar form for your partner. Ask them to supply you with the information necessary to complete it by asking him/her the following questions:

Как твоя́ фами́лия?
Как твоё и́мя/о́тчество?
Где ты у́чишься?
Ско́лько тебе́ лет?
Где ты живёшь?
Кто ты по национа́льности?

Где ты роди́лся/родила́сь?

Како́е у тебя́ образова́ние: непо́лное сре́днее / по́лное сре́днее / вы́сшее?

Write a short text about your partner using the information in their form.

D Expressing likes and dislikes

D1 Expressing likes — нра́виться

мне	(не) нра́вится рок-му́зыка
тебе́	(не) нра́вится э́тот расска́з
ему́	(не) нра́вится э́та пье́са
ей	(не) нра́вится ко́ка-ко́ла
нам	(не) нра́вится э́тот рома́н
вам	(не) нра́вятся э́ти стихи́
им	(не) нра́вятся га́мбургеры

*Conduct a poll to find out what other people in your class, including your teacher, like / do not like (such as **рок-н-ролл, поп-му́зыка, рома́ны о любви́, ру́сская литерату́ра, италья́нское вино́, францу́зские духи́, неме́цкое пи́во, америка́нский футбо́л**, etc). Record your results in a table. After you have finished, report back to the class.*

Например: Ма́ше / Джо́ну нра́вится/-ятся . . .

                   Ей / Ему́ не нра́вится/-ятся . . .

D2 What do you like? — Что вам / тебе́ нра́вится?

Charades. *Divide into two teams. On one piece of paper for each member of the opposing team, write down a sentence outlining who likes doing what, when and where. When you are given your piece of paper, mime the scene described. Your team members have to guess who you are and what you like doing. They may ask you a maximum of twenty yes/no questions. Your team scores a point for each element they get right: who you are, what you like doing, where and when.*

E Structuring an argument

E1 Letter — Письмо́ в реда́кцию

Дорога́я реда́кция!

Сейча́с мно́го говоря́т и пи́шут об о́тдыхе. В про́шлом но́мере ва́шего журна́ла чита́тели писа́ли, что на́до отдыха́ть акти́вно. Что зна́чит «акти́вно»? Зна́чит, на́до бе́гать и пры́гать по́сле рабо́ты?

    По-мо́ему, э́то непра́вильно. Когда́ челове́к прихо́дит с рабо́ты, он уста́л, ему́ ну́жен поко́й. Нет ничего́ плохо́го в том, что лю́ди весь ве́чер чита́ют газе́ты, журна́лы и́ли кни́ги. Одни́ смо́трят телеви́зор, други́е сидя́т на дива́не, слу́шают му́зыку.

Это поле́зно. Во-пе́рвых, потому́, что челове́к мо́жет споко́йно посиде́ть и́ли полежа́ть. Во-вторы́х, потому́, что он узна́ёт мно́го но́вого и интере́сного. А е́сли челове́к весь ве́чер игра́ет в футбо́л или бе́гает, он устаёт. Я ду́маю, что э́то да́же вре́дно — и для здоро́вья, и для рабо́ты.

И вообще́, когда́ лю́ди отдыха́ют, они́ де́лают то, что лю́бят: одни́м нра́вится спорт, други́е хо́дят на та́нцы, тре́тьи посеща́ют теа́тры и кино́, четвёртые предпочита́ют телеви́зор. Ка́ждому — своё!

С приве́том,

Ни́на Петро́вна Ивано́ва,

пенсионе́рка

E2 Vocabulary and grammar — Ле́ксика и грамма́тика

 Глаго́лы. *In the text find the following verbs. Indicate whether they belong to the first or second conjugation and supply the third person singular and the third person plural of the present tense of each verb. How do 2nd conjugation verbs differ from 1st conjugation verbs?*

говори́ть	писа́ть	приходи́ть	смотре́ть
сиде́ть	лежа́ть	узнава́ть	устава́ть
бе́гать	люби́ть	предпочита́ть	

 Dative + ну́жен

	masculine	feminine	neuter	plural
мне, тебе́ ему́, ей нам, вам, им	ну́жен о́тдых ну́жен поко́й	нужна́ гла́сность нужна́ демокра́тия	ну́жно вре́мя ну́жно ме́сто	нужны́ рефо́рмы нужны́ специали́сты

For a discussion of the expression of 'need' see 'Grammar summary' (9.3.4.3).

V+ Ле́ксика

1. поле́зно = хорошо́ для здоро́вья / для де́ла и т. д.
   вре́дно = пло́хо для здоро́вья / для де́ла и т. д.
2. мно́го интере́сного, мно́го но́вого
   (нет) ничего́ плохо́го, (нет) ничего́ хоро́шего
3. Ка́ждому — своё!

V+ Functions

1. Asking for an explanation: Что зна́чит «. . .»?
2. Structuring discourse: во-пе́рвых, потому́ что . . . , во-вторы́х, потому́ что . . .
   одни́ . . . , други́е . . . , тре́тьи . . . , четвёртые . . .

E3   Exercises — Упражнéния к тéксту

Заполните таблицу. Tick off as appropriate and explain why.

по мнéнию áвтора:	полéзно	врéдно	почемý?
бéгать и прыгать			
читáть газéты			
лежáть на дивáне			
смотрéть ТВ			
слýшать рáдио			
игрáть в футбóл			
ходить на тáнцы			
посещáть теáтры и кинó			
дéлать то, что лю́бят			

Guided writing

Напишите отвéтное письмó в редáкцию, используя слéдующие выражéния: по-мóему / по моемý мнéнию, по мнéнию моегó дрýга / моéй подрýги, прáвильно / непрáвильно, полéзно / врéдно, во-пéрвых / во-вторых, потомý что и т. д.

F   Leisure

F1   The weather — Погóда у вас и у нас

Используя слéдующие словá и выражéния расскажите, какáя сегóдня погóда.

вéтер (дýет)	вéтрено/вéтреный день/вéтреная погóда
дождь (идёт)	дождливо/дождливый день/дождливая погóда
сóлнце (свéтит)	сóлнечно/сóлнечный день/сóлнечная погóда
морóз (стоит)	морóзно/морóзный день
снег (идёт)	снéжный (adj.)
óблако (plural: облакá)	óблачно/óблачный день
хóлод	хóлодно/холóдный/холодáть
теплó	теплó/тёплый/теплéть
жарá	жáрко/жáркий

Спроси́те преподавáтеля о погóде в Росси́и. Расскажи́те о погóде у вас. Скажи́те, какóе врéмя гóда вы лю́бите бóльше всегó и почемý?

F2 Leisure pursuits — Когда́? В каку́ю пого́ду? Что де́лают?

Испо́льзуя слова́ и выраже́ния в табли́це, соста́вьте предложе́ния по образцу́.
Using words/expressions/phrases from each of the columns, make up sentences outlining
what people do in various weather conditions.

	Когда́?	В каку́ю пого́ду?	Что де́лают?
Наприме́р:	*Зимо́й,*	*когда́ лежи́т снег,*	*лю́ди ката́ются на лы́жах.*

			ката́ться на са́нках
			ката́ться на конька́х
			загора́ть на пля́же
			купа́ться в мо́ре, реке́, о́зере
	со́лнце	идти́	де́лать сне́жную ба́бу
	ве́тер	та́ять	собира́ть пе́рвые цветы́
	снег	стоя́ть	брать с собо́й зо́нтик
	дождь	свети́ть	маринова́ть грибы́
весно́й	град	лежа́ть	не ходи́ть в шко́лу
ле́том	си́льные моро́зы	дуть	закрыва́ть о́кна
о́сенью	пого́да	тепле́ть	лови́ть ры́бу
зимо́й	облака́	холода́ть	надева́ть плащ
	ту́чи	собира́ться	снима́ть да́чу
	тума́н	опуска́ться	игра́ть в снежки́
	ли́стья	желте́ть	ходи́ть в похо́ды
			ката́ться на байда́рке
			собира́ть грибы́ и я́годы в лесу́
			устра́ивать пикни́к
			е́здить на да́чу

What are these people doing, when and where?
Скажи́те, что де́лаѕют лю́ди на карти́нках.

G   Reading and comprehension

G1   Text — Бу́ква «ты»

Listen to the following text and answer the comprehension questions supplied below.

Учи́л я одну́ ма́ленькую де́вочку чита́ть и писа́ть. Де́вочку зва́ли Ири́нушка, бы́ло ей четы́ре го́да пять ме́сяцев. Че́рез де́сять дней она́ уже́ могла́ чита́ть и «ма́ма», и «па́па», и «Са́ша», и «Ма́ша». Остава́лась у неё то́лько бу́ква «я».

Я, как всегда́, показа́л ей бу́кву и сказа́л:
— А э́то вот, Ири́нушка, бу́ква «я».
Ири́нушка на меня́ посмотре́ла и сказа́ла:
— Ты?
— Почему́ «ты»? Я сказа́л тебе́: э́то бу́ква «я».

— Бу́ква ты? — спроси́ла де́вочка.

— Не «ты», а «я».

— Я и говорю́ «ты», — сказа́ла она́.

— Не «я», а бу́ква «я».

— Не «ты», а бу́ква «ты», — сказа́ла она́.

— Ох, Ири́нушка, Ири́нушка, неуже́ли ты в са́мом де́ле не понима́ешь, что э́то не «я», а что э́то бу́ква так называ́ется: «я»?

— Нет, — сказа́ла она́, — почему́ не понима́ю. Я понима́ю.

— Что ты понима́ешь?

— Это не «ты», а бу́ква так называ́ется:«ты».

Ну что де́лать? Как ей объясни́ть, что «я» — э́то то́лько бу́ква? Ири́нушке бы́ло сты́дно, что она́ не понима́ет. Но и мне бы́ло сты́дно, что я, большо́й челове́к, не могу́ научи́ть ма́ленькую де́вочку чита́ть бу́кву «я».

На друго́й день, когда́ Ири́нушка пришла́ на уро́к, я откры́л кни́гу и сказа́л:

— Чита́й мне что́-нибудь.

Вот что она́ прочита́ла:

— Куда́ ты идёшь? Ты иду́ в кино́.

Вам смешно́? Я то́же, коне́чно, посмея́лся. А пото́м я сказа́л:

— Я иду́, Ири́нушка, я иду́, а не ты иду́!

Она́ сказа́ла:

— Я иду́ в кино́? Так э́то бу́ква «я»?

(*adapted* по расска́зу Л. Пантеле́ева, «*Ру́сский язы́к за рубежо́м*»,

№ 1, 1973: 63--5)

Comprehension *Answer the following questions.*

1. What was the narrator teaching Irinushka to do?
2. How old was she?
3. How soon could she read the words 'mum' and 'dad'?
4. What was the last letter she was given to learn?
5. Why did she have difficulty learning this letter?
6. Why was Irinushka ashamed of herself?
7. Why was the narrator so ashamed of himself?
8. What did the narrator ask her to do the next day?
9. Why did the narrator laugh?
10. Did Irinushka finally understand her mistake?

G2   Constructions with the dative — Да́тельный паде́ж

> Indirect object
> он показа́л ей бу́кву
> я сказа́л тебе́: э́то бу́ква «я»
> как ей объясни́ть
> чита́й мне что-нибу́дь

	Emotions/feelings	
МНЕ	(бы́ло)	смешно́ сты́дно

 Using the tables supplied below, find out why the people listed in the left-hand column feel the way they do.

Спроси́те друг дру́га и отве́тьте: — Почему . . . ? — Потому что. . . .

А

Áне ску́чно.	
Бори́су жа́рко.	Температу́ра во́здуха 40 гра́дусов тепла́.
Cáше хо́лодно.	
Студе́нту сты́дно.	Он не подгото́вился к контро́льной.
Андре́ю смешно́.	
Мари́и ве́село.	У неё сего́дня вечери́нка.
Учи́тельнице бы́ло прия́тно.	
Óльге гру́стно.	От неё ушёл муж.

Б

Áне ску́чно.	Ле́кция неинтере́сная.
Бори́су жа́рко.	
Cáше хо́лодно.	Стоя́т си́льные моро́зы.
Студе́нту сты́дно.	
Андре́ю смешно́.	Он смо́трит коме́дию по телеви́зору.
Мари́и ве́село.	
Учи́тельнице бы́ло прия́тно.	Ученики́ ей подари́ли цветы́.
Óльге гру́стно.	

G3 Verbs — Глаго́лы

 Supply the 1st and 3rd person of the present tense and the 3rd person of the past tense of each of the following:

чита́ть	писа́ть	звать	понима́ть
де́лать	идти́	смея́ться	

H Cultural awareness

H1 Pre-reading exercises — Лекси́ческие упражне́ния

1. *Revise the months of the year.*

2. Ordinal numerals. *Put the following numerals into the correct order:*

восьмо́й	второ́й	девя́тый	деся́тый
пе́рвый	пя́тый	седьмо́й	тре́тий
четвёртый	шесто́й		

3. *Sort the following words and phrases into semantically related categories. Give each of the categories a title.*

буфе́т	весна́	вести́ уро́к	гото́вить уро́ки
гуля́ть	день	занима́ться спо́ртом	заня́тие
зима́	кани́кулы	ле́то	мину́та
обе́дать	о́сень	рабо́чая неде́ля	уро́к
учени́к	уче́бный год	учи́тель	шко́льная столо́вая

4. *Match the beginnings of the following sentences with appropriate ends. Discuss the use of reflexive verbs in these sentences.*

Beginnings

1. Уче́бный год начина́ется
2. Уче́бный год де́лится
3. Рабо́чая неде́ля дли́тся
4. Уро́к продолжа́ется
5. По́сле ка́ждого уро́ка

Ends

☐ со́рок пять мину́т.
☐ устра́ивается переме́на.
☐ на че́тверти.
☐ пе́рвого сентября́.
☐ пять дней.

H2 🏛 School routine — Шко́льное образова́ние

В 6 лет роди́тели отдаю́т ребёнка в шко́лу.

Уче́бный год во всех шко́лах на́шей страны́ начина́ется 1 (пе́рвого) сентября́. Уче́бный год в шко́ле де́лится на че́тверти: пе́рвая дли́тся с 1 (пе́рвого) сентября́ по 4 (четвёртое) ноября́, втора́я — с 10 (деся́того) ноября́ по 29 (два́дцать девя́тое) декабря́, тре́тья — с 11 (оди́ннадцатого) января́ по 23 (два́дцать тре́тье) ма́рта, четвёртая — с 1 (пе́рвого) апре́ля до конца́ ма́я. По́сле ка́ждой че́тверти наступа́ют кани́кулы: осе́нние, зи́мние, весе́нние, ле́тние. Рабо́чая неде́ля шко́льника дли́тся 5 дней.

Уро́к в шко́ле продолжа́ется 45 (со́рок пять) мину́т. По́сле ка́ждого уро́ка устра́ивается переме́на (переры́в) на 10 (де́сять) мину́т, а в середи́не дня — больша́я переме́на — на 30 (три́дцать) мину́т. За э́то вре́мя ученики́ мо́гут поза́втракать в шко́льной столо́вой и́ли буфе́те. В мла́дших кла́ссах быва́ет обы́чно 3–4 уро́ка в день, в ста́рших — 5–6. По́сле уро́ков не́которые ученики́ остаю́тся в шко́ле, в гру́ппе продлённого дня, потому́ что их роди́тели за́няты днём на рабо́те. Там де́ти обе́дают, отдыха́ют, гуля́ют, занима́ются спо́ртом и гото́вят уро́ки.

В одно́м кла́ссе обы́чно у́чится не бо́лее 30 (тридцати́) ученико́в. В нача́льной шко́ле (с пе́рвого по четвёртый класс) заня́тия обы́чно ведёт оди́н учи́тель. В ста́рших кла́ссах (с пя́того по оди́ннадцатый) ка́ждый предме́т ведёт учи́тель-специали́ст.

Знания учащихся оцениваются по пятибалльной системе. Учащиеся могут получить следующие оценки/отметки.

5 (пятёрка)	— отлично
4 (четвёрка)	— хорошо
3 (тройка)	— удовлетворительно
2 (двойка)	— неудовлетворительно(плохо)
1 (единица)	— очень плохо

H3   Exercises — Упражнения к тексту

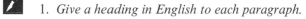 1. *Give a heading in English to each paragraph.*

2. *In the text find words with the same root as the following and say what they mean.*

ученик	занят	работать
стол	начать	школа

3. *Using the text, translate the following phrases and sentences.*

(a) The school year begins on the first of September.
(b) The school year is divided into quarters.
(c) spring holidays / summer holidays
(d) The school week lasts 5 days.
(e) A lesson lasts 45 minutes.
(f) There are usually 3 lessons a day.

4. *Insert appropriate prepositions.*

(a) Роди́тели отдаю́т ребёнка . . . шко́лу . . . 6 лет.
(b) Уче́бный год . . . шко́ле де́лится . . . че́тверти.
(c) Пе́рвая че́тверть дли́тся . . . 1 (пе́рвого) сентября́ . . . 4 (четвёртое) ноября́.
(d) . . . ка́ждой че́тверти наступа́ют кани́кулы.
(e) . . . ка́ждого уро́ка устра́ивается переры́в . . . 10 мину́т.
(f) . . . мла́дших кла́ссах быва́ет обы́чно 3–4 уро́ка . . . день.

Note the use of the preposition *по* to express the subject matter of a publication, exam, class: *кни́га по иску́сству, уро́к по матема́тике, экза́мен по ру́сскому языку́, ле́кция по эконо́мике, семина́р по францу́зскому языку́, контро́льная рабо́та по грамма́тике*.

H4 Day care — Воспита́ние дете́й

Read the following text. Supply the Russian for the words in italics. Write a summary of the text in Russian using the guiding questions supplied below.

A child's whole person has been cared for by providing all-day facilities, including hot meals, and also *hostels* for youngsters from remote rural areas. School *dining-halls* or at least *snack bars* exist in three-quarters of schools (96 per cent urban and 67 per cent rural in 1988). The standard of care in the hostels, however, has been a frequent cause for complaint. *Extended-day schools and groups* cater for children up to fifteen whose parents are out *at work*, by providing supervised *homework* and leisure activities after lessons (or occasionally beforehand). Younger children predominate, as the older ones seek independence. Although such facilities are convenient, they have never been really popular with parents or children since their supervisory aspect tends to overshadow their caring and upbringing role. Development of the latter, however, is likely to involve additional expenditure on better accommodation and equipment. Thus the extended day has been in decline at a time when the relevant school population has been increasing: whereas in 1985/86 it covered 37 per cent of such children (urban 32 per cent, rural 44 per cent), by 1988/89 the figure was down to 27 per cent (urban 22 per cent, rural 34 per cent). Another 0.15 per cent, mainly children whose parents were unable to give them a proper upbringing because of their domestic or work situation, were at boarding schools.

There is a chronic shortage of school buildings. Perhaps the worst consequence of this is that some schools have to operate on two [. . .] shifts, in the afternoon and early evening. This involved nearly one in four Soviet children in 1988/89, ranging from 12 per cent in Armenia to 39 per cent in Kyrgyzstan. The situation had improved in the 1970s but was deteriorating again in the 1980s. From an educational point of view, shift working is inefficient because youngsters and teachers tire as the day wears on. Overtime is likely because of the staffing shortage, itself due to poor conditions and pay (averaging 200 rubles in 1990, 40 rubles below the national mean).

(*The Cambridge Encyclopedia of Russia and the former Soviet Union*,
CUP, 1994: 475)

Guiding questions: Воспита́ние дете́й

1. Каки́е шко́льники, городски́е или дереве́нские, иногда́ живу́т в общежи́тиях?
2. Где обе́дает большинство́ городски́х и дереве́нских шко́льников?
3. Каки́е шко́льники посеща́ют гру́ппу продлённого дня? Чем они́ там занима́ются?
4. Ско́лько дереве́нских и городски́х дете́й посеща́ло ра́ньше и посеща́ет тепе́рь гру́ппу продлённого дня?
5. Где у́чатся шко́льники, чьи семе́йные обстоя́тельства не позволя́ют им жить до́ма?
6. Почему́ не́которые шко́лы рабо́тают в две сме́ны?
7. Почему́ сме́нная систе́ма не всегда́ явля́ется оптима́льным вариа́нтом?

Preparation for essay

1. Вы уже зна́ете о структу́ре шко́льного образова́ния в Росси́и (нача́льная шко́ла, непо́лная сре́дняя и по́лная сре́дняя шко́ла). Расскажи́те о структу́ре шко́лы в ва́шей стране́.
2. В ва́шей стране́ на́до плати́ть за обуче́ние в шко́ле? Ну́жно ли плати́ть за уче́бники, и́ли шко́ла даёт их беспла́тно?
3. В Росси́и де́ти поступа́ют в шко́лу в 6 лет. А у вас?
4. Ско́лько лет на́до учи́ться в шко́ле в ва́шей стране́?
5. Ма́льчики и де́вочки у́чатся вме́сте, и́ли есть мужски́е и же́нские шко́лы?
6. Какова́ систе́ма оце́нок в ва́шей шко́ле?
7. Расскажи́те немно́го о режи́ме шко́льного дня. (Когда́ начина́ются заня́тия в шко́ле? Ско́лько вре́мени продолжа́ется оди́н уро́к? Ско́лько вре́мени продолжа́ется больша́я переме́на, когда́ ученики́ обе́дают? Где они́ обе́дают: до́ма или в шко́ле? Когда́ конча́ются заня́тия?)
8. Ско́лько раз на́до сдава́ть экза́мены в шко́ле?
9. Ско́лько раз в уче́бном году́ и когда́ быва́ют шко́льные кани́кулы? Ско́лько вре́мени они́ продолжа́ются?

H5　Poetry — Ти́хо льётся ти́хий Дон . . .

Listen to the reading of the Anna Akhmatova poem. Mark on the stress. Read the poem with the Russian speaker recorded on tape.

> Тихо льётся тихий Дон,
> Жёлтый месяц входит в дом.
>
> Входит в шапке набекрень.
> Видит жёлтый месяц тень.
>
> Эта женщина больна,
> Эта женщина одна,
>
> Муж в могиле, сын в тюрьме,
> Помолитесь обо мне.
>
> (1939)

Homework

 For a discussion of the semantics of case (direct and indirect objects – the accusative and dative cases) see 'Language awareness' (7.1).

 Written exercises — Письменные задания

Упражнение 1. Case endings. Грамматика. The following tables summarise the formation of the endings of masculine, neuter and feminine nouns in the singular. *Indicate which gender each of the tables refers to, which case each row exemplifies and supply appropriate forms where they have been omitted from the tables. Check your answers by comparing them to the forms supplied in the tables in the 'Grammar summary' (2.2). Заполните таблицу.*

Gender: _____

case	hard inanimate	hard animate	hard fleeting e	soft -й animate	soft -й inanimate	soft -ь inanimate	soft -ь animate
	. . .	студент	отец	. . .	. . .	. . .	писатель
	университет	студента	. . .	героя	музей	спектакль	. . .
	. . .	. . .	отца	. . .	. . .	. . .	писателя
	университету	студенту	. . .	герою	музею	. . .	. . .
	. . .	студентом	. . .	. . .	. . .	спектаклем	писателем
	(в) . . .	(о) студенте	(об) отце	(о) герое	(в) . . .	(о) . . .	(о) . . .

Gender: _____

case	hard -o	soft -e	soft -ие
	слово	. . .	упражнение
. . .	море	. . .	
слова	. . .	упражнения	
. . .	морю	. . .	
словом	. . .	упражнением	
(о) слове	(на) море	(в) . . .	

Gender: _____

case	hard inanimate	hard animate	soft -я	soft -ия	soft -ь
	школа	. . .	неделя	. . .	тетрадь
. . .	сестру	. . .	лекцию	. . .	
школы	. . .	недели	. . .	тетради	
. . .	сестре	. . .	лекции	. . .	
школой	. . .	неделей	. . .	тетрадью	
(в) . . .	(о) сестре	(на) . . .	(на) лекции	(в) . . .	

Упражнение 2. Pronouns. Местоимения. *The following tables summarise the formation of the endings of pronouns. Indicate which case each row exemplifies and supply appropriate forms where they have been omitted from the tables. Check your answers by comparing them to the forms supplied in the tables in the 'Grammar summary' (3.1.2. and 3.2). Заполните таблицу.*

case	1st sg	2nd sg	3rd sg	3rd sg	1st pl	2nd pl	3rd pl	animate	inanimate
	я	. . .	. . .	она	. . .	вы	они	. . .	. . .
. . .	тебя	его	. . .	нас	вас	. . .	кого?	что?	
меня	. . .	. . .	её	. . .	. . .	их	. . .	. . .	
. . .	тебе	ему	. . .	нам	вам	. . .	кому?	чему?	
мной	. . .	. . .	ей/ею	. . .	вами	. . .	. . .	. . .	
(обо) . . .	(о) тебе	(о) нём	(о) . . .	(о) нас	(о) . . .	(о) них	(о) . . .	(о) чём?	

Упражнение 3. The dative case. Когда использовать этот падеж. *The following list describes various uses of the dative case. Read through the sentences supplied below and indicate which of the listed uses is illustrated in each sentence. Какой пример соответствует какому объяснению?*

(a) *to express age*

(b) *to express emotions and feelings*

(c) *to express likes and dislikes*

(d) *to express motion along or within a defined space*

(e) *to express motion to someone's house*

(f) *to express motion towards/up to*

(g) *to express the indirect object in answer to the question 'To/For whom?'*

(h) *to express the medium of communication*

(i) *to express the subject matter of an examination or publication*

Examples:

1. Вчера был экзамен по истории.
2. Девушка подошла к окну.
3. Когда Иван шёл по улице, он увидел большую собаку.
4. Мне стыдно/смешно.
5. Мне (не) нравится рок-музыка.
6. Она долго разговаривала по телефону.
7. Профессор дал книгу студенту.
8. Сколько тебе лет? Мне 39 лет.
9. Я иду к брату.

Упражнение 4. Using the dative case. *Возраст. Write sentences indicating the age of the people listed below. Скажите, сколько им лет.*

1. Иван	26	7. отец	62
2. Катя	42	8. Серёжа	25
3. Николай	58	9. Таня	14
4. бабушка	92	10. Борис Николаевич	39
5. дедушка	87	11. Людмила Борисовна	45
6. мама	53		

Упражнение 5. Verbs of motion. *Куда вы идёте? Answer this question using each of the phrases supplied in the right-hand column. The nouns that are governed by the preposition на are marked with an asterisk (*). Ответьте на вопросы, используя слова в правой колонке.*

Куда вы идёте?   Белый дом, другая комната, *урок, лингафонная лаборатория, старый друг, бабушка, младшая сестра, Андрей, Серёжа, *выставка, студенческое общежитие, Большой театр, Русский музей, *фабрика, Публичная библиотека, городская больница, *работа, жена, тётя

Упражнение 6. Some common second conjugation verbs. *Важные глаголы. Write out the present tense conjugation of the following verbs. Compare your answers to the forms supplied in the 'Grammar summary' (9.2.4). Какие формы имеют данные глаголы в настоящем времени?*

говорить	смотреть	стоять	ходить
платить	любить	готовить	спать
учиться			

Упражнение 7. Report writing. Опрос: что кому (не) нравится? *Using the verb **нравиться**, write a short analysis of the data in the table saying who likes / does not like something. A tick indicates that a person likes something, a cross that he/she does not. Start your analysis with the following sentence*: «Результаты опроса показали, что всем нравятся стихи Пушкина. . . .». *Напишите краткий анализ проведённого опроса.*

	Иван Петрович	Катя	Марина Николаевна	дядя Коля	Николай Борисович
играть в футбол	✓	✓	✗	✓	✗
ходить на танцы	✓	✓	✗	✓	✗
заниматься домашними делами	✗	✗	✓	✓	✗
китайская кухня	✗	✗	✗	✗	✗
современная музыка	✓	✓	✗	✓	✗
немецкое пиво	✓	✗	✓	✓	✗
классический балет	✗	✓	✓	✓	✗
романы о любви	✗	✗	✓	✓	✗
стихи Пушкина	✓	✓	✓	✓	✓

Упражнение 8. Modals and the dative. Надо, нужно, нельзя. *Supply each of the pronouns / noun phrases on the right in the correct form to complete the sentences on the left. Закончите предложения.*

1. . . . надо купить газету.   я; старший брат
2. . . . надо пойти в поликлинику.   вы; больной
3. . . . надо написать эти упражнения.   она; этот ученик
4. . . . нужно купить этот учебник.   новый студент; новая студентка
5. . . . нельзя курить.   профессиональный спортсмен
6. . . . надо заниматься спортом.   ты; мы

Упражнение 9. Indirect objects. Кому? *Answer the following questions using the words given on the right. Ответьте на вопросы, используя слова из правого столбика.*

1. Кому вы часто пишете письма?   отец; сестра
2. Кому вы написали письмо вчера?   брат; подруга
3. Кому вы рассказывали о вечере?   друг; Катя
4. Кому вы купили газету?   товарищ; тётя
5. Кому студенты отвечают на экзамене?   профессор; преподаватель

Упражнение 10. Direct and indirect objects. Что и кому? *Complete the table with suitable words in the appropriate form. Заполните таблицу, подобрав подходящие слова.*

кто?	что делает?	что?	кому?
бабушка	читает	сказку	внуку
	пишут		
	объясняет		
	дарим		
	посылаю		
	даёшь		
	покупает		
	преподаёт		

Упражнение 11. Aspects. Почему она рассердилась? *Select the appropriate aspect. Translate the text. Вместо точек вставьте глагол нужного вида. Переведите рассказ.*

Один молодой человек (любил/полюбил) ..1.. красивую девушку. Он часто (дарил/подарил) ..2.. ей цветы. Девушке тоже (нравился/понравился) ..3.. молодой человек. Однажды молодой человек (узнавал/узнал) ..4.., что скоро у девушки будет день рождения. Ей исполнится 22 года. Он (решал/решил) ..5.. (дарить/подарить) ..6.. ей 22 розы. Продавец хорошо знал молодого человека, потому что он всегда здесь (покупал/купил) ..7.. цветы. Продавец (думал/подумал) ..8..: «Этот человек очень часто покупает в нашем магазине цветы. Я дам ему на 10 роз больше». Продавец (давал/дал) ..9.. цветы молодому человеку, и тот (шёл/пошёл) ..10.. к девушке. Когда он (приходил/пришёл) ..11.. к девушке, он (говорил/сказал) ..12..:

— Поздравляю Вас с днём рождения! Вот мой подарок. Здесь столько роз, сколько вам лет!

Когда девушка (брала/взяла) ..13.. цветы и (смотрела/посмотрела) ..14.. на них, она очень рассердилась.

А молодой человек так и не (понимал/понял) ..15.., почему она рассердилась.

(Pockney B. P. (ed.), *88 коротких рассказов,* Collets, 1969: 32–3)

Упражнение 12. Comprehension and guided prose. Времена года в Подмосковье. *Read the text and do the exercises supplied after it. Прочитайте текст и выполните упражнения.*

Весна в Подмосковье продолжается три месяца. В середине марта ещё лежит снег, но он уже тает. В апреле появляется первая трава, а в мае уже везде зелёные листья на деревьях, первые цветы. В лесу поют птицы.

Июнь и июль — самые приятные летние месяцы. Многие любят брать отпуск летом. В это время неплохо отдыхать на море, но особенно хорошо в Подмосковье: на даче или в доме отдыха. Хорошо купаться в реке, гулять в лесу, собирать грибы и ягоды. Лето в Подмосковье тёплое, а иногда даже жаркое. Иногда идут дожди, но они тёплые и продолжаются недолго.

Неплохой и первый осенний месяц — сентябрь. В сентябре ещё не холодно, но трава уже желтеет, и листья на деревьях жёлтые, красные, коричневые. Русские говорят: «Сентябрь — золотая осень».

Октябрь уже холодный месяц. Идут дожди, погода стоит холодная и сырая, дует ветер. Осенью хорошо отдыхать на юге, на Чёрном море, где в это время особенно хорошо. Уже не жарко, но и температура воздуха, и вода в море тёплая.

Русские очень любят зиму. Многие берут отпуск зимой. Декабрь, январь и февраль — холодные зимние месяцы. Зимой иногда стоят сильные морозы, но часто ярко светит солнце. Как красив белый снег зимой! Как весело кататься на лыжах и на коньках или на санках!

Упражнения по тексту. *In the text, find the sentences (or parts of sentences) corresponding to the sentences on the left. Translate the sentences (or phrases) on the right.*

(a) Spring lasts three months.

Summer lasts three months.
Autumn lasts three months.
Winter lasts three months.
A lesson lasts an hour.
A lecture lasts an hour.

(b) in mid-March

in mid-May
in mid-June
in mid-July
at the beginning of September
at the end of December

(c) Many people like taking their holidays in summer.

Many people like taking their holidays in autumn.
Many people take their holidays in winter.
Many people like to spend their holidays in a country house.
Many people like walking in the forest.
Many people enjoy skiing.
Many people enjoy gathering mushrooms and berries.

(d) the most pleasant summer months

the most beautiful months
the coldest months
the warmest months
the hottest days

(e) The weather is cold.

The weather is fine/good.
The weather is warm.
The weather is hot.
The weather is damp.

(f) The Russians love winter.

The Russians love summer.
The Russians love spring.
The Russians love autumn.

(g) How beautiful is the white snow in winter!

What beautiful green grass!
What beautiful spring flowers!
How beautiful are golden leaves in autumn!

Guided writing. *Напишите о временах года и погоде у вас в стране.*

Кроссворд. Времена года и погода

По горизонтали.

1. Летом ярко светит . . .
2. На улице холодно, потому что дует холодный северный . . .
3. Зимой ветер холодный, а летом . . .
4. Весной появляется зелёная . . .
5. Нина взяла с собой зонтик, потому что шёл . . .

По вертикали.

1. Зимой часто идёт . . .
6. Весной на деревьях появляются зелёные . . .
7. В саду растут красивые . . .
8. В воскресенье можно не работать, а . . .
9. Первый весенний месяц — . . .
10. В феврале очень холодно, стоит сильный . . .

Упражнение 13. Prepositions. Дорогой незнакомый друг или подруга! *Insert appropriate prepositions in the spaces provided. Вставьте пропущенные предлоги.*

Пишет Вам студент первого курса филологического факультета Саратовского университета Вадим Петров. Я изучаю английский язык уже седьмой год (6 лет ..1.. школе, а теперь ..2.. университете). Но практики в языке ..3.. меня совсем нет: не ..4.. кем говорить по-английски ..5.. нас ..6.. городе.

Поэтому я хотел бы предложить Вам такой вариант: я приглашаю Вас ..7.. себе ..8.. гости. А потом, может быть, я смогу приехать ..9.. Вам? Мне 19 лет, ..10.. сентябре будет 20.

Живу я ..11.. родителями. Папа работает инженером, мама медсестрой. ..12.. нас четырёхкомнатная квартира, так что места хватает! Мы живём ..13.. центре города. Саратов — старый русский город ..14.. Волге. Хотя музеев ..15.. нас немного, но есть театры, кино и концертные залы. Я очень люблю ходить ..16.. кино, особенно смотреть фильмы ..17.. английском языке. Увлекаюсь рок-музыкой, ..18.. меня много пластинок. ..19.. нам ..20.. Саратов часто приезжают известные рок-группы. Так что Вам не будет скучно!

Пишите мне по адресу:
Россия
г. Саратов
ул. Победы, д. 17, кв. 2
Петрову Вадиму Борисовичу

P.S. Приезжайте лучше летом — ..21.. меня каникулы, погода летом жаркая, можно купаться ..22.. реке каждый день!

..23.. приветом, Вадим.

Упражнение 14. Report writing. Школа. *Discuss the survey conducted among British school children below. Сколько времени уходит у английских школьников на подготовку домашнего задания? Расскажите, как вы готовились к занятиям, когда учились в школе. Обсудите, нужно ли, по-вашему, задавать работу на дом.*

Time spent by school children on their homework each evening

under 30 minutes	30 minutes to an hour	1 to 2 hours	over 2 hours
21%	41%	24%	11%

 15   Lexical exercises — Лексические упражнения

15.1   Collocations. Что тебе (не) нравится? *List eight things you like and eight things you do not like. Перечислите восемь вещей, которые вам нравятся/не нравятся:* **Мне нравится/нравятся. Мне не нравится/нравятся.**

15.2   Collocations. Что тебе (не) нравится делать? *List eight activities you enjoy and eight activities you do not enjoy. Перечислите восемь типов деятельности, которые вам нравятся/не нравятся:* **Мне нравится. Мне не нравится.**

15.3 Adjective-noun collocations. Словосочетания: прилагательные и существительные. *Match each of the following adjectives with a noun.*

Adjectives: 1. школьная, 2. маленькая, 3. младшие, 4. большая, 5. ветреная, 6. учебный, 7. каждую, 8. школьный, 9. летние, 10. русский

Nouns: погода, столовая, год, день, неделю, язык, классы, перемена, дочка, каникулы

15.4 Semantic groups. Антонимы. *Supply the opposites of each of the following. Напишите антонимы к следующим словам.*

активно	до	конец	кончаться
надо	полезно	правильно	работа
холодно			

15.5 Semantic groups. Что общего. *Each of the following groups of four words is in some way connected with the same thing. Write down this word for each group. Распределите слова по тематическим группам.*

1. поп-музыка, джаз, романс, опера
2. роман, рассказ, сказка, стихи
3. хоккей, футбол, теннис, пинг-понг
4. сентябрь, январь, март, декабрь
5. вторник, среда, четверг, суббота
6. гитара, рояль, тромбон, флейта

15.6 Crossword. Настоящее время. The present tense.

Ты . . .

1. жить
2. учиться
3. идти
3. интересоваться
4. лежать
5. писать
6. говорить
7. уставать
8. смеяться
9. сидеть
10. хотеть
11. ездить
12. любить
13. вставать

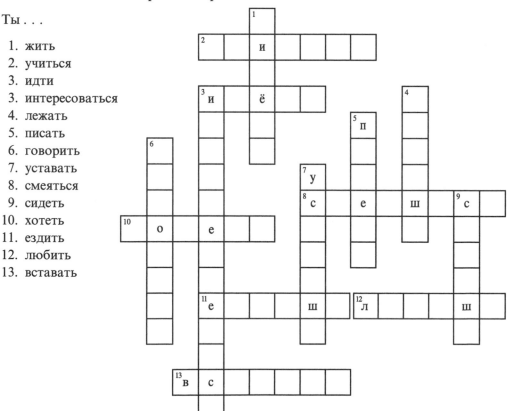

Listening comprehension

The following sections from Unit 7 have been recorded on tape:

C2 Светлана Николаевна МакГрегор
G1 Буква «ты»
H5 Тихо льётся тихий Дон . . .

Упражнение 1. Dictation. Шутки. *Listen to the tape and fill in the missing words, marking the stress on words of more than one syllable.* Заполните пропуски.

1. Разговор

Два человека . . .
Один . . . , а другой . . .
« . . . вино?»
«Нет!»
« . . .?»
«Нет!»
« . . . в карты?»
«Нет!»
«Что же, у . . . нет ни одного недостатка *(fault)?*»
« . . . , только . . . »
«Какой?»
«Я часто . . . неправду.»

2. Наш преподаватель

— Наш преподаватель физики . . . сам с собой. А ваш?
— Наш тоже. Но он этого не . . . Он . . . , что мы его . . . .

3. Мама и дочка

Маленькая дочка сидит и . . . книгу.
Мама её . . . :
— О чём ты . . . ?
— Не . . .
Мама говорит:
— Как же ты не . . . ? Ты . . . очень громко.
Дочь . . . :
— Да, я . . . громко, но я не . . .
На другой день мать видит, что маленькая дочка сидит и . . .
— Что ты . . . , доченька? — . . . мать.
— Я . . . письмо Оле.
— Но ты же ещё не . . . писать.
— Ну и что же! Моя подруга Оля не . . . читать.

Упражнение 2. Listening comprehension. Незнакомый мужчина. *Listen to the story and state whether the following statements are true or false. Прослушайте текст и поставьте галочку (✔), где нужно.*

	правильно	неправильно
1. Таня Смирнова — преподавательница.	☐	☐
2. Дети Тани живут в Киеве.	☐	☐
3. Таня живёт в Воронеже.	☐	☐
4. Таня учится в университете на первом курсе.	☐	☐
5. Таня занимается английским языком.	☐	☐
6. Тане нравятся компьютеры.	☐	☐
7. В свободное время Таня любит читать романы и стихи.	☐	☐
8. Таня очень хорошо поёт.	☐	☐
9. Раз в месяц она поёт в студенческом хоре.	☐	☐
10. Сегодня у Тани нет занятий.	☐	☐
11. Таня сидит на скамейке в парке.	☐	☐
12. Таня пишет письмо сыну.	☐	☐
13. Таня отвечает на письмо сестры.	☐	☐
14. Какой-то незнакомый мужчина стоит рядом с ней.	☐	☐
15. Незнакомый мужчина читает её письмо.	☐	☐

Упражнение 3. Comprehension. Поездка в Эдинбург. *Listen to the dialogue and fill in the table below in Russian. Write in the missing words on the left and tick off the appropriate column on the right. Заполните таблицу.*

Что вам понравилось в Эдинбурге?

	она любит	ей нравится	ей не нравится
в Эдинбурге: 1) . . . 2) Старый и Новый . . . 3) . . . . . . 4) Дворец Голируд в свободное время: 1) . . . 2) . . . . . . 3) . . . и . . . 4) . . . танцы Эдинбург Лондон Москва Санкт-Петербург			

3.2   Speaking. *Summarise the information in the dialogue in three sentences.* Перескажите диалог, ответив на следующие вопросы.

— Что нравится Тане?
— Что ей не нравится?
— Что она любит делать в свободное время?

Упражнение 4. Questions and answers. Что вам (не) нравится? *Answer the questions recorded on tape about your likes and dislikes.* Ответьте на вопросы.

In this unit you will learn how to:

- define words
- use indirect speech

In this unit you will revise how to:

- talk about people's lives, work and education

Classwork

A Talking about people

A1 Professions — Профе́ссии

  Below is a list of professions with suggestions for what each of them does (to what). Match up words from each of the columns and suggest where they might do it. (Some suggestions of places are provided on pp. 206–7.)

Кто?	Что де́лает?	Что?/Чем?
актёр	во́дит	биле́ты
музыка́нт	стро́ит	но́вости
шофёр	кра́сит	ле́кции
балери́на	чита́ет	това́ры
строи́тель	принима́ет	де́ньги
журнали́ст	игра́ет на музыка́льном инструме́нте	ро́ли
машини́стка	печа́тает на маши́нке	дома́
библиоте́карь	снима́ет	докуме́нты
машини́ст	де́лает	поезда́
ди́ктор	проверя́ет	кинофи́льмы
кинорежиссёр	исполня́ет	ме́бель
дирижёр	дирижи́рует	еду́
столя́р	танцу́ет	сте́ны
маля́р	пи́шет	орке́стром
билетёрша	выдаёт	кни́ги
продавщи́ца	подаёт	маши́ну
касси́рша	продаёт	самолётом
официа́нтка	управля́ет	статьи́
профе́ссор		
пило́т		

Места: дом, реда́кция, магази́н, *стро́йка, библиоте́ка, *телеви́дение, мастерска́я, университе́т, теа́тр, *желе́зная доро́га, конце́ртный зал, ра́дио, кварти́ра, рестора́н, авиакомпа́ния «Аэрофло́т»

Now state what the following are doing.

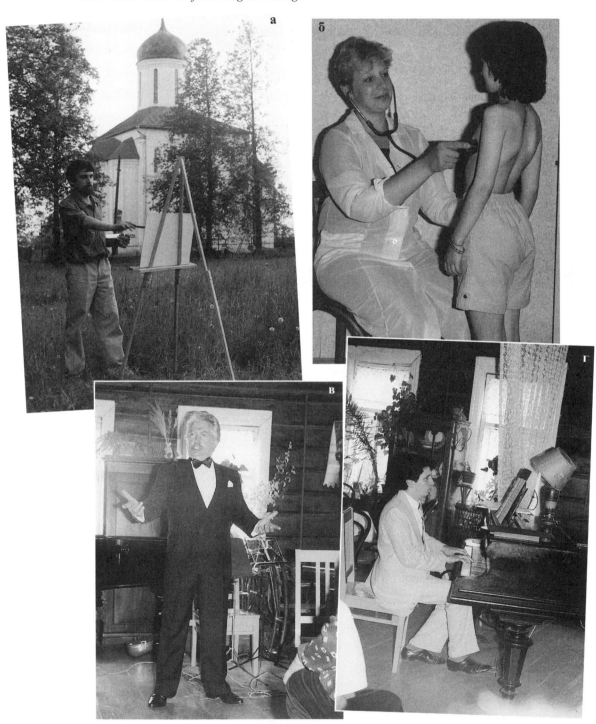

A2 Personal information — Кто есть кто?

Each group selects a famous person of their choice and researches the information necessary to answer the following questions.

Кто он/она́ по национа́льности/происхожде́нию?
Кто он/она́ по образова́нию?
Кто он/она́ по профе́ссии/специа́льности?
Что он/она́ око́нчил/око́нчила? Где? Когда́?
Ско́лько ему́/ей лет?
Где он/она́ жил/жила́/живёт?
Чем он/она́ интересова́лся/интересова́лась/интересу́ется?
Он жена́т? Она́ за́мужем?

Class exercise. *Each group asks the others about their chosen person and attempts to guess who the unnamed people are.*

B Defining words

Read through the following list of words. Read through the list of dictionary definitions provided below. Beside each noun write the number of the appropriate definition.

Words:

буты́лка	вопро́с	гости́ница	ме́бель	студе́нт
ка́сса	переда́ча	понеде́льник	орке́стр	ча́шка
час	гастроно́м	ша́хматы	остано́вка	

Dictionary definitions:

1. Ме́сто, где получа́ют и выдаю́т де́ньги в магази́не.
2. Насто́льная игра́, в кото́рую игра́ют два челове́ка.
3. Гру́ппа музыка́нтов, кото́рые вме́сте игра́ют на разли́чных инструме́нтах.
4. Пе́рвый день неде́ли.
5. Ме́сто, где остана́вливаются трамва́й, авто́бус, тролле́йбус.
6. Магази́н, где продаю́т проду́кты (сыр, хлеб, молоко́ и т. д.)
7. Тот, кто у́чится в институ́те, университе́те.
8. Сосу́д, в кото́ром храня́т вино́, пи́во и́ли во́дку.
9. То, что передаю́т по ра́дио и́ли по телеви́зору.
10. Ме́сто, где остана́вливаются тури́сты.
11. Едини́ца вре́мени в 60 мину́т.
12. Небольшо́й сосу́д, из кото́рого пьют чай и́ли ко́фе.
13. Предме́ты (стол, сту́лья, крова́ти и т. д.), кото́рые нахо́дятся в ко́мнате.
14. То, что спра́шивают.

Write sentences with seven of these words illustrating a context in which they might be used.

Supply words for which the following might be definitions.

1. Литерату́рное произведе́ние в про́зе, обы́чно наро́дное.
2. Ме́сто, где мо́жно пообе́дать/поу́жинать, и где по вечера́м игра́ет му́зыка.
3. Кни́га, по кото́рой у́чатся в шко́ле/университе́те.
4. Су́мма де́нег, за кото́рую продаю́т и́ли покупа́ют что-нибу́дь в магази́не.
5. Не сего́дня, а на день ра́ньше.
6. Пери́од су́ток с утра́ до ве́чера.
7. Напи́ток, кото́рый пьют с лимо́ном и́ли с молоко́м.
8. Пи́ща, кото́рую едя́т у́тром.
9. Ме́сто, где живу́т студе́нты.
10. Не сего́дня, а на сле́дующий день.
11. Сестра́ отца́.

C Narrative

C1 The narrative present — Настоя́щее вре́мя

 The present tense is sometimes used in narratives which are describing events that occurred in the past. This is a story-telling device which is used to make the action more immediate and vivid to the listener/reader.

C2 Text — Ма́ша и Ойка

 Жи́ли-бы́ли на све́те две де́вочки. Одну́ де́вочку зва́ли Ма́ша, а другу́ю — Зо́йка. Ма́ша всё люби́ла де́лать сама́. Сама́ ест суп. Сама́ из ча́шки молоко́ пьёт. Сама́ игру́шки в я́щик убира́ет. А Зо́йка сама́ ничего́ де́лать не хо́чет и то́лько говори́т:

— Ой, не хочу́! Ой, не могу́! Ой, не бу́ду!
Всё «ой» да «ой»! Так и ста́ли её звать не Зо́йка, а Ойка.

(Со́фья Проко́фьева, *Ма́шины ска́зки*, М., 1990: 2–3)

 Find all the verbs in the third person singular of the present tense. List them and indicate which conjugation they belong to.

D Indirect speech

D1 Indirect speech — Я сказа́л дру́гу, что . . .

 Where the direct speech is a statement

Я сказа́л дру́гу: «Я хочу́ уви́деть карти́ны Ре́пина в э́том музе́е».
Я сказа́л дру́гу, что хочу́ уви́деть карти́ны Ре́пина в э́том музе́е.

☞ **Where the direct speech is a question with an interrogative word**

Оле́г спроси́л меня́: «Куда́ ты идёшь?».   Оле́г спроси́л дру́га: «Куда́ идёт Ива́н?».
Оле́г спроси́л меня́, куда́ я иду́.   Оле́г спроси́л дру́га, куда́ идёт Ива́н.

☞ **Where the direct speech is a question without an interrogative word**

Я спроси́л дру́га: «Ты ви́дел э́тот фильм?».
Я спроси́л дру́га, ви́дел ли он э́тот фильм.

Я спроси́л дру́га: «Ива́н ви́дел э́тот фильм?».
Я спроси́л дру́га, ви́дел ли Ива́н э́тот фильм.

D2   Interview — Интервью

Yu. Daniel was a poet and short story writer who was arrested in 1965 and sentenced to five years' hard labour for publishing his works abroad.

For each of the following sentences taken from an interview with Yu. Daniel and his son, Alexander, suggest what questions they were asked. Express those questions first in direct speech and then in indirect speech.

Отве́ты Ю. Дание́ля

1. Роди́лся в Москве́ в 1925 (ты́сяча девятьсо́т два́дцать пя́том) году́.
2. Оте́ц мой, Марк Дание́ль, был писа́телем.
3. Писа́л кни́ги о гражда́нской войне́, пье́сы для евре́йского теа́тра.
4. У́мер он совсе́м молоды́м от туберкулёза.
5. А писа́ть я на́чал ра́но, пе́рвый свой поэти́ческий перево́д сде́лал лет в 12.
6. Пото́м начала́сь война́, в 1942 году́ ушёл на фронт, воева́л, был ра́нен.
7. По́сле демобилиза́ции учи́лся, око́нчил Моско́вский пединститу́т, рабо́тал преподава́телем в шко́ле.
8. Да, рабо́та мне нра́вилась, хотя́ учи́телем я был, мне ка́жется, не блестя́щим.
9. Никаки́х полити́ческих це́лей у меня́ не́ было.
10. Я был писа́телем. Хоте́л, что́бы име́ла пра́во на существова́ние литерату́ра свобо́дная, без запре́тных тем и пробле́м.
11. Отпра́вил за грани́цу, потому́ что в тот моме́нт здесь напеча́тать э́то бы́ло невозмо́жно.

Отве́ты А. Дание́ля

12. Когда́ арестова́ли отца́, мне бы́ло 14 лет, в шко́ле ещё учи́лся.
13. То, что случи́лось, не́ было для меня́ неожи́данностью, я знал, что оте́ц печа́тается за грани́цей.
14. Неожи́данностью бы́ло друго́е: по́сле его́ аре́ста в наш дом приходи́ли знако́мые и незнако́мые лю́ди и предлага́ли свою́ по́мощь.

(«*Моско́вские но́вости*», 11 сентября́, 1988)

E Cultural awareness

E1 Third-level education — Обуче́ние в ву́зах

Read the following text. Answer the questions supplied at the end of each paragraph.

Обуче́ние в ву́зах ведётся по курсово́й систе́ме (курс = уче́бный год). Ежедне́вно, кро́ме воскресе́ний, в пе́рвой полови́не дня студе́нты посеща́ют заня́тия — ле́кции и семина́ры. Ле́кции, как пра́вило, чита́ются всему́ ку́рсу, семина́ры, лаборато́рные рабо́ты и не́которые други́е заня́тия прово́дятся по гру́ппам (в сре́днем по 20 челове́к в ка́ждой). Ка́ждая ле́кция и́ли семина́р дли́тся обы́чно полтора́ (1,5) часа́ (Note 1), ме́жду ни́ми устра́иваются десятимину́тные переры́вы. Таки́м о́бразом, «рабо́чий день» студе́нта продолжа́ется с 9 (девяти́) до 14 (четы́рнадцати) часо́в. Посеще́ние заня́тий для ка́ждого студе́нта обяза́тельно (Note 2).

Notes: (1) Оди́н уро́к продолжа́ется 45 мину́т, но заня́тие в институ́те (университе́те) состои́т из двух уро́ков. Э́ти два уро́ка называ́ются «па́ра». Ка́ждый день у студе́нтов 2–3 па́ры заня́тий.

(2) Ка́ждый факульте́т име́ет свою́ програ́мму, кото́рую студе́нты должны́ усво́ить. У студе́нтов нет свобо́ды вы́бора програ́ммы.

1. How many days a week do Russian students attend lectures?
2. What contact hours does the whole class attend together?
3. What contact hours do students attend in small groups?
4. How many students are there in a group?
5. How long do lectures and seminars last?
6. How long is the break between lectures/seminars?
7. Is attendance compulsory?
8. Are students given any choice in the courses they take?

Срок обуче́ния в ву́зах — от четырёх до шести́ лет (обы́чно пять лет). Уче́бный год дли́тся с сентября́ по ию́нь и де́лится на два семе́стра (Note 1). По́сле ка́ждого семе́стра наступа́ет пора́ экза́менов — экзаменацио́нная се́ссия (Note 2). В ка́ждую се́ссию студе́нты сдаю́т не бо́льше пяти́ экза́менов и шести́ зачётов.

Большинство́ экза́менов в Росси́и у́стные. У́стный экза́мен принима́ют два-три преподава́теля. Студе́нты беру́т оди́н биле́т из лежа́щих на столе́. В биле́те напи́саны вопро́сы, на кото́рые студе́нты должны́ отве́тить. В ка́ждом биле́те есть вопро́с по тео́рии и пра́ктике, реше́ние зада́чи.

Е́сли студе́нт не зна́ет вопро́с, он мо́жет взять друго́й биле́т, но в э́том слу́чае отме́тка за отве́т бу́дет ни́же. У ка́ждого студе́нта есть зачётная кни́жка, в кото́рую преподава́тель запи́сывает предме́т и оце́нку, кото́рую студе́нт получи́л за отве́т.

Notes: (1) Уче́бный год в росси́йских ву́зах начина́ется везде́ пе́рвого сентября́ и де́лится на два семе́стра. Пе́рвый семе́стр начина́ется в сентябре́ и продолжа́ется 4 ме́сяца, до конца́ декабря́. По́сле зи́мней се́ссии начина́ются студе́нческие зи́мние кани́кулы. С 7–10 февраля́ начина́ется второ́й семе́стр. Он дли́тся то́же 4 ме́сяца и ока́нчивается в конце́ ма́я. В ию́ле и а́вгусте ле́тние кани́кулы.

(2) Что тако́е се́ссия? 3 неде́ли в январе́ и ме́сяц в ию́не студе́нты сдаю́т зачёты и экза́мены. В э́то вре́мя у них нет заня́тий. 2–4 дня студе́нты гото́вятся к экза́мену, пото́м сдаю́т его́.

Этот перио́д называ́ется «зи́мняя/ле́тняя зачётно-экзаменацио́нная се́ссия» и́ли кра́тко — «се́ссия».

1. How many years do Russian students spend in College?
2. How long does the academic year last?
3. When do Russian students have holidays?
4. How often do Russian students take exams?
5. How many exams/tests do they sit?
6. How much time do the students get to revise?
7. Are Russian university examinations written?
8. What determines what questions you are asked in an exam?
9. What happens if a candidate cannot answer an exam question?
10. Where are a student's results recorded?

Систе́ма оце́нок для экза́менов четырёхба́лльная: отли́чно (5), хорошо́ (4), удовлетвори́тельно (3), неудовлетвори́тельно (2) и для зачётов: «зачёт», «незачёт». Студе́нт, не суме́вший с пе́рвого ра́за сдать зачёт и́ли экза́мен по какому-нибу́дь предме́ту, име́ет пра́во ещё раз сдава́ть его́ в ту же се́ссию. Если и во второ́й раз ему́ не удаётся сдать э́тот э́кзамен, он отчисля́ется из уче́бного заведе́ния.

1. How many grades are there in the Russian marking system in exams?
2. How many grades are there in the Russian marking system in tests?
3. When are the repeat examinations?
4. What happens if a student fails the repeat examination?

Студе́нты, кото́рые успе́шно справля́ются с уче́бной програ́ммой, получа́ют госуда́рственную стипе́ндию. У студе́нтов-отли́чников стипе́ндия повы́шенная (на 25% вы́ше обы́чной).

1. Who receives a state grant?
2. Who receives 25 per cent more than the minimum grant?

Учёба в ву́зе конча́ется сда́чей госуда́рственных экза́менов, защи́той дипло́мной рабо́ты.

1. What do final examinations consist of?

E2   Student life — Жизнь студе́нтов

Ка́ждый институ́т (университе́т) име́ют спорти́вные за́лы, спортплоща́дки, стадио́ны. В расписа́ние студе́нтов вхо́дят обяза́тельные заня́тия спо́ртом. Кроме того́, жела́ющие студе́нты мо́гут занима́ться в разли́чных спорти́вных се́кциях, уча́ствовать в соревнова́ниях.

Все институ́ты име́ют разли́чные студе́нческие теа́тры, орке́стры, хор, танцева́льные кружки́. Всё э́то называ́ется «худо́жественная самоде́ятельность». Уча́стники худо́жественной самоде́ятельности выступа́ют на студе́нческих вечера́х, на дискоте́ках, в студе́нческих клу́бах.

Студе́нты име́ют свой профсою́з, кото́рый вме́сте с преподава́тельским профсою́зом забо́тится о здоро́вье и о́тдыхе студе́нтов.

In note form describe the extra-curricular facilities provided for students in Russian universities.

E3   Higher education — Вýзы

Read the following text and supply the Russian for the words and phrases in italics. Write a summary of the text using the guiding questions supplied on p. 214.

The keynotes of the *higher education* reform of 1986/87 were quality, intensification and efficient planning. *Higher education institutions* and intakes were to be reduced, specialisms broadened and industrial liaison improved. In 1988/89 the *USSR* still had 898 of them, mostly organized by branches of the economy and giving higher professional training, but including 69 universities with broader courses. *Schoolteachers* were trained at the 200 *pedagogical institutes* and, for middle and senior classes, also at *universities*. Entrance was, and remains, by competitive examination. In 1988 there were 1.9 candidates per place and in 1989 2.1, but this country-wide average conceals wide variables of institutional prestige, disciplines and modes of study. Among the 1989 admissions, over 70 per cent came from *general schools*, 22 per cent from *tekhnikumy* and 6 per cent from *PTU*. The five million *students* comprised 54 per cent full-time (increasing), 35 per cent correspondence and 11 per cent evening (both declining).

   Hostel accommodation is cramped but cheap. *Grants* are modest, often supplemented by part-time jobs, and results-related as with tekhnikum students. Most courses have been five-year, with an intensively taught six-day week, continuous assessment, and *examinations* at the end of each *term or semester* in *January* and *June*. The dropout rate in 1988/89 was 10.6 per cent, mainly because of poor performance. Upon graduation there has traditionally been direction to the first job, except for *'excellent' students*, but even before the collapse of the USSR this had begun to be relaxed.

   (*The Cambridge Encyclopedia of Russia and the former Soviet Union*, CUP, 1994: 476–7)

Guiding questions: Вузы

1. Главными тенденциями какой реформы высшего образования являлись качество, интенсификация и эффективное планирование?

2. Реформа рекомендовала (1) увеличение или сокращение количества вузов и поступающих, (2) расширение или ограничение специальностей? Как относилась реформа к связям между образованием и потребностями промышленности?

3. Сколько было вузов в 1988/9 году? Сколько из них давало высшее профессиональное образование и сколько было университетов?

4. В каких вузах готовили учителей?

5. Сколько бывает поступающих на каждое место в вузах?

6. В каких средних учебных заведениях учились поступающие?

7. Где обычно живут студенты?

8. На какие средства живут студенты?

9. На сколько лет рассчитана программа в вузах?

10. Как оцениваются знания студентов?

E4   Poetry — Парус

Listen to the following reading of the Lermontov poem. Mark on the stress. Record your reading of the poem.

Белеет парус одинокой
В тумане моря голубом!..
Что ищет он в стране далёкой?
Что кинул он в краю родном?..

Играют волны — ветер свищет,
И мачта гнётся и скрипит. . .
Увы! он счастия не ищет
И не от счастия бежит!

Под ним струя светлей лазури,
Над ним луч солнца золотой. . .
А он, мятежный, просит бури,
Как будто в бурях есть покой!

(*Михаил Юрьевич Лермонтов, 1832*)

Homework

For a discussion of the syntactic category of interrogative pronouns see 'Language awareness' (8).

Written exercises — Письменные задания

Упражнение 1. Revision of cases. Грамматика. *Answer the following questions using the words supplied in brackets.* For tables illustrating the uses of cases without prepositions see 'Grammar summary' (4). For tables illustrating the uses of cases with prepositions see 'Grammar summary' (5). *Заполните таблицу.*

1. (*родина) Где живёт ваша семья? Откуда вы получаете письма? Куда вы часто ездите? Что вы часто вспоминаете?

2. (наш приятель) Кому вы купили подарок? Кто звонил вам сейчас? С кем вы играете в шахматы? О ком вы разговариваете?

3. (русская история) Чем занимаются студенты? Что ты сейчас учишь? О чём была лекция? Какой реферат вы пишете?

4. (детский врач) Кем хочет стать ваш друг? У кого был сегодня Петя? Куда он ходил? Кому вы звонили? Кого вы вызвали по телефону? Кто дал тебе лекарство? Откуда пришла внучка?

5. (лучшая подруга) Кому Нина купила билет в кино? О ком она рассказывала? С кем вы идёте в театр? Куда ты идёшь в воскресенье? Кого вы видели на выставке? Кто недавно приехал в Лондон?

Упражнение 2. Questions and answers. Вопросы и ответы. *Answer the following questions using each of the phrases provided in brackets. Ответьте на вопросы, используя фразы в скобках.*

1. Чем вы занимаетесь в свободное время? (русская литература, парусный спорт)

2. Чем ты интересуешься? (популярная музыка, голландская живопись, театральное искусство)

3. Чем интересуется этот студент? (экономика, бизнес)

4. Чем вы увлекаетесь? (классический балет, современная опера)

Упражнение 3. Prepositions. Предлоги. *Answer the following questions using the prepositions supplied at the beginning of each section and the noun phrases supplied in brackets. Ответьте на вопросы, используя слова и фразы в скобках.*

1. *с*: С кем вы встретились вчера? (твой друг) С кем вы отдыхали летом на юге? (семья) С кем вы разговаривали сейчас? (лаборантка) С кем вы занимаетесь русским языком? (преподаватель) С кем вы говорили по-русски? (турист из Минска) С кем она каждый год ездит в Россию? (дочка)

2. *после*: Когда они поужинали? (концерт) Когда вы вернулись домой? (спектакль) Когда вы ходили в магазин? (обед) Когда вы вернулись в Ленинград? (война) Когда наступают каникулы? (каждая четверть) Когда устраивается перемена? (каждый урок)

3. *у*: У кого есть карандаш? (Николай, Катя) У кого вчера не было лекции? (я, мы, они) У кого болит голова? (он, она, отец, сестра) У кого повышенная стипендия (на 25% выше обычной)? (студент-отличник)

4. *в/на*: Где вы часто встречались? (ресторан/площадь Пушкина) Где лежал сын? (диван) Где работала мать Валентины? (фабрика/город Ярославль) Где учился Толстой? (Казанский университет/восточный факультет)

5. *в/на*: Куда вы ходили вечером (концерт/театр) Куда вошла жена? (телефонная будка) Куда часто ходила Валентина? (аэроклуб) Куда упала девочка, когда стул

сломался? (пол) Куда капитан пригласил самого старого индейца? (корабль) Куда ушел отец в 1942 году? (фронт)

6. *в/на*: Когда вы вышли из дома? (два часа) Когда вы занимаетесь на компьютерных курсах? (свободное время) Когда они увидели землю? (декабрь) Когда пришла Иринушка на урок? (другой день)

7. *в/на*: На чём он играет? (саксофон/флейта)

8. *о*: О чём сейчас много говорят и пишут? (отдых) О чём заботится профсоюз? (здоровье и благополучие студентов)

9. *по*: По какой системе ведётся обучение в вузах? (курсовая система) По какому предмету у вас экзамен? (история)

10. *за*: Где он жил и умер? (граница) Куда они уехали? (граница) За кого она вышла замуж? (американец)

Упражнение 4. Forgetfulness. А вы не забыли? *Insert an appropriate perfective infinitive in the following sentences. Choose infinitives from the list supplied below. Вставьте нужные инфинитивы.*

Infinitives: взять, ответить, посмотреть, выучить, позвонить, сказать, сделать, приготовить, послать

1. Я забыл . . . телеграмму отцу.
2. Ты не забыла . . . сестре по телефону?
3. Он забыл . . . уроки.
4. Она забыла . . . новости по телевизору.
5. Мы забыли ему . . . , что не можем встретиться с ним.
6. Вы не забыли . . . на письмо друга?
7. Они забыли . . . новые слова.
8. Идёт дождь, а я забыл . . . зонтик.

Упражнение 5. Verbs. Глаголы. *Conjugate the following verbs in the present and past tenses. Supply the perfective infinitive of each verb. Check your answers in a dictionary. Какие формы имеют данные глаголы в настоящем времени?*

брать	видеть	говорить	готовить
гулять	давать	дарить	делать
есть	ездить	ждать	жить
звать	звонить	кончать	лежать
ложиться	любить	мыть	нести
пить	покупать	рисовать	сидеть
слушать	смотреть	советовать	спать
стоять	танцевать	учиться	ходить

Упражнение 6. Interrogatives. Вопросы и ответы. *Write questions using the following interrogatives and answer them. Составьте вопросы. Ответьте на вопросы.*

Почему?	Когда?	Где?	Куда?
Кто?	Что?	О чём?	О ком?
Кого?	Как?	Чей?	Сколько?

Упражнение 7. Grammatical analysis. Кто что делал когда, где и с кем? *In the sentences below indicate what question each phrase/word answers. State how this function is expressed. Сколько вопросов можно придумать к каждому предложению?*

Например:

В пятницу	я	сидела	дома	и смотрела	фильм	о Дублине.
когда?	кто?	что делала?	где?	что делала?	что?	о чём?
в + acc.	*nom.*	*verb*	*adverb*	*verb*	*acc.*	*o + prep.*

1. Раз в неделю я ходила в кино.
2. Каждый месяц мои родители ужинали в ресторане, где играла музыка.
3. Кого вы видели на концерте?
4. О чём вы читали?
5. Когда Катя пришла домой, она поужинала и легла спать.

Упражнение 8. Questions and answers. О себе. *Answer the following questions in Russian. Ответьте на вопросы по-русски.*

Как вас зовут? Как ваша фамилия? Как зовут вашу мать/вашего отца? Где живут ваши родители? Кем работает ваша мама/ваш отец? Где вы учились в школе? Сколько лет вы там учились? Какие предметы вам нравились/не нравились в школе? Когда вы поступили в университет? Какие языки вы изучаете? Сколько раз в неделю вы занимаетесь русским языком? Какие предметы вам нравятся/не нравятся на первом курсе? По каким предметам у вас экзамены/зачёты в декабре? Где вы сейчас живёте? Вам нравится жить в общежитии/снимать комнату? Почему? Что вы любите делать в свободное время? Кем вы хотите стать после окончания университета?

Упражнение 9. Questions and answers. Что вы хотите знать о других? *Provide questions to which the following are answers. К следующим ответам придумайте подходящие вопросы.*

(1) Я окончила университет два года назад. (2) Я хожу в театр каждую неделю. (3) Да, я вышла замуж семь лет назад. (4) Вчера вечером мы смотрели телевизор. (5) В субботу мы ездили за город. (6) Я купил эту книгу сестре. (7) Вчера я получила письмо от брата. (8) Я из Лондона.

Упражнение 10. Cloze. Виктор Иванович. *Put the words in brackets into the correct form. Поставьте слова из скобок в нужную форму.*

У (я) ..1.. самая обычная биография. Отец родом с Украины. Родители жили на Дальнем (Восток) ..2.. Отец окончил зоо-ветеринарный институт, мать — инженер. Они (пожениться) ..3.. до (война) ..4.. Потом отец учился в военном училище. (Уйти) ..5.. на фронт. После (война) ..6.. родители переехали на (Украина) ..7.. . Тогда отец работал в аппарате партии. Избрали его первым (секретарь) ..8.. райкома партии, но он успел проработать всего (месяц) ..9.. два-три. Ему было сорок пять (год) ..10.., когда он умер.

    У меня есть старший брат, который (родиться) ..11.. через месяц после начала (война) ..12.. Мама (жить) ..13.. с ним в Киеве. Ей уже за семьдесят. Редко, к (сожаление) ..14.., видимся, только по (телефон) ..15.. и говорим.

Когда (умереть) ..16.. отец, мне было семь лет, а брат тогда окончил первый курс Харьковского авиационного (институт) ..17..

Затем я учился в школе. Год проработал на (завод) ..18.. и потом поступил на факультет (журналистика) ..19.. МГУ.

(«Огонёк», № 44, 1988)

Упражнение 11. Aspects. Пирожок. *Choose the right aspect of the verbs in brackets. Вместо точек вставьте глагол нужного вида.*

Мы с женой выехали из Одессы рано утром. От Одессы до Москвы почти 22 часа, а в поезде не было ни вагона-ресторана, ни буфета. К счастью, у нас были с собой бутерброды, которые (готовила/приготовила) ..1.. жена, но и они скоро (кончались/кончились) ..2.., и мы очень хотели есть.

Наконец, часов в шесть вечера поезд (останавливался/остановился) ..3.. на маленькой станции, где поезда обычно (останавливались/остановились) ..4.. на несколько минут.

Наш сосед по купе, Николай Петрович/полный мужчина, который очень любил поесть, (открывал/открыл) ..5.. окно вагона и (видел/увидел) ..6.. на платформе женщину, которая (продавала/продала) ..7.. пирожки. По платформе (гулял/погулял) ..8.. мальчик лет десяти, и Николай Петрович (спрашивал/спросил) ..9.. его, сколько стоит один пирожок.

— Два рубля, — (отвечал/ответил) ..10.. мальчик.

Наш сосед (давал/дал) ему четыре рубля и (говорил/сказал) ..11..:

— Купи, пожалуйста, два пирожка: один для себя и один для меня.

Через минуту мы (видели/увидели) ..12.., что мальчик медленно (шёл/ходил) ..14.. обратно по платформе и с аппетитом (ел/съел) ..13.. пирожок. Он (возвращал/вернул) ..15.. Николаю Петровичу два рубля и (говорил/сказал) ..16..:

— К сожалению, для вас пирожка не было. У неё был только один пирожок, и я его (ел/съел) ..17..

(Khavronina, Russian as We Speak It, «Русский Язык», М., 1985: 193)

Упражнение 12. Cloze and guided writing. Хотим с вами переписываться! *Read the five pen-pal letters below and put the words in brackets into the appropriate form. The number supplied after each verb indicates the conjugation to which it belongs. Then, using the five letters as models, write a similar letter to a Russian pen-pal. Поставьте слова из скобок в нужную форму.*

✉ **Пётр**: Я студент-медик, мне 23 года. Регулярно занимаюсь спортом, три раза в неделю хожу в бассейн. Интересуюсь поп-музыкой, люблю читать детективы. Уже год занимаюсь английским языком, читаю английские журналы по специальности со словарём. Хочу переписываться с американской студенткой, которая знает или учит русский язык. Зовут меня Пётр, или просто Петя. Вы можете писать мне по-русски, а я вам — по-английски.

✉ **Олег**: Мне 31 (год) ..1.. . Окончил пединститут. Работаю (учитель) ..2.., (преподавать I) ..3.. химию в средней школе в Одессе. Интересуюсь (фотография)

..4.., часто (фотографировать I) ..5.. природу и море. Коллекционирую
видовые открытки. В свободное время (любить II) ..6.. читать иллюстрированные
журналы и книги по (искусство) ..7.. . Хочу переписываться с молодой
(учительница) ..8.. из (Франция) ..9..

✉ **Галина**: (Я) ..1.. зовут Галя Петрова. (Я) ..2.. 17 (год) ..3.., недавно (кончать I/
кончить II) ..4.. школу, пока не работаю. Очень люблю (музыка) ..5.. и (поэзия)
..6.., немного (рисовать I) ..7.. . Люблю читать романы о (любовь) ..8.. и
путешествовать. (Коллекционировать I) ..9.. почтовые марки Европы и Азии. Я
немного (знать I) ..10.. польский язык и хочу переписываться с (мальчик) ..11.. из
(Польша) ..12..

✉ **Павел**: Меня (звать I) ..1.. Павел, (я) ..2.. 22 (год) ..3.. . Я (учиться II) ..4.. в МГУ
на филологическом (факультет) ..5.. . Хочу стать (переводчик) ..6.. . (Заниматься I)
..7.. немецкой (поэзия) ..8.. XVIII века, (интересоваться I) ..9.. экологией. Хочу
познакомиться с (девушка) ..10.., у которой такие же интересы, как у (я) ..11.. .

✉ **Нина и Ольга**: Мы с (сестра) ..1.. недавно начали учить испанский язык на
вечерних курсах и (искать I) ..2.. человека, который (говорить II) ..3.. по-испански.
Я работаю в (больница) ..4.., сестра (преподавать I) ..5.. литературу в школе. В
свободное время играем в бридж, (идти I/ходить II) ..6.. в бридж-клуб, (любить II)
..7.. кино и театр. В этом году мы (хотеть II) ..8.. поехать отдыхать в (Испания) ..9..

Упражнение 13. Comprehension and guided prose. Уважаемая редакция! *Read the
following text and do the exercises supplied at the end.* Прочитайте текст и выполните
упражнения.

Уважаемая редакция!
Пишу вам из Канады, куда мы с мужем недавно переехали жить. Я окончила
Львовский институт иностранных языков в 1980 году, работала два года в школе в
Молдавии, преподавала английский и немецкий языки.

Когда я переехала в Торонто, я сразу же начала искать работу. И тут стало ясно,
что дипломы, которые нам выдали на родине, здесь в Канаде недействительны.
Почему же?

Недавно я получила письмо от подруги, которая уехала в Израиль и работает
сейчас по специальности, инженером. Но когда она жила в Германии и тоже
пыталась найти работу, её диплом не признавали.

В чём же дело? Ведь высшее образование у нас ничем не хуже, а во многом
лучше, чем в Канаде или, скажем, в Германии. Конечно, разница есть, не спорю.
Но в чью пользу?
Приведу несколько примеров для сравнения.
Прежде всего, срок обучения в вузе у нас минимум пять лет, а у студентов-
медиков, например, и того дольше — семь с половиной лет.

Не так давно мы тут познакомились с канадскими студентами, которые живут в
соседней квартире; они уверяют, что в университетах здесь учатся всего четыре
года, а в технических колледжах и того меньше.

Кроме того, насколько я помню, посещение всех занятий у нас в институте было
обязательным: не меньше пяти часов в день, каждый день, шесть дней в неделю. И
попробуй пропусти хоть одну лекцию или семинар! А наши канадские соседи всё

время занимаются самостоятельно, больше сидят в библиотеках или дома. Один из них, Ник, даже хвастается, что отлично сдал экзамены за второй курс, хотя ни разу не посетил ни одной лекции. Да и занятия у нас продолжались не один час, как у них, а целых полтора!

Так как мы по вечерам обычно готовились к занятиям, к зачётам или экзаменам, нам казалось, что у нас совсем нет свободного времени — по крайней мере, у тех, кто занимался серьёзно . . .

Мне кажется, что, хотя разница между нашими и канадскими вузами значительная, очевидно одно: наши студенты гораздо серьёзнее относятся и к занятиям и к оценкам.

С искренним уважением,

Ирина Стасевич.

г. Торонто, Канада

Comprehension

1. Outline Irina's career to date.
2. Where are Irina's diplomas not recognised?
3. What evidence does she give to suggest that she is not the only holder of Russian qualifications who has difficulty finding work?
4. Can she account for this apparent injustice?
5. How long do students study in third-level institutions (universities, institutes) in Russia and in Canada?
6. How long do medics study in Russia?
7. How many contact hours do Russian students have per week?
8. Is attendance at lectures compulsory?
9. How is a student's plight different in Canada?
10. How long do lectures/lessons last in Russia and Canada?
11. What does Irina think is the main difference between the Russian and Canadian systems?

Translate the following phrases and sentences into Russian.

1. I moved to Toronto.
   I moved to Canada.
   I moved to England.
   I moved to France.
   I moved to Dublin.
   I moved to Israel.
   I moved to Germany.

2. I received a letter from a friend.
   I received a letter from Ivan.
   She received a letter from a teacher.
   They received a letter from Katya.
   He received a letter from you.
   I received a letter from them.
   Did you receive a letter from us?

3. She is working as an engineer.
    He is working as a doctor.
    My father is a teacher.
    My sister is a secretary.
    She worked as a cashier.
    My mother worked as a translator.

4. She tried to find work.
    He tried to find his book.
    I tried to find a house.
    We tried to find a flat.
    She tried to find a good restaurant.

5. Her diploma/degree was not recognised.
    Our degree is not recognised here.

6. Degree courses last a minimum of five years.
    Courses last a minimum of three years.
    Courses last a minimum of three and a half months.
    Degree courses last a minimum of six years.

7. In universities here one studies only four years.
    In universities here one studies only two years.
    In universities here one studies only two and a half years.
    In universities here one studies only three years.
    In our universities one studies five years.

8. In technical colleges one studies less than that.
    In technical colleges one studies more than that.

9. Attendance at all lectures was compulsory.
    Attendance at all classes in school was compulsory.
    Attendance at all classes in school is compulsory.

10. to prepare for classes
    to prepare for a class
    to prepare for tests
    to prepare for a test
    to prepare for exams
    to prepare for an exam

11. one day a week   two days a week   one hour a day
                      three days a week   two hours a day
                      four days a week   three hours a day
                      five days a week   four hours a day
                                          five hours a day
                                          six hours a day

12. in the evenings   in the mornings   at night

13. every day   every year   every week

14 Lexical exercises — Лексические упражнения

14.1 Word-building. Как образовать существительное? Как образовать прилагательное? *In the following sections match the words derived from the same root. Identify the suffixes within each section and indicate their function.* Укажите, какое значение имеют суффиксы.

(а) *Verbs:* 1. происходить, 2. посещать, 3. увлекаться, 4. решить, 5. заключить, 6. объяснить, 7. окончить, 8. предложить.
Nouns: окончание, решение, объяснение, происхождение, предложение, посещение, заключение, увлечение
(б) *Verbs:* 1. издать, 2. основать, 3. создать, 4. участвовать, 5. преподавать, 6. строить
Nouns: преподаватель, строитель, участник, издатель, основатель, создатель
(в) *Nouns:* 1. наука, 2. свобода, 3. партия, 4. война, 5. интерес
Adjectives: военный, интересный, свободный, научный, партийный

14.2 Semantic groups. Антонимы. *Match the antonyms.* Подберите антонимы.

старый
          плохой
свободен
          маленький
бедный
     платный
младший
	большой
	          богатый
	старший
	бесплатный
	          занят
	молодой
	     хороший

14.3 Word-building. Как расширить свой словарь. *Give as many words as you can with the same root as each of the following words and say what they mean in English.* Сколько можно создать слов?

учебник, родители, писать, женщина, сказать, страна, преподавать, начало, друг

14.4 Semantic groups. Что общего? *Each of the following groups of three words is in some way connected with the same thing. Write down this word for each group.* Распределите слова по тематическим группам.

стол, стул, кровать   сыр, хлеб, молоко
музыка, кино, чтение   чашка, бутылка, стакан
чай, кофе, лимонад   лекция, семинар, урок

14.5 Semantic groups. Кто где? *Match a person with a place.* Укажите, кто где бывает.

Person: 1. военнопленный, 2. крестьянин, 3. кандидат наук, 4. медик, 5. рабочий, 6. монахиня, 7. военный
Place: на заводе, в больнице, в монастыре, в колхозе, на фронте, в лагере, в вузе

14.6   Crossword. Учебный процесс и много другого

По горизонтали:

1. Мастер, который красит комнаты.
5. Человек, который исполняет роль в театре, в кино, выступает в цирке.
8. ≠ мир
9. Музыкальное произведение, спектакль, в котором артисты поют.
10. Небольшое строение, где продают газеты.
12. Место, где живут студенты.
13. Продукт, который пьют.
15. Четвёртая часть учебного года.
16. Автор музыкальных произведений.

По вертикали:

2. Небольшое литературное произведение в прозе.
3. Предмет мебели, на котором сидят.
4. Место, где строится здание.
6. Мастер, который шьёт сапоги.
7. Перерыв между уроками.
8. Музыкант, который играет на виолончели.
11. Часть стола, в котором лежат тетради, ручки, карандаши.
12. Место, где останавливается трамвай, автобус, троллейбус, и т.д.
13. Река в Санкт-Петербурге.
14. Время, когда в учебных заведениях нет занятий, и ученики/студенты отдыхают.

14.7   Common collocations. Какой это лагерь? *Match a noun with a nominal modifier. Как словосочетание зависит от глагола.*
Noun: 1. лагерь, 2. экзамен, 3. чай, 4. отметка, 5. вопрос, 6. произведение, 7. преподаватель, 8. занятия
Nominal modifier: с лимоном, за ответ, по теории, для военнопленных, физики, по литературе, в прозе, спортом

14.8   Common collocations. Словосочетания с глаголом в роли главного слова. *Match a verb with a noun phrase. Подберите подходящие словосочетания к следующим глаголам.*
Verb: 1. закончить, 2. готовиться, 3. играть, 4. длиться, 5. получать, 6. стать, 7. участвовать, 8. брать, 9. попасть, 10. делиться, 11. посещать, 12. иметь, 13. сдавать, 14. выступать
Noun phrase: на музыкальном инструменте, предпринимателем, факультет права, в плен, занятия, два часа, на два семестра, на сцене, к экзамену, билет, оценку, право, в соревнованиях, зачёт

14.9   Common collocations. Какой? Какая? Какое? Какие? *Match an adjective with a noun. Подберите подходящие прилагательные к следующим словам.*
Adjectives: 1. учебная, 2. государственные, 3. настольная, 4. десятиминутные, 5. учебное, 6. дипломная, 7. рабочий, 8. литературное, 9. музыкальный, 10. вечернее, 11. спортивный, 12. студенческий
Nouns: зал, работа, программа, отделение, день, произведение, перерывы, инструмент, игра, клуб, заведение, экзамены

Listening comprehension

 The following sections from Unit 8 have been recorded on tape:

E1   Обучение в вузах
E2   Жизнь студентов
E4   Парус (М. Ю. Лермонтов)

Упражнение 1. Dictation. В трамвае. *Listen to the text on the tape and fill in the missing words in the correct forms (in parts 1 and 2). Mark the stress in the first part of the text. Прослушайте текст и заполните пропуски.*

Словарь: делать вид = to pretend
                 уступить место (кому?) = to give up one's seat
                 сумка = shopping bag

Part 1   *Listen to the tape and supply the missing words. Mark the stress.*

Сегодня последнее . . . декабря, и мы с тётей и с . . . решили . . . в магазин «Детский мир» в . . . Москвы, чтобы . . . детям подарки к Новому году.
     Вечером, когда мы . . . из магазина . . ., в трамвае было много народа, и все

места были заняты. Как всегда, многие женщины стоят, а . . . сидят. Одни . . . в окно, другие . . . газету или просто делают вид*, что . . .

Part 2 *Listen to the rest of the story and supply the missing words.*

Мы тоже . . . Тётя . . . на пассажиров и тихо мне говорит:

«Интересно, когда же кто-нибудь уступит* . . . бабушке место?»

Прямо перед . . . сидел мальчик лет пятнадцати с закрытыми глазами. Бабушка . . . рядом с ним с тяжёлой сумкой* в руке. Тогда тётя его . . .

«Вы не . . . , молодой человек? Вы не проехали свою остановку?»

«Нет, — . . . он, — я не . . .!»

«А почему же у вас закрыты глаза?»

«Потому что . . . больно смотреть, когда рядом со . . . в трамвае стоит пожилая женщина!»

Упражнение 2. Comprehension. В ресторане. *Two students, **Егор** and **Люда**, are having a meal in a restaurant. They are trying to attract the attention of the waitress: **Девушка!** Listen to the dialogue and look at the menu. What did each person order? How much did they pay? Прослушайте текст и посмотрите меню.*

Ресторан «МЕТРОПОЛЬ»
Меню

Закуски
Икра чёрная/красная — нет —
Колбаса салями — 20 р./100 г.
Сыр голландский — 10 р. 50к./100 г.
Салат — 17 р.

Супы
Щи русские — 17 р. 80 к.
Бульон мясной — 18 р. 30 к.
Борщ украинский — нет —
Суп грибной — 19 р. 40 к.

Горячие блюда
Бифштекс — 47 р. 40 к.
Бефстроганов — нет —
Котлеты киевские — 52 р. 90 к.
Рыба — 48 р. 50 к.

Дессерт
Мороженое ассорти — 18 р. 80 к.
Торт «Наполеон» — нет —
Пирожное эклер — 17 р. 25 к./шт.
Бананы — 3 р. 50 к./шт.

Горячие напитки
Чай с лимоном — 10 р. 40 к.
Кофе с молоком — 11 р. 10 к.
Кофе натуральный — 14 р.
Шоколадный напиток — 15 р. 50 к.

Fill in the table below. Заполните таблицу.

Что заказали:	Егор	Сколько стоит?	Люда	Сколько стоит?
на первое				
на второе				
на дессерт				
Всего:	Сколько заплатил Егор _____		Сколько заплатила Люда _____	

Упражнение 3. Listening for the gist. Кому что подарить? *Listen to the following five dialogues. State in Russian: whose birthday it is, when, what present they decide to buy. State in English: why/why not? Прослушайте диалоги и заполните таблицу.*

У кого день рождения? у + genitive	Когда? Time expression	Что подарить? accusative	Why/Why not?
1. У Олега	. . .	. . .	. . .
2. У . . .	послезавтра	. . .	. . .
3. У . . .	. . .	. . .	. . .
4. У . . .	. . .	. . .	French perfume is too expensive
5. У . . .	. . .	. . .	. . .

Упражнение 4. Questions and answers. О себе, о школе и об университете. *Record a connected account of your educational background to date by answering the following questions. There are no pauses between questions. Расскажите о себе, ответив на вопросы.*

(1) Как вас зовут и сколько вам лет? (2) Где вы родились? (3) Сколько вам было лет, когда вы пошли в школу? (4) Сколько лет вы учились в школе? (5) Какие предметы вам нравились в школе? (6). А какие предметы вы не любили? (7) Когда вы поступили в университет? (8) Где вы сейчас учитесь? На каком курсе? На каком факультете? (9) Где вы живёте — в общежитии или снимаете* квартиру? (10) Что вам нравится в университете/в общежитии/в квартире? (11) А что вам не нравится? (12) Какие языки вы изучаете? (13) Когда вы начали заниматься русским языком? (14) Сколько раз в неделю у вас бывают занятия по русскому языку? (15) Какие предметы вам нравятся, а какие — не очень нравятся? (16) Кем вы хотите стать после окончания университета?

* снимать квартиру = to rent a flat

In this unit you will learn how to:

- refer to dates
- greet people and wish them well on special occasions
- talk about public holidays, Russian history, biographies

Classwork

A Quantitative reference

A1 Ordinal numerals — Поря́дковые числи́тельные

1st пе́рвый	10th деся́тый	100th со́тый
2nd второ́й	20th двадца́тый	200th двухсо́тый
3rd тре́тий	30th тридца́тый	300th трехсо́тый
4th четвёртый	40th сороково́й	400th четырёхсотый
5th пя́тый	50th пятидеся́тый	500th пятисо́тый
6th шесто́й	60th шестидеся́тый	600th шестисо́тый
7th седьмо́й	70th семидеся́тый	700th семисо́тый
8th восьмо́й	80th восьмидеся́тый	800th восьмисо́тый
9th девя́тый	90th девяно́стый	900th девятисо́тый

 For the declension of ordinal numerals see Grammar summary (8.2.2.)

A2 School subjects — Шко́льные предме́ты

Work in pairs, one person using table A below and the other table B. Read through the list of school subjects. Ask for the English of those you do not understand: **Как по-английски . . . ?** *You have some information missing (.?.) from the table. Find out how many hours per week students in a particular class study each subject.* **Ско́лько часо́в в неде́лю изуча́ют . . . в . . . кла́ссе?**

A

предме́ты	кла́ссы →										
	1-й	2-й	3-й	4-й	5-й	6-й	7-й	8-й	9-й	10-й	11-й
ру́сский язы́к	.?.	10	8	6	6	4	3	3	4	4	2
литерату́ра	—	—	—	.?.	2	2	2	3	4	3	4
матема́тика	6	6	.?.	4	6	6	6	6	5	5	6

предме́ты	кла́ссы ⟶										
	1-й	2-й	3-й	4-й	5-й	6-й	7-й	8-й	9-й	10-й	11-й
исто́рия	—	—	—	2	.?.	2	2	3	4	3	2
обществове́дение	—	—	—	—	—	—	—	.?.	2	2	2
природове́дение	—	.?.	2	2	—	—	—	—	—	—	—
геогра́фия	—	—	—	—	2	.?.	2	2	2	2	—
фи́зика	—	—	—	—	—	2	2	3	.?.	2	2
биоло́гия	—	—	—	—	2	2	.?.	2	1	2	2
астроно́мия	—	—	—	—	—	—	—	—	—	.?.	1
иностра́нный язы́к	—	—	—	—	2	2	1	1	1	1	1
хи́мия	—	—	—	—	—	—	2	2	3	3	2
изобрази́тельное иску́сство	1	1	1	1	1	1	—	—	—	—	—
му́зыка	1	1	1	.?.	1	1	—	—	—	—	—
физкульту́ра	2	2	2	2	.?.	2	2	2	2	2	2
техни́ческий труд	.?.	2	2	2	2	2	2	2	—	—	—
черче́ние	—	—	—	—	—	—	1	.?.	1	—	—
факультати́вные заня́тия	—	—	—	—	1	2	3	4	4	5	6

Б

предме́ты	кла́ссы ⟶										
	1-й	2-й	3-й	4-й	5-й	6-й	7-й	8-й	9-й	10-й	11-й
ру́сский язы́к	12	10	8	6	4	.?.	3	3	4	4	2
литерату́ра	—	—	—	—	2	2	2	3	4	.?.	4
матема́тика	.?.	6	6	4	6	6	6	6	5	5	6
исто́рия	2	—	—	2	2	2	2	3	4	3	2
обществове́дение	—	—	—	—	—	—	—	—	2	2	2
природове́дение	—	2	.?.	2	—	—	—	—	—	—	—
геогра́фия	—	—	—	—	2	3	2	2	2	2	—
фи́зика	—	—	—	—	—	2	2	3	4	2	2
биоло́гия	—	—	—	—	2	2	2	2	.?.	2	2
астроно́мия	—	—	—	—	—	—	—	—	—	1	1
иностра́нный язы́к	—	—	—	—	2	2	1	.?.	1	1	1
хи́мия	—	—	—	—	—	—	.?.	2	3	3	2
изобрази́тельное иску́сство	1	1	.?.	1	1	1	—	—	—	—	—
му́зыка	1	1	1	1	.?.	1	—	—	—	—	—
физкульту́ра	2	.?.	2	2	2	2	2	2	2	2	2
техни́ческий труд	2	2	2	2	2	2	2	2	—	—	—
черче́ние	—	—	—	—	—	—	1	1	1	—	—
факультати́вные заня́тия	—	—	—	—	1	2	3	4	4	5	6

B Когда?

B1 In what month? — В каком месяце?

☞ In . . . (the month without a date) = **в** + prepositional case of the month.

В каком месяце?   в апреле
                                в этом месяце

Например: — Когда ты ездил в Москву?   — В апреле.
                    — Когда бывают экзамены в университете? — В . . . и . . .

В каком месяце начинается учебный год в школе у вас в стране?
В каком месяце начинается учебный год в нашем университете?
В каком месяце кончается первый семестр / второй семестр?
В каком месяце бывают осенние / зимние / весенние / летние школьные каникулы?
В каком месяце сдают экзамены / повторные экзамены в вузах?
В каком месяце вы родились?
В каком месяце родилась ваша мама / родился ваш папа?
В каком месяце празднуют Рождество / День матери / День святого Валентина?
В каком месяце проходит теннисный турнир в Уимблдоне?
В каком месяце проходит театральный фестиваль в Эдинбурге?
В каком месяце американцы празднуют День благодарения?

B2 In what year? — В каком году?

☞ In . . . (the year without a date) = **в** + prepositional case of the year.

В каком году?   в прошлом году
                        в этом году
                        в . . .-ом году

Например: in 1941: в 1941-ом (тысяча девятьсот сорок первом) году.
                    in 1985: . . .
                    in 1699: . . .
                    in 1812: . . .

В каком году / когда он родился?	Он родился в 36-ом (в тридцать шестом) году.
В каком году / когда она родилась?	Она родилась в 45-ом (в сорок пятом) году.
Когда он поступил в университет?	В 65-ом (шестьдесят пятом) году.
Когда она окончила школу?	В 82-ом (восемьдесят втором) году.
Когда он ушёл на пенсию?	В 74-ом (семьдесят четвёртом) году.
Когда они поженились?	В 67-ом (шестьдесят седьмом) году.
Когда у них родился сын?	В 71-ом (семьдесят первом) году.
Когда у них родилась дочь?	В 82-ом (восемьдесят втором) году.
Когда умер дедушка?	В 78-ом (семьдесят восьмом) году.
Когда умерла бабушка?	В 89-ом (восемьдесят девятом) году.

В каком году вы родились?
В каком году родилась ваша мама / родился ваш папа?
В каком году поженились ваши родители?
В каком году вы пошли в школу?

В како́м году́ вы око́нчили шко́лу?

В како́м году́ вы поступи́ли в университе́т?

В како́м году́ вы е́дете учи́ться в Росси́ю?

 Скажи́те, в како́м году́ э́ти писа́тели роди́лись и у́мерли. Ско́лько им бы́ло лет, когда́ они́ у́мерли?

	год рожде́ния	год сме́рти
Алекса́ндр Серге́евич Пу́шкин	1799	1837
Михаи́л Ю́рьевич Ле́рмонтов	1814	1841
Никола́й Васи́льевич Го́голь	1809	1852
Ива́н Серге́евич Турге́нев	1818	1883
Фёдор Миха́йлович Достое́вский	1821	1881
Лев Никола́евич Толсто́й	1828	1910
Анто́н Па́влович Че́хов	1860	1904
А́нна Андре́евна Ахма́това	1889	1966

В3 In what century? — В како́м ве́ке?

 in . . . (the century) = *в* + prepositional case of the century

В како́м ве́ке?	в про́шлом ве́ке
	в двадца́том ве́ке
	в . . .-ом ве́ке
Наприме́р:	В како́м ве́ке роди́лся Пу́шкин? В восемна́дцатом.

В како́м ве́ке каки́е города́ бы́ли полити́ческим це́нтром Росси́и?

	век	го́род
X–XIII вв.: Киев	. . .	. . .
XIII–XVIII вв.: Москва	. . .	. . .
XVIII–XX вв.: Санкт-Петербург	. . .	. . .
XX в.: Москва	. . .	. . .

В4 In what month of what year? — В како́м ме́сяце како́го го́да?

 In . . . + the month + the year = *в* + prepositional case of the month + genitive case of the year.

in June 1941: в ию́не 1941-ого (ты́сяча девятьсо́т со́рок пе́рвого) го́да

in May 1945: . . .

in April 1917: . . .

 Когда́ родила́сь ва́ша ма́ма / ва́ша сестра́? (ме́сяц и год)

Когда́ роди́лся ваш па́па / ваш брат? (ме́сяц и год)

Когда́ вы роди́лись? (ме́сяц и год)

Когда́ пожени́лись ва́ши роди́тели? (ме́сяц и год)

Когда́ вы сда́ли выпускны́е шко́льные экза́мены? (ме́сяц и год)

Когда́ вы реши́ли поступи́ть в университе́т? (ме́сяц и год)

Когда́ у вас бы́ло собесе́дование на на́шем факульте́те? (ме́сяц и год)

Когда́ вы на́чали изуча́ть ру́сский язы́к? (ме́сяц и год)

B5   On what date? — Како́го числа́?

☞   On . . . (a date) = genitive case of the ordinal number + genitive case of the month.

On the 25th of December   25-ого (два́дцать пя́того) декабря́
Когда́ (како́го числа́) у тебя́ день рожде́ния? — 5-ого (пя́того) а́вгуста.
Когда́ (како́го числа́) начина́ется уче́бный год? — . . .
Когда́ (како́го числа́) конча́ется семе́стр? — . . .

У кого́ когда́ день рожде́ния?

Спроси́те всех в гру́ппе когда́ у них день рожде́ния и ско́лько им лет.

Наприме́р: — Джейн, когда́ у тебя́ день рожде́ния?
            — 20-ого (двадца́того) ма́рта. А у тебя́?
            — У меня́ — 7-ого (седьмо́го) сентября́.

            — Ско́лько тебе́ лет?
            — Мне 20 (два́дцать), а тебе́?
            — А мне 19, в ма́рте бу́дет 20.

Report your findings back to class.

У кого́ в гру́ппе день рожде́ния   зимо́й? (в декабре́/январе́/феврале́)
                            весно́й? (в ма́рте/апре́ле/ма́е)
                            ле́том? (в ию́не/ию́ле/а́вгусте)
                            о́сенью? (в сентябре́/октябре́/ноябре́)

B6   On what date of what year? — Како́го числа́ како́го го́да?

☞   On . . . + the date and year = all in the genitive case

On 1st January 1801:   1-ого (пе́рвого) января́ 1801-ого (ты́сяча восемьсо́т
                    пе́рвого) го́да
On 2nd February 1802:   2-ого (второ́го) февраля́ 1802-ого (ты́сяча восемьсо́т
                    второ́го) го́да
On 3rd March 1823:   3-его (тре́тьего) ма́рта 1823-его го́да

Supply the Russian for the following dates.

On 4th April 1834: . . .   On 27th July 1867: . . .
On 5th May 1845: . . .   On 28th August 1878: . . .
On 26th June 1856: . . .   On 29th September 1889: . . .

Октя́брьская револю́ция произошла́ 7/11/1917 г.: . . .
19/8/1991 г.: . . . в Москве́ произошёл путч.
Восста́ние декабри́стов произошло́ 25/12/1825 г.: . . .

C Special occasions

C1 Pre-reading exercises — Лексические упражнения

1. *Guess the meaning of the following Russian holidays (**праздники, праздничные дни**):* **Новый год, Рождество, Пасха.**

2. *Group the following words according to the holiday you associate them with:*

Дед Мороз	ёлка	кулич	Пасхальная служба
подарки	весна	Рождественская служба	январь
декабрь	крашеные яйца	Снегурочка	церковь

3. *Note that the stem **-крас-/-краш-** is associated with beauty and colour (and in particular the colour red: **красный цвет**). Guess the meaning of the collocations **украшать ёлку** and **красить яйца.***

C2 Holidays — Новый год, Рождество, Пасха

 Русские люди очень любят праздники. В году довольно много праздников, в календаре праздничные дни отмечены красным цветом.

Первый и самый популярный праздник года — Новый год. Как и в других странах, у нас его празднуют в ночь с 31-ого (тридцать первого) декабря на 1-ое (первое) января. Обычно Новый год встречают в кругу семьи или у друзей. Накануне Нового года украшают ёлку и кладут под неё подарки. В начале года для детей организуют новогодние «Праздники Ёлки», где Дед Мороз и Снегурочка поздравляют детей с Новым годом и дарят им подарки. Русские также любят встречать «старый» Новый год — по старому календарю — в ночь с 13-ого (трина́дцатого) на 14-ое (четы́рнадцатое) января́.

Ру́сское Рождество́ отмеча́ют 7-ого (седьмо́го) января́. В ночь с 6-ого (шесто́го) на 7-ое (седьмо́е) января́ в це́ркви идёт Рожде́ственская слу́жба.

Па́сха — са́мый ва́жный пра́здник ру́сской правосла́вной це́ркви — быва́ет весно́й, в ма́рте и́ли в апре́ле. Хозя́йки гото́вят вку́сный кули́ч и па́сху, а де́ти кра́сят я́йца. В по́лночь в це́ркви идёт Пасха́льная слу́жба, кото́рую передаю́т по ра́дио и по телеви́зору. Па́сху обы́чно пра́зднуют до́ма.

C3   Exercises — Упражне́ния

V+   **Word-building.** *Look through the text again and supply the missing words below.*

nouns	adjectives
пра́здник	. . .
Но́вый год	. . .
. . .	рожде́ственский
Па́сха	. . .

V+   **Verbs of celebration.** *In the text find the various verbs meaning 'to celebrate, to mark an occasion'.*

Рождество́	отмеча́ют
Но́вый год	. . .
Но́вый год	. . .
Па́сху	. . .

☞ *Compare the following active and passive constructions.*

accusative + verb third person plural	*nominative + reflexive verb*
Рождество́ отмеча́ют седьмо́го января́.	Рождество́ отмеча́ется седьмо́го января́.
Па́сху пра́зднуют весно́й.	Па́сха пра́зднуется весно́й.
По ра́дио передаю́т му́зыку.	По ра́дио передаётся му́зыка.
Ёлку украша́ют игру́шками.	Ёлка украша́ется игру́шками.
Для дете́й организу́ют у́тренники.	Для дете́й организу́ются у́тренники.

C4   Conversation practice — Разгово́рная пра́ктика и подгото́вка к сочине́нию

 Карикату́ра

| Сосе́д: | Извини́те, что я помеша́л ва́шему пра́зднику. Я то́лько хочу́ сказа́ть, что сейча́с уже́ 5 часо́в утра́ 5-ого января́ . . . |
| Хозя́ин вечери́нки: | А како́го го́да — вы то́же зна́ете?.. |

 Рождество́ и Но́вый год в Росси́и. *Спроси́те преподава́теля:*

- Почему́ ру́сское Рождество́ пра́зднуют 7-ого января́?
- Что зна́чит «ста́рый» Но́вый год?
- Что при́нято дари́ть на Но́вый год / на Рождество́?
- Как при́нято поздравля́ть с пра́здником?
- Что в Росси́и гото́вят на Рождество́ / на Но́вый год?
- Как пра́зднуют Рождество́ / Но́вый год у них в семье́?

 Рождество́ у нас до́ма. *Расскажи́те преподава́телю:*

Как пра́зднуют Рождество́ / Но́вый год у вас в семье́.
Кака́я у вас была́ ёлка в э́том году́.
Кто и как её украша́л.
Кто и что гото́вил на рожде́ственский обе́д.
Что вам подари́л на Рождество́ Дед Моро́з.
Кому́ и что вы подари́ли на Рождество́ / Но́вый год.

 Обсуди́те на заня́тии.
Кто лю́бит како́й пра́здник бо́льше всего́ и почему́?
Когда́ его́ пра́зднуют / отмеча́ют: в како́е вре́мя го́да / како́го числа́?
Как его́ пра́зднуют у вас в семье́? Как к нему́ гото́вятся?
Что при́нято подава́ть на стол / есть и пить?

Как при́нято поздравля́ть с э́тим пра́здником?
Что обы́чно да́рят на э́тот пра́здник?
Что вам подари́ли в э́том году́? Кому́ и что подари́ли вы?

Напиши́те сочине́ние на те́му: Мой люби́мый пра́здник.

C5 Public holidays — Пра́здники

Како́го числа́?
Work in pairs, one person using table A below and the other table B. Ask and answer in turn on what date the following holidays / special occasions are.

Наприме́р: Како́го числа́ Но́вый год?   Но́вый год — пе́рвого января́.

A

Ру́сское (Правосла́вное) Рождество́	. . .
День зна́ний	1 сентября́
Же́нский день	. . .
День свято́го Валенти́на	14 февраля́
День Побе́ды	. . .
День свято́го Андре́я	30 ноября́
Ста́рый Но́вый год	. . .
За́падное (Католи́ческое) Рождество́	25 декабря́
День взя́тия Басти́лии	. . .
День свято́го Па́трика	17 ма́рта
День благодаре́ния	. . .

Б

Ру́сское (Правосла́вное) Рождество́	7 января́
День зна́ний	. . .
Же́нский день	8 ма́рта
День свято́го Валенти́на	. . .
День Побе́ды	9 ма́я
День свято́го Андре́я	. . .
Ста́рый Но́вый год	14 января́
За́падное (Католи́ческое) Рождество́	. . .
День взя́тия Басти́лии	14 июля
День свято́го Па́трика	. . .
День благодаре́ния	25 ноября́

D Greetings and good wishes

D1 Greetings — Поздравле́ния

Поздравля́ю (тебя́/вас) с + instrumental case

с Рождество́м!
с Но́вым го́дом!
с Днём свято́го Валенти́на!

С праздником!

D2 Good wishes — Пожела́ния

Жела́ю (тебе́/вам) + genitive case

сча́стья!
здоро́вья!
успе́хов в рабо́те/в учёбе . . . !

Choose five occasions from the completed table in C5 and give your partner appropriate greetings and good wishes.

Наприме́р: Поздравля́ю тебя́ с . . . ! Жела́ю тебе́ . . . !

D3 Greeting cards — Поздрави́тельные откры́тки

You know all the people listed below quite well. Choose an appropriate cause for celebration from the list **Пра́здники** *supplied below and write each of them a greeting card. Complete the addresses on the right side of each card.*

For the declension of names see Grammar summary (2.5.4).

People: 1. Мари́на Никола́евна Лапшина́ — преподава́тельница из Ми́нска
2. Ди́ма (Дми́трий Ива́нович Петро́в) — друг, студе́нт пя́того ку́рса МГУ
3. Ли́да (Ли́дия Андре́евна Авде́ева) — знако́мая де́вушка из Петербу́рга
4. Фёдор Петро́вич Си́доров — де́душка, 80 лет, живёт в дере́вне
5. Па́вел Петро́вич Шата́лин — нача́льник лаборато́рии в Новосиби́рске

Пра́здники: день рожде́ния оконча́ние университе́та
День Восьмо́го ма́рта Но́вый год
Рождество́ Христо́во день ангела

Приме́р: Поздрави́тель ная открытка

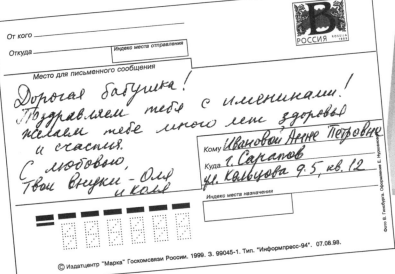

E Cultural awareness

E1 Preliminary exercises — Лекси́ческие упражне́ния

Using the following two tables, take it in turns to ask and answer: Как по-англи́йски . . . ?

V+ Как по-англи́йски?

A

образова́ние	—	распа́д	disintegration
отéчественная	—	гражда́нская	civil (war)
застóй	—	óттепель	thaw
путч	—	прави́тельство	government

V+ Как по-англи́йски?

Б

образова́ние	formation	распа́д	—
отéчественная	patriotic	гражда́нская	—
застóй	stagnation	óттепель	—
путч	putsch	прави́тельство	—

Запóмните!

с + genitive: с 1905-ого гóда

до + genitive: до 1907-ого гóда

по + accusative: по 1907-ой год (inclusive)

E2 The history of the USSR — Истóрия СССР

Work in pairs, one person using table A below and the other table B. Fill the gaps in your table by asking: **Когдá** . . . ? *Give two types of answers: (1) the month and year (where supplied) or (2) the period (as indicated).*

Наприме́р: 1. — Когдá началáсь Вели́кая Отéчественная войнá?
                       — В ию́не 1941-ого гóда.
                  2. — Когдá был перúод перестрóйки?
                       — С 1985-ого по 1991-ый год.

Да́ты совéтской истóрии

A

ноя́брь 1917 г.	Побéда большеви́стской револю́ции в Росси́и
. . .	Москвá стáла столи́цей Совéтской Росси́и
1918–1921 гг.	Гражда́нская войнá
. . .	Образова́ние СССР
янва́рь 1924 г.	Смерть Лéнина
. . .	Стáлин — Генерáльный секретáрь КПСС
ию́нь 1941 г.	Началáсь Вели́кая Отéчественная войнá
. . .	Оконча́ние Вторóй мировóй войны́

март 1953 г.	Смерть Ста́лина
. . .	Пери́од «о́ттепели» при Хрущёве
апре́ль 1961 г.	Пе́рвый полёт челове́ка в ко́смос
. . .	Пери́од «засто́я» при Бре́жневе
март 1985 г.	Горбачёв стал Генера́льным секретарём КПСС
. . .	Горбачёв стал Президе́нтом СССР
1986–1990 гг.	Пери́од гла́сности и перестро́йки
. . .	Ельцин стал Президе́нтом Росси́и
а́вгуст 1991 г.	Путч в Москве́
. . .	Распа́д СССР

 Да́ты сове́тской исто́рии

Б

. . .	Побе́да большеви́стской револю́ции в Росси́и
май 1918 г.	Москва́ ста́ла столи́цей Сове́тской Росси́и
. . .	Гражда́нская война́
дека́брь 1922 г.	Образова́ние СССР
. . .	Смерть Ле́нина
1924–1953	Ста́лин — Генера́льный секрета́рь КПСС
. . .	Начала́сь Вели́кая Оте́чественная война́
май 1945 г.	Оконча́ние Второ́й мирово́й войны́
. . .	Смерть Ста́лина
1956–62 гг.	Пери́од «о́ттепели» при Хрущёве
. . .	Пе́рвый полёт челове́ка в ко́смос
1964–82 гг.	Пери́од «засто́я» при Бре́жневе
. . .	Горбачёв стал Генера́льным секретарём КПСС
март 1989 г.	Горбачёв стал Президе́нтом СССР
. . .	Пери́од гла́сности и перестро́йки
ию́нь 1990 г.	Ельцин стал Президе́нтом Росси́и
. . .	Путч в Москве́
дека́брь 1991 г.	Распа́д СССР

F   Biographies

Read the following two biographies. Compose an encyclopedia-type entry for each person.

F1   Text — Михаи́л Васи́льевич Ломоно́сов

Read the following jumbled text and indicate the correct order of the sentences.

☐ В 14 лет он с по́мощью сосе́да овладе́л гра́мотой, научи́лся чита́ть и писа́ть.

☐ В 1741 году́ Ломоно́сов верну́лся на ро́дину и основа́л Моско́вский университе́т и Акаде́мию нау́к.

☐ Замеча́тельный ру́сский учёный Михаи́л Васи́льевич Ломоно́сов, кото́рого ча́сто называ́ют «ру́сским Леона́рдо да Ви́нчи», роди́лся в рыба́цкой дере́вне недалеко́ от Арха́нгельска на берегу́ Бе́лого мо́ря в 1711 году́.

☐ Зимо́й 1730 го́да девятнадцатиле́тний Ломоно́сов пришёл пешко́м из Арха́нгельска в Москву́.

☐ Он твёрдо реши́л учи́ться да́льше.

☐ С 1731 го́да он на́чал учи́ться в моско́вской Славя́но-гре́ко-лати́нской акаде́мии.

☐ Сейча́с его́ и́мя но́сит Моско́вский госуда́рственный университе́т.

☐ У́мер М. В. Ломоно́сов в 1765 году́.

☐ Учи́лся он блестя́ще по всем предме́там.

☐ Че́рез год его́ посла́ли в Герма́нию для изуче́ния хи́мии и металлурги́и.

 Listen to the recording of the text and check your answers.

 F2 Text — Пётр Ильи́ч Чайко́вский

 Listen to the recording of the biography of Tchaikovsky and answer the following questions.

Вопро́сы по те́ксту

1. На чём игра́ла мать компози́тора?
2. Что она́ пе́ла?
3. Когда́ Чайко́вский на́чал учи́ться игра́ть на фортепья́но?
4. Чью му́зыку он осо́бенно полюби́л?
5. В како́м во́зрасте Чайко́вский поступи́л в учи́лище правове́дения?
6. Как он уча́ствовал в театра́льной жи́зни Петербу́рга?
7. Ско́лько лет бы́ло Чайко́вскому, когда́ он око́нчил учи́лище?
8. Кем он стал по оконча́нии учи́лища правове́дения?
9. Куда́ он поступи́л учи́ться в 22 го́да?
10. Каку́ю меда́ль он получи́л по оконча́нии консервато́рии?
11. Когда́ он перее́хал из Петербу́рга в Москву́?
12. Где и кем он рабо́тал в Москве́?

Now read the text and check your answers.

Ещё ребёнком Пётр Ильи́ч Чайко́вский о́чень люби́л слу́шать наро́дные мело́дии: мать компози́тора ча́сто игра́ла на роя́ле и пе́ла популя́рные в то вре́мя пе́сни и рома́нсы.

В ра́ннем де́тстве начали́сь его́ пе́рвые уро́ки игры́ на фортепья́но. Тогда́ же он на́чал знако́миться с произведе́ниями италья́нских и неме́цких компози́торов. Осо́бенно горячо́ полюби́л он мело́дии Белли́ни и му́зыку о́перы «Дон Жуа́н» Мо́царта.

В во́зрасте десяти́ лет Чайко́вский поступи́л в Петербу́ргское учи́лище правове́дения. В Петербу́рге он впервы́е познако́мился с ми́ром теа́тра, с о́перой и бале́том, с симфони́ческим иску́сством. Одновреме́нно с учёбой в учи́лище он занима́лся му́зыкой, уча́ствовал в хо́ре, брал уро́ки игры́ на фортепья́но у изве́стных пиани́стов. По́сле оконча́ния учи́лища в девятнадцатиле́тнем во́зрасте Чайко́вский поступи́л на слу́жбу чино́вником.

В два́дцать два го́да он поступи́л в то́лько что откры́тую в Петербу́рге пе́рвую росси́йскую консервато́рию. В двадцать пять лет Чайко́вский око́нчил консервато́рию с серебряной меда́лью по кла́ссу компози́ции. Че́рез год компози́тор перее́хал в Москву́, где он стал преподава́телем, а поздне́е ре́ктором Моско́вской консервато́рии. Чайко́вский у́мер в 1893-ем году́.

 Игра́-виктори́на

Гру́ппа де́лится на две кома́нды. Ка́ждая кома́нда приду́мывает де́сять вопро́сов к те́кстам «Михаи́л Васи́льевич Ломоно́сов» и «Пётр Ильи́ч Чайко́вский» (вопроси́тельные слова́ напеча́таны внизу́) и задаёт э́ти вопро́сы друго́й кома́нде. Выи́грывает та кома́нда, кото́рая бы́стро и пра́вильно отве́тила на все вопро́сы друго́й кома́нды.

Како́го числа́ . . . ?	В како́м году́ . . . ?	Кто . . . ?	Что . . . ?
Где . . . ?	Куда́ . . . ?	Как . . . ?	Чем . . . ?
Кого́ . . . ?	С кем . . . ?	Ско́лько . . . ?	

F3 Game — Игра́: 20 вопро́сов

 КТО ЭТО?

One student thinks of a famous historical personality. Other students may ask only 'Yes'/ 'No' questions in Russian. If they guess the name of the personality in fewer than twenty questions, they win.

F4 Poetry — Ночь, у́лица, фона́рь, апте́ка . . .

Listen to the reading of the Alexander Blok poem. Mark on the stress. Record your reading of the poem.

Ночь, улица, фонарь, аптека,
Бессмысленный и тусклый свет.
Живи ещё хоть четверть века —
Всё будет так. Исхода нет.

Умрёшь — начнёшь опять сначала,
И повтори́тся всё, как встарь:
Ночь, ледяная рябь канала,
Аптека, улица, фонарь.
(*Александр Александрович Блок, 1912*)

Homework

 For a discussion of adverbs and adverbials see 'Language awareness' (9).

 Written exercises — Письменные задания

Упражнение 1. Dates. Даты. *Write out the following dates in full. Напишите следующие даты словами.*

Пушкин родился 6/6/1799 г.   Пушкин умер 10/2/1837 г.

Ленин родился в 1870 г.   Ленин умер в 1924 г.
Сталин был Генсеком с 1924 по 1953 гг.   Сталин умер 5/3/53 г.

Упражнение 2. Questions and answers. Что вы хотите знать о моих родителях? *Provide questions for the following answers. К следующим ответам придумайте подходящие вопросы.*

1. Моего отца зовут Олег Петрович.
2. Он родился 20/5/1952 г. в деревне недалеко от Воронежа.
3. Они с мамой познакомились в 70-ые годы, когда были студентами.
4. Они поженились в 1978 году.
5. Они женаты уже более 20 лет.
6. День их свадьбы в январе.

Упражнение 3. Guided writing. Главные даты русской истории. *Read through the chronological table and answer the questions below in Russian. Ответьте на вопросы.*

860 г.	Киевская Русь: первое древнерусское государство
988 г.	Принятие христианства на Руси
950–1050 гг.	Расцвет Киевской Руси
1113–1125 гг.	Князь Владимир Мономах правил в Киеве
1147 г.	Основание Москвы
1224 г.	Первое нашествие татар на Россию. Битва на Калке
1227 г.	Смерть Чингисхана
1238 г.	Нашествие Батыя
1240–1480 гг.	Татарское иго на Руси
1325 г.	Москва стала политическим центром России
1533–1584 гг.	Иван IV (Грозный)
1547 г.	Иван Грозный стал царём
1613–1645 гг.	Михаил Романов, царь: начало династии Романовых
1682–1725 гг.	Пётр Первый (Пётр Великий)
1696–1698 гг.	Пётр I на западе: в Голландии и в Англии
1698 г.	Пётр I стал царём
1703 г.	Основание Санкт-Петербурга, новой столицы России
1762–1796 г.	Екатерина II, императрица
1812–1814 г.	Отечественная война с Наполеоном
1825 г.	Восстание декабристов на Сенатской площади в Санкт-Петербурге.
1861 г.	Крестьянская реформа Александра II
1881 г.	Убийство Александра II террористами
1905–1906 гг.	Революция 1905-ого года
1914 г.	Началась Первая мировая война
1917 г.	Февральская революция: Временное правительство Октябрьская революция
1918 г.	Убийство царя Николая II: конец династии Романовых

Ответьте на вопросы по-русски.

(1) В каком веке образовалось древнерусское государство? Как оно называлось?
(2) В каком веке Россия приняла христианство? (3) В каком веке правил князь
Владимир Мономах? (4) В каком веке началось / закончилось татарское иго?
(5) В каком веке умер Чингисхан? (6) В каком веке была основана Москва?
(7) Когда Москва стала политическим центром России? (8) В каком веке правил
царь Иван Грозный? (9) В каком веке началось царствование династии
Романовых? (10) В каком веке Пётр Первый стал царём? (11) В каком веке был
основан Санкт-Петербург? (12) В каком веке правила императрица Екатерина
Вторая? (13) В каком веке была Отечественная война с Наполеоном? (14) Где было
восстание декабристов? (15) Кто убил царя Александра Второго? (16) Сколько
веков правила династия Романовых? (17) В каком веке в России было три
революции?

Refer back to the table in E2 to answer the following questions.
(1) Когда началась Первая мировая война? (2) Сколько лет продолжалась
гражданская война? (3) Сколько революций было в России в 1917-ом году? (4) В
каком году был образован СССР? (5) Когда умер Ленин? (6) Когда умер Сталин?
(7) Как в России называют Вторую мировую войну? (8) Кто был Генеральным
секретарём КПСС во время Второй мировой войны? (9) Кто был Генеральным
секретарём КПСС во время полёта Гагарина в космос? (10) При ком был период
«застоя»? (11) Сколько лет существовал Советский Союз? (12) Кто был последним
президентом СССР? (13) Кто стал президентом России после распада СССР?

*Using the information in this unit write a connected essay in Russian (approximately one
page) giving a chronological account of (a) Russian history (pre-Soviet) or (b) Soviet
history. Write all the numerals in full.*

Упражнение 4. Cloze. Д. Д. Шостакович. *Complete the words in the text. Закончите
слова.*

Дмитрий Дмитриевич Шостакович род..1.. в Петербурге в сентя..2.. 1906-..3..
го..4... Когда ему бы..5.. 13 лет, он пост..6.. в консерватор..7.. в Петрограде, где он
заним..8.. музыкальной теорией и практи..9.. у известного композит..10..
Глазунова. Свою первую симфонию он напи..11.., когда ему было всего
восемнад..12.. лет. В 1934-..13.. г..14.. он написал опе..15.. «Катерина Измайлова».
Он начал пис..16.. свою знаменитую седьмую симфонию («Ленинградскую») во
время вой..17.. в Ленинграде, но закон..18.. её уже в Москве, куда его эвакуировали
во вре..19.. блокады Ленинграда.

В 1971-..20.. го..21.. он написал свою последнюю, пятнадцатую симфо..22.. . Его
сын Максим — известный пиан..23.. и дирижёр.

Упражнение 5. Guided prose. Д. Д. Шостакович. *Write a summary of the following
biography of Shostakovich in Russian, using the guiding questions supplied below.
Перескажите биографию Д. Д. Шостаковича, ответив на вопросы.*

Dmitry Shostakovich was born in 1906 into a family of Polish origin; the composer's
grandfather had been exiled to Siberia for his part in Polish revolutionary activities

during the reign of tsar Alexander II. Shostakovich showed musical talent from an early age, and entered the Saint Petersburg Conservatory in 1919. He graduated twice, first as a pianist in 1923, and then as a composer in 1925. The First Symphony, which was his graduation composition, was widely acclaimed both in the USSR and abroad.

During the 1920s Shostakovich [wrote] his surrealist opera *The Nose*, based on Gogol's story, which utilised Meyerhold's experimental theories of theatre. At the beginning of the 1930s, however, he began to move away from the extremes of the avant-garde, and his 1934 opera *The Lady Macbeth of the Mtsensk District* made use of many aspects of traditional Russian culture.

The opera was highly popular with the public, but not with the person whose opinion mattered most: Stalin. Two editorials in *Pravda* in 1936 attacking Shostakovich seemed to signal the composer's imminent arrest in the purges, but, almost miraculously, he remained free [. . .]. He cancelled the premier of his Fourth Symphony (it was not performed until 1961) and under severe pressure, produced in 1937 a Fifth, designed to conform to the requirements of the regime. His most popular work with contemporary audiences, and perhaps his most famous, is the Seventh 'Leningrad' Symphony, written in the city as the German armies approached in 1941. Shostakovich was ordered to leave the city for his own safety – much against his will – as the siege began.

In 1948 Shostakovich became the target of attacks by the regime. Most of his works were banned, and he was forced to rely on writing cinema music for a living. These restrictions were lifted after Stalin's death, although Shostakovich again came into conflict with the regime over the use of Yevtushenko's poems in his works in the 1960s. His last symphony, the Fifteenth, was written in 1971.

Shostakovich died in Moscow in 1975 [. . .].

(*The Cambridge Encyclopedia of Russia and the former Soviet Union*, CUP, 1994: 250)

Guiding questions

(1) Когда родился Шостакович? (2) Откуда родом был его дедушка? Как и почему его дедушка оказался в России? (3) Когда Шостакович поступил в Консерваторию? (4) На кого он учился? (5) Как называется опера, которую он написал по рассказу Гоголя в 20-ые годы? (6) Когда он написал оперу «Леди Макбет Мценского уезда» по рассказу Лескова? Как к ней отнеслась публика? А как относились власти? (7) Какое его самое популярное произведение? Когда и где он его писал? (8) Как называется его последняя симфония? Когда она написана? (9) Когда и где умер Шостакович?

Упражнение 6. Comprehension. Краткая биография. *Read the text below. Answer the questions after the text in full Russian sentences. All the numerals must be written out in full. Дайте полные ответы на вопросы. Напишите все числительные словами.*

В 1936 г. лидер и теоретик Французской социалистической партии Леон Блюм (1872-1950) стал главой правительства Народного фронта, который распался в 1938 г. Во время немецко-фашистской оккупации Франции Леон Блюм был арестован (сентябрь 1940 г.) и интернирован в Германию. В тюрьме он написал книгу «A l'echelle humaine». Был отправлен в Дахау, а затем в 1943 г. в Бухенвальд.

Освобождён в 1945 г. В 1946 г. Леон Блюм возглавил правительство Франции, принявшее конституцию Четвёртой Республики.

(из газеты «Комсомольская правда»)

Ответьте на вопросы по-русски.

(1) Как зовут / звали этого человека? (2) Когда он родился? (3) Когда он умер? (4) Кем он был в 1936 г.? (5) Когда распался Народный фронт? (6) Когда он был арестован? (7) Куда он был отправлен в 1943 г.? (8) Когда он был освобождён? (9) Кем он стал в 1946 г.?

Упражнение 7. Cloze. Шоколадку хочешь . . . ? *Put the words in brackets into the correct form. Поставьте слова из скобок в нужную форму.*

Не все в Японии знают, что 8-ого (март) ..1.., — Международный женский день. Зато все японцы отмечают «мужской праздник» 14-ого (февраль) ..2... Официально — это День (святой Валентин) ..3.., который во многих странах Запада (праздновать) ..4.. как «день влюблённых», когда молодые люди (дарить) ..5.. девушкам подарки, поздравления и признания в любви.

Но в (Япония) ..6.., как известно, принято оказывать больше внимания «сильному полу». Поэтому в День святого Валентина японские женщины не только (брать) ..7.. на себя все домашние дела — этим они (заниматься) ..8.. и остальные 364 дня в году! — но к тому же дарят знакомым мужчинам шоколад!

Сколько же шоколадок покупают японки в «мужской день»?

В (прошлый год) ..9.. известная шоколадная фирма «Линдт» провела опрос одной тысячи жителей Токио. Вот что показали результаты (опрос) ..10..:

— каждая японка подарила в этот день шоколад в среднем 10 мужчинам;

— потратила она на эти сладкие подарки примерно 5000 йен в один день!

— каждый неженатый мужчина получил шоколадку от 9 женщин;

— а каждый женатый мужчина — от 7 женщин . . .

Фирма «Линдт» также проводит «шоколадные опросы» среди европейцев, чтобы узнать, кто кому и сколько дарит шоколада в День святого Валентина.

(из журнала «Работница», март 1990 г.)

Упражнение 8. Prepositions. Автограф премьер-министра для русской девочки. *Insert the missing prepositions in the spaces provided. Вставьте предлоги.*

Семилетняя Вика Палкина ..1.. города Ростова-на-Дону недавно получила письмо и фотографию ..2.. автографом ..3.. премьер-министра Великобритании Маргарет Тэтчер. Это был ответ главы английского правительства ..4.. письмо и рисунки, которые маленькая русская девочка послала английскому премьеру вместе ..5.. пожеланиями мира и счастья ..6.. всех детей Земли.

«Спасибо ..7.. рисунки, писала премьер-министр маленькой художнице. Они просто прекрасны! ..8.. тебя, Вика, настоящий талант, и я очень советую тебе продолжать занятия ..9.. рисованию. Твои тёплые слова напомнили мне ..10.. добрых чувствах, ..11.. которыми меня встречали русские люди во время моей недавней поездки ..12.. вашу страну.

Надеюсь, что ..13.. мой следующий приезд мне удастся познакомиться ..14.. тобой лично. А пока — занимайся рисованием и хорошо учись.

Желаю тебе успехов ..15.. учёбе, ..16.. искусстве и ..17.. жизни!

Искренне,

Маргарет Тэтчер».

(из журнала «Собеседник», апрель 1990 г.)

Упражнение 9. Comprehension. Александр Александрович Блок. *Read the following text and answer the questions supplied below. Прочитайте текст и ответьте на вопросы.*

Русский поэт Александр Блок родился в Петербурге 28 ноября 1880 года. За шесть лет до рождения поэта, в 1874 году его дедушка по материнской линии, А. Н. Бекетов, купил небольшое имение в Подмосковье — «Шахматово». Здесь Александр Блок провёл детство, и здесь он проводил каждое лето в течение тридцати пяти лет своей жизни.

Его отец, Александр Львович Блок, с семьёй не жил. Он работал профессором в Варшавском университете.

После окончания гимназии в 1898 году Блок поступил на юридический факультет Петербургского университета, но в 1901 году перешёл на историко-филологический факультет. В 1906 году он сдал государственный экзамен и окончил университет с отличием.

Стихи Блок начал писать в конце 90-ых годов. Всю жизнь он продолжал писать стихи, а в год окончания учёбы в университете написал первую пьесу.

В семье матери Блока литература всегда играла большую роль. Здесь любили и ценили искусство слова. К тому же в Шахматове мальчику открылась русская природа, русская деревня и народная жизнь. Здесь он написал первые стихи. Здесь родился и его интерес к театру: на домашней сцене в Шахматове он играл первые любительские роли. Здесь он встретил Л. Д. Менделееву, дочь известного русского химика, и здесь в 1903 году она стала его женой. Революцию 1905-ого года Блок встретил с энтузиазмом. Позднее революционно настроенные крестьяне сожгли его библиотеку в Шахматове.

А. А. Блок умер в 1921 году.

(Русский язык за рубежом, 1983, № 6, 8–29)

(1) When was Alexander Blok born? (2) Where did he spend his childhood? (3) Who owned the estate? (4) Where did his father live? (5) Describe Blok's academic career. (6) When did Blok start writing poetry? (7) What else did he write? (8) Was literature valued in his family? (9) Where did Blok meet his future wife? (10) Who was she? (11) How did Blok react to the 1905 revolution? (12) What did the revolutionary peasants burn down? (13) When did Blok die?

V+ 10 Lexical exercises — Лексические упражнения

10.1 Word building. Как образовать существительное? *Match the words in the two boxes below. Highlight the root they share and supply at least one other word with the same root. Найдите корень слова.*

окончание изучение рождение игра смерть передача собеседование помощь встреча знание цена украшение подарок поздравление полёт название	беседовать подарить родиться знать назвать поздравлять помочь изучать ценить играть встречать передать полететь окончить украшать умереть

10.2 Word building. Как образовать прилагательное? *Match the words in the two boxes below. Highlight the root they share and supply at least one other word with the same root.* Найдите корень слова.

иностранный рыбацкий государственный праздничный теннисный революционный материнский зимний народный пасхальный земельный школьный учебный отличный	теннис праздник рыбак революция Пасха народ учёба страна государство земля отличие школа мать зима

10.3 Word associations. Что общего? *Each of the following groups of three words is in some way connected with the same thing. Write down this word for each group.* Распределите слова по тематическим группам.

литература, математика, география	Франция, Австралия, Мексика
Рождество, Пасха, Новый год	Москва, Рим, Париж
Толстой, Тургенев, Блок	Чайковский, Шостакович, Рахманинов

10.4 Semantic groups. Кто это или что это? *Fill in the missing first and last letters in the words below. The second word begins with the last letter of the first. What do these words have in common?* Вставьте пропущенные буквы. Что общего у этих слов?

– ихаи–	– омоносо–
– рофессо–	– екто–
– оман–	– тих–
– у–	– ен–
– рафств–	– бласт–
– исьм–	– ткрытк–

247

– нн–	– хматов–
– итератур–	– строноми–
– елевизо–	– ади–
– аст–	– бычн–
– оро–	– еревн–
– ниверсите–	– ехнику–
– але–	– еат–

10.5 Collocations, Словосочетания. *Match each noun with an appropriate noun phrase. Подберите подходящие словосочетания к следующим существительным.*

Nouns: 1. знакомый, 2. дедушка, 3. полёт, 4. интерес, 5. игра, 6. перерыв

Noun phrases: к театру, в карьере, на фортепьяно, из Воронежа, в космос, по материнской линии

10.6 Collocations, Словосочетания: прилагательные и существительные. *Match each adjective with an appropriate noun. Подберите подходящие прилагательные к следующим словам.*

Adjectives: 1. вступительные, 2. гражданская, 3. праздничный, 4. рыбацкая, 5. иностранный, 6. Октябрьская, 7. народные, 8. технический, 9. Новый, 10. святой, 11. православная, 12. серебряная, 13. раннее
Nouns: церковь, детство, день, война, экзамены, язык, Валентин, деревня, прогресс, медаль, год, песни, революция

Listening comprehension

 The following sections from Unit 9 have been recorded on tape:

F1 Михаил Васильевич Ломоносов
F2 Пётр Ильич Чайковский
F4 Ночь, улица, фонарь, аптека

Упражнение 1. Time expressions. Выражение временных отношений. *Listen and repeat with the speaker. Supply the missing words on the right. Mark the stress on words of more than one syllable. Слушайте и повторяйте. Вставьте пропущенные слова. Проставьте ударение.*

Дни недели:

понедельник	*Когда?*	в понедельник
вторник		во . . .
среда		в . . .
четверг		в . . .
пчтница		в . . .
суббота		в . . .
воскресенье		в . . .

Месяцы:

январь	*Когда?*	в . . .
февраль		в . . .
март		в . . .
апрель		в . . .
май		в . . .
июнь		в . . .
июль		в . . .
август		в . . .
сентябрь		в . . .
октябрь		в . . .
ноябрь		в . . .
декабрь		в . . .

Времена года:

весна	*Когда?*	весной
лето		. . .
осень		. . .
зима		. . .

Упражнение 2. Dictation. Праздники русского народа. *Listen to the tape and supply the dates and months which have been omitted.* Прослушайте текст и вставьте пропущенные даты.

Русские люди очень любят праздники.

Первый и самый популярный праздник года — Новый год. Как и в других странах, у нас его празднуют в ночь с . . . на . . . Новый год встречают в кругу семьи или у друзей.

Русское Рождество отмечают . . . Многие любят также встречать «старый» Новый год — по старому календарю — в ночь с . . . на . . .

Первый весенний праздник — Международный женский день . . . Женщины получают в этот день поздравительные открытки, цветы и подарки. Многие семьи по советской традиции отмечают «мужской день» . . . , в День Армии и Флота.

Пасха — главный праздник русской православной церкви — бывает обычно весной, в . . . или в . . . В пасхальное воскресенье люди ходят в церковь, а потом празднуют дома в кругу семьи. После завтрака люди ходят в гости и поздравляют друг друга с праздником.

. . . официально отмечается День космонавтики. В этот день в . . . году первый в мире космонавт Юрий Гагарин полетел в космос.

В начале мая — сразу два праздника: . . . и . . . , День Победы.

. . . — «День знаний». В этот день у всех школьников и студентов страны начинается учебный год.

Упражнение 3. Comprehension. Поздравления и пожелания. *Listen to the five telephone conversations and construct a table in Russian, indicating who is being congratulated/greeted (***Кого поздравляют?***), on what occasion (***С каким праздником?***)*

*and what wishes are expressed (***Пожелания***). Прослушайте телефонные разговоры. Составьте таблиуу и укажите, кого и по какому поводу поздравляют.*

Упражнение 4. Questions and answers. В каком месяце? В какам году? Какого числа? 8. Когда. *Record your answers to the following questions in Russian in the pauses provided on the tape. Ответьте на вопросы по-русски.*

Упражнение 5. Dictation and comprehension. И.С. Тургенев. *Listen to the biography of the famous Russian novelist Turgenev and supply the missing dates in figures. Using the questions that follow for guidance, record a summary of Turgenev's biography in Russian. Прослушайте биографию И.С. Тургенева и заполните пропущенные даты. Перескажите биографию И.С. Тургенева по-русски.*

Русский писатель Иван Сергеевич Тургенев родился . . . ноября . . . года в городе Орёл. Детство Тургенев провёл в имении матери недалеко от Орла. Здесь родилась его любовь к русской природе.

В . . . году семья Тургеневых переехала в Москву, где Иван Сергеевич учился в пансионе, а с . . . года начал учиться в Московском университете. Вскоре вся семья переехала в Петербург, и Тургенев стал студентом Петербургского университета. В студенческие годы Тургенев начал писать стихи.

В . . . году, когда Тургенев окончил Петербургский университет, он уехал в Германию, где поступил в университет в Берлине. В . . . году Тургенев вернулся в Петербург и поступил на службу. Одновременно он начал серьёзно заниматься литературой. В . . . году вышел первый номер журнала «Современник», где был впервые напечатан рассказ Тургенева.

В . . . и . . . годы Тургенев пишет стихи, повести и пьесы.

С середины сороковых годов Тургенев часто ездит за границу. Он жил в Германии, в Англии и во Франции, где он встречался с французской певицей Полиной Виардо. Иван Сергеевич познакомился с ней в Петербурге в ноябре . . . года. С . . . года до конца своей жизни Тургенев почти постоянно жил за границей.

Последние годы жизни он провёл во Франции . . . сентября . . . года он умер в Буживале, недалеко от Парижа.

Упражнение 6. Speaking. О себе: расскажите свою биографию. *Record from ten to twelve sentences giving details of your biography from birth to the present day (with dates, years, months as appropriate). Запишите на кассету 10-12 предложений, сообщив детали своей биографии от рождения до настоящего времени.*

UNIT 10 урок

In this unit you will learn how to:

- tell the time
- talk about daily routine, leisure and TV viewing

Classwork

A Numerals

A1 Declension of numerals — Склонéние числи́тельных

☞ The following tables illustrate the declension of cardinal numerals.

	masculine	feminine	neuter
nominative	оди́н	одна́	одно́
accusative inanimate	оди́н	одну́	одно́
accusative animate	одного́	одну́	—
genitive	одного́	одно́й	одного́
dative	одному́	одно́й	одному́
instrumental	одни́м	одно́й	одни́м
prepositional	(об) одно́м	(об) одно́й	(об) одно́м

	masculine	feminine	neuter
nominative	два	две	два
accusative inanimate	два	две	два
accusative animate	двух	двух	—
genitive	двух	двух	двух
dative	двум	двум	двум
instrumental	двумя́	двумя́	двумя́
prepositional	(о) двух	(о) двух	(о) двух

Упражнение. *Complete the following tables. Note that numerals from three upwards do not differentiate between genders.*

nominative	три	четы́ре	пять
accusative inanimate	три	четы́ре	пять
accusative animate	трёх	четырёх	пять
genitive	трёх	четырёх	пяти́
dative	трём	четырём	пяти́
instrumental	тремя́	четырьмя́	пятью́
prepositional	(о) трёх	(о) четырёх	(о) пяти́

nominative	шесть	семь	во́семь
accusative	. . .	семь	. . .
genitive	. . .	. . .	восьми́
dative	. . .	семи́	. . .
instrumental	шестью́	. . .	восьмью́
prepositional	(о) шести́	(о) . . .	(о) . . .

nominative	де́вять	де́сять	два́дцать
accusative	де́вять	. . .	. . .
genitive	девяти́	десяти́	. . .
dative	девяти́	. . .	. . .
instrumental	девятью́	. . .	. . .
prepositional	(о) девяти́	(о) . . .	(о) . . .

What noun declension do the numerals from five to twenty decline like?

 Note that the numerals 40, 90 and 100 have the same ending in all obtuse cases.
Note that both components of the numerals 50, 60, 70, 80 decline.

nominative	три́дцать	со́рок	пятьдеся́т
accusative	. . .	. . .	. . .
genitive	. . .	сорока́	пяти́десяти
dative	. . .	сорока́	. . .
instrumental	. . .	сорока́	. . .
prepositional	(о) . . .	(о) . . .	(о) . . .

For the declension of cardinal numerals see 'Grammar summary' (8.1).

A2 Opening times— C . . . до . . .

Когда открыва́ется? Когда закрыва́ется?	Когда рабо́тает? C . . . + genitive	ДО . . . + genitive
в час	с ча́са = с ча́су	до ча́са = до ча́су
в два часа́	с двух часо́в	до двух часо́в
в три часа́	с трёх часо́в	до трёх часо́в
в четы́ре часа́	с четырёх часо́в	до четырёх часо́в
в пять часо́в	с пяти́ часо́в	до пяти́ часо́в
в шесть часо́в	с шести́ часо́в	до шести́ часо́в
в семь часо́в	с семи́ часо́в	до семи́ часо́в
в во́семь часо́в	с восьми́ часо́в	до восьми́ часо́в
в де́вять часо́в	с девяти́ часо́в	до девяти́ часо́в
в де́сять часо́в	с десяти́ часо́в	до десяти́ часо́в

Ask and answer when the following facilities open and close. Когда́ рабо́тает музе́й/ магази́н/фотогра́фия?

МУЗЕ́Й откры́т с 10 ч. до 17 ч.
Ка́сса рабо́тает до 16 ч.
Выходно́й день: ВТО́РНИК

РЕСТОРА́Н откры́т с 11.00 до 24.00 ч.
вход посети́телей до 23.00 ч.

ФОТОГРА́ФИЯ рабо́тает с 9 до 18 часо́в
Ва́ше па́спортное фо́то — гото́во за 15 мину́т!

Магази́н рабо́тает
ЕЖЕДНЕ́ВНО
Пн. с 8.00 до 19.00 ч
Вт. с 10.00 до 21.00 ч
Ср. с 9.00 до 20.00 ч
Чт. с 9.00 до 20.00 ч
Пт. с 9.00 до 20.00 ч
Сб. с 9.00 до 13.00 ч
Вс. с 10.00 до 18.00 ч
Обе́денный переры́в с 13.00 до 14.00 ч

B Telling the time

B1 What is the time? — Ско́лько вре́мени?

(a) on the hour: в час
в 2/3/4 часа́,
в 5, 6, 7, . . . 12 часо́в

(b) from the half hour to the hour:

без пяти́ час	12.55
без десяти́ два	1.50
без че́тверти / пятна́дцати пять	4.45

(c) from the hour to the half hour:

де́сять мину́т второ́го	1.10
че́тверть / пятна́дцать мину́т пя́того	4.15
полови́на шесто́го	5.30

Say what the time is on the clocks.

B2 Game — Игра́

 Кото́рый час?

1. *Draw a three by three grid.*
2. *Write the time in figures in each square.*
3. *Copy the same figures on strips of paper and put them into a hat/bowl.*
4. *Take it in turns to take the pieces of paper out of the hat and read the time in Russian. As each of your times is read out, cross off the times on your grid.*

C Schedules

C1 University timetable — Расписа́ние заня́тий

 Below is a typical day's timetable of a first-year English language student in a Russian university. *Спроси́те и отве́тьте на вопро́сы по-ру́сски.*

Когда́ у э́того студе́нта начина́ется и конча́ется заня́тие по ка́ждому предме́ту?
Ско́лько вре́мени продолжа́ется ка́ждое заня́тие?
Когда́ у э́того студе́нта переры́вы?
Когда́ у э́того студе́нта «окно́»?

ФИЛОЛОГИЧЕСКИЙ ФАКУЛЬТЕТ
АНГЛИЙСКОЕ ОТДЕЛЕНИЕ
ПЕРВЫЙ КУРС
Расписа́ние заня́тий

ПОНЕДЕЛЬНИК

9.00–10.20	Разгово́рная пра́ктика
10.30–11.50	Грамма́тика
12.00–13.20	Аналити́ческое чте́ние
13.30–14.50	
15.00–16.20	Перево́д
16.30–18.00	Фоне́тика

Сравни́те (compare) э́то расписа́ние с ва́шим расписа́нием.
Когда́ у ва́с начина́ются / конча́ются заня́тия в понеде́льник?
Ско́лько вре́мени продолжа́ется ка́ждое заня́тие?
Ско́лько у вас заня́тий в понеде́льник и каки́е?

C2 When does it start? — В котором часу́ у нас начина́ется . . . ?

Your partner and you have just arrived for a Russian course at a Russian university, and you are still not quite sure of your timetable for the next two days. Find out and fill in the missing information on your day by asking each other the following questions:

В кото́ром часу́ у нас начина́ется . . . (предме́т)?
В кото́ром часу́ у нас конча́ется . . . (предме́т)?
В кото́ром часу́ у нас переры́в/«окно́»?

Студе́нт А

Вас интересу́ют предме́ты в пя́тницу:
пи́сьменная пра́ктика; ру́сская литерату́ра; фоне́тика; у́стный перево́д

ФИЛОЛОГИЧЕСКИЙ ФАКУЛЬТЕТ
КАФЕДРА РУССКОГО ЯЗЫКА ДЛЯ ИНОСТРАНЦЕВ
Расписа́ние заня́тий

ЧЕТВЕРГ		ПЯТНИЦА
9.10–10.30	Грамма́тика	
10.40–12.00	Разгово́рная пра́ктика	
12.10–13.30	Ру́сская жи́вопись XVIII ве́ка	
13.40–15.00		
15.10–16.30	Язы́к газе́ты (перево́д)	
16.40–18.00		

Студе́нт Б

Вас интересу́ют предме́ты в четве́рг:
грамма́тика; разгово́рная пра́ктика; ру́сская жи́вопись XVIII ве́ка; язы́к газе́ты (перево́д)

ФИЛОЛОГИЧЕСКИЙ ФАКУЛЬТЕТ
КАФЕДРА РУССКОГО ЯЗЫКА ДЛЯ ИНОСТРАНЦЕВ
Расписа́ние заня́тий

ЧЕТВЕРГ	ПЯТНИЦА	
	9.10–10.30	
	10.40–12.00	Фоне́тика
	12.10–13.30	
	13.40–15.00	Пи́сьменная пра́ктика
	15.10–16.30	У́стный перево́д
	16.40–18.00	Ру́сская литерату́ра

C3 Invitations — Приглашéния

В слéдующую суббóту и воскресéнье все студéнты в грýппе хотя́т посетúть шесть рáзных мест с рáзными людьмú. Приглаcúте однý студéнтку / одногó студéнта пойтú с вáми в укáзанное нúже врéмя. Запишúте, когдá кудá и с кем вы договорúлись пойтú.

Напримéр: — Ты хóчешь пойтú со мной в кинó в 20.45 в суббóту?

                — Да. С удовóльствием.

                — Нет. К сожалéнию, не могý. В э́то врéмя я идý с . . . в . . .

Когдá?	Кудá?	С кем?
суббóта:		
10.30		
12.30		
20.45		
воскресéнье:		
13.15		
17.30		
22.15		

Suggested places/events: *зáвтрак, *вы́ставка, бассéйн, *обéд, *вечерúнка, *дискотéка, *футбóл, *ýжин, подрýга

Write a brief account of where you are going when and with whom.

Напримéр: В э́ту суббóту в 9.30 утрá я идý в/на . . . с . . .

D   Temporal relations

D1   Before . . . during . . . after . . . an event — До . . . во врéмя . . . пóсле . . .

           к обéду   во врéмя обéда

           пéред обéдом   за обéдом   пóсле обéда

           до обéда

Note the uses of the two prepositions *пóсле* and *чéрез*.

The preposition *пóсле* means 'after'. It invariably governs a noun which refers to an event. It is the opposite of *до* and *пéред*.

пóсле + genitive   пóсле обéда, урóков. . .

                          пóсле свáдьбы, револю́ции. . .

Напримéр: Пóсле болéзни Джон вернýлся на рабóту.

The preposition **через** means '. . . later' (when referring to a past action) or 'in . . .'s time' (when referring to a future action). It governs a noun which refers to a period of time.

через + accusative	через час, два часа́
	через неде́лю
	через полчаса́, через полго́да
Наприме́р:	Че́рез неде́лю Джон верну́лся на рабо́ту.

 D2 Daily routine — Режи́м дня шко́льника

V+ **Vocabulary**. Словообразова́ние: *Supply the missing nouns and verbs.*

noun	verb		noun	verb
подъём	поднима́ться		приготовле́ние	
за́втрак				помога́ть
	гуля́ть		заня́тия	
обе́д			сон	
	игра́ть			отдыха́ть
у́жин			чте́ние	

 Using the expressions of time and the vocabulary introduced above, talk about Petya's daily routine. Прочита́йте вслух и обсуди́те режи́м дня первокла́ссника Пе́ти.

Подъём (откры́ть фо́рточку)	7.00
Туале́т (убра́ть посте́ль, умы́ться, почи́стить зу́бы, оде́ться)	7.00–7.30
За́втрак	7.30–7.50
Доро́га в шко́лу и у́тренняя прогу́лка пе́ред шко́лой	7.50–8.20
Заня́тия в шко́ле	8.30–12.30
Больша́я переме́на: за́втрак в шко́ле	11.00–11.15
Доро́га домо́й и прогу́лка по́сле шко́лы	12.30–13.00
Обе́д	13.00–13.20
Послеобе́денный сон, о́тдых, чте́ние	13.20–14.20
Спорти́вные заня́тия на во́здухе	14.25–15.30
Поле́зный труд, по́мощь ма́ме по до́му	15.35–16.00
По́лдник	16.00–16.15
Приготовле́ние уро́ков	16.15–17.40
Вече́рняя прогу́лка, и́гры на во́здухе	17.45–18.50
У́жин	19.00–19.20
Чте́ние, насто́льные и́гры, ТВ	19.20–20.45
Приготовле́ние ко сну	20.45–21.00
Сон	21.00–7.00

 Напиши́те, как обы́чно прохо́дит ваш день — по часа́м!

D3 Before and after an event — Че́рез час по́сле . . . / за час до . . .

☞ Where you want to specify how long after an event something happened, you have to use the following construction: *Че́рез ско́лько вре́мени по́сле . . . ?*

че́рез + accusative + по́сле + genitive: че́рез час по́сле обе́да, по́сле уро́ков . . .

че́рез год по́сле сва́дьбы, по́сле войны́ . . .

Наприме́р: Че́рез неде́лю по́сле боле́зни Джон верну́лся на рабо́ту.

Мы пришли́ в теа́тр че́рез пять мину́т по́сле нача́ла спекта́кля.

☞ Where you want to specify how long before an event something happened, you have to use the following construction: *За ско́лько вре́мени до . . . ?*

за + accusative + до + genitive: за час до обе́да, за день до сва́дьбы . . .

за мину́ту до звонка́, за год до войны́ . . .

Наприме́р: Мы пришли́ в теа́тр за пять мину́т до нача́ла спекта́кля.

Write ten sentences about Petya's daily routine, using the constructions **че́рез . . . по́сле . . .** *and* **за . . . до . . .**

D4 Prepositions and time expressions — Предло́ги в выраже́ниях вре́менных отноше́ний

Упражне́ние. *State which cases are used in the following time expressions.*

при + . . . При Петре́ I (Пе́рвом) столи́цей Росси́и стал Петербу́рг.

накану́не + . . . Друзья́ собрали́сь за столо́м накану́не Но́вого го́да.

пе́ред + . . . Она́ звони́ла мне пе́ред экза́меном.

по + . . . По воскресе́ньям, мы обы́чно хо́дим в теа́тр.

до + . . . До войны́ она́ жила́ в Бе́лгороде.

с + . . . Они́ живу́т в Москве́ с сентября́.

с + . . . до + . . . Он рабо́тает с утра́ до ве́чера.

за + . . . до + . . . Мы пришли́ в теа́тр за час до спекта́кля.

че́рез + . . . Джо́на сейча́с нет. Он бу́дет че́рез полчаса́.

по́сле + . . . По́сле спекта́кля мы все пошли́ в бар.

че́рез + . . . по́сле + . . . Го́сти ушли́ че́рез час по́сле обе́да.

E Short story

E1 Text — Жил был буди́льник

Жил-был буди́льник . У него́ бы́ли усы́, шля́па и се́рдце , кото́рое гро́мко стуча́ло. В тишине́ до́ма буди́льник слу́шал стук своего́ се́рдца и мечта́л о сча́стье.

И буди́льник реши́л жени́ться. Он реши́л жени́ться, когда́ бу́дет без пятна́дцати де́вять. Ро́вно в во́семь он сде́лал предложе́ние буты́лке с водо́й .

Буты́лка с водо́й тут же согласи́лась, но в че́тверть девя́того её унесли́ в ва́нную и вы́дали за́муж за водопрово́дный кран ![image]. Де́ло бы́ло сде́лано, и буты́лка верну́лась на сто́л к буди́льнику уже́ заму́жней да́мой.

Бы́ло два́дцать мину́т девя́того. Вре́мени остава́лось ма́ло.

Буди́льник тогда́ сде́лал предложе́ние очка́м ![image].

Очки́ бы́ли ста́рые и неоднокра́тно выходи́ли за́муж за́ уши.

Очки́ поду́мали пять мину́т и согласи́лись, но в э́тот моме́нт их опя́ть вы́дали за́муж за́ уши. Бы́ло уже́ два́дцать пять мину́т девя́того.

Тогда́ буди́льник бы́стро сде́лал предложе́ние кни́ге ![image].

Кни́га сра́зу согласи́лась, и буди́льник стал ждать, когда́ же бу́дет без пятна́дцати де́вять. Се́рдце его́ си́льно би́лось, ему́ хоте́лось гро́мко петь.

Но тут его́ взя́ли и накры́ли поду́шкой ![image], потому́ что бы́ло воскресе́нье, и никто́ в до́ме не хоте́л встава́ть. И вот ро́вно без пятна́дцати де́вять буди́льник неожи́данно для себя́ жени́лся на поду́шке.

(Людми́ла Петруше́вская, Ска́зки для взро́слых, *«Юность»*, № 9, 1990: 67)

V+ **Словообразова́ние**

verb	noun	adjective
буди́ть (кого?)	буди́льник	
стуча́ть	стук	
вода́ + проводи́ть	водопрово́д	водопрово́дный
вы́йти/вы́дать за́муж	муж	заму́жняя

V+ *Look through the text again and match the English on the right with the Russian on the left.*

1. кран   ( ) ears
2. шля́па   ( ) alarm clock
3. се́рдце   ( ) moustache
4. буди́льник   ( ) pillow
5. у́ши   ( ) hat
6. поду́шка   ( ) heart
7. усы́   ( ) bath tap

F Cultural awareness

F1 Opinion poll 1 — Ни сна, ни отдыха

Read the following text and answer the questions supplied after each paragraph. Draw up a list of the leisure pursuits (or obstacles to leisure) listed in this text.

Какой образ жизни ведут сегодня горожане?

Свыше 49 процентов опрошенных не смогли вспомнить, когда они в последний раз выспались. Мужчины говорили, что основного заработка не хватает. Приходится подрабатывать. Женщины говорили, что в домах постоянно чего-то нет: то воду отключают, то газ. Вот и приходится стирать-готовить либо рано утром, либо уже за полночь.

- Why do men find they do not get enough sleep?
- Why do women find they do not get enough sleep?

Погулять два часа в день могут себе позволить 63 процента опрошенных. Причём обычно они это делают по дороге на работу.

- For how long do 63 percent of the respondents walk every day?
- Does that include getting to and from work?

Вопросы об отдыхе вызвали у многих отвечавших раздражение. 49,2 процента респондентов предпочитают работу на своих огородах и дачах. 37,8 — рыбачат, собирают грибы и ягоды. Спортом занимаются шесть из ста. Почти половина даже зарядку по утрам не делает.

- What questions provoked irritation in the respondents?
- What percentage of respondents (a) prefer to work in their allotments, (b) engage in sport, (c) do morning exercises?
- How do 37.8 percent of the respondents spend their leisure time?

С пасси́вным о́тдыхом про́ще: 55 проце́нтов смо́трят телеви́зор, сто́лько же чита́ют худо́жественную литерату́ру, 11,5 — слу́шают ра́дио, 7,9 — игра́ют в ша́хматы.

Ме́сто обще́ния значе́ния не име́ет: хоть в трамва́е, хоть на слу́жбе, хоть на сосе́дской ку́хне. 20 проце́нтов горожа́н, напро́тив, в го́сти не хо́дят и в свой дом гостéй не приглаша́ют. «Придёшь с рабо́ты — никого́ не хо́чется ни ви́деть, ни слы́шать», — типи́чный отве́т.

- List the preferred 'passive' leisure pursuits?
- How popular is socialising as a leisure activity?

Неудиви́тельно, что 55 проце́нтов из опро́шенных чу́вствуют себя́ нева́жно, а 20 — пло́хо. Одна́ко к врача́м при э́том обраща́ется лишь оди́н челове́к из десяти́.

- How are these leisure patterns reflected in the respondents' perception of their health?

(*«Огонёк»*, № 20, 1995)

F2   Opinion poll 2 — 24 часа́ из жи́зни россия́н

 Design bilingual tables to summarise the information contained in the following text.

Да́нные ма́ссового опро́са рису́ют обы́чный день россия́нина в его́ повседне́вных заня́тиях.

Ра́ньше всех встаю́т неквалифици́рованные рабо́чие: 43 проце́нта — до шести́ часо́в утра́. Ра́но встаю́т мно́гие се́льские жи́тели (36%), южа́не (34%), ли́ца предпенсио́нного во́зраста (39%), пенсионе́ры (35%). До 6 часо́в утра́ поднима́ются с посте́ли то́лько 19% столи́чных жи́телей, 16% молодёжи до 24 лет, 21% лиц с вы́сшим образова́нием и всего́ 3% уча́щихся.

Бо́льше полови́ны россия́н (54%) заходи́ли в тот день в магази́ны. Поня́тно, что ча́ще в них заходи́ли же́нщины (60%), чем мужчи́ны (47%). Ча́ще сре́днего быва́ют в магази́нах ли́ца с вы́сшим образова́нием (69%).

В тече́ние того́ же дня у россия́н бы́ло мно́го и вся́ких други́х заня́тий: слу́шали ра́дио (50%), чита́ли газе́ты (41%), бы́ли на рабо́те (39%), по́льзовались обще́ственным тра́нспортом (35%), спа́ли днём (26%), смотре́ли телеви́зор (в сре́днем 2–3 часа́). Значи́тельно ре́же: чита́ли журна́л (11%), занима́лись любо́вью (10%), уезжа́ли из до́ма бо́лее чем на 50 км (5%), по́льзовались компью́тером (4%), бы́ли в це́ркви (1,3%).

(*«Известия»*, № 96, 1995)

F3   Leisure — Отдых

 Read the following text and supply the Russian for the words and phrases in italics. Using the guiding questions supplied below, write a summary of the text.

The relationship of *work* to *leisure* also altered radically *after the war*. Not merely was there an increase in the absolute amount of *free time*, but the reduction in the *working day* resulted in *workers* spending less time than previously in such well-defined institutional settings as *factory* and *office*. As G. I. Yeliseev, Chief of the trade-union sports societies said, 'whereas recreational activities used to take place in urban *sports centres*, many have now been transferred to *out-of-town* sports amenities, recreation camps and *parks*'. As a consequence, the unions had to 'refit and adapt various buildings, old passenger railway compartments and river steamers, landing-craft, barges and such-like, and to build recreational centres in the countryside'.

The break-through that signalled the greatest revolution in leisure, just as in other industrial countries, was the introduction of the five-day week in March 1967. The boom in camping, *fishing*, hunting, rock-climbing, pot-holing, water-skiing, *motoring* and *boating* (and the relative decline in participation-rates in *chess*, draughts, *gymnastics*, table-tennis and boxing) was accounted for partly by longer *holidays* with pay and partly by the developing cult of the weekend. In 1956 the standard, (six-day) week in Soviet industry was 46 hours which by 1978 had decreased to an average working week in industry of 40.6 hours and, in state employment in general, of 39.3 hours in a five-day week with paid annual holiday of 15 days for most employees.

(*The Cambridge Encyclopedia of Russia and the former Soviet Union*, CUP, 1994: 491)

Guiding questions: Отдых

1. Когда́ значи́тельно сократи́лся рабо́чий день и соотве́тственно возросло́ свобо́дное вре́мя в бы́вшем Сове́тском Сою́зе?
2. Что сказа́л Г. И. Елисе́ев, глава́ профсою́зов спортобществ, по по́воду расшире́ния се́ти загоро́дных спортба́з, спортла́герей и па́рков о́тдыха?
3. Когда́ ввели́ пятидне́вную рабо́чую неде́лю?
4. Каки́е ви́ды спо́рта бы́ли популя́рными ра́ньше, а каки́е ста́ли популя́рными по́сле введе́ния пятидне́вной рабо́чей неде́ли?
5. Чем объясня́ются э́ти но́вые тенде́нции?
6. Ско́лько часо́в в неде́лю рабо́тали рабо́чие и слу́жащие при шестидне́вной рабо́чей неде́ли?
7. Ско́лько часо́в в неде́лю ста́ли рабо́тать рабо́чие и слу́жащие при пятидне́вной рабо́чей неде́ли?
8. Ско́лько дней дли́тся ежего́дный о́тпуск?

F4   Quiz — Игра́-викторина

Divide into groups of three or four and attempt to answer the following questions.

1. *Match the class activities and the noun phrases listed below.*

   Class activities: учи́ть, повторя́ть, писа́ть, чита́ть, слу́шать, де́лать, отвеча́ть

. . . ру́сский алфави́т	. . . стихи́ Пу́шкина	. . . на вопро́сы
. . . текст	. . . кассе́ту	. . . грамма́тику
. . . сочине́ние	. . . учи́тельницу	. . . Литерату́рную газе́ту
. . . но́вые слова́	. . . перево́д	. . . расска́з Че́хова
. . . контро́льную рабо́ту	. . . дикта́нт	. . . граммати́ческие упражне́ния

2.   *Match the following English and Russian words.*

child of pre-school years	аспира́нт
crèche	вуз
kindergarten	де́тский сад
postgraduate	дошко́льник
primary school	нача́льная шко́ла
pupil	сре́дняя шко́ла
secondary school	студе́нт
teacher	те́хникум
third level institution	учени́к
undergraduate	учи́тель
vocational school	я́сли

3.   Где он/она́ учи́лся/учи́лась?
     State where each of the following would have studied.

врач	парикма́хер	стюарде́сса	ветерина́р
фармаце́вт	дирижёр	экскурсово́д	касси́рша
преподава́тель	шофёр	худо́жник	хи́мик
буфе́тчица	библиоте́карь	инжене́р-программи́ст	

4.   *Indicate which of the following statements are true, and which are false.*

1. В Росси́и де́ти поступа́ют в шко́лу в 5 лет.
2. Есть специа́льные шко́лы при Акаде́мии худо́жеств, при консервато́рии, при Большо́м теа́тре и други́е.
3. Ма́льчики и де́вочки у́чатся вме́сте.
4. Уче́бный год во всех шко́лах на́шей страны́ начина́ется 1 (пе́рвого) октября́.
5. Уче́бный год в шко́ле де́лится на тре́ти.
6. Рабо́чая неде́ля шко́льника дли́тся 4 дня.
7. Уро́к в шко́ле продолжа́ется 45 (со́рок пять) мину́т.
8. По́сле ка́ждого уро́ка устра́ивается переме́на (переры́в) на 30 (три́дцать) мину́т.
9. В мла́дших кла́ссах быва́ет обы́чно 5–6 уро́ков в день, в ста́рших — 3–4.
10. По́сле уро́ков не́которые ученики́ остаю́тся в шко́ле, в гру́ппе продлённого дня, потому́ что их роди́тели за́няты днём на рабо́те.
11. В одно́м кла́ссе обы́чно у́чится не бо́лее 20 (двадцати́) ученико́в.
12. В нача́льной шко́ле (с 1 по 4 класс) заня́тия обы́чно ведёт оди́н учи́тель.
13. «Рабо́чий день» студе́нта продолжа́ется с 9 (девяти́) до 14 (четы́рнадцати) часо́в.
14. Заня́тие в институ́те (университе́те) состои́т из трёх уро́ков.
15. Срок обуче́ния в ву́зах — от четырёх до шести́ лет (обы́чно пять лет).
16. По́сле ка́ждого семе́стра наступа́ет пора́ экза́менов — экзаменацио́нная се́ссия.
17. Большинство́ экза́менов в Росси́и пи́сьменные.
18. Систе́ма оце́нок для экза́менов трёхба́лльная: хорошо́ (4), удовлетвори́тельно (3), неудовлетвори́тельно (2).
19. У студе́нтов-отли́чников стипе́ндия повы́шенная (на 25% вы́ше обы́чной).

Homework

 For a discussion of the syntactic category of conjunction (coordinating conjunctions, subordinating conjunctions) see 'Language awareness' (10).

 Written exercises — Письменные задания

Упражнение 1. Telling the time. Который час? *Write out the times given below in full. Напишите следующие выражения времени словами.*

1.	5.45 a.m.	6.	11.55 p.m.	10.	12.10 p.m.
2.	8.35 p.m.	7.	5.20 p.m.	11.	2.30 p.m.
3.	3.40 p.m.	8.	1.05 p.m.	12.	4.40 a.m.
4.	1.50 a.m.	9.	9.10 a.m.	13.	9.45 p.m.
5.	6.10 a.m.				

Упражнение 2. Telling the time. Мой младший брат Юра. *Fill in the blanks with an appropriate time expression. Where necessary supply prepositions. Заполните пропущенные выражения времени. Вставьте предлоги, где нужно.*

Раньше мой младший брат Юра вставал очень поздно, (9.15) ..1.. Его умывала и одевала бабушка, и (10.20) ..2.. он завтракал. С (11) ..3.. до (1 ч) ..4.. . он гулял с бабушкой в Летнем саду. Потом (1.35) ..5.. обедал и спал после обеда до (3.15) ..6.. . После сна он играл, смотрел телевизор до (6.30) ..7.. или слушал рассказы бабушки. Потом ложился спать (8.30) ..8.. .

Первого сентября Юра пошёл в школу. Теперь он встаёт рано, (7.10) ..9.. . Он сам одевается, умывается и садится завтракать (7.40) ..10.. . В (8.25) ..11.. он выходит из дома, чтобы не опоздать в школу, которая находится далеко от дома. Он ходит в школу пешком.

Школьный день длится с (9) ..12.. до (12.45) ..13.. . После третьего урока, с (11) ..14.. до (11.30) ..15.. дети завтракают в школьном буфете. После уроков Юра приходит домой и садится обедать (1.40) ..16.. . После обеда он гуляет с бабушкой с (2.30) ..17.. до (4) ..18.. . Потом бабушка помогает ему делать уроки. Обычно он занимается не больше (0,5 ч) ..19.., потом смотрит телевизор. В (6.30) ..20.. родители приходят с работы, и мы все вместе садимся ужинать (7.15) ..21.. . После ужина каждый занимается своими делами. Кто читает, кто смотрит телевизор. Мы все ложимся спать в разное время: Юра ложится первым, (8.45) ..22.., потом бабушка (9.30) ..23.., потом родители (11.30) ..24.., а я ложусь поздно, после (1 ч) ..25.. ночи.

Упражнение 3. Prepositions. Предлоги. *Supply the missing prepositions from the list supplied below. Translate the resulting sentences into English. Вставьте пропущенные предлоги. Переведите следующие предложения на английский язык.*

 For a discussion of temporal relations see the 'Grammar summary' (10.3).

Prepositions: в, во время, до, за, на, перед, после, с, через

1. . . . окончания университета я переехал жить в Воронеж.
2. . . . зачётом мы занимались в библиотеке . . . утра . . . вечера.
3. . . . января этого года Джон бросил курить.
4. . . . месяц . . . приезда в Италию наша дочь тяжело заболела.
5. . . . отъездом из Москвы я дал жене телеграмму.
6. Они прибежали в театр . . . минуту . . . начала спектакля и только-только успели найти свои места.
7. Мы решили снова встретиться . . . год . . . окончания школы.
8. Бабушка с дедушкой поженились давно, ещё . . . войны.
9. . . . переезда в Москву мы жили в Ленинграде.
10. . . . десять минут до урока вся группа собралась в аудитории.
11. Он прибежал на перрон . . . минуту . . . отхода поезда, но поезд уже ушёл.
12. Занятия . . . средам кончаются . . . обеда, и студенты отдыхают или занимаются в библиотеке.
13. . . . прошлом году он отдыхал в Ялте.
14. Я не смогу приехать к вам . . . этой неделе. Но . . . неделю обязательно приеду.
15. Я ел мороженое . . . фильма.
16. Бабушка с дедушкой поженились в 1938-ом году, ещё . . . войны.
17. Этот магазин открыт . . . 8-и (восьми) . . . 6-и (шести) часов.
18. Летом я поеду во Францию . . . 2 недели.
19. . . . два месяца . . . окончания университета он поступил на работу.
20. Он ходит в кино раз . . . неделю.
21. . . . обедом я всегда мою руки.
22. Он живет в Москве . . . детства.
23. Я купил билеты в театр . . . час . . . начала спектакля.
24. Он приехал вчера и уедет . . . 2 дня.
25. . . . войны его эвакуировали из Ленинграда.

Упражнение 4. Translation. Выражение временных отношений. *Translate the following sentences into Russian choosing one of the time expressions suggested below. Переведите следующие предложения на русский язык, выбрав подходящие выражения времени из предложенного списка.*

Time expressions: в следующую субботу, за десять минут до звонка, за месяц до окончания университета, за пять минут до начала концерта, на следующее утро, на этой неделе, перед экзаменом, после полуночи, с утра до ночи, через год, через десять минут после урока, через три месяца

1. In a year's time she will be a teacher.
2. We arrived five minutes before the start of the concert.
3. All the students gathered in the corridor ten minutes after the lecture.
4. They asked the professor to finish the lecture ten minutes before the bell.
5. Three months later he received a letter from her.
6. A month before graduation she had a baby son.
7. Unfortunately I cannot visit you this week, but I am free the following Saturday.

8. Last night we had a party. The guests left after midnight.
9. The neighbours complained (пожаловаться) to the police the next morning.
10. Before her exam she worked hard from morning until night.

Упражнение 5. Comprehension. Л. Н. Толстой *Read the following biography of Lev Tolstoy. Give each paragraph a heading in English. Find all the adverbials of time in the text. State in what case each of the phrases is.* Подберите заглавие к каждому абзацу. Найдите все выражения временных отношений.

Лев Николаевич Толстой родился 9 сентября 1828 года в родовом имении Ясная Поляна в Тульской губернии. Родители его — Николай Ильич Толстой и Мария Николаевна Волконская — происходили из родовитых дворянских семей. Толстой не помнил своей матери: она умерла, когда ему не было ещё двух лет. В 1837 году внезапно скончался его отец. Детские и отроческие годы Толстого прошли главным образом в Ясной Поляне и в Москве. В 1841 году семья переезжает в Казань, где жила тётка Толстых.

С переездом в Казань фактически начинается самостоятельная жизнь юноши Толстого. В течение двух с половиной лет он готовился к поступлению в Казанский университет и в сентябре 1844 года поступил на восточное отделение философского факультета. Не выдержав экзамена за первый курс, Толстой в октябре 1845 года перешёл на первый курс юридического факультета.

В апреле 1847 года Толстой оставляет университет и возвращается в Ясную Поляну. Здесь он разрабатывает обширный план своих будущих занятий. В Ясной Поляне в 1849 году он открыл школу для крестьянских детей, потом поступил на службу в Тульское губернское правление. Однако служба не приносила ему никакого удовлетворения.

В конце апреля 1851 года Толстой выехал на Кавказ, где в 1852 году поступает на военную службу. В армии он находился до осени 1855 года, принимал участие в обороне Севастополя во время Крымской войны. На Кавказе Толстой создал произведения, положившие начало его литературной деятельности.

Первое появление Толстого в печати относится к 1852 году, когда была опубликована его повесть «Детство». Это произведение привлекло к себе внимание читателей и литературных кругов.

Вскоре после опубликования «Детства» были напечатаны новые произведения молодого писателя: «Отрочество», рассказы о Кавказе, «Севастопольские рассказы». Его военные рассказы имеют документальное значение: военные действия на Кавказе, а затем и в Севастополе Толстой описал как очевидец и непосредственный их участник.

В ноябре 1855 года Толстой приехал из Севастополя в Петербург.

В мае 1856 года Толстой получает отставку и уезжает за границу. Вернувшись в Россию, Толстой поселился в Ясной Поляне. Столкнувшись снова с жизнью крестьян, он понял, что сильно переменился с того момента, когда покинул деревню, и как наивны были его представления о деревне. Для него освободить крестьян от крепостной зависимости — значит исполнить свой человеческий долг.

В 1862 году, вскоре после женитьбы, Толстой начал писать свой роман-эпопею «Война и мир», над которым проработал пять лет. В этом романе Толстой описывает жизнь столичного и провинциального дворянства во время войны с Наполеоном.

Вторым крупным произведением Толстого является роман «Анна Каренина», в котором описана трагедия замужней женщины и матери, полюбившей другого человека. Третье большое произведение Толстого — роман «Воскресение». Во всех крупных его произведениях можно проследить развитие мировоззрения писателя.

В восьмидесятых годах XIX-го века Толстой пережил духовно-религиозный кризис, что привело его к решению изменить свой образ жизни, отказаться от своего имущества и слиться с простым народом и его жизнью. Он стал проповедовать свою веру, за что был отлучён от церкви.

В девяностых годах Толстой, потрясённый народным бедствием, неурожаем и голодом, принимает участие в организации помощи голодающим, организует на свои средства столовые для крестьян, пишет статьи по поводу голода в деревне.

Умер Толстой в 1910 году.

(based on entry «Л. Н. Толстой» in *История русской литературы XIX века*, под редакцией проф. С. М. Петрова, «Государственное учебно-педагогическое издательство», Москва, 1963: 590)

Упражнение 6. Aspects. О жизни Л. Н. Толстого. *Put the verbs in brackets into the correct form of the appropriate aspect. Вместо точек вставьте глагол нужного вида.*

Лев Николаевич Толстой (рождаться/родиться) ..1.. 28 августа [9 сентября по новому стилю] 1828 года в семье помещика в усадьбе Ясная Поляна, около Тулы. Отец писателя, граф Николай Ильич Толстой, был офицером — участником войны 1812 года. Льву Николаевичу не было двух лет, когда (умирать/умереть) ..2.. его мать. В девять лет он (терять/потерять) ..3.. отца. После смерти отца Льва Николаевича, его братьев и сестру стала (воспитывать/воспитать) ..4.. тётка, сестра отца.

В 1841 году семья Толстых (переезжать/переехать) ..5.. в Казань, к другой тётке. В Казани Толстой (поступать/поступить) ..6.. в университет, где он (учиться/научиться) ..7.. с 1844 по 1847 год, затем он снова (возвращаться/вернуться) ..8.. в Ясную Поляну и стал (заниматься/заняться) ..9.. хозяйством.

В 1851 г. Толстой вместе со старшим братом (уезжать/уехать) ..10.. на Кавказ и поступил в армию. На Кавказе он (писать/написать) ..11.. свою первую повесть «Детство» и (посылать/послать) ..12.. её редактору журнала «Современник» — поэту Н. А. Некрасову.

(from «О жизни и творчестве Л. Н. Толстого» in Л. Н. Толстой, *Книга для чтения*, «Детская Литература», Москва, 1953: 5)

Упражнение 7. Guided composition. Телевидение и дети. *Read the following text and do the exercises supplied below. Прочитайте текст и выполните упражнения.*

Судя по письмам родителей, дети всё больше и больше времени проводят у телевизора. И не только по субботам и воскресеньям, но почти каждый день, до позднего вечера, не говоря уже о каникулах . . . Что же привлекает молодёжь к «голубому экрану»? Желая узнать мнение самых молодых телезрителей, корреспонденты «Литературной газеты» провели опрос-анкету среди школьников Москвы.

Хотя эта анкета проводилась уже более пятнадцати лет назад, современному читателю, вероятно, будет интересно узнать о любимых передачах советских школьников и их пожеланиях.

Вот, например, что ответила на вопросы анкеты двенадцатилетняя Оля Фадеева, ученица одной из московских школ.

Вопрос первый: Телевизор смотрю часто, особенно в каникулы. Но выбираю только то, что мне интересно или полезно знать. И в отличие от родителей и брата, умею вовремя уйти: не люблю зря тратить время на пустые и скучные передачи. А они сидят и смотрят всё подряд — плохое и хорошее, с утра до вечера, до и после полуночи . . . Нередко бывает, что смотреть вообще нечего, особенно по понедельникам. Но зато в субботу или воскресенье часто бывают отличные старые кинокомедии.

Вопрос второй: Кроме художественных фильмов смотрю информационные программы новостей («Время», «Сегодня в мире», «Международная панорама» и т.д.). Предпочитаю юмористические передачи («Вокруг смеха»), люблю конкурсы и игры-викторины («Что? Где? Когда?», «Поле чудес»). Всегда интересны передачи, рассказывающие о жизни в других странах («Мир и молодёжь», «Клуб путешествий», «По странам и континентам»). Раньше, в детстве, я любила передачу «В гостях у сказки», но теперь предпочитаю «От шестнадцати и старше», где иногда бывают интересные дискуссии. Никогда не пропускаю передачу «В мире животных», у нас в семье все любят животных.

Вопрос третий: К сожалению, очень мало показывают у нас иностранных фильмов, хотя и есть рубрика «Зарубежный киноэкран» по 2-ой программе; но во-первых, она выходит нерегулярно, а во-вторых, всё время идут одни и те же старые фильмы («Дэвид Копперфильд», «Джейн Эйр»), а нового почти ничего нет.

Вопрос четвёртый: По-моему, нужна новая регулярная музыкальная программа для молодёжи. Хорошо бы, чтобы каждую неделю в этой передаче рассказывалось об одной из популярных музыкальных групп. Можно составить еженедельный «опрос популярности» среди телезрителей и показывать ту группу, которая набрала больше всех голосов. Надо также побольше рассказывать о популярных западных рок-группах, и вообще побольше о жизни молодёжи за рубежом.

В настоящее время выбор передач, которые транслируются по многочисленным ТВ-каналам значительно богаче и интереснее, чем был несколько лет назад.

Молодёжь уже не жалуется на отсутствие современных зарубежных фильмов и музыкальных программ. Наоборот, сейчас на экранах телевизоров наблюдается засилие американских боевиков и латиноамериканских мыльных опер. И любители музыки без проблем смогут отыскать для себя передачу на любой вкус.

7.1 *Identify what four questions were put to the young readers of* «Литературная Газета».

7.2 *Underline all the adverbials of time in the text.*

7.3 *In the text find the Russian for the expressions on the left, and then translate those on the right into Russian.*

I only choose what is interesting.

    I only choose what is good.
    I only watch what is interesting.
    I only watch what is new.
    I only buy what is dear.

There is nothing to see.

    There is nothing to do.
    There is nothing to listen to.
    There is nothing to read.
    There is nothing to buy.

particularly on Mondays

    particularly on Tuesdays
    particularly on Wednesdays
    particularly on Thursdays
    particularly on Fridays

Programmes about life in other countries are always interesting.

    Programmes about music are always interesting.
    Programmes about the cinema are always interesting.
    Programmes about theatre are always interesting.

unlike my parents

    unlike my brother
    unlike my sister
    unlike her friend (fem.)
    unlike your teacher
    unlike his grandfather
    unlike their children

a weekly 'popularity survey'

    a daily 'popularity survey'
    a monthly 'popularity survey'
    an annual 'popularity survey'

7.4 *Translate into English any ten of the Russian television programmes mentioned in Olya's answers.*

7.5 *How would you answer the four questions in this questionnaire? Using Olya's answers as a model, write approximately one page. Your answers should be as detailed as possible.*

V+ 8 Lexical exercises — Лексические упражнения

8.1 Semantic groups. О чём я мечтаю? *List sixteen things you dream about. Перечислите шестнадцать вещей, о которых вы мечтаете:* Я мечтаю о . . .

8.2 Semantic groups. Что показывают по телевизору? *List eight types of television programmes: Перечислите восемь видов телепередач.*

8.3 Word building. Словообразование. *Match the words in the two boxes below. Highlight the root they share and supply at least one other word with the same root. Найдите корень слова.*

иметь	привлекать
	участник
очевидец	
	скончаться
выбирать	
	свобода
заниматься	
	зритель
полночь	
	родовой
столичный	детство
	война
поступление	
	решение

родина	освободить
ночной	занятие
	решительный
	детский
военный	
	столица
	выступление
увлечение	
	собирать
	видеть
участие	
	имущество
	конец
зрение	

8.4 Semantic groups. Антонимы. *Opposites. Match the following words. Подберите антонимы.*

закрыть	
	скучный
	часто
тихо	
	полезно
ложиться	
	ранний
самостоятельный	

интересный	зависимый
	громко
	поздний
открыть	
	вредно
	вставать
редко	

8.5 Semantic groups. Синонимы. *Match the following words. Подберите подходящие синонимы к следующим словам.*

отрочество	отличный
	молодой человек
служба	
	иностранный
	граница
корреспондент	
	принимать участие
усадьба	
затем	программа

участвовать	рубеж
передача	потом
имение	зарубежный
	юность
юноша	хороший
	работа
журналист	

8.6 Compounds. Словообразование. *Join one word from the group on the left, and one from the group on the right to make a compound word. Придумайте новые слова.*

между	дорога
мир	год
кино	русский
десять	
теле	остров
железный	
новый	минута
древний	народ
пол	зрение
	фильм

8.7 Word collocations. Словосочетания с глаголом в роли главного слова. *Match each verb with an appropriate noun phrase. Подберите подходящие словосочетания к следующим глаголам.*

Verbs: 1. убрать, 2. исполнить, 3. пропускать, 4. поступить, 5. тратить, 6. помочь, 7. принимать, 8. выдержать, 9. сделать, 10. писать, 11. почистить, 12. отказаться

Noun phrases: предложение, зубы, время, экзамен, маме, статьи, долг, на службу, занятия, от имущества, участие, постель

8.8 Word collocations. Словосочетания: прилагательные и существительные. *Match each adjective with an appropriate noun. Подберите подходящие прилагательные к следующим словам.*

Adjectives: 1. утренняя, 2. настольные, 3. поздний, 4. художественный, 5. дворянская, 6. информационная, 7. спортивные, 8. родовое, 9. послеобеденный, 10. детские, 11. замужняя

Nouns: вечер, сон, программа, имение, годы, фильм, дама, семья, зарядка, игры, занятия

Listening comprehension

 The following section from Unit 10 has been recorded on tape:

E1   Жил-был будильник

Упражнение 1. Dictation. Который час? *Listen to the following five dialogues, mark the stress and fill in the missing words and clock-time (in figures). Прослушав диалоги, проставьте ударение и вставьте пропущенные слова.*

1. — Скажите, пожалуйста, который час?

   — Сейчас ровно . . . дня.

   — Спасибо. А ваши . . . идут правильно?

   — Да, я их проверял . . . утром по радио.

2. — Извините . . . , вы не знаете, сколько сейчас времени?

   — Сейчас. . . .

   — А по моим часам только. . . .

   — Значит, ваши часы отстают на. . . .

   — Ой, извините, мне надо бежать — я . . . в театр!

3. — Ну, дочка, что-то ты . . . домой приходишь — ведь уже . . . ночи! Где ты была?

   — Я была у. . . . У неё сегодня день. . . .

   — Но тебе же завтра надо рано утром в университет на. . . .

   — Нет, завтра . . . у нас первая лекция в. . . .

4. — Оля, уже . . . , а ты ещё не готова. Ты же опоздаешь на . . . !

   — Да нет! У тебя часы спешат: сейчас только . . . , а от нас до . . . ехать всего. . . . Не волнуйся, я всё успею.

5. — Вы не знаете, когда . . . последний сеанс в кино?

   — В. . . .

   — А кончается?

   — Последний сеанс кончается. . . .

Лексика. Give the antonyms (opposites) of the following words. Translate both words into English.

	English	antonym	English
1. часы отстают			
2. рано			
3. опоздать			
4. начинаться			
5. первый			

Упражнение 2. Comprehension. Наш день. *Listen to the text and list the times mentioned in the text. List what each person does at each time. Укажите, кто что делал и в какое точно время.*

Упражнение 3. Questions and answers. В котором часу? По каким дням? Когда? *Give full answers to the ten questions on the tape. Record in the pauses after each question. Ответьте на вопросы по-русски.*

Упражнение 4. Listening for information. 24 часа из жизни россиян. *Listen to the results of the survey and fill in the appropriate percentage figures in the table below. Заполните таблицу.*

«Как вы провели вчерашний день?» — такой вопрос социологи из Института общественных наук задали двум тысячам жителей России. Вот что говорят данные опроса:

Всего опрошено . . . человек

Из них:	% в среднем по стране	по группам населения:	%
встали рано			
до 6 ч утра		рабочие:	
		крестьяне:	
		пенсионеры:	
до 6.30 утра		москвичи:	
до 7 утра		молодёжь и студенты:	
		школьники:	
чистили зубы			
принимали душ			
ходили в магазины		женщины:	
		мужчины:	
читали газеты			
читали журналы			
читали книги			
слушали радио			
смотрели телевизор			
были на работе			
пользовались компьютером			
занимались любовью			
ходили в церковь			
спали днём			
не спали после 12.00 ночи			
		студенты и учащиеся:	
		рабочие:	

(по материалам газеты «Известия» 27 мая, 1995 г.)

Упражнение 5. Speaking. О себе: как я провёл/провела вчерашний день. *Record not less than 10–12 sentences. Расскажите подробно (по часам), как вы провели вчерашний день.*

In this unit you will learn how to:

- talk about people's characters, professions and events in people's lives
- use adjectives, relative pronouns and present active participles in the nominative and accusative cases

Classwork

A Astrology

A1 Horoscopes — Да́ты рожде́ния и плане́ты

	Да́та рожде́ния	Знак Зодиа́ка и плане́та	Элеме́нт	Основны́е черты́ хара́ктера
	21 ма́рта — 20 апре́ля	Овен *Марс*	ого́нь	весёлость, темпера́ментность, самостоя́тельность
	21 апре́ля — 20 ма́я	Теле́ц *Венера*	земля́	терпели́вость, пасси́вность, любо́вь к комфо́рту
	21 ма́я — 20 ию́ня	Близне́ц *Мерку́рий*	во́здух	дво́йственность, интелле́кт, лень, пессими́зм
	21 ию́ня — 21 ию́ля	Рак *Луна́*	вода́	нерво́зность, сла́бость, любо́вь к учёбе
	22 ию́ля — 22 а́вгуста	Лев *Со́лнце*	ого́нь	си́ла, му́жество, реши́тельность, любо́вь к вла́сти
	23 а́вгуста — 21 сентября́	Де́ва *Мерку́рий*	земля́	практи́чность, делови́тость, спосо́бность к ана́лизу

	22 сентября — 22 октября	Весы́ *Вене́ра*	во́здух	нереши́тельность, мечта́тельность, чу́вство ю́мора
	23 октября — 21 ноября	Скорпио́н *Марс и Плуто́н*	вода́	любо́вь к приро́де, расчётливость, эгои́зм, акти́вность
	22 ноября — 20 декабря	Стреле́ц *Юпи́тер*	ого́нь	энерги́чность, артисти́ческая нату́ра, жела́ние помо́чь други́м
	21 декабря — 20 января	Козеро́г *Сату́рн*	земля́	соли́дность, оптими́зм, любо́вь к деньга́м
	21 января — 19 февраля	Водоле́й *Юпи́тер и Ура́н*	во́здух	доброта́, че́стность любо́вь к труду́, чу́вство до́лга
	20 февраля — 20 ма́рта	Ры́бы *Сату́рн*	вода́	альтруи́зм, ще́дрость, жела́ние учи́ть други́х, артисти́ческий тала́нт

A2 Vocabulary development — Ле́ксика

V+ **Слова́ и выраже́ния**

Челове́к, кото́рый роди́лся с . . . по . . .	лю́бит (что?) лю́бит (что де́лать?) хо́чет (что сде́лать?)	приро́ду, де́ньги помога́ть други́м . . . помо́чь други́м . . .
У него́/неё есть . . .	чу́вство ю́мора/до́лга любо́вь (к чему́?) жела́ние (что де́лать?) спосо́бность к . . .	к приро́де/деньга́м учи́ть други́х . . .

Ита́к, ваш гороско́п: Talk about one another's signs of the zodiac and characters. Discuss whether you agree with the characterisation provided in your sign of the zodiac.

Если вы роди́лись (date), ваш знак . . . , ва́ша плане́та . . . , ваш элеме́нт . . .

По хара́ктеру вы . . . челове́к.   Вы лю́бите . . .
Вы хоти́те . . .   У вас есть . . .

Словообразова́ние

nouns	adjectives
акти́вность	акти́вный
пасси́вность	. . .
эгои́ст	эгоисти́чный
доброта́	. . .

 Design a table and write all the nouns ending in -ость in one column. Form adjectives from the nouns ending in -ость and insert them in the masculine and feminine singular and the plural forms of the nominative case in three other columns.

A3 Game — Игра́

 Угада́йте, кто э́то!

Ка́ждый студе́нт пи́шет свою́ характери́стику по гороско́пу (без по́дписи). Все запи́ски кладу́т в ша́пку. Оди́н студе́нт вынима́ет запи́ски из ша́пки и чита́ет вслух, коне́чно, без и́мени. Остальны́е должны́ угада́ть, кто э́то.

B Lonely Hearts

B1 Present active participles — Прича́стия

 The following table illustrates the formation of present active participles and shows how they can be replaced by a relative clause.

чита́ющий = кото́рый чита́ет	чита́ющая = кото́рая чита́ет	чита́ющие = кото́рые чита́ют
живу́щий = кото́рый живёт	живу́щая = кото́рая живёт	живу́щие = кото́рые живу́т
пою́щий = кото́рый поёт	пою́щая = кото́рая поёт	пою́щие = кото́рые пою́т
рису́ющий = кото́рый рису́ет	рису́ющая = кото́рая рису́ет	рису́ющие = кото́рые рису́ют
гото́вящий = кото́рый гото́вит	гото́вящая = кото́рая гото́вит	гото́вящие = кото́рые гото́вят
сидя́щий = кото́рый сиди́т	сидя́щая = кото́рая сиди́т	сидя́щие = кото́рые сидя́т
лежа́щий = кото́рый лежи́т	лежа́щая = кото́рая лежи́т	лежа́щие = кото́рые лежа́т
уча́щийся = кото́рый у́чится	уча́щаяся = кото́рая у́чится	уча́щиеся = кото́рые у́чатся

For the declension of the relative pronoun кото́рый see 'Grammar summary' (3.3).

B2 Personal column — Объявле́ния

 Before reading the following lonely hearts entries, identify what kind of information you would expect to find in them. As you are reading through the entries, sort the vocabulary into each of the categories you have identified. Прочита́йте объявле́ния и обсуди́те, кто кому́ подхо́дит в жёны/мужья́.

Медсестра́ 36 лет, рост 170 см. Забо́тливая, до́брая, лю́бящая, но одино́кая и гру́стная. Лю́бит: мо́ре, лес, теа́тр, кни́ги, му́зыку. Не лю́бит: о́череди, шум, крик, шить, гла́дить, гото́вить. Хо́чет встре́тить непью́щего, поря́дочного мужчи́ну того́ же во́зраста.

Споко́йный, ти́хий мужчи́на 38 лет, самостоя́тельный, име́ющий кварти́ру в Ми́нске; рост 172 см; сре́днее техни́ческое образова́ние. Хо́чет познако́миться с че́стной, поря́дочной, образо́ванной же́нщиной не ста́рше 33 лет, хоро́шей хозя́йкой, москви́чкой, жела́тельно без дете́й.

Инжене́р 41 год, рост 175 см, с двухко́мнатной кварти́рой; разведённый, материа́льно обеспе́ченный, самостоя́тельный, скро́мный, с 9-ле́тним сы́ном. Лю́бит дете́й, не лю́бит алкого́льные напи́тки. Жела́ет созда́ть но́вую семью́ с поря́дочной же́нщиной лет 30, возмо́жно с ребёнком.

Молодо́й мужчи́на 28 лет, рост 163 см. Разведённый, серьёзный, непью́щий. Не лю́бит шу́ма. Лю́бит футбо́л и телеви́зор. Хо́чет нача́ть но́вую жизнь с молодо́й жено́й лет 20, с весёлым, до́брым хара́ктером и с отде́льной кварти́рой в Москве́ и́ли в Подмоско́вье.

Краси́вая блонди́нка 40 лет, рост 175 см, вес 95 кг, ру́сская. Была́ за́мужем два ра́за, де́ти взро́слые. По нату́ре оптими́стка; лю́бит занима́ться хозя́йством; в мужчи́не це́нит чу́вство ю́мора и аккура́тность. Жела́ет познако́миться с мужчи́ной высо́кого ро́ста, не моло́же 40 лет.

Одино́кая же́нщина, живу́щая в Му́рманске с семиле́тним ребёнком, 31 год, рост 164 см; с вы́сшим образова́нием. Жела́ет познако́миться с мужчи́ной 35–37 лет, жела́тельно с пропи́ской в Петербу́рге и́ли Москве́. Обяза́тельно непью́щий, культу́рный, образо́ванный, интересу́ющийся спо́ртом.

Энерги́чная, эмоциона́льная, симпати́чная де́вушка 19 лет, рост 170 см; не о́чень худа́я, но и не то́лстая; образова́ние сре́днее, сирота́, име́ет свою́ одноко́мнатную кварти́ру. Хорошо́ гото́вит, шьёт, лю́бит му́зыку и стихи́. Хо́чет созда́ть счастли́вую семью́ с молоды́м челове́ком не ста́рше 25 лет.

25-ле́тняя разведённая же́нщина, стро́йная, рост 164 см; неоко́нченное вы́сшее образова́ние, хоро́шая ко́мната в це́нтре. Име́ет ма́ленькую дочь двух лет. Ищет че́стного, ве́рного мужчи́ну в во́зрасте 30–35 лет, кото́рый серьёзно отно́сится к любви́.

C Professions

C1 Changing trends — Но́вое поколе́ние выбира́ет

Прести́ж профе́ссии ка́жется эфеме́рным. *Some words have been cut in half. Supply the missing letters of the stem and appropriate endings.*

Шестидеся́тые го́ды

Коне́чно, пе́рвое ме́с . . . за́няли физ. . . . Этажо́м ни́же, но то́же бли́зко к верши́не, дру́. . . специали́сты: матем . . . , хи́мики.

За ни́ми — вра . . . литера́торы и арти . . . , препод . . . ву́зов; ещё чуть ни́же — инжене́ры. В середи́не — заводски́е рабо. . . . В са́мом низу́ — прода . . . и бухга́лтеры.

Опро́с проводи́лся среди́ старшекла́ссников. Молодёжь вы́разила то, что носи́лось в во́здухе. В пе́рвую о́чередь её привлека́ли интеллектуа́льные профе. . . . К тому́ же вы́сшее образ . . . бы́ло досту́пно: ву́зы могли́ приня́ть всех, кто ока́нчивал сред . . . шко . . . Ре́йтинг профе́ссий установи́лся вопреки́ пропага́нде, кото . . . тверди́ла молодёжи, что её ждут зав . . . , фабр . . . и колхо́зные поля́.

В сере . . . 60-ых вы́пуск из школ ре́зко увели́чился, а коли́чество мест в ву́зах изменя́лось ме́дленно. Но́вая реа́льность бы́с . . . отрази́лась в ума́х: ста́ла расти́ привлека́тельность рабо́чих профе́ссий. Привлека́тельность же «интеллиге́нтных» профессий, наоборо́т, сни́зилась.

Восьмидеся́тые го́ды

В нач . . . 80-ых, че́рез двад . . . лет по́сле пе́рвых опро́сов, фи́зики оказа. . . в иера́рхии профе́ссий в конце́ второ́го деся́тка. Зато́ шоф.. из тре́тьего деся́тка попа́л на седьмо́е мес . . . (школь . . . оцени́ли возмо́жность «ле́вых» за́работков), продаве́ц из кон . . . спи́ска перемести́лся в золоту́ю середи́ну, вме́сте с пова . . . , официа́нтом и портны́м. А рабо́чие и кресть . . . профе . . . оказа́лись в са́мом низу́ пирами́ды. Заме́тно сни́зилась и привлека́тельность инжене́рных профе́ссий.

Девяно́стые го́ды

По результа́там опр . . . 1994 го́да, ли́дером явля́ется юри́ст. Чуть ни́же юри́ста — ба́нковский рабо́тник, бизнесме́н, перев . . . , внешнеторго́вый рабо. . . . Ещё ни́же, приме́рно в той же катего́рии, — программи́ст, вр . . . и бухга́лтер, журн . . . , писа . . . и архите́ктор.

Инжене́р на двадца́том мес . . . Привлека́тельность ря́да профе́ссий, кото . . . подняли́сь вверх де́сять лет на . . . , упа́ла: шофёр и портно́й уже́ не в си́лах конкури́ровать с профе́ссиями, кото . . . даю́т боль . . . жи́зненные ша́нсы. Внизу́ — по-пре́жнему рабо́чие профе́ссии: то́карь, ткач. Там же тракт. . . . Но одна́ крестья́нская профе . . . в сере . . . спи́ска — фе́рмер.

(Давид Константиновский, «*Огонёк*», 1995)

C2   Exercises — Упражне́ния к те́ксту

Design tables or graphs which illustrate the information contained in the text above.

Label each of the following illustrations. Indicate when each of these professions was popular/unpopular, and state who does what where.

Подготовка к сочинению. *Обсудите выбор профессий на занятии с преподавателем.*
1. *Спросите преподавателя:*

У вас (в России) . . .

Какие профессии выбирали
  — ваши бабушки, дедушки, их братья и сёстры (старшее поколение)?
  — ваши родители, дяди, тёти, их знакомые (среднее поколение)?
  — братья, сёстры, знакомые, друзья (ваши современники)?

Кем вы сами хотели стать в детстве? Почему?

Кем вы стали? Почему?

Кто помог вам решить, кем стать?

2. Отве́тьте на аналоги́чные вопро́сы преподава́теля.

У нас . . .

Напиши́те сочине́ние (12–15 предложе́ний) об отноше́нии ра́зных поколе́ний к вы́бору профе́ссии в Росси́и и у вас в стране́.

C3　Who does what? — Кто что и где де́лает?

Practise saying who does what where, using the relative pronoun **кото́рый**.

Наприме́р:　　　Врачи́ — лю́ди, кото́рые ле́чат люде́й в поликли́нике.

Кто?	Что делает?	Что? Чем? На чём?	Где?
актёры	води́ть	биле́ты	авиакомпа́ния
балери́ны	выдава́ть	де́ньги	библиоте́ка
библиоте́кари	дава́ть	докуме́нты	дом
билетёрши	де́лать	дома́	желе́зная доро́га*
ди́кторы	дирижи́ровать	еда́	ка́сса
дирижёры	игра́ть	инструме́нты	кварти́ра
журнали́сты	исполня́ть	кинофи́льмы	киносту́дия*
касси́рши	кра́сить	кни́ги	кинотеа́тр
кинорежиссёры	лета́ть	ле́кции	конце́ртный зал
лётчики	печа́тать	маши́ны	магази́н
маляры́	писа́ть	ме́бель	мастерска́я
машини́стки	подава́ть	но́вости	ра́дио*
машини́сты	получа́ть	орке́стр	реда́кция
музыка́нты	принима́ть	пи́сьма	рестора́н
официа́нтки	приноси́ть	поезда́	стро́йка*
почтальо́ны	проверя́ть	ро́ли	сце́на*
продавщи́цы	продава́ть	самолёты	теа́тр
профессора́	рабо́тать	статьи́	телеви́дение*
столяра́	снима́ть	сте́ны	университе́т
строи́тели	стро́ить	телегра́ммы	учрежде́ние
стюарде́ссы	танцева́ть	това́ры	
шофёры	чита́ть		

 A number of masculine nouns have a nominative plural ending in **-á** or **-я́**. List them in the nominative singular and plural forms. For irregular plural declensions see 'Grammar summary' (2.5.3).

D Reading and grammar

D1 Pre-reading exercise — Лекси́ческие упражне́ния

Sort the following words and phrases into semantically related groups. Give each group a title.

а́рмия	де́вочка	ме́дленно	сад
большо́й	де́ти	ночь	светло́
бра́т	де́тство	окно́	семья́
бума́га	дочь	оте́ц	со́лнце
бы́стро	дом	офице́р	спать
взро́слый	друзья́	писа́тель	стари́к
ви́деть	жена́	письмо́	ста́рый
внук	изве́стный	писа́ть	сын
вну́чка	кабине́т	пи́сьменный стол	темно́
глаза́	кни́га	расска́з	ти́хо
го́род	ко́мната	ро́дина	у́тро
дере́вня	молодо́й	рука́	хо́лодно

D2 Text — После́дний расска́з (по расска́зу К. Паусто́вского)

Listen to the recording of the following story. Re-tell the story in English.

Ночь. Темно́. Ти́хо. Все лю́ди в до́ме спят уже́ давно́. То́лько оди́н не спит. Это ста́рый челове́к. Он сиди́т в кабине́те у пи́сьменного стола́, до́лго смо́трит в окно́, в тёмную ночь.

Большо́й э́тот дом стои́т далеко́ за го́родом. Ста́рый челове́к — изве́стный писа́тель. Его́ кни́ги чита́ют во всём ми́ре. На столе́ пе́ред ним лежи́т чи́стая бе́лая бума́га. Он пи́шет но́вый расска́з, то́ есть он хо́чет писа́ть, но сейча́с не мо́жет. Он не зна́ет почему́. Он встаёт, открыва́ет окно́, до́лго стои́т у откры́того окна́, смо́трит в сад.

У него́ боля́т глаза́. Он пло́хо ви́дит. Хо́лодно, но стари́к не чу́вствует хо́лода. Он всё ду́мает — о чём? Он и сам э́того не зна́ет — о семье́, о бра́те, о жене́, кото́рая давно́ уже́ умерла́, о сы́не, кото́рый живёт далеко́, в большо́м го́роде. У сы́на своя́ семья́ — жена́ и дво́е дете́й, сын и дочь. Они́, то́ есть внук и вну́чка старика́, уже́ взро́слые: вну́чка за́мужем, у неё уже́ свои́ де́ти. Внук — офице́р в а́рмии.

Стари́к ре́дко ви́дит сы́на и дочь. Они́ не пи́шут ему́, наве́рное, не зна́ют, как живёт их ста́рый оте́ц, здоро́в ли он, сча́стлив ли он. У них своя́ жизнь, свои́ дела́, свои́ интере́сы. И он ду́мает о далёкой ро́дине, где он не́ был пятьдеся́т лет; о ста́рых друзья́х, о де́тстве, о ма́ленькой дере́вне, где он роди́лся и жил когда́-то.

Давно́ он живёт здесь оди́н, далеко́ от ро́дины. Лю́ди, кото́рые живу́т в э́том до́ме вме́сте с ним, не понима́ют его́, его́ книг не чита́ют. Они́, наве́рное, не зна́ют, кто он, что он де́лает. Это хоро́шие лю́ди, молоды́е, но жизнь у них совсе́м друга́я, чем была́ у него́.

Он ме́дленно идёт к пи́сьменному столу́, сади́тся. И вот он сиди́т, пи́шет, снача́ла ме́дленно, пото́м всё быстре́е. Он до́лго пи́шет, пи́шет всю ночь. Круго́м всё ти́хо. Наступи́ло у́тро. Светло́. Све́тит со́лнце. Ста́рый писа́тель всё не встаёт, но он уже́ не пи́шет. Он спит. Бума́га тепе́рь уже́ не чи́стая и бе́лая, как ра́ньше. Но́вый, после́дний его́ расска́з лежи́т гото́вый на пи́сьменном столе́.

В ко́мнату вхо́дит ма́ленькая де́вочка. Это Аня, кото́рая живёт в том же до́ме. В руке́ у неё письмо́.

— Здра́вствуйте, де́душка, — ве́село говори́т она́. — Это вам.

Но стари́к не отвеча́ет.

— Де́душка, — повторя́ет она́, — вам письмо́.

Но стари́к всё не отвеча́ет.

— Де́душка, вы здоро́вы? — о́чень ти́хо спра́шивает Аня.

D3 This and that — Этот, эта, это

☞ *Compare the following uses of the determiner э́то.*

Demonstrative pronoun	Demonstrative adjective
Это ста́рый челове́к.	Этот челове́к живёт оди́н.
Это Аня.	Эта де́вочка живёт в том же до́ме.
Это вам.	Это письмо́ пришло́ у́тром.
	Эти лю́ди не понима́ют его́.

For the declension of the demonstrative adjective **э́тот, э́та, э́то, э́ти** see 'Grammar summary' (7.2.2).

D4 Grammar — Граммати́ческие упражне́ния

☞ Adjectives and adverbs. *Complete the following table.*

For a discussion of the formation of adverbs see 'Grammar summary' (10.1.4).

adjective			adverb
masculine	feminine	plural	
тёмный	. . .	. . .	. . .
. . .	. . .	изве́стные	. . .
. . .	. . .	. . .	чи́сто
. . .	бе́лая	. . .	бело́
. . .	. . .	откры́тые	. . .
взро́слый	. . .	. . .	*none*
. . .	. . .	. . .	здо́рово
счастли́вый	. . .	. . .	. . .
. . .	далёкая	. . .	. . .
. . .	. . .	ма́ленькие	ма́ло
молодо́й	. . .	. . .	. . .

adjective			adverb
masculine	feminine	plural	
. . .	. . .	пи́сьменные	. . .
ме́дленный	. . .	. . .	. . .
. . .	бы́страя	. . .	. . .
. . .	. . .	ти́хие	. . .
. . .	. . .	. . .	светло́
. . .	весёлая	. . .	. . .
друго́й	. . .	. . .	*none*

 Verbs in the present tense. *Complete the following table.*

infinitive	1st person singular	3rd person singular	3rd person plural
спать	. . .	. . .	. . .
. . .	. . .	сиди́т	. . .
. . .	зна́ю	. . .	. . .
. . .	. . .	. . .	смо́трят
лежа́ть	. . .	. . .	. . .
. . .	пишу́	. . .	. . .
. . .	. . .	. . .	хотя́т
. . .	. . .	мо́жет	. . .
. . .	встаю́	. . .	. . .
стоя́ть	. . .	. . .	. . .
. . .	. . .	ви́дит	. . .
. . .	чу́вствую	. . .	. . .
жить	. . .	. . .	. . .
. . .	. . .	иду́т	. . .
. . .	вхожу́	. . .	. . .
. . .	. . .	. . .	повторя́ют

D5   Summarising — Переска́з

Pick out the ten most crucial words for a summary. Discuss why you consider the words you have chosen to be essential. Summarise the story in Russian in no less than ten sentences and no more than fifteen.

D6   Translation — Перево́д

Translate the story into literary English, paying particular attention to style.

E Cultural awareness

Read the following article and answer the questions supplied at the end of the text. Before reading the text discuss the meaning of the following words and phrases and group them in semantically related categories. Try to anticipate the content of the text you are about to read.

архи́в	бастова́ть	больни́ца	журнали́ст
зараба́тывать	за́работная пла́та	изда́тельство	исто́рик
ме́дик	митингова́ть	недорого́й	ме́сто в ко́мнате
общежи́тие	оце́нка	пикети́ровать	повы́сить
подраба́тывать	рабо́та	санита́р	стипе́ндия
тро́йка	учёба	четвёрка	се́ссия

E1 Student budget — Как прожи́ть студе́нту?

Общество уже́ привы́кло к тому́, что студе́нты у нас в стране́ не име́ют ни гроша́ за душо́й, кро́ме ми́зерной стипе́ндии, кото́рую выпла́чивают не всем и не всегда́. Официа́льно она́ должна́ равня́ться минима́льной за́работной пла́те плюс 25%, е́сли у́чишься без тро́ек, и плюс ещё 25% — е́сли без четвёрок.

Студе́нты ча́сто басту́ют, митингу́ют, пикети́руют и вообще́ на ка́ждом шагу́ заявля́ют, что на́до повы́сить стипе́ндию и выпла́чивать её всем и всегда́. Но их никто́ не слу́шает. Что остаётся де́лать бе́дному студе́нту? Выжива́ть.

Хорошо́ учи́ться в МГУ!

В МГУ со стипе́ндией ле́гче. В ноябре́ её в сре́днем опя́ть немно́го повы́сили до 50 рубле́й. Коне́чно, разме́р стипе́ндии зави́сит от оце́нок за экзаменацио́нную се́ссию. И общежи́тие в МГУ сравни́тельно недорого́е. Официа́льно в ме́сяц — 14,5 рубле́й. А неофициа́льно . . . е́сли кто́-то хо́чет жить оди́н, то до́лжен допла́чивать администра́ции ро́вно 30 до́лларов за ка́ждое неза́нятое ме́сто в ко́мнате. Так де́лают мно́гие.

Хорошо́ зараба́тывают те, кто име́ет пра́во на жильё в общежи́тии, а живёт у ро́дственников и́ли знако́мых. Тако́й челове́к, кото́рый я́кобы живёт в ко́мнате, называ́ется «мёртвой душо́й». Он мо́жет прода́ть своё ме́сто в ко́мнате кому́ хо́чет. Сре́дняя цена́, за кото́рую продаю́т своё ме́сто, от 80 до 100 до́лларов.

А вообще́ эмгэу́шники подраба́тывают, где мо́гут. У ка́ждого факульте́та — своя́ специ́фика: журнали́сты рабо́тают в реда́кциях, фило́логи — в изда́тельствах и́ли в иностра́нных фи́рмах, исто́рики — в архи́вах, экономи́сты — в ба́нках, ме́дики рабо́тают санита́рами в больни́цах.

Коне́чно, не все студе́нты МГУ, как и други́х ву́зов, зараба́тывают на жизнь са́ми. Но почти́ все те, кто рабо́тает, испо́льзуют свою́ специа́льность. Одна́ко пробле́ма в том, что тут им прихо́дится выбира́ть ме́жду учёбой и рабо́той. Ведь рабо́та отнима́ет мно́го вре́мени, а зна́чит, учи́ться уже́ не́когда. Вот и появля́ются «хвосты́». А с «хвоста́ми», как изве́стно, стипе́ндии не вида́ть.

(по материа́лам еженеде́льника «*Собесе́дник*», 1995)

E2 Exercises — Упражнéния

 Indicate which of the following statements is correct according to the article.

Student grants

Students are not all paid the same grant. The amount paid depends on
1. the institute in which they study
2. their performance in examinations
3. parental income
4. the national minimum wage
5. the subject they study
6. whether they are local or living away from home

Grant bonuses

Students are entitled to a 25% bonus if they
1. are out-of-town students
2. obtain only 'excellent' grades
3. obtain only 'good' and 'excellent' grades
4. pass all their exams
5. if they are required to sit repeat examinations

Hostel charges

Hostel accommodation is provided
1. free of charge to all students
2. at a standard rouble rate across all student hostels
3. by the university in which you study

Students who are entitled to hostel accommodation

1. pay a supplement for a single room in dollars
2. can opt to live in a single room at no extra cost
3. can sub-let their room
4. cannot sub-let their room
5. must share a room

Working

Students need to supplement their grants. This they do by
1. finding unskilled work (in cafes, bars, etc.)
2. working in areas related to their studies
3. working the black-market
4. sub-letting their hostel accommodation
5. depending on parental contributions

The following problems/benefits are associated with students working

1. students acquire valuable experience related to their area of study
2. students fall behind in their studies
3. student grants are reduced by 50% if they get a 'satisfactory' grade
4. students can afford to eat every day
5. students lose their entitlement to a 50% supplement over and above the minimum grant if they obtain a single 'satisfactory' grade

Explain or provide English equivalents for the following expressions.

мёртвые ду́ши   хвосты́
эмгэу́шники   ни гроша́ за душо́й
минима́льная за́работная пла́та

E3   Student grants — Стипе́ндии

Read the following text and supply the Russian for the words and phrases in italics.

In the late 1980s about *three quarters* of registered full-time *students* in *post-secondary education* received *stipends* or *grants*. Rates depended upon the *subject* studied, the *year* of study and the student's performance. For *students* in *higher education* maximum grants were about 80 per cent of the *minimum wage* and 60 per cent for those receiving *secondary specialist training*. Increases in student grants have lagged considerably behind the rate of inflation since 1990/91.

E4   Employment — Рабо́та

Read the following text and supply the Russian for the words and phrases in italics. Using the guiding questions supplied below, write a summary of the text.

Population projections show that there will be only modest growth in the population of working age over the next twenty years or so. Only in the *Central Asian* and parts of the *Transcaucasian States* will rapid population *growth* continue. Elsewhere there is unlikely to be much increase in the traditional sources of urban employment growth. In most regions there is no significant difference between *male* and *female* participation rates and significant rural – urban migration is unlikely. Finally, in the 1980s, between a sixth and a fifth of the *population of pensionable age* were economically active; it is doubtful whether this population group contains a sizeable reservoir of labour.

Soviet practice defined the working age as 16–59 years for men and 16–54 years for women. In 1989 the population of working age amounted to 155 million, excluding invalids and certain other categories. This labour force was augmented by 8 million employees of pensionable age, 100,000 *foreigners* and 300,000 people below working age. Total employment amounted to 139 million. State employment was 120 million and had fallen since 1986. *Kolkhozy* employed a further 12 million; employment in this sector has been in decline for twenty years or more. A further 4 to 4.5 million were in individual employment, overwhelmingly on *private plots*. Finally, some 3 million were employed by non-agricultural *co-operatives*; this sector had grown very rapidly since 1988. As radical reform continues, the share of individual and co-operative sectors has expanded substantially.

(*The Cambridge Encyclopedia of Russia and the former Soviet Union*, CUP, 1994: 431)

Guiding questions: Рабо́та

1. Отмеча́ется ли в Росси́и рост рабо́чей си́лы? Если да, то значи́тельный и́ли уме́ренный?
2. В каки́х райо́нах СНГ и бы́вшего Сове́тского Сою́за отмеча́ется рост населе́ния?
3. Рабо́тает ли большинство́ же́нщин вне до́ма?
4. Предви́дят ли специали́сты мигра́цию из дереве́нь в города́ в ближа́йшем бу́дущем?
5. Како́й проце́нт люде́й пенсио́нного во́зраста продолжа́ет рабо́тать?
6. В како́м во́зрасте лю́ди получа́ют пе́нсию?
7. Ско́лько рабо́тает люде́й допенсио́нного во́зраста?
8. Ско́лько рабо́тает пенсионе́ров, иностра́нцев и несовершенноле́тних?
9. Ско́лько челове́к рабо́тает в госуда́рственном се́кторе, ско́лько на ча́стных земе́льных уча́стках и ско́лько в кооперати́вах?
10. Каки́е се́кторы значи́тельно возросли́ за после́дние го́ды?

E4 Blank verses — Стихотворе́ния в про́зе

Listen to the recording of the following poems in prose. Mark on the stress. Record your reading of the poems.

 Ты заплакал . . .

Ты заплакал о моём горе; и я заплакал из сочувствия к твоей жалости обо мне. Но ведь и ты заплакал о своём горе: только ты увидел его — во мне.
(Июнь, 1881)

 Русский язык

Во дни сомнений, во дни тягостных раздумий о судьбах моей родины — ты один мне поддержка и опора, о великий, могучий и свободный русский язык! Не будь тебя — как не впасть в отчаяние при виде всего, что совершается дома? Но нельзя верить, чтобы такой язык не был дан великому народу!
(Июнь, 1882)

(И. С. Тургенев, Стихотворения в прозе, *Собрание сочинений*, том десятый, «Художественная литература», 1962, 56, 45)

Homework

 To revise uses of the nominative and accusative cases see 'Grammar summary' (4.1, 4.2 and 5.2).

For a discussion of nominal modifiers (adjectives, determiners, possessive adjectives, relative pronouns) see 'Language awareness' (11).

Written exercises — Письменные задания

Упражнение 1. Plural noun phrases. Словосочетания во множествеином числе. *Закончите следующие предложения, употребив словосочетания во множественном числе. Use the nominative or accusative plural of the noun phrases listed below to complete the following sentences.*

Словосочетания: иностранный турист, больной глаз, маленький котёнок, школьный учитель, знаменитый хирург, последний экзамен, плохая отметка, семилетний ребёнок, известный профессор.

 For irregular plural declensions see 'Grammar summary' (2.5.3).

1. На симпозиум собрались . . .
2. Старик устал, лёг на диван и закрыл . . .
3. Студенты сдали . . .
4. Лекции нам читали . . .
5. В школу принимаются . . .
6. С родителями учеников беседовали . . .
7. К нам часто приезжают . . .
8. У нашей кошки родились . . .
9. В школе Ольга получала . . .

Упражнение 2. Defining words. Кто что делает? *Объясните по-русски следующие профессии, используя союз **который**. Give definitions in Russian using the relative pronoun.*

Например: Врач — человек, который лечит людей.

хирург	авиаконструктор	профессор	студент
оперная певица	архитектор	строитель	писатель
учитель	секретарь-машинистка	экскурсовод	

Упражнение 3. Relative pronoun. Союзное слово «который». *Вставьте союз **который** в нужной форме. Insert the correct form of the relative pronoun.*

1. Я вижу детей, . . . играют в парке.
2. Я знаю человека, . . . живёт здесь.
3. Дай мне книгу, . . . лежит на полу.
4. У меня есть тётя, . . . живёт в Америке.
5. Он читает письмо, . . . лежало на столе.
6. Вы видели фильм, . . . шёл вчера у нас в клубе?
7. Я знаю преподавателя, . . . работал в МГУ.
8. В Москву приехали студенты, . . . изучают русский язык.
9. Я отдыхал на турбазе, . . . находится на Кавказе.
10. Анна танцевала на вечере, . . . был в субботу на факультете.
11. Вы знаете студентку, . . . приехала из Латвии?

Упражнение 4. Relative clauses. Придаточные предложения с союзом «который». *Замените причастия придаточными предложениями с союзом* **который**. *Replace the participle constructions by relative clauses using the relative pronoun in the nominative.*

1. Девушка, стоящая на автобусной остановке, учится в нашей группе.
2. Недавно я познакомился с инженером, работающим в Москве.
3. Я часто пишу подругам, живущим в Австрии.
4. В газете писали о человеке, говорящем на восемнадцати языках.
5. Я знаком с девушками, работающими в баре.
6. Я помогаю ученику, изучающему русский язык.
7. Студентам, сидящим на лекции, очень скучно.

Упражнение 5. Relative pronoun. Союзное слово «который». *Вставьте союз* **который** *в нужной форме. Put the relative pronoun into the appropriate form into the spaces provided.*

1. Я знаю студента, . . . учится в Московском университете.
2. Мой брат учится в школе, . . . находится на нашей улице.
3. Вы видели письмо, . . . лежало в почтовом ящике?
4. Я спешу на спектакль, . . . начинается в семь часов.
5. Артист пел песни, . . . я никогда раньше не слышал.
6. Вы нашли кассеты, . . . вы хотели купить?

Упражнение 6. Demonstrative pronoun. Указательное местоимение. *Вставьте указательное местоимение* **этот, эта, это, эти** *в нужной форме. Insert the appropriate demonstrative pronoun.*

1. . . . студенты хорошо говорят по-русски.
2. Я уже прочитал . . . журналы.
3. . . . студент раньше жил в Петербурге.
4. Нам задали . . . упражнение на дом.
5. . . . девушка уже год изучает русский язык.
6. Они купили . . . словари в Доме книги.
7. Я долго писал . . . сочинение.
8. Мои товарищи уже видели . . . фильм.
9. Мы уже выучили . . . слова.
10. . . . общежитие построили недавно.
11. Мне надоело слушать . . . скучные лекции.
12. . . . стол раньше стоял здесь, . . . лампа стояла на столе, а . . . стулья стояли там.

Диалоги:

1. Что . . . ?   — . . . мой новый портфель.
    — Я купил . . . портфель недавно.

2. Кто . . . ?   — . . . студентка.
    — . . . студентка изучает химию.

3. Познакомьтесь: . . . наши новые студенты. . . . Маша Петрова, а . . . Юра Иванов. . . . студенты приехали из Воронежа.

Упражнение 7. Prepositions and guided prose. Почему молодёжь выбирает ту или иную профессию? *Вставьте соответствующие предлоги. Insert appropriate prepositions in the spaces provided.*

Какие профессии особенно популярны? Этим вопросом интересуются и учителя, и родители, и социологи, и психологи. Интересно сравнить, как меняется отношение молодёжи ..1.. разным профессиям.

Когда ..2.. 20-ые годы, в первые годы советской власти, деревенских школьников попросили ответить ..3.. вопрос: Кем они хотят стать? — большинство мальчиков ответило: сапожником, учителем, агрономом. Называли и другие профессии: портной, столяр, кузнец, рабочий.

Каждая третья девочка ..4.. те годы хотела стать учительницей или портнихой. А кем хотят стать сельские школьники сегодня? Каждый четвёртый мальчик — шофёром, каждый пятый — лётчиком. Потом идут: военный, моряк, инженер, автомеханик, геолог, радиотехник, врач, строитель, агроном, тракторист. Среди девочек особенно популярны профессии врача и учителя. Многие хотят быть артисткой, балериной, геологом, инженером, медсестрой, библиотекарем.

Почему же ..5.. 20-ые годы школьники выбирали профессии сапожника, учителя, агронома? Многие дети объясняли это так: чтобы каждый день есть. Например, ..6.. профессии сапожника ребята писали: «..7.. него всегда есть работа. Он работает ..8.. тепле. Ест каждый день хорошо. Много зарабатывает.»

Сегодня школьники объясняют свой выбор, конечно, совсем по-другому. Вот несколько ответов современных ребят: хотят стать учителем — чтобы давать людям знания; врачом — потому что врач спасает людям жизнь; трактористом или шофёром — потому что нравятся машины; военным — чтобы не было войны.

(О. П. Рассудова и Л. В. Степанова, *Темп 2, Интенсивный курс русского языка*, «Русский Язык», 1988: 23)

In the text «Почему молодёжь выбирает ту или иную профессию?» find the phrases on the left, then translate the phrases on the right into Russian. Переведите фразы и предложения на русский язык.

1. What professions are especially popular?

    what books are especially popular now?

    what departments are particularly popular in the university?

    what plays were particularly popular at last year's festival?

2. in the twenties

    in the thirties

    in the forties

    in the fifties

    in the sixties

    in the seventies

    in the eighties

3. What do they want to become?

    What do you want to become?

    What does he want to become?

    What did Masha want to become?

4. the majority of boys

      the majority of schoolchildren

      the majority of students

5. Many children explained it like this.

      Many schoolchildren explained it like this.

      Many teachers explain it like this.

      The doctors explain it like this.

      My friends explained it to me like this.

6. in order to eat every day

      in order to earn a lot

      in order to work in the warmth

      in order to save people's lives

      in order to help people

Упражнение 8. Cloze. Суп из топора. *Поставьте слова из скобок в нужную форму. Read the folk tale putting the words in brackets into the correct form in the spaces provided.*

Словарь: топор = axe   не хватает (+ genitive) = there isn't enough (of)

             кусочек = a small piece   капуста = cabbage

             кастрюля = saucepan   картошка = potatoes

Это было в 1856-ом (год) ..1.. . Война недавно кончилась. Один молодой солдат, который пять (год) ..2.. служил в (армия) ..3.., возвращался с (фронт) ..4.. домой. Он шёл уже третий день и давно ничего не ел. (Он) ..5.. очень хотелось есть. Наконец, пришёл солдат к (деревянный дом) ..6.. на краю леса и постучал в дверь. Но дверь никто не открыл. Тогда солдат сам открыл ее и вошёл в дом. В (дом) ..7.. сидела старуха.

    — Здравствуй, бабушка! — сказал солдат. — Я очень хочу есть. Нет ли у (ты) ..8.. супа? — спросил он.

    — Нет, — ответила старуха. — Я бедная, (ничто) ..9.. у меня нет.

    Солдат не поверил ей. Он сказал, что может сварить суп из (топор) ..10.. . Он попросил у (старуха) ..11.. топор и кастрюлю с (вода) ..12.. . Потом он положил топор в кастрюлю, поставил (кастрюля) ..13.. на огонь и стал ждать. Старуха с большим (интерес) ..14.. смотрела на то, что он делает.

    Через несколько минут солдат взял (ложка) ..15.. и попробовал суп.

    — Суп вкусный, — сказал он, — только не хватает (мясо) ..16.. . Нет ли у (ты) ..17.. кусочка мяса? — спросил он.

    Старуха принесла кусочек мяса. Солдат положил (он) ..18.. в кастрюлю и снова стал ждать. Через несколько минут он опять попробовал суп.

    — Теперь лучше, — сказал он (старуха) ..19.., — только не хватает (капуста) ..20.. . Нет ли у (ты) ..21.. капусты?

    Старуха принесла (он) ..22.. капусту. Он положил капусту в кастрюлю и снова стал ждать. Так продолжалось, пока старуха не дала (он) ..23.. мяса, капусты, картошки. Наконец солдат решил, что суп готов. Старуха принесла чёрный хлеб, и они с (солдат) ..24.. сели за стол и стали есть суп. В самом деле, суп был очень вкусный. Солдат и старуха ели с (аппетит) ..25.. . Потом солдат встал и собрался уходить. Старуха посмотрела на (он) ..26.. с (удивление) ..27.. .

— А когда же мы с (ты) ..28.. будем есть топор? — спросила она.

— Топор ещё не готов, — ответил солдат. — Я возьму его с собой, чтобы съесть его (вечер) ..29.. .

Потом он сказал (старуха) ..30.. «До свидания» и пошёл дальше.

(Adapted from folk tale in Н. Н. Ковачева, А. В. Фролкина (сост.), Русские сказки, «Русский язык», Moscow, 1987: 29)

Упражнение 9. Guided writing. Выбор профессии. *Прочитайте тексты и выполните упражнения. Read the following texts and do the exercises supplied at the end of the text.*

Станислав Яковлевич Долецкий — прекрасный врач, детский хирург. Когда он учился в школе, он ещё не знал, кем стать. Учился он отлично, и ему нравились разные школьные предметы: и физика, и химия, и биология, и литература. Учителя говорили, что у него прекрасные способности. Мать советовала ему стать врачом. Она первая увидела, что её сын, серьёзный, трудолюбивый юноша, может стать хорошим врачом. Станислав начал учиться в медицинском институте. На первом и втором курсе ему не очень нравились предметы, которые они изучали. Особенно он не любил анатомию и латинский язык. Но и здесь, в институте, Долецкий учился очень хорошо, потому что всегда работал серьёзно. На третьем курсе он был на практике в детской больнице. Здесь он понял, что не ошибся, когда решил стать врачом.

Андрей Николаевич Туполев и его сын Алексей Андреевич Туполев — известные авиаконструкторы. Сын уже в школе твёрдо решил, кем он будет, и пошёл учиться в авиационный институт. Может быть, отец с детства советовал ему стать авиаконструктором? «Нет, — рассказывает Алексей Андреевич, — отец никогда не говорил об этом. Он вообще никогда не говорил: надо делать так и только так. . .» Он просто работал. . . Но он работал так, что сын решил, как и отец, стать авиаконструктором, конструировать и строить новые модели самолётов.

Профессор физики Никита Алексеевич Толстой работает в Ленинградском университете на физико-математическом факультете. Когда его спрашивают, почему он стал физиком, он шутит: «Может быть, потому, что мой отец — известный советский писатель Алексей Николаевич Толстой, и поэтому дома всегда много говорили о литературе, о поэзии. . .» Но Никита Алексеевич любит не только физику и математику, он любит и литературу, и музыку. А студенты, которые слушают его лекции в университете, говорят, что у него прекрасный язык, и о физике он говорит, как поэт.

Ирина Константиновна Архипова — известная русская оперная певица. Её знают во всём мире. Но не все знают, как она стала артисткой. В семье часто говорили о профессии строителя как о самой интересной профессии: и отец, и дедушка Ирины были строителями. Родители советовали и Ирине стать строителем или архитектором. Ирина, которая с детства любила петь, окончила школу и стала студенткой архитектурного института, а по окончании института стала работать архитектором. О ней говорили, что она прекрасный архитектор. Но Ирине, как и раньше, очень нравилась музыка. Как и раньше в школе, в институте она много пела, часто выступала на институтских вечерах. И она решила днём работать, вечером — учиться. Так Ирина стала студенткой вечернего отделения Московской консерватории. Она окончила консерваторию и два года работала в Свердловске, в Театре оперы и балета. А потом Ирина Архипова стала артисткой Большого театра.

(Часть 1 курса «*Старт–2*», 8–10)

Задания. Ответьте на вопросы по-русски

1. Как вы думаете, какой вопрос/какие вопросы задали этим людям?

2. Как называется учебное заведение, где учатся
— будущие врачи?   — будущие физики и математики?
— будущие строители и архитекторы?   — будущие певцы и певицы?

3. *Объясните по-русски, как вы понимаете следующие слова и выражения.*

трудолюбивый   юноша

отлично учиться   быть на практике

родители советовали (ей)   он шутит

выступать на институтских вечерах

4. Guided writing. *Напишите 10–12 предложений на тему:*
Кем вы хотели стать, когда учились в школе? Что вы думаете об этом сейчас?
или:
Кем вы сейчас хотите стать и почему? Кто помог вам решить этот вопрос?

Упражнение 10. Comprehension and summarising. И. С. Тургенев. *Напишите краткое изложение жизни И.С. Тургенева. Read the following biography of Turgenev. Distinguish the main ideas from supporting details by differentiating: statement from example, fact from opinion and a proposition from its argument. Summarise the information contained in this biography by composing a short entry in English for a literary-biographical encyclopaedia.*

Иван Сергеевич Тургенев родился в городе Орле в 1818 году в богатой помещичьей семье. Отец его не вмешивался в воспитание будущего писателя, предоставив это своей жене, женщине властной и своенравной.

Детство и юношеские годы он провёл в имении своей матери.

Тургенев получил хорошее образование. В 1827 году он поступил в Лазаревский институт в Москве, а затем на словесный факультет Московского университета. Через некоторое время, в связи с переездом всей семьи в Петербург перевёлся в Петербургский университет. Студенческие годы ознаменовались первыми литературными опытами молодого Тургенева (главным образом стихотворными), а также его встречами с виднейшими писателями и литераторами того времени — В. А. Жуковским, А. С. Пушкиным, Н. В. Гоголем и другими.

Окончив Петербургский университет, Тургенев в 1838 году поехал за границу, в Берлин, где изучал философию, историю и древние языки. В Германии он познакомился с русскими политическими и общественными деятелями — Станкевичем, Бакуниным. Предметом споров в кругу новых друзей Тургенева

были события общественной жизни, проблемы истории и философии,
политические и литературные новости, журнальные статьи и театральные
постановки. Эти встречи оказали большое влияние на формирование
мировоззрения молодого литератора.

Тургенев готовился к профессорской деятельности, но по настоянию матери в
1841 году Тургенев вернулся в Петербург и поступил на службу в канцелярию
Министерства внутренних дел. Одновременно он начал серьёзно заниматься
литературой. Впрочем, его карьера чиновника продолжалась недолго, и он вскоре
вышел в отставку, посвятив себя всецело литературной деятельности.

С 1847 года Тургенев почти всё время жил за границей, где познакомился с
французскими писателями, такими как Флобер, Мопассан, Гюго, Золя, Жорж
Санд; там же он встречался с известной певицей Полиной Виардо, с которой
познакомился в 1843 году в Петербурге, куда она приехала на гастроли, и к
которой он на всю жизнь сохранил чувство нежной привязанности.

В 60-х–70-х годах расширяются зарубежные связи Тургенева с различными
общественными деятелями и публицистами, с видными представителями
литературы и искусства. За границей Тургенев пропагандирует идеи русской
литературы.

В 1878 году он был избран вице-президентом Международного литературного
конгресса в Париже, а в 1879 году Оксфордский университет присвоил ему степень
доктора права.

Лето 1881 года было последним, которое Тургенев провёл в своём родном
имении. Осенью он уехал за границу, а весной 1882 года его здоровье резко
ухудшилось. Он умер во Франции в 1883 году. Согласно его воле, тело его было
перевезено на родину.

Тургенев написал шесть романов — «Дворянское гнездо», «Рудин», «Накануне»,
«Отцы и дети», «Дым» и «Новь»; ряд повестей и рассказов — «Ася», «Первая
любовь», «Вешние воды», «Муму» и другие; пьесы — «Месяц в деревне», «Завтрак
у предводителя», «Провинциалка» и художественные миниатюры —
стихотворения в прозе. Он также написал сборник рассказов под названием
«Записки охотника», которые сыграли большую роль в деле освобождения
крестьян, так как впервые близко познакомили читателя с жизнью русского
крестьянина.

Упражнение 11. Cloze. И. С. Тургенев. *Поставьте слова из скобок в нужную форму.*
Put the words in brackets into appropriate form.

Иван Сергеевич Тургенев родился 9 (ноябрь) ..1.. 1818 (год) ..2.. в городе Орле.
Детство Тургенев провёл в (имение) ..3.. матери недалеко от Орла. Здесь родилась
его любовь к русской (природа) ..4.. .

В 1827 (год) ..5.. семья Тургеневых (переехать) ..6.. в (Москва) ..7.., где Иван
Сергеевич учился в (пансион) ..8.., а с 1833 (год) ..9.. начал учиться в Московском
(университет) ..10.. . Вскоре вся семья переехала в Петербург, и Тургенев стал
(студент) ..11.. Петербургского (университет) ..12.. . В студенческие (год) ..13..
Тургенев начал писать стихи. В 1838 году, когда Тургенев окончил Петербургский
университет, он уехал в (Германия) ..14.., где поступил в университет в (Берлин)

..15.. . В 1841 (год) ..16.. Тургенев вернулся в Петербург и поступил на службу. Одновременно он начал серьёзно заниматься (литература) ..17.. . В 1847 году вышел первый номер (журнал) ..18.. «Современник», в нём был впервые напечатан рассказ (Тургенев) ..19.. .

В 40-ые и 50-ые (год) ..20... Тургенев пишет стихи, повести и пьесы. С (середина) ..21.. 40-ых годов Тургенев часто ездил за (граница) ..22.., жил в (Германия) ..23.., в (Англия) ..24.. и во (Франция) ..25.., где он встречался с французской (певица) ..26.. Полиной Виардо. Иван Сергеевич познакомился с (она) ..27.. в Петербурге в (ноябрь) ..28.. 1843 (год) ..29.. .

С 1856 (год) ..30.. до (конец) ..31.. своей жизни Тургенев почти постоянно жил за (граница) ..32.. . (Третье) ..33.. (сентябрь) ..34.. 1883 (год) ..35.. Тургенев умер в Буживале, недалеко от (Париж) ..36.. .

(«*Русский язык за рубежом*», 1983, 3, 6–27)

Упражнение 12. Aspects. Дружные братья. *Выделите глагол нужного вида. Underline the verbs of the appropriate aspect.*

Когда я был маленький, моя бабушка часто (рассказывала/рассказала) ..1.. мне разные сказки. Однажды она (рассказывала/рассказала) ..2.. мне такую сказку. Жили в соседних деревнях два брата. Однажды осенью старший брат (собирал/собрал) ..3.. большой урожай. Он (думал/подумал) ..4.., что у младшего брата большая семья и (решал/решил) ..5.. ему помочь.

Когда (наступала/наступила) ..6.. ночь, он (брал/взял) ..7.. мешок риса и (шёл/пошёл) ..8.. в деревню, где жил его брат. Ночь была тёмная, мешок был тяжёлый, идти было трудно, но старший брат шёл и (думал/подумал) ..9..: «Это будет большая радость для брата».

Он (подходил/подошёл) ..10.. к дому, где жил младший брат, и (ставил/поставил) ..11.. мешок около двери. Когда он (приходил/пришёл) ..12.. домой, он (видел/увидел) ..13.., что у него, как и раньше, десять мешков риса. Он опять (брал/взял) ..14.. мешок риса и пошёл в соседнюю деревню.

В это время вышла луна и старший брат (видел/увидел) ..15.. на дороге своего младшего брата. Он шёл в деревню, где жил старший брат, и нёс ему мешок риса. Братья всё (понимали/поняли) ..16.. и ничего не (говорили/сказали) ..17.. друг другу. Мешки были тяжёлые, но на душе у них было легко.

(В.P. Pockney (ed.), *88 коротких рассказов,* Collets, 1969: 24–5)

V+ 13 Lexical exercises — Лексические упражнения

13.1 **Semantic groups.** Женщины бывают . . . *Перечислите восемь положительных и восемь отрицательных черт у женщин. List eight characteristics you admire in a woman and eight you do not like.*

13.2 **Semantic groups.** Мужчины бывают . . . *Перечислите восемь положительных и восемь отрицательных черт у мужчин. List eight characteristics you admire in a man and eight you do not like.*

13.3 Semantic groups. *Профессии. Перечислите восемь профессий по следующим критериям:* **рабочие**, **научные работники**, **служащие**. *List eight professions in each of the named categories.*

13.4 Semantic groups. Антонимы. *Напишите антонимы к следующим словам. Supply the opposites to each of the following words.*

большой	замужем	здоров	медленно
открывать	открытый	плохо	редко
старый	темно	тихо	холод
хороший	решительный	пассивный	слабый
оптимизм	грустный		

13.5 Semantic groups. Профессии. *Вставьте пропущенные буквы. Supply the first and last letters of each of the following names of professions. The first letters of each word spell another profession. What is it?*

1. — ктё —, 2. — ра —, 3. — нжене —, 4. — гроно —, 5. — узне —, 6. — фициан —, 7. — ачальни —, 8. — толя —, 9. — елеоперато —, 10. — абочи —, 11. — чител — 12. — ассирш —, 13. — рактори —, 14. — фициантк —, 15. — ежиссё —

13.6 Crossword. Причастия. Active participles

1. который любит; 2. который имеет; 3. который интересуется; 4. который не пьёт; 5. который говорит; 6. который стоит; 7. который живёт; 8. который изучает; 9. который сидит

13.7 Semantic groups Черты характера. *Проанализируйте объявления в В2 и распределите слова по тематическим группам. Analyse the lonely-hearts advertisements in B2 and classify the vocabulary into the following categories:* work, physical appearance, marital status, residence type, education, virtues, vices, likes, dislikes.

13.8 Semantic groups. Черты характера. *Укажите, какое слово не входит в семантическую группу. Which word in each column is the odd one out?*

лживый	верный	активный	добрый	мужественный
честный	капризный	грустный	заботливый	нервозный
слабый	серьёзный	решительный	любящий	пугливый
ленивый	солидный	самостоятельный	расчётливый	слабый
нерешительный	спокойный	сильный	симпатичный	эгоистичный
пассивный	тихий	энергичный	терпеливый	трусливый

Listening comprehension

The following sections from Unit 11 have been recorded on tape:

D2   Последний рассказ
E5   Стихотворения в прозе

Упражнение 1. Diction. Китайский гороскоп. *Прослушайте текст и заполните пропуски. Listen to the text and fill in the missing words.*

Словарь: животное (n.) = animal   зверь (m.) = wild animal
В отличие от . . . , китайские астрологи определяют характер . . . не по Солнцу и Зодиаку, а по Луне и лунному циклу. Этот цикл продолжается 12 . . . , и каждый год в китайском календаре носит название животного.

     Вот что рассказывает об . . . китайского гороскопа восточная легенда. Однажды великий Будда . . . к себе в гости на . . . . . . всех животных. Но пришли только 12 гостей. Великий Будда . . . их за верность и подарил каждому зверю . . . лунный год — в том порядке, в каком звери пришли к нему на. . . . Первой пришла к Будде Крыса, за ней — Бык, потом пришёл Тигр, за Тигром — Кошка, потом пришли Дракон и Змея, за ними — Лошадь, Козёл, Обезьяна и Петух. Последними пришли Собака и Свинья.

     С тех пор в восточном . . . каждый год носит название того животного, которому великий Будда подарил этот год.

(adapted from Н. Гросс, *Астрология для всех*, 1980)

Лексические упражнения. *Listen to the text again and list the animals mentioned in the Chinese calendar in Russian and English.*

Год	Животное	English	Год	Животное	English
1986			1993	Петух	
1987	Кошка		1994		
1988			1995		
1989			1996		
1990			1997	Бык	
1991	Козёл		1998		
1992	Обезьяна		1999		

Record twelve sentences based on the completed table, naming each of the years and the corresponding animals (in the genitive case):

Например: 1997-ой год — год Быка

Упражнение 2. Listening for information. В московской англо-американской школе. *Прослушайте репортаж и ответьте на вопросы. Listen to the report and answer the following questions in Russian.*

1. Как зовут корреспондента, и в какой газете он работает?
2. Как называется школа?
3. Сколько учеников в этой школе?
4. Из каких они стран?
5. Где работают их родители?
6. Сколько часов в день продолжаются уроки, и сколько дней в неделю занимаются дети?
7. На каком языке ведутся уроки?
8. Что изучают дети, кроме основных, обязательных предметов?
9. Сколько стоит обучение в этой школе?
10. Кто обычно платит за обучение?

Упражнение 3. Defining words. Профессии. *Прослушайте определения и закончите следующие предложения. Запишите на кассету, о какой профессии идёт речь. Listen to the definitions recorded on the tape and complete the following sentences. State what profession is being defined. Record in the pauses provided on the tape.*

1. Человек, который строит . . . = . . .
2. Человек, ... школьников = . . .
3. . . . , который . . . картины = . . .
4. Человек, . . . водит . . . . . . или . . . = . . .
5. Люди, . . . учатся в . . . = . . .
6. Женщина, которая выдаёт . . . в . . . = . . .
7. . . . , которая . . . в балете = . . .
8. . . . , . . . лечит больных = . . .
9. . . . , которые . . . роли в . . . или в . . . = . . .

10. . . . , . . . дирижирует . . . = . . .
11. Девушка, . . . печатает . . . и документы = . . .
12. . . . , ... в лесу = . . .
13. . . . , ... в оперном . . . = . . .

Упражнение 4. Comprehension. Кем вы хотели стать и кем вы стали? *Прослушайте диалоги и составьте таблицу. Listen to the two dialogues and devise a table to summarise the information under the following headings: (in Russian) the full names and patronymics of the speakers; what profession they chose in childhood; what their present jobs are and (in English) their reasons for choosing those professions.*

Упражнение 5. Speaking. Устное сочинение. *Расскажите, кем вы хотели стать в детстве и кем вы хотите стать после окончания университета. Using the phrases suggested below, compose a short account (approximately five or six sentences) about your own choice of profession.*

Кем я хотел/хотела стать в детстве и кем я хочу стать после окончания университета.
1. Когда я был маленький/была маленькая, я хотел/хотела стать . . .
2. Когда я учился/училась в школе, я хотел/хотела стать . . .
3. Когда я окончил/окончила школу, я решил/решила стать . . .
4. Сейчас я учусь в . . . на . . .
5. После окончания университета я хочу стать . . .

UNIT **12** урок

In this unit you will learn how to:

- talk about people's dress and health
- refer to colour
- use adjectives and relative pronouns in the prepositional case

Classwork

A Dress

A1 Dress — Оде́жда

V+

брю́ки

джи́нсы

блу́зка

руба́шка

пла́тье

ю́бка

сви́тер

пере́дник

Футбо́лка	га́лстук	очки́

костю́м

Что на нём?
На нём джи́нсы.

Что на ней?
На ней пла́тье.

A2 Who dresses how? — Кто как оде́т?

Look through the photographs of a current newspaper. Identify who the people are and describe how they are dressed: **Кто он/она́? Что на нём? Что на ней?**

A3 Dress and colour — Одéжда и цвет

в чёрных брюках	в рóзовой блýзке	в зелёном плáтье
в сѝних джѝнсах	в крáсной рубáшке	
в корѝчневой юбке	в сéром свѝтере	в бéлом перéднике
в крáсной футбóлке	в рóзовом гáлстуке	в тёмных очках

в чёрком костюме

Человéк в чёрных брюках рабóтает в бáнке.

Жéнщина в бéлом перéднике готóвит ýжин на кýхне.

Supply the missing endings in the following sentences.

Юноша в зелён. . . га́лстук. . . танцу́ет на дискоте́ке.
Мужчи́на в бе́л. . . руба́шк. . . рабо́тает в на́шей фи́рме.
Же́нщина в си́н. . . ю́бк. . . смо́трит телеви́зор.
Же́нщина в кра́сн. . . пла́ть. . . проверя́ет биле́ты.
Ма́льчик в се́р. . . футбо́лк. . . игра́ет в футбо́л.
Де́вочка в кори́чнев. . . пере́дник. . . помога́ет ма́ме.
Де́вушка в кра́сн. . . блу́зк. . . игра́ет на гита́ре и поёт.
Стари́к в зелён. . . брю́к. . . рабо́тает кло́уном в ци́рке.
Студе́нт в си́н. . . джи́нс. . . е́дет на стадио́н.
Стару́шка в тёмн. . . очк. . . перехо́дит доро́гу.

A4 Game — Игра́

 Кто как оде́т?

*Студе́нты по о́череди по одному́ выхо́дят за дверь. Остальны́е вме́сте вспомина́ют и запи́сывают по па́мяти: **Что на нём? Что на ней? Како́го цве́та . . . ?***
Когда́ студе́нт/студе́нтка возвраща́ется, остальны́е чита́ют вслух, что они́ записа́ли. Ка́ждый непра́вильный отве́т — э́то одно́ очко́ в его́/её по́льзу!

A5 Pair work — Рабо́та па́рами

Расскажи́те сосе́ду о лю́дях на ва́ших карти́нках. Приду́майте, како́го цве́та их оде́жда, кем и где они́ рабо́тают.

Наприме́р: На э́том мужчи́не чёрный костю́м, бе́лая руба́шка и . . .
Мужчи́на в чёрном костю́ме рабо́тает касси́ром в ба́нке.

A

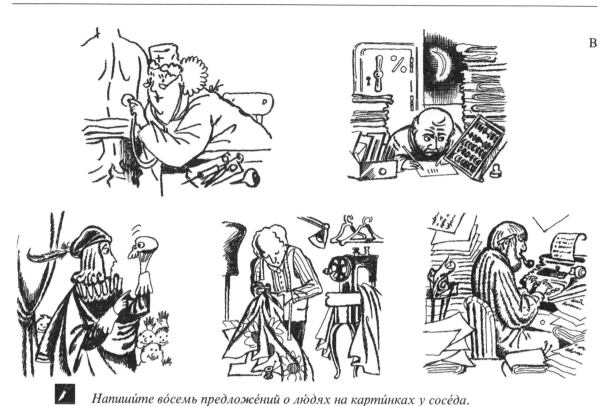

Напишите восемь предложений о людях на картинках у соседа.

B Relative pronouns

B1 Examples — Примеры

Read and translate the following sentences. Discuss the endings on the relative pronoun «который».

1. Университет, в котором мы учимся, находится в центре города.
2. Девушка, о которой я тебе говорил, скоро станет моей женой.
3. Фирмы, в которых студенты работают во время каникул, платят очень мало.

B2 Exercises — Упражнения

Insert the appropriate form of the relative pronoun in the following sentences.

1. Новый профессор, о . . . никто ничего не знает, приехал позавчера.
2. Деревня, в . . . мы жили в детстве, теперь стала большим промышленным городом.
3. Молодого человека, о . . . мечтала Татьяна, звали Евгений.
4. Институт, в . . . учился Игорь, теперь стал университетом.
5. Разрешите познакомить вас со студенткой, о . . . я вам рассказывал вчера.
6. Он вернулся в родной город, в . . . он прожил около тридцати лет.
7. Мы переводили текст, в . . . было много незнакомых слов.
8. Комнаты, в . . . живут студенты, обычно небольшие — на одного или на двоих.

C Reading and grammar

C1 Pre-reading exercises — Лекси́ческие упражне́ния

 Словообразование

моро́з	хо́лод
моро́зец	холоди́льник
морози́льник	холо́дный (день)
моро́зный (день)	хо́лодно (кому́?)
(за)моро́зить (кого́? что?)	(по)холода́ть
(за)мёрзнуть	холодо́к

 Скажи́те, что но́сят зимо́й/ле́том? Choose from the words below.

свитер   ша́пка   шарф
пиджа́к   пальто́   чулки́
шерстяны́е
носки́   ко́фта   шу́ба   **босоно́жки**
гало́ши
мехо́вы́е   плащ   ту́фли
сапоги́   пла́вки
ку́ртка   шо́рты   ке́пка
руба́шка
пла́тье
футбо́лка

Соста́вьте де́сять предложе́ний о том, что но́сят на у́лице / в лесу́ / на да́че / на пля́же . . . весно́й / ле́том / зимо́й / о́сенью.

Наприме́р:

Когда́?	где?	но́сят	что?
Зимо́й	на у́лице	но́сят	шу́бу, ша́пку . . .

 Group the following words into semantically related categories.

бе́дный	бога́тый	ба́рин
земля́	зима́	ку́ртка
ле́то	мех	молодо́й
оте́ц	рукави́цы	сапоги́
снег	сын	тёплая оде́жда
шарф	ша́пка	шу́ба
доро́га	мужи́к	тро́йка
лёд	се́вер	

Describe the following two scenes in as much detail as possible.

C2   Lithuanian folk tale — Моро́з и Моро́зец

(*Литовская сказка*)

Listen to the recording of the following story. As a group activity, attempt to reconstruct the story in English.

Жил-был на се́вере Моро́з Кра́сный нос. Ле́том он отдыха́л, а зимо́й у него́ бы́ло о́чень мно́го рабо́ты: он покрыва́л зе́млю сне́гом, превраща́л* во́ду в лёд, рисовал рису́нки на о́кнах, заставля́л люде́й носи́ть тёплую оде́жду: шу́бу, ша́пку, шарф, сапоги́ и рукави́цы.

Был у него́ сын, молодо́й и весёлый. Зва́ли его́ Моро́зец. Он был о́чень похо́ж на отца́, де́лал всё, как оте́ц, и во всём отцу́ помога́л.

Одна́жды Моро́з и Моро́зец пошли́ вме́сте в лес гуля́ть. Вдруг навстре́чу им е́дет бога́тый ба́рин на тро́йке. На нём была́ но́вая мехова́я ша́пка и шу́ба, на нога́х теплые сапоги́, на рука́х тёплые рукави́цы.

Сын реши́л показа́ть отцу́ свою́ си́лу. Пры́гнул он к ба́рину под шу́бу и стал его́ моро́зить. Ба́рин сра́зу замёрз, хотя́ шу́ба у него́ была́ о́чень тёплая, из дорого́го ме́ха.

Моро́зец верну́лся к отцу́ и говори́т ему́ ве́село: «Ви́дишь, како́й я си́льный!» А оте́ц ему́ отвеча́ет: «Ну, сыно́к, заморо́зить бога́того — э́то нетру́дно. А вот ви́дишь, идёт по доро́ге бе́дный мужи́к, в рука́х у него́ топо́р — зна́чит, он в лес за дрова́ми* собра́лся. Если ты суме́ешь э́того мужика́ заморо́зить, зна́чит, ты и впра́вду си́льный». «Ну, э́то ерунда́! — сказа́л Моро́зец. — На мужике́-то ста́рая ку́ртка и ша́пка, и сапоги́ у него́ рва́ные!»

Пры́гнул он к мужику́ в сапоги́. Но́ги у мужика́ замёрзли, но он пошёл быстре́е, а пото́м бего́м побежа́л, и ему́ ста́ло тепло́. А Моро́зец упа́л из рва́ного сапога́ на доро́гу. Тогда́ он пры́гнул к мужику́ под ку́ртку. Ку́ртка была́ ста́рая и холо́дная. Мужи́к снял ку́ртку, взял топо́р и на́чал руби́ть дрова́. Ему́ ста́ло жа́рко, и он снял ша́пку и рукави́цы.

Пока́ мужи́к рабо́тал, Моро́зец приду́мал другу́ю шу́тку: он спря́тался в рукави́цы и стал там ждать. Рукави́цы ста́ли холо́дные и твёрдые, как лёд. Мужи́к ко́нчил руби́ть дрова́, наде́л ку́ртку и ша́пку, стал надева́ть рукави́цы — смо́трит, а там Моро́зец сиди́т. Тогда́ мужи́к взял топо́р и стал топоро́м по рукави́це бить. Моро́зец испуга́лся* и чуть живо́й прибежа́л к отцу́.

(B. P. Pockney (ed.), *88 коротких рассказов*, Collets, 1969: 25–6)

Словарь:

* превраща́ть/преврати́ть: что? во что? = turn something into something
* дрова́ (plur.) = firewood
* испуга́ться = get scared, frightened

C3 Exercises — Упражнéния к тéксту

☞ **Глагóльное управлéние** — verb governance

For each noun phrase supply two questions indicating which case is used.

Напримéр:	покрывáть	зéмлю	снéгом
		что?	чем?

превращáть	вóду	в лёд
рисовáть	рисýнки	на óкнах
помогáть	отцý	во всём
показáть	отцý	свою сúлу
собрáться	в лес	за дровáми
упáсть	из сапогá	на дорóгу
бить	топорóм	по рукавúце

☞ **Употреблéние глагóла *стать***

он стал егó морóзить
ему стáло теплó
ему стáло жáрко
он стал ждать в рукавúцах
рукавúцы стáли холóдные
он стал надевáть рукавúцы
он стал топорóм по рукавúце бить

C4 Structuring discourse — структура рассказа

Reconstruct the narrative by correctly ordering the following sentences.

☐ А вот вúдишь, идёт по дорóге бéдный мужúк, в рукáх у негó топóр — знáчит, он в лес за дровáми собрáлся.

☐ А Морóзец упáл из рвáного сапогá на дорóгу.

☐ А отéц емý отвечáет: «Ну, сынóк, заморóзить богáтого — э́то нетрýдно.

☐ Бáрин срáзу замёрз, хотя́ шýба у негó былá óчень тёплая, из дорогóго мéха.

☐ Был у негó сын, молодóй и весёлый.

☐ Вдруг навстрéчу им éдет богáтый бáрин на трóйке.

☐ Емý стáло жáрко, и он снял шáпку и рукавúцы.

☐ Если ты сумéешь э́того мужикá заморóзить, знáчит, ты и впрáвду сúльный».

☐ Жил-был на сéвере Морóз Крáсный нос.

☐ Звáли егó Морóзец.

☐ Кýртка былá стáрая и холóдная.

☐ Ле́том он отдыха́л, а зимо́й у него́ бы́ло о́чень мно́го рабо́ты: он покрыва́л
зе́млю сне́гом, превраща́л во́ду в лёд, рисова́л рису́нки на о́кнах, заставля́л
люде́й носи́ть тёплую оде́жду: шу́бу, ша́пку, шарф, сапоги́ и рукави́цы.

☐ Моро́зец верну́лся к отцу́ и говори́т ему́ ве́село: «Ви́дишь, како́й я си́льный!»

☐ Моро́зец испуга́лся и чуть живо́й прибежа́л к отцу́.

☐ Мужи́к ко́нчил руби́ть дрова́, наде́л ку́ртку и ша́пку, стал надева́ть рукави́цы
— смо́трит, а там Моро́зец сиди́т.

☐ Мужи́к снял ку́ртку, взял топо́р и на́чал руби́ть дрова́.

☐ На нём была́ но́вая мехова́я ша́пка и шу́ба, на нога́х тёплые сапоги́, на рука́х
тёплые рукави́цы.

☐ Но́ги у мужика́ замёрзли, но он пошёл быстре́е, а пото́м бего́м побежа́л, и ему́
ста́ло тепло́.

☐ Одна́жды Моро́з и Моро́зец пошли́ вме́сте в лес гуля́ть.

☐ Он был о́чень похо́ж на отца́, де́лал всё, как оте́ц, и во всём отцу́ помога́л.

☐ Пока́ мужи́к рабо́тал, Моро́зец приду́мал другу́ю шу́тку: он спря́тался в
рукави́цы и стал там ждать.

☐ Пры́гнул он к ба́рину под шу́бу и стал его́ моро́зить.

☐ Пры́гнул он к мужику́ в сапоги́.

☐ Рукави́цы ста́ли холо́дные и твёрдые, как лёд.

☐ Сын реши́л показа́ть отцу́ свою́ си́лу.

☐ Тогда́ он пры́гнул к мужику́ под ку́ртку.

☐ Тогда́ мужи́к взял топо́р и стал топоро́м по рукави́це бить.

☐ «Ну, э́то ерунда́! — сказа́л Моро́зец. — На мужике́-то ста́рая ку́ртка и ша́пка,
и сапоги́ у него́ рва́ные!»

D Health

D1 Parts of the body — Ча́сти те́ла

V+ Те́ло: *Label the picture: draw the appropriate numbers on the picture.*

1. Рука́
2. Голова́
3. Спина́
4. Нога́
5. Па́льцы
6. Коле́но

  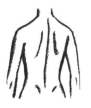 

Лицо́: *Label the picture: draw the appropriate numbers on the picture.*

1. глаз/глаза́
2. рот
3. нос
4. гу́бы
5. лоб
6. ше́я
7. весну́шки

8. у́хо/у́ши
9. зу́бы

10. щёки
11. во́лосы
12. бро́ви

Describe the physical appearance of the people in the photographs supplied.

D2 At the doctor's — В приёмной у врача́

Поговори́те о пацие́нтах в приёмной у врача́.

Что с ним/ней?	У него́/неё . . .	{	грипп температу́ра ка́шель на́сморк
Что у него́/неё боли́т?	У него́/неё боли́т . . .	{	зуб у́хо голова́
Что у него́/неё с ного́й/руко́й?	У него́/неё *сло́мана . . .	{	нога́ рука́

*For a discussion of past passive participles see 'Grammar summary' (9.1.2.2).

 Уточни́те, о ком идёт речь, испо́льзуя сле́дующие фра́зы.

мужчи́на	с кра́сным но́сом	ря́дом с кем?
	с ребёнком	
	с газе́той	
же́нщина	с уса́ми	пе́ред кем?
	с су́мочкой	
	в ке́пке	за кем?
ма́льчик	в шля́пе	
	в очка́х	
	в пальто́	о́коло кого́?
де́вочка	в сви́тере	
	в костю́ме	сле́ва от кого́?
	в пиджаке́	
ребёнок	в га́лстуке	спра́ва от кого́?
	в ку́ртке	

For a table illustrating prepositional phrases see 'Grammar summary' (6).

D3 Healthcare — Здравоохране́ние

Read the following text and supply the Russian for the words and phrases in italics. Using the guiding questions supplied below, write a summary of the text in Russian.

The Soviet *health service* employed 1.3 million *doctors* (66 per cent of them *women*) and 3.5 million *middle medical personnel* (virtually all female) in 1990. Medical staff provided *out-patient care* through 43,500 *polyclinics* and dispensaries. In the public, territorial-based system patients were assigned to a local polyclinic and obtained first-contact care from a general doctor called a *therapist*. If necessary, they were referred to specialists in diagnostic or treatment departments within the same facility. If *in-patient care* was needed, patients were sent on to the district *hospital* (in rural areas the polyclinic and hospital were often located in the same *building*). Further referrals could be made to specialized *regional, republican* or *all-union* medical facilities. The Soviet health service possessed 23,900 hospitals of all types, with 3.9 million beds in 1990.

According to a survey carried out in 1988, only 49 per cent of the *population's* demand for out-patient services and 52 per cent for hospital care was fully satisfied. In most polyclinics there were *queues* of patients in crowded *waiting rooms*, cramped work spaces for staff, insufficient quantities of *modern technology*, and substandard quarters for diagnostic and treatment units. *Hospital beds* were often crammed into *ward areas* in violation of minimum sanitary norms or placed in *corridors*. There were severe shortages of *medical equipment*, *medicines*, and *instruments*.

(*The Cambridge Encyclopedia of Russia and the former Soviet Union*, CUP, 1994: 467–8)

Guiding questions: Здравоохране́ние

1. Ско́лько челове́к рабо́тало врача́ми и́ли сре́дними медици́нскими рабо́тниками в Сове́тском Сою́зе в нача́ле 90-ых годо́в? Ско́лько из них же́нщин?
2. Ско́лько бы́ло тогда́ в стране́ поликли́ник?
3. Как называ́ется челове́к, кото́рый прово́дит перви́чный осмо́тр больны́х в ме́стных поликли́никах?
4. Куда́ отправля́ют больны́х, кото́рые не мо́гут лечи́ться до́ма?
5. Ско́лько было в Сове́тском Сою́зе больни́ц (областны́х, республика́нских и всесою́зных)? И ско́лько в них мест?
6. Хвата́ло ли больни́ц?
7. К чему́ приво́дит нехва́тка медици́нских пу́нктов?
8. Хвата́ло ли медици́нского обору́дования, лека́рств и медици́нских инструме́нтов?

E Reading and comprehension

E1 Biography — Михаи́л Миха́йлович Зо́щенко (1895—1958 гг.)

Михаи́л Миха́йлович Зо́щенко роди́лся в Полта́ве в семье́ худо́жника в 1895 году́. По́сле оконча́ния гимна́зии Зо́щенко поступи́л на юриди́ческий факульте́т Петербу́ргского университе́та, но не око́нчил его́, так как в 1915 году́ пошёл доброво́льцем на фронт.

По́сле револю́ции Зо́щенко скита́лся по всей Росси́и, служи́л в Кра́сной Армии, рабо́тал пло́тником, сапо́жником, актёром и так да́лее. На́чал печа́таться в 1921 году́, принадлежа́л к изве́стной литерату́рной гру́ппе «Серапио́новы бра́тья». В 1946 году́ по́сле опубликова́ния расска́за «Приключе́ния обезья́ны» Зо́щенко был исключён из Сою́за писа́телей.

(Igor S. Mihalchenko (ed.), *Russian Intermediate Reader*, NTC, 1987: 117)

E2 Text — Глу́пая исто́рия

(*по расска́зу* М. Зо́щенко)

Listen to the recording of the following story. Indicate whether the following statements are true or false.

1. Petya was three years old.
2. His mother treated him as though he were six or seven.
3. One day his mother dressed him, stood him beside the bed and he immediately fell over.
4. His mother rang her father at work.
5. His mother asked his father to come straight home.
6. His father came home, stood him on the carpet and he fell down again.
7. His father thinks he must have broken his leg.
8. His parents ring for the doctor.
9. The doctor diagnoses that Petya has twisted his ankle.
10. The doctor suggests they ring a consultant.
11. Petya's friend Kolya arrives and says there is nothing wrong with Petya's ankle and explains why he keeps falling down.

Пе́тя был не тако́й уж ма́ленький ма́льчик. Ему́ бы́ло четы́ре го́да. Но ма́ма его́ счита́ла совсе́м ещё кро́шечным ребёнком. Она́ корми́ла его́ с ло́жечки, гуля́ть води́ла за ру́чку и по утра́м сама́ одева́ла его́.

Одна́жды Пе́тя просну́лся в свое́й посте́льке. И ма́ма ста́ла его́ одева́ть. Вот она́ оде́ла его́ и поста́вила на но́жки о́коло крова́ти, но Пе́тя вдруг упа́л. Ма́ма ду́мала, что он шали́т, и сно́ва поста́вила его́ на но́жки. Но он опя́ть упа́л. Ма́ма удиви́лась и в тре́тий раз поста́вила его́ о́коло крова́тки. Но ребёнок сно́ва упа́л.

Ма́ма испуга́лась и по телефо́ну позвони́ла па́пе на слу́жбу. Она́ сказа́ла па́пе:

— Приезжа́й скоре́й домо́й. Что́-то с на́шим ма́льчиком случи́лось: он на но́жках стоя́ть не мо́жет.

Вот па́па приезжа́ет и говори́т:

— Это глу́пости. Наш ма́льчик хорошо́ хо́дит и бе́гает, и не мо́жет быть, что́бы он у нас па́дал.

И он момента́льно ста́вит ма́льчика на ковёр. Ма́льчик хо́чет пойти́ к свои́м игру́шкам, но сно́ва, в четвёртый раз, па́дает. Па́па говори́т:

— На́до скоре́е позва́ть до́ктора. Наве́рно, наш ма́льчик заболе́л. Наве́рно, он вчера́ конфе́тами объе́лся.

Позва́ли до́ктора. Прихо́дит до́ктор в очка́х и с тру́бкой.

До́ктор говори́т Пе́те:

— Это что за но́вости! Почему́ ты па́даешь?

Пе́тя говори́т:

— Не зна́ю почему́, но немно́жко па́даю.

До́ктор говори́т ма́ме:

— А ну-ка разде́ньте э́того ребёнка, я его́ сейча́с осмотрю́.

Ма́ма разде́ла Пе́тю, и до́ктор стал его́ слу́шать. До́ктор послу́шал его́ че́рез тру́бку и говори́т:

— Ребёнок совершенно здоровый. И это удивительно, почему он у вас падает. А ну-ка, оденьте его снова и поставьте на ножки.

Вот мама быстро одевает мальчика и ставит его на пол. И доктор одевает очки на нос, чтоб получше видеть, как мальчик падает. Только мальчика поставили на ножки, и вдруг он опять упал. Доктор удивился и говорит:

— Позовите профессора. Может быть, профессор догадается, почему этот ребёнок падает?

Папа пошёл звонить профессору, а в этот момент к Пете в гости приходит маленький мальчик Коля. Коля посмотрел на Петю, засмеялся и говорит:

— А я знаю, почему у вас Петя падает.

Доктор говорит:

— Глядите, какой нашёлся учёный карапуз, — он лучше меня знает, почему дети падают.

Коля говорит:

— Поглядите, как Петя у вас одет. У него одна штанишка болтается, а в другую засунуты обе ножки. Вот почему он и падает.

Тут все заахали, заохали и захохотали.

Петя говорит:

— Это меня мама одевала.

Доктор говорит:

— Не нужно звать профессора. Теперь нам понятно, почему ребёнок падает.

Мама говорит:

— Утром я очень торопилась, чтоб ему кашу варить, а сейчас я очень волновалась, и поэтому я так неправильно ему штанишки надела.

Коля говорит:

— А я всегда сам одеваюсь, и у меня таких глупостей с ногами не бывает. Взрослые вечно что-нибудь напутают.

Петя говорит:

— Теперь я тоже буду сам одеваться.

Тут все засмеялись. И доктор засмеялся. Он со всеми попрощался, и с Колей тоже попрощался. И ушёл по своим делам. Папа пошёл на службу, мама пошла на кухню. А Коля с Петей остались в комнате. И стали играть в игрушки. А на другой день Петя сам надел свои штанишки, и никаких глупых историй с ним больше не произошло.

(Зощенко, «*Русский язык за рубежом*», 3, 1976: 38–9)

E3 Exercises — Упражнения к тексту

V+ **Diminutives**

Supply the normal form of the noun for each of the diminutives listed below.

ложечка	ручка
кроватка	штанишки
постелька	ножка

Verb governance

Identify the construction(s)/cases used with each of the following verbs in the text, using an interrogative word and stating what case it is in.

Напримéр: считáть: когó? (accusative) чем?/кем? (instrumental)

позвонúть   стáвить   позвáть   объéсться   попрощáться

Orders, recommendations, suggestions

List all the constructions used in the text to express a command, an order, an instruction, recommendation, etc. Classify them according to the following categories: imperative and modal plus infinitive.

F   Cultural awareness

F1   Text — Не ходúте в педагогúческий!

Read the following article and do the exercises supplied at the end of the text.

Тяжелée всех жить на стипéндию бýдущим учителя́м, студéнтам Москóвского педагогúческого институ́та, котóрый рáньше носúл úмя Лéнина. Срéдняя стипéндия э́того огрóмного вýза — 25 рублéй в мéсяц.

Одúн обéд в столовóй стóит 2,5 рубля́. Такúм óбразом, на стипéндию мóжно пообéдать рóвно дéсять раз.

Ещё хýже — иногорóдним студéнтам. Мéсто в общежúтии стóит в срéднем 10 рублéй в мéсяц. Кýхни в общежúтии вообщé нет. Студéнты готóвят себé едý на электрúческих плúтках в кóмнате, что, конéчно, запрещенó.

Бýдущие учителя́ нашлú довóльно простóй спóсоб подзаработáть. Рабóтают онú в основнóм по специáльности, т. е. преподаю́т, кто что мóжет.

Вот что рассказáл Алексéй, студéнт вторóго кýрса факультéта инострáнных языкóв.

— Я не хотéл сидéть на шéе у родúтелей. Дал объявлéние в реклáмную газéту: преподаю́ англúйский. Сначáла дýмал, что никтó не отвéтит. Ошúбся. Сейчáс у меня́ кáждый день три-четы́ре ученикá. Не откáзываюсь ни от какóй плáты. Бизнесмéн, напримéр, плáтит мне 10 дóлларов в час, а бéдные родúтели шкóльников — 5 рублéй. Я обучáю и взрóслых, и детéй. Купúл мнóго учéбников: разговóрный англúйский, англúйский для экономúстов, для юрúстов, для мéдиков. Так я убивáю срáзу двух зáйцев — зарабáтываю на жизнь и плюс доýчиваю англúйский язы́к сам. Преподавáтели в институ́те на меня́ не нарáдуются.

(по материáлам еженедéльника «*Собеседник*», 1995)

F2 Exercises — Упражнёния

Indicate which of the following statements is correct according to the article.
Teacher training students living in hostel accommodation can afford to eat in the hostel canteen

1. every day
2. two to three times a week
3. three times a day
4. once a week

In the hostel of the teacher training university students are provided with

1. kitchenettes
2. shared kitchen facilities
3. electric rings in their rooms
4. no cooking facilities

Summarise in Russian how Andrey resolved his financial difficulties.

F3 Text — Досьё «МН»

Read the following text. Write brief notes on the plight of students in Ekaterinburg.

В Екатеринбу́рге 18 госуда́рственных вы́сших уче́бных заведе́ний. Крупне́йшие: Ура́льский госуда́рственный техни́ческий университе́т, Ура́льский госуда́рственный университе́т, Медици́нский институ́т, Ура́льская госуда́рственная юриди́ческая акаде́мия. На дневно́м отделе́нии в них обуча́ется 56 ты́сяч студе́нтов. Приме́рно полови́на — иногоро́дние. Сре́дняя стипе́ндия — 80 рубле́й (одна́ пя́тая прожи́точного ми́нимума Свердло́вской о́бласти). Ка́ждый семе́стр отли́чникам и осо́бо выдаю́щимся студе́нтам вруча́ется 220 губерна́торских стипе́ндий, разме́р кото́рых составля́ет от ты́сячи рубле́й до полу́тора. Сто́имость студе́нческого проездно́го на ме́сяц — 40 рубле́й. Сто́имость ме́ста в общежи́тии — от 20 (двадцати́) до 200 (двухсо́т) рубле́й. В го́роде существу́ют студе́нческая би́ржа труда́, це́нтры за́нятости студе́нтов в отде́льных ву́зах. Но популя́рностью они́ не по́льзуются: предоставля́ют в основно́м возмо́жность ра́зовой подрабо́тки за небольшу́ю пла́ту. По́сле оконча́ния институ́тов рабо́ту в тече́ние го́да нахо́дит приме́рно одна́ треть выпускнико́в.

(«*Московские новости*», 19–26 апреля, 1998)

Объясни́те по-ру́сски, как вы понима́ете сле́дующие слова́ и выраже́ния:

вы́сшее уче́бное заведе́ние   юриди́ческая акаде́мия
дневно́е отделе́ние   иногоро́дние студе́нты
отли́чники   стипе́ндия
студе́нческий проездно́й   общежи́тие
би́ржа труда́   выпускни́к

F4 Song — Песня

Очи чёрные

Очи чёрные, очи жгучие,	очи = глаза; жгучий = burning
Очи страстные и прекрасные!	страстный = passionate; прекрасный = beautiful
Как люблю я вас, как боюсь я вас,	бояться = to fear
Знать, увидел вас я в недобрый час.	недобрый = wrong
Скатерть белая залита вином,	скатерть = tablecloth; залить = to spill
Все гусары спят непробудным сном.	гусар = hussar; непробудный = from which there is no waking
Лишь один не спит, пьёт шампанское	
И мечтает он «дать» цыганское.	мечтать = dream; дать цыганское = go to a party (цыган = Gipsy)
По обычаю, древне-русскому,	по обычаю = according to tradition
По обычаю, Петербуржскому,	
Жить не можем мы без шампанского	
И без табора, без цыганского.	табор = gipsy camp (where Russians traditionally went for a good night out)
Поцелуй меня, потом я тебя,	целовать = to kiss
Потом вместе мы расцелуемся.	
Подождём минут пять и . . .	подождать = to wait; опять = again
Начнём опять.	
Очи чёрные, очи жгучие,	
Очи страстные и прекрасные!	
Как люблю я вас, как боюсь я вас,	
Знать, в недобрый час полюбил я вас.	

Homework

☞ To revise uses of the prepositional case see 'Grammar summary' (5.6).
For a discussion of nominal modifiers (prepositional phrases, common modifying phrases) see 'Language awareness' (12).

✍ Written exercises — Письменные задания

Упражнение 1. Revision. Предложный падеж. *Употребите следующие слова в предложном падеже единственного числа, исползуя предлоги в, на или о.*
Put the following nouns into the prepositional singular, using the prepositions o, в, or на as appropriate.

литература	мать	завод	любовь
музей	англичанин	Англия	общежитие
жизнь	станция	Сибирь	время

Упражнение 2. Revision. Предложный падеж. *Вставьте слова из скобок в форме предложного падежа. Put the words in brackets into the prepositional case.*

1. Петя стоял на (Красная площадь) . . .
2. Он жил в (большой дом) . . .
3. Профессор говорил о (русская поэзия) . . .
4. В (май) . . . наступила весна, в (сентябрь) . . . — осень.
5. В (юность) . . . он писал стихи.
6. В (прошлый год) . . . в (июль) . . . мы ездили во Францию.
7. На (прошлая неделя) . . . в (тихий город) . . . было веселье.
8. В (раннее детство) . . . и (глубокая старость) . . . он любил сказки.
9. Соня была в (чёрное платье) . . . , а Иван в (синий костюм) . . .
10. На (будущая неделя) . . . мы уезжаем.
11. Иван женился на (русская) . . .
12. При (дом) . . . был гараж.
13. Санкт-Петербург построили при (Пётр Великий) . . .

Упражнение 3. Revision. Предлоги. *Вставьте пропущенные предлоги. Insert the correct prepositions.*

1. Мать работала . . . почте, а отец . . . порту.
2. . . . университете работали кружки.
3. Они говорили . . . тёплых краях, где люди ходят . . . лёгкой одежде.
4. . . . ранней молодости он играл . . . флейте.
5. . . . Николае Втором была революция.
6. . . . детях нельзя говорить . . . смерти.
7. Пётр живёт . . . Кавказе, а Павел . . . Крыму.

Упражнение 4. Revision. Множественное число. *Перепишите следующие предложения поставив слова, выделенные курсивом, в форме множественного числа. Rewrite the following sentences, putting the nouns in italics into the plural.*

1. Сейчас ученики сидят в *классе*.
2. Рабочие работают на *фабрике* и на *заводе*.
3. Мы покупаем книги в *магазине* и в *киоске*.
4. Студенты были в *театре*.
5. В *письме* мой отец спрашивает о моей жизни.
6. Мы читали об этом в *газете*.
7. Студенты живут в *общежитии*.
8. Мы были на *экскурсии* в *музее*.

Упражнение 5. Revision. Союзное слово «который». *Вставьте союз «который» в нужной форме. Put the relative pronoun into the appropriate form into the spaces provided.*

1. Вчера я получил письмо, в . . . отец пишет о поездке во Францию.
2. Я читала текст, в . . . было много незнакомых слов.
3. Я смотрел передачу, о . . . ты мне рассказал.
4. Летом я был в деревне, в . . . живут мои родители.
5. Деревня, в . . . живут мои родители, находится на берегу реки.
6. Зимой я видел спектакль, в . . . играла знаменитая актриса.
7. Парк, в . . . мы гуляли, был очень красив.
8. Его родственники, о . . . он часто рассказывает, живут в Ялте.
9. Я открыл окно в сад, в . . . цвели розы.
10. Катя в первый раз увидела картины, о . . . так много рассказывал дедушка.

Упражнение 6. Guided writing. Рассказ по картинкам. *Напишите короткий рассказ по картинкам. Write a short story based on the pictures below.*

1. *Опишите пациентов в приёмной у врача. Describe the patients in the waiting room (five or more sentences).*

2. *Придумайте имя «герою» рассказа и напишите, что у него болит и почему.*

Что он рассказал врачу?   Почему врач надел очки?
Что увидел врач, когда снял бинт?   Что посоветовал врач пациенту?

Упражнение 7. Aspects. У одного старого человека был сын. *Выделите глагол в подходящей форме. Underline the correct form of the verb.*

Однажды старик тяжело (болел — заболел) ..1.. . Он (звал — позвал) ..2.. жену и (говорил — сказал) ..3.. ей:

— Когда я умру, отдай мои вещи чужому человеку. Наш сын — ленивый человек, он не любит работать и не знает, что значит труд. Я не хочу, чтобы он получил мои деньги и вещи.

Мать (решала — решила) ..4.. помочь сыну. Она (давала — дала) ..5.. ему деньги и (говорила — сказала) ..6..:

— Скажи отцу, что ты заработал эти деньги.

Сын целый день (гулял — погулял) ..7.., а вечером (приходил — пришёл) ..8.. к отцу и (давал — дал) ..9.. ему деньги матери. Отец (брал — взял) ..10.. деньги и (бросал — бросил) ..11.. их в огонь.

— Эти деньги (зарабатывал — заработал) ..12.. не ты, — (говорил — сказал) ..13.. отец.

Сын (смеялся — засмеялся) ..14.. и (бежал — побежал) ..15.. на улицу к друзьям. А мать (понимала — поняла) ..16.., что нельзя обмануть отца. На другой день она (говорила — сказала) ..17.. сыну:

— Ты должен заработать деньги сам.

Сын ушёл и всю неделю (работал — поработал) ..18.. . Когда он (приходил — пришёл) ..19.. домой и (давал — дал) ..20.. деньги отцу, отец снова (бросал — бросил) ..21.. деньги в огонь. Когда сын (видел — увидел) ..22.. это, он (кричал — закричал) ..23..:

— Что ты (делал — сделал) ..24..! Я (работал — поработал) ..25.. всю неделю, а ты (бросал — бросил) ..26.. мои деньги в огонь!..

И сын (доставал — достал) ..27.. деньги из огня. Тогда отец сказал:

— Вот теперь я верю, что эти деньги ты (зарабатывал — заработал) ..28.. сам.

(по Л. Н. Толстому)

Упражнение 8. Cloze and comprehension. Кира Георгиевна. *Поставьте слова из скобок в нужную форму. Put the words in brackets into the correct form.*

Жизнь у Киры Георгиевны, или, как (она) ..1.. называли друзья и родные, «Кили» — потому что в (детство) ..2.. она не (мочь) ..3.. произнести букву «р», — вначале сложилась как будто легко и весело. (Родиться) ..4.. и (жить) ..5.. она до самой (война) ..6.. в (Киев) ..7.. . Отец её был (врач) ..8.., а мать, как пишут в анкетах, (домохозяйка) ..9.. .

Был ещё младший брат Мишка — лентяй *[lazy bones]* и футболист.

Ещё в начальной школе Киля мечтала стать (балерина) ..10.. и даже (ходить — идти) ..11.. в балетную студию, потом стала мечтать о (карьера) ..12.. киноактрисы: она была хорошенькой и фигурка у (она) ..13.. была стройная. Друзья и подруги уверяли, что она «фотогенична» — в то время очень (модный) ..14.. было это слово. На её (туалетный столик) ..15.. рядом с (зеркало) ..16.. появились фотографии известных киноактёров тех лет.

Потом она перестала думать о кино и увлеклась (живопись) ..17.. . После (окончание) ..18.. школы она сдала экзамены в художественный институт и поступила на (скульптурный факультет) ..19.. .

В (институт) ..20.. она научилась курить. Там же она влюбилась. Сначала в Александра, своего (однокурсник) ..21.., (певец) ..22.. и гитариста; потом в серьёзного и тихого Ваню Лисицина, который писал лирические стихи.

Через (Ваня) ..23.. она вошла в кружок поэтов. Молодые люди спорили о (поэзия) ..24.., читали до (полночь) ..25.. стихи, свои и чужие, писали друг на друга пародии, гуляли до (утро) ..26.. по улицам и паркам, пили вино и даже немножко (водка) ..27.. . В (кружок) ..28.. она познакомилась с (молодой поэт) ..29.. Вадимом Кудрявцевым. Через три (день) ..30.. они поженились. (Она) ..31.. было восемнадцать (год) ..32.., (он) ..33.. — двадцать один (год) ..34..; она училась, он работал на (кинофабрика) ..35.. . Жить они решили в (маленькая комнатка) ..36.. Вадима на (пятый этаж) ..37.., которую он снимал уже полгода, после (ссора) ..38.. с (отец) ..39.. .

Всё это происходило в (тридцать шестой год) ..40.. . Через год (Вадим) ..41.. арестовали.

(по роману Виктора Некрасова, *Кира Георгиевна*, CUP, 1967: 12–4)

Answer the following questions in English. Make your answers as detailed as you can.

(1) How long did Kira live in Kiev? (2) Why did her friends and relations call her 'Kilya'? (3). What did her parents do? (4) Was she an only child? (Give details.) (5) What future careers did she dream of as a schoolgirl? How did she manifest her choice? (6) What profession did she choose in the end? (7) At what institute and in which department did she study? (8) How many times did she fall in love and with whom (describe them where possible)? (9) Where and how did she meet her husband? (10) How old were they when they got married? (11) Why did Vadim have to rent a room? (12) When was he arrested?

Упражнение 9. Prepositions and guided writing. Немного о наших магазинах. *Вставьте пропущенные предлоги. Read the text below and insert appropriate prepositions in the spaces provided.*

В Москве, как и ..1.. других российских городах ..2.. государственном секторе есть два типа магазинов. Во-первых, — продуктовые магазины и гастрономы, где люди покупают хлеб, молоко, мясо, овощи, фрукты и другие продукты. Во-вторых, магазины промтоварные — ..3.. слов «промышленные товары», — где можно купить одежду, обувь, посуду, радиоаппаратуру, мебель и другие вещи.

Кроме государственных, теперь есть также частные и кооперативные магазины и киоски, ..4.. которых продаются как продукты, так и промтовары, в основном импортные и довольно дорогие.

Продуктовые магазины и гастрономы работают ежедневно ..5.. восьми (часов) утра ..6.. восьми (часов) вечера и закрываются ..7.. обеденный перерыв ..8.. часу ..9.. двух. Некоторые гастрономы ..10.. центральных улицах открыты ..11.. десяти (часов). Большой гастроном, похожий ..12.. европейский «супермаркет», где покупатели сами выбирают продукты ..13.. разных отделах, а потом платят ..14.. все покупки ..15.. кассу ..16.. выхода, называется «универсам» — ..17.. слов «универсальный магазин самообслуживания».

Промтоварные магазины ..18.. воскресенье не работают, а ..19.. другие дни открыты ..20.. десяти (часов) ..21.. семи (часов) ..22.. перерывом ..23.. обед ..24.. двух (часов) ..25.. трёх (часов).

Большой промтоварный магазин, расположенный ..26.. нескольких этажах, называется «универмаг». Универмаги открываются раньше, а закрываются позже, чем обычные магазины, и работают 6 дней ..27.. неделю ..28.. перерыва ..29.. обед.

Самый известный московский универмаг — ГУМ — находится ..30.. центре столицы, ..31.. Красной площади, напротив Кремля.

..32.. каждом районе Москвы есть также рынок, куда фермеры привозят свежие овощи и фрукты, а также мясные и молочные продукты.

Write a report in Russian about shops in your town. Use the text above as guidance.

Упражнение 10. Comprehension. А. П. Чехов. *Составьте список главных событий в жизни А П. Чехова. Read the following biography of Chekhov. Construct a chart summarising the significant dates in his life-story.*

Антон Павлович Чехов родился в 1860 году в городе Таганроге, на юге России. У Чехова было четыре брата и сестра. Мать Чехова была внучкой выкупившегося на волю крестьянина-крепостного. У отца Чехова была бакалейная лавка, в которой сыновья должны были помогать отцу в торговле. Они также пели в организованном отцом хоре. «В детстве у меня не было детства», — говорил впоследствии Чехов. Зато из радостей детства ему навсегда запомнились купание в море, рыбалка.

В 1868 году он поступил в Таганрогскую гимназию — и уже в эти годы сотрудничал в рукописном журнале «Досуг».

В 1876 году отец Чехова бежал от долговой тюрьмы в Москву, туда же уехала мать с младшими детьми. Антон остался в Таганроге и должен был зарабатывать уроками на жизнь и учение и ещё высылать небольшие денежные переводы семье.

Окончив гимназию, в 1879 году Чехов переехал в Москву и поступил на медицинский факультет Московского университета; в студенческие годы начал печатать в еженедельных журналах и газетах свои юмористические рассказы за подписью Антоша Чехонте. Сборник этих первых рассказов вышел в 1884 году. Он не думал тогда стать писателем, но, не имея средств, стремился таким путём оплатить обучение и помочь своей большой семье.

Закончив университет, Чехов некоторое время занимался медицинской практикой. Он работает в Воскресенке и Звенигороде; там он не только лечит больных, но и выступает экспертом в суде. Но вскоре целиком отдаётся литературной деятельности.

В 1886 году вышел второй сборник рассказов Чехова («Пёстрые рассказы») — теперь уже признанного писателя, а в 1887 году его третий сборник («Невинные речи»), который принёс ему славу и известность.

В 1890 г. Чехов решил поехать на Сахалин, чтобы взглянуть на Россию с её каторжной окраины. На Сахалине за три месяца он проводит огромную работу по переписи каторжного населения. Обратный путь Чехов проделал на пароходе через Индийский океан, остров Цейлон, Красное море.

Зимой 1891/92 гг. Чехов участвует в помощи голодающим крестьянам Воронежской губернии.

Общественной деятельностью Чехов занимается и в небольшом подмосковном имении Мелихово, где он поселился с родителями весной 1892 года. В мелиховский период Чехов лечит крестьян, в холерные 1892 и 1893 годы заведует врачебным участком, открывает медицинский пункт, строит несколько школ. У Чехова ещё в молодости обнаружился туберкулёз, и в 1899 году, по совету врачей, он поселился в Ялте.

В 1900 году он был избран членом Российской Академии наук.

В 1901 году Чехов женился на артистке Московского Художественного театра Ольге Книппер.

В начале 1904 года здоровье Чехова резко ухудшилось и он уехал в Германию лечиться.

Чехов умер 2 июля 1904 года в немецком курортном городе Баденвайлере, в Южной Германии. Тело его было перевезено в Россию и похоронено в Москве.

Чехов написал около тысячи коротких рассказов, шесть больших драматических произведений и ряд одноактных пьес. Его лучшие драмы — «Три сестры», «Вишнёвый сад», «Дядя Ваня» и «Чайка».

Insert appropriate endings on the relative pronouns in the following sentences.

1. Го́род, в кото́р. . . роди́лся Анто́н Па́влович Че́хов, называ́ется Таганро́г.
2. Го́род, в кото́р. . . роди́лся Анто́н Па́влович Че́хов, нахо́дится на ю́ге Росси́и.
3. У отца́ Че́хова была́ ла́вка, в кото́р. . . Анто́н Па́влович до́лжен был помога́ть.
4. Гимна́зия, в кото́р. . . учи́лся Анто́н Па́влович Че́хов, была́ в Таганро́ге.
5. Ме́сто, в кото́р. . . он не́которое вре́мя занима́лся медици́нской пра́ктикой, называ́ется Звени́город.
6. О́стров, на кото́р. . . он три ме́сяца прово́дит огро́мную рабо́ту по пе́реписи ка́торжного населе́ния, называ́ется Сахали́н.
7. Небольшо́е подмоско́вное име́ние, в кото́р. . . он занима́ется обще́ственной де́ятельностью, называ́ется Ме́лихово.
8. Го́род, в кото́р. . . он посели́лся по сове́ту враче́й, называ́ется Ялта.

9. Куро́рт, на кото́р. . .лечи́лся Че́хов, нахо́дится в Ю́жной Герма́нии.

10. Неме́цкий куро́ртный го́род, в кото́р. . . у́мер Че́хов 2 июля 1904 го́да, называ́ется Баденва́йлер.

V+ **11** Lexical exercises — Лексические упражнения

11.1 Game. Головоломка. *От слова «УПАЛ» до слова «СТОП» — в четыре шага! Составьте слова таким образом, чтобы, изменяя только одну букву в слове на каждом этапе, получить в конце слово «СТОП». Придумайте предложения, используя подобранные вами слова. Get from* УПАЛ *to* СТОП *in four stages. At each stage create a new word by changing only one letter. Use each of the words you have created in a sentence to illustrate what it means.*

11.2 Game. Головоломка. *Найдите слова. Find a nine-letter word hidden in each square. Move from one letter to an adjacent one. Never use the same letter twice. The word can begin anywhere.*

Е	Ш	К
Ч	О	Р
Н	Ы	Й

Ь	С	Я
Т	В	Д
И	У	И

О	Н	И
В	З	Т
П	О	Ь

Ь	К	М
И	Н	А
Й	Е	Л

О	Е	Р
С	Т	Т
Ь	М	О

Т	П	Й
Р	Ч	Е
Ё	В	Т

11.3 Word collocations. Словосочетания с глаголом в роли главного слова. *Подберите подходящие словосочетания к следующим глаголам. Match each verb with an appropriate noun phrase.*

Verbs: 1. снять, 2. рубить, 3. бить, 4. звонить, 5. объесться, 6. играть, 7. лечить, 8. надевать, 9. позвать
Noun phrases: топором, больных, доктора, шубу, в игрушки, врачу, куртку, конфетами, дрова

11.4 Word collocations. Словосочетания: прилагательные и существительные. *Подберите подходящие прилагательные к следующим словам. Match each adjective with an appropriate noun.*

Adjectives: 1. долговая, 2. школьные, 3. курортный, 4. одноактная, 5. денежные, 6. юмористические, 7. тёплая, 8. еженедельный, 9. бедный, 10. рваные
Nouns: журнал, переводы, одежда, тюрьма, сапоги, пьеса, годы, город, рассказы, мужик

11.5 Semantic groups. Одежда. *Прочитайте А1–А3 и перечислите все предметы одежды, которые содержат буквы **б**, **к**, или **ш**. Consult sections A1–A3 and list all the articles of clothing which include the following letters:* **Б**, **К**, **Ш**

11.6 Semantic groups. Антонимы. *Подберите антонимы. Match the following words.*

здоровый	теплеть
надеть	
одеваться	тёплый

снять	раздеваться
	холодать
холодный	
	больной

11.7 Crosswords. Части тела. Цвета.

Parts of the body

Colours

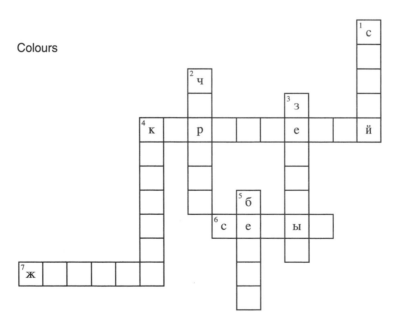

Listening comprehension

The following sections from Unit 12 have been recorded on tape:

C2   Мороз и Морозец
E2   Глупая история

Упражнение 1. Comprehension. О чём любят говорить мужчины и женщины? *Прослушайте текст и составьте таблицу. В левой колонке напишите, о чём говорят мужчины и женщины и в других колонкак укажите, кто когда говорит на эту тему: в детстве (девочки, мальчики); в юности (девушки, юноши); взрослые (мужчины, женщины). Передайте содержание текста в трёх предложениях. Listen to the tape and construct a table to summarise its contents. In the left-hand column write the topics of conversation and in subsequent columns indicate who discusses each topic and when. Then summarise the data in your table in three Russian sentences.*

Например: В детстве девочки . . . , а мальчики . . .
         В юности девушки . . . , а юноши . . .
         Женщины любят . . . , а мужчины . . .

Упражнение 2. Dictation. Про нос и язык. *Прослушайте рассказ. Заполните пропуски и ответьте на вопросы по-английски. Listen to the story and fill in the blanks in the text. Then answer the questions below in English.*

У Кати два . . . , два . . . , две . . . , две . . . , а . . . один и . . . тоже один.
    — Скажи, бабушка, — . . . Катя, — почему это . . . всего по два, а язык . . . один, и нос . . . один?
    — А потому, милая . . . , — . . . бабушка, — чтобы ты больше . . . , больше . . . , больше . . . руками, больше . . . ногами, но чтобы ты меньше . . . и носик свой куда не надо не совала. Вот, оказывается, . . . языков и носов . . . бывает только . . .

Answer the following questions:

1. Describe Katya.
2. What did she ask her granny?
3. What answer did she get?
4. What Engish maxim about children does this answer remind you of?

Упражнение 3. Dictation and comprehension. Диалоги и ситуации. *Прослушайте диалоги. Подберите подходящий диалог к следующим ситуациям. Вставьте пропущенные слова и проставьте ударение. Listen to the tape and match the dialogues and the situations described below. Listen again and fill in the missing words and mark the stress in all the dialogues.*

Ситуации. А. Первокурсники знакомятся перед началом занятий.
         Б. Учительница спрашивает нового ученика в классе.
         В. Студент, который пропустил лекцию, обращается к преподавателю.
         Г. Два человека знакомятся друг с другом на вечеринке.

Диалог 1.   Ситуация . . .

— . . . , ты новенький? Как . . . зовут?

— . . . зовут . . .

— А как твоя . . . ?

— Смирнов, . . . Смирнов.

— Ну, . . . , садись.

Диалог 2.   Ситуация . . .

— Будьте добры, где я . . . найти . . . Крылову?

— Это я. . . . вас.

— Простите, я не . . . вашего . . . — отчества.

— Меня . . . Людмила Павловна.

— Людмила Павловна, . . . фамилия Петров, студент . . . курса. Я . . . и пропустил вашу. . . . Нельзя ли получить . . . консультацию?

— Пожалуйста, в . . . после занятий.

Диалог 3.   Ситуация . . .

— . . . , можно пригласить вас танцевать? Мы с вами не. . . . Разрешите представиться: Николай Покрышкин.

— Простите, не . . . , здесь очень шумно. Что вы сказали?

— Я — Коля Покрышкин, . . . Может, потанцуем?

— Ну что ж, давайте. Как интересно! Ну, а что и где вы . . . ?

— Да так, . . . в местной прессе, сочиняю . . . , иногда даже в. . . . А кто вы?

— А я — Марина Любимова, главный редактор . . . «Частная жизнь». Нам, кстати, сейчас очень нужен . . . по рекламе.

— Правда? А знаете, Марина, по-моему, вы очень хорошо . . . !

Диалог 4.   Ситуация . . .

— . . . , вы тоже будете учиться на первом . . . ?

— Да, я только что . . . на . . . отделение.

— И я тоже! Будем знакомы: . . . Волкова.

— . . . : Сергей Бобров.

Упражнение 4. Listening for specific information. Прогноз погоды. *Прослушайте пять прогнозов погоды. Напишите дату и температуру днём. Ответьте на вопросы по-английски. Listen to the five radio weather forecasts recorded at different times of year. Write the dates and day-time temperatures beside each heading. Answer the questions on each forecast in English.*

Прогноз первый   date . . . day-time temperature . . .

(a) How strong is the wind during the day?

(b) Does the wind direction change overnight?

(c) When is the snow storm expected?

Прогноз второй   date . . . day-time temperature . . .

(a) When is fog with icy patches expected?
(b) What temperatures are expected overnight?
(c) Is it going to become warmer or colder in the next 24 hours?

Прогноз третий   date . . . day-time temperature . . .

(a) At what time was the temperature measured?
(b) What was the water temperature in the River Moskva?
(c) When and how does the wind change?

Прогноз четвёртый   date . . . day-time temperature . . .

(a) Is rain predicted for that day?
(b) From which direction is the wind expected?
(c) What changes in the weather are forecast for the following day?

Прогноз пятый   date . . . day-time temperature . . .

(a) For what part of the day is sleet forecast?
(b) How strong are the gusts of wind?
(c) Is much snow expected in the next two days?

Упражнение 5. Speaking. Вопросы и ответы. *Расскажите, что люди носят и что они делают в разные времена года.* Write and record your answers to the questions on tape. Compose at least two sentences for each answer.

Летом, когда жарко и светит солнце . . . Осенью, когда дует сильный ветер и идёт дождь . . . Зимой, когда на улице холодно и идёт снег . . . Весной, когда появляются первые цветы и листья на деревьях . . .

Например: Зимой, когда холодно и идёт дождь, люди носят тёплую одежду. Зимой люди катаются на лыжах, на коньках, на санках.

UNIT **13** урок

In this unit you will learn how to:

- use adjectives and relative pronouns in the instrumental case
- talk about theatre and festivals
- use quantifiers
- express necessity, possibility, impossibility
- use verbs of motion

Classwork

A The instrumental case

A1 Formation — Твори́тельный паде́ж: оконча́ния

☞ The following table illustrates the formation of the instrumental singular case of nouns and adjectives.

masculine (пе́ред) но́вым до́мом	feminine (пе́ред) но́вой кварти́рой	neuter (пе́ред) но́вым общежи́тием

☞ The following table illustrates the formation of the instrumental plural case of nouns and adjectives.

masculine (пе́ред) но́выми дома́ми	feminine (пе́ред) но́выми кварти́рами	neuter (пе́ред) но́выми общежи́тиями

A2 Use — Твори́тельный паде́ж: употребле́ние

☞ **Adverbials of means.** *Answer the following questions using the words supplied in the box below.*

зубна́я щётка	нож	вода́
	бри́тва	ру́чка
каранда́ш		
	полоте́нце	
топо́р		
	но́жницы	ло́жка

Чем едя́т суп? Чем ре́жут хлеб?
Чем стригу́т во́лосы? Чем бре́ются?
Чем ру́бят дрова́? Чем пи́шут пи́сьма?
Чем нельзя́ писа́ть на экза́мене? Чем мо́ют ру́ки?
Чем чи́стят зу́бы? Чем вытира́ются?

Write definitions for each of the words supplied in the box above according to the model:

Например: Ло́жка — предме́т, кото́рым едя́т суп, ка́шу и т. п.

Adverbials of manner. *Answer the following questions using the words supplied in the box below.*

труд	слова́рь	по́мощь компью́тера
удово́льствие		уваже́ние
больша́я ско́рость		большо́й

Как студе́нты слу́шали ле́кцию? Дава́й пойдём в кафе́?
Как лете́л самолёт? Как зака́нчивают официа́льное письмо́?
Как вы перевели́ статью́? Как он говори́т по-ру́сски?
Как подбира́ют партнёров в бюро́ знако́мств?

Nominal modifiers. *Answer the following questions using the words supplied in the box below.*

чу́вство ю́мора	кра́сный нос
отли́чные оце́нки	дли́нные во́лосы и голубы́е глаза́
вы́сшее образова́нне	тяжёлая су́мка

Како́й стари́к приходи́л к врачу́? Кака́я де́вочка тебе́ нра́вится?
Каки́е лю́ди принима́ются на рабо́ту? Кака́я же́нщина стои́т в авто́бусе?
Каки́е лю́ди принима́ются в университе́т?
С каки́м челове́ком вы хоти́те познако́миться?

Coordinated subjects and objects. *Answer the following questions using the words supplied in the box below.*

сыр и колбаса́		друзья́ из Англии	
лимо́н	роди́тели		молоко́ и са́хар
Наполео́н	грибы́	то́ник	но́вый дире́ктор
	ба́бушка и де́душка		муж

С кем она́ пришла́ в теа́тр? С чем вы пьёте ча́й?
С кем ты разгова́ривал по телефо́ну? С чем вы пьёте ко́фе?

С кем была война 1812-ого года?

С кем вы виделись на даче?

С кем вы переписываетесь?

С кем вы познакомились?

С чем вы предпочитаете бутерброды?

С чем эти пироги?

С чем пьют джин?

 Agents of passive verbs. *Answer the following questions using the words supplied in the box below.*

министерство образования	известные архитекторы
туристское агёнство	студенческий совет
Московский университет	наши преподаватели

Кем организуется конференция?

Кем готовится новый проект?

Кем устраивается вечеринка?

Кем планируется школьная программа?

Кем проверяются сочинения?

Кем проводятся экскурсии по городу?

For a discussion of voice see 'Grammar summary' (9.6. and 9.8).

B Festivals

B1   Text — Фестиваль музыки и драмы

 Listen to the recording of the following text. Summarise the text in English.

 (1) Осенью в Эдинбурге ежегодно проходит международный фестиваль музыки и драмы. (2) Со всего света сюда съезжаются туристы — англичане, американцы, немцы, французы.

(3) Они живут в гостиницах, пансионах, на частных квартирах, едят в ресторан и кафе. (4) Вечерами они ходят по театрам, концертам, днём посещают выставки и музеи, осматривают городские достопримечательности, а утром ходят по магазинам за покупками. (5) По вечерам они группами гуляют по улицам Эдинбурга и смотрят на освещённые прожекторами здания.

(6) Многие туристы знакомятся с окрестностями Эдинбурга, ездят на автомобилях, на автобусах или на поездах в старые шотландские города, осматривают дворцы замки, памятники, мосты, старинные церкви.

(M. Greene and D. Ward, *Graded Russian Reader* (Part One), Oliver and Boyd, Edinburgh and London, 1961: 34–6)

B2   Exercises — Задания

 Plurals. *Give the nominative singular of the following nouns.*

англичане	американцы	немцы	французы
дворцы	церкви	замки	здания

Cases. *Give the case and number of the following nouns from the text.*

му́зыки	гости́ницах	теа́трам
вечера́м	города́	окре́стностями

Verbs of motion. *Give the infinitives and the masculine singular past forms of the following verbs from the text. Note the change of aspect in these verbs when they acquire a prefix.*

present	imperfective infinitive	perfective infinitive	past imperfective	past perfective
хо́дят	. . .	. . .	. . .	. . .
происхо́дит	. . .	. . .	. . .	. . .
е́здят	. . .	. . .	. . .	. . .
приезжа́ют	. . .	. . .	. . .	. . .
съезжа́ются	. . .	. . .	. . .	. . .

Structuring extended discourse. *Indicate what questions can be asked about each of the numbered sentences in the text.*

Где?	Что?	Как?	Отку́да?
Кто?	Каки́е?	Куда́?	На чём?
Како́й?	Когда́?	За чем?	Почему́?

 B3 Text — Фестива́ль иску́сств «Бе́лые но́чи»

Listen to the recording of the following text.

Ежего́дно в нача́ле ле́та в Санкт-Петербу́рге прово́дится фестива́ль иску́сств «Бе́лые но́чи». На него́ приезжа́ют тури́сты и го́сти из ра́зных городо́в и стран ми́ра. *Одни́* живу́т в гости́ницах, *други́е* на ча́стных кварти́рах. *Не́которые*

приезжа́ют на свои́х автомоби́лях и живу́т в моте́лях. *Мно́гие* приезжа́ют с туристи́ческими гру́ппами.

В про́шлом году́ мы с му́жем то́же е́здили на фестива́ль в гру́ппе тури́стов. *Не́которые* из на́шей гру́ппы бы́ли в Росси́и впервы́е, и им мно́гое понра́вилось. *Одни́м* понра́вилась архитекту́ра, а *други́м* понра́вились теа́тры и конце́ртные за́лы. *Мно́гие из нас* реши́ли обяза́тельно прие́хать сюда́ сно́ва.

B4 Quantifiers — Мно́гие, немно́гие, одни́, други́е, тре́тьи, не́которые . . .

☞ **Мно́гие / немно́гие . . .**

Мно́гие уе́хали из Росси́и навсегда́.
Мно́гие счита́ют, что жить ста́ло ху́же.
По́сле спекта́кля мно́гие пошли́ в бар.
Так ду́мают о́чень немно́гие.
Немно́гим изве́стно, что настоя́щая фами́лия Ста́лина — Джугашви́ли.

☞ **Мно́гие (из них) . . .**
[У меня́ мно́го друзе́й.]
Мно́гие (из них) тепе́рь живу́т за грани́цей.
Мно́гим (из них) нра́вится там жить.
Я ча́сто пишу́ мно́гим из них.
Я ча́сто встреча́ю мно́гих из них.
Я ча́сто разгова́риваю со мно́гими из них.
Я ча́сто ду́маю о мно́гих из них.

☞ **Одни́ . . . , други́е . . . , тре́тьи . . .**
[Почти́ все на́ши друзья́ уе́хали жить за грани́цу.]
Одни́ уе́хали в Аме́рику, други́е — в Изра́иль, тре́тьи — в Герма́нию.
Одни́м нра́вится жить за грани́цей, други́м там ску́чно, тре́тьим ка́жется, что до́ма лу́чше.
С одни́ми она́ поздоро́валась за́ руку, други́м кивну́ла, на тре́тьих да́же не посмотре́ла.

☞ **Не́которые . . .**
Не́которые счита́ют, что она́ была́ права́.
Не́которым всегда́ всё не нра́вится.
У не́которых не хвата́ет зна́ний.
Не́которые зна́ют грамма́тику, а не́которые — нет.

☞ **Не́которые (из них) . . .**
[В коридо́ре собрали́сь студе́нты.]
Не́которые (из них) кури́ли.
У не́которых (из них) не́ было сигаре́т.
Не́которым (из них) ну́жно бы́ло пересдава́ть зачёт.
Не́которых (из них) вы́звали в декана́т.
Профе́ссор побесе́довал с не́которыми из них.

Find the expression of quantity in the text. List the phrases in which they occur and supply the verb they govern. Analyse each of the constructions.

 All the phrases listed below are in the prepositional case. Indicate what kind of adverbial they express by supplying the appropriate interrogative.

Наприме́р: в нача́ле ле́та когда́?

на ча́стных кварти́рах   на свои́х автомоби́лях
в моте́лях   в про́шлом году́
в гру́ппе тури́стов   в Росси́и

B5 Poetry — Люблю тебя, Петра творенье

Listen to the recording of the extract from Pushkin's narrative poem. Mark on the stress. Record your reading of the extract.

> Люблю тебя, Петра творенье!
> Люблю твой строгий, стройный вид,
> Невы державное теченье
> Береговой её гранит,
> Твоих оград узор чугунный,
> Твоих задумчивых ночей
> Прозрачный сумрак, блеск безлунный,
> Когда я в комнате моей
> Пишу, читаю без лампады,
> И ясны спящие громады
> Пустынных улиц, и светла
> Адмиралтейская игла,
> И, не пуская тьму ночную
> На золотые небеса,
> Одна заря сменить другую
> Спешит, дав ночи полчаса . . .
>
> (отрывок из поэмы Александра Сергеевича
> Пушкина, «Медный всадник», 1833)

C Cultural awareness

C1 What's on? — Как узнать, что, когда и где можно посмотреть

 Passive constructions: communicating factual information

 Insert the appropriate reflexive verb form in the sentences in the right-hand column.

Афиши сообщают, какие спектакли идут в театрах.	В афишах сообщается, какие спектакли идут в театрах.
Афиши сообщают, когда и в каком театре идёт спектакль.	В афишах . . ., когда и в каком театре идёт спектакль.
О репертуаре театров сообщают также специальные еженедельные издания.	О репертуаре театров . . . также в специальных изданиях.
О том, что идёт в местных театрах, пишут в газетах и передают по радио.	О том, что идёт в театрах, . . . в газетах и . . . по радио.
Билеты продают в театральных кассах.	Билеты . . . в театральных кассах.
Билет даёт информацию о том, как доехать до театра.	На билете . . . информация о том, как доехать до театра.
На билете обычно указано название и время начала спектакля.	На билете обычно . . . название и время начала спектакля.

C2 Interview — Интервью

What questions were asked in the following interview? Choose from the questions below and insert the appropriate question in the spaces provided.

1. Где можно купить билеты в театр?
2. Как узнать, что, когда и где можно посмотреть?
3. Что делают зрители во время антракта?
4. Каковы правила поведения в зрительном зале?
5. Какая информация даётся на театральном билете?
6. Какова система обслуживания зрителей?

1. Вопрос: . . . ?

 Ответ: На улицах есть театральные афиши, которые сообщают, какой спектакль, когда и в каком театре идёт. У входа в каждый театр висит репертуарная доска, информирующая о том, что идёт в театре сегодня, завтра и в ближайшую декаду. О том, что идёт в местных театрах, сообщается на последних страницах газет, об этом передают по радио. О репертуаре театров сообщают также специальные еженедельные издания «Афиша», «Театральный Петербург» и другие.

2. Вопрос: . . . ?

Ответ: Билеты продаются в кассах, которые находятся в зданиях театров, а также в театральных кассах на улицах, в метро, иногда в больших магазинах, гостиницах, институтах, университетах, на заводах, фабриках и вокзалах.

3. Вопрос: . . . ?

Ответ: На билете можно прочитать название театра, его адрес, время начала спектакля, его название, цену билета. На билете указаны также ряд и номер кресла в партере или на балконе. На обратной стороне билета даётся информация о том, как доехать до театра, а также о некоторых правилах поведения в театре.

4. Вопрос: . . . ?

Ответ: У входа в театр билеты проверяют билетёры. Они же продают программы, еженедельники «Афиша», «Театральный Петербург» и др. В каждом театре есть гардероб. В гардероб сдают верхнюю одежду, шляпы, зонты, а взамен получают номерки. Здесь можно взять бинокль. Платят за бинокль обычно до или после спектакля. Служащие театра помогают зрителям найти свои места в зрительном зале.

5. Вопрос: . . . ?

Ответ: После третьего звонка входить в зрительный зал — в партер или амфитеатр — и выходить из зрительного зала не разрешается. Можно подняться на балкон. В зрительном зале во время спектакля не разговаривают.

6. Вопрос: . . . ?

Ответ: Во время антракта зрители могут отдыхать, оставаясь в зрительном зале или в фойе театра, могут пойти в буфет. Курят в театре только там, где есть специальная табличка «Место для курения».
(«Русский язык за рубежом», 1978, 4, 4–6)

C3 Modality: permitting and forbidding — Мóжно. Нельзя́.

Seeking permission:	Granting permission:	Withholding permission:	Forbidding:
Мóжно?	Мóжно.	Лу́чше не нáдо . . .	Нельзя́.
Мóжно войти́?	Пожáлуйста.	Óчень жаль, но . . .	Невозмóжно.
Мóжно (вас) спроси́ть?	Да, конéчно.	Прости́те/извини́те, но . . .	Вы не должны́ . . .
		Нет, нельзя́.	Ни в кóем слу́чае!

Answer the following questions in full sentences.

1. Что мóжно узнáть из театрáльной афи́ши?
2. Где ещё мóжно прочитáть/услы́шать о репертуáре теáтров?
3. Каку́ю информáцию мóжно прочитáть на биле́те?
4. Где мóжно купи́ть биле́ты в теáтр?
5. Что мóжно де́лать во врéмя антрáкта?
6. Где мóжно кури́ть во врéмя антрáкта?
7. Где мóжно взять бинóкль?
8. Когдá ну́жно заплати́ть за бинóкль?
9. Кудá ну́жно сдавáть пальтó и зóнтик?
10. Кудá нельзя́ входи́ть и откýда выходи́ть пóсле трéтьего звонкá?
11. Когдá нельзя́ разговáривать?
12. Где нельзя́ кури́ть в теáтре?

C4 Vocabulary development — Лекси́ческие упражнéния

Find the necessary words in the interview to complete the following table.

verb	noun
входи́ть	
	разговóр
	передáча
издавáть	
называ́ться	
начинáть	
	óтдых
	сдáча
служи́ть	
кури́ть	
	пóмощь
звони́ть	
	разрешéние

Form adjectives from the following nouns using the suffix **-альный**.

теа́тр   му́зыка   центр   нача́ло   но́рма

Insert the correct prepositions into the following sentences.

1. Театра́льная афи́ша виси́т . . . вхо́да в теа́тр.
2. . . . ра́дио передаю́т . . . том, что идёт в ме́стных теа́трах.
3. Биле́ты продаю́тся . . . театра́льных ка́ссах . . . у́лицах.
4. Извини́те, пожа́луйста, как дое́хать . . . теа́тра?
5. . . . гардеро́б сдаю́т ве́рхнюю оде́жду.
6. Пла́тят . . . бино́кль . . . и́ли . . . спекта́кля.
7. . . . тре́тьего звонка́ нельзя́ входи́ть . . . зри́тельный зал.
8. В за́ле . . . спекта́кля не разгова́ривают.

С по́мощью те́кста и упражне́ний подгото́вьтесь к разгово́ру с ру́сским преподава́телем о том, как узна́ть, что, когда́ и где мо́жно посмотре́ть в теа́трах на́шего го́рода.

По́сле бесе́ды на уро́ке напиши́те коро́ткое сочине́ние по той же те́ме.

D Meeting famous people

D1 Formal invitations — Пригласительные билеты

 Using the questions supplied below, ask your partner about his/her invitation. On the basis of the information you obtain, try to recreate the instruction and then compare it to the original.

Questions: student A

- Какой будет вечер?
- Что значит ТТЦ?
- Кто такой Фазиль Искандер?
- Где и когда состоится вечер?
  — В какой студии?
  — По какому адресу? (улица и № дома)
  — Как туда проехать?
- Все ли могут прийти на вечер?

- Кто приглашает на вечер?
- С кем устраивается встреча?
- Что в программе вечера?
  — В какой день?
  — Какого числа?
  — В котором часу?
- С чем нельзя входить в зал?

Дорогой друг!
СЕКЦИЯ АРТИСТОВ-ЧТЕЦОВ ЦЕНТРАЛЬНОГО ДОМА АКТЁРА

СОЮЗ **театральных** деятелей
Дом Актёра

п р и г л а ш а е т   В а с

в понедельник, 4 января 1988 г.

на

ТВОРЧЕСКУЮ ВСТРЕЧУ

с писателем

Евгением ПОПОВЫМ

В вечере участвуют:
Артисты Московских театров, театр-студия «Человек», критик

Виктор ЕРОФЕЕВ *и сам* **ЕВГЕНИЙ ПОПОВ**

В программе:

Чтение рассказов Народная опера по мотивам произведений А. С. Пушкина; Драма алкоголика «КУРЬИ НОЖКИ»

Начало в 19 часов

Вечер состоится
в Большом зале ЦДА
(ул. Горького, д. 16)

Questions: student B

- В каком за́ле состои́тся ве́чер?
- Кто уча́ствует в ве́чере?
- Кто тако́й Евге́ний Попо́в?
- Когда́ и где состои́тся ве́чер?
  — В како́й день?
  — Како́го числа́?
  — В кото́ром часу́?

- Что зна́чит ЦДА?
- Кто тако́й Ви́ктор Ерофе́ев?
- Что в програ́мме ве́чера?
  — В како́м зда́нии / за́ле?
  — По како́му а́дресу?
  (у́лица и № до́ма)

ПРИГЛАСИТЕЛЬНЫЙ
БИЛЕТ
Уважаемые товарищи!

Профком ТТЦ и правление Общества любителей книги приглашают Вас на *литературный вечер,*

который состоится в Концертной студии «Останкино»
Встреча с писателем

Фазилем   ИСКАНДЕРОМ

автором повестей

**«Сандро из Чегема»
«Защита Чика»
«Дерево детства»
«Время счастливых находок» и др.**

Вторник

22

декабрь

1987 г.

Начало в 18 часов 45 минут

Адрес Телевизионного технического центра:

ул. Академика Королёва, 12

ПРОЕЗД:

метро «Щербаковская», далее
    автобусы: 76, 85,
    троллейбус 9;
    маршрутное такси №61 до ост. «Останкинский пруд»

метро «ВДНХ», далее
    автобусы: 215, 259;
    троллейбус 36 до ост. «Останкинский пруд»

ПРИМЕЧАНИЕ: С сумками, портфелями, фото-/кино- и звукозаписной аппаратурой вход воспрещён.

Дети до 14 лет не допускаются.

Read through the following invitations and work out who was invited where and to what.

МОСКОВСКИЙ
ДРАМАТИЧЕСКИЙ
ТЕАТР
НА МАЛОЙ БРОННОЙ

2

Уважаемый

Образцова

Дирекция театра приглашает

на спектакль _____

7 февраля 199 *6* г.

Начало *18:00* час.

БЕСПЛАТНО

2923—300)

Ваши места: П А Р Т Е Р

ряд *2* место *6,7.*

Гл. администратор

Образцова

Государственный Театр Наций

приглашает Вас

« *26* » *ноября* 199 *5* года

на спектакль „ *Вешние воды* "

_____

который состоится в помещении *Т-ра опереттны*

Ваши места: партер, амфитеатр, бельэтаж, балкон, ряд *8*, место *21,22,23*

Начало в *14* часов

Главный администратор

E Verbs of motion

E1 'To go' — Нéкоторые значéния глагóла *идти́*

 1. Он идёт в гастронóм.
2. Учи́тель идёт!
3. Письмó из Япóнии в Росси́ю идёт 15 дней.
4. Часы́ иду́т хорошó.
5. Врéмя идёт бы́стро.
6. Дождь идёт с утрá.
7. Что идёт в кинó сегóдня?

Прочитайте предложения и задайте вопросы к каждому из них.

● Entertainment

1. В кинотеатре «Одеон» идёт новый французский фильм.
2. В Большом театре завтра вечером идёт «Пиковая дама».
3. Каждый день по телевизору идут «мыльные оперы».

● Weather

1. На улице холодно, идёт дождь/снег.

● Time

1. Да, мои часы идут правильно. Я проверял их по радио.
2. Письмо в Москву идёт неделю.
3. Уже полночь: как быстро идёт время!

 Переведите предложения и придумайте ответы на вопросы.

● Clothes, colours, etc

1. — Ей очень идёт розовый цвет. А какой цвет идёт вам?
2. — По-моему, Джиму не идёт эта шляпа. А вы как думаете?

● Transport

1. — Выходите! Этот трамвай идёт в парк. — А когда идёт следующий трамвай?
2. — К университету идут троллейбусы №7 и 10. —А какие туда идут автобусы?
3. — Поезда в Лондон идут каждый час. — А как часто идут поезда в Глазго?

● On-going events

1. — В аудитории №12 идёт экзамен по математике. — А где идёт экзамен по истории?
2. — В этой стране идёт война. — Сколько месяцев идёт война?
3. — У нас дела идут неплохо. А у вас?
4. — Сейчас по этому вопросу идут переговоры. — Как идут переговоры?

E2   'To carry' — Глаголы *нести* и *везти*

Insert verbs as appropriate according to the model. Select your answers from the list supplied below.

Например: Он идёт из гастронома и . . . покупки.
              Он идёт из гастронома и несёт покупки.

Answers: внесла, вынесла, несёт, несёт, несёт, несла, несла, несут, нёс, отнёс, принёс, принесли, принёс

1. Он шёл из гастронома и . . . покупки.
2. Он пришёл из гастронома и . . . покупки.
3. Девочка идёт по платформе и . . . пирожки.

4. Дéвочка шла по платфóрме и . . . пирожки́.

5. По у́лице иду́т шкóльники и . . . кни́ги.

6. Секретáрша шла к дирéктору и . . . ему́ бумáги.

7. Куда́ идёт э́та жéнщина с корзи́ной цветóв? Он . . . их на ры́нок.

8. Вот идёт молодáя жéнщина. Онá . . . ребёнка.

9. На урóк студéнты . . . учéбники.

10. Почтальóн . . . свéжие газéты.

11. Онá . . . цветы из кóмнаты.

12. Онá . . . цветы в кóмнату.

13. Где вáши кни́ги? Я . . . их в библиотéку.

*In which of the sentences above could you use the verb **везти́** instead of **нести́**? What other alterations would you have to make?*

 E3   'To bring' and 'to take' (to lead) — Глагóл *вести́*

Insert verbs as appropriate according to the model. Select your answers from the list supplied below.

Напримéр: По у́лице идёт жéнщина и . . . ребёнка в шкóлу.

                    По у́лице идёт жéнщина и ведёт ребёнка в шкóлу.

Answers: ведёт, ведёт, велá, велá, велá, вёл, перевелá, перевели́, перевёл, провели́

1. По у́лице шла жéнщина и . . . ребёнка в шкóлу.

2. По нáбережной шла дáма и . . . бéлую собáку.

3. Олéг идёт по у́лице. Он . . . Кáтю в парк.

4. Экскурсовóд . . . тури́стов на вы́ставку.

5. Жéнщина шла мéдленно, потому́ что онá . . . зá руку свою́ мáленькую дочь.

6. Олéг . . . млáдшего брáта к зубнóму врачу́.

7. Я взял ребёнка зá руку и . . . егó чéрез у́лицу.

Figurative meanings: провести́, перевести́

8. Егó . . . на другу́ю рабóту.

9. Студéнтка отли́чно . . . э́тот текст с ру́сского на англи́йский.

10. Они́ . . . воскресéнье у друзéй в дерéвне.

F   Cultural awareness

F1   Film festivals — Кинофестивáли

Read the following two texts about film festvals. Draw up a calendar of film festivals for cinema enthusiasts in English: indicate where and when the festivals are held and, where the information is supplied, what countries are represented at each venue.

 С приближéнием лéта начинáется сезóн кинофестивáлей. Открывáет сезóн сáмый знамени́тый кинофестивáль во францу́зском гóроде Канн на побережье

Средиземного моря. Приз каннского фестиваля — «Золотая пальма» считается самой престижной наградой в мире кино.

В начале июня пройдёт международный кинофестиваль в чешском курортном городке Карловы Вары. Он в основном ориентирован на страны Центральной и Восточной Европы.

Четвёртого августа начинается фестиваль молодых режиссёров в Локарно, Швейцария.

В середине августа — кинофестиваль в Эдинбурге, одновременно со знаменитым Фестивалем музыки и драмы.

Начало сентября — время старейшего кинофестиваля в Венеции. Его приз «Золотой лев» считается не менее престижным, чем «Пальма» из Канн.

Те, кто не успел показать свою кинокартину в Венеции, могут поехать в Сан-Себастьян, в Испанию. Кинофестиваль там открывается сразу после венецианского, и знатоки кино говорят, что он ничем не хуже других.

(по материалам «МН Коллекция», 1994)

Московский международный кинофестиваль завоевал известность во всём мире. Раз в два года в июле в столицу съезжаются кинозвёзды и знаменитости с мировым именем. Однако у Московского фестиваля появляются всё новые конкуренты во всех концах бывшего Союза.

В конце мая 1994 года наша киноэлита собралась в Сочи, на Чёрном море. Здесь проводился «Кинотавр» — кинофестиваль под открытым небом. В первом «Кинотавре» приняли участие в основном режиссёры СНГ и Восточной Европы, но со временем «Кинотавр» надеется стать всемирным конкурсом киноискусства.

Одесский кинофестиваль тоже популярен. Проводится он уже много лет, и его приз — «Золотой дюк» — считается у нас очень престижным. В июне, во время белых ночей, прошёл Третий петербургский «Фестиваль фестивалей». Здесь нет ни конкурса, ни призов. Показывают фильмы, победившие на прошлых фестивалях — Канн, Берлин, Венеция. . .

В конце июля в Калининграде (бывший Кённигсберг) планируется новый фестиваль Балтийского кино — «Янтарь». Президентом фестиваля будет вице-мэр города, известная киноактриса Александра Яковлева.

(по материалам прессы, лето 1994)

F2 The cinema — Кино

Read the following text and try to find out the Russian for the film titles in italics. Using the guiding questions supplied below, write a summary of the text in Russian.

The Soviet cinema was always regarded, by Party and film makers alike, as the art form of the Revolution. After the late 1920s little was left to chance and from 1930 cinema was organized to ensure that it reflected the official view. Before then, in its golden era, it expressed the spontaneous enthusiasm of those active in the industry. This was the period when all the most famous Soviet silent films were made: S. M. Eisenstein's (1898–1948) *The Strike* (1925), *The Battleship Potemkin* (1926), *October* (1927), *The Old and the New* and also *The General Line* (1929); V.1. Pudovkin's (1893–1953) *The Mother* (1926), *The End of St Petersburg* (1927), *Storm Over Asia* (1929); Dziga Vertov's

(1896–1954) *Forward, Soviet!* (1926), *A Sixth Part of the World* (1926), *The Eleventh Year* (1928) and *The Man with the Movie Camera* (1929); and A. F. Dovzhenko's (1894–1956) *The Earth* (1930), criticized officially for its 'defeatism'. Although all these film makers were united in their enthusiastic support for the Revolution, they were divided in their method of expression. The 1920s and early 1930s were marked by increasingly bitter polemics between those who felt that the documentary film was the major revolutionary art form, that the newsreel was the most appropriate vehicle for revolutionary propaganda, or that the fictional feature film fulfilled this role more effectively. Within the latter category there were partisans of editing (montage), as opposed to acting, on the one hand, and of different schools of acting on the other. Some directors (Eisenstein) portrayed the mass as collective hero, while others (Pudovkin) chose individual stereotypes as representative of the mass. The avant-garde techniques developed at this time have exerted a profound influence on subsequent generations of film makers throughout the world.

(*The Cambridge Encyclopedia of Russia and the former Soviet Union*, CUP, 1994: 279)

Guiding questions: Кино́

1. Како́й вид иску́сства счита́лся гла́вным иску́сством револю́ции?
2. Како́й истори́ческий пери́од счита́ется «золоты́м ве́ком» ру́сского кино́?
3. Каки́е режиссёры снима́ли сле́дующие фи́льмы и в каки́е го́ды: «Броненосец Потёмкин», «Мать», «Вперёд, Сове́т!» и «Земля́»?
4. Все ли э́ти режиссёры при́няли револю́цию?
5. О чём спо́рили режиссёры в 20-ые го́ды?
6. У како́го режиссёра ма́ссы явля́лись коллекти́вным геро́ем, а у како́го стереоти́пы оказа́лись представи́телями масс?
7. На кого́ оказа́ли влия́ние э́ти передовы́е ру́сские кинорежиссёры?

Homework

 To revise uses of the instrumental case see 'Grammar summary' (4.5. and 5.5). For a discussion of voice see 'Language awareness' (13).

 Written exercises — Письменные задания

Упражнение 1. Revision. Творительный падеж. *Вставьте слова из скобок в творительном падеже единственного числа. Put the phrases in brackets into the instrumental singular.*

1. Она́ идёт в кино́ с (ма́ленькая дочь).
2. Он разгова́ривает с (ру́сский студе́нт).
3. Со́ня встре́тилась со (ста́рый знако́мый).
4. Она́ пошла́ в кино́ со (свои́ прия́тели).
5. Студе́нты встре́тились с (изве́стный писа́тель).
6. Она́ написа́ла рабо́ту с (серьёзные оши́бки).

Упражнение 2. Revision. Творительный падеж. *Поставьте следующие слова в творительном падеже единственного и множественного числа. Give the instrumental singular of the following phrases. Then give the instrumental plural of the same phrases.*

1. иностранное имя
2. близкий друг
3. последняя новость
4. младшая дочь
5. летняя ночь
6. старший брат
7. маленький ребёнок

Упражнение 3. Revision. Множественное число. *Перепишите следующие предложения, поставив слова, выделенные курсивом в форме множественного числа. Rewrite the sentences putting the nouns in italics into the plural.*

1. В клубе университета была встреча с *писателем*.
2. Профессор разговаривает со *студентом*.
3. Мы встретились вчера в парке с *сестрой*.
4. Он был вчера в театре с *подругой*.
5. В клубе мы познакомились с *журналистом*.
6. Я ходила на выставку с *другом*.

Упражнение 4. Revision. Чем или с чем? *Поставьте слова из скобок в нужную форму. Put the words in brackets into the correct from.*

1. Он порезался (нож).
2. Она ехала с (муж).
3. Мы ехали с (пересадка).
4. Он говорит (громкий голос).
5. Это человек с (громкий голос).
6. Я с (труд) понимал, что он говорит.
7. Он написал сочинение с (помощь) учителя.
8. Автомобиль ехал с (большая скорость).
9. Мы едим суп (ложка), а мясо (нож) и (вилка).

Упражнение 5. Revision. Словосочетания с именем существительным в творительном падеже с предлогами «за» или «над». *Поставьте слова из скобок в творительном падеже. Put the words in brackets into the instrumental case.*

1. За (чай) . . . все молчали.
2. Мать ходит за (покупки) . . .
3. Она смеётся над (хозяин) . . .
4. День за (день) . . . становилось теплее.
5. Она смотрит за (дети) . . .
6. Ольга замужем за (англичанин) . . .

Упражнение 6. Prepositions. Предлоги «с» и «под». *Вставьте пропущенные предлоги. Insert appropriate prepositions in the spaces provided.*

1. Поезд ехал . . . большой скоростью.
2. Рядом . . . домом был большой парк.
3. Вечером вся семья собралась . . . столом.
4. Они гуляли . . . дождём.

5. . . . обедом Катя всегда мыла руки.

6. Они живут совсем недалеко, . . . углом.

7. Раз в неделю мы ходим . . . покупками.

Упражнение 7. Relative pronoun. Союзное слово «который». *Вставьте союз «который» в нужной форме. Insert the correct form of the relative pronoun in the spaces provided.*

1. Где работает девушка, с . . . ты недавно познакомился?

2. Я часто пишу письма друзьям, с . . . я познакомился в прошлом году.

3. Они смотрели на море, над . . . летали белые птицы.

4. Они живут в доме, рядом с . . . был большой парк.

Упражнение 8. Transitive and intransitive verbs. Переходные и непереходные глаголы. *Вставьте глаголы в правой колонке в нужной форме. Choose the correct tense, aspect and form of the verbs provided on the right.*

1. (a) Эта опера . . . сегодня впервые.   исполнять(ся)
   (b) Кто . . . роль Бориса?   исполнить(ся)
   (c) Оркестр . . . увертюру.

2. (a) Когда артист . . . свою арию, в зале раздались аплодисменты.   кончать(ся)
   (b) Скажите, когда . . . концерт?   кончить(ся)
   (c) Спектакль . . . в 9 часов, и мы вернулись домой в 10.

3. (a) Во время антракта мы . . . с друзьями.   встречать(ся)
   (b) Я . . . её сегодня на улице.   встретить(ся)
   (c) Мы едем на вокзал . . . сына.

4. (a) Мы не могли пойти в театр и . . . билеты в кассу.   возвращать(ся)
   (b) Вчера мы . . . из театра поздно.   вернуть (ся)
   (c) Бумеранг всегда . . . обратно.

5. (a) Когда . . . этот магазин?   открывать(ся)
   (b) Человек . . . дверь и вошёл в вагон.   открыть (ся)
   (c) Он долго пытался . . . дверь, но она так и не . . .

6. (a) Проводник сказал, что этот поезд . . . на всех станциях. останавливать(ся)
   (b) Я . . . , потому что не знал, куда идти.   остановить(ся)
   (c) Шофёр . . . машину, потому что не знал, куда ехать.

7. (a) Поезда . . . каждый день в 9 часов.   отправлять(ся)
   (b) Друзья пишут, что не получили моего письма, а я . . . его на той неделе.   отправить(ся)

8. (a) Разговор . . . 2 часа.   продолжать(ся)
   (b) Вчера мы . . . наш разговор.   продолжить(ся)

9. (a) Когда я рассказал ей о твоём приезде, она очень . . .   удивлять(ся)
   (b) Вчера он . . . нас своей игрой.   удивить(ся)

Упражнение 9. Revision. Глаголы в настоящем времени. *Поставьте глаголы в нужную форму настоящего времени. Put the verbs in the following sentences into the present tense.*

1. Петров хорошо пел.
2. Эту пьесу критиковали в печати.
3. В этом театре шла «Анна Каренина».
4. Зрители долг о аплодировали.
5. Во всех кассах продавали билеты на эту пьесу.
6. Обычно я брал два билета в театр.
7. Друг приехал на три дня.

Упражнение 10. Cloze. У моря. *Поставьте слова из скобок в нужную форму. Put the words in the brackets into the correct form.*

Словарь: камень = stone, pebble

Художник с (семилетний сын) ..1.. идут по (берег) ..2.. (море) ..3... Художник несёт мольберт, а мальчик (сумка) ..4.. с (краски) ..5... Художник останавливается и начинает работать. А мальчик стоит в (вода) ..6.. и собирает со (дно) ..7.. моря маленькие камни. В (вода) ..8.. они кажутся очень (красивые) ..9... На (ладонь) ..10.. у (он) ..11.. лежат белые, жёлтые, красные, чёрные, зелёные камни. Потом мальчик кладёт камни на (газета) ..12.. и бежит купаться. Он купается долго и, наконец, выбегает на берег и кричит (отец) ..13.. :

— Папа, а ты видел, (какой камень: plural) ..14.. я собрал? Они лежат около (ты) ..15.., на (газета) ..16..!

Мальчик подбегает к (газета) ..17.. и останавливается. Он смотрит на (газета) ..18.. и не верит своим глазам: там лежат серые некрасивые камни.

— Это не те камни! У меня были красивые, а эти! . . Почему они стали (серые) ..19.. и (некрасивые) ..20..?

И тогда отец рассказал ему легенду:

— Говорят, что очень давно здесь стояли (высокая гора: plural) ..21... Однажды одна гора упала и разбилась на (мелкий кусочек: plural) ..22... Так родились эти маленькие камни на (дно) ..23.. моря. Море играло с (они) ..24.., и вот они стали такими красивыми. Но без (море) ..25.., без (своя родина) ..26.., они теряют красоту, становятся (серые, неинтересные) ..27... .

Мальчик снова идёт к (вода) ..28.., собирает (красивый камень : plural) ..29.. и смотрит, как они постепенно теряют (своя краска : plural) ..30... . А художник в (своя картина) ..31.. старается передать (красота) ..32.. серых камней.

(по рассказу Маршака, *Улыбка*, Progress Publishers, 2nd edition, Moscow, 1971: 59)

Упражнение 11. Cloze and comprehension. Дети Арбата. *Поставьте слова из скобок в нужную форму. Put the words in brackets into the appropriate form. Highlight all the imperfective verbs in one colour and the perfective verbs in another.*

Действие романа происходит в 30-е годы. Арбат — улица, а также район Москвы. Юра Шарок был (коренной москвич) ..1.. : родился и вырос и прожил все свои шестнадцать с половиной (год) ..2.. в (старый двухэтажный дом) ..3.. на Арбате. Про Лену Будягину он знал немного: только то, что знали все ребята. И в том, что она была самой красивой девушкой в школе, на Арбате и даже во (вся Москва) ..4.., никто из (они) ..5.. не сомневался.

Лена родилась за (граница) ..6.., в семье бывших политэмигрантов. Отец её, старый большевик, ещё до революции лично знал и Ленина, и Сталина. В (14-й год) ..7.. бежал из России, спасаясь от царской полиции. После революции Ивана Григорьевича назначили послом в одной из европейских столиц. Там Лена росла и (идти/ходить) ..8.. в школу до (12) ..9.. лет. Вернулась на (родина) ..10.., плохо зная родной язык. Лена была тихой и робкой, говорила по-русски с (иностранный акцент) ..11.., которого она болезненно стеснялась, как и вообще всего, что отличало её от товарищей по школе. Она глубоко чувствовала и любила всё, что (она) ..12.. казалось истинно русским, народным.

Юра же был простым московским (парень) ..13.. . Высокий, светловолосый, с (серые глаза) ..14.. и независимым самолюбивым характером, он сразу же (нравиться/понравиться) ..15.. Лене. Она с (радость) ..16.. согласилась помогать (он) ..17.. в английском, хотя сама понимала, что делает это совсем по другой причине. И Юра это тоже прекрасно понимал.

Однако он не делал шагов к сближению, умело поддерживая «нормальные» дружеские отношения: (звонить/позвонить) ..18.. ей время от (время) ..19.. по телефону, приглашал в кино, а иногда в ресторан — где (платить/заплатить) ..20.. обычно Лена. Домой к (она) ..21.. заходил только тогда, когда (собираться/собраться) ..22.. большая компания.

Другой бы на его месте просто женился на Лене, но (Юра) ..23.. почему-то было страшно. Он боялся её (отец) ..24.., старого большевика, бывшего дипломата, а теперь министра и члена ЦК. Юра не мог себе представить своих родителей — отец его вечно пропадал на ипподроме, а мать в (церковь) ..25.. — рядом с (семья) ..26.. Лены.

И Юра решил, что лучше подождать. Сначала нужно (поступать/поступить) ..27.. в юридический институт: он мечтал стать (адвокат) ..28.. . Прежде всего он должен встать на ноги, начать (зарабатывать/заработать) ..29.. на жизнь. Женитьба на Лене или на ком-то другом в его ближайшие планы никак не входила.

(по роману А. Рыбакова, Дети Арбата, Moscow, 1987: 28–30)

Give detailed answers in English to the questions below.

(1) How old was Yura Sharok at the start of the story? (2) Where in Moscow did he grow up? (3) What school subject did he find particularly difficult? (4) What were his parents' favourite pursuits? (5) Why was Lena Budiagina brought up abroad? (6) How old was she when she returned to Moscow? (7) What did all the lads think about her? (8) What was Lena deeply ashamed of at school? (9) Describe her father's career to date (before and after the revolution). (10) What did Lena find attractive in Yura Sharok? (11) In what ways did Yura express his 'friendly feelings' towards her? (12) On what occasions would he visit her at home? (13) Why was Yura reluctant to marry Lena? (14) Describe Yura's plans for the future. (15) What impression do we get of Yura's character from this passage?

*Write definitions in Russian for the following words and phrases. Use the appropriate case of the relative pronoun **который** wherever possible.*

1. политэмигранты = люди, которые . . .
2. коренной москвич = человек, . . .
3. двухэтажный дом = дом, . . .
4. светловолосый = человек, . . .
5. европейская столица = город, . . .
6. родной язык = язык, . . .
7. бывший дипломат = человек, . . .
8. родина = страна, . . .
9. юридический институт = институт, . . .
10. иностранный акцент = акцент, . . .

Упражнение 12. Prepositions and comprehension. Белинский. *Вставьте пропущенные предлоги. Insert appropriate prepositions into the spaces provided.*

Белинский был известным литературным критиком. Его критические статьи ..1.. русских писателях-классиках (Пушкине, Лермонтове, Гоголе и др.) ..2.. сих пор считаются одними ..3.. лучших.

В. Г. Белинский родился 1-ого июня 1811 г...4.. бедной семье уездного врача и вырос ..5.. тяжелых материальных условиях. Посещая гимназию ..6.. г. Пензе, Белинский не проявлял больших способностей ..7.. учению, но интерес ..8.. литературе проснулся ..9.. нём очень рано, он много читал и еще ..10.. школьном возрасте пробовал писать стихи в духе Жуковского, которым он очень увлекался. В 1829 г. Белинский поступил ..11.. Московский университет, но и там учился плохо и был исключён, как «малоуспевающий» ..12.. 1832 г.

Страшно нуждаясь, Белинский брался ..13.. всевозможные работы и, ..14.. долгих поисков, ему наконец удалось получить работу ..15.. качестве переводчика и рецензента ..16.. журналах «Молва» и «Телескоп». В 1834 г. «Молва» печатает первую критическую статью Белинского «Литературные мечтания» и ..17.. этого момента известность Белинского как литературного критика начинает расти.

В 1839 г. Белинский переезжает ..18.. Петербург и начинает работать ..19.. журнале «Отечественные записки». Он ведёт критический отдел этого журнала более шести лет, завоёвывает себе большое литературное имя, а журналу огромную популярность, но работает так много, что подрывает свое здоровье.

В 1847 г. друзья собирают деньги ..20.. поездку Белинского ..21.. границу для лечения, но эта поездка помогает ему лишь ..22.. очень короткий срок.

Белинский умер ..23.. туберкулёза 26-го мая 1848 г.

(Josselson and Parker, *From Pushkin to Pasternak, Intermediate Russian Literary Reader,* Prentice Hall International, London, 1963: 145–6)

Answer the following questions

(1) For what is Belinsky remembered? (2) Give as much information as you can about his family. (3) What interested him in his school years? (4) From where was he expelled? Why? (5) Where did he eventually get work? As what? (6) What change in his life occured in 1839? (7) What factor does the biographer suggest affected his health? (8) When and why did he go abroad? (9) Was the trip a success? (10) How old was he when he died?

Упражнение 13. Prepositions and guided writing. Письмо первокурсника. *Вставьте пропущенные предлоги и ответьте на письмо. Read the pen-pal letter below, inserting* *the correct prepositions in the gaps. Answer the letter in Russian (approximately 100–120 words). In your letter you should mention the following topics:*

- who you are, what and where you study, etc.
- student accommodation, living conditions, etc.
- your plans for the future
- student life (academic and social)
- student grants, money problems, work, etc.

1-го июня 1993 г.

г. Петербург.

Адресую это письмо первокурснику или первокурснице, которые хотели бы переписываться ..1.. мной по-русски и одновременно помочь мне ..2.. английском.

Дорогой незнакомый друг! Или, может быть, «незнакомка»? Здравствуй! Я давно хотел начать переписываться ..3.. сверстниками ..4.. какой-нибудь англоговорящей страны. Дело в том, что я всерьёз увлекаюсь языками, хочу быть «полиглотом»: ..5.. пять лет научиться говорить как минимум ..6.. десяти языках! Год назад я поступил ..7.. восточный факультет Петербургского университета, учусь ..8.. первом курсе арабского отделения.. Когда окончу, мечтаю переводить древнюю восточную литературу ..9.. арабского ..10.. русский. Учился я ..11.. «английской» школе, и ..12.. тому же неплохо, а теперь боюсь, что ..13.. практики начинаю забывать язык.

Зовут меня Александр, или просто Саша, а фамилия моя — Поспелов. Ну что тебе рассказать ..14.. нашей студенческой жизни? ..15.. нас очень много занятий: 6 дней ..16.. неделю (да, да, и ..17.. субботам тоже!), ..18.. шесть–семь часов каждый день. По-моему, это слишком много.

Сейчас ..19.. нас началась летняя сессия, то есть идут устные и письменные экзамены и зачёты ..20.. разным предметам, ..21.. том числе и ..22.. английскому. Сессия бывает два раза ..23.. год — зимняя и летняя. Если сдашь все экзамены и зачёты, то будет стипендия ..24.. следующий семестр, а если хоть один предмет не сдашь, то стипендии не будет ..25.. следующей сессии!

Студенческие стипендии, правда, такие маленькие, что ..26.. жизнь всё равно не хватает, поэтому я подрабатываю ..27.. почте ..28.. воскресеньям, разношу телеграммы. Свободного времени остаётся мало, но стараюсь не пропускать новые фильмы, спектакли и, конечно, хожу ..29.. все студенческие вечеринки ..30.. общежитии.

Общежитие наше расположено ..31.. университетом, буквально ..32.. углом. Так что ..33.. утрам можно выходить ..34.. 5 минут ..35.. звонка. Общежитие большое, и стоит дёшево, но условия там, правда, далеко не шикарные. Комнаты ..36.. четыре человека, и, ..37.. четырёх кроватей ..38.. столиками, места нет ни ..39.. книжного шкафа, ни ..40.. письменного стола. Встаёт вопрос: как и где заниматься? Приходится ..41.. вечерам сидеть ..42.. университетской библиотеке. Там так тепло и тихо, что я иногда просто засыпаю ..43.. скучными учебниками!

Ну, хватит ..44.. себе. Теперь ты мне расскажи ..45.. своей жизни. Пожалуйста, пиши мне пока по-русски, но ..46.. ближайшем будущем я обещаю серьёзно заняться английским, ..47.. твоей помощью, конечно!

..48.. нетерпением жду твоего ответа ..49.. моё письмо.

Мой адрес: РОССИЯ

   г. Санкт — Петербург, Мытнинская набережная

   дом 4, комната 217, Общежитие СПГУ

   Александру Поспелову

..50.. дружеским приветом,

Твой новый знакомый

Саша Поспелов

V+ 14   Lexical exercises — Лексические упражнения

14.1   Semantic groups. Глаголы восприятия. *Вставьте пропущенные глаголы в нужную форму. Insert the correct verb in the appropriate tense.*

(а)   *слышать — слушать*

1. Вчера мы . . . оперу «Иван Сусанин».
2. Вы . . . новость? У Нины родилась дочка!
3. Каждое утро я . . . радио.
4. Надо внимательно . . . профессора.
5. Надо говорить громче — он плохо . . .
6. Я ничего не . . . об этом и ничего не знаю.

(б)   *видеть — увидеть; смотреть — посмотреть*

1. Вы уже . . . нового преподавателя?
2. Я услышал шум и . . . в окно, но на улице никого не было.
3. Он носит очки, так как с детства плохо . . .
4. Вчера мы . . . интересную передачу по телевизору.
5. В субботу мы идём . . . новый фильм Вуди Аллана.
6. А ты уже . . . этот фильм?

14.2   Semantic groups. В театре. *Вставьте пропущенные буквы. Supply the missing letters.*

(а) Types of theatrical productions

```
П _ _ _ С _ _ _ _ _ _ _ _
      О П _ _ _
    М Е _ _ _ _ _ _ _
        К _ _ _ _ _ _
К _ _ _ _ _ Т
      Т _ А _ _ _ _ _
    Ц _ _ К
      Б _ Л _ _
      П Ь _ _ _
```

(b) Places in a theatre

```
З _ _ Т _ _ _ _ _ _ ЗАЛ
Ф _ _ Е
    Г А _ _ _ _ _ _
Б _ _ _ Т
    К Р _ _ _ _
```

14.3 Common collocations. Словосочетания: прилагательные и существительные.
*Подберите подходящие прилагательные к следующим словам. Match each adjective
with an appropriate noun.*

Adjectives: 1. международный, *2.* верхняя, *3.* еженедельные, *4.* зрительный,
5. Большой, *6.* старинная, *7.* театральные, *8.* театральная, *9.* частная
Nouns: афиши, касса, школа, издания, зал, церковь, одежда, фестиваль, театр

14.4 Semantic groups. Что общего? *Распределите слова по тематическим группам.
Group the following nouns into thematically related groups and give each group a heading
in English.*

антракт	артист	аудитория	афиша	бинокль
газета	гастроном	гостиница	дача	дом
доска	еженедельник	журнал	здание	читатель
зрительный зал	зритель	концертный зал	критик	лавка
магазин	мотель	очки	пансионат	перемена
перерыв	режиссёр	слушатель	табличка	театр
телескоп				

14.5 Semantic groups. Профессии. *Подберите соответствующие названия профессий к
следующим семантическим группам. Fill in the missing jobs by looking at the list of
words associated with each one. Choose the jobs from the list supplied in the column on
the right.*

1. оркестр, концертный зал, батон   ☐ врач
2. пишущая машинка, телефон, офис   ☐ дирижёр
3. трубка, лекарство, больница   ☐ секретарша
4. домашняя работа, школа, доска   ☐ учитель

Now list three things you associate with each of the professions listed below.

артист	строитель	шофёр	режиссёр
писатель	журналист	рабочий	парикмахер
певица	экскурсовод		

14.6   Crossword. В театре. People associated with the theatre

Listening comprehension

The following sections from Unit 13 have been recorded on tape:

B1 Фестиваль музыки и драмы
B3 Фестиваль искусств «Белые ночи»
B5 Люблю тебя, Петра творенье

Упражнеие 1. Dictation. Фестиваль классической музыки в Крыму. *Прослушав текст, заполните пропуски. Listen to the tape and fill in the mising words.*

На Крымском . . . возникла прекрасная идея — превратить . . . курорты в центры искусства, музыки, культуры. Всё лето в . . . городах проходят театральные гастроли, концерты, музыкальные конкурсы. Крымская Ассоциация содействия культуре готовится к . . . конкурсу камерной музыки в Бахчисарае. Чеховская Ассоциация . . . проводит театральный фестиваль в Ялте.

К . . . туристского сезона ещё один сюрприз — фестиваль классического музыкального и театрального искусства под . . . «Бархатный сезон». В прошлом году в Ялте, Алупке, Семфирополе и Севастополе второй по счёту фестиваль проходил с . . . по. . . . На фестиваль . . . артисты оперы и балета, известные дирижёры и музыканты со всех концов бывшего Союза, из Восточной Европы. В течение двух недель артистические коллективы гастролировали по всем . . . курортам.

Интерес к . . . растёт с каждым годом. По . . . его организаторов, многие европейские дирижёры и симфонические оркестры уже высказали желание выступить на . . . «Бархатном сезоне», известные театральные режиссёры планируют . . . свои постановки в . . . году.

(по материалу «МН Коллекция», 1995)

Упражнение 2. Listening for information. Наш отдых в зеркале статистики: опрос москвичей. *Прослушав текст, заполните таблицу. Listen to the text and enter the results of the survey in the table below.*

Согласно данным опроса:

	% опрошенных	age/social group
— имеют дачу или садовый участок под Москвой		
— проводят отпуск на своей даче		
— проводят отпуск у родственников и знакомых в России и СНГ		
— предпочитают проводить отпуск дома		
— ездят на курорты, в санатории, дома отдыха		
— ездят на туристические поездки по России		
— летом не отдыхают, а стараются подзаработать		
— планируют провести отпуск за рубежом		
— планируют провести отпуск вместе с семьёй у родителей		
— затруднились ответить		

(по материалам журнала «Огонёк», 1995)

Упражнение 3. Listening and speaking. Интервью с директором фестиваля «Белые ночи». *Прослушав интервью, придумайте подходящие вопросы к прослушанным ответам. Listen to the interview on the tape. On the basis of the answers you hear, supply the six questions which were put to the director of the 'White Nights' Festival. Write them down and then record them in the pauses provided on the tape.*

Ответ 1: Международный фестиваль «Белые ночи» проходит в Санкт-Петербурге ежегодно в июне месяце, во время белых ночей.

Ответ 2: К нам на фестиваль ежегодно приезжают около двух тысяч иностранных музыкантов — оркестры, певцы, дирижёры, деятели музыкального искусства со всего мира.

Ответ 3: Во время фестиваля количество иностранных туристов в Петербурге значительно выше среднего. Согласно официальной статистике, в июне Петербург посещают примерно от 12 до 14 тысяч туристов.

Ответ 4: Цены на билеты на фестивале различные. Цена зависит от того, в каком театре или концертном зале выступают музыканты, а также от того, насколько они знамениты в мире.

Ответ 5: Обычно погода в июне у нас отличная — не очень жарко, но и не холодно. И главное — светло всю ночь! Конечно, если вы собираетесь гулять по городу при свете белых ночей, то нужно одеться потеплее — желательно одеть свитер или даже летнее пальто.

Ответ 6: Конечно можно! Но если вы хотите приехать на своей машине, то нужно заранее получить визу в Консульстве России за рубежом. Вы можете также уже здесь в Петербурге нанять автомобиль — с шофёром или без шофёра. Это стоит не так дорого.

Ответ 7: И вам большое спасибо за беседу. До свидания, всего хорошего.

UNIT 14 урок

In this unit you will learn how to:

- form the future tense
- use 'if' clauses
- express intention
- suggest a course of action
- talk about travel and tourism

Classwork

A Future reference

A1 The future tense — Бу́дущее вре́мя (1)

☞ **Бу́дущее вре́мя глаго́ла *быть***

я	бу́ду
ты	бу́дешь
он	бу́дет
мы	бу́дем
вы	бу́дете
они́	бу́дут

Приме́ры

— Где вы бу́дете у́тром?
— Утром мы бу́дем на экску́рсии.

— Когда́ бу́дет экску́рсия?
— Экску́рсия бу́дет у́тром.

— Когда́ бу́дут экза́мены?
— Экза́мены бу́дут в ию́не.

— Где ты бу́дешь днём?
— Днём я бу́ду в библиоте́ке.

— Когда́ вы бу́дете в теа́тре?
— Мы бу́дем в теа́тре ве́чером.

— Кем ты бу́дешь?
— Я бу́ду перево́дчиком.

☞ For a discussion of the expression of possession, necessity and possibility in the future see 'Grammar summary' (9.4.1.1).

A2 The future tense — Бу́дущее вре́мя (2)

The imperfective (compound) future

я бу́ду
ты бу́дешь
он бу́дет
мы бу́дем
вы бу́дете
они́ бу́дут

} + imperfective infinitive

Приме́ры:

Imperfective (compound) future

я	бу́ду	чита́ть	писа́ть	рабо́тать
ты	бу́дешь	чита́ть	писа́ть	рабо́тать
он	бу́дет	чита́ть	писа́ть	рабо́тать
мы	бу́дем	чита́ть	писа́ть	рабо́тать
вы	бу́дете	чита́ть	писа́ть	рабо́тать
они	бу́дут	чита́ть	писа́ть	рабо́тать

A3 Game — Игра́: «Спле́тни»

Кто (из гру́ппы) где бу́дет? Когда́ и с кем? Что они́ бу́дут там де́лать и как?

Студе́нты по о́череди пи́шут на листке́ бума́ги одну́ стро́чку, пото́м свёртывают листо́к и передаю́т сле́дующему студе́нту.

- Кто?
- Что бу́дут де́лать?
- Где?
- Когда́?
- С кем?
- Как?

Когда́ предложе́ние зако́нчено, сле́дующий студе́нт чита́ет «спле́тню» вслух.

A4 The future tense — Бу́дущее вре́мя (3)

☞ **The perfective (simple) future**

я	прочита́ю	напишу́	дам
ты	прочита́ешь	напи́шешь	дашь
он	прочита́ет	напи́шет	даст
мы	прочита́ем	напи́шем	дади́м
вы	прочита́ете	напи́шете	дади́те
они	прочита́ют	напи́шут	даду́т

☞ For a discussion of the future tense see 'Grammar summary' (9.4).

A5 Aspects and the future — Виды глагола

Read through the following examples and identify (1) the aspect of each verb and (2) the function of the aspect of each verb.

1. — Когда́ ты сего́дня сде́лаешь уро́ки?
   — Я их сде́лаю к десяти́ часа́м. Когда́ я сде́лаю уро́ки, я ля́гу спать. Е́сли я сде́лаю все уро́ки до десяти́ часо́в, я посмотрю́ фильм по ТВ.

2. — Кем ты бу́дешь, когда́ вы́растешь?
   — Когда́ я вы́расту, я бу́ду космона́втом.

3. Е́сли бу́дет дождь, я возьму́ зо́нтик.

4. Дава́й встре́тимся в семь часо́в у вхо́да в кино́.

5. — Что ты бу́дешь де́лать сего́дня ве́чером?
   — Я бу́ду писа́ть письмо́ домо́й.

6. Весь ве́чер я бу́ду писа́ть письмо́.

7. Ка́ждое воскресе́нье он бу́дет писа́ть статью́ в газе́ту.

8. — Когда́ ты, наконе́ц, напи́шешь письмо́ домо́й?
   — Я обяза́тельно напишу́ письмо́ сего́дня ве́чером.
   — Я напишу́ письмо́ к пяти́ часа́м и отнесу́ его́ на по́чту.

9. Она́ вста́нет, умо́ется, поза́втракает и пойдёт на рабо́ту.

10. — Что ты бу́дешь де́лать за́втра ве́чером?
    — За́втра я бу́ду чита́ть детекти́вный рома́н.
    — Ты ско́ро его́ прочита́ешь? Я хочу́ попроси́ть у тебя́ э́тот рома́н.
    — Я зако́нчу его́ к суббо́те и тогда́ принесу́ тебе́. Хорошо́?
    — Хорошо́, я подожду́ до суббо́ты.

11. — Ты уже́ купи́л кни́гу о шпио́нах?
    — Нет ещё. Но я обяза́тельно куплю́ её, когда́ получу́ стипе́ндию.
    — Когда́ ты ку́пишь её, ты мне дашь почита́ть?
    — Снача́ла я прочита́ю её сам, а пото́м дам тебе́.

12. За́втра ве́чером Джон бу́дет де́лать дома́шнее зада́ние, бу́дет писа́ть упражне́ния и бу́дет учи́ть но́вые слова́. Он бу́дет учи́ть их недо́лго, и коне́чно, хорошо́ вы́учит их. Он всегда́ хорошо́ у́чит но́вые слова́, потому́ что он хо́чет хорошо́ говори́ть по-ру́сски. Когда́ Джон вы́учит все но́вые слова́, он начнёт переводи́ть статью́. Статья́ тру́дная, но Джон переведёт её бы́стро. Когда́ он её переведёт, он бу́дет смотре́ть телеви́зор и́ли позвони́т подру́ге и пригласи́т её в кино́.

A6 Poetry — Зо́лото и була́т

Listen to the reading of Pushkin's poem. Mark on the stress. Record your reading of the poem.

«Всё моё»,— сказа́ло зла́то;
«Всё моё»,— сказа́л була́т.
«Всё куплю́»,— сказа́ло зла́то;
«Всё возьму́»,— сказа́л була́т.
(*Алекса́ндр Серге́евич Пу́шкин, 1826*)

A7 Quiz — Зна́ете ли вы Росси́ю?

Put the words in brackets into the appropriate form of the future tense. The infinitives have been supplied in the appropriate aspect.

В связи́ с 30–ле́тием журна́ла «Спу́тник», реда́кция предлага́ет всем жела́ющим приня́ть уча́стие в ко́нкурсе «*Зна́ете ли вы Росси́ю?*». Наде́емся, что он не (показа́ться) . . . вам сли́шком сло́жным.

Усло́вия проведе́ния:

1. В ко́нкурсе «*Зна́ете ли вы Росси́ю?*» мо́гут приня́ть уча́стие то́лько зарубе́жные чита́тели (кро́ме гра́ждан госуда́рств СНГ и Ба́лтии). Он (проводи́ться) . . . в три ту́ра. Вопро́сы (публикова́ться) . . . в янва́рском, февра́льском и ма́ртовском номера́х журна́ла за.
2. Отве́ты (оце́ниваться) . . . по пятиба́лльной систе́ме представи́тельным жюри́. Пять дополни́тельных ба́ллов (получи́ть) . . . уча́стники ко́нкурса, кото́рые с отве́тами тре́тьего ту́ра (присла́ть) . . . письмо́-рекоменда́цию «Е́сли бы я был гла́вным реда́ктором 'Спу́тника' . . .».
3. Победи́тели ка́ждого ту́ра ко́нкурса (получи́ть) . . . приз. А́вторы наибо́лее интере́сных эссе́ и рекоменда́ций (получи́ть) . . . специа́льные сувени́ры.
4. Абсолю́тным победи́телем ко́нкурса (стать) . . . уча́стник всех трёх ту́ров, кото́рый набра́л в су́мме са́мое большо́е коли́чество ба́ллов. В слу́чае их ра́венства у двух и́ли бо́лее челове́к победи́теля (определи́ть) . . . жре́бий.
5. Спи́сок всех победи́телей (быть) . . . опублико́ван в журна́ле.

(*Спу́тник*, сентя́брь, 1996 Г.)

B   Plans for the future

B1   Holidays — Кто куда́ пое́дет отдыха́ть на ле́тние кани́кулы?

Complete the tables supplied below by asking and answering the following questions.
Спроси́те друг дру́га по о́череди.

— Куда́ пое́дет Со́ня/Игорь на ле́тние кани́кулы?   — Когда́ он/она́ туда́ пое́дет?
— Где он/она́ бу́дет отдыха́ть?   — На чём . . . ?
— Ско́лько вре́мени он/она́ там бу́дет?   — С кем . . . ?
— Что он/она́ бу́дет там де́лать?   — Где он/она́ бу́дет жить?

А

	Со́ня	Игорь
куда́ пое́дет?	*Чёрное мо́ре	
где бу́дет отдыха́ть?		Юрмала
когда́?	а́вгуст	
с кем?		роди́тели
на чём пое́дет?	*самолёт	
ско́лько вре́мени там бу́дет?		*ме́сяц
где бу́дет жить?	пала́тка	
что бу́дет де́лать?		ката́ться на я́хте, игра́ть в те́ннис, осма́тривать достопримеча́тельности

Б

	Со́ня	Игорь
куда́ пое́дет?		Приба́лтика
где бу́дет отдыха́ть?	Со́чи	
когда́?		ию́ль
с кем?	друзья́ из институ́та	
на чём пое́дет?		*по́езд
ско́лько вре́мени там бу́дет?	три неде́ли	
где бу́дет жить?		*да́ча
что бу́дет де́лать?	купа́ться в мо́ре, загора́ть на пля́же, ходи́ть в го́ры, рисова́ть пейза́жи	

B2 Conversation practice — Разгово́р с преподава́телем

ходи́ть — е́здить

For a discussion of the use of verbs of motion in the present tense see 'Grammar summary' (9.7.1. and 9.7.2).

Ask and answer about where you do/do not go.

Как ча́сто?	ты хо́дишь	*куда́?*
ка́ждый день		в кино́/в теа́тр
раз в неде́лю		в го́сти
ча́сто/ре́дко		в библиоте́ку
обы́чно		на вечери́нки
иногда́		на ле́кции
всегда́/никогда́ (не)		на рабо́ту
по суббо́там		к врачу́

Как ча́сто?	ты е́здишь	*куда́?*
ка́ждое ле́то		во Фра́нцию
раз в ме́сяц		в Москву́
ре́дко/ча́сто		за грани́цу
обы́чно		за́ город
иногда́		домо́й (в друго́й го́род)
всегда́/никогда́ (не)		к роди́телям

Отве́тьте на вопро́сы.

- Ско́лько раз в неде́лю рабо́чие хо́дят на рабо́ту?
          шко́льники хо́дят в шко́лу?
          студе́нты хо́дят на заня́тия?
- Куда́ городски́е жи́тели е́здят ле́том? / в о́тпуск?

Спроси́те преподава́теля, а зате́м друг дру́га.

Ча́сто ли вы е́здите (ты е́здишь) за́ город? / на да́чу? / в командиро́вки?
А ва́ши друзья́/колле́ги/знако́мые?

Ча́сто ли вы хо́дите (ты хо́дишь) в теа́тр? / в кино́? / на конце́рты?/
             на вы́ставки? / в библиоте́ку? / в спортза́л?
             в бассе́йн? / в го́сти?

В како́е вре́мя го́да е́здят за гриба́ми? / за я́годами?

Future plans, intentions. Собира́ться + инфинити́в

Приме́ры: Ле́том мы собира́емся пое́хать в Ло́ндон.
      Осенью она́ собира́ется рабо́тать на фе́рме во Фра́нции.
      Он собира́ется поступи́ть на вече́рние компью́терные ку́рсы.

Как вы собира́етесь отме́тить наступа́ющий пра́здник?
Они́ собира́ются в э́том году́ отдыха́ть на Кана́рских острова́х.

Note the aspects of the infinitives after the verb **собира́ться**. *What rules can you deduce?*

Expressing what you intend to do

Что вы бу́дете де́лать ве́чером?	Я бу́ду смотре́ть телеви́зор.
Что вы собира́етесь де́лать (за́втра)?	Я собира́юсь встре́титься с дру́гом.
Куда́ вы собира́етесь?	Я собира́юсь в о́тпуск.
	Я собира́юсь пое́хать в о́тпуск.
Когда́ вы собира́етесь пое́хать в Москву́?	В ма́е.
Что ты бу́дешь де́лать, когда́ сдашь экза́мены?	Я бу́ду отдыха́ть.
	Я пое́ду домо́й.

Расскажи́те, как вы отдыха́ли про́шлым ле́том и как вы собира́етесь отдыха́ть в э́том году́.

- Вы куда́ е́здили/пое́дете?
- Где вы жи́ли/бу́дете жить?
- Что вы там де́лали/бу́дете де́лать?
- Когда́? С кем? На чём?
- Ско́лько вре́мени вы там бы́ли/бу́дете?

Спроси́те у преподава́теля, что он/она́ бу́дет де́лать, когда́ вернётся домо́й.

- Пое́дет ли он/она́ в о́тпуск? Е́сли да, то куда́ / на ско́лько неде́ль?
- Когда́ у неё начнётся рабо́та?
- Кому́ она́ бу́дет расска́зывать о жи́зни у нас?
- Что она́ им расска́жет?
- Когда́ она́ сно́ва прие́дет к нам?

Отве́тьте на вопро́сы преподава́теля о том, что вы собира́етесь де́лать на бу́дущий год / че́рез два го́да / по́сле оконча́ния университе́та. . .

- Когда́ вы вернётесь в университе́т на заня́тия?
- Каки́е у вас бу́дут но́вые предме́ты на второ́м ку́рсе?
- Где вы бу́дете жить?
- Бу́дете ли вы рабо́тать по вечера́м? / по суббо́там и воскресе́ньям?
- Куда́ вы пое́дете на тре́тьем ку́рсе?
- На ско́лько вре́мени вы туда́ пое́дете?
- Чем вы там бу́дете занима́ться?
- О чём вы бу́дете писа́ть дипло́мную рабо́ту?
- Когда́ у вас бу́дут выпускны́е / госуда́рственные экза́мены?
- Как вы ду́маете, кем вы бу́дете рабо́тать / где вы бу́дете жить . . . и т. д., когда́ око́нчите университе́т?

B3 Moscow diary — Моско́вский дневни́к

Вы с подру́гой собира́етесь пое́хать на ле́тние ку́рсы ру́сского языка́ в Москву́. Вот ва́ше расписа́ние на пе́рвую неде́лю. Расскажи́те по-ру́сски, что вы бу́дете де́лать.

понеде́льник 1 ию́ля	9–11.30: заня́тия / институ́т; обе́д / студе́нческая столо́вая; пото́м: экску́рсия / Кремль; 7.30: конце́рт / Консервато́рия
вто́рник 2 ию́ля	у́тром: дома́шнее зада́ние = упражне́ния и сочине́ние (литерату́ра); днём: видеофи́льм «Кабарэ́»; 10 ч. ве́чера: дискоте́ка
среда́ 3 ию́ля	7.30 утра́: за́втрак; 8.00: авто́бус в Клин / дом Чайко́вского; обе́д: рестора́н «Медве́дь»; 17.00: возвраще́ние / Москва́; 20.00: у́жин (+ все преподава́тели)
четве́рг 4 ию́ля	у́тром: ле́кция профе́ссора Н. днём: ГУМ / пода́рки (брат, сестра́); Дом кни́ги, слова́рь, кни́ги (себе́); 21.30: ТВ / телеспекта́кль «Ча́йка»
пя́тница 5 ию́ля	у́тром: подгото́вка к зачёту; 12.00: институ́т / зачёт; обе́д, пото́м прогу́лка / парк; 18.30: встре́ча (+ ребя́та); кинотеа́тр «Одео́н» / фильм «Пти́цы»
суббо́та 6 ию́ля	у́тром: бассе́йн / спортклу́б; 16.50: аэропо́рт / самолёт рейс АФ 213 / Петербу́рг; 7.20 ве́чера: гости́ница «Спу́тник» / у́жин
воскресе́нье 7 ию́ля	у́тром: достопримеча́тельности; днём: Ру́сский музе́й, Эрмита́ж; 10.45 ве́чера: отъе́зд / ночно́й по́езд Петербу́рг → Москва́ / прибы́тие в 6.30 утра́

Зада́ние: Напиши́те до́ма 13–15 предложе́ний по э́тому дневнику́.

B4 Letter — Письмо́ от роди́телей

Put the words in brackets into the appropriate form of the future tense. The infinitives have been supplied in the appropriate aspect.

Дороги́е на́ши де́ти!

Мы с отцо́м посове́товались и, наконе́ц, по́сле до́лгих спо́ров реши́ли, что когда́ он (вы́йти) . . . на пе́нсию, мы (прода́ть) . . . свой дом в Москве́ и (перее́хать) . . . жить в Австра́лию.

Там мы (купи́ть) . . . фе́рму и (жить) . . . и (рабо́тать) . . . в дере́вне, на приро́де. Мы хоти́м жить недалеко́ от мо́ря, потому́ что мы о́ба, как вы зна́ете, увлека́емся во́дным спо́ртом.

У нас бу́дет па́русная ло́дка, и мы (ката́ться) . . . на ней ка́ждый ве́чер пе́ред захо́дом со́лнца. А днём (купа́ться) . . . , (пла́вать) . . . , (загора́ть) . . . и гуля́ть по бе́регу мо́ря.

Но, коне́чно, всё э́то, к сожале́нию, пока́ то́лько мечты́.

Сла́ва Бо́гу, до пе́нсии отцу́ ещё го́да три, а за э́то вре́мя мно́гое в жи́зни мо́жет измени́ться. Лу́чше не зага́дывать наперёд!

Ну, пока́ всё. Пиши́те нам!

Кре́пко целу́ем вас обо́их и на́шу люби́мую вну́чку.

Ва́ши

ма́ма с па́пой.

B5 If and when — Е́сли . . . / Когда́ . . .

Отве́тьте на вопро́сы в бу́дущем вре́мени.

1. Что вы бу́дете де́лать, когда́ ко́нчится э́тот уче́бный год? Что вы бу́дете де́лать, е́сли бу́дет хоро́шая пого́да в воскресе́нье?

2. Что вы ку́пите, е́сли вы́играете де́ньги в лотере́ю? Что вы ку́пите, когда́ бу́дет день рожде́ния ва́шего дру́га?

3. Что вы возьмёте с собо́й, когда́ пое́дете в Москву́? Что вы возьмёте с собо́й, е́сли пойдёт дождь?

4. Что вы ска́жете, когда́ у ва́шей подру́ги бу́дет день рожде́ния? Что вы ска́жете, е́сли она́ забу́дет ваш день рожде́ния?

5. Что вы бу́дете де́лать, когда́ око́нчите университе́т, е́сли у вас бу́дет рабо́та? Что вы бу́дете де́лать, когда́ око́нчите университе́т, если у вас не бу́дет рабо́ты?

C Studying abroad

C1 Advertisement — Е́сли учи́ться, то в Ло́ндоне

Read the following advertisement. Identify whom the advertisement is targeted at and what is being advertised.

Если учи́ться, то то́лько в Ло́ндоне!

Учи́ться в А́нглии ру́сским де́тям, коне́чно, прести́жно, но . . . о́чень тру́дно! Тру́дно потому́, что они́ не знако́мы с тради́циями и о́бразом жи́зни в э́той стране́. А э́то мо́жет стать для ребёнка психологи́ческим барье́ром.

Что́бы помо́чь ва́шему ребёнку лу́чше поня́ть А́нглию, мы предлага́ем:

ЛЕ́ТНИЕ КУ́РСЫ с 12 по 25 ию́ля при изве́стной ча́стной шко́ле «Борче́стер» ря́дом с Ло́ндоном по уче́бно-познава́тельной програ́мме, разрабо́танной фи́рмой «Альбио́н» специа́льно для ру́сских дете́й, поступа́ющих в ча́стные англи́йские шко́лы. Фи́рма «Альбио́н» уже́ мно́го лет успе́шно сотру́дничает с веду́щими ча́стными шко́лами по всей А́нглии.

Две неде́ли де́ти бу́дут жить в комфорта́бельном трёхэта́жном котте́дже. Спа́льни на двои́х. Трёхра́зовое пита́ние: за́втрак, обе́д и у́жин. Пи́щу гото́вит по́вар–профессиона́л, ко́мнаты ежедне́вно убира́ет го́рничная.

В хо́лле котте́джа — цветно́й телеви́зор с больши́м экра́ном, видеои́гры и телефо́н-автома́т для разгово́ров с Москво́й. Вечера́ми мо́жно игра́ть, обща́ться со све́рстниками — детьми́ из други́х стран.

В це́нтре програ́ммы — двухнеде́льный курс обуче́ния в прести́жной ча́стной шко́ле с больши́м о́пытом преподава́ния англи́йского языка́ иностра́нцам. Четы́ре дня в неде́лю (в понеде́льник, вто́рник, четве́рг и пя́тницу) ребя́та проведу́т в шко́ле: у́тром — уро́ки англи́йского, по́сле обе́да — спорти́вные и́гры. Одновреме́нно с заня́тиями языко́м де́ти бу́дут знако́миться с англи́йским о́бразом жи́зни, с пра́вилами поведе́ния в шко́ле и в о́бществе. Руководя́т уче́бной програ́ммой о́пытные англи́йские и ру́сские педаго́ги. В любо́е вре́мя мо́жно обрати́ться за сове́том и по́мощью к дежу́рному преподава́телю — он всегда́ бу́дет ря́дом.

В свобо́дное от заня́тий вре́мя ру́сским шко́льникам предлага́ется развлека́тельно-познава́тельная програ́мма. Они́ осмо́трят истори́ческие места́ и музе́и Ло́ндона, встре́тятся с англи́йскими све́рстниками в ло́ндонском клу́бе бой-ска́утов, посетя́т Брита́нский Парла́мент.

Сто́имость ку́рсов — U$ 1800

Цена́ авиабиле́та — U$ 600

Дополни́тельную информа́цию мо́жно получи́ть по телефо́ну.

Телефо́ны фи́рмы «Альбио́н»:
в Москве́ (095) 156-64-576 в Ло́ндоне (0208) 878 55 22

(Advertisement from the press)

What structures and facilities are provided to cater for the children's material, psychological, educational and recreational needs?

D Reading and grammar

D1 Text — Буратино в Стране дураков

Предисловие автора: Когда я был маленький — очень, очень давно, — я читал одну книжку: она называлась «Пиноккио, или Похождения деревянной куклы» (деревянная кукла по-итальянски — буратино). Я часто рассказывал моим товарищам, девочкам и мальчикам, занимательные приключения Буратино. Но так как книжка потерялась, то я рассказывал каждый раз по-разному, выдумывал такие похождения, каких в книге совсем и не было. Теперь, через много-много лет, я припомнил моего старого друга Буратино и надумал рассказать вам, девочки и мальчики, необычайную историю про этого деревянного человека.

(Алексей Толстой)

Pre-reading exercises. *Group the following words into semantically related categories.*

азбука	бегать/бежать	бедный	глаз
деревья	деньги	заснуть	земля
золотой	кот	кулак	купить
лиса	лист	монета	мяукнуть
нищий	петь	песенка	поле
расти	слепой	спать	спешить
учиться	хвост	хромать	хромой
цвет	школа		

Listen to the story and answer the following questions in English:

1. What is Buratino holding in his hand?
2. What is he intending to do with his money?
3. Whom does he meet?
4. What temptation do they put to him?
5. What is Buratino to do in the Land of Fools?
6. What is Buratino's first response to their proposal?
7. Why does he change his mind?
8. What are the magic words?

Listen to the story and number the following pictures appropriately:

Буратино спешил домой. Он бежал и весело пел песенку, которую он сам сочинил: «Пять золотых, пять золотых!
Никому не дам я их . . .»

Потом он стал думать, что он купит на пять золотых монет, которые он крепко держал в кулаке. «Куплю папе Карло новую куртку, а себе — красивую азбуку с картинками. Пойду в школу, буду хорошо учиться и буду всегда слушаться папу Карло. Может быть, тогда я стану настоящим мальчиком!»

Вдруг по дороге его остановили двое нищих — слепой кот Базилио и хромая лиса Алиса.

— Здравствуй, добренький Буратино, — сказала лиса. — Куда ты так спешишь?
— И что у тебя в кулаке? — спросил кот.

Бурати́но показа́л им пять золоты́х моне́т. Лиса́ тут же переста́ла хрома́ть и ста́ла бе́гать вокру́г Бурати́но и виля́ть хвосто́м. Кот от удивле́ния вдруг широко́ откры́л «слепы́е» глаза́ и мя́укнул:

— Умненький Бурати́но, а что же ты собира́ешься де́лать с э́тими деньга́ми?

— Я уже́ реши́л, что бу́ду де́лать. Куплю́ ку́ртку па́пе Ка́рло . . . Куплю́ себе́ а́збуку с карти́нками . . . Бу́ду учи́ться . . . и бу́ду слу́шаться па́пу Ка́рло . . .

Но тут Лиса́ его́ переби́ла:

— До́бренький, у́мненький Бурати́но, а хо́чешь, что́бы у тебя́ де́нег ста́ло в два ра́за бо́льше? — спроси́ла лиса́.

— Коне́чно, хочу́! А как э́то сде́лать?

— Очень про́сто. Пойдём вме́сте с на́ми в Страну́ дурако́в, и я тебе́ всё объясню́ по доро́ге.

И они́ пошли́ вме́сте. По доро́ге лиса́ ста́ла расска́зывать:

«В Стране́ дурако́в есть Волше́бное по́ле. Там расту́т волше́бные цветы́ и волше́бные дере́вья. Если ты придёшь на Волше́бное по́ле ро́вно в по́лночь, закопа́ешь свой золоты́е моне́ты в зе́млю и ска́жешь волше́бное сло́во, то у́тром из них вы́растет волше́бное де́рево, на кото́ром вме́сто ли́стьев бу́дут висе́ть золоты́е моне́ты.»

— Врёшь! — от удивле́ния Бурати́но да́же подпры́гнул.

Лиса́ оби́делась:

— Пойдём, мой бе́дный слепо́й Бази́лио! Нам тут не ве́рят — и не на́до. . . Мы пойдём в Страну́ дурако́в без Бурати́но, и волше́бное сло́во ему́ не ска́жем.

— Нет, нет! — закрича́л Бурати́но. — Ве́рю! Ве́рю! Дава́йте пойдём скоре́е в Страну́ дурако́в!

— Ну хорошо́, — успоко́илась лиса́. — Пойдём. Но ты до́лжен сде́лать всё то́чно так, как я тебе́ скажу́. Слу́шай меня́ внима́тельно: когда́ ты закопа́ешь моне́ты в зе́млю, ска́жешь волше́бное сло́во «Крекс–фекс–пекс!», пото́м ся́дешь на краю́ Волше́бного по́ля и бу́дешь ждать до утра́. Но то́лько смотри́, не спи. Е́сли заснёшь хотя́ бы на мину́тку, де́рево не вы́растет! . . .

(по ска́зке А. Н. Толсто́го, *Золото́й Клю́чик и́ли приключе́ние Бурати́но*, «Де́тская литерату́ра», 1973: 29–31, 52)

D2   Exercises — Упражне́ния к те́ксту

 Supply the following information about each of the verbs below: the tense and aspect of the form in the text, the imperfective infinitive and the perfective infinitive.

не дам, куплю́, пойду́, бу́ду слу́шаться, спеши́шь, откры́л, собира́ешься, бу́ду де́лать, хо́чешь, пойдём, объясню́, расту́т, придёшь, закопа́ешь, ска́жешь, бу́дут висе́ть, врёшь, ве́рю, бу́дешь ждать, заснёшь

 Приду́майте и напиши́те коне́ц исто́рии с пятью́ золоты́ми.

E   Suggesting a course of action

E1   Suggesting a course of action — Дава́й . . .

 Дава́й/Дава́йте + future (first person plural)

Приме́ры: — Дава́й(те) пойдём за́втра на вы́ставку.
                       — Дава́й!/Дава́йте./Дава́й пойдём./Дава́йте пойдём.

                       — Дава́й(те) посмо́трим ве́чером но́вый фильм.
                       — К сожале́нию, не могу́: я о́чень за́нят. / Я бы с удово́льствием, но мне на́до рабо́тать.

                       — Дава́й(те) встре́тимся у теа́тра пе́ред нача́лом спекта́кля.
                       — Хорошо́./Дава́й(те).

Pair work — Рабо́та па́рами

Student A reads each of the contexts supplied in his/her table and Student B suggests a plausible course of action. Then Student B should read the contexts in his/her table and Student A supply the questions.

A

suggestions	context
1. Ку́пим ему́ кни́гу по иску́сству.	1. Ты зна́ешь, что происхо́дит сейча́с в Росси́и?
2. Пойдём в карти́нную галере́ю и посмо́трим вы́ставку.	2. Посмотри́, я купи́л пласти́нку рок-му́зыки в магази́не «Мело́дия».
3. . . . вы́пьем шампа́нского.	3. Го́сти не пришли́ и, наве́рное, не приду́т, а я о́чень хочу́ есть.

4. Лу́чше поигра́ем в но́вую игру́ «Монопо́лия».	4. Сего́дня 14-ое ию́ля.
5. Пригото́вим украи́нский борщ.	5. У нас за́втра зачёт по грамма́тике, а я к нему́ не гото́в.
6. Сфотографи́руем па́мятник на Кра́сной пло́щади.	6. Общежи́тие плохо́е, стипе́ндии не хвата́ет, в магази́нах ничего́ нет и всё до́рого. Что де́лать?

В

suggestion	context
1. Позвони́м на́шим друзья́м в Пари́же.	1. У меня́ оста́лся то́лько оди́н кадр в фотоаппара́те.
2. Съеди́м пирожки́.	2. Говоря́т, что у нас в го́роде откры́лась интере́сная вы́ставка.
3. Посмо́трим после́дние изве́стия из Москвы́.	3. За́втра у Ива́на день рожде́ния. Что ему́ подари́ть?
4. Напи́шем письмо́ в студе́нческую газе́ту.	4. Я сдала́ все экза́мены на отли́чно!
5. Послу́шаем но́вую пе́сню гру́ппы «Ма́нго-ма́нго».	5. Мне ску́чно. Мо́жет, сыгра́ем в ка́рты?
6. Позанима́емся ру́сским языко́м.	6. Че́рез неде́лю бу́дет ве́чер на ка́федре ру́сского языка́.

F   Cultural awareness

F1   Text — Москва́ в бу́дущем

Read the following text. Give each paragraph a heading. Identify the key concepts in each paragraph and organise them into semantically related groups.

Каки́е но́вые учрежде́ния и каки́е но́вые рабо́чие места́ появля́ются в Москве́? Это пре́жде всего́ учрежде́ния, свя́занные с торго́влей, гости́ничным се́рвисом, обще́ственным пита́нием (рестора́ны, кафе́, ба́ры, столо́вые, заку́сочные, буфе́ты и т. д.), управле́нием и деловы́ми услу́гами (разли́чные консультацио́нные фи́рмы, юриди́ческое обслу́живание и т. д.), поста́вкой, обслу́живанием и ремо́нтом те́хники (наприме́р, число́ автозапра́вочных ста́нций и автосе́рвисных мастерски́х в Москве́ вы́росло в не́сколько раз), фина́нсовыми услу́гами (ба́нки, страховы́е компа́нии и т. д.). Таки́м о́бразом, в перспекти́ве всё бо́льшая часть москвиче́й бу́дет за́нята в непроизво́дственной сфе́ре.

Но э́то отню́дь не означа́ет, что в го́роде исче́знет спрос на рабо́тников промы́шленности, строи́тельства, тра́нспорта. Изве́стно, что сейча́с в Москве́ мно́гие стро́йки целико́м веду́тся туре́цкими и други́ми зарубе́жными фи́рмами, мно́го строи́телей приезжа́ет на за́работки из стран бли́жнего зарубе́жья (Украи́ны, Молда́вии, Гру́зии и други́х). Таки́м о́бразом, потре́бность в строи́телях в Москве́ сохраня́ется, а в перспекти́ве бу́дет расти́. Но для того́ чтобы но́вые стро́йки отдава́лись не туре́цким, а моско́вским строи́тельным фи́рмам, москвичи́ должны́ уме́ть стро́ить быстре́е, деше́вле и ка́чественнее — то́ есть одержа́ть побе́ду в че́стной конкуре́нтной борьбе́.

Что же ну́жно для того́, чтобы моско́вские строи́тели, рабо́чие промы́шленности и други́х о́траслей рабо́тали не ху́же, а лу́чше, чем за грани́цей? Гла́вное — э́то образо́ванные, квалифици́рованные, инициати́вные и дисциплини́рованные рабо́тники. Если челове́к не уме́ет рабо́тать на у́ровне лу́чших мировы́х образцо́в, то ни его́ предприя́тие не удержится на ры́нке (поско́льку не вы́держит конкуре́нции), ни он сам не дости́гнет успе́ха в жи́зни.

Преиму́щество Москвы́ пе́ред други́ми города́ми Росси́и в том, что здесь сосредото́чены лу́чшие интеллектуа́льные си́лы Росси́и, нау́чные учрежде́ния и уче́бные заведе́ния, са́мые квалифици́рованные специали́сты-пра́ктики, учёные, педаго́ги, огро́мные культу́рные бога́тства. Жи́телям Москвы́ в э́том отноше́нии повезло́: чтобы получи́ть прекра́сное образова́ние, совреме́нную профе́ссию, расши́рить свой кругозо́р, не ну́жно никуда́ е́хать, всё мо́жно сде́лать ря́дом с до́мом. Испо́льзуйте же э́ти возмо́жности!

(from *Край наш моско́вский: исто́рия, приро́да, совреме́нность*, Москва́, Экопро́с, 1997: 219–30)

F2   Text — Музе́и страны́ в 1987 году́

📖 *Study the pie chart (**гра́фик**) and table (**табли́ца**) below and then read the text.*

Гра́фик — посещение музеев в 1987 г.

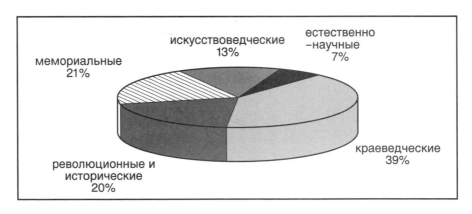

Табли́ца — Посеще́ние музе́ев в 1987 году́

Респу́блика	Число́ музе́ев	Посеще́ние музе́ев (на 1000 жи́телей)
Азербайджа́н	121	501 чел.
Арме́ния	61	758
Белору́ссия	98	517
Гру́зия	121	1616
Казахста́н	86	166
Кирги́зия	19	248
Ла́твия	79	1881
Литва́	48	2113
Молда́вия	71	559
РСФСР	1062	763
Таджикиста́н	20	124
Туркме́ния	20	101
Узбекиста́н	52	326
Украи́на	198	645
Эсто́ния	75	1941

Текст. Что мо́гут рассказа́ть ци́фры э́той табли́цы?

Read the following text. Many of the conclusions to be drawn from the data in the table and pie chart have been omitted. Suggest how each of the paragraphs could end.

Ока́зывается, ча́ще всего́ ходи́ли в музе́и в Приба́лтике — возмо́жно, потому́, что туда́ приезжа́ет наибо́льшее число́ тури́стов. А почему́ же так пло́хо обстоя́ли дела́ в Сре́дней Азии? Тру́дно сказа́ть то́чно. Мо́жет быть, потому́, что тури́зм и музе́и недоста́точно финанси́руются ме́стными властя́ми? По табли́це ви́дно, что . . .

Ря́дом нарисо́ван гра́фик. Из него́ я́сно, что из разли́чных ви́дов музе́ев бо́льше всего́ краеве́дческих, то есть музе́ев ме́стной исто́рии. Это хорошо́: свою́ исто́рию, коне́чно, на́до знать. Жаль, что ма́ло други́х музе́ев. Ме́ньше всего́ . . .

Сли́шком ма́ло музе́ев иску́сств — они́ нахо́дятся на предпосле́днем ме́сте! Осо́бенно не хвата́ет карти́нных галере́й и музе́ев совреме́нной жи́вописи. И опя́ть на после́днем ме́сте оказа́лась Туркме́ния — и по числу́ посети́телей, и по коли́честву и ви́дам музе́ев. Ну́жно, наве́рное, не то́лько откры́ть бо́льше хоро́ших и ра́зных музе́ев, но и сде́лать их интере́снее, привлека́тельнее, как для ме́стных жи́телей, так и для тури́стов.

Из всего́ ска́занного вы́ше сле́дует, что . . .

(По данным газеты «*Аргументы и факты*», декабрь 1988)

F3 Structuring extended discourse — Структу́ра те́кста

Using questions:
А почему́ (же) . . . ?
О чём говоря́т ци́фры . . . ?
Что мо́жно сказа́ть о . . . ?

Clarifying:
. . . , то́ есть (т. е.) . . .
. . . , а и́менно . . .
. . . , и́ли точне́е . . .

Sequencing:
Не́которые счита́ют,
что . . .
Не́которые ду́мают/полага́ют, что . . .
Мно́гие ду́мают/счита́ют/полага́ют,
что . . .
Во-пе́рвых/во-вторы́х/в-тре́тьих, . . .

Одни́ . . . , други́е . . . , тре́тьи . . .

Using sources:
Из гра́фика ви́дно, что . . .

Из табли́цы ви́дно/я́сно, что . . .
По табли́це ви́дно/я́сно, что . . .

По да́нным табли́цы мо́жно сказа́ть,
что . . .
Ока́зывается, (что) . . .

Speculating:
Возмо́жно потому́, что . . .
Ка́жется, что . . .
Тру́дно сказа́ть то́чно . . .
Мо́жет быть, . . . , а мо́жет быть, . . .

Recommending:
По-мо́ему, ну́жно . . .
Мне ка́жется, что ну́жно . . .
Наве́рное, ну́жно . . .
Вероя́тно, лу́чше . . .

Supplying alternatives:
Не то́лько . . . , но и . . .
Как . . . , так и . . .
Мо́жет быть, . . . , а мо́жет быть, . . .
С одно́й стороны́, . . . , с друго́й
стороны́ . . .

Concluding:
Коне́чно,
Сле́довательно, . . .
Из (всего́) ска́занного сле́дует, что . . .
Из э́того мо́жно сде́лать вы́вод, что . . .

Homework

 For a discussion of the syntactic category of verb (auxiliaries) see 'Language awareness' (14).

 Written exercises — Письменные задания

Упражнение 1. The future tense. Будущее время совершенного вида. *Вставьте следующие глаголы в нужной форме будущего времени совершенного вида. Put each of the following verbs into the appropriate form of the perfective future.*

1. встретить

    Я . . . за́втра подру́гу в аэропорту́.
    Мы . . . отца́ ве́чером на вокза́ле.
    Они́ . . . Та́ню у́тром в кафе́.
    Ты . . . дру́га на остано́вке?
    Она́ прилета́ет в 6 часо́в утра́. Вы её . . . ?

2. ответить

   Я . . . на его письмо завтра.
   Он . . . , когда получит письмо?
   Ты . . . , когда получишь телеграмму?
   Они . . . , если их спросят.

3. пригласить

   В воскресенье у нас вечеринка. Мы . . . всех друзей.
   А Бориса ты . . . ?
   Я . . . в гости Наташу и Олега.

4. спросить

   Если преподаватель . . . меня, я постараюсь ответить.
   Если я не пойму задание, я . . . учителя.
   А ты . . . преподавателя, если ты не поймёшь?
   Давай . . . милиционера, как пройти на вокзал.

5. купить

   Я пойду на улицу и . . . газету.
   Если вы . . . газету, посмотрите программу телевидения.
   Вечером мы . . . билеты и пойдём в кино.

6. помочь

   Конечно, я вам . . .
   Ты . . . бабушке открыть дверь?
   Конечно, он . . . другу.
   Если вам будет трудно, другие студенты вам . . .

7. лечь

   Мы посмотрим телевизор и . . . спать.
   А вы тоже . . . спать?
   Нет, я немного почитаю, а потом . . .
   Дети погуляют, поужинают и . . . спать.

8. взять

   Ты . . . эту книгу в библиотеке?
   Нет, я не . . . её, потому что я уже читал её раньше.
   Я думаю, что Николай . . . её, он хочет её прочитать.
   Какие журналы вы . . . ?
   Мы . . . журналы «Юность» и «Наука и жизнь».
   А что . . . ваши друзья?
   Я не знаю, что они . . .

9. понять

   Если ты не . . . новые слова, ты посмотришь их в словаре?
   Конечно, если не . . . , то посмотрю их в словаре.
   Я думаю, что вы . . . этот рассказ: он нетрудный.
   А как вы думаете, Джон его тоже . . . ?
   Если мы не . . . этот текст, мы прочитаем его ещё раз.

10. сказать

   Позвони в библиотеку, и тебе . . . , есть ли у них эта книга.
   Если я пойду на выставку, я обязательно . . . тебе об этом.
   Это секрет, дай слово, что ты никому об этом не . . .

11. рассказать

   Я . . . тебе эту историю завтра.
   Когда студенты вернутся из Москвы, они . . . нам, как они там жили.

12. показать

   Я нарисую карикатуру, а потом . . . её тебе.
   А Борису ты её . . . ?
   Я думаю, что они тоже . . . тебе свои рисунки.

13. открыть

   Завтра утром я . . . окно и сделаю гимнастику.
   Он . . . книгу и будет читать.
   Ты . . . шкаф и возьмёшь костюм.
   Они . . . словарь и найдут новое слово.

14. закрыть

   Я . . . окно, как только ты попросишь.
   Если будет холодно, вы . . . окно.
   Ты найдёшь нужное слово и . . . словарь.
   Сейчас мы . . . дверь.
   Они . . . аудиторию, когда кончится лекция.

15. встать

   Я . . . завтра рано.
   Мы . . . завтра поздно.
   Они . . . и пойдут гулять.
   Ты . . . и начнёшь заниматься.
   Вы . . . и будете завтракать.

16. устать

Если я . . . , я пойду отдыхать в парк.

Вы кончите работать, когда . . . ?

Конечно, когда мы . . . , мы кончим работать.

17. начать

Я скоро . . . изучать русский язык.

С сентября мы . . . изучать английский язык.

Упражнение 2. Aspects and the future tense. Виды глагола и будущее время. *Поставьте глаголы из скобок в форме будущего времени нужного вида. Insert the correct aspect and form of the future tense of the verbs supplied in brackets.*

1. Если я не видел этот фильм, я обязательно . . . его. (смотреть/посмотреть)
2. Если завтра будет хорошая погода, мы . . . за город. (ехать/поехать)
3. Он будет чувствовать себя лучше, если . . . спортом. (заниматься/заняться)
4. Если ты позвонишь мне в субботу, мы . . . на выставку. (идти/пойти)
5. Она поедет в Париж, если хорошо . . . экзамены. (сдавать/сдать)

Упражнение 3. Aspects and the future tense. Сочинение первоклассника. *Вместо точек вставьте глагол нужного вида. Put the words in brackets into the appropriate form in the future. The infinitives have been supplied in the appropriate aspect.*

Когда я (быть) ..1.. большой, я (стать) ..2.. инженером. Я (строить) ..3.. дома, мосты и дороги. Я (ходить) ..4.. на работу каждый день, как папа, (приходить) ..5.. домой поздно, по утрам (читать) ..6.. газету и не (разговаривать) ..7.. с мамой, и мне всегда (быть) ..8.. некогда, как папе. Я (построить) ..9.. большой красивый мост напротив школы. И учительница (сказать) ..10..:

— Какой красивый большой мост! Кто его построил?

А я (ответить) ..11..:

— Это я, Петя Иванов, его построил.

И учительница (поставить) ..12.. мне пятёрку за сочинение. И все ребята и девочки (дружить) ..13.. со мной.

Упражнение 4. Grammar, reading and guided writing. Ответы школьников. *Поставьте слова из скобок в нужную форму н напишите соучинение о том, какие у вас планы на будущее. Read the views of Moscow teenagers, analysing and inserting the correct forms of the words in brackets. Write about your own future plans in approximately 100–120 words in Russian.*

Газета «Алый парус», молодёжное приложение к «Комсомольской правде», попросила четырнадцати–пятнадцатилетних школьников Москвы и Подмосковья ответить на два простых вопроса:

- Каким ты представляешь себя через пять лет?
- Как ты живёшь сейчас?

Некоторые из ответов показались нашей редакции интересными, и газета «Комсомольская правда» решила их опубликовать.

1. *Вова К.* — *8-ой класс*: Через 5 лет я окончу лётное училище, женюсь на (стюардесса). . . . Куплю себе компьютер и (машина) . . . , обязательно (иностранная). . . . Сам я нормальный парень, и живу нормально. Не курю, но иногда выпиваю с (друзья). . . . Мой культурный досуг — компьютерные игры и рок-музыка. В будущем постараюсь лучше учиться и меньше выпивать.

2. *Нина С.* — *7-ой класс*: Я живу сегодняшним (день). . . . Верю только в себя. Если (захотеть) . . . , могу сделать для себя всё, что (я) . . . надо. Думаю (своя) . . . головой. (Жизнь) . . . я довольна. По-моему, всё, что я (делать) . . . , всегда правильно. Друзей у меня много: ведь таких людей, как я, на (свет) . . . мало. Через пять лет я (жить) . . . счастливо и весело, (делать) . . . всё, что (я) . . . захочется. В будущем у меня (быть) . . . в жизни только один человек, которого я (любить и уважать) . . . , и он меня — тоже.

3. *Витя Т.* — *14 лет*: Я очень нервный, и мне трудно общаться с (девушки). . . . Сейчас я (учиться) . . . плохо. А через 5 лет я (перестать) . . . учиться, и (стать) . . . (бизнесмен). . . . Я буду богат, всё (покупать) . . . только в дорогих магазинах и (дружить) . . . с (шикарные девушки) . . . .

4. *Марина Б.* — *8-ой класс*: Наша семья сейчас очень плохо (жить). . . . У (моя мать) . . . не хватает денег ни на что. После школы я (много работать) . . . , чтобы всегда иметь деньги. На них я (смочь) . . . купить всё, что мне надо: книги, джинсы, билеты в театр и т. д. Я не (собираться) . . . жить так, как мои родители, и на всём экономить. Кто знает, может быть, лет в двадцать я всё (бросить) . . . и (пойти) . . . в монастырь.

5. *Ольга П.* — *15 лет*: Я выйду замуж за богатого молодого (иностранец). . . . У него будет вилла на (берег) . . . моря, с (яхта) . . и с (бассейн). . . . Мы с (он) . . . (кататься) . . . на (шикарный автомобиль) . . . , ходить в казино. Он меня (очень любить) . . . , (покупать) . . . мне брильянты, и каждое утро (приносить) . . . мне завтрак в постель. Я (не работать) . . . , а если и буду, то немного. Раз в год мы (ездить) . . . в гости к (моя мать) . . . в (деревня). . . . А сейчас жизнь у меня скучная. (Я) . . . надоело жить с (родители) . . . и учиться в школе. Отец у меня неродной, а мать (я) . . . не понимает.

6. *Фёдор С.* — *15 лет*: Через 5 лет я (работать) . . . в деревне. У меня будет ферма, по (профессия) . . . я буду (фермер). . . . Я уже и сейчас фермер, но пока ещё маленький. (Я) . . . нравится работа (фермер) . . . , хотя она и трудная и грязная. Может быть, я сначала (пойти) . . . на курсы ветеринаров, потому что я люблю работать с (животные). . . . Я очень добрый, и многие девушки (это) . . . пользуются. По-моему, девушки (интересоваться) . . . только (мои деньги). . . .

7. *Лариса Р.* — *9-ый класс*: Мне скоро исполнится 15 лет. Через 5 лет будет уже почти двадцать. (Жить) . . . мы сейчас неплохо: квартира, дача, машина, все удобства. Родители много зарабатывают. Но (я) . . . всё это не нужно. Я надеюсь, что (выйти) . . . замуж только по любви, а не из-за денег, как многие современные девуши. Даже если у нас с (муж) . . . ничего (не быть) . . . , мы (начать) . . . с нуля, всё (заработать) . . . сами. Главное — не мы, а будущее наших детей, и как они (выжить) . . . .

(«*Комсомольская правда*», 1992)

Now write about your own plans for the future in Russian (in approximately 120 words).

Упражнение 5. Prepositions and comprehension. Ася. *Вставьте пропущенные предлоги. Insert appropriate prepositions in the spaces provided.*

Мне было тогда лет двадцать пять. Я уехал ..1.. границу не ..2.. того, чтобы «окончить мое воспитание», как тогда говорили, а просто мне захотелось посмотреть ..3.. мир божий. Я был здоров, молод, весел, деньги ..4.. меня были, и я делал, что хотел.

Я путешествовал ..5.. всякой цели, ..6.. плана: останавливался везде, где мне нравилось, и отправлялся тотчас далее, как только чувствовал желание видеть новые лица. Меня занимали только люди. Природа действовала на меня очень сильно, но я не любил так называемых её красот: необыкновенных гор, утёсов, водопадов; я не любил, чтобы она мне мешала. Зато лица, живые человеческие лица, речь людей, их движения, смех — вот ..7.. чего я не мог обойтись. Мне было весело идти туда, куда шли другие, и кричать, когда другие кричали.

Итак, лет двадцать тому назад я жил ..8.. немецком небольшом городке З. ..9.. левом берегу Рейна.

Городок З. лежит ..10.. двух верстах ..11.. Рейна. Я часто ходил смотреть ..12.. величавую реку и долго просиживал ..13.. каменной скамье ..14.. одиноким огромным деревом. ..15.. противоположном берегу находился городок Л., немного побольше того, ..16.. котором я поселился.

Однажды вечером я сидел ..17.. своей любимой скамье и глядел то ..18.. реку, то ..19.. небо, то ..20.. виноградники. Вдруг донеслись ..21.. меня звуки музыки. Я прислушался. ..22.. городе Л. играли вальс.

—Что это? — спросил я ..23.. подошедшего ..24.. мне старика.

— Это, — отвечал он мне, — студенты приехали ..25.. праздник.

«А посмотрю-ка я ..26.. этот праздник», — подумал я, — «кстати, я ..27.. Л. не бывал». Я отыскал перевозчика и отправился ..28.. другую сторону.

(по И. С. Тургеневу, Ася, Собрание сочинений в десяти томах, т. в.,
«Художественная литература», Москва, 1962: 164–5)

Answer the following questions:

(1) How old was the narrator? (2) Why had he gone abroad? (3) Why was it fashionable at that time to go abroad? (4) How does he characterise his travels? (5) Give a detailed account of what interested him most on his travels? (6) Where was he staying? (7) How long ago was it? (8) Where did he enjoy sitting? (9) What could he see from where he was sitting? (10) What did he hear while sitting there one evening? (11) Whom did he ask about the noise? (12) What answer did he get? (13) How did he respond to this answer?

Упражнение 6. Aspects and translation. Царь и рубашка. *Вместо точек вставьте глагол в нужной форме нужного вида. Переведите текст. Put the verbs in brackets into the correct form of the appropriate tense or, where appropriate, into the correct aspect of the infinitive. Translate into English.*

Один царь тяжело заболел и сказал: «Половину царства я (отдавать/отдать) ..1.. тому, кто меня (лечить/вылечить) ..2..». Тогда собрались мудрецы и стали (думать/

подумать) ..3.., как вылечить царя. Никто не знал. Только один мудрец сказал: «Я знаю, как вылечить царя. Надо найти счастливого человека, снять с него рубашку и надеть её на царя. Тогда наш царь выздоровеет».

Царь (приказывать/приказать) ..4.. найти счастливого человека. Царские послы долго (ездить/поехать) ..5.. по всему царству и (искать/поискать) ..6.., но не могли найти такого человека, который всем доволен. Один богат, да болен; другой здоров, да беден; третий и богат и здоров, да жена не хороша. Все всё время на что-нибудь (жаловаться/пожаловаться) ..7..

Однажды царский сын идёт мимо бедной избушки и вдруг (слышать/услышать) ..8.., как кто-то говорит: «Слава Богу, я хорошо поработал, наелся и скоро (ложиться/лечь) ..9.. спать с чистой совестью. Больше мне ничего для счастья не нужно».

Царский сын (радоваться/обрадоваться) ..10.., вернулся во дворец и велел (снимать/снять) ..11.. со счастливого человека рубашку и дать ему столько денег, сколько он захочет, а рубашку отнести к царю. На утро пришли к счастливому человеку царские послы и хотели (брать/взять) ..12.. у него рубашку, но счастливый человек был так беден, что на нём не было даже рубашки.

(«Азбука графа Л. Н. Толстого», Книга IV, II, 8–9)

Упражнение 7. Guided writing. Сочинение: рекламная брошюра. *Напишите рекламную брошюру об этой стране и её курортах. Look at the three islands below. Then look at the holiday programme and write an advertisement in Russian (no less than fifteen sentences) describing three-day holidays on Maliba in the future tense. You may also use information contained on the maps. Use the 2nd person plural of the following verbs. All the times should be written out in full.*

покупать	поехать/уехать	смотреть	приехать
слушать	пойти	завтракать	гулять
обедать	вернуться	ужинать	прилететь/улететь

Begin like this: «Отдыхайте на экзотических островах в Тихом океане!!! Вы прилетите в пятницу вечером в . . .

Программа отдыха

Пятница	20.00	прибытие в аэропорт острова Малиба
	20.30	приезд в гостиницу «Звезда Востока»
	22.00	ужин: ресторан гостиницы
	23.30	посещение ночного клуба «Стриптиз»
Суббота	утром	завтрак; поездка на Тихабу
	днем	пляж
	13.00	обед: бар гостиницы «Тихабу»
	14.30	прогулка в горы с экскурсоводом
	вечером	возвращение на Малиба, ужин
	22.30	дискотека: рок-группа «Бананас»
Воскресенье	утром	завтрак
	9.00	экскурсия на остров «Пингвин», осмотр достопримечательностей: замок, озеро, церковь

13.30	возвращение на Малибу, обед
15.00	поездка в рыбацкую деревню: покупка
	сувениров, музыка, народные танцы, ужин
21.30	аэропорт, самолёт/рейс АФ 123/на Владивосток

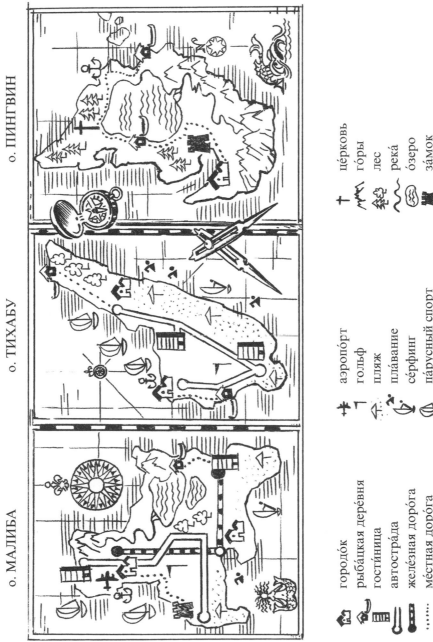

церковь
горы
лес
река
озеро
замок

аэропорт
гольф
пляж
плавание
сёрфинг
парусный спорт

городок
рыбацкая дерёвня
гостиница
автострада
желёзная дорога
местная дорога

8 Lexical exercises — Лексическне упражнения

8.1 Semantic groups. Что вы будете делать сегодня вечером? *Перечислите пять глаголов несовершенного вида в будущем времени. List five activities you will do this evening.*

8.2 Semantic groups. Что вы будете делать на этой неделе? *Перечислите пять глаголов несовершенного вида в будущем времени. List five activities you will do this week.*

8.3 Semantic groups. Что вы будете делать летом? *Перечислите пять глаголов несовершенного вида в будущем времени. List five activities you will do this summer.*

8.4 Semantic groups. Что вы сделаете за десять лет? *Перечислите пять глаголов совершенного вида в будущем времени. List five things you will have done in ten years' time.*

8.5 The future tense. Будущее время. *Вставьте пропущенные буквы. Supply the missing letters of the future tense forms of the following verbs.*

Я: быть, взять, дать, лечь, ответить, перевести, поехать, посетить, пригласить, сесть, сказать, смочь
Ты: встретить, закрыть, купить, побежать, поднять, съесть, показать, сесть, снять, стать, увидеть

Я	ТЫ
Б _ _ _	_ _ Б _ _ _ _ _
_ _ _ _ У	У _ _ _ _ _ _
Д _ _	_ _ Д _ _ _ _ _ _
_ _ _ У	_ У _ _ _ _
_ _ _ _ Щ _	Щ
_ _ Е _ _	_ _ _ _ _ Е _ _
_ Е _ _ _ _ _	_ _ Е _ _
В _ _ _ _ _	В _ _ _ _ _ _ _ _
_ Р _ _ _ _ _ _	_ _ _ Р _ _ _ _
_ _ Е _ _	_ _ _ _ Е _ _
_ М _ _ _	_ _ _ М _ _ _
_ Я _ _	_ Я _ _ _ _

8.6 Word collocations. Словосочетания: прилагательные и существительные. *Подберите подходящие прилагательные к следующим словам. Match each adjective with an appropriate noun.*

Adjectives: 1. психологический, 2. международный, 3. курортный, 4. открытое 5. культурная, 6. мировое, 7. частная, 8. престижная, 9. учебное, 10. белые, 11. опытный
Nouns: награда, программа, ночи, педагог, город, барьер, заведение, телефон, небо, имя, школа

8.7 Semantic groups. Синонимы. *Подберите подходящие синонимы к следующим словам. Match each word in the first box with a near synonym from the second.*

приключение	товарищи
зачёт	
	дорога
старый	
	спешить
галерея	ладонь
сочинить	нищий

написать	
	древний
рука	
	бедный
похождения	
	выставочный заи
экзамен	
	друзья
путь	бежать

8.8 Compound words. Словообразование. *Придумайте новые слова. Join pairs of the following words to form compound words.*

город	иная	кино	лет
между	много	страна	три
фестиваль	этаж		

Listening comprehension

The following sections from Unit 14 have been recorded on tape:

A6   Золото и булат
D1   Буратино в Стране дураков

Упражнение 1. Listening comprehension. Телефонные разговоры. *Прослушайте телефонные разговоры и ответьте на вопросы по-русски:* Кто звонит? Кому? Куда предлагают пойти? С кем? *И скажите по-английски, что сказано в ответ. Devise a table to summarise the conversations you hear on tape.*

Упражнение 2. Dictation and summary writing. Косточка. *Прослушайте текст и заполните пропуски. Перескажите рассказ, ответив на вопросы по тексту. Fill in the missing words and retell the story using the guiding questions.*

Словарь:

слива – сливы: plum
косточка – косточки: stone, kernel
пробовать/попробовать: try, taste
краснеть/покраснеть: blush

умирать/умереть: die
бросать/бросить: throw
смеяться/засмеяться: laugh
бледнеть/побледнеть: grow pale

Мать . . . сливы и . . . дать их детям после. . . . Сливы лежали на столе в. . . . Ваня . . . в жизни не ел слив и очень . . . их попробовать. Когда в комнате . . . не было, он . . . одну сливу и . . . её.

Перед . . . мать увидела, что на тарелке не хватает . . . сливы . Она сказала об этом. . . . За . . . отец говорит: «Дети, не . . . ли кто-нибудь из вас . . . сливу?»

Все ответили: «Нет». Ваня . . . , но тоже сказал: «Нет, я не ел». Тогда отец сказал: «Если кто-нибудь из вас . . . сливу с тарелки, это, конечно, нехорошо. Но я боюсь, что вы не . . . есть сливы. В . . . есть косточки. Если кто-нибудь . . . косточку, то на . . . день . . .».

Ваня побледнел и сказал: «Нет, я косточку бросил за . . . !» Тогда все . . . , а Ваня . . . .

Using the questions recorded on the tape write/record a Russian summary of Tolstoy's story.

Упражнение 3. Aural comprehension and translation. Сколько стоит ваш портрет? *Прослушайте текст и заполните таблицу. Перескажите текст по-английски. Listen to the text and fill in the table below in English. Listen again and take additional notes. Using the table and your notes for guidance, compose a detailed summary of the whole text in English.*

1. *Прослушайте текст и заполните таблицу по английски:*

	city/town/ country	district or street name	price of portrait	what this money can buy	what it cannot buy
1.				1. . . . 2. . . . 3. духи = perfume 4. . . .	
2.				1. . . . 2. . . . 3. . . .	
3.				1. . . . 2. . . . 3. . . . 4. . . .	1. . . .
4.				1. шнурки = shoe laces 2. . . . 3. . . .	1. . . . 2. . . .

2. *Перескажите содержание текста по-английски. With the help of your notes and the completed table, reconstruct the content of the whole text in English.*

In this unit you will learn how to:

- use prefixed verbs of motion
- ask for and give directions
- talk about travel, transport and student life
- express purpose

Classwork

A Prefixed verbs of motion

A1 Prefixed verbs of motion — Глаго́лы движе́ния с приста́вками

For a table illustrating the meanings of prefixed verbs of motion see the Grammar Summary 9.7.4.

 идти́

Пётр реши́л пойти́ с дру́гом в зоопа́рк

Пётр вы́шел из до́ма в 10 часо́в утра́

Он пошёл по у́лице Пу́шкина,

. . . зашёл за дру́гом,

. . . они́ перешли́ пдо́щадь,

. . . прошли́ ми́мо па́мятника Гага́рину,

и дошли́ до зоопа́рка.

Они́ подошли́ к ка́ссе и купи́ли биле́ты.

Они́ вошли́ в зоопа́рк.

Они обошли́ вокру́г кле́тки с ти́грами. Ти́гры спа́ли. Друзьям ста́ло ску́чно . . .

. . . и они́ ушли́ из зоопа́рка и пошли́ игра́ть в футбо́л.

☞ **éхать**

Ива́н Петро́вич реши́л . . . éхать на да́чу с секрета́ршей.

Ива́н Петро́вич . . . шёл из до́ма и сел в маши́нч	Он . . . ехал из до́ма в 9 утра́.	Он . . . éхал по у́лице Го́голя,

и . . . éхал за секрета́ршей.	Они́ . . . éхали ми́мо Министе́рства,	. . . éхали до пло́щади Маяко́вского,

. . . ъéхали вокру́г па́мятника . . .	и . . . éхали по шоссе́.	Они́ . . . éхали до моста́ че́рез Москву́-реку́,

... éхали
через
мост ...

и через полчаса́ . . . ъéхали
в дере́вню Коко́шкино

Они́ . . . éхали через
дере́вню и останови́ли
маши́ну, что́бы размя́ться.

Пото́м они́ сéли в
маши́ну и . . . éхали
до да́чи к пяти́ часа́м

Когда он . . . ъéхал к воро́там
да́чи, его́ секрета́рша вы́шла из
маши́ны и откры́ла воро́та.

Ива́н Петро́вич . . . ъéхал
во двор и сказа́л:
«Наконéц-то . . . éхали.»

A2 Exercises — Упражнéния

Insert appropriate prefixes in the spaces provided.

при- ≠ у-

Ната́ша здесь. Она́ то́лько что . . . шла́. Она́ до́ма.
Ната́ши нет. Она́ неда́вно . . . шла́. Её нет до́ма.
Кто-то . . . нёс цветы́. Вот они́.
Влади́мир у́тром . . . во́зит дочь в шко́лу на маши́не, а вéчером . . . во́зит.

в- (во-) ≠ вы-

В дверь постуча́ли.
— . . . йди́те! — сказа́л Бори́с.
В ко́мнату . . . шёл Ива́н.
— Здра́вствуй, Бори́с, — сказа́л Ива́н. — Дай мне, пожа́луйста, слова́рь.
— Вот, возьми́.
Ива́н взял слова́рь и . . . шел из ко́мнаты.

под- (подо-) ≠ от- (ото-)

— Ива́н, закро́йте, пожа́луйста, окно́, — сказа́л учи́тель.

Ива́н встал, . . . шёл к окну́, закры́л окно́, . . . шёл от окна́ и сел на своё ме́сто.

до-/пе́ре-/про-

— Скажи́те, пожа́луйста, как . . .е́хать до универма́га «Москва́»?

— Заче́м вам е́хать? Это недалеко́. Вы мо́жете . . .йти до универма́га пешко́м.

. . .йди́те Ле́нинский проспе́кт на другу́ю сто́рону, . . .йди́те ми́мо кафе́-мороженого, ми́мо магази́на «Минера́льные во́ды», и че́рез пять мину́т вы бу́дете о́коло «Москвы́».

Прохо́жий так и сде́лал. Он . . .шёл у́лицу, . . .шёл ми́мо кафе́ и за пять мину́т . . .шёл до универма́га.

A3 Asking for and giving directions — Как пройти́? Как прое́хать?

Match the directions and the illustrations.

1. Иди́те пря́мо. Когда́ дойдёте до це́ркви, поверни́те напра́во.
2. На́до дое́хать до светофо́ра и перее́хать Проспе́кт ми́ра.
3. На́до прое́хать две у́лицы, у тре́тьей сверну́ть напра́во.
4. Когда́ дое́дете до конца́ у́лицы, поверни́те напра́во.

5. Когда́ вы вы́едете на пло́щадь, объе́дете па́мятник Пу́шкину, поверни́те нале́во по Проспе́кту ми́ра.

6. У разъе́зда на́до е́хать нале́во.

A4 Pre-reading exercises — Лекси́ческие упражне́ния

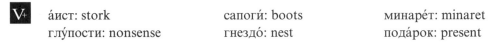

а́ист: stork   сапоги́: boots   минаре́т: minaret
глу́пости: nonsense   гнездо́: nest   пода́рок: present

Supply the following information for each of the verbs listed below: person, gender, tense, mood, aspect.

взял, возвраща́ется, поста́вил, прилета́ешь, прилете́л, принёс, принесёшь, принеси́, принесу́, прошло́, стои́т, стою́, улета́ет, улета́ешь, улете́л, уходи́л, хо́дишь, хожу́

Insert the appropriate verbs in the spaces provided. Select the verbs from those listed above. See the Key for the answers.

В дре́внем узбе́кском го́роде Бухаре́ . . . высо́кий минаре́т. Он о́чень ста́рый. Ему́ почти́ 1 000 лет. Наверху́ минаре́та нахо́дится большо́е гнездо́ а́иста. Ка́ждую о́сень он . . . в жа́ркие стра́ны и ка́ждую весну́ сно́ва . . . в своё гнездо́.
Одна́жды минаре́т сказа́л а́исту:
— Послу́шай, а́ист, ты так давно́ живёшь у меня́. Ка́ждую о́сень ты . . . в жа́ркие стра́ны, и ка́ждую весну́ ты . . . сно́ва ко мне. Почему́ ты никогда́ не . . . мне пода́рка?
— А како́й же пода́рок ты хо́чешь? — спроси́л а́ист.
— . . . мне сапоги́.
— Хорошо́, — сказа́л а́ист, — я . . . тебе́ сапоги́.
Осенью а́ист, как всегда́, . . . , а весно́й . . . обра́тно в Бухару́.
. . . не́сколько дней. Аист ничего́ не говори́л о пода́рке.
Минаре́т же снача́ла то́же молча́л, но пото́м не вы́терпел и спроси́л:
— Послу́шай, а́ист, где же твой пода́рок?
— Пода́рок? Я . . . тебе́ сапоги́ и . . . их вот здесь на земле́. Но тебя́ не́ было, ты . . . , и их кто́-то . . .
— Каки́е глу́пости ты говори́шь! — вскрича́л минаре́т. — Ты прекра́сно зна́ешь, что я вот уже́ ты́сячу лет . . . на ме́сте и никуда́ не. . . .
— А е́сли ты никуда́ не . . . , заче́м же тебе́ сапоги́?

(Pockney B.P. (ed.), *88 коро́тких расска́зов,* Collets, 1969: 82–3)

Now retell the story in Russian using the following illustrations. Underneath each illustration write a suitable caption.

A5 More verbs of motion — Бежа́ть, плыть, нести́, вести́, везти́

The following verbs of motion are frequently used, either prefixed or unprefixed. The forms supplied below are all equivalent to the *идти* and *ехать* forms.

бежа́ть	плыть	нести́	вести́	везти́

Fill in the missing verbs of motion, selecting your answers from the list supplied below. Solve the problem.

Verbs of motion: перевёз, перевезти́, перее́хать

Одному́ крестья́нину ну́жно бы́ло . . . на ло́дке на друго́й бе́рег реки́ и . . . туда́ во́лка, козу́ и капу́сту. Ло́дка у него́ была́ ма́ленькая, в ней бы́ло ме́сто то́лько для самого́ мужика́. Всех вме́сте . . . в ма́ленькой ло́дке бы́ло невозмо́жно. Но и оста́вить во́лка с козо́й ни на том, ни на друго́м берегу́ нельзя́: волк её тут же съест. Нельзя́ бы́ло оста́вить и козу́ с капу́стой. Мо́жно снача́ла . . . козу́, но пото́м её нельзя́ оста́вить на друго́м берегу́ ни с во́лком, ни с капу́стой. Стал мужи́к ду́мать. И приду́мал . . . Как же, по-ва́шему, у́мный крестья́нин . . . на ло́дке во́лка, козу́ и капу́сту?

[ОТВЕТ: (1) перевёз козу́, верну́лся за капу́стой; (2) перевёз капу́сту, а козу́ повёз обра́тно; (3) оста́вил козу́, перевёз во́лка к капу́сте; (4) сно́ва верну́лся за козо́й и перевёз её после́дней]

Де́вочка и грибы́. *Fill in the missing verbs of motion, selecting your answers from the list supplied below.*

Verbs of motion: несли́, побежа́ла, побежа́ла, прошёл, шли

Две де́вочки . . . домо́й и . . . грибы́ из ле́са. Они́ должны́ бы́ли переходи́ть че́рез желе́зную доро́гу. Они́ ду́мали, что по́езд ещё далеко́, и пошли́ че́рез ре́льсы. Вдруг показа́лся по́езд. Ста́ршая де́вочка . . . наза́д, а мла́дшая урони́ла грибы́ и ста́ла собира́ть их. По́езд был уже́ совсе́м бли́зко. Ста́ршая де́вочка крича́ла: «Брось грибы́! Беги́!» Но ма́ленькая де́вочка не слы́шала и продолжа́ла собира́ть их. Машини́ст не мог останови́ть по́езд, и он нае́хал на де́вочку.

Ста́ршая де́вочка закрича́ла и запла́кала. Пассажи́ры смотре́ли из о́кон ваго́нов. Когда́ по́езд . . ., то все уви́дели, что де́вочка лежи́т ме́жду ре́льсами лицо́м вниз и не шеве́лится.

Че́рез не́которое вре́мя де́вочка подняла́ го́лову, вскочи́ла на́ ноги, собрала́ грибы́ и . . . к сестре́.

(*Азбука* гра́фа Л. Н. Толсто́го, Кни́га II, II, 13–14)

A6 Poetry — Мяч

 Listen to the poem. Mark on the stress. Record your reading of the poem.

Мой	Я	А потом
Весёлый	Тебя	Ты покатился
Звонкий	Ладонью	И назад
Мяч,	Хлопал.	Не воротился.
Ты куда	Ты скакал	
Помчался	И звонко	Покатился
Вскачь?	Топал.	В огород,
		Докатился
Жёлтый,	Ты	До ворот,
Красный,	Пятнадцать	Подкатился
Голубой,	Раз	Под ворота,
Не угнаться	Подряд	Добежал
За тобой!	Прыгал	До поворота.
	В угол	
	И назад.	Там
		Попал

Под колесо.
Лопнул,
Хлопнул —
Вот и всё!

(Самуи́л Я́ковлевич Марша́к, in *Russian Poetry for Beginners*,
Bradda Books, 1962: 31–2)

B   Reading and grammar

B1   Text — Как соба́ка това́рища иска́ла

Insert appropriate verbs of motion in the spaces provided. See the key for the answers.

Когда́-то соба́ка одна́ в лесу́ жила́. И ста́ло ей ску́чно одно́й жить. Пошла́ она́ по лесу́ иска́ть себе́ това́рища. Шла, шла, и вот навстре́чу ей бежи́т за́йчик.
Соба́ка ему́ говори́т:

— За́йчик, за́йчик, дава́й-ка вме́сте жить!

— Что же, — говори́т за́йчик, — дава́й.

Нашли́ они́ себе́ месте́чко в лесу́ и, как ста́ло темне́ть, легли́ спать. За́йчик засну́л, а соба́ке не спи́тся, — услы́шала шо́рох и начала́ ла́ять. У за́йчика сра́зу и сон пропа́л. Вскочи́л он и говори́т соба́ке:

— Чего́ ты ла́ешь? Мо́жет быть, учу́яла во́лка? Он съест нас.

Замолча́ла соба́ка, а сама́ ду́мает:

«Плохо́го я себе́ това́рища нашла́. Ро́бкое у за́йчика се́рдце. Вот волк — так тот уж, наве́рное, никого́ не бои́тся.»

И . . . соба́ка от за́йца, . . . во́лка иска́ть. . . . по лесу́, и вот навстре́чу ей волк. . . . Говори́т соба́ка во́лку:

— Слу́шай, волк, дава́й-ка бу́дем вме́сте жить!

Волк говори́т:

— Что же, вдвоём веселе́е.

Вот завечере́ло, собрали́сь они́ спать.

Засну́л волк, и соба́ка легла́. А в са́мую по́лночь просну́лась соба́ка, услы́шала шо́рох и зала́яла. Испуга́лся волк, душа́ в пя́тки ушла́, стал он соба́ку брани́ть:

— Ты чего́ ла́ешь? Медве́дь услы́шит, . . ., нам тогда́ ху́до бу́дет!

«Ну, — ду́мает соба́ка, — ви́дно, и волк не о́чень-то силён, раз медве́дя бои́тся. Зато́ уж медве́дь, ве́рно, всех сильне́е».

Бро́сила соба́ка во́лка, . . . медве́дя иска́ть. Вот . . . она́ по лесу́, а навстре́чу ей медве́дь.

. . . к нему́ соба́ка и говори́т:

— Эй, медве́дь, дава́й-ка вме́сте жить!

Согласи́лся медве́дь. День прожи́ли, ночь наста́ла. Засну́л медве́дь. А соба́ка опя́ть в са́мую по́лночь зала́яла. Просну́лся медве́дь, стру́сил.

При́нялся он соба́ку руга́ть:

— Молчи́ ты, — говори́т, — чего́ ла́ешь? Услы́шит челове́к, . . ., убьёт нас.

«Ну, — ду́мает соба́ка, — и э́тот трус. . . . челове́ка иска́ть».

И . . . соба́ка от медве́дя. Бе́гала она́, бе́гала, весь лес . . . , — всё нет челове́ка.
. . . она́ наконе́ц на опу́шку ле́са и се́ла отдохну́ть. А челове́к как раз в лес за
дрова́ми собра́лся. Тут на опу́шке и встре́тила его́ соба́ка. . . . она́ к челове́ку и
говори́т:

— Челове́к, челове́к, дава́й-ка вме́сте жить ста́нем!

Челове́к сказа́л:

—Что же, . . . со мной.

И . . . челове́к соба́ку к себе́ в дом.

Вот наступи́л ве́чер. Челове́к засну́л. В по́лночь показа́лись соба́ке те́ни и шо́рохи,
и зала́яла она́. А челове́к не встаёт. Гро́мче зала́яла соба́ка. Просну́лся челове́к и
закрича́л:

— Эй, соба́чка моя́! Если ты голодна́, так пое́шь, а мне спать не меша́й.

Тут соба́ка замолча́ла, пое́ла да спать легла́. С тех пор она́ у челове́ка и оста́лась.
И тепе́рь живёт.

(из журна́ла «Спутник»)

B2 Exercises — Упражне́ния

*In the text find all references to the beginnings of the actions listed below. Construct a table
illustrating whether the beginning is expressed using a verb and an imperfective infinitive or
a prefixed perfective verb.*

Actions: идти́, ла́ять, темне́ть, вечере́ть, ступи́ть, крича́ть, брани́ть, молча́ть, жить

C Expressing purpose

C1 Prepositional phrases — за . . . , на . . . , для . . .

- *за* + the instrumental case denotes the object of fetching, acquiring.

Он пришёл к ней . . . сове́том и по́мощью.
Она́ подняла́ глаза́ на отца́, обраща́ясь к нему́ . . . подде́ржкой.

- *на* + the accusative case denotes 'expenditure' of effort, energies, time and money.

Де́ньги . . . доро́гу.	Закры́т . . . ремонт.	Копи́ть . . . пальто́.
Учи́ться . . . инжене́ра.	Он тра́тит де́ньги . . . пустяки́.	

- *для* + the genitive case denotes the use to which an object may be put/a space may be dedicated.

па́пка . . . бума́г	кабине́т . . . чте́ния	ме́сто . . . куре́ния

C2 Subordinate clauses — что́бы + инфинити́в

The conjunction *что́бы* + infinitive is used to express purpose.

Приме́р: Мы е́дем в Москву́, что́бы изуча́ть ру́сский язы́к.

Пе́ред вы́ездом за грани́цу. *Read the following text and answer the questions supplied below, using the conjunction чтóбы + infinitive.*

Пре́жде всего́ для вы́езда за грани́цу ну́жен загранпа́спорт. Для получе́ния загранпа́спорта вам ну́жно име́ть две запо́лненные анке́ты и четы́ре фотогра́фии. Эти докуме́нты на́до принести́ в ОВИР по ме́сту жи́тельства. По зако́ну че́рез ме́сяц вы должны́ получи́ть па́спорт. Получи́в па́спорт, мо́жно нача́ть оформля́ть докуме́нты на вы́езд. Для э́того ну́жно пойти́ в посо́льство той стран, в кото́рую вы собира́етесь е́хать и взять там бла́нки ви́зовых анке́т. К бла́нкам на́до приложи́ть па́спортную фотогра́фию и медици́нскую страхо́вку. Име́йте в виду́, что на сда́чу докуме́нтов в посо́льство иногда́ прихо́дится потра́тить не́сколько ме́сяцев. Не́которые посо́льства, таки́е как, наприме́р, Великобрита́нии, Австра́лии, Ирла́ндии, тре́буют та́кже официа́льное приглаше́ние от ро́дственников и́ли колле́г. Де́ти до 16-и лет впи́сываются в па́спорт и ви́зу роди́телей. Если вы собира́етесь в страну́ ю́жного полуша́рия (в таки́е, как Анго́ла, Брази́лия, Заи́р и т. д.), необходи́ма приви́вка от холе́ры. В Москве́ приви́вку мо́жно сде́лать в поликли́нике №13. Когда́ ви́за гото́ва, мо́жно идти́ в турагéнтство за биле́тами. Коне́чно, мо́жно пое́хать за грани́цу и на свое́й маши́не, но для э́того нужны́ междунаро́дные води́тельские права́.

(МН *«Колле́кция»*, ию́нь 1994)

 Заче́м ну́жно . . . ?

Write ten sentences explaining the purpose of each of the following activities.

име́ть 4 фотогра́фии и заполня́ть анке́ту	име́ть приглаше́ние
идти́ в посо́льство	де́лать приви́вку от холе́ры
идти́ в поликли́нику	име́ть загранпа́спорт
име́ть междунаро́дные води́тельские права́	заполня́ть ви́зовую анке́ту
впи́сывать дете́й в па́спорт и ви́зу роди́телей	идти́ в турагéнтство

D Cultural awareness

D1 Text — Де́ти за грани́цей

 Read the following text. Summarise the problem being addressed in this text.

Ты́сячи дете́й уезжа́ют учи́ться за грани́цу. Среди́ них нема́ло дете́й кру́пных чино́вников. Что э́то — дань мо́де и́ли неве́рие в свою́ страну́, в её систе́му образова́ния, в бу́дущее Росси́и?

Сто́имость учёбы в ча́стных шко́лах и университе́тах Англии, Швейца́рии и́ли США мо́жет превы́сить 10 тыс. до́лларов в год. Поэ́тому я́сно, что таку́ю ро́скошь мо́гут себе́ позво́лить то́лько обеспе́ченные лю́ди: банки́ры, нефтяны́е «короли́», мо́дные актёры. . . . Но, ока́зывается, за грани́цей благополу́чно живу́т и у́чатся и де́ти росси́йских чино́вников . . .

Почему́ так непатриоти́чны на́ши поли́тики, отправля́я свои́х дете́й на обуче́ние за грани́цу? Быть мо́жет, у нас пло́хо у́чат? Не скажи́те. Нача́льное обуче́ние в Росси́и да́же сего́дня, во вре́мя кри́зиса систе́мы образова́ния, почти́ наверняка́ лу́чше любо́го иностра́нного. Вы́ше у́ровень зна́ний у на́ших шко́льников в о́бласти то́чных нау́к. Вот то́лько с гуманита́рными предме́тами и языка́ми мы не на высоте́.

О вы́сшей шко́ле так однозна́чно сказа́ть нельзя́. Но МГУ, Ба́уманский университе́т, МФТИ, консервато́рия и мно́гие други́е ву́зы не уступа́ют за́падным.

И всё же е́дут и е́дут де́ти высокопоста́вленных поли́тиков учи́ться на За́пад.

(«АиФ», 37, 1995)

Structuring discourse: *In the text «Дети за границей», state which of the following techniques are used to structure the text: asking questions, clarifying, supplying examples, sequencing, speculating, supplying alternatives, concluding.*

Lexis: Объясни́те по-ру́сски, как вы понима́ете сле́дующие слова́ и выраже́ния.

кру́пные чино́вники ча́стная шко́ла обеспе́ченные лю́ди нефтяны́е «короли́» нача́льное обуче́ние то́чные нау́ки гуманита́рные предме́ты

D2 Quiz — Игра́-викторина

Divide into groups of three or four and attempt the following tasks. Allow yourselves no more than three to four minutes per task.

1. Рабо́та и о́тдых. *Group the following activities into two groups: housework and relaxation (**рабо́та по до́му и о́тдых**).*

гото́вить еду́	занима́ться спо́ртом	ходи́ть по магази́нам
игра́ть в ша́хматы	обща́ться с друзья́ми	погуля́ть
слу́шать ра́дио	смотре́ть телеви́зор	стира́ть
ходи́ть в го́сти	чита́ть газе́ты	чита́ть литерату́ру
собира́ть грибы́ и я́годы	рыба́чить	е́здить на куро́рты
рабо́тать на огоро́де и да́че		

2. Профе́ссии. *List as many professions as you can under each of the following headings:*

   рабо́тники промы́шленности рабо́тники строи́тельства
   рабо́тники тра́нспорта педаго́ги
   культу́рные де́ятели

3. Места́ рабо́ты. *List as many places as you can under each of the following headings:*

   учрежде́ния, свя́занные:

с торго́влей	с обще́ственным пита́нием	с делови́ми услу́гами
с фина́нсовыми услу́гами	с культу́рой	с произво́дством

4. **Антонииы.** *Group the following into contrasting pairs.*

бе́дные	южа́не
де́ти	се́льские жи́тели
взро́слые	выпускники́
ли́ца предпенсио́нного во́зраста	лица́ с вы́сшим образова́нием
неквалифици́рованные рабо́чие	бога́тые
пенсионе́ры	северя́не
городски́е жи́тели	уча́щиеся

5. **Тури́зм.** *Select appropriate verbs to complete the following common collocations.*

Verbs: жить; оформля́ть; пое́хать; приложи́ть; прово́дится; продаю́тся; посеща́ть; съезжа́ются; осма́тривать; ходи́ть

. . . междунаро́дный фестива́ль	. . . тури́сты
. . . по магази́нам за поку́пками	. . . вы́ставки и музе́и
. . . городски́е достопримеча́тельности	. . . в гости́ницах
. . . докуме́нты на вы́езд	. . . па́спортную фотогра́фию
. . . за грани́цу	Биле́ты . . . в ка́ссах

Homework

 For a discussion of derivational morphology (verbal prefixation) see 'Language awareness' (15).

 Written exercises — Письменные задания

Упражнение 1. Verbs of motion and prepositions. Глаголы движения и соответствующие предлоги. *Вставьте пропущенные предлоги и переведите на английский. Insert suitable prepositions and translate.*

1. Он вхо́дит . . . ко́мнату.
2. Она́ выхо́дит . . . гости́ницы.
3. Он подхо́дит . . . до́му.
4. Ты прихо́дишь . . . уро́к.
5. Мы захо́дим . . . това́рищу.
6. Они́ дохо́дят . . . магази́на.
7. Вы перехо́дите . . . у́лицу.
8. Я прохожу́ . . . стадио́на.
9. Мы ухо́дим . . . ко́мнаты.
10. А́нна отхо́дит . . . окна́.

Упражнение 2. Verbs of motion. Глаголы движения «ходи́ть» и «идти́» с приставками. *Вставьте глаголы движения с подходящими приставками в прошедшем, настоящем и будущем времени. Supply the appropriate compounds of 'going on foot' in the following sentences. Give the past perfective, present imperfective and future perfective.*

1. Мы бы́стро . . . че́рез пло́щадь.
2. Он по́здно . . . домо́й.
3. О́льга . . . в магази́н купи́ть сигаре́ты.
4. Почему́ ты . . . из кварти́ры без зонтика?
5. Мы . . . ми́мо Кремля́.
6. Та́ня . . . до конца́ у́лицы.
7. Профе́ссор . . . на приём без жены́.
8. Пешехо́ды . . . че́рез Тверску́ю у́лицу.

Упражнение 3. Prefixed verbs of motion. Глагол движения «идти» с приставками. *Вставьте пропущенные приставки. Insert appropriate prefixes.*

Вчера после обеда Игорь решил ..1..йти погулять. Он ..2..шел из дома и отправился в путь. По пути он ..3..шёл к товарищу, Сергею, и они вместе ..4..шли в лес. Когда они ..5..ходили мимо станции, они увидели Антона и пригласили его ..6..йти с ними. Друзья ..7..шли в лес и гуляли полчаса. Когда они ходили по лесу, к ним ..8..шёл мальчик и спросил их, который час. Потом мальчик ..9..шёл от них, и друзья продолжили прогулку. Наконец, они ..10..шли до реки и там сели отдохнуть. Через полчаса они ..11..шли реку по мосту и отправились в обратный путь. Около станции друзья ..12..шлись. Когда Игорь ..13..шёл домой, его жены не было дома.

Упражнение 4. Prefixed verbs of motion. Глаголы движения «нести», «вести» и «везти». *Вместо точек вставьте один из данных глаголов. Insert the correct verb into the space provided: choose one of the verbs provided in brackets.*

1. Брат приехал из Киева и (принёс/привёз) . . . оттуда интересные фотографии.
2. Студент пришёл из библиотеки и (принёс/привёз) . . . учебники.
3. Мы идём в библиотеку и (несём/везём) . . . книги.
4. Сестра (несёт/везёт) . . . своего маленького брата на велосипеде.
5. Отец (несёт/везёт) . . . своего маленького сына на руках.
6. Мать (несёт/ведёт) . . . сына за руку на прогулку.
7. Ко мне пришёл брат и (привёз/привёл) . . . своего друга.
8. Мы едем в Петербург и (несём/везём) . . . с собой много книг.

Упражнение 5. Cloze. Случай на реке. *Закончите слова. Complete the half-written words in the following text. The number of dashes corresponds to the number of letters missing.*

Словарь: *удобный — suitable   *спасательная лодка — life boat
             *утонуть — to drown   *тень — shade

Мой друг Виктор и я любили отдыхать на ре_ _ (1). Виктор плавал очень хорошо, а я немного хуже.

Однажды в воскресенье мы рано утр_ _ (2) поехали за город. Погода была прекрасн_ _ (3). Ярко светило солнце, ветра не было, а вода в реке была холодн_ _ (4). Как только мы дошли до *удобного места на берег_ (5) реки, Виктор быстро разделся, бросился в вод_ (6) и поплыл. А я лёг на песок и начал читать книг_ (7). Книга была очень интересн_ _ (8), и я забыл обо всём на свете.

Когда я посмотрел на часы, был_ (9) уже два часа.

— Виктор! — крикнул я, но ответ_ (10) не было. Я встал и посмотрел вокруг. Виктора не было видно.

— Он *утонул! — подумал я и начал кричать и звать на помощь. Потом побежал за *спасательн_ _ (11) лодкой. Лодка отправилась искать Виктора. Я тоже бросился в воду, долго нырял, чтобы найти своего друг_ (12).

Я устал и решил вернуться на берег. В этот момент недалеко от меня появилась голова Виктора.

— Что ты здесь делаешь? — закричал я.

— Помогаю искать человек_ (13), который утонул, — ответил Виктор.

Я не знал, сердиться мне или радоваться.

— Ведь это тебя ищут. Я думал, что ты утонул, — сказал я Виктор_ (14).

Когда мы доплыли до берег_ (15), Виктор рассказал мне:

«Я переплыл через рек_ (16) на друг_ _ (17) берег, лёг там отдохнуть в *тени и уснул. Когда я проснулся, было уже около двух часов. Я услышал крик, что в реке кто-то утонул. Вот я и поплыл его спасать».

(B.P. Pockney (ed.), *88 коротких рассказов,* Collets, 1969: 86)

Упражнение 6. Prefixed verbs of motion and comprehension. Радость. *Вместо точек вставьте один из ниже указанных глаголов в нужной форме. Insert appropriate verbs from the list supplied.*

Verbs: влетел, выбежал, заходил, забегал, побегу, подошла, ходить

Было двенадцать часов ночи. Митя Кулдаров ..1.. в квартиру своих родителей и быстро ..2.. по всем комнатам.

Родители уже ложились спать. Сестра лежала на кровати и дочитывала последнюю страницу романа о любви, а младшие братья-гимназисты спали.

— Откуда ты? — удивились родители. — Что с тобой? Что случилось?

— Ох, не спрашивайте, мамаша! Какое счастье! Я такого счастья никак не ожидал! Просто невероятно! Нет, вы только подумайте!

Митя снова ..3.. по квартире и сел в кресло, не в силах держаться на ногах от радости. Сестра встала с постели и, накрывшись одеялом, ..4.. к брату. Гимназисты проснулись.

Папаша побледнел. Мамаша взглянула на икону и перекрестилась.

— Да что ж это такое? На тебе лица нет!

Митя вскочил с кресла и стал опять взволнованно ..5.. туда-сюда.

— Вот вы тут живёте, как дикие звери, газет не читаете, не обращаете никакого внимания на гласность. А ведь в газетах так много интересного о знаменитых людях печатают. Ах, как я счастлив! Вот, смотрите, в сегодняшнем номере и про меня напечатали!

Митя вынул из кармана газету и подал её отцу, указав пальцем место, отмеченное карандашом.

— Раньше только вы одни знали, что живёт на этом свете Дмитрий Кулдаров, а теперь обо мне вся страна знает. О, господи, какое счастье! Вот, пожалуйста, читайте, папаша!

Папаша надел очки и начал читать:

«*Вчера, 29 декабря в 11 ч 15 мин гражданин Дмитрий Кулдаров, выходя из дома № 12 на Малой Бронной улице и находясь . . .*

— Вот, видели? Вся Россия меня теперь знает! Продолжайте дальше!

«*. . . в пьяном состоянии, упал под лошадь. Д. Кулдаров был отведён в полицию и осмотрен врачом который заявил, что арестованный от удара серьёзно не пострадал.*»

— Прочитали? Вот так! Теперь понимаете, что имеете дело с человеком, известным по всей России?

Митя взял у отца газету, сложил её и положил обратно в карман.

— Ну, я ..6.. ! Надо ещё всем соседям показать. Прощайте!

И Митя, радостный, ..7.. на улицу.

(по А. П. Чехову, Рассказы, «Художественная литература», Москва, 1970, 23–25)

Comprehension. *Answer the questions below in English. Give full answers.*

1. What was each member of Mitya's family doing when he rushed in?
2. What time of day was it?
3. How did each member of the family react to Mitya's visit?
4. Why was he so happy?
5. How did he describe his parents' existence?
6. Give a brief summary of the newspaper report.
   – what happened to Mitya?　　　　– where was he taken?
   – when, where and why?　　　　– what did the doctor say?
7. What significance did Mitya himself see in the report?
8. Who else was he going to show it to?

Упражнение 7. Prepositions. Однажды я плыл . . . *Вставьте пропущенные предлоги. Insert appropriate prepositions in the spaces provided.*

Однажды я плыл ..1.. реке ..2.. лодке. День был летний, жаркий. На берегу я увидел знакомого рыбака Шашкина. Он крикнул мне:

— Скоро будет гроза, выходите ..3.. берег.

Я вышел ..4.. берег, и мы пошли ..5.. густому лесу. И вдруг ..6.. живописном уголке леса я увидел маленький дом, которого раньше не замечал.

— Чей это дом? — спросил я.

— Святослава Рихтера, музыканта. А вы разве не знали? Московский музыкант. Жена ..7.. него певица.

Я не знал, что ..8.. такой безлюдной глуши жил наш известный пианист.

— Да, неужели вы не знали, что ..9.. нас здесь музыкант живёт?! Но он не любит, чтобы ему мешали играть. Здесь ..10.. лесом наша деревня. Наши деревенские любят музыку. Каждый вечер ..11.. работы приходят сюда слушать, как он играет. А потом спорят ..12.. том, что он играл. Я раньше мало понимал ..13.. музыке. Рояль я слышал только ..14.. радио.

Но вот ..15.. прошлом году плыл я ночью ..16.. реке. Ночь была как сейчас, тёплая, светлая. И вдруг ..17.. леса, ..18.. тишины я услышал музыку. Казалось, весь лес и вода ..19.. реке поют. Стыдно сказать, но скажу только вам: заплакал я и всю жизнь свою вспомнил, что ..20.. ней было плохого и хорошего. ..21.. тех пор, когда музыкант приезжает, я каждый день сюда прихожу, жду!

Упражнение 8.1 Cloze. Два брата. *Поставьте слова из скобок в нужную форму. Put the words in brackets into the correct form.*

Словарь:　　　　камень: stone　　　　нападать/напасть: to attack
　　　　　　　　　схватить: to grab　　　вспоминать/вспомнить: to remember
　　　　　　　　　хотя: although

Пошли однажды два (брат) ..1.. вместе путешествовать. Шли, шли и (прийти) ..2.. в лес. Решили они поспать в лесу. (Лечь) ..3.. и заснули. Когда (проснуться) ..4.., то увидели — лежит камень, и на камне что-то написано. Начали они читать и прочитали:

«Кто найдёт этот камень, тот должен (ходить — идти — пойти) ..5.. прямо в лес. В (лес) ..6.. будет река. Он должен переплыть на другой берег. Там он увидит (медведица) ..7.. с медвежатами. Он должен *схватить медвежат у (медведица) ..8.. и пойти прямо в (гора) ..9.. На (гора) ..10.. он увидит дом и в этом (дом) ..11.. найдёт счастье».

Два брата прочитали, что было написано, и младший брат сказал:

— Давай пойдём вместе. Может быть, мы найдём счастье.

Тогда старший сказал:

— Я не пойду в лес с тобой. Никто не знает, правда ли написана на этом (камень) ..12.. А может быть, мы неправильно (понять) ..13.. Если и правда написана — пойдём мы в лес, придёт ночь, мы не увидим (река) ..14.. и не найдём дорогу (дом) ..15.. А если и найдём реку, как мы переплывём её? Может быть, она быстрая? Если мы схватим медвежат — мы не добежим без (отдых) ..16.. в гору. Главное же — не сказано: какое счастье мы найдём в этом (дом) ..17.. Может быть, нас там такое счастье ждёт, какого мы вовсе не хотим.

А младший брат сказал:

— По-моему, не так. Всё написано правильно. Если мы не пойдём, кто-нибудь другой прочитает камень и найдёт счастье. Я думаю, надо идти.

Тогда младший брат пошёл в лес, а старший пошёл (дом) ..18..

Когда младший брат (войти) ..19.. в лес, он увидел (река) ..20.., переплыл её и тут же на другом берегу увидел медведицу. Она (спать) ..21.. Он *схватил медвежат и побежал. Когда добежал до (гора) ..22.., (выйти) ..23.. ему навстречу народ: сделали его царём.

Он царствовал пять (год) ..24.. На шестой год *напал на его царство другой царь. Тогда младший брат пошёл домой и пришёл к старшему брату. Старший брат жил в (деревня) ..25.. ни хорошо, ни плохо. Два брата обрадовались и начали говорить о своей (жизнь) ..26..

Старший брат сказал:

— Видишь, я был прав. Я всё время жил тихо и хорошо, а ты, *хотя и был (царь) ..27.., зато много несчастья видел.

А младший сказал:

— Я рад, что пошёл тогда в лес на (гора) ..28.. Хотя и плохо мне сегодня, зато есть, о (что) ..29..*вспомнить, а тебе и вспоминать нечего.

(«Азбука графа Л. Н. Толстого», Книга II, III, 34–6)

8.2 Word scanning: *В тексте найдите русский эквивалент следующих слов. In the text find the Russian for each of the following words.*

tsar	kingdom	to reign
happiness	unhappiness	correctly
right	truth	incorrectly, wrongly

8.3 *В тексте найдите русский эквивалент слов в левой колонке. Догадайтесь, какие* *русские слова будут соответствовать словам в правой колонке. Find the Russian for the words on the left and guess the words on the right.*

once, one day	twice
	three times
something	someone
	sometime
	somewhere
	somehow
nobody	never
	nowhere
to swim across	to walk across

Упражнение 9. Aspects and comprehension. Чёрный кот — не к добру! *Вместо точек вставьте глагол нужного вида. Ответьте на вопросы по-русски. Supply the correct forms of the verbs. Give detailed answers to the questions on the text in Russian.*

Утром Нина Александровна, женщина полная и уже не первой юности, (решать/решить) ..1.., что ей обязательно надо (покупать/купить) ..2.. новое вечернее платье: ведь через день она будет впервые в жизни (выступать/выступить) ..3.. с профессиональным оркестром в Большом концертном зале. Она очень волновалась: будет много народа, все прекрасно одетые, в оркестре будут (играть/поиграть) ..4.. известные музыканты. И, что самое главное, (приходить/прийти) ..5.. Игорь Петрович, человек, которого она (любить/полюбить) ..6.. не только за то, что он давно был другом семьи, считался почти родным, был удивительным пианистом и (преподавать/преподать) ..7.. ей музыку с самого детства, но ещё и потому, что она знала, чувствовала, что и он её тоже (любить/полюбить) ..8.., хотя сам он никогда о любви не (говорить/сказать) ..9.. . Но он всегда (приносить/принести) ..10.. цветы.

После завтрака Нина Александровна (собираться/собраться) ..11.. в город. Самые лучшие магазины и ателье находятся в центре Москвы, а они с мамой (жить/пожить) ..12.. на дальней окраине: полчаса на автобусе до метро, а потом ещё в метро с пересадкой минут двадцать.

Она (выходить/выйти) ..13.. из дома и (идти/пойти) ..14.. к кинотеатру, где (останавливаться/остановиться) ..15.. автобус. Она быстро (ходить/идти) ..16.. по тротуару, думая о концерте и об Игоре Петровиче, как вдруг неизвестно откуда появившийся чёрный кот (перебегать/перебежать) ..17.. ей дорогу. «Ой, не к добру», — подумала Нина Александровна. — «Плохая примета: говорят, случится неприятность, если чёрный кот (переходить/перейти) ..18.. дорогу!»

Но вскоре она забыла о коте: автобус (подходить/подойти) ..19.. полный, люди толкали её вперёд, было шумно и душно. Все пассажиры (платить/заплатить) ..20.. деньги в кассу-автомат и (брать/взять) ..21.. билеты. Нина Александровна тоже хотела (брать/взять) ..22.. билет, и только тут поняла, что (забывать/забыть) ..23.. кошелёк с мелочью дома.

«Ничего», — подумала она, — «в этот раз я (ехать/поехать) ..24.. бесплатно, а зато в следующий раз (платить/заплатить) ..25.. десять копеек вместо пяти».

Но не успела она это подумать, как (слышать/услышать) ..26.. громкий голос контролёра: «Граждане, прошу показать ваши билеты!» Бедной Нине Александровне было очень неловко. Она покраснела и тихим голосом (говорить/сказать) ..27.., что билета у неё нет, потому что нет мелочи. «Тогда (платить/заплатить) ..28.. штраф — три рубля!» — громко потребовал контролёр. В автобусе вдруг стало тихо, все (смотреть/посмотреть) ..29.. на Нину Александровну. И тут она (видеть/увидеть) ..30.. в автобусе Игоря Петровича. Рядом с ним, радостно улыбаясь, сидела тонкая молоденькая девушка с большим букетом цветов.

Теперь Нина Александровна точно знает, что чёрный кот — не к добру!

Give detailed answers in Russian to the following questions.

(1) Какая у Нины Александровны профессия? (2) Где и с кем она живёт? (3) Почему Нине Александровне нужно новое вечернее платье? (4) Кто такой Игорь Петрович? (Расскажите историю их отношений.) (5) Что больше всего волновало Нину Александровну? (6) Где находится остановка автобуса? (7) Как люди платят за проезд в автобусе? (8) Почему у Нины Александровны не было билета? (9) Что она решила сделать? (10) Почему она говорила тихо, а контролёр — громко? (11) С кем ехал Игорь Петрович? (12) Что подумала о них Нина Александровна? (13) Что случится, если чёрный кот перейдёт дорогу?

Упражнение 10. Prepositions. Впервые!!! *Вставьте пропущенные предлоги.* Insert appropriate prepositions in the spaces provided.

Граждане республик бывшего Советского Союза участвуют ..1.. лотерее «GREEN CARD» («ГРИН КАРТ»), проводимой Иммиграционной службой США.

- «GREEN CARD» («ГРИН КАРТ») — это документ, который даёт Вам право ..2.. постоянное жительство и работу ..3.. США. ..4.. этом Вы можете сохранить своё гражданство.
- Человек, выигравший «GREEN CARD» имеет право выехать ..5.. США вместе ..6.. своей семьёй.
- ..7.. этом году ..8.. лотерее разыгрывается 55 тысяч «GREEN CARD».
- Вы оплачиваете только гарантированную доставку оформленной анкеты ..9.. Иммиграционную службу США. Доставка осуществляется ..10.. каналам международной почты.
- ..11.. случае выигрыша Вы лично получите уведомление ..12.. Иммиграционной службы США и помощь фирмы «High-born» ..13.. организации отъезда.
- Заявления принимаются ..14.. всех граждан республик бывшего Советского Союза, имеющих, как минимум, среднее образование.
- Для увеличения вероятности получения «GREEN CARD» ..15.. себя и своей семьи Вы можете подать заявления ..16.. мужа и жены отдельно.

Заявления принимаются ..17..25 июня!

Мы ждём Вас ежедневно ..18..10.00 ..19..20.00 ..20.. нашем офисе ..21.. адресу: Невский пр. 22/24

угол ул. М. Конюшенная (быв. ул. Софьи Перовской) и Невского пр.

бывшая фотография — рядом ..22.. Домом книги

тел. для справок 510-26-29

(Advertisement from the press)

Упражнение 11. Report writing. Какие расходы вам приходится сокращать?
Прочитайте результаты опроса. Проанализируйте данные и напишите статью.
Потом напишите о том, какие расходы вам пришлось сокращать в этом году.
Read the following survey. Write a short report in Russian (15–18 sentences) analysing
the data. Write a brief account of what you have had to cut back on since you became a
student.

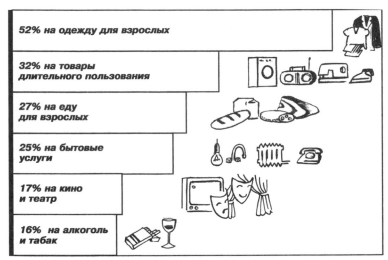

52% на одежду для взрослых

**32% на товары
длительного пользования**

**27% на еду
для взрослых**

**25% на бытовые
услуги**

**17% на кино
и театр**

**16% на алкоголь
и табак**

(по материалам газеты «Московские Новости»)

V+ 12 Lexical exercises — Лексические упражнения

12.1   Semantic groups. Кто где живёт? *Напишите восемь предложений, уточнив, кто где*
живёт. Supply the name of the place(s) where each of the following usually lives. Choose
from the list below. Write eight full sentences.

People:

семья	царь	заключённый	отдыхающий
монахиня	птица	посол	студент

Places:

гнездо	квартира	турбаза	общежитие
тюрьма	дом отдыха	дом	дворец
посольство	гостиница	монастырь	санаторий
клетка			

12.2   Word collocations. Словосочетания с существительным в роли главного слова.
Подберите подходящие словосочетания к следующим существительным.
Match each noun with an appropriate noun phrase.

Nouns: 1. выезд, 2. оценки, 3. русский язык, 4. документы, 5. приглашение, 6. право,
7. справка, 8. место, 9. прививка

Noun phrases: на выезд, от холеры, о здоровье, от родственников, для бизнесменов,
за границу, в комнате, за экзаменационную сессию, на стипендию

Listening comprehension

The following section from Unit 15 has been recorded on tape:
A6   Мяч

Упражнение 1. Directions. Кто где живёт?*Укажите, где живёт писатель, учитель и художник. Listen to the following directions. Indicate on the town plan where the writer, teacher and artist live.*

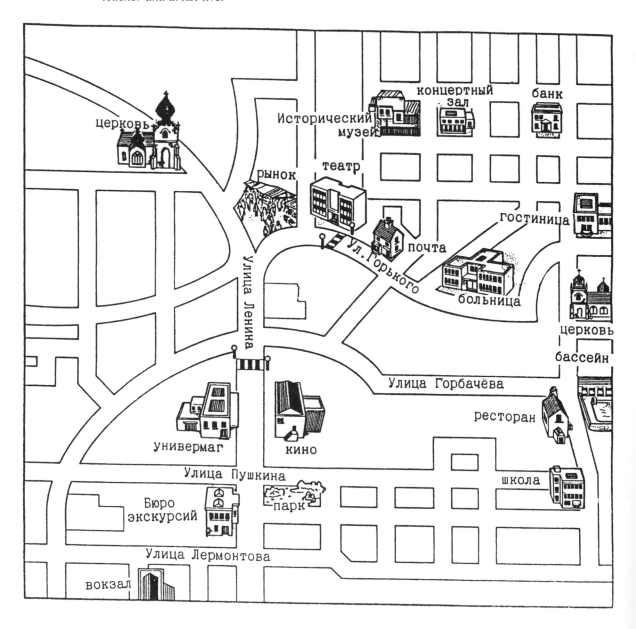

Упражнение 2. Cloze. Правила перехода улицы. *Прослушав текст, вставьте пропущенные слова. Ответьте на вопросы по-английски. Listen to the text and fill in the gaps. Answer the comprehension questions supplied below in English.*

В . . ., где много транспорта и где проезжая . . . улицы очень широкая, пешеходы . . . хорошо знать правила уличного движения и правила перехода. Прежде всего, следует . . ., что у нас правостороннее движение. Переходить улицу разрешается только на перекрёстках с . . . дорожкой, у светофора, где есть световое табло для пешеходов, или в специально отведённых . . ., обозначенных знаком «Переход». Прежде чем переходить на . . . улицы, сначала надо посмотреть налево. Если вы . . ., что транспорта поблизости нет, можно . . . переходить до середины улицы. Когда вы . . . до середины улицы, нужно . . . и посмотреть направо и только потом . . . переход.

Если на . . . есть световое табло для пешеходов, то переходить можно только тогда, когда загорается . . . надпись «ИДИТЕ!». Если же горит . . . табло «СТОЙТЕ!», нужно . . . на тротуаре, пока . . . транспорт.

В Москве и Петербурге на . . . есть подземные переходы. Здесь пешеходы могут безопасно переходить . . .

(adapted from Муравьёва, *«Глаголы движения»*)

Вопросы

1. What is the most important factor to remember about traffic in Russia?
2. Where is one allowed to cross the street? (a) . . . (b) . . . (c) . . .
3. Which way should one look before crossing the road?
4. What should one do in the middle of the road?
5. What do the pedestrian traffic lights say?
6. What type of safe crossings are provided for pedestrians in Moscow and St. Petersburg?

Упражнение 3. Dictation and summary writing: The Heron and the Crane. Цапля и журавль. *Прослушав рассказ, вставьте пропущенные глаголы. Перескажите рассказ по-английски. Listen to the story and fill in the missing verbs in the correct grammatical form. Retell the story in English.*

Жили-были журавль и цапля. Жили они по разным краям большого болота. Журавлю стало скучно жить одному, и надумал он жениться.

«Пойду-ка я к цапле, — . . . журавль, — . . . ей предложение». И . . . он по болоту – хлюп! хлюп! – на длинных ногах.

. . . журавль к дому цапли, постучался в дверь. . . . цапля на порог, увидела журавля и спрашивает: «Чего тебе надо, длинноногий?»

«Хочу жениться, — говорит журавль. — Выходи за меня замуж».

. . . цапля: «За тебя-то? Ха-ха-ха! Да ты на себя посмотри! У тебя ноги длинные, шея длинная, и сам ты длинный и тощий. Одежда на тебе бедная, и вид у тебя голодный. Нечем тебе жену прокормить. . . . . . . за тебя замуж. Иди отсюда!» Обиделся журавль и . . . домой ни с чем.

А цапля . . . у окна и задумалась: «Чем одной жить, уж лучше . . . замуж за журавля». И . . . цапля через всё болото к журавлю . . . и говорит: «Возьми меня

411

замуж, журавль». А журавль ей отвечает: «А я. . . . Не хочу жениться, одному лучше жить, никто не мешает. Да и ты мне не подходишь — уж больно нос у **тебя** длинный. . . . . . . тебя замуж!» Цапля заплакала от стыда и . . . по болоту обратно домой.

Журавль . . . ей вслед и . . . : «Зря я не . . . за себя цаплю. Одному-то жить скучно. . . . опять к ней, . . . её за меня . . . .» . . . он к цапле и говорит: «Ну ла**дно**, беру тебя. Иди за меня замуж». «Нет, — говорит цапля. — теперь уж я . . . . за тебя замуж. Живи себе один как . . .». Журавль рассердился и говорит; **«Ну** и оставайся всю жизнь в старых девах!» И . . . журавль на длинных ногах по болоту обратно домой.

Цапля опять задумалась: «А вдруг и вправду никто меня замуж . . . . . . ?» . . , она вслед за журавлём: «Журавушка! Ладно уж, . . . за тебя замуж». А **журавль ей**; «Ты . . . , да я . . . . . . !»

Так и . . . цапля и журавль друг к другу по болоту до сих пор!

In this unit you will learn how to:

- form the comparative and superlative degrees of adjectives
- use adjectives and relative pronouns in the dative case
- talk about work, travel, tourism and holidays

Classwork

A   Degrees of comparison

A1   Pre-reading exercises — Граммати́ческие упражне́ния

	comparative	*superlative*
счастли́вый	счастли́вее	са́мый счастли́вый
	бо́лее счастли́вый	
	ме́нее счастли́вый	
несча́стный	несча́стнее	са́мый несча́стный
	бо́лее несча́стный	
	ме́нее несча́стный	

For a discussion of the comparative degree see 'Grammar summary (7.4). For a discussion of the superlative degree see 'Grammar summary (7.5).

A2   Gallop poll — Гало́пом по Евро́пам

Read the text and design a diagram to summarise the poll's findings.

Институ́т Гэ́ллапа взорва́л стереоти́пы! Эта изве́стная во всём ми́ре америка́нская организа́ция по изуче́нию обще́ственного мне́ния — с филиа́лами во мно́гих стра́нах ми́ра — неда́вно провела́ ещё одно́ социологи́ческое иссле́дование и опубликова́ла официа́льный «и́ндекс сча́стья» в ми́ре.

Из него́ ста́ло я́сно, что са́мые счастли́вые лю́ди на земле́ — ирла́ндцы, как на ю́ге, так и на се́вере страны́. Около 40% жи́телей Ольстера отве́тили при опро́се, что они́ «о́чень сча́стливы». Остальны́е жи́тели Брита́нских острово́в почти́ так же безо́блачно сча́стливы, как и бе́лые раси́сты — бы́вшие хозя́ева ЮАР.

Согла́сно опро́су, шве́ды, датча́не и голла́ндцы, хотя́ и не так сча́стливы, как америка́нцы и́ли япо́нцы, но зато́ счастли́вее и жизнера́достнее, чем испа́нцы, францу́зы и бельги́йцы. Чили́йцы и черноко́жие жи́тели ЮАР, е́сли да́же и не са́мые счастли́вые лю́ди на све́те, но всё же гора́здо счастли́вее не́мцев и итальянцев, из которых счастливо не более 13% населения. Самыми «несчастными» считают себя финны . . .

(по материалам еженедельника «Литературная газета», 1989)

A3   Exercises — Зада́ния к те́ксту

List all the 'international' words in the text.
Find the words denoting nationalities and write out the names of the corresponding countries beside them.
Find three words in the text which are made up of more than one word and write their 'component' words next to them. What parts of speech are they?

 Discourse analysis

List all the expressions of comparison in the text.
Find all the connectives/cohesion devices used to structure this text, i.e., expressions like 'it is clear that', 'although', 'but', 'on the other hand', 'therefore', etc.
Indicate the order in which the sentences should be put by numbering the boxes.

❏ Из него́ ста́ло я́сно, что са́мые счастли́вые лю́ди на земле́ — ирла́ндцы, как на ю́ге, так и на се́вере страны́.

❏ Институ́т Гэ́ллапа взорва́л стереоти́пы!

❏ Около 40% жи́телей Ольстера отве́тили при опро́се, что они́ «о́чень сча́стливы».

❏ Остальны́е жи́тели Брита́нских острово́в почти́ так же безо́блачно сча́стливы, как и бе́лые раси́сты — бы́вшие хозя́ева ЮАР.

❏ Са́мыми «несча́стными» счита́ют себя́ фи́нны . . .

❏ Согла́сно опро́су, шве́ды, датча́не и голла́ндцы, хотя́ и не так сча́стливы, как америка́нцы и́ли япо́нцы, но зато́ счастли́вее и жизнера́достнее, чем испа́нцы, францу́зы и бельги́йцы.

❏ Чили́йцы и чернокожие жи́тели ЮАР, е́сли да́же и не са́мые счастли́вые лю́ди на све́те, но всё же гора́здо счастли́вее не́мцев и итальянцев, из кото́рых счастли́во не бо́лее 13% населе́ния.

❏ Эта изве́стная во всём ми́ре америка́нская организа́ция по изуче́нию обще́ственного мне́ния — с филиа́лами во мно́гих стра́нах ми́ра — неда́вно провела́ ещё одно́ социологи́ческое иссле́дование и опубликова́ла официа́льный «и́ндекс сча́стья» в ми́ре.

Conduct a classroom poll to establish on a five point scale how happy you all are and why. Construct an 'index of happiness' in class, similar to the Gallup Index.

5 = о́чень сча́стлив(-а)
4 = сча́стлив(-а)
3 = не о́чень сча́стлив(-а)
2 = несча́стлив(-а)
1 = о́чень несча́стлив(-а)

EITHER: Write approximately ten to twelve sentences on the findings of the classroom poll.

OR: In ten to twelve sentences compare the information in the Russian text with the following statement by the British Institute for Social Inventions.
A 1991 Gallup poll of 30 countries has concluded that people who are patriotic feel the happiest. Britain was the second happiest country in the world, with 39% of the respondents in the country as a whole, and 41% in Northern Ireland claiming they were 'very happy', compared with 15% of Japanese and only 13% of Germans.

B Job vacancies

B1 Intourist — Рабо́та в Интури́сте

> Аге́нтство «Интури́ст» (Петербу́ргское отделе́ние) приглаша́ет на рабо́ту секретаря́-маши́нистку, владе́ющую англи́йским и францу́зским языко́м (родно́й язы́к — ру́сский), со ста́жем рабо́ты не ме́нее пяти́ лет.
> Возмо́жны пое́здки по рабо́те в А́нглию, Фра́нцию и Кана́ду.
> *Объявле́ние в газе́те «Вече́рний Петербу́рг»*

Two people have applied for the job: ***Ни́на Петро́ва и Ольга Ивано́ва***. The manager has made some notes about them.

	Ни́на Петро́ва	Ольга Ивано́ва
во́зраст	29	44
стаж рабо́ты	6	29
зна́ние языка́: (1) англи́йский (2) францу́зский	(1) свобо́дно говори́т (2) понима́ет и непло́хо говори́т	(1) чита́ет со словарём (2) немно́го говори́т
ско́лько лет изуча́ла иностра́нные языки́: — англи́йский — францу́зский	англи́йский и францу́зский: в шко́ле 6 лет и в пединститу́те 5 лет	англи́йский и францу́зский: 6 лет в шко́ле и 2 го́да на вече́рних ку́рсах
ме́сто рабо́ты в настоя́щее вре́мя	преподава́тель англи́йского языка́ в институ́те	секрета́рь—маши́нистка в До́ме дру́жбы
ско́рость печа́тания на маши́нке: (а) по-ру́сски (б) по-англи́йски (в) по-францу́зски	(а) 40 слов в мину́ту (б) 30 слов в мину́ту (в) 20 слов в мину́ту	(а) 60 слов в мину́ту (б) 60 слов в мину́ту (в) 60 слов в мину́ту

Вниманию молодых элегантных москвичек!
Школа проводит очередной набор на курсы
для обучения по специальности:
СЕКРЕТАРЬ–АССИСТЕНТ

Предлагаем вам:

- престижную современную специальность
- бесплатное обучение
- гарантированное трудоустройство

В программе обучения:

— компьютерная подготовка

— русская и латинская машинопись

— английский язык делового общения

— деловой этикет

— организация работы приёмной офиса

— оформление и меблировка офиса

— сервировка стола и бара в офисе

— внешний вид и манеры деловой женщины

По окончании курсов выдаётся диплом
Российской Академии предпринимательства.

Иногородним студентам предоставляются места в гостинице.

Начало занятий — 12 января.

Срок обучения — 1 или 2 месяца.

Обсужде́ние в кла́ссе. *Обсуди́те, кого́ бы вы предпочли́ взять на рабо́ту, испо́льзуя сле́дующие слова́. Using the following verbs and comparatives, indicate whom you would choose, and why.*

— Я предпочёл бы . . .   — потому́, что . . .

                               — несмотря́ на то, что . . .

печа́тать на маши́нке	ста́рше/моло́же
рабо́тать	до́льше/коро́че
е́здить за грани́цу	быстре́е/ме́дленнее
знать язы́к	ча́ще/ре́же
изуча́ть язы́к	лу́чше/ху́же
стаж рабо́ты	на (. . . го́да/лет) бо́льше/ме́ньше

Зада́ние. Заявле́ние. *Напиши́те заявле́ние от и́мени Ни́ны и́ли Ольги. Reconstruct one of the letters of application.*

B2 Моско́вская шко́ла секретаре́й

Read the advertisement opposite. Discuss how this advertisement differs from its equivalent in the national press in your country.

C Holiday brochures

C1 Text — Юрмала

Listen to the following text. List the tourist attractions in Yurmala and Riga.

Купа́льный сезо́н на Ба́лтике недо́лог — с ию́ня по а́вгуст. Всё-таки э́то не юг. У шко́льников кани́кулы. Кани́кулы и у студе́нтов. Да и большинство́ рабо́тающих то́же стара́ется брать о́тпуск ле́том.

Юрмала — одно́ из са́мых попул́ярных мест о́тдыха на Ба́лтике. Ка́ждое ле́то шестидесятитрёхты́сячное населе́ние Юрмалы, ка́жется, увели́чивается в деся́тки раз. Хорошо́ отдыха́ть здесь. Традицио́нное латы́шское гостеприи́мство, отли́чный се́рвис, бли́зость к Ри́ге — всё э́то привлека́ет отдыха́ющих на Ри́жское взмо́рье.

Здесь ка́ждый отдыха́ющий нахо́дит заня́тие по душе́. Здесь мо́жно и порыба́чить, и поигра́ть в те́ннис, — в Юрмале нахо́дятся лу́чшие те́ннисные ко́рты в стране́ — и, коне́чно, купа́ться в мо́ре и загора́ть. Мо́жно съе́здить на э́кску́рсию в Ри́гу, осмотре́ть достопримеча́тельности дре́вней столи́цы, послу́шать там в До́мском соборе орга́нную му́зыку.

С ка́ждым го́дом всё бо́льше и бо́льше латыше́й и зарубе́жных госте́й отдыха́ют и поправля́ют здоро́вье в зде́шних санато́риях.

(From a tourist brochure, 1986.)

C2 Exercises — Задáния к тéксту

 Словообразовáние. *In the text find a word with the same root as the words listed below. Give the English translation for both.*

Напримéр: купáться: to swim/bathe купáльный: swimming/bathing

дóлго	шкóла	бóльше	здесь
óтдых	примечáть	Лáтвия	тéннис
дéсять	блúзко	игрá	мóре
занимáться	рыба	гость	прáвильно

 Словосочетáния. *Supply the missing verbs in the following common collocations:*

. . . óтпуск	. . . в десятки раз	. . . занятие по душé
. . . в тéннис	. . . в мóре	. . . на экскýрсию
. . . здорóвье	. . . достопримечáтельности	

C3 Conversation practice — Разговóрная прáктика

Придýмайте странý.

1. Как называется эта странá?
2. Где располóжена/нахóдится эта странá?
3. Какóго цвéта её флаг?
4. Опишúте географúческие осóбенности этой страны: гóры, рéки, моря, озёра, холмы, дерéвни, городá . . .
5. Как называется столúца страны?
6. Какúе в столúце достопримечáтельности?
7. Какúе в странé есть курóрты?
8. Где нахóдятся эти курóрты?   — В горáх?
   — В лесý?
   — На мóре?
   — На óзере?
   — На рекé?
   — В гóроде?
   — В дерéвне?
   — . . .

 9. Когдá там начинáется/кончáется курóртный сезóн?

10. Что там есть для отдыхáющих?   — Пляжи?
   — Клýбы?
   — Спортúвные площáдки, кóрты?
   — Гостúницы?
   — . . .

11. Чем там мóгут занимáться отдыхáющие?
   — купáться
   — загорáть
   — занимáться (чем?)

— игра́ть (во что?)

— ходи́ть/е́здить (куда́?)

— . . .

Напиши́те рекла́мную брошю́ру об э́той стране́ и её куро́ртах.

Куро́рты у вас и у нас. *Спроси́те преподава́теля.*

Где лю́бят отдыха́ть ру́сские — зимо́й/ле́том/весно́й/о́сенью?

Чем изве́стны э́ти куро́рты?

Каки́е там есть удо́бства для тури́стов: гости́ницы, дома́ о́тдыха, санато́рии, и т.д.?

Каки́е там есть достопримеча́тельности, культу́рные/спорти́вные развлече́ния, и т.д.?

Как там мо́жно проводи́ть вре́мя?

Куда́ вы са́ми обы́чно е́здите в о́тпуск?

Что тако́е да́ча?

Расскажи́те преподава́телю.

Где отдыха́ют ва́ши соотéчественники зимо́й/ле́том/весно́й/о́сенью?

Чем изве́стны э́ти куро́рты?

Каки́е там есть удо́бства для тури́стов?

Каки́е там есть достопримеча́тельности, спорти́вные площа́дки, и т.д.?

Как там мо́жно проводи́ть вре́мя?

Куда́ вы са́ми обы́чно е́здите в о́тпуск?

Что тако́е 'allotment'?

C4   Text — Что ну́жно знать пе́ред да́льней доро́гой

Read the following text. Insert appropriate words in the spaces. Select your answers from the list supplied below.

Answers: биле́та; вокза́ле; встре́ча; компоне́нтах; медици́нской; наприме́р; пита́ние; пла́та; пэ́кидж-тур; рестора́нов; сто́имость; тури́стские; услу́гах.

Обы́чно в станда́ртный . . . у нас, как и во всём ми́ре, включа́ется размеще́ние, . . . , экску́рсии, . . . и про́воды в аэропорту́ и́ли на железнодоро́жном . . . , услу́ги ги́да-перево́дчика. Ча́сто, но не всегда́, в це́ну ту́ра включа́ется сто́имость междунаро́дного а́виа- и́ли железнодоро́жного. . . . Éсли в рекла́мном объявле́нии на э́тот счёт нет указа́ний, вопро́с сто́ит уточни́ть.

Для оце́нки у́ровня предло́женной цены́ пре́жде всего́ сле́дует вы́яснить подро́бности о гости́нице и пита́нии — двух наибо́лее ва́жных . . . сто́имости ту́ра. Предста́вить реа́льный класс гости́ницы помо́жет дополни́тельная информа́ция, . . . , об обору́довании и удо́бствах но́мера, о нали́чии ба́ров, . . . , бассе́йна, о други́х . . . предоставля́емых да́нной гости́ницей.

Не ли́шней бу́дет информа́ция о други́х услу́гах, наприме́р, вхо́дит ли в ука́занную в рекла́ме це́ну . . . ви́зы, . . . страхо́вки, входна́я . . . в музе́и и други́е . . . объе́кты.

(«*Изве́стия*», 1 ма́рта, 1995)

D Tourism and travel

D1 Text — Летайте с комфортом !

☞ *Find all dative plural noun phrases in the advertisement below. Design a table which illustrates the formation of nouns and adjectives in the dative singular and plural.*

Крупнейшая в России акционерная авиакомпания «ВНУКОВСКИЕ АВИАЛИНИИ» существует всего один год.

Но за этот год мы уже успели прославиться: эвакуировали российских дипломатов из Алжира, перевозили войска ООН и гуманитарную помощь в различные «горячие точки» планеты.

ВНУКОВСКИЕ АВИАЛИНИИ предлагают:

— ПУТЕШЕСТВЕННИКАМ — широкий выбор рейсов по всей России, СНГ и ближнему зарубежью, а также по международным направлениям.
• На самолётах нашей авиакомпании вы можете поехать как в туристические поездки, так и в популярные сейчас шоп-туры.
• Регулярные чартерные рейсы доставят вас в такие города, как Афины, Дубай, Измир, Стамбул и другие.

— ДЕЛОВЫМ СПЕШАЩИМ ЛЮДЯМ — рейсы строго по расписанию, без задержки; отличный сервис.
• Особое внимание мы уделяем улучшению качества обслуживания пассажиров.
• Авиакомпания гарантирует, что цены за билеты полностью соответствуют высокому качеству сервиса.
• Вы можете также воспользоваться услугами нашего партнёра — агентства «Валтур» и заказать себе номер в гостинице высшего класса в любом городе.

— ЛЮБИТЕЛЯМ КОМФОРТА — постоянное внимание и заботу со сторон обслуживающего персонала.
• Во время полёта бесплатно раздаются газеты, продаются сувениры, сигареты и напитки.
• Наше меню разнообразно — вы можете выбрать еду по своему вкусу.
• В скором будущем мы надеемся предложить нашим пассажирам просмотр популярных кинофильмов.

— ЛЮБОПЫТНЫМ — фактическую информацию:

• За год работы у нас не было ни одного серьёзного происшествия.
• Нам выразили благодарность такие клиенты, как ООН, дипломатическая служба, религиозные организации, крупные коммерческие фирмы.
• Несколько месяцев назад полёт на нашем самолёте понравился очень необычным и требовательным пассажирам — белым медвежатам!
• Отличить наши самолёты можно по цвету — они окрашены в тёмно-синий и красный цвет с надписью на борту золотыми буквами: «ВНУКОВСКИЕ АВИАЛИНИИ»

Телефо́н авиакомпа́нии: (095) 434 97 17

Телефо́н турагéнтства «Валту́р»: (095) 438 69 10

(по материа́лам «*МН Колле́кция*», ию́нь 1994)

D2 Text — Приглаше́ние в турпое́здку

Read the following text and answer the questions supplied below.

НА НЕДЕ́ЛЮ В ХОРВА́ТИЮ всего́ за 175 ДО́ЛЛАРОВ и 150 РУБ. Туристи́ческая фи́рма «Транссе́рвис» предлага́ет тур, начина́я с 5-ого а́вгуста. К услу́гам отдыха́ющих — лу́чшие пля́жи Адриати́ческого побере́жья страны́, где уже́ бо́льше го́да идёт гражда́нская война́.

Одна́ко, по слова́м дире́ктора фи́рмы «Транссе́рвис» Валенти́на Королёва, бои́ проходи́ли в Хорва́тии бо́льше го́да наза́д, причём ме́стные куро́рты совсе́м не пострада́ли. От и́мени фи́рмы Королёв гаранти́рует, что его́ клие́нтам не придётся проводи́ть о́тдых с ружьём в рука́х.

«Пасси́вным» пля́жникам — шезло́нги, зо́нтики и пи́во. «Акти́вным» тури́стам — се́рфинг, во́дные лы́жи, ло́дки, морски́е катера́ и снаряже́ние для подво́дной охо́ты. Сре́дняя температу́ра воды́ + 25 гра́дусов, во́здуха — + 29 гра́дусов.

Беспла́тным приложе́нием к пля́жу явля́ется однодне́вное путеше́ствие по полуо́строву Истрия (в Хорва́тии), где нахо́дятся куро́рты Пу́лла и Брио́ни. По́сле э́того, получи́в специа́льную ви́зу, тури́сты пересека́ют хорва́тско-италья́нскую грани́цу на быстрохо́дном ка́тере и прово́дят день в Вене́ции.

Телефо́ны «Транссе́рвиса» в Москве́: (095) 250-30-92, 250-50-90

(Advertisement from the press)

Comprehension questions

1. In which country are the package holidays? For how long? At what cost?
2. What has been happening not a million miles away for over a year?
3. What guarantees do the tour operators give?
4. What two groups of tourists are named? What facilities are provided for each group?
5. What excursions are available to tourists on the package holiday?
6. What documents are necessary for one of the excursions?

D3 Text — Пое́здки в Да́нию

Insert appropriate prepositions in the spaces provided.

Пое́здки . . . Да́нию . . . 500 до́лларов и 450 руб. предлага́ет . . . 3 а́вгуста фи́рма «Интерту́р». . . . авиаперелёта в сто́имость четырёхдне́вного ту́ра вхо́дит проживáние . . . пятизвёздочном оте́ле, за́втрак . . . рестора́не и чёрные лимузи́ны (Cadillac) . . . всех экскурсио́нных пое́здок. . . . аэропорту́ Копенга́гена прилете́вших встреча́ет ме́стный представи́тель фи́рмы и провожа́ет их . . . оте́ль «Шерато́н». Любозна́тельным предлага́ются экску́рсия . . . бы́вшее зда́ние да́тского парла́мента . . . посеще́нием крупне́йшей да́тской карти́нной галере́и, прогу́лка . . . да́тской би́рже, знако́мство . . . Короле́вским теа́тром, пое́здка . . .

зи́мнюю резиде́нцию короле́вской семьи́ и осмо́тр музе́я Га́нса Христиа́на Андерсена. Осо́бое ме́сто занима́ет посеще́ние за́мка короля́ Кристиа́на IV, . . . кото́ром, . . . леге́нде, прожива́ет тень отца́ Га́млета. Все переézды . . . Копенга́гену то́лько . . . чёрных лимузи́нах . . . «персона́льным» шофёром.

(Advertisement from the press)

E Postcards

E1 Declension of first names, patronymics and surnames — Имена́, о́тчества и фами́лии

 For the declension of names see 'Grammar summary' (2.5.4).

 *Rewrite the following sentences replacing Olga's initials by her full name (**Ольга Петро́вна Липа́това**).*

1. (О.П.Л.) живёт в Москве́.
2. У (О.П.Л.) есть сын Ко́ля.
3. К (О.П.Л.) ча́сто прихо́дит подру́га Ната́ша.
4. Попроси́те к телефо́ну (О.П.Л.).
5. Ната́ша с (О.П.Л.) стоя́т в о́череди.
6. При (О.П.Л.) об э́том лу́чше не говори́ть.

*Rewrite the above sentences substituting **Вадим Петрович Кузьмин** for **О.П.Л.***
*Rewrite the above sentences substituting **Кузнецовы** for **О.П.Л.***

 Write three postcards to Russian friends. One talking about your holiday in Jurmala C1, one about your stay in Croatia D1, and one about your trip to Denmark D2.

F Cultural awareness

F1 Text — Наш о́тдых в зе́ркале стати́стики и социоло́гии

 В про́шлом году́ на куро́ртах Росси́и, располо́женных на Кавка́зском побере́жье Чёрного мо́ря, отдохну́ли лишь о́коло 2,5 миллио́на россия́н, тогда́ как не́сколько лет наза́д э́та ци́фра достига́ла 4 миллио́нов. И э́то при том, что ны́не с куро́ртами Со́чи не конкури́рует Абха́зия: в 1994 году́ они́ при́няли всего 3 ты́сячи отдыха́ющих, тогда́ как ра́нее здесь проводи́ли о́тпуск 1,5 миллио́на челове́к. Из бы́вших прести́жных мест то́лько кры́мские куро́рты ещё притя́гивают россия́н, в основно́м молодёжь и студе́нтов: в сре́днем о́коло 16% из них собира́ется пое́хать ле́том в Крым. Кавка́з отпу́гивает нестаби́льностью.

 Запо́лните табли́цу. See the key for the answers.

	в про́шлом году́	ра́ньше
на Кавка́зском побере́жье отдохну́ли		
в Со́чи отдохну́ли		

Опро́с москвиче́й

Согла́сно да́нным опро́са, проведённого в Москве́, 41% москвиче́й име́ют да́чу, садо́вый уча́сток под Москво́й. Приме́рно треть опро́шенных в 1994 году́ собира́лись провести́ ле́тний о́тпуск на да́че. Это пре́жде всего́ каса́ется люде́й сре́днего во́зраста, со сре́дним образова́нием, слу́жащих, квалифици́рованных рабо́чих и интеллиге́нции. Ещё 26% респонде́нтов намерева́лись провести́ о́тдых до́ма, никуда́ не уезжа́я. Это в основно́м пожилы́е лю́ди, пенсионе́ры.

Среди́ други́х форм проведе́ния о́тпуска 12% предпочита́ют черномо́рские и балти́йские куро́рты, дома́ о́тдыха и 6% — туристи́ческие пое́здки по Росси́и; 13% плани́руют испо́льзовать неформа́льные кана́лы для проведе́ния о́тпуска — у ро́дственников и знако́мых в Росси́и и СНГ. Остальны́е 7% ещё не реши́ли, как бу́дут отдыха́ть.

За рубежо́м плани́руют провести́ о́тпуск 3% москвиче́й, причём э́тот показа́тель в пять раз вы́ше для предпринима́телей и люде́й, за́нятых в комме́рческих структу́рах. Интере́сно, одна́ко, отме́тить что бизнесме́ны та́кже стремя́тся компенси́ровать ле́том, во вре́мя о́тпуска недоста́ток обще́ния в рабо́чие дни, и 19% из них плани́ровали отдыха́ть не на роско́шных куро́ртах, а у родны́х и знако́мых в Росси́и.

Напиши́те, кто где отдыха́ет.

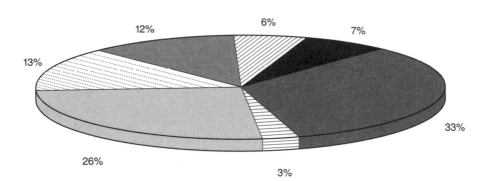

 Вообще́ стиль ле́тнего о́тдыха молодёжи и предпринима́телей ка́чественно отлича́ется от ма́ссовой моде́ли о́тпуска. Если бо́льше полови́ны всех опро́шенных уезжа́ют на да́чу и́ли вообще́ остаю́тся до́ма, то бо́льше тре́ти предпринима́телей и молоды́х люде́й предпочита́ют уе́хать пода́льше от Москвы́ — в Крым, за грани́цу, в путеше́ствие по Росси́и и́ли в пансиона́т. С друго́й стороны́, молодёжь ча́ще, чем лю́ди ста́рших возрасто́в, ле́том не отдыха́ет, а стара́ется подзарабо́тать (12% всех опро́шенных в во́зрасте до 24 лет и 16% студе́нтов да́ли таки́е отве́ты).

Для 33% люде́й сре́днего и ста́ршего во́зраста да́ча и уча́сток явля́ются не то́лько реа́льной по́мощью в тру́дной материа́льной ситуа́ции, но и символизи́руют приве́рженность таки́м це́нностям, как прива́тность, благополу́чие семьи́. Да́ча — си́мвол семе́йной интегра́ции, о́бщих интере́сов.

(по материа́лам журна́ла «*Огонёк*», 24, ию́нь, 1995)

Впиши́те да́нные из те́кста в сле́дующую табли́цу (в проце́нтах). See the key for the answers.

	молодёжь до 24 лет	студе́нты	предпринима́тели	лю́ди сре́днего и ста́ршего во́зраста
отдыха́ют пода́льше от Москвы́				
не отдыха́ют, а рабо́тают				
отдыха́ют на да́че				
отдыха́ют за грани́цей				
отдыха́ют у родны́х и знако́мых				

Homework

 Written exercises — Письменные задания

Упражне́ние 1. Comparative degree. Сравнительная степень. *Закончите предложения, употребив слова или фразы в скобках.*

Например:
(сестра)   Вы старше . . .   Вы старше сестры.

1. (отец) Сын выше . . .
2. (я) Он моложе . . .
3. (мать) Мой отец на год старше . . .
4. (ты) Катя знает русский язык лучше . . .
5. (день) Осенью ночь длиннее . . .

Упражнение 2. Comparative degree. Сравнительная степень: дополнение в родительном падеже. *Замените предложения со словом «чем» на подходящий эквивалент без этого слова.*

Например: Она старше, чем брат.   Она старше *брата*.

1. Муж на полтора года моложе, чем жена.
2. Анна говорит по-русски лучше, чем Джон.
3. Рассказ интереснее, чем фильм.
4. Брат ложится спать раньше, чем я.
5. Ваш словарь дороже, чем мой.

Упражнение 3. Superlative degree. Превосходная степень. *Поставьте слова из скобок в нужную форму.*

1. Они живут в (самый большой дом) . . .
2. Я хочу встретить (ваша младшая сестра) . . .
3. Мы подошли к (самая лучшая картина) . . . в музее.
4. Шофёр подъехал к (самое высокое здание) . . .
5. Марк теперь играет в (самая сильная молодёжная футбольная команда) . . . страны.
6. Лектор рассказал (студенты-вечерники) . . . о (самая маленькая деревня) . . . в Африке.

Упражнение 4. Comparative degree. Сравнительная степень. *Закончите предложения, употребив пропущенные прилагательные в сравнительной степени.*

1. Это плохо, а то . . .
2. Она высокая, а он ещё . . .
3. Мясо дёшево, а рыба ещё . . .
4. Море глубоко, но океан ещё . . .
5. Я пришёл поздно, а он ещё . . .
6. Она богата, а он ещё . . .
7. Я живу далеко, но он ещё . . .

Упражнение 5. Comparative degree. Имена прилагательные в форме сравнительной степени. *Закончите предложения, поставив вместо точек прилагательное в сравнительной степени.*

Adjectives: тёмный, длинный, короткий, глубокий, трудный, интересный

1. Ночь становилась всё . . .
2. Приближалась весна. Дни становились . . . , ночи . . .
3. Наши знания стали . . .
4. Задача оказалась . . . , чем мы думали.
5. Мы смотрели в окно вагона, и перед нами открывались картины одна другой . . .

Упражнение 6. Comparative degree. Имена прилагательные и наречия в форме сравнительной степени. *Вместо точек поставьте прилагательное или наречиа в сравнительной степени.*

1. Наш новый дом (дорогой) . . . старого.
2. Читай (много) . . . книг и будешь (много) . . . знать
3. В этой галерее (мало) . . . картин, чем было (рано) . . .
4. Их дом (далеко) . . . от города, чем мой.
5. Маша (высокая) . . . всех в классе.
6. Он говорил гораздо (долго) . . . , чем мы предвидели.
7. — Кто (молодая) . . . — ты или сестра?
   — Я (старая) . . . сестры.
8. Они говорят по-французски (хорошо) . . . , чем по-русски.
9. Этот перевод ещё (плохо) . . . прежнего.

Упражнение 7. Dative case. Дательный падеж. *Поставьте существительные из скобок в дательном падеже. To revise uses of the dative case see 'Grammar summary' (4.4 and 5.4).*

1. Ученик ответил (учитель).
2. Памятник (герой).
3. Отец дал (Петя) деньги.
4. Коля написал (сестра) и (няня).
5. Мать купила (Алексей) пальто.
6. Учитель преподаёт (Катя) историю.
7. Отец объясняет (Андрей) химию.
8. Привет (мать) и (дедушка).
9. Дело было к (вечер).
10. Он поехал к (река).
11. К (ночь) пошёл дождь.
12. Ученик пошёл к (учитель).
13. Экзамен по (математика).
14. Отпуск по (болезнь).
15. Он женился по (любовь).
16. Он говорит по (телефон).
17. Он идёт к (мать) по (дело).

Упражнение 8. Dative case. Дательный падеж во множественном числе. *Поставьте слова выделенные курсивом в дательном падеже (множественное число).*

1. Профессор читает лекцию *студенту*.
2. Я пишу письма *сестре*.
3. Сегодня я звонила *родственнику*.
4. Учитель помогает *ученику*.
5. Лена купила *другу* подарки.
6. Я позвонила *подруге* по телефону.
7. Экскурсовод помог *туристу* найти номер в гостинице.
8. Туристов привозят к *музею* на автобусе.
9. *Рабочему* дали отпуск на неделю.
10. *Ребёнку* надо рано ложиться спать.

Упражнение 9. Dative case. Дательный падеж: косвенный объект. *Ответьте на вопросы, используя слова и выражения в скобках.*

1. Кому вы подарили сумку? (моя старшая сестра)
2. Кому вы помогаете изучать русский язык? (один новый студент)
3. Кому вы обещали дать эту книгу? (мой друг Павел)
4. Кому вы советуете посмотреть этот фильм? (мои приятели)
5. Кому вы сообщили эту новость? (мои близкие друзья)

Упражнение 10. Dative case. Союзное слово «который». *Вставьте союз «который» в нужной форме. Переведите предложения на английский язык.*

1. Дети, . . . мы подарили игрушки, были очень рады.
2. Улица, по . . . вы идёте, называется Тверская.
3. Как зовут человека, . . . вы дали билет в театр?
4. Я не помню фамилию студентки, . . . я дал свой словарь.
5. Мальчик, . . . я рассказал шутку, долго смеялся.
6. Девушка, . . . он сделал предложение, согласилась.

Упражнение 11. Dative case. К кому? *Поставьте слова из скобок в нужную форму.*

1. Я часто езжу к (своя старая) . . . тёте.
2. Он идёт к (свой старый) . . . отцу.
3. Она позвонила (мои родители) . . .
4. К (моя дверь) . . . подошёл почтальон.

Упражнение 12. Prepositions. Предлоги «к» и «по». *Insert appropriate prepositions in the spaces provided. Вставьте пропущенные предлоги.*

1. Мы долго гуляли . . . парку.
2. Ольга очень скучала . . . родине.
3. Студенты пришли на консультацию . . . преподавателю.
4. Туристы долго шли . . . дороге и вышли, наконец, . . . морю.
5. Студенты должны хорошо подготовиться . . . экзаменам.

Упражнение 13. Prepositions. Тихая гавань в зоне войны. *Прочитайте статью и вставьте пропущенные предлоги.*

«Вы едете отдыхать ..1.. бывшую Югославию? — спрашивали друзья. — Оригинально!»

Загреб был чуть ли не единственным европейским городом, куда билеты ..2.. бюро туризма продавались свободно, и ..3.. тому же не так дорого. Дураков, желающих лететь ..4.. отпуск ..5.. зону войны, наверное, было мало.

Хорватия оказалась сказочной, как ..6.. диснеевского мультфильма, страной: ..7.. высокими горами, зелёными лесами, безоблачным небом и тёплым Адриатическим морем, таким ярко-синим, что ..8.. него просто больно глядеть! Наш курортный городок, Медулин, похож ..9.. праздничную открытку. И цены ..10.. всё ниже, чем мы ожидали: экскурсия ..11.. идиллический остров Бриони, например, стоит ..12.. тридцати долларов.

..13.. террасе ..14.. входом ..15.. нашу гостиницу «Виктория» цвели розы, а ..16.. столиках — чистейшие розовые скатерти и вазочки ..17.. цветами.

..18.. августе ..19.. курорте было так мало туристов и стояла такая жара, что ..20.. всех гостиницах и ресторанах было пусто. ..21.. входа нас ..22.. мужем — своих единственных и драгоценных клиентов — встречал сам хозяин «Виктории» Жок.

«Здра́во!» — сказал он почти по-русски и похлопал моего мужа ..23.. спине. Хорватский язык близок ..24.. русскому: русские и хорваты легко могут объясняться друг ..25.. другом ..26.. словаря. А ..27.. войны и распада Югославии он назывался «сербо-хорватским».

Потом, ..28.. грустью глядя ..29.. пустую террасу, он покачал головой и вдруг сказал совершенно неожиданную ..30.. капиталиста, владельца нескольких ресторанов и гостиниц фразу: «А ведь какая замечательная жизнь ..31.. нас была ..32.. коммунистах!»

(по материалам «МН Коллекции», 1994)

Упражнение 14. Cloze. В Петербургском городском бюро экскурсий. *Поставьте слова из скобок в нужную форму.*

Теплоходные экскурсии

1. Теплоходная экскурсия «По (реки) . . . и (каналы) . . . Петербурга» [продолжительность — 1,5 часа] организуется на (Невский проспект) . . . ежедневно с 11 до 20 ч. Билеты продаются в кассах у причалов: Аничков мост, река Фонтанка. Теплоходы отправляются ежечасно.

2. Теплоходные экскурсии «Город на (Нева) . . .» [2 часа] и «Город на островах», во время которой туристы посещают ЦПКО [Центральный парк культуры и отдыха] имени Кирова и Елагин дворец [продолжительность — 2,5 часа] — (отправляться) . . . от (причал) . . . «Эрмитаж». Здесь же продаются билеты на однодневные теплоходные экскурсии за город [с (питание) . . . на теплоходе].

3. С причала на (Васильевский остров) . . . регулярно отправляются теплоходы в Петергоф, Ораниенбаум, Кронштадт. Теплоходы отходят в течение (весь день) . . . каждые 2 часа. Билеты на эти экскурсии следует приобретать заранее за 2–7 дней. Продажа билетов производится только в (кассы) . . . Бюро экскурсий: на (Дворцовая площадь) . . ., на (Московский вокзал) . . . и на Исаакиевской площади у гостиницы «Астория».

Пешеходные экскурсии

1. Билеты на пешеходные экскурсии с (экскурсовод) . . . «По набережным Невы, Фонтанки и Мойки» можно приобрести в киоске Бюро автобусных экскурсий на Исаакиевской площади, у Медного (Всадник) . . . [памятника Петру Первому].

2. Организуются пешеходные экскурсии с экскурсоводом по (Летний сад) . . . и (дворец) . . . Петра Первого. Билеты продаются в киоске у памятника (Крылов) . . . в Летнем саду. Здесь же можно купить билеты на (пешеходная экскурсия) . . . «Ансамбль и история Михайловского замка».

3. В Некрополе Александро-Невской лавры регулярно организуются пешеходные

экскурсии «По (литературные памятники) . . . Некрополя». Экскурсии проводятся ежедневно, кроме четверга, с 11 до 16 часов. Билеты продаются в кассах у (вход) . . . на кладбище.

Автобусные и пешеходные экскурсии

Автобусные и пешеходные экскурсии «По (литературные места) . . . Петербурга — Петрограда — Ленинграда — Петербурга» организуются ежедневно. В экскурсии включено посещение квартир и домов-музеев великих писателей, а также «Литературных мостков» на Волковском кладбище. Билеты и расписание экскурсий можно получить во (все киоски) . . . Бюро экскурсий.

(from a tourist brochure)

Упражнение 15. Aspects. Шутка над юмористом. *Выделите глагол нужного вида прошедшего времени. Поставьте инфинитивы в нужную форму настоящего времени.*

Знаменитый американский писатель Марк Твен, автор «Тома Сойера» был известен также как прекрасный лектор и рассказчик смешных историй.

Однажды Марк Твен (гулял/погулял) ..1.. по улице маленького городка, куда он (приезжал/приехал) ..2.. читать лекцию. До начала лекции оставалось ещё два часа, и писатель (решал/решил) ..3.. осмотреть город. На одной из улиц писателя (останавливал/остановил) ..4.. незнакомый юноша и сказал, что у него есть дядя, который никогда не (смеяться) ..5.. и даже не (улыбаться) ..6.. . Марк Твен очень заинтересовался и (просил/попросил) ..7.. молодого человека привести дядю вечером на его лекцию. Он сказал, что обязательно заставит дядю рассмеяться. Юноша (соглашался/согласился) ..8..

Вечером на лекции молодой человек с дядей (сидели/посидели) ..9.. в первом ряду. Марк Твен сразу (замечал/заметил) ..10.. их и стал обращаться прямо к ним. Во время лекции он весь вечер (рассказывал/рассказал) ..11.. много смешных историй, весь зал (смеялся/засмеялся) ..12.., а дядя юноши даже не (улыбался/улыбнулся) ..13.. . Тогда писатель (переходил/перешёл) ..14.. к самым смешным историям, которые знал, но лицо старика по-прежнему (оставалось/осталось) ..15.. серьёзным. В конце концов, совершенно обессиленный, Марк Твен (уходил/ушёл) ..16.. со сцены. Писатель очень (огорчался/огорчился) ..17..

Некоторое время спустя Марк Твен рассказал другу об этом странном старике, который ни разу даже не (улыбался/улыбнулся) ..18.. за весь вечер.

— Ничего, — сказал друг, — не расстраивайтесь! Я хорошо (знать) ..19.. этого старика. Он уже много лет абсолютно глухой и совсем ничего не (слышать) ..20.. . Это просто была шутка над вами.

Упражнение 16. Reading and grammar. Один день из жизни экскурсовода. *Прочитайте текст и вставьте нужные окончания. Количество чёрточек соответствует количеству пропущенных букв.*

Светлана, бывшая преподавательница библиотечн_ _ _ техникума, живёт в Лондоне уже почти пятнадцать лет. Работа у неё сезонн_ _ : она — один из немногих русскоязычных гидов, которых во всей Великобритан_ _ человек тридцать, не больше. У Светлан_ нет «Голубого значка» («Blue Badge»), который получают английские гиды высшей квалификации после двухгодичных курсов и множества очень трудных экзаменов. «Значок» не только гарантир_ _ _ высокую плату (40–50 фунтов в час), но и даёт право водить экскурсантов по сам_ _ престижн_ _ достопримечательност_ _ Лондона, таким, как Вестминстерское аббатство, здание Парламента, королевские резиденции и т. д. Светлана «без значка» получает 15–20 фунтов в час, хотя работает экскурсовод_ _ уже четвёртый год; в летний сезон её приглашают агентства, специализирующиеся на наш_ _ туристах.

Сегодня у Светланы приезж_ _ _ группа из Новгорода — семнадцать человек. Их надо встретить в половине восьм_ _ _ в аэропорту Гатвик, доставить в отель на Пикадилли, покормить завтрак_ _, провести экскурс_ _ по центр_ Лондона на двухэтажн_ _ автобусе с открытым верх_ _, а потом отвезти их обратно в отель на обед к час_ дня.

После этого Светлана должна сопровождать по лондонск_ _ магазин_ _ жену одного «нов_ _ _ русского», не знающ_ _ ни слова по-английски. К конц_ летнего сезона русских туристов стало меньше, и Светлана ещё осен_ _ дала объявление в лондонской русскоязычн_ _ газете: «Индивидуальный туризм: переводчик, экскурсии по Лондон_, шоппинг. Тариф — 20 фунтов в час». На «шоппинг» оказался большой спрос, в основном среди «новых» русских бизнесменов, у которых нет ни врем_ _ _, ни желания ходить с жен_ _ за покупк_ _ _.

Ровно в два Светлана заезжает в отель «Хилтон» за «новой русской» дамой. Ей на вид лет сорок, невысокая, полная, круглолицая, зовут её Ольга. Одета Ольга просто — элегантная, длинная меховая шуба шоколадн_ _ _ цвета, а под шубой сапожки до колен, мини-юбка и пиджачок от Диора. Живут они в Сибири, у мужа свой бизнес «Экспорт-импорт», у них двое детей — девочка и мальчик. Ольга раньше работала воспитательниц_ _ в детск_ _ _ сад_. Теперь она не работает.

На чёрн_ _ лондонск_ _ такси Светлана с Ольгой подъезжают к одн_ _ _ из самых фешенебельных и дорогих магазинов «Харродс». Покупателей много: идёт зимняя распродажа. Ольге надо купить пару классических английских костюмов, несколько вечерних платьев, «что-нибудь эффектное» для пляж_ (они с муж_ _ собираются лет_ _ на Майорку покупать виллу), ну и конечно, детск_ _ одежду: шотландскую юбку для дочк_ и модн_ _ куртку для сына. А муж_ что? А ничего, пусть сам себе покупает!

К пяти час_ _, потратив около трёх тысяч фунтов, усталые и увешанные сумками с покупк_ _ _, они со Светлан_ _ садятся в такси и возвращаются в шикарный Ольгин номер в «Хилтоне».

(Ирина Хотон. Из статьи в газете «*Московские новости*», 3, январь 1998)

Give detailed answers in English to the following questions.

1. What was Svetlana's job back in Russia?
2. How long has she been living in London?
3. Describe her present job.
4. What are the advantages of a 'Blue Badge'?
5. Describe the day's programme for the Novgorod group.

6. Give details of the advertisement Svetlana placed.

7. Describe Olga.

8. Why did Olga require Svetlana's help?

9. Where was she staying in London?

10. Where did she intend doing her shopping?

11. Name at least three types of clothing she intended to buy.

12. Where and how did Olga and her husband intend to spend their holiday?

13. How much did Olga spend on clothes.

14. What did she buy for her husband?

15. How much did Svetlana earn in total that day?

V+ **17** Lexical exercises — Лексические упражнения

17.1 Semantic groups. Туризм и отдых. *Перечислите три типа деятельности, которые ассоциируются у вас с отдыхом (а) на пляже, (б) в горах, (в) в городе, (г) на даче.*

17.2 Word collocations. Словосочетания с глаголом в роли главного слова. *Подберите подходящие словосочетания к следующим глаголам.*

Verbs: 1. приглашать, 2. съездить, 3. принимать, 4. печатать, 5. иметь, 6. провести, 7. владеть, 8. оставаться, 9. увеличиваться, 10. получить, 11. брать, 12. уезжать, 13. уделять

Noun phrases: в . . . раз, летний отпуск, английским языком, на дачу, отпуск, дома, на работу, внимание, визу, дачу, на экскурсию, на машинке, отдыхающих

17.3 Word collocations. Словосочетания: прилагательные и существительные. *Подберите подходящие прилагательные к следующим словам.*

Adjectives: 1. общественное, 2. деловая, 3. пожилые, 4. капиталистическая, 5. теннисные, 6. гражданская, 7. горячая, 8. летний, 9. внешний, 10. органная, 11. туристическая, 12. шестидесятитрёхтысячное, 13. однодневное, 14. чёрный, 15. чартерный, 16. высокое, 17. обслуживающий

Nouns: страна, отпуск, поездка, вид, население, персонал, качество, рейс, лимузин, женщина, корты, люди, война, точка, мнение, путешествие, музыка

17.4 Semantic groups. На пляже. *Вставьте пропущенные буквы. Все слова содержатся в тексте «Приглашение в турпоездку»* (D2).

```
              З _ Н Т _ _ _
М _ Р _ _ _ _   К А _ _ _ _
              П _ _ _
              Л _ Д _ _
          С Н _ _ Я _ _ _ _ _   ДЛЯ   П _ _ В _ _ _ _ _ _ Х _ Т _
В _ Д _ _ _     Л _ Ж _
              Ш Е _ Л _ _ _ _
```

17.5 Semantic groups. Синонимы. *Подберите подходящие синонимы к следующим словам.*

древний пригород отдыхающий собор ресторан прогулка каникулы молодой посещение памятник дом отдыха больница	церковь современный осмотр статуя санаторий поликлиника столовая отпуск турист окраина старый экскурсия

17.6 Crossword. Сравнительная степень.

1. дешёвый, 2. богатый, 3. яркий, 4. узкий, 5. дорогой, 6. близкий, 7. тёмный,
8. долгий, 9. редкий, 10. маленький, 10. молодой, 11. хороший, 12. большой,
13. короткий, 14. широкий, 15. рано, 16. высокий, 17. далёкий

Listening comprehension

 The following section from Unit 16 has been recorded on tape:

C1   Юрмала

Упражнение 1. Comparatives. Сравнительная степень. *Прослушайте текст и запишите на кассету два предложения, в которых сравниваются предметы, описываемые в каждом диалоге. Не забудьте указать такие данные как вес, стоимость, и т. д.*

You hear on tape: (1) Билет в театр стоит 15 рублей
                     (2) Билет в кино стоит 12 рублей.
You record: (1) Билет в театр на 3 рубля дороже, чем билет в кино.
                     (2) Билет в кино на 3 рубля дешевле, чем билет в театр.

1. Age: старый — молодой

    (1) Наташа на . . . лет . . . , чем . . .
    (2) Игорь на . . . лет . . . , чем . . .

2. Weight: тяжёлый — лёгкий

    (1) Рюкзак на . . . кг . . . , чем . . .
    (2) Чемодан на . . . кг . . . , чем . . .

3. Price: дорогой — дешёвый

    (1) Вино на . . . рублей . . . , чем . . .
    (2) Водка на . . . рублей . . . , чем . . .

4. Speed: медленно — быстро

    (1) Письмо из Москвы в Японию идёт на . . . дней . . . , чем . . .
    (2) Письмо из Японии в Москву идёт на . . . дней . . . , чем . . .

5. Distance: далеко — близко

    (1) От Москвы до Петербурга на . . . км . . . , чем . . .
    (2) От Москвы до Ярославля на . . . км . . . , чем . . .

6. Height: высокий — низкий

    (1) Сын на . . . см . . . , чем . . .
    (2) Отец на . . . см . . . , чем . . .

Упражнение 2. Speaking. Говорение. *Прослушайте пример, на основе которого, из каждой данной ниже фразы придумайте два предложения, используя степени сравнения прилагательных и наречий.*

Например: *Quantity:* много — мало (Маша/Джим/заниматься)
         (1) Джим занимается больше, чем Маша.
         (2) Маша занимается меньше, чем Джим.

1. Quality: хорошо — плохо (студент/знать русский/французский)
2. Amount: много — мало (бизнесмен/учитель/зарабатывать)
3. Difficulty: легко — трудно (понимать/говорить по-русски)
4. Size: большой — маленький (комната Миши/комната Марины)
5. Width: широкий — узкий (Волга/Темза)

Упражнение 3. Comprehension. Реклама. *Прослушайте четыре объявления и ответьте на вопросы по-английски.*

1.   Бюро путешествий «Иван да Марья»

    — What are the 'exclusive' features of their tours?
    — What special offers do they have for Christmas and New Year?
    — What is the closing date for applications?
    — Where in the USA are the holidays advertised?
    — Which countries are included in the winter cruise?
    — Where do the charter flights go to?

2.   Apex World Travel

    — To which European towns are tours advertised for Christmas and New Year?
    — How are the hotels described?
    — Name two other destinations in the Apex World Travel advertisement.
    — In which Russian towns does Apex World Travel have branches?

3.   «Аэрофлот»

    — What route is advertised here?
    — How long is the flight to St Petersburg?
    — How long does it take to fly on to Moscow from St Petersburg?
    — How are the two cities described in the advertisement?
    — Name the three kinds of new service offered to passengers.
    — Where can one obtain further information?
    — What is the number of the 'confidential phone-line'?

Упражнение 4. Listening and speaking. Что вы делаете по средам? *Прослушав текст заполните таблицу и ответьте на вопросы. Расскажите, что вы делаете в будние дни (10–12 предложений в настоящем времени).*

Результаты опроса москвичей, проведённого социологами в обычную среду

	когда?	%	возрастная группа	социальная группа
встают рано	в . . . ч.	. . .	от . . . до . . .	. . . , служащие, учащиеся
что едят/пьют на завтрак: . . . или . . .		40		. . .
. . .		30		
. . .		19		
йогурт		. . .		женщины
фруктовый сок		. . .	. . .	
что собираются делать утром: пойти в магазин		. . .		. . .
заняться домашними делами		. . .		. . .
готовить		. . .		. . .
ремонтировать квартиру днём:		. . .		. . .
встретиться с друзьями		. . .		
проводить «культурный досуг»		. . .		. . . и . . .
были на работе		. . .		
совсем не обедали		. . .		
кто что ел на ужин: суп		. . .		
мясо		. . .		
салат		. . .		люди с высшим . . .
легли спать: между	. . . и . . . ч.	. . .		
после	. . . ч.	. . .	молодёжь до . . . лет	

Расскажите, как вы проводите обычный рабочий день: Когда вы встаёте? Что вы едите и пьёте на завтрак? Чем вы обычно занимаетесь днём? Где и как вы обедаете и ужинаете? Как вы обычно проводите вечер? Когда вы обычно ложитесь спать? И т. д.

Упражнение 5. Poetry. Жираф. *Прослушайте стихи и обозначьте ударение. Прочитайте стихи вслух.*

Николай Степанович Гумилёв (1886–1921). Известный русский поэт-акмеист начала XX века. Муж Анны Ахматовой. В 1921 году был арестован и расстрелян за участие в контрреволюционном заговоре офицеров Белой гвардии.

Сегодня, я вижу, особенно грустен твой взгляд
И руки особенно тонки, колени обняв.
Послушай: далёко, далёко, на озере Чад
Изысканный* бродит жираф.   * elegant, exquisite

Я знаю весёлые сказки таинственных стран
Про чёрную деву, про страсть* молодого вождя,   * passion
Но ты слишком долго вдыхала осенний туман
И верить не хочешь во что-нибудь, кроме дождя.

И как расскажу я тебе про тропический сад,
Про стройные пальмы, про запах немыслимых трав*. . .   * scent of mysterious herbs
Ты плачешь? Послушай! Далёко на озере Чад
Изысканный бродит жираф.

(*1908*)

UNIT 17 урок

In this unit you will learn how to:

- use adjectives and relative pronouns in the genitive case
- use quantifiers
- structure discourse, write reports
- talk about family and gender-related issues

Classwork

A Genitive plural

A1 Biography — Даниил Хармс

Даниил Хармс был изве́стен до неда́внего вре́мени как де́тский писа́тель. Он перевёл с англи́йского мно́жество традицио́нных де́тских стишко́в, на кото́рых воспи́тывались мно́гие поколе́ния англи́йских дете́й, но кото́рые до него́ бы́ли незнако́мы на́шим ребя́там.

Д. Хармс был та́кже и ма́стером коро́ткого расска́за для взро́слых. Он о́чень люби́л «бессмы́слицу» Эдварда Ли́ра и други́х мастеро́в «но́нсенса». В его́ расска́зах нере́дко прису́тствует что-то «абстра́ктное» — трево́жное и иррациона́льное.

A2 Text — Из сбо́рника расска́зов «Голуба́я тетра́дь № 10»

Жил оди́н ры́жий челове́к, у кото́рого не́ было глаз и уше́й. У него́ не́ было та́кже и воло́с, так что ры́жим его́ называ́ли усло́вно.

Говори́ть он не мог, так как у него́ не́ было рта. Но́са то́же у него́ не́ было.

У него́ не́ было да́же рук и ног, не́ было и па́льцев. И живота́ у него́ не́ было, и спины́ не́ было, и ни те́ла, ни головы́ у него́ то́же не́ было. Ничего́ не́ было! Так что непоня́тно, о ком идёт речь.

Уж лу́чше мы о нём не бу́дем бо́льше говори́ть!
[1937 г.]

(*Меня́ называ́ют капуци́ном*, МР «Каравенто» совме́стно с фи́рмой «Пикмент», 1993, 252)

A3 Exercise — Упражнéние

Give the singular and plural of the following nouns.

genitive plural	nominative plural	nominative singular	genitive singular
глаз			
ушéй			
волóс			
			рта
			нóса
рук			
ног			
пáльцев			
			животá
			спины́
			тéла
			головы́

For a discussion of the formation of the genitive plural of nouns see 'Grammar summary' (2.4).

B Partitive genitive

B1 'Some' — Купи́ть молокá

 Read the examples below, noting the use of the partitive genitive.

Мáша пошлá в магази́н и купи́ла	молокá, колбасы́ и чёрного хлéба.
	буты́лку молокá, 100 грамм колбасы́, бухáнку хлéба.
Больнóй хóчет пить, дáйте емý	воды́.
	стакáн воды́.
Хозя́йка налилá гостя́м	винá.
	бокáл винá.
Дéти принесли́ из лéса	грибóв и я́год.
	корзи́ну грибóв и я́год.
Гóсти вы́пили	вóдки и закуси́ли.
	немнóго/рю́мку вóдки.

B2 The partitive genitive — Хоти́те ча́ю?

Decide which case – accusative or genitive – is more appropriate in the following sentences.

Стару́ха дала́ солда́ту (хлеб — хле́ба) и (ма́сло — ма́сла).

На́до доба́вить в суп ещё (соль — со́ли) и (лук — лу́ка).

Солда́т попи́л (во́ду — воды́), поблагодари́л стару́ху и пошёл да́льше.

Муж дал жене́ (де́ньги — де́нег) на поку́пки.

Говоря́т, что е́сли у́тром боли́т голова́, на́до вы́пить (во́дку — во́дки).

The endings *-у/-ю* are used in the following partitive genitives.

1. Здесь мно́го наро́ду. (*наро́да* is also used in contemporary speech)
2. Хоти́те ча́ю? (or Хоти́те чайку́? is very friendly)
   Note that *кофейку́*, *коньячку́*, *табачку́*, etc. are also used in colloquial speech.
3. Хозя́ин предложи́л нам коньяку́.
4. *По-мо́ему, на́до доба́вить са́хару.
5. *Кусо́чек сы́ру.
   (* slightly old-fashioned, literary)

What rules can you deduce about the partitive genitive? Summarise in English what you need to remember about the partitive genitive.

C Approximation

C1 Inversion and о́коло

Ско́лько ему́ лет?	Ему́ лет со́рок.	О́коло сорока́ лет.
Во ско́лько ты прие́дешь?	Часо́в в шесть.	О́коло шести́ часо́в.
Ско́лько у тебя́ де́нег?	Рубле́й пятьсо́т.	О́коло пятисо́т рубле́й.
Когда́ придёт от них отве́т?	Дней че́рез де́сять.	Приме́рно че́рез де́сять дней.

C2 Street-poll — Блиц-опро́с населе́ния

Change the text using о́коло (where possible) to make the statistical data approximate.

В це́нтре Москвы́ корреспонде́нты аге́нтства «ИМА-пресс» провели́ у́личный блиц-опро́с на те́му: «Что вам сни́лось э́той но́чью?». Бы́ло опро́шено 299 прохо́жих о́коло «Макдо́нальдса» на Пу́шкинской пло́щади.

- 31 проце́нт опро́шенных не по́мнит свои́х снов.
- 14-ти проце́нтам опро́шенных вообще́ никогда́ ничего́ не сни́тся.
- Пять с полови́ной проце́нтов му́чались бессо́нницей, 8 проце́нтов — кошма́рами (мно́гие из них говоря́т, что у них э́то начало́сь с перестро́йки).
- 6,95 проце́нта ви́дели во сне де́ньги, 5,97 проце́нта — еду́.
- То́лько 2,99 проце́нта ви́дели во сне секс с люби́мым челове́ком.

(По материа́лам «*Комсомо́льской пра́вды*», дека́брь, 1993)

C3 Exercise — Упражне́ние

Alter the following statements in two different ways – using (a) inversion and (b) **о́коло**.

1. Наш университе́т нахо́дится (приме́рно) в десяти́ километра́х от це́нтра го́рода.
2. Обы́чно заня́тия начина́ются (приме́рно) в 9 часо́в утра́.
3. Расстоя́ние от Москвы́ до Петербу́рга (приме́рно) 650 киломе́тров.
4. Буты́лка во́дки в нача́ле 80-ых сто́ила (приме́рно) 4 рубля́.
5. На ве́чере бы́ло (приме́рно) 25 челове́к.

D Collectives and quantifiers

D1 Collective nouns — Собира́тельные существи́тельные

Read and translate the examples below. (Note the verb/noun agreement with collective nouns.)

Всё населе́ние при́няло уча́стие в референ́думе.
Ра́ньше молодёжь не интересова́лась поли́тикой.
В како́м году́ ва́ша семья́ перее́хала в Москву́?
Наро́д волнова́лся, что це́ны на проду́кты подни́мутся.

D2 Collective quantifiers — Большинство́/меньшинство́

Read and translate the examples below. (Note the verb/noun agreement with collective nouns.)

Так ду́мает большинство́/меньшинство́.
Большинство́ мужчи́н зараба́тывает де́ньги.
Большинство́ же́нщин хо́чет зараба́тывать де́ньги.
Большинство́   опро́шенных отве́тило/отве́тили, что . . .
                   (из) опро́шенных счита́ет/счита́ют, что . . .

D3 Summary — Большинство́ (из) опро́шенных

☞ одни́ . . . други́е . . .

мно́гие
не́которые } из опро́шенных

большинство́
меньшинство́ } (из) опро́шенных

1% (проце́нт)
2%, 3%, 4% (проце́нта) } населе́ния = genitive singular
5%–20% (проце́нтов)   опро́шенных = genitive plural

For a discussion of collective numerals see the 'Grammar summary' (8.3).

D4 Quantifiers — Мно́го, ма́ло, не́сколько. . .

мно́го
ма́ло
не́сколько } + genitive plural or collective singular
ско́лько
сто́лько

☞ **мно́го**

В по́езде шу́мно, мно́го наро́ду.

На пра́здники в Москву́ приезжа́ет мно́го тури́стов.

У меня́ мно́го друзе́й.

В ко́мнате сли́шком мно́го ме́бели.

Из ле́кции профе́ссора мы узна́ли мно́го но́вого и интере́сного.

☞ **ма́ло**

Нас бы́ло ма́ло, а их мно́го.

Очень ма́ло пожилы́х люде́й занима́ется спо́ртом.

У него́ бы́ло ма́ло друзе́й.

☞ **не́сколько**

В о́череди стоя́ло не́сколько челове́к.

Не́сколько рабо́чих собрали́сь на демонстра́цию.

E The woman's question

E1 Text — Па́па в бе́лых перча́тках

плита́	cooker	совок	dust-pan
ве́ник	broom	пыль	dust

Read the following text and list what children, mothers and fathers do at home.

Рассма́триваю де́тский рису́нок на те́му «Моя́ семья́». Ма́ма нарисо́вана у плиты́, ма́льчик-первокла́ссник, а́втор рису́нка, за уче́бником, па́па смо́трит телеви́зор. Как говори́тся, ка́ждому своё.

А вот ино́й: де́вочки-сёстры подмета́ют пол, у одно́й в руке́ ве́ник, у друго́й совок, ма́ма вытира́ет пыль. Главы́ семьи́ на рису́нке вообще́ нет.

Интересу́юсь у де́вочек: «Где же он?». «А па́па в друго́й ко́мнате, — объясня́ют де́вочки, — отдыха́ет по́сле рабо́ты».

Таки́е карти́нки, нарисо́ванные детьми́ по про́сьбе психо́лога, дово́льно типи́чны, как и отве́ты малыше́й на вопро́с:

— Кто ча́ще всего́ с тобо́й игра́ет?

— Ма́ма.

— А кто тебе́ чита́ет пе́ред сном?

— Ма́ма.

Спро́сим ещё, кто гото́вит, стира́ет, убира́ет, гла́дит, сиди́т с больны́м ребёнком, всё покупа́ет, помога́ет де́лать уро́ки . . . Ма́ма, ма́ма, ма́ма . . .

(по материа́лам газе́ты «*Пра́вда*», 1988)

E2 Text — Не мужско́е э́то де́ло

When 201 mothers of infants were surveyed in the USA, 40% said their husbands worry about spending too little time with their baby. The table below reports how much help with bringing up baby the women surveyed received from their husbands.

	never %	occasionally %	regularly %	most of time %	always %
bathing	47	26	18	5	6
evening feeding	25	34	26	7	8
putting baby to bed	22	32	29	9	8
changing nappies	11	42	32	7	9
night feedings	53	16	16	8	7

Insert the appropriate words indicating quantity and where applicable supply the exact figures (%) from the table above.

[most] . . . молоды́х америка́нцев согла́сно, что име́ть ребёнка одина́ково хотя́т о́ба супру́га. В са́мом нача́ле, сра́зу по́сле рожде́ния ребёнка и ма́ма, и па́па сча́стливы одина́ково. Пото́м ситуа́ция во мно́гом меня́ется, и ухо́д за ребёнком всё [more] . . . и [more] . . . ложи́тся на же́нщину. Как ви́дно из опро́са, [some] . . . из амери́канских муже́й никогда́ не меня́ют пелёнки (. . . %) и [many] . . . из них никогда́ не помога́ют жёнам ни корми́ть ребёнка по ноча́м (. . . %), ни купа́ть ребёнка в ва́нне (. . . %). Одна́ко, [some] . . . из них всё же иногда́ укла́дывают дете́й спать (. . . %), а [others] . . . всегда́ купа́ют ребёнка в ва́нне (. . . %) и́ли встаю́т по ноча́м корми́ть ребёнка (. . . %).

(Из еженеде́льника «*Аргуме́нты и фа́кты*», 50, дека́брь: 1989)

E3   Text — Кому́ идти́ в пра́чечную?

Look at the statistics below. Read the text. Point out the discourse markers in the text: identify their function (to introduce, develop, conclude, emphasise, clarify or anticipate an idea).

Эти да́нные взя́ты из но́вой кни́ги социо́логов З. Янково́й и И. Родзи́нской «Пробле́мы большо́го го́рода», опублико́ванной неда́вно изда́тельством «Нау́ка».

Вот как меня́ется с во́зрастом жела́ние муже́й уча́ствовать в дома́шних дела́х.

Во́зраст супру́гов	Муж охо́тно занима́ется дома́шней рабо́той
20–24	88%
25–29	81%
30–34	76%
40–44	54%

Что мы ви́дим из табли́цы?

В вопро́се разделе́ния труда́* и дома́шних обя́занностей молода́я семья́ на сего́дняшний день бо́лее прогресси́вна: мно́гие супру́ги (и муж, и жена́) счита́ют, что все дома́шние дела́ на́до выполня́ть сообща́. Причём теорети́чески э́той то́чки зре́ния приде́рживаются семе́йные па́ры всех поколе́ний.

Бо́лее того́, большинство́ мужчи́н счита́ет, что на хозя́йство «на́до тра́тить ми́нимум вре́мени». И всё-таки дома́шние дела́ ложа́тся в основно́м на же́нские пле́чи. Во всех се́мьях. Ежедне́вно, возвраща́ясь с рабо́ты, на́ши же́нщины как бы заступа́ют на три часа́ два́дцать мину́т «дома́шней сме́ны». Причём беру́т на себя́ са́мую трудоёмкую и «нетво́рческую» часть труда́.

Мужчи́нам нра́вится покупа́ть проду́кты, опла́чивать счета́ за кварти́ру, газ и телефо́н.

В не́которых се́мьях э́тим занима́ются исключи́тельно мужчи́ны. В сре́днем расхо́д вре́мени на дома́шние дела́ распределя́ется в совреме́нной семье́ приме́рно так:

За неде́лю	же́нщина	мужчи́на
гото́вит:	10–12 часо́в	1,5 часа́
покупа́ет проду́кты:	6–6,5 часа́	3–4 часа́
стира́ет и гла́дит:	5,5–6 часо́в	0,5 часа́
убира́ет кварти́ру	4,5 часа́	1 час

Получа́ется, что речь идёт лишь о по́мощи же́нщине по хозя́йству, а ведь мы говори́м о рациона́льном распределе́нии обя́занностей в семье́!

В хо́де иссле́дования определи́лась и така́я закономе́рность: в се́мьях, где есть взаимопонима́ние, де́ти, да́же са́мые ма́ленькие, име́ют определённые обя́занности по до́му (подмести́ в ко́мнате, поли́ть цветы́, купи́ть хлеб, отнести́ в почи́нку свои́ и ма́мины ту́фли и т. д.). И наоборо́т, ма́льчик — подро́сток — молодо́й челове́к,

---

* разделе́ние/распределе́ние труда́ = division of labour

живу́щий до́ма как в гости́нице, выраста́ет в мужчи́ну, кото́рый и в своём со́бственном до́ме бу́дет занима́ть пози́цию «иждиве́нца»* от дома́шних забо́т.

(3. Янко́ва (социо́лог), «*Неде́ля*», ноя́брь, го́да: 1989)

* иждиве́нец (-нцы) = dependent(s), implies incapable of working

 Make out a bilingual table summarising the information given in this text.

E4 Text — Чьи жёны и мужья́ лу́чше

For a discussion of the interrogative possessive adjective **чей** see 'Grammar summary' (7.6).

Междунаро́дные бра́ки: кто кого́ выбира́ет?

Согла́сно опро́су, проведённому моско́вским аге́нтством «Vox Populi» среди́ молоды́х люде́й ра́зных национа́льностей, оказа́лось, что са́мыми жела́нными жё нами счита́ются:

- по мне́нию белору́сов — ру́сские же́нщины
- по мне́нию латыше́й — грузи́нки
- по мне́нию грузи́н — армя́нки.

Остальны́е предпочита́ют же́нщин свое́й национа́льности: ру́сские хотя́т жени́ться то́лько на ру́сской, украи́нцы — на украи́нке, эсто́нцы — на эсто́нке.

А вот что отве́тили роди́тели в разли́чных респу́бликах бы́вшего Сове́тского Сою́за на вопро́с: «Согласи́лись бы вы, что́бы ва́ша дочь вы́шла за́муж за ру́сского?»

Карти́на (в проце́нтах) вы́глядит так:

Таблица 1

ДА	35%
НЕТ	22%
ВСЁ РАВНО	41%

(Остальны́е два проце́нта опро́шенных затрудни́лись отве́тить)

Как ви́дно из второ́й табли́цы, бо́льше всех хоте́ли бы породни́ться с ру́сскими се́мьи в Украи́не и в Белору́ссии, а ме́ньше всех — в Гру́зии:

Табли́ца 2 (в проце́нтах)

	ДА	НЕТ	ВСЁ РАВНО
Армя́не	34	33	33
Белору́сы	63	14	23
Грузи́ны	1	70	29
Латыши́	20	39	41
Лито́вцы	12	61	27
Украи́нцы	59	4	37
Эсто́нцы	18	42	40

(По да́нным газе́ты «*Собесе́дник*», 1989)

E5 The 'woman question' — Же́нский вопро́с

Using the vocabulary in the texts in this Unit and the guiding questions below, write a summary of the following text.

During the Stalin years, propaganda boasted that women had been emancipated and that the 'woman question' had been 'solved'. But in the 1970s, Soviet social scientists regretted that while 'formal' equality existed, 'factual' equality in everyday life did not. Although socialism of the Soviet type had offered women new opportunities, female labour was still concentrated in low-paid work at the bottom of job hierarchies and very few women held top decision-making posts. Ideologists declared that a non-antagonistic contradiction between work in the home and work in the labour force was to blame. Research into the female 'double burden' or 'double shift' revealed a thirteen to fifteen hour work day, with little help from males in the domestic shift. The shortening of the working week from six to five days increased the amount of time women devoted to housework. On average, women slept one hour fewer than men due to additional chores.

During the Brezhnev era a lively debate raged about the reasons behind the double burden, and its implications for the economy. Under Gorbachev the limits of debate broadened and at an All-Union Conference of Women held in Moscow in January 1987, delegates called for a 'perestroika' of men. As the use of glasnost strengthened, particularly after 1987, 'new' women's issues, previously cloaked in silence, such as the lack of contraceptives, high abortion rates, rape, prostitution, and the self-immolation of women in Central Asia came on to the agenda. After 1988 critical feminists such as Olga Voronina and Olga Lipovskaya condemned the 'male dominated bureaucracy' and 'man's world' and argued that patriarchal stereotypes of gender roles had to be challenged. Concepts such as these, previously ideologically taboo, were now used in women's writings.

(*The Cambridge Encyclopedia of Russia and the former Soviet Union*, CUP, 1994: 450)

Guiding questions: Же́нский вопро́с

1. При како́м Генера́льном секретаре́ же́нский вопро́с счита́ли решённым?
2. В каки́е го́ды сове́тские социо́логи на́чали обсужда́ть нера́венство же́нщин в быту́/о́бществе?
3. В каки́х се́кторах эконо́мики, в низкоопла́чиваемых и́ли в высокоопла́чиваемых, рабо́тало большинство́ же́нщин?
4. Что пока́зывали иссле́дования в о́бласти «двойно́й рабо́чей сме́ны» («двойно́го бре́мени») у же́нщин?
5. Как повлия́ло на же́нщин сокраще́ние рабо́чего дня?
6. При како́м Генера́льном секретаре́ на́чали изуча́ть после́дствия «двойно́й рабо́чей сме́ны» для эконо́мики страны́?
7. Когда́ и где состоя́лся Всесою́зный конгре́сс же́нщин, на кото́ром провозгласи́ли перестро́йку для мужчи́н?
8. Когда́ ста́ли обсужда́ть «но́вые» же́нские вопро́сы, как, наприме́р, недоста́ток противозача́точных средств, коли́чество або́ртов, изнаси́лование же́нщин, проститу́цию и самосожже́ние же́нщин в Сре́дней А́зии?

F Cultural awareness

F1 Pre-reading exercises — Лекси́ческие упражне́ния

Как возника́ют беспоря́дки? *Match the following definitions and words.*

Definitions:

Большо́е коли́чество люде́й, собра́вшихся вме́сте.

Большо́й по разме́рам, величине́.

Глава́, руководи́тель полити́ческой па́ртии, обще́ственно-полити́ческой организа́ции.

Де́йствие тра́нспорта, езда́, ходьба́ в ра́зных направле́ниях.

Де́йствия, в хо́де кото́рых выбира́ют кого́-нибудь голосова́нием.

Докуме́нт с за́писью всего́ происходи́вшего на заседа́нии, собра́нии, совеща́нии.

Должностно́е лицо́, руководя́щее, заве́дующее чем-нибудь.

Объедине́ние рабо́тников како́й-нибудь из о́траслей произво́дства.

Тот, кто гото́вится к нау́чной де́ятельности при вы́сшем уче́бном заведе́нии и́ли нау́чном учрежде́нии.

Тот, кто поги́б от несча́стного слу́чая, катастро́фы и т. п.

Тот, кто сове́тует, даёт сове́т.

Устра́ивать ма́ссовое собра́ние, уча́ствовать в ма́ссовом собра́нии.

Уча́щийся, ока́нчивающий уче́бное заведе́ние, находя́щийся в после́днем кла́ссе, на после́днем ку́рсе.

Words:

аспира́нт	вы́боры	выпускни́к	движе́ние
же́ртва	кру́пный	ли́дер	митингова́ть
нача́льник	протоко́л	профсою́з	сове́тник
толпа́			

What do the following abbreviations mean?

ОМОН   МВД   РАПОС

Roots and prefixes. *Match the following words and roots. Discuss what each of the words means and what the prefixes signify. Think of at least one other word with each of the roots and one word with each of the prefixes.*

Words:	возглавля́ть	вы́вести	напра́вить	отправля́ть	перекры́ть
	подде́ржка	подписа́ть	помеще́ние	предста́вить	предстоя́ть
	сокраще́ние				
Roots:	-вед-/-вес-	-глав-	-держ-	-крат-/-кращ-	-кры-/-кро-
	-мест-/-мещ-	-пис-	-прав-	-став-	-сто-

F2   Text — Российская ассоциа́ция профсою́зных организа́ций студе́нтов

РАПОС — крупне́йшая молодёжная организа́ция страны́, предста́вленная в 312 ву́зах Росси́йской Федера́ции. В ней состоя́т 1 200 000 челове́к (70 проце́нтов всех росси́йских студе́нтов). В правле́нии ассоциа́ции 14 челове́к, его́ возглавля́ет выпускни́к МГТУ им. Ба́умана Оле́г Дени́сов.

F3   Text — Исто́ки

Read the following text and chart the history of student's aspirations and discontents in Russian third-level institutions.

12 апре́ля 1993 го́да на встре́че Бори́са Ельцина с ли́дерами Росси́йской ассоциа́ции профсою́зных организа́ций студе́нтов (РАПОС) был подпи́сан Ука́з 443 «О неотло́жных ме́рах госуда́рственной подде́ржки студе́нтов и аспира́нтов». Кро́ме назва́ния, от него́ не оста́лось ничего́. И в Росси́и при́нято ежего́дно, в па́мять об э́той истори́ческой встре́че, митингова́ть.

Пе́рвые столкнове́ния росси́йских студе́нтов с ОМОНом произошли́ в Ирку́тске на апре́льской а́кции проте́ста 1995 го́да. В Бря́нске в то же вре́мя по распоряже́нию нача́льника МВД води́тель напра́вил тролле́йбус в толпу́ студе́нтов, перекры́вших движе́ние во́зле зда́ния областно́й администра́ции. Жертв не́ было.

Пе́рвая гро́мкая провока́ция во вре́мя апре́льской студе́нческой а́кции произошла́ в Москве́ в 1994 году́: в толпу́ вме́шивались посторо́нние молоды́е лю́ди, подби́вшие студе́нтов перекры́ть движе́ние по Но́вому Арба́ту.

В 1996 году́ студе́нческие профсою́зы отказа́лись от проведе́ния апре́льской а́кции — председа́тель РАПОС Оле́г Дени́сов стал на вы́борах президе́нта сове́тником Ельцина.

В 1997 году́ а́кция то́же не состоя́лась: 14 ма́рта Ви́ктор Черномы́рдин собра́л совеща́ние по пробле́мам госуда́рственной подде́ржки студе́нческой молодёжи. Почти́ ка́ждая стро́чка протоко́ла каса́лась госуда́рственной подде́ржки РАПОС. Наприме́р, бы́ло дано́ поруче́ние прорабо́тать вопро́с о выделе́нии помеще́ния под её о́фис. Ли́деры профсою́зных студе́нческих организа́ций со всей Росси́и сфотографи́ровались вме́сте с Черномы́рдиным. На э́том сни́мке ря́дом с Черномы́рдиным стои́т Черномо́рцев — руководи́тель студе́нческой организа́ции Свердло́вской о́бласти, кото́рому год спустя́ предстои́т вы́вести екатеринбу́ргскую уча́щуюся молодёжь на драмати́чески зако́нчившийся ми́тинг.

В феврале́ 1998 го́да был отпра́влен в отста́вку мини́стр образова́ния Влади́мир Кинелёв, убеждённый проти́вник отме́ны студе́нческих льгот и сокраще́ния приёма студе́нтов.

F4   Text — Борьба́ за выжива́ние

Read the following text and summarise the students' reasons for demonstrating.

14 апре́ля, собра́вшись на санкциони́рованный ми́тинг во́зле екатеринбу́ргского Дворца́ молодёжи, бо́лее 4 ты́сяч студе́нтов разли́чных ву́зов (в основно́м младшеку́рсники) вы́сказали всё, что они́ ду́мают по по́воду рефо́рмы образова́ния. Для них рефо́рма означа́ет: сокраще́ние коли́чества уча́щихся на 20

процéнтов, преподавáтельского состáва — на 15 процéнтов, стипéндии — на 30 процéнтов, а тáкже введéние плáты за пóльзование материáльной бáзой вýзов.

По социологи́ческим опрóсам, в студéнческой средé 1 процéнт составля́ет прослóйка богáтых, 20 процéнтов — состоя́тельных, 27 процéнтов — срéднего клáсса и тóлько 6 процéнтов — бéдных людéй. Для сравнéния: тот же расклáд в росси́йском óбществе составля́ет соотвéтственно 3, 7, 10 и 30 процéнтов

Сокращéние госудáрственных мест на 10 проц. означáет, что не мéнее 50 ты́сяч абитуриéнтов на бýдущий год ужé лишáтся возмóжности стать студéнтами вы́бранных вýзов. Введéние плáты в ты́сячу нóвых рублéй за пóльзование общежи́тиями и лаборатóриями сократи́т числó абитуриéнтов и мóжет стать причи́ной отсéва óколо 30 ты́сяч росси́йских студéнтов со стáрших кýрсов. В Министéрстве óбщего и профессионáльного образовáния предполагáлось ещё и установи́ть обязáтельную ци́фру соотношéния студéнтов и населéния (170 студéнтов на 10 000 росси́ян).

(«Москóвские нóвости», 19–26 апрéля, 1998)

Prepositional phrases. Insert appropriate prepositions in the spaces provided.

собирáться . . . ми́тинг

сокращéние коли́чества учáщихся . . . 20 процéнтов

плáта . . . пóльзование материáльной бáзой вýзов

. . . социологи́ческим опрóсам

. . . сравнéния

отсéв студéнтов . . . стáрших кýрсов

170 студéнтов . . . 10 000 росси́ян

F5 Riddles — Загáдки

Match the following riddles and answers.

1. Без огня́ гори́т,
Без крыл лети́т,
Без ног бежи́т,
Без ран боли́т.

2. Идёт в бáню чёрен,
А выхóдит крáсен.
Я нрáвлюсь вам

3. Крикýн на крикунé,
Сапýн на сапунé,
Глядýн на глядунé,
Над глядунóм рóща,
В рóще ди́кие звéри бéгают.

4. Языкáм не учи́лось,
А на кáждый отвéчу.

5. Живýт два брáтца рядкóм,
А друг дрýжка не ви́дят.

6. По избé пля́шет,
А в ýгол спать хóдит.

7. Жи́ли два брáта:
Пýсто да ничегó;
Ничегó вы́летело в трубý,
А пýсто в окнó.
Что остáлось?

8. Ног нет,
А хóдит,
Кры́лья есть,
А летáть не мóжет.

9. Без рук, без ног
А воро́та отворя́ет.

10. Шесть ног, две головы́.

11. В лес идёшь —
Домо́й гляди́т,
Домо́й идёшь —
В лес гляди́т.

12. Я бел, как снег,
В чести́ у всех,
Во вред зуба́м.

13. У ру́сских предло́г,
А у италья́нцев — река́.

14. У одни́х нас мно́го,
А у други́х совсе́м нет.

15. Кто хо́дит без ног?

16. Я в Москве́.
Он в Ленингра́де,
В ра́зных ко́мнатах сиди́м.
Далеко́, а бу́дто ря́дом
Разгова́риваем с ним.

17. Не руба́шка, а сши́та,
Не куст, а с листо́чками,
Не челове́к, а говори́т.

18. Что идёт из го́рода в го́род,
Не дви́гаясь с ме́ста?

19. У семеры́х бра́тьев
По одно́й сестри́це,
Ско́лько их всех?

20. Еду, е́ду —
Сле́ду не́ту,
Ре́жу, ре́жу —
Кро́ви не́ту.

Answers:

- голова́
- са́хар
- во́семь
- да
- челове́к на ло́шади
- со́лнце, ту́ча, река́, се́рдце

- кни́га
- топо́р
- глаза́
- рак
- часы́

- ло́дка на воде́
- ве́ник
- де́ньги
- ра́дио
- э́хо

- по
- ве́тер
- доро́га
- ры́ба

Homework

☞ To revise uses of the genitive case see 'Grammar summary' (4.3. and 5.3).

✍ Written exercises — Письменные задания

Упражнение 1. Revision. Родительный падеж. *Поставьте слова из скобок в родительном падеже единственного числа.*

1. голос (учитель)
2. детство (герой)
3. сказка (няня)
4. луч (солнце)
5. середина (ночь)
6. берег (река)
7. четыре (день)

Упражнение 2. Revision. Родительный падеж. *Вставьте слова из скобок в нужной форме.*

1. Скажите, сколько (время) . . . ?
2. Вчера не было (ветер) . . .
3. Они не ждали (гость) . . .
4. (Сергей) . . . нет дома.
5. У неё не было ни (мать) . . . , ни (отец) . . .

6. Не помню его (имя) . . .
7. Брат умнее (дядя) . . .
8. Петя выше (отец) . . .
9. Нева у́же (Волга) . . .

Упражнение 3. Revision. Родительный падеж. *Закончите предложения, вставив слова из скобок в нужной форме.*

1. У (дверь) . . . стоял мужчина (высокий рост) . . .
2. Таня любила тишину (летняя ночь) . . .
3. Новый год — (первое) . . . (январь) . . .
4. Концерт будет в зале (имя) . . . (Чайковский) . . .
5. Старики жили недалеко от (дочь) . . .

Упражнение 4. Genitive case: plural. Родительный падеж во множественном числе. *Поставьте слова из скобок в форме родительного падежа множественного числа.*

1. сто тысяч (рубль) . . .
2. пять (палец) . . .
3. названия (улица) . . . и (площадь) . . .
4. двенадцать (час) . . .
5. несколько (человек) . . .

6. много (друг) . . .
7. десять (ручка) . . . и (карандаш) . . .
8. сколько (гость) . . .
9. не хватает (деньги) . . .

Упражнение 5. Genitive case: revision. Родительный падеж. *Поставьте слова из скобок в нужную форму.*

1. Пароход отплыл от (берег) . . . (Англия) . . .
2. Поезд от (Петербург) до (Москва) идёт 6 (час) . . .
3. Он работал с (утро) . . . до (вечер) . . .
4. Вот лекарство от (кашель) . . .
5. Из-за (болезнь) . . . он не выходил из (спальня) . . .
6. Напротив (дворец) . . . был парк.
7. Сейчас без (четверть) . . . час.
8. Он жил там около трёх (недели) . . .
9. До (начало) . . . (занятия) . . . осталось пять (дни) . . .
10. Кроме (мы) . . . там никого не было.
11. Музыканты исполняли музыку (конец) . . . (XVIII век) . . .

Упражнение 6. Prepositions. Предлоги «без», «из», «кроме», «после», «с» и «от». *Вставьте пропущенные предлоги.*

1. Он уехал . . . Москвы.
2. Она ушла . . . станции.
3. Мы смотрели парад . . . балкона.
4. Недалеко . . . деревни протекала река.
5. Он многое узнал . . . книг.
6. Она знала об этом . . . знакомых.
7. Он переводил . . . пяти иностранных языков.
8. Деревья стоят голые, . . . листьев.
9. . . . экзаменов ученики уехали домой.
10. . . . матери никто об этом не знал.

Упражнение 7. Approximation. Приблизительно. *Измените предложения, используя два различных способа для выражения понятия «приблизительно» (а) изменение порядка слов (б) предлог* **около**.

1. В холодильнике осталось 5 бутылок пива.
2. Маргарет Тэтчер правила 11 лет.
3. Я занимаюсь русским языком 6 месяцев.
4. Они пришли в 11 часов.
5. В пачке осталось три сигареты.
6. Его сестре 16 лет.
7. До экзаменов осталось 5 недель.

Упражнение 8. Quantitative reference. Сколько их? *Вставьте подходящее слово:* **человек**, **людей** *или* **народу**.

— Сколько . . . пришло на институтский вечер?
— На вечере было много . . . и было весело. Но несколько . . . не пришло, потому что у некоторых . . . не было своего транспорта. Всего пришло . . . 40.

Упражнение 9. Cloze. Письмо в газету. *Прочитайте отрывок из письма в газету* «*Литературная газета*» *или* «*Литературка*». *Поставьте слова из скобок в нужную форму.*

Здравствуй, «Литературка»!
Я мать пятерых детей: Свете — 13 лет, (Роман) ..1.. — 11, Лие — 5, (Кирилл) ..2.. — 3 (год) ..3.., Руслану — год.
   (Я) ..4.. 35 лет. (Муж) ..5.. тоже.
   Везде и всюду слышишь, (читать) ..6.., как помогают многодетным семьям. Вы знаете, когда у (я) ..7.. самой не было столько детей, я в это искренне верила. Но после (то) ..8.., как родился третий, четвёртый и пятый ребёнок, мои иллюзии рассеялись.
   Да, женщины (иметь) ..9.. право брать отпуск на полтора года. Но меня всё время (волновать) ..10.. такой вопрос: разве нет *(разница) ..11.. в том, что в (семья) ..12.. растёт не один ребёнок, а скажем, трое или четверо детей? Ты (сидеть)

..13.. дома год, получаешь *пособие, плюс ещё полгода, не получая ничего, только на одну *зарплату (муж) ..14.. . С пятью-то (дети) ..15..!

Ясли практически принимают теперь детей только с полутора лет: хочешь не хочешь, а до полутора лет с (ребёнок) ..16.. сиди.

Профессия у меня (хороший) ..17.. — преподаватель (физкультура) ..18.. в школе. Образование — (высший) ..19.. .

А вот другая сторона (вопрос) ..20.. .

Зарплата мужа до недавнего времени – три или четыре (год) ..21.. назад – составляла 180 рублей, потом выросла до (двести) ..22.. рублей. Он инженер с (высшее образование) ..23.. . Год назад он перешёл в рабочие, стал получать 260 рублей. А на семью (я) ..24.. надо — 550 рублей.

Денег, которые муж приносит, с трудом хватает на *питание. Откуда же у (я) ..25.. деньги на все остальные *расходы? На (одежда) ..26.. для семи человек — хочется, чтобы дети ходили не хуже других, — на обувь, на мебель, на цветной телевизор, на отдых в (летний) ..27.. время, на кино, на театр, на цирк, на подарки к каждому (день) ..28.. рождения и к Новому (год) ..29..?

Ведь всё это не Дед Мороз приносит!

* волновать = to worry, trouble	* зарплата = wage, salary
* разница = difference	* питание = food, feeding
* пособие = benefit	* расходы = expenses

Упражнение 10. Prepositions. Старый дед и внук. *Вставьте пропущенные предлоги.*

Дед стал очень стар. Ноги у него не ходили, глаза не видели, уши не слышали и зубов не было. Сын ..1.. женой перестали его сажать ..2.. стол и давали ему обед отдельно ..3.. углу.

Однажды жена сына дала деду суп ..4.. глиняной чашке. Старик её уронил и разбил. Жена сына стала ругать старика и сказала, что теперь она будет давать ему суп ..5.. деревянной чашке.

Однажды муж ..6.. женой сидели дома и увидели, что их маленький сын сидит ..7.. полу и что-то делает ..8.. дерева.

Отец спросил:

— Что ты делаешь?

И сын ответил:

— Я деревянную чашку делаю. Когда вы ..9.. матерью будете старыми, я вас ..10.. этой чашки буду кормить.

Мужу ..11.. женой стало стыдно, и ..12.. тех пор сажают они деда ..13.. стол и ухаживают ..14.. ним.

(Л. Н. Толстой in Е. Владимирский, В. Зайцев (сост.), *Басни, сказки и рассказы (Л. Н. Толстой)*, Foreign Languages Publishing House, Moscow (no date), 28)

Упражнение 11. Report writing and prepositions. Социальная бухгалтерия. *Вставьте пропущенные предлоги.*

RETIREMENT in EC

	Age at which state pension is paid to men	Age at which state pension is paid to women
Denmark	67	67
Ireland	65	65
Netherlands	65	65
Spain	65	64
UK/Greece/Belgium	65	60
Portugal/France	60	60
Italy	60	55
Germany	67	67

Диаграмма ..1.. английского еженедельника «Санди таймс» показывает, ..2.. какого возраста ..3.. странах ЕС люди имеют право ..4.. пенсию. ..5.. большинстве ..6.. них этот возраст одинаков ..7.. обоих полов. Недавно Европейский суд принял решение ..8.. том, что ..9.. Великобритании, как и ..10.. других странах ЕС, права мужчин и женщин ..11.. этом вопросе должны быть равны. Мотивируется это тем, что женщины реже болеют и дольше живут, чем представители «сильного пола». Теперь англичанки смогут выходить ..12.. пенсию, как и мужчины, ..13.. 65 лет.

..14.. диаграмме не указаны данные ..15.. США и России. Напомним читателям, что ..16.. океаном мужчины и женщины имеют право ..17.. пенсию ..18.. 65 лет, а ..19.. нас ..20.. стране женщины выходят ..21.. пенсию ..22.. 55 лет, а мужчины — ..23.. 60.

(по материалам «*Литературной газеты*»)

Упражнение 12. Report writing. Экспресс-опрос. *Используя предложенные данные, напишите небольшую заметку.*

Вопрос: С какого возраста вы собираетесь приучать своего сына / свою дочь выполнять следующие обязанности?

	возраст	*мальчик (%)*	*девочка (%)*
убирать игрушки на место	3 — 4 года	19,5	33,5
помогать маме на кухне	5 — 6 лет	3,7	25,3
накрывать на стол, убирать со стола	6 — 7 лет	6,8	37,6
убирать свою комнату	7 — 8 лет	12,0	41,0
мыть посуду	8 — 9 лет	4,3	38,9
вытирать пыль, убирать квартиру	9 — 10 лет	2,0	44,5
стирать свои вещи, чистить обувь	10 — 11 лет	7,4	52,8
готовить	11 — 12 лет	1,5	60,0

Опрос проведён в родильном доме Петроградского района г. Санкт-Петербурга 8 марта 1993 г. Опрошено 150 будущих мам, однако некоторые из опрошенных пока ещё не решили, в каком возрасте начнут приучать детей к домашним обязанностям.

V+ 13 Lexical exercises — Лексические упражнения

13.1 Word collocations. Словосочетания с глаголом в роли главного слова. *Подберите подходящие словосочетания к следующим глаголам.*

Verbs: 1. видеть, 2. иметь, 3. тратить, 4. оплачивать, 5. отнести, 6. провести
Noun phrases: опрос, ребёнка, в починку, счёт, во сне, время

13.2 Word-building. Словообразование. *Найдите корень слова. Распределите слова по корням.*

соглашение	жена	жениться	женский
сниться	современный	согласие	согласиться
зрение	обязанность	обязательный	отделение
воспитываться	время	вырасти	сон
зритель	участвовать	участие	рождение
участник	цена	ценить	временный
бессонница	взрослый	воспитание	воспитатель
проснуться	разделение	родиться	

13.3 Semantic groups. Чем пользуются? *Перечислите три вещи, которые ассоциируются у вас со следующими видами деятельности.*

стирать	покупать	посещать	плавать
заниматься	путешествовать	готовить	убирать
отдыхать			

13.4 Semantic groups. Домашние дела. *Вставьте пропущенные буквы. Что общего у этих словосочетаний?*

У _ _ _ Д _ _ _ _ _ детей спать

П О _ _ _ _ _ _ продукты

К _ _ М _ _ _ ребёнка

К _ _ А _ _ ребёнка в ванне

убирать _ _ _ _ Ш _ _ на место

Н _ _ _ _ _ _ _ _ на стол

Ч И _ _ _ _ _ обувь

М Е _ _ _ _ пелёнки

Г _ _ Д _ _ _ бельё

П _ _ _ Е _ _ _ в комнате

П _ Л _ _ _ _ _ цветы

С _ _ _ А _ _ одежду

13.5   Semantic groups. Что общего? *Распределите слова по тематическим группам.*

муж и жена	сын и дочь	хлеб и молоко
мужчина и женщина	Франция и Россия	сапожник и маляр
стол и стул	футбол и хоккей	лиса и медведь
Нева и Волга	сапоги и туфли	Ялта и Орёл
грипп и ангина	банан и яблоко	февраль и март
голова и рука	осень и зима	столовая и спальня
носки и юбка		

Listening comprehension

The following sections from Unit 17 have been recorded on tape:

A2   Из сборника рассказов «Голубая тетрадь № 10»
F5   Загадки

Упражнение 1. Dictation. Мамин и папин день. *Прослушайте текст и заполните пропуски. Напишите все числительные словами. Ответьте на вопросы по-английски.*

В . . . не только мамы, но и папы имеют свой праздник. В . . . году мамин день отмечали . . . , почти одновременно с нашим женским. . . . «День пап» обычно празднуют . . . , во второе . . . июня.

В день . . . , как и у нас, дети . . . мамам цветы, . . . , поздравительные . . . , а . . . берут на себя всю работу по дому.

Вообще английские . . . лучше, чем наши, справляются с . . . работой, и не только по великим . . . . Согласно официальной статистике, в целом по стране более . . . процентов мужчин любят готовить; . . . процента умеют стирать и гладить, и . . . процента отцов поровну делят с . . . заботу о . . .

Около . . . процентов англичан ответили при опросе, что . . . сидеть дома с . . . и быть «домашним хозяином», а жене предоставить возможность работать и делать . . .

(по материалам газеты «*Комсомольская правда*»)

Comprehension questions

What two special days are mentioned in the beginning of the text?
When was Mother's Day the previous year?
What special date in the Russian calendar is it being compared to?
How is this day usually celebrated?
How do the British men compare with the Russians?
Name the three household tasks that men actually do or even enjoy doing.
What is shared equally in one third of British families?
What proportion of men claim they would gladly be a 'house-husband'?
What do their wives do?

Упражнение 2. Comprehension and translation. Социальная статистика: Что думают мужчины и женщины о семье? *Прослушайте текст и заполните таблицу. Используя данные таблицы, напишите и потом запишите на кассету краткий рассказ по-английски.*

Total numbers of people surveyed: Age bracket:	. . . человек от . . . до . . . лет	
Opinions expressed by: Time spent by women on housework: (a) not enough (b) more than enough (c) just the right amount 'A woman's place is in the home': Time spent by men on housework: (a) none at all (b) a little help with the housework (c) do an equal share of the housework Guilt feelings expressed by: 'Special re-education courses are needed'	мужчины (%)	женщины (%)

Now summarise the findings of the survey in English. Record your summary at the end of the tape.

Упражнение 3. Listening and speaking. Что вы читаете? *Прослушайте текст и заполните таблицу по-английски. Расскажите по-русски о том, что вы читаете.*

Литература:	1-й читатель	2-й читатель	3-й читатель
художественная классическая современная специальная научно-популярная детективы стихи/поэзия зарубежная новелла фантастика газеты и журналы			

Упражнение 4. Poetry. «Я и Вы». *Прослушайте стихи и обозначьте ударение. Запишите на кассету стихотворение.*

Я и Вы
Да, я знаю, я вам не пара.
Я пришёл из другой страны,
И мне нравится не гитара,
А дикарский напев зурны.   зурна: an oriental musical instrument

Не по залам и по салонам
Тёмным платьям и пиджакам —
Я читаю стихи драконам,
Водопадам и облакам. . .

Я люблю — как араб в пустыне — пустыня: desert
Припадает к воде и пьёт,
А не рыцарем на картине,   рыцарь: a mediaeval knight
Что на звёзды смотрит и ждёт.

И умру я не на постели,
При нотариусе и враче,
А в какой-нибудь дикой щели   щель: a hole
Утонувшей в густом плюще.   плющ: ivy

Чтоб войти не во всем открытый
Протестантский, прибранный рай, рай: paradise
А туда, где разбойник, мытарь   разбойник: highwayman; мытарь: publican (*bibl.*)
И блудница крикнут: «Вставай!»   блудница: a whore

(Н. Туиилёв)

UNIT 18 урок

In this unit you will learn how to:

- talk about housing issues
- form the imperative mood

In this unit you will revise:

- expressions of place
- reference to cause

Classwork

A House and home

A1 Reference to place — Что где нахо́дится?

 The following diagrams illustrate reference to place. *Indicate what case each preposition governs and write a sentence illustrating the use of each preposition.*

на

над

за

в

под

перед

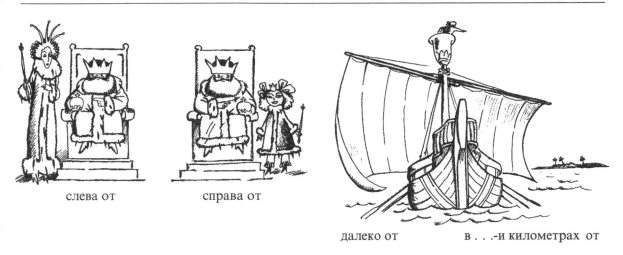

слева от　　　　справа от

далеко от　　　в . . .-и километрах от

к северу от　　　к югу от　　　к западу от　　　к востоку от

между　　　　　　　рядом с　　около　　недалеко от

☞　　For a discussion of adverbials of place see 'Grammar summary' (10.2).

A2 Interior design — Что где стои́т/лежи́т/виси́т?

Using the plan of a house supplied below, label each of the following.

потоло́к   пол   стена́   дверь   окно́   кры́ша

Ко́мнаты и помеще́ния: спа́льня   пере́дняя
столо́вая   черда́к   гости́ная   подва́л
кабине́т   ку́хня   ва́нная   туале́т

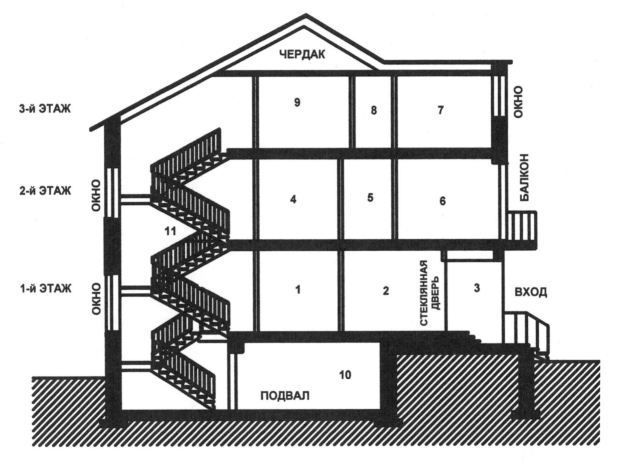

*Now describe where each item of furniture is, using the verbs **стои́т**, **лежи́т**, **виси́т**.*

Ме́бель и т. д.:   стол/сто́лик   шкаф/шка́фчик   кре́сло
кни́жный шкаф   дива́н   по́лка   крова́ть
пи́сьменный стол   стул/сту́лья (plural)   насто́льная ла́мпа   туале́тный сто́лик
ковёр/ко́врик   зе́ркало   ра́ковина   стира́льная маши́на
ва́нна   ку́хонная плита́   унита́з

A3 A new flat — Но́вая кварти́ра

Read the following advertisement and answer the questions supplied below.

Продаю́ кварти́ру в це́нтре, 4-х комн.
(45м²), ку́хня, ва́нная, туале́т, 8-й
эт., лифт; балко́н, центр. отопле́ние,
водопрово́д, телефо́н, все удо́бства.
Тел: 345-67-89 по субб. и воскр.

(advertisement from the press)

Discuss where each room might be located and to what use it would be put. Explain why you would put each of the rooms where you have selected.

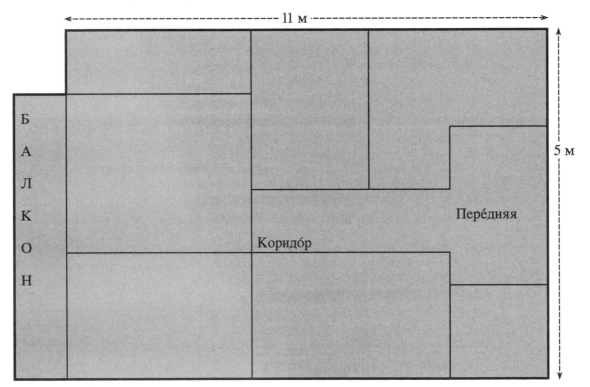

Отве́тьте на вопро́сы.

На како́м этаже́ э́та кварти́ра?
Кака́я у неё пло́щадь?
Каки́е есть удо́бства в кварти́ре/в до́ме?

Ско́лько в ней ко́мнат и каки́е?
Каки́е ко́мнаты выхо́дят на балко́н?
В до́ме есть лифт?

Now write an advertisement describing the flat below.

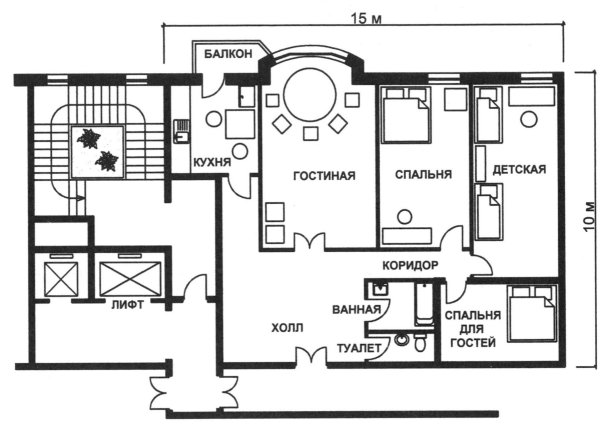

A4 Text — Мой дом — моя крепость

Read the following advertisement and draw as detailed a plan of the house as possible from the information supplied.

 В нашей почте часто встречаются письма с просьбой помочь . . . построить дом. Мы действительно вам немножко поможем. Вернее, это сделает кооператив «Сезон». Как известно, каждое строительство начинается с проекта. Посмотрите на рисунок. Нравится? Тогда вы можете получить оригинальный проект индивидуального двухэтажного кирпичного жилого дома общей площадью 260м^2.

Что будет в вашем доме? Большая гостиная с камином, вместительная кухня-столовая, два санузла, две спальни — иными словами, проект учитывает интересы старшего и младшего поколений вашей семьи. Три просторных холла, тёплый гараж, сауна с бассейном, веранда, две мастерских и три кладовых в подвальном помещении, терраса, зимний сад, возможность устройства на чердаке дополнительных комнат — всё это является повышенной комфортностью для сегодняшнего дня, но будет восприниматься естественно и привычно вашими детьми и внуками в XXI веке. Сметная стоимость дома — 25–30 тыс. рублей (в зависимости от варианта).

(по материалам журнала «*Работница*», after 1989)

A5 Conversation practice — Разговóрная прáктика и подготóвка к сочинéнию

 Попросúте преподавáтеля рассказáть о егó/её квартúре/дáче.

— В какóм райóне гóрода он/онá живёт?

— Скóлько человéк живёт у них в квартúре/в дóме?

— Скóлько у них кóмнат и какúе?

— Какáя в кáждой кóмнате мéбель?

— Какáя у неё/у негó сáмая любúмая кóмната и почемý? И т. д.

Спросúте, какúе бывáют кóмнаты в студéнческом общежúтии.

— Какáя в них мéбель?

— Скóлько человéк живёт в однóй кóмнате? И т. д.

Расскажúте о вáшей кóмнате в общежúтии/о квартúре/о вáшем дóме.

 Домáшнее задáние.

Напишúте подрóбно о своéй кóмнате/квартúре/о своём дóме.

 Supply a list of activities which one might reasonably do in each room. Напишúте, в какóй кóмнате, что дéлают.

Напримéр: В столóвой обéдают.

A6 Where did I put it? — Где мои вещи?

A *Place the following items on the picture below:* кни́га, стака́н, ру́чка, та́почки, ча́йник, шля́па, зо́нтик, перча́тки. *Describe to your partner where each item is.*

Ask your partner where the items you can not find are and mark them onto the other picture. <u>Студе́нт А</u> не мо́жет найти́: ча́шку, мяч, пласти́нку, очки́, газе́ту, ра́дио, сигаре́ты, су́мку.

Б *Place the following items on the picture below:* ча́шка, мяч, пласти́нка, очки́, газе́та, ра́дио, сигаре́ты, су́мка. *Describe to your partner where each item is.*

Ask your partner where the items you can not find are and mark them onto the other picture. <u>Студе́нт Б</u> не мо́жет найти́: кни́гу, стака́н, ру́чку, та́почки, ча́йник, шля́пу, зо́нтик, перча́тки.

B Imperative

B1 Requests — Про́сьбы

Match the situations in the left-hand column with the requests/suggestions in the right-hand column. See the key for the answers.

1. Я хочу́ пить.	☐ Возьми́ мой слова́рь.
2. В холоди́льнике ничего́ нет.	☐ Да́йте, пожа́луйста, каранда́ш.
3. Я не понима́ю.	☐ Закро́йте, пожа́луйста, дверь.
4. В ко́мнате ду́шно.	☐ Напиши́ ей.
5. В коридо́ре о́чень шу́мно.	☐ Откро́йте, пожа́луйста, окно́.
6. У меня́ нет карандаша́.	☐ Плати́те в ка́ссу.
7. Я не зна́ю, како́е приня́ть лека́рство.	☐ Повтори́те, пожа́луйста.
8. Ужин на столе́.	☐ Позвони́ врачу́.
9. У тебя́ нет словаря́?	☐ Познако́мьтесь, пожа́луйста.
10. Ты давно́ не писа́л ба́бушке.	☐ Принеси́те, пожа́луйста, воды́.
11. В отде́ле не пла́тят.	☐ Сходи́те, пожа́луйста, в магази́н.
12. Это Андре́й, мой но́вый знако́мый.	☐ Ся́дьте, пожа́луйста, за стол.

B2 Formation of the imperative — Повели́тельное наклоне́ние

From the evidence in the examples supplied above, deduce how the imperative is formed. For a discussion of the formation of the imperative see 'Grammar summary' (9.9.2).

B3 Text — Движе́ние «Демократи́ческая Росси́я»

The following note was delivered to all households before the referendum in the spring of 1991.

Друзья́!

Если вы за Ельцина — голосу́йте так:
На вопро́с о сохране́нии Сою́за по Горбачёву отве́тьте «НЕТ».
На вопро́с о всенаро́дном избра́нии Президе́нта Росси́и — «ДА».
На вопро́с о прямы́х вы́борах мэ́ра Москвы́ — «ДА».
Если Вы за Горбачёва, сде́лайте всё наоборо́т.

(Движе́ние «*Демократи́ческая Росси́я*», весна́ 1991 г.)

B4 Cautionary tale — Вре́дные сове́ты

Если что-нибу́дь случи́лось
И никто́ не винова́т,
Не ходи́ туда́, ина́че
Винова́тым бу́дешь ты.

Спря́чься где-нибу́дь в сторо́нке,
А пото́м иди́ домо́й.
И про то, что ви́дел э́то
Никому́ не говори́.

(Григорий Остер, *Вре́дные сове́ты*, М., 1992, 31)

B5   Using public telephones — Пра́вила по́льзования телефо́ном

Read through the following sets of instructions. Match the Russian-language instructions with the following English language instructions.

English-language instructions

1. dial your number
2. insert your card
3. lift the receiver
4. press the button/key
5. re-dial your number
6. read the instructions on the display

7. remove your card
8. replace the receiver
9. select a language
10. speak
11. wait for a connection

Discuss the meaning of the following words and expressions.

1. абоне́нт
2. код го́рода
3. код страны́
4. непреры́вный сигна́л
5. оконча́тельный расчёт

6. опера́тор
7. отбо́й
8. соедине́ние
9. увеличе́ние гро́мкости

Discuss the use of the verbal form ending in -в in the following sentences.

Услы́шав непреры́вный сигна́л, набери́те но́мер.
Услы́шав отве́т абоне́нта, нажми́те кла́вишу.   = при отве́те абоне́нта
Око́нчив разгово́р, пове́сьте тру́бку.   = по́сле разгово́ра

ПРАВИЛА ПОЛЬЗОВАНИЯ МОСКОВСКОЙ ГОРОДСКОЙ ТЕЛЕФОННОЙ СВЯЗЬЮ
(только по карте АО МГТС)

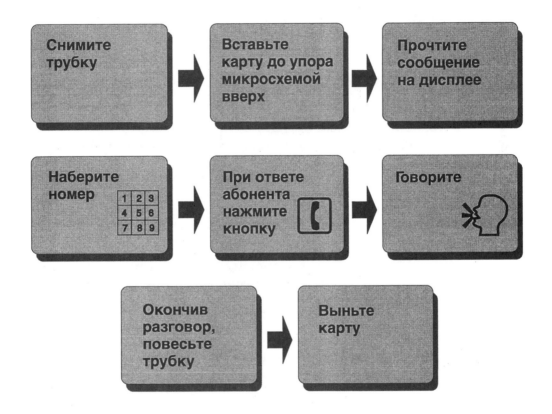

Функции пользователя

ПРАВИЛА ПОЛЬЗОВАНИЯ АВТОМАТИЧЕСКОЙ ТЕЛЕФОННОЙ СВЯЗЬЮ

1 Снимите трубку.
Услышав непрерывный сигнал, наберите номер.

МЕЖДУНАРОДНЫЙ РАЗГОВОР

8, непрерывный сигнал,
10, код страны, код города,
номер телефона.

МЕЖДУГОРОДНЫЙ РАЗГОВОР

8, непрерывный сигнал,
междугородный номер,
(код города, номер телефона).

ГОРОДСКОЙ РАЗГОВОР

8, непрерывный сигнал,
095 + номер абонента.

2 Ожидайте соединения В ТЕЧЕНИЕ МИНУТЫ,
если соединение не установилось, повторите набор.

3 Услышав ответ абонента, НАЖМИТЕ КЛАВИШУ 📞

4 После разговора произведите
окончательный расчет с оператором.

B6   Exercises — Упражнéния

List all the imperatives in the texts above. Supply the second person singular of the present imperfective or future perfective.

C Reading and grammar

C1   Text — Волшéбное слóво

Listen to your teacher's reading of the following story. Indicate the correct order of the strip cartoon frames. Then read the text. Summarise the content of each cartoon frame in Russian.

 Стари́к с дли́нной бородо́й сиде́л на скаме́йке и зо́нтиком рисова́л что́-то на земле́.

— Подви́ньтесь, — сказа́л ему́ Па́влик.

Стари́к подви́нулся, посмотре́л на кра́сное, серди́тое лицо́ ма́льчика и спроси́л:

— С тобо́й что́-то случи́лось?

— А ва́м-то что? — гру́бо отве́тил Па́влик.

— Мне ничего́. А вот ты сейча́с крича́л, пла́кал, ссо́рился с ке́м-то. . .

— Ско́ро убегу́!

— Убежи́шь?

— Убегу́! Из-за Ле́нки убегу́. Ни одно́й кра́ски не даёт!

— Не даёт? Ну из-за э́того не на́до убега́ть.

— Не то́лько из-за э́того. Ба́бушка за одну́ морко́вку из ку́хни меня́ прогнала́.

— Ничего́! — сказа́л стари́к. — Оди́н руга́ет, друго́й жале́ет.

— Никто́ меня́ не жале́ет! — кри́кнул Па́влик. — Брат е́дет ката́ться на ло́дке, а меня́ не берёт. Я ему́ говорю́: «Возьми́ меня́, а то сам в ло́дку ся́ду!»

— Зна́чит, не берёт тебя́ брат?

— А почему́ вы всё спра́шиваете?

— Я хочу́ тебе́ помо́чь. Есть тако́е волше́бное сло́во. . . Я скажу́ тебе́ э́то сло́во. Говори́ть его́ на́до ти́хим го́лосом и смотре́ть пря́мо в глаза́ тому́ челове́ку, с кото́рым ты говори́шь.

— А како́е сло́во?

Стари́к снача́ла что́-то ти́хо сказа́л, пото́м гро́мко доба́вил:

— Это волше́бное сло́во. Но не забу́дь, как на́до говори́ть его́.

— Я попро́бую, — сказа́л ма́льчик, — я сейча́с же попро́бую.

И он побежа́л домо́й.

Ле́на сиде́ла за столо́м и рисова́ла. Кра́ски — зелёные, си́ние, кра́сные — лежа́ли пе́ред ней. Она́ уви́дела Па́влика и сейча́с же закры́ла кра́ски руко́й.

«Обману́л стари́к! — поду́мал ма́льчик. — Ра́зве она́ поймёт волше́бное сло́во!...»

Па́влик подошёл к сестре́, посмотре́л ей в глаза́ и ти́хим го́лосом сказа́л:

— Ле́на, дай мне одну́ кра́ску... пожа́луйста...

Ле́на широко́ откры́ла глаза́ и с удивле́нием спроси́ла:

— Каку́ю тебе́?

— Мне си́нюю, — сказа́л Па́влик.

Он взял кра́ску, подержа́л её в рука́х, походи́л по ко́мнате и отда́л сестре́.

Ему́ не нужна́ была́ кра́ска. Он ду́мал тепе́рь то́лько о волше́бном сло́ве.

Па́влик откры́л дверь в ку́хню, там ба́бушка пекла́ пирожки́. Внук подбежа́л к ней, посмотре́л в глаза́ и ти́хо сказа́л:

— Дай мне оди́н пирожо́к... пожа́луйста.

Ба́бушка улыбну́лась и дала́ вну́ку са́мый лу́чший пирожо́к. Па́влик пры́гнул от ра́дости и поцелова́л её. «Волше́бник! Волше́бник!» — повторя́л он про себя́.

За обе́дом он сиде́л ти́хо и слу́шал ка́ждое сло́во бра́та. Когда́ брат сказа́л, что он пое́дет ката́ться на ло́дке, Па́влик ти́хо попроси́л:

— Возьми́ меня́, пожа́луйста.

Все сра́зу замолча́ли. Брат улыбну́лся.

— Возьми́ его́, — сказа́ла сестра́.

— Пожа́луйста, — повтори́л Па́влик.

Брат гро́мко засмея́лся.

— Хорошо́, собира́йся!

Па́влик вы́бежал из-за стола́ и побежа́л на у́лицу. Но на скаме́йке уже́ не́ было старика́, то́лько на земле́ оста́лись рису́нки, кото́рые он нарисова́л зо́нтиком.

(В. Осе́ева in Н. М. Па́нин, Л. С. Крючко́ва, Н. В. Мощи́нская,

Волше́бные слова́, «Ру́сский язы́к», М. 1986, 58–60)

C2 Exercises — Упражне́ния к те́ксту

Without referring to the text, insert appropriate prepositions in the spaces provided.

стари́к ... дли́нной бородо́й

рисова́л ... песке́

сел ... старика́

ты ссо́рился ... кем-то?

... неё мно́го кра́сок

брат ... ло́дке е́дет ката́ться

кра́ски лежа́ли ... ней

он побежа́л ... у́лицу

сиде́л ... скаме́йке

... скаме́йке подошёл ма́льчик

... тобо́й что-то случи́лось?

я убегу́ ... до́му

убега́ть ... э́того не на́до

сестра́ сиде́ла ... столо́м

он ду́мал ... волше́бном сло́ве

... саду́ никого́ не́ было

Find the Russian for the phrases on the left and translate the phrases on the right.

with a long beard

with a short beard
with a white beard
with a black beard

he was sitting on a bench	he was sitting on a chair
	he was sitting in an armchair
	he was sitting on a sofa
the boy went up to the bench	the boy went up to the old man
	the boy went up to his sister
	the boy went up to his brother
she covered her crayons/paints with her hand	she covered her crayons/paints with a book
	she covered her crayons/paints with a bag
	she covered her crayons/paints with a copybook
he said in a quiet voice	he said in a loud voice
	he said in a pleasant voice
	he said in a cheerful voice
he did not need the crayon	he did not need the book
	he did not need the paper
	he did not need the magazine
you have been arguing with someone	you have been arguing with your sister
	you have been arguing with your brother
	you have been arguing with your mother
	you have been arguing with your father
I want to help you	I want to help him
	I want to help her
	I want to help them
	I want to help my sister
	I want to help my brother

Домáшнее задáние. *Using the following words write a summary of the story:* борóда, скамéйка, плáкать, ссóриться, крáска, катáться, лóдка, волшéбный.

D   Reading

D1   Text — Юморéска

Put the infinitives supplied in brackets into the singular imperative form. See the key for the answers.

Приéхал с рабóты домóй; на пя́тый этáж подня́лся, к своéй двéри подошёл и обрáдовался. Хорошó быть женáтым!

Вот сейчáс позвоню́. Женá дверь открóет. Обни́мет, поцелýет, помóжет переодéться и обéдом накóрмит. Пóсле обéда приля́гу я на дивáн отдохнýть, а онá меня́ плéдом накрóет и газéту вслух почитáет.

Звоню́ . . . Ничегó. Ещё раз звоню́. Опя́ть ничегó. Я улыбáться перестáл: человéк цéлый день рабóтал, устáл, проголодáлся, а тут ещё дверь сам (открывáть) ..1..!

Доста́л я ключ, нашёл, куда́ его́ вставля́ть, и ко́е-как дверь откры́л. Забы́л уже́, как э́то де́лается — пять лет жена́т.

В кварти́ру захожу́ — темно́ и ниче́м вку́сным не па́хнет. Не по себе́ мне ста́ло. Я свет зажёг, а в кварти́ре пу́сто. Нет жены́. Я туда́-сюда́, смотрю́ — лежи́т запи́ска.

«Пе́течка! Дорого́й! По́мнишь, пе́ред са́мой сва́дьбой ты обеща́л всю жизнь носи́ть меня́ на рука́х? Вме́сто э́того пообе́дай сего́дня сам, без меня́.

Я всё пригото́вила, обе́д на плите́. Тебе́ ну́жно то́лько его́ разогре́ть. Суп в кастрю́лечке — она́ похо́жа на твою́ но́вую шля́пу: то́же зелёненькая. Мя́со и карто́шка в сковоро́дке, чай в ча́йнике.

Родно́й! Не (обижа́ться) ..2.. — (пообе́дать) ..3.. на ку́хне. Ку́хня — э́то небольша́я ко́мнатка ря́дом с ва́нной. Что́бы тебе́ бы́ло ле́гче её найти́, я прикле́ила на дверь бума́жку, на кото́рой напи́сано: «Ку́хня».

Когда́ найдёшь, то (зайти́) ..4.. внутрь и (встать) ..5.. лицо́м к окну́. Спра́ва от себя́, в углу́, ты уви́дишь ни́зенький шка́фчик с бе́лыми ру́чками вверху́. Это плита́. На ней бума́жка с на́дписью «плита́».

Что́бы разогре́ть обе́д, ну́жно заже́чь газ.

Пе́тенька, то́лько, ра́ди бо́га, осторо́жней — (смотреть) ..6.. не (обже́чься) ..7...

Е́сли всё бу́дет хорошо́, (заже́чь) ..8.. газ под сковоро́дкой и ча́йником; для э́того (поверну́ть) ..9.. втору́ю и тре́тью от окна́ бе́ленькие ру́чки.

(Взять) ..10.. на столе́ таре́лку — ту, кото́рая бли́же к плите́. Е́сли разобьёшь, (взять) ..11.. ту, кото́рая пода́льше [на вся́кий слу́чай я поста́вила четы́ре].

По́сле обе́да (вы́йти) ..12.. из ку́хни, (лечь) ..13.. на дива́н и (ждать) ..14.. меня́. Газе́ту тебе́ почита́ю, когда́ приду́.

Я в парикма́херской на углу́, в 14 ко́рпусе. Хочу́ к пра́зднику быть краси́вой, что́бы ты люби́л меня́, как тогда́.

Не (серди́ться) ..15.. и не (скуча́ть) ..16..!

Кре́пко, кре́пко тебя́ целу́ю.

Твоя́ Ма́ша».

Я не́сколько раз перечита́л запи́ску. Нашёл ку́хню. Покрути́л бе́лую ру́чку на плите́. Наде́л свою́ но́вую шля́пу и побежа́л в парикма́херскую. Взял жену́ на́ руки и принёс домо́й, пря́мо в ку́хню.

Хорошо́ быть жена́тым!

(В. Климо́вич in «*Ю́ность*»)

D2 Exercises — Упражне́ния

Give the first and second persons singular perfective future of the following verbs.

откры́ть	обня́ть	поцелова́ть	помо́чь
приле́чь	отдохну́ть	накры́ть	найти́
встать	уви́деть	взять	

Отве́тьте на вопро́сы.

Как зову́т геро́я расска́за ?

Как они́ с жено́й обы́чно прово́дят ве́чер?

Почему́ он звони́т, а не открыва́ет дверь ключо́м?

Что он обеща́л жене́ пе́ред сва́дьбой?

Что оста́вила ему́ жена́ на обе́д?

Какáя кóмната распóложена ря́дом с кýхней?
Где стои́т плитá?
Скóлько тарéлок остáвила женá и почемý?
Кудá онá ушлá и почемý?
Что реши́л сдéлать муж в концé расскáза?

E Furniture and household objects

E1 Moving furniture/household objects — Расстáвьте мéбель в дóме (1)

 The following verbs are used for moving objects:

положи́ть	что?	кудá?
постáвить	что?	кудá?
повéсить	что?	кудá?
взять	что?	откýда?

E2 Moving furniture/household objects — Расстáвьте мéбель в дóме (2)

Draw a picture of a house. Tell a member of your group where to place the following objects and furniture.

objects/furnishings	furniture	rooms
пальтó	вéшалка	коридóр
чáйник	стул (стýлья)	кýхня
журнáлы	кровáть	гости́ная
цвет	телеви́зор	спáльня
вáза	журнáльный стóлик	столóвая
полотéнце	батарéя	вáнная
словáрь	пи́сьменный стол	туалéт
плакáты	кни́жный шкаф	перéдняя
боти́нки	стол	кабинéт
зéркало	шкаф	гарáж
стирáльная маши́на	крéсло	холл
настóльная лáмпа	дивáн	чердáк
рáковина	туалéтный стóлик	подвáл
вáнна	кýхонная плитá	
телеви́зор	пóлка	

F May the sun ever shine

F1 Ordering the world — пусть + . . .

Напримéр: Пусть бýдет так, как вы хоти́те.
Пусть он (по)занимáется, не нáдо емý мешáть.
Пусть дéти (по)спя́т, ещё рáно.

(colloquial) Пускáй он(-á) дéлает, что хóчет, мне всё равнó.

Пе́сня 60-х годо́в

Со́лнечный круг,
не́бо вокру́г.
Это рису́нок мальчи́шки.
Нарисова́л он на листке́
и написа́л в уголке́:

Припе́в:
Пусть всегда́ бу́дет со́лнце!
Пусть всегда́ бу́дет не́бо!
Пусть всегда́ бу́дет ма́ма!
Пусть всегда́ бу́ду я!

F2 **Getting someone else to do something — Пусть он сде́лает . . .**

Ask your neighbour to do each of the actions illustrated in the pictures below. When asked by your neighbour to do something, suggest someone else does it.

Наприме́р: Сде́лай . . .
            Пусть он/она́ сде́лает . . .

подойти́ к телефо́ну

принести́ ча́шку ча́я

купи́ть проду́кты

закры́ть окно́

открыть дверь

помыть посуду

G   Cultural awareness

G1   Text — Коммуналки

Read the following text. Give each paragraph a heading. Discuss the problems associated with living in a communal flat.

В Санкт-Петербурге в коммуналках проживают 1 млн. 596 тыс. человек. Коммунальную квартиру в Питере можно встретить и в домах прошлого века — с четырёхметровыми потолками и мраморными унитазами, и в сталинских монолитах, и в блочных коробках — без кладовок и форточек. В ней может оказаться и пятнадцать комнат, и две, но всегда — одна кухня, один туалет и необязательно ванная.

Каждая комната имеет собственный счётчик и общий — для кухни и других мест общего пользования. Расчёт за свет производится делением показания счётчика на число всех обитателей квартиры, включая новорождённых. За газ тоже платят с человека, за телефон — с каждого квартиросъёмщика. Уборка квартиры — по неделе за члена семьи.

Любые изменения в квартире решаются общим голосованием. Это касается не только вопросов, провести ли на кухню горячую воду или поменять раковину, но и сугубо личных: завести ли вам кошку или собаку, поселить ли к себе родственников, или сдать комнату внаём. Если соседи против — не видать вам ни кошки, ни родственников.

Если в общежитиях объединяет хотя бы общая сфера деятельности, то в коммуналке соседей, как и родину, не выбирают. Под общей крышей могут оказаться потомственные дворяне и рабочие, пенсионеры и студенты, доктора наук и рок-звёзды, инвалиды и алкоголики, люди разного религиозного вероисповедания и сексуальной ориентации. А то и все вместе.

Вот один случай оригинального решения жилищной проблемы. Жильцы квартиры в центре города «скинулись» на ремонт, а потом сдали обновлённое жильё иностранцам. На вырученные деньги сняли по отдельной квартире в новых районах. Но для такого предприятия, как минимум, нужны добрые отношения с соседями.

(по материалам газеты «*Аргументы и факты*», 1995, 26, 6)

G2 Housing — Жильё

Read the following text and supply the Russian for the words and phrases in italics. Using the guiding questions supplied below, write a summary of the text.

The accommodation shortage remains acute; according to the 1989 Census, over 15 per cent of the *urban population* were without their own separate accommodation and had to live in *communal flats*, *hostels* or *rent* space within someone else's property. Some 67 per cent of urban families and single-person households lived in their *own flats* and 17 per cent in *private houses*. At the beginning of 1991 14.5 million *families* were on waiting lists to be rehoused. This, however, underestimated the level of demand and overcrowding. The definition of 'housing need' which allowed a household *to join a queue* for rehousing normally meant less than 5 sq m per person. If *married children* living with *parents* and single adults are taken into account, there was in 1991 a deficit of about 40 million *self-contained flats*. Waiting times are long and vary considerably: a person living in Minsk who had joined the waiting list in 1976 could expect to receive an offer of accommodation in 1987; the same person in Irkutsk would have been on the list since 1961.

Turmoil and ethnic conflict accompanying and in the wake of the *dissolution of the USSR* engendered wholly new problems: soldiers *without homes*, refugees, squatters and homeless people known as *bomzhy*. [. . .]

Scarcity gave rise to inequities in distribution and also often to widespread abuse. About 14 per cent of families consisting of one or two persons live in self-contained *three-roomed flats*, while 20 per cent of families with five or more children live in *one- or two-roomed flats*. [. . .]

(*The Cambridge Encyclopedia of Russia and the former Soviet Union*, CUP, 1994: 411–412)

Guiding questions: Жильё

1. Какой процент городского населения живёт в коммунальных квартирах, общежитиях или снимает комнату?
2. Сколько семей живёт в своих квартирах или в индивидуальных домах?
3. Сколько семей стояло в очереди на жилплощадь в 1991 году?
4. Даёт ли эта статистика точное представление о том, сколько семей нуждалось в жилплощади?
5. Согласно этой статье, сколько семей или одиноких взрослых нуждаются в отдельных квартирах?
6. Сколько лет ждут квартиру в Минске и в Иркутске?
7. Какие политические события повлияли на увеличение количества людей без жилплощади, как например, солдат, беженцев, бомжей?
8. Дайте один пример проявления несправедливости в распределении жилплощади.

G3 Poetry — Жди меня

Это стихотворение написано во время войны, когда автор, известный советский поэт, был на фронте, а дома его ждала молодая красивая жена — киноактриса Валентина Серова.

В. С.

Жди меня, и я вернусь.
Только очень жди.
Жди, когда наводят грусть
Жёлтые дожди,
Жди, когда снега метут,
Жди, когда жара,
Жди, когда других не ждут,
Позабыв вчера.
Жди, когда из дальних мест
Писем не придёт,
Жди, когда уж надоест
Всем, кто вместе ждёт.

Жди меня, и я вернусь.
Не желай добра
Тем, кто знает наизусть,
Что забыть пора. . .
Пусть поверят сын и мать
В то, что нет меня,
Пусть друзья устанут ждать,
Сядут у огня,
Выпьют горькое вино
На помин души. . .
Жди. И с ними заодно
Выпить не спеши.

Жди меня, и я вернусь
Всем смертям назло.
Кто не ждал меня, тот пусть
Скажет: «Повезло».
Не понять не ждавшим им,
Как среди огня
Ожиданием своим
Ты спасла меня.
Как я выжил, будем знать
Только мы с тобой
Просто ты умела ждать,
Как никто другой.

1941

(Константин Симонов, *Стихи — Пьесы — Рассказы*, ОГИЗ,
«Художественная литература», 1949: 159–60)

Homework

 For a discussion of aspects and functions, see 'Language awareness' (18).

 Written exercises — Письменные задания

Упражнение 1. Locating cities. Где расположены города? *Объясните, где расположены следующие города по отношению к Москве.*

Например: Екатеринбург расположен к юго-востоку от Москвы.

1. Санкт-Петербург	4. Минск	7. Казань
2. Баку	5. Киев	8. Ярославль
3. Одесса	6. Архангельск	9. Нижний Новгород

Упражнение 2. Locating objects. Что где стоит, лежит или висит: *Вместо точек вставьте один из следующих глаголов в нужной форме:* **стоять**, **лежать** *или* **висеть**.

Это моя комната. У окна ..1.. письменный стол. На нём ..2.. мои книги, журналы, бумаги. На столе ..3.. настольная лампа. Справа от стола ..4.. диван. Над диваном ..5.. картина. Рядом с диваном ..6.. два кресла и маленький столик для газет. На нём ..7.. газеты и журналы. Слева от стола ..8.. книжный шкаф.

Упражнение 3. Questions and answers. Что где находится? *К следующим ответам придумайте подходящие вопросы.*

1. — Наш дом находится в центре города.
2. — Наша квартира на втором этаже.
3. — Пианино стоит в самой большой комнате.
4. — В моей комнате стоит письменный стол, диван, книжный шкаф и кресло.
5. — Книги стоят в книжном шкафу.
6. — В нашем доме три этажа.
7. — В той квартире три комнаты.

Упражнение 4. Adverbials of place. Обстоятельства места. *Ответьте на вопросы.* * *indicates the preposition* **на**.

1. Где студенты?	общежитие	*юг	сад
	*почта	деревня	*экскурсия
	*берег моря	*занятие	*улица
	город	*мост	лес
	Украина	Крым	Сибирь (f)
	*лекция		
2. Где лежат книги?	библиотека	шкаф	*полка
	*столик	*окно	*кровать
	*пол	*чердак	аудитория
3. Где стоит стол?	комната	*балкон	лаборатория
	*пол	столовая	кабинет
	кухня	сад	гараж
4. Где висит зеркало?	туалет	шкаф	передняя
	квартира	спальня	подвал
	*стена	угол	ванная

Упражнение 5. Adverbials of time and place. Обстоятельства времени и места. *Поставьте слова из скобок в нужную форму.*

В прошлом (год) ..1.. Лиза отдыхала на (дача) ..2.. в (Крым) ..3.. . Жила она в маленьком (домик) ..4.. на (берег) ..5.. моря. Днём она гуляла в (лес) ..6.. или в (парк) ..7.., купалась в (море) ..8.., загорала на (пляж) ..9.., собирала фрукты в (сад) ..10.. .

Упражнение 6. Revision of expression of place (location and motion). Обстоятельства места: где, куда и откуда? *Вставьте подходящие предлоги (_) и поставьте слова из скобок в нужную форму (. . .).*

Сёстры жили __ (большой дом) ..1.. __ (второй этаж) ..2.. . __ (первый этаж) ..3.. __ (этот же дом) ..4.. жил старый художник. Художник часто бывал __ (гости) ..5.. у сестёр. Когда младшая сестра заболела, врач сказал, что ей нельзя выходить __ (дом) ..6.. __ (улица) ..7.., нельзя вставать __ (кровать) ..8.. . Целыми днями лежала больная __ (постель) ..9.. и смотрела __ (окно) ..10.. . Она видела за окном одно дерево. Была осень. Жёлтые листья падали __ (дерево) ..11.. __ (земля) ..12.. . Листьев становилось всё меньше и меньше. Девушке казалось, что когда упадёт __ (земля) ..13.. последний лист, она умрёт. Старый художник узнал об этом. __ (дерево) ..14.. осталось два листа, потом один. Девушка грустно смотрела __ (окно) ..15.. . Но пошёл снег, а этот единственный лист всё ещё не падал __ (дерево) ..16.. . Он так и не упал __ (земля) ..17.. . Когда девушка поправилась, сестра рассказала ей, что старый художник нарисовал этот лист __ (стена) ..18.. соседнего дома.

Упражнение 7. Imperatives. Повелительное наклонение. *Напишите инструкции для упражнений, используя следующие глаголы и словосочетания.*

Verbs: 1. составить, 2. написать, 3. ответить, 4. заполнить, 5. перевести, 6. задать, 7. провести, 8. прочитать, 9. рассказать, 10. найти, 11. заполнить, 12. высказать,

Noun phrases: вопросы, о себе, на вопросы, своё мнение, анкету, таблицу, в тексте выражения временных отношений, пропуски, текст, сочинение, опрос в группе, на английский

Упражнение 8. Cloze. Старик и старуха. *Поставьте слова из скобок в нужную форму.*

В (одна деревня) ..1.. жили-были старик и старуха. Жили они хорошо. Иногда они любили поспорить. Однажды старуха готовила обед, а старик лежал на (печка) ..2.. . Была осень, дул сильный ветер, и дверь дома (открыться) ..3.. .

— Старуха, (закрыть) ..4.. дверь! — сказал старик.

— Мне некогда, — ответила старуха. — Ты сам (закрыть) ..5..!

Они долго спорили, кто должен закрыть дверь. Наконец, старик предложил:

— Кто первый (сказать) ..6.. слово, тот (закрыть) ..7.. дверь.

Оба сразу замолчали. Старуха приготовила обед и (сесть) ..8.. отдыхать.
Наступил вечер, а в (дом) ..9.. — молчание. (Идти) ..10.. мимо дома два (человек) ..11.., (войти) ..12.. в дом и спросили:

— Кто здесь (жить) ..13..?

Старик и старуха (молчать) ..14.. . Тогда прохожие взяли суп, (каша) ..15.., пирог, съели всё и сказали:

— Всё было (вкусный) ..16.., но пирог был сырой.

— Нет! — закричала старуха. — Это неправда, мой пирог не сырой.

— Старуха, (закрыть) ..17.. дверь! — сказал старик.

(B.P. Pockney (ed.), *88 коротких рассказов,* Collets, 1969: 12)

Упражнение 9. Prepositions. Серёжа. *Вставьте пропущенные предлоги.*

Живёт Серёжа ..1.. мамой, тётей Пашей и Лукьянычем. ..2.. доме ..3.. них три комнаты. ..4.. одной спит Серёжа ..5.. мамой, ..6.. другой тётя Паша ..7.. Лукьянычем, а третья — столовая. ..8.. гостях едят ..9.. столовой, а ..10.. гостей — ..11.. кухне.

Считается, что их город маленький. Серёжа и его товарищи думают, что это неправильно. Большой город. ..12.. нём есть магазины и памятник, и кино.

— Серёженька, — сказала мама, — знаешь, что? Мне хочется, чтобы ..13.. нас был папа.

Серёжа поднял ..14.. неё глаза. Он не думал ..15.. этом. ..16.. одних ребят есть папы, ..17.. других нет. ..18.. Серёжи тоже нет: его папа убит ..19.. войне; Серёжа видел его только ..20.. карточке. Иногда мама целовала карточку и Серёже давала целовать. Он ..21.. готовностью прикладывал губы ..22.. стеклу, затуманившемуся ..23.. маминого дыхания, но любви не чувствовал: он не мог любить того, кого видел только ..24.. карточке.

Он стоял ..25.. мамиными коленями и вопросительно смотрел ей ..26.. лицо. Оно медленно розовело: сначала порозовели щёки, от них нежная краснота разлилась на лоб и уши. Шёпотом мама спросила:

— Ведь ..27.. папы плохо, правда? Правда?

— Да-а, — ответил он, тоже почему-то шёпотом.

На самом деле он не был ..28.. этом уверен. Он сказал «да» потому, что ей хотелось, чтобы он сказал «да». Но, должно быть, ..29.. папой всё-таки лучше.

(по В. Пановой, *Серёжа*, Pergamon Press, 1964: 7)

Упражнение 10. Report writing. Россияне в зеркале статистики. *Напишите статью по-русски (12–15 предложений), используя данные из опроса. Напишите все числительные словами.*

По данным Всероссийского центра общественного мнения (ВЦОМ), в жизни средней российской семьи за последние два года произошли перемены к лучшему. Особенно это касается покупки вещей, которые считаются символом материального благополучия: таких, как телевизор, видеомагнитофон, машина, дача и т. д. И хотя число семей, у которых есть эти «предметы роскоши», у нас пока ещё не так велико, как на Западе, многие выразили желание купить их в скором будущем. К сожалению, по-прежнему слишком много семей, у которых этих вещей совсем нет.

Вот что узнали социологи из недавнего телефонного опроса, проведённого среди двух с половиной тысяч москвичей, чтобы определить: что есть в наших семьях?

% опрошенных	в январе *1993* г.	в апреле *1995* г.	скоро купим
Цветной телевизор	70	72	20
Фотоаппарат	40	38	14
Холодильник	84	84	9
Отдельный морозильник	7	12	23
Микроволновая печь	3	7	27
Стиральная машина-автомат	23	25	30
Видеомагнитофон	5	13	22
Видеокамера	2	5	19
Персональный компьютер	0,5	2,5	4
Автомобиль	17	29	15
Дача с садом	29	26	3
Ничего этого нет	*16*	*16*	

(из журнала «*Огонёк*» 14, 1995)

 11 Lexical exercises — Лексические упражнения

11.1 Semantic groups. Из чего они сделаны? *К следующим существительным подберите подходящие прилагательные. Составьте словосочетания (прилагательное + существительное) с этими прилагательными.*

дерево   камень   золото   серебро   кирпич

11.2 Semantic groups. Идеальный дом. *Нарисуйте план идеальной квртиры / дома и напишите на нём, какие там комнаты (как минимум четыре) и какая у вас мебель. Поставьте различные предметы на мебель и назовите их.*

11.3 Semantic groups. Домашние дела. *Ответьте на вопросы, подобрав нужный глагол (и подходящее словосочетание) по-русски.*

1. What housework do you like most?
2. What housework do you hate most?
3. What housework do you think takes longest?
4. What housework must be done every day?
5. What housework gives most pleasure to others?
6. What housework is most unrewarding?

11.4 Game. Головоломка. *Найдите скрытые слова. Найдя первую букву, и двигаясь в любом направлении по клеткам, постарайтесь прочитать слова. Никогда не используйте две буквы дважды.*

н	е	о
е	к	т
ы	р	о

и	л	ь
о	п	т
ж	и	п

о	о	ь
ф	р	т
м	л	я

о	к	у
д	ы	м
т	н	е

у	л	о
р	ш	п
а	и	е

11.5   Crossword. Повелительное наклонение (вежливая форма): взять, позвонить, открыть, познакомиться, говорить, есть, дать, помнить, пообедать, идти, посмотреть, быть, подождать, встать

Listening comprehension

The following sections from Unit 18 have been recorded on tape:

D1   Юмореска
G3   Жди меня

Упражнение 1. Writing instructions. Как заваривать чай. *Перепишите инструкции, заменяя инфинитивы формой повелительного наклонения (на «вы»).*

1. Налить воду в чайник.
2. Вскипятить чайник.
3. Обварить чайничек кипятком.
4. Насыпать в чайничек заварку — по одной ложке на человека, плюс ещё одну ложку.
5. Залить заварку кипятком.
6. Пусть чай постоит минуты две—три.
7. Разлить чай по чашкам.
8. Долить в чашки молока.
9. Добавить сахар по вкусу.

Упражнение 2. Understanding instructions. Как пользоваться телефоном-автоматом. *Послушав текст, укажите в каком порядке даётся инструкция. Вставьте пропущенные глаголы в форме повелительного наклонения.*

Verbs: набрать, повесить, снять, опустить, ждать, говорить
Instructions: Когда услышите гудок, . . . номер.
                  Если услышите короткие гудки «занято», . . . трубку.
                  Когда услышите ответ, . . . жетон и . . .
                  . . . трубку и . . . гудка.

Упражнение 3. Dictation. Советы тем, кто хочет похудеть. *Прослушав текст, вставьте пропущенные глаголы. Проставьте ударения.*

1. • . . . часто и понемногу.
   • . . . побольше молока и фруктовых соков.
   • . . . как можно больше овощей и фруктов и как можно меньше жиров, соли и сладкого.
   • Чёрный хлеб полезнее белого, и вообще хлеб лучше . . . чёрствый.

2. • Воду или сок не . . . во время еды, а лучше до или после неё.
   • . . . не больше четырёх стаканов жидкости в день.

3. • . . . хорошо и сытно, . . . не поздно и плотно, а . . . примерно за два—три часа до сна.
   • Перед сном . . . яблоко или банан или . . . стакан молока или кефира.

4. • Обязательно . . . найти время для ежедневной прогулки.
   • Не менее получаса в день . . . на природе или просто на свежем воздухе.
   • Во время прогулки . . . небыстро, но энергично, . . . глубоко и ровно.

                                               (из журнала «*Работница*»)

Упражнение 4. Listening and speaking. Посоветуйте, что делать. *Прослушав пять диалогов, посоветуйте, что делать. Используйте нижеуказанные глаголы в форме повелительного наклонения («на ты»).*

Verbs: пойти в магазин и купить продукты и вино
принять лекарство и лечь в постель
отнести часы в ремонт
позвонить в туристское бюро и заказать билеты и номер в гостинице
сходить к зубному врачу

Упражнение 5. Listening, writing and speaking. Твой выбор: телевидение или книга? *Прослушайте пять различных мнений. Поставьте слова из скобок в нужную форму.*

Твой выбор: ТВ или книга? Под таким названием проходила дискуссия о роли чтения, библиотек и телевидения в жизни молодёжи сегодня, которая проходила в юношеской библиотеке г. Москвы.

Вот как ответили на эти вопросы пять участников дискуссии

1. Сергей Майба, 16 лет, ученик 9-ого класса средней школы:

Я думаю, что телевизор и книга не исключают, а дополняют друг друга. Сам я увлекаюсь (история) . . . и много читаю по (этот предмет). . . . К (сожаление) . . . , в (наши библиотеки) . . . новые книги трудно достать, поэтому многое я покупаю в (книжный магазин). . . . Но «голубой экран» тоже ценю: он не только помогает (я) . . . лучше понять (история) . . . , но и следить за событиями в мире, узнавать о (жизнь) . . . в (другие страны) . . .

2. Ольга Чубарь, 17 лет, студентка электро-механического техникума:

Я — будущий инженер по (компьютеры). . . . Все (учебники) . . . и книги по (специальность) . . . я покупаю сама. В библиотеке (брать/взять) . . . в основном беллетристику или книги по (искусство). . . . По телевизору же смотрю только (та передача: plural) . . . , которые имеют отношение к (моя специальность) . . . Вообще я провожу меньше времени у (телевизор) . . . , чем за (чтение) . . .

3. Антон Якушев, 18 лет, студент 1-ого курса педагогического института:

По-моему, всему своё время. Лично (я) . . . нравится и то, и другое. В (эта библиотека) . . . я (прийти/приходить) . . . часто, стараюсь не пропускать новинки литературы в (ежемесячные журналы). . . . Но и телевизор смотрю с (удовольствие) . . . каждый вечер. Теперь часто показывают (хорошая передача: plural) . . . для молодёжи, особенно после (полночь). . . . Но когда у меня в (рука: plural) . . . интересный детектив, я могу пропустить даже (самая лучшая телепередача) . . .

4. Таня Лузанова, 17 лет, десятиклассница:

Может быть, я несовременна, но телевизор не люблю. Конечно, смотрю, когда показывают что-то очень интересное, однако предпочитаю (хорошая книга) . . . . Ведь книга — это навсегда, а телевидение живёт только сегодняшним (день) . . . . Люблю радио: по-моему, оно гораздо интереснее и разнообразнее, чем ТВ. В (школьная библиотека) . . . занимаюсь (каждая неделя) . . . , хотя дома у меня также очень много книг.

5. Константин Валихин, 19 лет, рабочий и студент-вечерник:

Учусь на (вечернее отделение) . . . политехнического института, днём работаю. И на то, и на другое просто не хватает (время). . . . Читаю всё, что могу и где могу — в метро и в (трамвай) . . . , на работе и (дом). . . . В (библиотека: plural) . . . я (идти/ходить) . . . редко, когда надо готовиться к (экзамены). . . . По телевизору выбираю только самое важное: (новость: plural) . . . , информационные программы. Они дают мне возможность узнать обо всём, что происходит вокруг (мы) . . .

Лексика. *Find the following phrases in the text.*

1. (they) do not exclude, but complement each other; 2. it is hard to get new books; 3. TV helps me to keep in touch with the world events; 4. to spend less time by the telly than reading; 5. there is a time for everything; 6. I personally like both; 7. TV is only concerned with today's events; 8. there is simply not enough time for both; 9. I read whatever I can wherever I can; 10. everything that happens around us

Speaking

Compose and record in Russian an account of your own reading habits, your use of libraries and your television viewing.

In this unit you will learn how to:

- express wishes and requests
- use the conditional and subjunctive mood
- use indirect speech (2)
- use short adjectives

Classwork

A Expressing wishes

A1 The subjunctive mood — Он хо́чет, что́бы . . .

☞ Expressing a wish, desire, request

> Он хо́чет, что́бы все зна́ли э́то.
>
> Она́ попроси́ла меня́, что́бы я пришла́ ра́но.

For a discussion of the subjunctive mood see 'Grammar summary' (9.9.3).

A2 Questionnaire — Граждани́н 2001-ого го́да

Using Хочу́, что́бы . . . / Я бы хоте́л/хоте́ла, что́бы . . . and the past tense, answer the questionnaire from «Литерату́рная газе́та».

Накану́не Но́вого го́да «Литерату́рная газе́та» обрати́лась к свои́м чита́телям — молоды́м матеря́м и отца́м — со сле́дующей анке́той: Каки́м бы вы хоте́ли ви́деть своего́ ребёнка в 2001-ом году́?

Наприме́р: На кого́ он/она́ бу́дет похо́ж/похо́жа — на отца́ и́ли на мать?
Я хочу́, что́бы он/она́ был/была́ похо́ж/похо́жа на мать.
Я бы хоте́л/хоте́ла, что́бы он/она́ был/была́ похо́ж/похо́жа на мать.

Каки́е у него́/неё бу́дут глаза́, во́лосы, рост, фигу́ра?
Кто бу́дет его́/её воспи́тывать — вы с му́жем и́ли ба́бушка?
Бу́дет ли он/она́ ходи́ть в де́тский сад?
В како́й шко́ле он/она́ бу́дет учи́ться?
Как он/она́ бу́дет учи́ться?
Чем он/она́ бу́дет интересова́ться, увлека́ться?
Како́й у него́/неё бу́дет хара́ктер?

Поступит ли он/она́ в университе́т по́сле шко́лы и́ли пойдёт
рабо́тать?

Кем он/она́ ста́нет по профе́ссии?

Где он/она́ бу́дет рабо́тать?

Каки́е у него́/неё бу́дут отноше́ния с роди́телями, т. е. с ва́ми?

Когда́ он же́нится/Когда́ она́ вы́йдет за́муж?

Ско́лько у него́/неё бу́дет дете́й?

Кто бу́дет ня́нчить его́/её дете́й?

A3 Dating agencies — Социа́льно-психологи́ческая слу́жба знако́мств

*With your partner complete the questionnaire on behalf of a famous person of your choice.
Read out an account of that person's data. Guess on whose behalf the others have completed
the questionnaire.*

Мой идеа́л

1. Во́зраст	От . . . до . . . лет.
2. Национа́льность	. . .
3. Рост	❐ Сре́дний · ❐ Высо́кий
4. Образова́ние	❐ Сре́днее ❐ Вы́сшее · ❐ Учёная сте́пень
5. Рабо́тает в одно́й из сле́дующих отрасле́й:	❐ Иску́сство, культу́ра. · ❐ Нау́ка и те́хника. ❐ Промы́шленность. · ❐ Се́льское хозя́йство. ❐ Торго́вля / Се́ктор услу́г. · ❐ Здравоохране́ние. ❐ Полити́ческая де́ятельность. · ❐ Тра́нспорт. ❐ Образова́ние.
6. Семе́йное состоя́ние	❐ В бра́ке не состоя́л/состоя́ла. · ❐ Разведён/разведена́. ❐ Вдове́ц/вдова́. · ❐ За́мужем/жена́т.
7. Жили́щные усло́вия	❐ Служе́бная жилпло́щадь. · ❐ Ко́мната. ❐ Жилпло́щади не име́ет. · ❐ Отде́льная кварти́ра.
8. Отноше́ние к куре́нию	❐ Ку́рит постоя́нно. · ❐ Ку́рит и́зредка. · ❐ Не ку́рит.
9. Отноше́ние к спиртны́м напи́ткам	❐ Не пьёт. ❐ Мо́жет вы́пить за пра́здничным столо́м. ❐ Предпочита́ет вы́пить в кругу́ друзе́й.
10. Проведе́ние досу́га	❐ Лю́бит проводи́ть досу́г до́ма, в семье́. ❐ Лю́бит прогу́лки в одино́честве. ❐ Не лю́бит сиде́ть до́ма. ❐ Лю́бит проводи́ть досу́г с друзья́ми.
11. Интере́сы	❐ Посеще́ние кино́, теа́тров, конце́ртов. ❐ Посеще́ние рестора́нов, хожде́ние в го́сти. ❐ Игра́ в ша́хматы, шара́ды, насто́льные и́гры. ❐ Ры́бная ло́вля, охо́та, за́городные прогу́лки. ❐ Спорт. ❐ Пасси́вный о́тдых у телеви́зора. ❐ Коллекциони́рование.

(Dating agency publication: *Социа́льно-психологи́ческая слу́жба знако́мств*,
ЭВМ, Л., no date supplied)

Write an account of who your ideal partner would be.

Я хотéл/хотéла бы, чтóбы мой идеáльный спýтник жúзни . . .
Я хочý, чтóбы он/онá . . .
Я хочý, чтóбы у негó/неё . . .

A4   Modal expressions — Нýжно / нáдо, чтóбы . . .

 The following examples illustrate the use of the subjunctive with modal expressions.

Ребёнок дóлжен знать, как себя вестú.
Нýжно, чтóбы ребёнок знал, как себя вестú.

При посáдке самолёта все пассажúры должны́ оставáться на своúх местáх.
При посáдке обязáтельно, чтóбы все пассажúры оставáлись на своúх местáх.

A5   Text — Одúн дóма: совéты родúтелям и дéтям

V+ Pre-reading exercises. *Read through the following phrases and anticipate the contents of the text.*

участúлись нападéния на детéй   оставáться одномý
крéпкая вхóднáя дверь   пóльзоваться глазкóм и цепóчкой
открывáть дверь на цепóчке   вы́звать милúцию

Group the following lexical items into three categories: people, objects and modal adverbs.

вáжно	вхóднáя дверь	глазóк	дéти
желáтельно	замóк	звонóк	лéстница
милúция	нáдо	нежелáтельно	незнакóмый человéк
нельзя́	необходúмо	нýжно	ребёнок
родúтели	сосéди	телефóн	цепóчка

Select appropriate verbs to complete the following phrases.

Verbs: вы́звать, оставáться, отвечáть, открывáть, пóльзоваться, проверя́ть, установúть
Phrases:
. . . глазкóм   . . . глазóк   . . . дверь на цепóчке
. . . милúцию по телефóну   . . . на телефóнные звонкú   . . . одномý дóма
. . . , всё ли в поря́дке

 Read the following text and find all the modal adverbs. Construct a table listing all examples of modals + infinitives in one column and modals + **чтóбы** *in the other.*

В послéднее врéмя участúлись слýчаи нападéния на детéй в москóвских квартúрах. Éсли ваш ребёнок чáсто остаётся одúн дóма, необходúмо прéжде всегó, чтóбы вхóднáя дверь былá крéпкой, чтóбы на ней бы́ло не мéнее двух замкóв и цепóчка. Желáтельно тáкже, чтóбы в дверú был устанóвлен глазóк.

Нýжно, чтóбы ваш ребёнок хорошó знал, как пóльзоваться глазкóм и цепóчкой. Объяснúте ребёнку, что ни в кóем слýчае нельзя́ открывáть дверь, дáже на цепóчке, éсли глазо́к закры́т с друго́й стороны́, и́ли éсли на ле́стнице стои́т незнако́мый челове́к, и́ли вообще́ никого́ нет.

Ва́жно, что́бы ребёнок знал, как вы́звать мили́цию по телефо́ну 02.

Уходя́ из до́ма, роди́тели должны́ напо́мнить ребёнку, как на́до отвеча́ть на звоно́к в дверь, на телефо́нные звонки́ и как вести́ себя́ с незнако́мыми людьми́.

Вообще́ нежела́тельно, что́бы де́ти находи́лись подо́лгу одни́ в кварти́ре. Но éсли уж у роди́телей друго́го вы́хода нет, мо́жно попроси́ть сосе́дей, что́бы они́ вре́мя от вре́мени проверя́ли, всё ли в поря́дке.

(adapted from «*Аргуме́нты и фа́кты*», *1995*)

B The conditional mood

B1 The conditional mood — Éсли бы

Éсли + future tense	Éсли бы + the conditional mood
Éсли бу́дет хоро́шая пого́да, мы пойдём на экску́рсию.	Éсли бы была́ хоро́шая пого́да, мы пошли́ бы на экску́рсию.
Éсли ночь бу́дет тёплой, мы бу́дем ночева́ть под откры́тым не́бом.	Éсли бы ночь была́ тёплой, мы бы ночева́ли под откры́тым не́бом.
Я возьму́ э́ту кни́гу, éсли она́ тебе́ бо́льше не нужна́.	Я взял/взяла́ бы э́ту кни́гу, éсли бы она́ тебе́ бо́льше не была́ нужна́.
Я зайду́ к тебе́ ве́чером, éсли успе́ю.	Я зашёл/зашла́ бы к тебе́ ве́чером, éсли бы успе́л/успе́ла.
Éсли бу́дет собра́ние, я верну́сь домо́й по́здно.	Éсли бы бы́ло собра́ние, я верну́лся бы домо́й по́здно.
Éсли у нас бу́дут биле́ты, мы пойдём в теа́тр.	Éсли бы у нас бы́ли биле́ты, мы пошли́ бы в теа́тр.
Éсли мы вы́йдем во́время, мы не опозда́ем на по́езд.	Éсли бы мы вы́шли во́время, мы не опозда́ли бы на по́езд.

 For a discussion of the conditional mood see 'Grammar summary' (9.9.4).

B2 Exercises — Упражне́ния

Complete the following sentences.

Éсли я вста́ну ра́но, . . .

Éсли бы я встал/вста́ла ра́но, . . .

Éсли мы бу́дем учи́ться в Москве́, . . .

Éсли бы мы учи́лись в Москве́, . . .

Éсли он сдаст все экза́мены, . . .

Éсли бы он сдал все экза́мены, . . .

Éсли я вы́играю по лотере́йному биле́ту, . . .

Éсли бы я вы́играл/вы́играла по лотере́йному биле́ту, . . .

B3 Poll — Что бы ты сде́лал, е́сли бы был волше́бником?

На тако́й вопро́с учителя́ Екатеринбу́рга попроси́ли отве́тить третьекла́ссников ра́зных школ го́рода. Не́сколько отры́вков из их сочине́ний мы предлага́ем на́шим чита́телям.

1. Е́сли бы я был волше́бником, я бы сде́лал так, что́бы лю́ди жи́ли до́льше.

2. С по́мощью волше́бной па́лочки я бы сде́лал так, что́бы все ста́ли до́брыми и что́бы все счастли́вые сны сбыли́сь.

3. Мне хоте́лось бы сде́лать таки́е заво́ды, что́бы газ, кото́рый выхо́дит из них, не загрязня́л бы во́здух, а выходи́л бы куда́-нибу́дь в други́е плане́ты, где нет жи́зни.

4. Е́сли бы я была́ волше́бником, я бы сде́лала так, что́бы был оди́н междунаро́дный язы́к, что́бы все лю́ди всего́ земно́го ша́ра понима́ли друг дру́га.

5. Я бы сде́лал так, что́бы лю́ди забы́ли, что тако́е война́.

6. Я бы сде́лал так, что́бы не то́лько я был отли́чником, но и все де́ти бы́ли отли́чниками.

7. Я бы сде́лал так, что́бы все лю́ди ста́ли спортсме́нами.

8. Я бы сде́лала так, что́бы ма́ма не не́рвничала.

(по материа́лам журна́ла «*Спу́тник*»)

Write a short account of what you would do if you were a magician: **Е́сли бы я был/была́ волше́бником** . . .

The teacher reads all the essays aloud. Guess who wrote which one.

B4 Survey — Старшекла́ссников спроси́ли . . .

Study and discuss the results of the survey below. Arrange them according to age, gender and income group.

В конце́ уче́бного го́да на вопро́с социо́логов «Хоте́лось бы тебе́ уе́хать жить за грани́цу?» мно́гие старшекла́ссники, не заду́мываясь, да́ли положи́тельный отве́т. При э́том ю́ноши настро́ены бо́лее реши́тельно, чем де́вушки: лишь оди́н из четырёх ма́льчиков и одна́ из пяти́ де́вушек отве́тили на вопро́с отрица́тельно.

Интере́сно, что са́мыми патриоти́чными оказа́лись де́ти из ме́нее обеспе́ченных семе́й — в графе́ «живём пло́хо, иногда́ де́нег не хвата́ет» — они́ составля́ют большинство́ из тех, кто уезжа́ть не собира́ется.

Среди́ 15-ле́тних оказа́лось бо́льше жела́ющих эмигри́ровать, чем среди́ 16- и 17-ле́тних.

Ана́лиз миграцио́нных настрое́ний среди́ старшекла́ссников показа́л сле́дующую карти́ну:

16,5 %	не заду́мываясь, уе́хали бы жить за грани́цу
20 %	не хотя́т уезжа́ть за грани́цу
21 %	пока́ не реши́ли, но «скоре́е — да, чем — нет»
23,5 %	пока́ не реши́ли, но «скоре́е — нет, чем — да»
18 %	затрудни́лись отве́тить

(по материа́лам газе́ты «*Комсомо́льская пра́вда*», 1994)

C Reading and grammar

C1 Text — Бы

 Listen to your teacher's reading of the following text. As a group, try to reconstruct the narrative in English. Then read the text and do the exercises supplied below.

Оди́н раз я сиде́л, сиде́л, и ни с того́ ни с сего́ вдруг тако́е наду́мал, что да́же сам удиви́лся. Я наду́мал, что вот как хорошо́ бы́ло бы, е́сли бы всё вокру́г на све́те бы́ло устро́ено наоборо́т. Ну вот, наприме́р, что́бы де́ти бы́ли во всех дела́х гла́вные, а взро́слые должны́ бы бы́ли их во всём, во всём слу́шаться. В о́бщем, что́бы взро́слые бы́ли как де́ти, а де́ти — как взро́слые. Вот э́то бы́ло бы замеча́тельно, о́чень бы́ло бы интере́сно!

Во-пе́рвых, я представля́ю себе́, как ма́ме понра́вилась бы така́я ситуа́ция, что я хожу́ и кома́ндую ей, как хочу́; да и па́пе то́же бы понра́вилось. Наприме́р, вот ма́ма сиде́ла бы за обе́дом, а я бы сказа́л:

— Ты почему́ э́то завела́ мо́ду без хле́ба есть? Ты погляди́ на себя́ в зе́ркало, на кого́ ты похо́жа? Вы́литый Каще́й! Ешь сейча́с же!

И она́ бы ста́ла есть, а я бы подава́л кома́нду:

— Быстре́е! Опя́ть заду́малась? Жуй как сле́дует! И не раска́чивайся на сту́ле! И тут вошёл бы па́па по́сле рабо́ты, и не успе́л бы он да́же разде́ться, а я бы уже́ закрича́л:

— Ага́, яви́лся! Ве́чно на́до тебя́ ждать! Мой ру́ки сейча́с же! По́сле тебя́ на полоте́нце стра́шно смотре́ть. Ну́-ка покажи́ но́гти. Это у́жас, а не но́гти. Это про́сто — ко́гти! Где но́жницы? . . . Вот так. Тепе́рь сади́сь.

Он бы сел и потихо́ньку сказа́л ма́ме:

— Ну как пожива́ешь?

А она́ бы сказа́ла тихо́нько:

— Ничего́, спаси́бо!

И я бы неме́дленно:

— Разгово́рчики за столо́м! «Когда́ я ем, я глух и нем!» Запо́мните э́то золото́е пра́вило на всю жизнь.

Тут бы я прошёлся по ко́мнате и сказа́л бы им:

— По́сле обе́да вы сади́тесь за уро́ки, а я в кино́ пойду́!

— И мы с тобо́й! И мы хоти́м в кино́! — попроси́ли бы они́.

А я бы им:

— Ничего́! Вчера́ ходи́ли на день рожде́ния, в воскресе́нье я вас в цирк води́л! Понра́вилось развлека́ться ка́ждый день! До́ма сиди́те! Вот вам три́дцать копе́ек на моро́женое, и всё!

И я бы прошёлся ми́мо них, как бу́дто я не замеча́ю, что у них у обо́их глаза́ мо́крые, и я стал бы одева́ться, а пото́м приоткры́л бы дверь на ле́стницу и сказа́л . . .

Но я не успе́л приду́мать, что я сказа́л бы, потому́ что в э́то вре́мя вошла́ ма́ма, са́мая настоя́щая, жива́я, и сказа́ла:

— Ты ещё сиди́шь? Ешь сейча́с же! Посмотри́, на кого́ ты похо́ж! Вы́литый Каще́й!

(В. Драгу́нский in «*Ру́сский язы́к за рубежо́м*», 1, 1970: 26–7)

C2 Exercises — Упражнéния

Insert appropriate prepositions in the spaces provided.

1. чтóбы дéти бы́ли . . . всех делáх глáвные
2. взрóслые должны́ бы бы́ли их . . . всём слу́шаться
3. мáма сидéла бы . . . обéдом
4. Ты почему́ э́то завелá мóду . . . хлéба есть?
5. Ты погляди́ . . . себя́ . . . зéркало!
6. . . . когó ты похóжа?
7. Не раскáчивайся . . . сту́ле!
8. вошёл бы пáпа . . . рабóты
9. Запóмните это золотóе прáвило . . . всю жизнь.
10. тут бы я прошёлся . . . кóмнате
11. . . . обéда сади́тесь . . . урóки, а я . . . кинó пойду́!
12. И мы . . . тобóй!
13. вчерá ходи́ли . . . день рождéния
14. Вот вам три́дцать копéек . . . морóженое, и всё!

Put the verbs in brackets into the correct form.

1. Я (ходи́ть/идти́) . . . по кóмнате и комáндовал мáмой, как хотéл.
2. Вдруг (входи́ть/войти́) . . . пáпа.
3. Я ему́ закричáл, чтóбы он (ходи́ть/идти́) . . . мыть ру́ки.
4. В то врéмя, как мы обéдали, (приходи́ть/прийти́) . . . бáбушка.
5. Пóсле обéда они ся́дут дéлать урóки, а я (идти́/пойти́) . . . в кинó.
6. Мáма и пáпа сказáли, что они́ тóже хотя́т (ходи́ть/идти́/пойти́) . . . в кинó.
7. Так как роди́тели вчерá (ходи́ть/идти́) . . . на день рождéния, я их не взял в кинó.
8. В воскресéнье я их (води́ть/вести́) . . . в цирк.

C3 Poetry — Скáзка о царé Салтáне, о сы́не егó богатырé кня́зе Гвидóне и о прекрáсной царéвне-лéбеди

Listen to the following extract from Pushkin's fairy tale in verse. Mark on the stress.

Три девицы под окном
Пряли поздно вечерком.   прясть = to spin (thread)

«Если б я была царица, —
Говорит одна девица, —
То на весь крещёный мир
Приготовила б я пир».   пир = banquet, feast

«Если б я была царица, —
Говорит её сестрица, —
То на весь бы мир одна
Наткала бы полотна».   ткать = to weave (cloth)

«Если б я была царица, —
Третья молвила девица, —
Я б для батюшки царя
Родила богатыря».

Только вымолвить успела,
Дверь тихонько заскрипела,
И в светлицу входит царь,   светлица = комната
Стороны той государь.

«Здравствуй, красная девица, —
Говорит он, — будь царица
И роди богатыря мне к началу сентября».

(adapted from A. S. Pushkin)

D   Indirect speech

D1   Expressing a request/command — Мать сказа́ла, что́бы . . .

☞ Мы попроси́ли преподава́теля: «Повтори́те, пожа́луйста».
Мы попроси́ли преподава́теля повтори́ть.

Мать сказа́ла сы́ну: «Убери́ ко́мнату!»
Мать сказа́ла, что́бы сын убра́л ко́мнату.
or: Мать веле́ла сы́ну убра́ть ко́мнату.

Профе́ссор говори́т: «Обяза́тельно прочита́йте э́ту статью́.»
Профе́ссор говори́т, что́бы все обяза́тельно прочита́ли э́ту статью́.
or: Профе́ссор сове́тует всем обяза́тельно прочита́ть э́ту статью́.

☞ The following verbs can be used with the infinitive in indirect requests/commands.

- проси́ть/попроси́ть — to request/to ask . . . to do something
- сове́товать/посове́товать — to advise/to recommend
- прика́зывать/приказа́ть — to order/to command
- веле́ть (to tell/to order) when used instead of сказа́ть

D2   Indirect speech — Что/что́бы

Замени́те предложе́ния с прямо́й ре́чью предложе́ниями с ко́свенной ре́чью.

1. Ве́чером Ни́на сказа́ла: «У меня́ боли́т голова́. Дай мне лека́рство от головно́й бо́ли.»
2. Ми́ша написа́л отцу́: «Пришли́ мне, пожа́луйста, де́нег».
3. Касси́рша отве́тила: «Плати́те за биле́ты и проходи́те в зал».
4. «Иди́те пря́мо и поверни́те нале́во», — объясни́л милиционе́р.
5. На вокза́ле незнако́мый челове́к попроси́л: «Помоги́те мне, пожа́луйста, найти́ спра́вочное бюро́».
6. «Обяза́тельно посмотри́ э́тот фильм», — посове́товал мне брат.
7. «Не шуми́те здесь!» — потре́бовала медсестра́.

8. «Не кури́те и побо́льше гуля́йте», — веле́л больно́му врач.

9. Царь приказа́л солда́ту: «Пойди́ туда́, не зна́ю куда́, принеси́ то, не зна́ю что . . .»

Замени́те предложе́ния с ко́свенной ре́чью предложе́ниями с прямо́й ре́чью.

1. Тре́нер сказа́л, что спортсме́ны приду́т к 6 часа́м.
2. Тре́нер сказа́л, что́бы спортсме́ны пришли́ к 6 часа́м.
3. В библиоте́ке сказа́ли, что студе́нт принёс кни́гу вчера́.
4. В библиоте́ке сказа́ли, что́бы студе́нт принёс кни́гу за́втра.
5. В письме́ мать писа́ла, что Анна не е́здила на экску́рсию.
6. В письме́ мать писа́ла, что́бы Анна не е́здила на экску́рсию.
7. Мать сказа́ла, что де́ти пообе́дали.
8. Мать сказа́ла, что́бы де́ти пообе́дали.
9. Сообщи́те, что они́ прие́хали.
10. Сообщи́те, что́бы они́ прие́хали.

D3 Text — Пойди́ туда́, не зна́ю куда́, принеси́ то, не зна́ю что . . .

Pre-reading exercises. *Read through the following phrases and group them into the following categories: characters, actions and places. Anticipate the contents of the story by hypothesising about which actions and places are associated with which characters, and which characters are 'goodies' and which are 'baddies'.*

бить дуби́нками	ве́дьма	вози́ть дрова́	выполня́ть план
дом	жени́ться	зада́ть зада́чу	злой сове́тник
казни́ть	коле́чко	краса́вица	краса́вица Алёна
лес	мать	муж	муж с жено́й
навести́ть	обижа́ть	переда́ть приве́т	погуби́ть
показа́ть свои́ синяки́	попу́тчик	приказа́ть	проща́ться
рассерди́ться	служи́ть	смех	сове́тник
согласи́ться	солда́т Андре́й	солда́тская жена́	тот свет
у́лица	умере́ть	у́мница	царь
царь-ба́тюшка	че́рти		

Then read the text and do the exercises supplied below.

Жил-был царь. Ца́рствовал он 10 лет, был уже́ немо́лод, но всё ещё нежена́т. Ску́чно ему́ бы́ло без жены́ жить.

Идёт царь одна́жды ве́чером по у́лице, слы́шит в дома́х смех, загля́дывает в о́кна — в ка́ждом до́ме муж с жено́й за столо́м сидя́т. Проходи́л он ми́мо до́ма солда́та Андре́я. Загляну́л к нему́ в окно́ и отойти́ не мо́жет: влюби́лся царь в солда́тскую жену́, краса́вицу Алёну, с пе́рвого взгля́да!

Позва́л царь своего́ зло́го сове́тника и говори́т:

— Ты челове́к злой. Приду́май, как мне солда́та Андре́я погуби́ть. Хочу́ на его́ жене́ жени́ться! Е́сли не приду́маешь к утру́, велю́ тебя́ казни́ть.

Пошёл сове́тник домо́й, а там его́ мать ждёт — ещё зле́е его́ — настоя́щая ве́дьма. Ви́дит мать, что сын пришёл неве́сел, и спра́шивает:

— О чём, сынок, задумался?

Рассказал ей сын про царя и про солдатскую жену, и что к утру нужно придумать, как солдата погубить.

— Ну, это дело нетрудное! — сказала старая ведьма. — Иди к царю и скажи ему: пусть он пошлёт солдата на тот свет навестить старого царя-батюшку, который 10 лет назад умер. Обратно с того света никто не возвращается.

Побежал злой советник к царю — посоветовал, как мать сказала. Послал царь за солдатом Андреем и говорит ему:

— Я тобой, Андрей, доволен: хорошо ты послужил мне в солдатах, а теперь ещё одну службу сослужи. Сходи-ка ты завтра на тот свет, навести моего батюшку, узнай, как он там живёт, да привет от меня передай.

Опечалился солдат Андрей, пошёл домой с молодой женой прощаться.

— Да что ты, Андрюша, отчего печален? — спрашивает красавица Алёна.

Рассказал ей муж, какую задачу задал ему царь.

— С того света никто не возвращается . . . Так что, прощай, жёнушка, навсегда.

— Не грусти, — говорит жена, — ложись лучше спать. Утро вечера мудренее.

А сама села у окна и стала думать. Алёна была не только красавица, но и умница. Утром она разбудила мужа рано и сказала:

— Пойди к царю и попроси себе в попутчики злого советника: а то никто тебе не поверит, что ты на тот свет сходил и вернулся. Возьми с собой моё колечко. Когда войдёшь в лес, брось перед собой колечко, оно тебя до того света доведёт и обратно домой приведёт.

Удивился Андрей, поцеловал жену и пошёл к царю. Царь послушал его и согласился — приказал советнику с Андреем на тот свет идти. И вот вышли они вдвоём в путь-дорогу. Колечко катится по дороге, а они за ним идут.

Близко ли, далёко ли, скоро ли, долго ли — дошли они, наконец, до того света. Смотрят, а там черти на старом царе дрова возят и дубинками его бьют. Андрей крикнул:

— Эй, черти! Отпустите царя-батюшку, мне надо с ним поговорить.

— Нет, — говорят черти, — нам некогда: надо дрова возить, план выполнять!

— А вы моего попутчика возьмите, — сказал солдат, — он помоложе, больше дров возить будет, план скорее выполните.

— Ну ладно, — согласились черти, — давай меняться.

Схватили они злого советника, стали его дубинкой бить и дрова на нём возить. А солдат Андрей стал старого царя спрашивать, как он живёт на том свете, и что сыну его передать на этом свете.

— Ох, плохо мне живётся на том свете! А сыну скажи, чтобы людей не обижал, а то, когда он умрёт, на нём тоже черти дрова возить будут.

Поговорили они так по душам, а тут и черти вернулись, ещё дров на советника нагружать стали. А тот уже чуть живой от усталости да от дубинки. Отдал солдат чертям старого царя, а сам опять вслед за колечком пошёл по дороге и домой вернулся жив и здоров. А за ним злой советник чуть живой пришёл.

Увидел солдата царь, рассердился:

— Как ты посмел назад вернуться? Никто с того света живым не возвращается! Докажи, что ты на тот свет ходил, батюшку моего видел. Что он мне передал?

— А вот что: батюшка ваш велел вам людей не обижать, а то на вас после смéрти чéрти дровá возúть бýдут. А совéтник ваш пусть скáжет, кудá мы ходúли, пусть покáжет свои синякú и расскáжет, как его на том свéте чéрти дубúнкой бúли. Царь посмотрéл на совéтника и повéрил солдáту. Дéлать нéчего, отпустúл он Андрéя домóй. А злóму совéтнику сказáл:

— Даю́ тебé два дня на лечéние и на размышлéние. Éсли чéрез два дня не придýмаешь вéрного спóсоба погубúть солдáта, велю́ тебя́ казнúть . . .

(Adapted from folk tale in Н. Н. Ковачёва, А. В. Фрóлкина (сост.), *Рýсские скáзки*, «Рýсский язы́к», Moscow, 1987: 75–84)

D4 Exercises — Упражнéния к тéксту

Express the following commands in indirect speech.

1. придýмай, как мне солдáта Андрéя погубúть
2. идú к царю́ и скажú емý: пусть он пошлёт солдáта на тот свет навестúть стáрого царя́-бáтюшку
3. сходú-ка ты зáвтра на тот свет
4. навестú моегó бáтюшку
5. узнáй, как он там живёт
6. привéт от меня́ передáй
7. не грустú
8. ложúсь лýчше спать
9. пойдú к царю́
10. попросú себé в попýтчики злóго совéтника
11. возьмú с собóй моё колéчко
12. брось пéред собóй колéчко
13. эй, чéрти! отпустúте царя́-бáтюшку
14. а вы моегó попýтчика возьмúте
15. а совéтник ваш пусть скáжет, кудá мы ходúли
16. пусть покáжет свои синякú
17. пусть расскáжет, как его на том свéте чéрти дубúнкой бúли

Придýмайте, что ещё злой совéтник посовéтовал царю́ сдéлать, чтóбы погубúть солдáта Андрéя.

D5 Short form adjectives — Крáткие прилагáтельные

Find all the short form adjectives in the text in D2. *List them in the masculine, feminine and neuter singular, the plural and the comparative (where appropriate).*

For a discussion of short form adjectives see 'Grammar summary' (7.3).

E Cultural awareness

E1 Text — Вы́жить и́ли преуспе́ть?

Read the following text and indicate with which model(s) of success each of the following achievements is associated.

model(s)	*model(s)*
. . . больши́е де́ньги	. . . вы́сшее образова́ние
. . . де́ньги	. . . интеллиге́нтная рабо́та по специа́льности
. . . интере́сная профе́ссия	. . . карье́ра
. . . обы́чная жизнь с бли́зкими людьми́	. . . самореализа́ция че́рез образова́ние
. . . свобо́да	. . . со́бственное де́ло
. . . хоро́шая профе́ссия	. . . хоро́шее образова́ние
. . . хоро́шие де́ньги	

500 студе́нтам и уча́щимся выпускны́х кла́ссов сре́дних школ предложи́ли описа́ть со́бственные представле́ния об успе́хе и свои́ пла́ны на бу́дущее.

Оказа́лось, у молоды́х есть 3 гла́вных «моде́льных» представле́ния об успе́хе. Причём, по мне́нию всех опро́шенных, гла́вный крите́рий успе́шности, «за́данный» сами́м о́бществом, — де́ньги.

Пе́рвая моде́ль мо́жет быть на́звана «квазисове́тской». На неё ориенти́руются 17 проце́нтов опро́шенных молоды́х люде́й. Она́ включа́ет в себя́ вы́сшее образова́ние и «интеллиге́нтную» рабо́ту по специа́льности. На пе́рвый план выступа́ет иде́я самореализа́ции че́рез образова́ние и интере́сную профе́ссию. Сни́жена роль де́нег и карье́ры. Зато́ о́чень высока́ це́нность ча́стной жи́зни, понима́емой как «обы́чная жизнь с бли́зкими людьми́».

Альтернати́ва предыду́щей моде́ли — представле́ния об успе́хе, сравни́мые с «америка́нской мечто́й» о беспреде́льных возмо́жностях. Гла́вное в них — «больши́е де́ньги». Си́мвол успе́ха — со́бственное де́ло, позволя́ющее име́ть свобо́ду («сам себе́ хозя́ин»). Име́ть со́бственное де́ло, стать предпринима́телем и обяза́тельно «о́чень бога́тым» челове́ком хоте́ли бы 59 проце́нтов отвеча́вших студе́нтов и старшекла́ссников.

Тре́тью моде́ль успе́ха, на кото́рую ориенти́руются 24 проце́нта молоды́х люде́й, мо́жно бы́ло бы назва́ть «высокоопла́чиваемый профессиона́л». У неё три слага́емых: хоро́шее образова́ние, хоро́шая профе́ссия, хоро́шие де́ньги. Олицетворя́ет её ча́ще всего́ юри́ст (и́ли экономи́ст), зна́ющий своё де́ло специали́ст, рабо́тающий в кру́пной фи́рме.

(«*Моско́вские но́вости*», 23 ию́ня 1998 г.)

Homework

 Written exercises — Письменные задания

Упражнение 1. Conditional clauses. Если/если бы. *Закончите следующие предложения.*

1. Мы пойдем в театр, если . . .
2. Пошлите мне телеграмму, если . . .
3. Ты опоздаешь, если . . .
4. Нужно вызвать врача, если . . .

5. Я позвоню вам по телефону, если . . .
6. Если ты пойдешь в библиотеку, . . .
7. Если поезд опоздает, . . .

1. Мы поехали бы за город, если бы . . .
2. Я остался бы здесь, если бы . . .
3. Я принёс бы тебе книгу, если бы . . .
4. Брат был бы инженером, если бы . . .

5. Если бы ты хотел, . . .
6. Если бы у нас было свободное время, . . .
7. Если бы можно было к вам заехать, . . .

Упражнение 2. Facts or desires. Что или чтобы? *Вставьте нужный союз.*

1. Я думаю, . . . нам нужно поехать на экскурсию.
2. Отцу хотелось, . . . сын стал актёром.
3. Из телеграммы я понял, . . . мне надо кого-то встречать.
4. Мальчик просил, . . . ему купили книгу.
5. Профессор сказал, . . . Иванов работает в лаборатории.
6. Мать сказала Олегу, . . . он прочитал этот рассказ.
7. Олег сказал матери, . . . он уже прочитал этот рассказ.
8. Учитель сказал, . . . все дети пришли на экскурсию.
9. Учитель сказал, . . . экскурсия была интересная.
10. Отец написал дочери, . . . он получил её письмо и был рад ему.
11. Отец написал дочери, . . . она скорее ответила ему на письмо.
12. Муж написал жене, . . . он живёт в гостинице «Москва».
13. Муж написал жене, . . . она посылала ему письма в гостиницу «Москва».
14. Олег сказал Кате, . . . у него билеты в кино.
15. Олег сказал Кате, . . . она скорее одевалась, если хочет пойти с ним в кино.

Упражнение 3. Revision. Падежи. *Используя данные существительные, закончите следующие предложения (все они во множественном числе). Поставьте предлоги, где необходимо.*

1. друзья и подруги

(a) Я получаю письма . . .
(b) Я должен написать письма . . .

(c) Я давно не видел . . .
(d) В субботу ко мне придут . . .

2. дворцы и музеи

(a) В нашем городе много . . . (c) Мы провели весь день . . .

(b) Я люблю ходить . . . (d) Туристы всегда интересуются . . .

3. гости из Сибири

(a) К нам в университет приехали . . . (d) Мы пригласили на вечер . . .

(b) Мы познакомились . . . (e) . . . понравился спектакль.

(c) Экскурсовод рассказал . . . о нашем городе.

Упражнение 4. Revision. Имена существительные во множественном числе. *Поставьте слова из скобок в нужную форму множественного числа.*

1. (сады и парки) Люди отдыхают в . . .
2. (студенты и преподаватели) На конференции мы встретили несколько . . . из Англии.
3. (братья и сёстры) Они купили . . . подарки.
4. (вокзалы) В городе есть шесть . . .
5. (картинки) Дети очень любят книги с . . .
6. (книги) Этот писатель написал 11 . . .
7. (соседи) Сестра пошла в гости к . . .
8. (лыжи, коньки и санки) Зимой дети катаются на . . ., на . . . и на . . .
9. (газеты) О чём пишут сегодня в . . .?
10. (учителя) Университет готовит . . .
11. (страны) В этой группе туристы из семи . . .
12. (станции метро) Сколько в Москве . . .?
13. (зачёты и экзамены) Мы готовимся к . . .
14. (реки и озёра) Зимой вода в . . . холодная.
15. (города и деревни) Мы проехали несколько . . .

Упражнение 5. Revision. Прилагательные. *Укажите формы женского и среднего рода единственного числа и формы множественного числа следующих прилагательных. State whether the adjective is hard or soft.*

старый	последний	чужой	родной
третий	горячий	глубокий	настоящий
химический	счастливый	далёкий	интересный
свободный	молодой	близкий	добрый
тихий	здоровый	длинный	громкий
городской	ранний	хороший	высокий
дорогой	богатый	большой	красный
вечерний			

Упражнение 6. Revision. Прилагательные и местоимения. *Вместо точек вставьте нужное окончание.*

(a) Мы учились в институте.مног..1.. студенты мечтали об интересн..2.. работе, о далёк..3.. дорогах, о путешествиях, а Коля мечтал о невесте.

О как..4.. же невесте мечтал Коля? О красавице с голуб..5.. глазами? Нет! Коля хотел, чтобы его невеста умела хорошо готовить.

Коля любил поесть и всем говорил об эт..6.. .

Коля дружил со мног..7.. девушками, но ему не везло. Сначала всё было хорошо. Коля ходил с девушкой в театр, в кино, они много разговаривали, смеялись. Но ни одна девушка не умела готовить так, как хотел Коля.

(b) Од..1.. человек приехал в гости к сво..2.. другу. Друг жил в больш..3.. городе. Сначала друг был очень доволен. Но время шло, а человек не хотел уезжать. Наконец, его друг спросил:

— Ты не думаешь, что тво..4.. жене скучно без тебя?

— Ты прав, — ответил человек. — Я завтра напишу ей, чтобы она приехала.

(c) Две остановки от дома он проехал в троллейбусе — в нов..1.., жёлто-син..2.. троллейбусе. До войны так..3.. не было в Москве. Удобн..4.. кресла были обиты (covered) мягк..5.. кожей (leather) шоколадн..6.. цвета. Троллейбус шёл плавно, как по воде. А он не ездил в троллейбусах пять лет. Он не видел московск..7.. кондуктора пять лет.

Двери раздвинулись перед ним, и он спрыгнул на тротуар.

И вот он идёт по Москве.

Вот вывеска: «Детск..8.. сад № 62». Из открыт..9.. окна поёт радио.

Он идёт быстрее, почти бежит.

Он выходит на мост. Он останавливается на середине моста. Больш..10.. Каменн..11.. . Сам..12.. красив..13.. мост в мире. Теперь он не сомневается в этом, — он видел мосты в Праге и в Вене и множество друг..14.. мостов в разн..15.. стран..16.. .

Упражнение 7. Revision. Имена существительные и прилагательные. *Ответьте на вопросы, используя слова в скобках.*

(a) (один известный русский художник)
1. Кого вы видели на выставке?
2. С кем вы разговаривали о картинах?
3. Кто показал вам свои рисунки?
4. Кому вы хотите показать свои картины?
5. Чьи картины вы видели на выставке?
6. О ком писали в газете?

(b) (моя старшая сестра)
1. Кто звонил вам?
2. Кого вы ждёте?
3. С кем вы спорили о литературе?
4. Кому вы помогаете?
5. Чья эта фотография?
6. О ком вы рассказываете?

Упражнение 8. Revision. Союзное слово «который». *Вместо точек вставьте нужное окончание.*

1. Сегодня ко мне придёт товарищ, котор . . . я давно не видел.
2. Я уже прочитал книгу, о котор . . . ты мне говорил.
3. Мы вышли из леса и увидели реку, за котор . . . находилась деревня.
4. Он сегодня закончил доклад, над котор . . . работал месяц.
5. Я встретил человека, лицо котор . . . показалось мне знакомым.
6. Дай мне книги, котор . . . лежат на столе.
7. Товарищ рассказал мне о концерте, на котор . . . он был вчера.

8. Я хочу успеть на поезд, котор . . . отходит в 7 часов.

9. Я получил письмо от брата, в котор . . . он сообщил о своём поступлении в институт.

10. Мы подошли к театру, перед входом в котор . . . было много народу.

Упражнение 9. Revision. Союзное слово «который». *Составьте из указанных предложений сложное предложение, используя союз «который».*

1. В нашей группе учится студентка.	Она приехала из Дании.
	У неё много друзей.
	Я познакомился с ней в Москве.
2. У меня есть товарищ.	Его зовут Володя.
	Он учится в мединституте.
	Я помогаю ему изучать английский язык.
3. Сегодня на уроке мы читали рассказ.	Рассказ нам очень понравился.
	Мы много спорили об этом рассказе.

Упражнение 10. Short adjectives. Прилагательные в краткой форме. *Выделите прилагательное в нужной форме.*

1. Эта блузка мне (маленькая/мала) . . .
2. Корзинка была (полная/полна) . . . грибов.
3. Консервативная партия — (правая/права) . . . партия.
4. Моя жена всегда думает, что она (правая/права) . . .
5. Ивана Семёновича нет сегодня на работе. Он (больной/болен) . . .
6. Она женщина . . . (больная/больна).
7. Пьяница лежал на дороге около машины. Водитель вышел из машины и сказал: «Слава Богу, он ещё (живой/жив) . . . !»
8. Все думают, что Ваня очень (живой/жив) . . . ребёнок.
9. Мне (нужный/нужен) . . . зонтик.
10. Машина — это очень (нужная/нужна) . . . вещь.
11. Волга очень (широкая/широка) . . .
12. Обь тоже очень (широкая/широка) . . . река.
13. Мой маленький брат — очень (умный/умён) . . . мальчик.
14. У неё очень (красивые/красивы) . . . глаза.
15. Ночью звёзды на небе очень (красивые/красивы) . . .

Упражнение 11. Short adjectives. Прилагательные в краткой форме и краткое страдательное причастие. *Вставьте пропущенные слова, выбрав ответы из предложенного списка.*

Answers: богата, болен, готовы, занята, занят, малы, открыт

1. Магазин открывается в 8 часов утра и закрывается в 6 часов вечера. Магазин . . . с 8-и до 6-и.
2. Эти туфли 4-ого размера. А мой размер 6-ой. Эти туфли мне . . .
3. — За этим столом никто не сидит?
   — Нет, этот стол . . .

4. В нашей стране много золота. Наша страна . . . золотом.

5. — Все приготовились к экзамену?

— Да, мы все . . .

6. — Ивана сегодня нет. Он заболел.

— Чем он . . .?

7. К сожалению, у Елены сегодня нет времени. Она очень . . .

Упражнение 12. Cloze. Ванька. *Поставьте слова из скобок в нужную форму.*

Ванька Жуков, девятилетний мальчик, отданный три (месяц) ..1.. тому назад в ученье к (сапожник) ..2.. Аляхину, в ночь под Рождество не ложился спать. Когда хозяева ушли в церковь, он достал из (хозяйский шкаф) ..3.. ручку, лист (бумага) ..4.. и стал писать. Бумага лежала на (скамья) ..5.., а сам он стоял перед скамьёй на коленях.

«Милый дедушка, Константин Макарыч! — писал он. — Я пишу (ты) ..6.. письмо. Поздравляю (ты) ..7.. с (Рождество) ..8.. и желаю тебе (все) ..9.. от Господа Бога. Нету у меня ни (отец) ..10.., ни маменьки, только ты у (я) ..11.. один остался».

Ванька перевёл глаза на тёмное окно и ясно представил себе своего деда Константина Макарыча, (служащий) ..12.. ночным сторожем у господ Живарёвых. Это маленький старикашка, (год) ..13.. шестидесяти пяти, с вечно (смеющееся) ..14.. лицом и (пьяные глаза) ..15..

«Приезжай, милый дедушка, — продолжал Ванька. — Христом-богом тебя молю, возьми меня отсюда. Твой внук Иван Жуков. Милый дедушка, приезжай».

Ванька свернул лист и вложил его в конверт, купленный за (копейка) ..16.. Подумав немного, он написал адрес: «На деревню дедушке».

Потом подумал и прибавил: «Константину Макарычу». Довольный тем, что ему не помешали писать, он надел (шапка) ..17.. и выбежал на (улица) ..18..

Ванька добежал до первого почтового ящика и сунул драгоценное письмо в щель . . .

(по А. П. Чехову, *Рассказы*, «Художественная литература», Москва, 1970: 150–3)

Упражнение 13. Aspects. Упорный Юн Су. *Выделите глагол нужного вида.*

Когда-то (жил/прожил) ..1.. маленький мальчик Юн Су. Отец его (умирал/умер) ..2.. . (Оставался/остался) ..3.. он один с матерью. В доме у них было бедно и пусто. (Хотел/захотел) ..4.. Юн Су учиться, но у него не было ни бумаги, ни ручки. И всё-таки Юн Су (решал/решил) ..5..: «Буду учиться».

Утром он (приходил/пришёл) ..6.. к богатому соседу и сказал: «Я (слышал/услышал) ..7.., что вы ищете работника в дом. (Берите/возьмите) меня ..8..! Я (буду работать/поработаю) ..9.. бесплатно. Разрешите мне только иногда (смотреть/посмотреть) ..10.., как учатся ваши сыновья».

Богач был рад: (приходил/пришёл) ..11.. бесплатный работник!

Юн Су много работал в доме богача. Когда (приходил/пришёл) ..12.. учитель, Юн Су (садился/сел) ..13.. в угол и (слушал/послушал) ..14.. уроки.

Через год он уже мог (читать/прочитать) ..15.. слова, но писать он не умел. У него не было ни бумаги, ни карандаша. Юн Су придумал, как ему (учиться/

научиться) ..16.. писать. Он жил со своей матерью на берегу моря. Мальчик (брал/взял) ..17.. длинную палку и пришёл на берег моря. Быстро (писал/написал) ..18.. он на песке слово, и через минуту морская волна (смывала/смыла) ..19.. его. Он опять (писал/написал) ..20.., волна опять (смывала/смыла) ..21.. . Так он учился писать без бумаги и карандаша.

(Проходило/прошло) ..22.. много лет. Юн Су (становился/стал) ..23.. великим учёным. И до сих пор люди вспоминают, как учился маленький Юн Су.

(Pockney В. Р. (ed.), *88 коротких рассказов,* Collets, 1969: 67)

Упражнение 14. Prepositions. Источник молодости. *Вставьте пропущенные предлоги.*

..1.. бедной хижине жил старик ..2.. старухой. Старику было девяносто лет, старухе — восемьдесят. Пошёл однажды старик ..3.. дровами в горы. Долго он шёл ..4.. горы, часто садился отдыхать. Когда он нарубил дров, стал спускаться вниз. Было очень жарко, он спускался медленно.

Наконец, старик решил отдохнуть: положил дрова ..5.. землю, подошёл ..6.. источнику и стал пить холодную воду. Ему захотелось спать, он лёг ..7.. источника и заснул. Когда он проснулся, то увидел, что день кончается. Он взял дрова и быстро начал спускаться ..8.. горы. Удивился старик: шёл он быстро, но не уставал, и дрова как будто стали легче.

Дома его ждала старуха. Было уже поздно, и она решила пойти встречать старика. Недалеко ..9.. дома она увидела молодого человека ..10.. дровами. Она спросила:

— Не встречал ли ты ..11.. лесу моего старика?

— Ты что же, не видишь меня? Или не узнаешь? — ответил ей муж.

— Не смейся ..12.. мной, — сказала старуха, — и ты ..13.. семьдесят лет будешь таким, как мой муж.

И понял тогда старик, что он выпил ..14.. источника молодости, ..15.. котором когда-то говорил ему отец.

Старик рассказал ..16.. всём старухе. Она тоже захотела выпить этой воды и пошла искать источник.

Долго не было старухи. Уже начало темнеть, старик решил пойти ..17.. старухой. Но у источника старухи не было. Долго он искал свою жену. И вдруг услышал ..18.. кустах детский плач. Там лежал ребёнок ..19.. платье старухи. Женщина захотела быть моложе мужа и выпила слишком много воды.

(Pockney В. Р. (ed.), *88 коротких рассказов,* Collets, 1969: 69–70)

Упражнение 15. Comprehension. Мой первый школьный день. *Прочитайте рассказ и ответьте на вопросы.*

Я пошёл в школу на год раньше, чем это было положено мне по возрасту, и дней на двадцать позже, чем это было положено по календарю.

Так как я стал учиться в школе с двухнедельным опозданием, многих вещей, уже усвоенных другими учениками, я не понимал, что вызывало у моих товарищей улыбки, а то и откровенный смех класса. Так, например, я не знал, что разговаривать в классе вообще нельзя, а если уж говорить, то надо стараться говорить потише и как-то сообразовывая свой голос с расстоянием, на котором находится от тебя учительница, с тем, куда она смотрит, и так далее. А между прочим, голос у меня от природы был достаточно громким.

В ответ на неоднократные нарушения правил Александра Ивановна мне несколько раз предлагала выйти из класса. Но что вызывало всеобщее, никем не скрываемое веселье — это то, как я выходил из класса. Как только мне предлагали выйти из класса, я начинал впихивать в портфель свои школьные тетради, учебники и карандаши.

— Портфель пусть остаётся, ты выходи! — говорила Александра Ивановна, стараясь не смеяться и руками показывая, чтобы я оставил в покое портфель.

Во время первой перемены, едва я выбежал на школьный двор, где встретил нескольких ребят с нашей улицы и начал с ними осваиваться в новой для меня роли школьника, прозвенел звонок, призывающий всех в класс. Тогда меня поразила смехотворная несправедливость длины перемены по сравнению с длиной урока.

(по рассказу Фазиля Искандера, *Праздник ожидания праздника*, «Молодая гвардия», 1986: 47–8)

1. What two details does the author give us about when he first went to school?
2. How was he disadvantaged in relation to his peers?
3. How did his peers react to his ignorance?
4. What rule did he not know about?
5. Name two of the things he learnt to take into account when breaking this rule.
6. Why do you think he was more likely to be caught than anyone else?
7. How did the teacher respond to his constant breaking of the rules?
8. What action of his caused untold mirth?
9. Was the teacher amused?
10. What did he do during the break?
11. What put an end to these activities?
12. What did he consider to be a ridiculous injustice?

Упражнение 16. Guided writing. *Прочитайте объявление и напишите ответ в службу знакомств (120–130 слов). В письме уточните, что вам понравилось в их объявлении; расскажите о себе (возраст, внешность, характер, интересы, увлечения); объясните, чего вы ищете в муже/жене.*

Путь к любви труден . . . Но Ваш путь к ней, дорогой читатель, станет гораздо легче, если Вы доверитесь нам — Российской службе знакомств «АЛИСА»! За прошлый год наше агентство получило более трёхсот тысяч писем.

Каждое письмо — желание любви! Каждый ответ — возможность счастья! Наша фирма гарантирует сохранить все Ваши личные секреты в тайне.

Подборка удачных пар производится современными методами с помощью компьютеров и по специально разработанной психологической программе, гарантируя при этом полную конфиденциальность!

А для того чтобы Ваше знакомство произошло в приятной атмосфере, предлагаем Вам встретиться с Вашим возможным партнёром в нашей загородной гостинице, расположенной в лесу, на берегу Москвы-реки.

Всего за 75 рублей в год мы предоставим Вам выбор из пяти кандидатов, специально подобранных исключительно и только для Вас!

Если за один год Вы не найдёте себе будущего друга или подругу жизни, фирма «АЛИСА» продлит контракт с Вами ещё на год — без дополнительной платы.

Дорогой читатель или читательница!

Если Вы одиноки,

Если Вам хочется любви,

Если Вам нужен верный друг — пишите нам по адресу: МОСКВА, Главный почтамт, абонентный ящик № 113, фирма–агентство «АЛИСА»

Желаем вам любви и счастья в жизни!

Упражнение 17. Report writing in Russian. Количество или качество?

Проанализируйте график и текст А. Прочитайте текст Б под графиком. Напишите все числительные словами. Используя всю предложенную информацию об опросе, напишите небольшую статью по-русски о том, считаете ли вы телевидение полезным или вредным видом отдыха.

(А) Британские телевизионные компании Би-би-си и Ай-ти-ви регулярно проводят опросы телезрителей. Цель опросов — выяснить, насколько популярны их передачи среди разных возрастных групп. Результаты опросов помогают планировать количество и качество будущих телепередач, а следовательно, и бюджеты телекомпаний на ближайшее будущее.

Вот, например, что видно, если сравнить опросы телезрителей, проведённые в 1982 и в 1992 годах:

(Б) Прежде всего, из графика видно, что в (1992) . . . году самые юные телезрители — от (4) . . . до (15) . . . лет — проводят у телевизора на целый час больше, чем (10) . . . лет назад. Почему? Может быть, потому что передачи для детей стали лучше, чем раньше? Или, может быть, у родителей просто нет времени заниматься детьми, и они надолго оставляют детей одних у телевизора?

Интересно сравнить данные графика в самой старшей группе телезрителей. Пенсионеры меньше смотрят телевизор — почти на полчаса меньше, чем в начале (80-х) . . . годов.

В чём же причина? В том, что они ведут теперь более активную жизнь вне дома? Или, возможно, качество передач для зрителей старше (55) . . . лет стало хуже. Или же их пенсии настолько малы, что не хватает денег ни на покупку, ни на аренду телевизора? Ведь жизнь за эти годы стала ещё дороже!

 18   Lexical exercises — Лексические упражнения

18.1   Semantic groups. Профессии. *Перечислите две профессии в каждой из следующих категорий.*

1. Техника	7. Строительство
2. Промышленность	8. Транспорт
3. Сельское хозяйство	9. Здравоохранение
4. Наука	10. Искусство, культура
5. Социальное обеспечение	11. Образование
6. Торговля, общественное питание	12. Политическая деятельность

18.2   Semantic groups. Кто чем пользуется? *Подберите соответствующие названия профессий к следующим орудиям.*

волшебник	врач	касса	кассирша
кирпич	колхозник	мел	ножницы
официант	охотник	палочка	парикмахер
поднос	ружьё	строитель	трактор
стетоскоп	учитель		

Listening comprehension

 The following section has from Unit 19 have been recorded on tape:

C3   Сказка о царе Салтане

Упражнение 1. Dictation. Четыре желания. *Заполните пропуски под диктовку и перескажите рассказ по-английски.*

Была зима. Везде . . . чистый белый снег, который сверкал на солнце. В парке было очень красиво. Каждый день Митя . . . на санках, на лыжах и на коньках. Однажды он пришёл вечером с улицы домой и сказал:

— Как хорошо зимой! Хочу, чтобы всегда была зима!

Отец пошёл к себе в кабинет и . . . с записной книжкой. Он . . . Мите записную книжку и сказал:

— . . . своё желание в записную книжку.

Пришла весна. На деревьях . . . листья, всё вокруг позеленело. Митя . . . из леса первые подснежники и сказал:

— Как красиво весной в лесу! Я хочу, чтобы всегда была весна!

Отец сказал:

— . . . записную книжку, которую я дал тебе зимой, и . . . в неё это желание.

. . . жаркое лето. Митя жил на даче, . . . , загорал, ходил с отцом на рыбалку.

Митя сказал:

— Как весело летом! Я очень хочу, чтобы лето никогда не . . . !

Отец сказал, чтобы Митя . . . и это желание в записную книжку.

Осенью Митя с отцом поехали к бабушке в деревню. Митя . . . бабушке с дедушкой собирать яблоки в саду. Бабушка . . . яблочное варенье и компот, пекла вкусные яблочные пироги. Митя очень любил сладкое. Он с восторгом ел всё и говорил:

— Осенью лучше всего! Хочу, чтобы осень . . . бесконечно.

Тогда отец . . . записную книжку и . . . Мите, что он говорил то же самое сначала о зиме, потом о весне, потом о лете и теперь об осени.

Упражнение 2. Requests. Просьбы. *Замените просьбы с прямой речью просьбами с косвенной речью. Запишите на кассету ваши просьбы.*

Например:

(*you hear*) Подруга попросила: «Обязательно позвони мне с вокзала» [я]

(*you say*) Подруга попросила, чтобы я обязательно позвонил ей с вокзала.

1. Сергей сказал, чтобы . . . [друг]
2. Иван Семёнович хочет, чтобы . . . [Марина]
3. Мария Ивановна попросила, чтобы . . . [милиционер]
4. Надя хочет, чтобы . . . [преподаватель]
5. Мама приказала, чтобы . . . [дочь]
6. Отец велел, чтобы . . . [дети]

Упражнение 3. Comprehension and summary. Один дома. *Прослушайте рассказ и ответьте на вопросы по тексту. Перескажите рассказ, заменив просьбы с прямой речью просьбами с косвенной речью.*

Вопросы:

1. Когда и откуда пришёл Серёжа?
2. Почему у него было плохое настроение?
3. Что он подумал, когда увидел, что в квартире темно?
4. Что он увидел на столе?
5. Куда уехали родители и почему?
6. Где ему оставили еду?
7. Где лежат деньги?
8. Что оставил папа специально для Серёжи?
9. Перечислите все пункты, которые написала мама в записке:

     — дверь . . .

     — ключ и цепочка . . .

     — телефонные звонки . . .

     — ребята и девочки . . .

— окна и форточки . . .

— ценные вещи в квартире . . .

10. Что Серёжа нашёл в холодильнике?

11. Какой фильм оказался на видеокассете?

12. Кого Серёжа пригласил смотреть кино?

Упражнение 4. Comprehension and translation. Что читают французы? *Дайте краткие ответы на вопросы. Укажите перечень изложенных в тексте фактов. Переведите текст.*

1. What new column is announced in the newspaper?

2. How often are foreign correspondents' reports going to be published in this column?

3. What is the declared aim of these reports?

4. Name the topics of at least three of these reports.

5. How many correspondents are going to report for this column?

6. From what city is today's report and what is its theme?

7. When and why did the French sociologists become alarmed?

8. What sections of the French population read most?

9. Who are the least avid readers in France?

10. What section of the urban population reads most novels?

11. What percentage of French readers regularly uses public libraries?

12. What was the increase in book sales in the past twenty years?

13. How can one account for this increase in sales?

14. What literary genres are the most popular, and what percentage figures are quoted for them?

15. Name at least three of the French writers mentioned in the correspondent's report.

Упражнение 5. Listening and speaking. Московский десятиклассник в Америке. *Прослушайте текст. Используя вопросы, вспомните ваш последний школьный год и расскажите о жизни старшеклассников в вашей школе.*

Вопросы:

Заставляли ли вас родители делать уроки по вечерам?

Как решаются проблемы и конфликты в вашей семье?

Как вы обычно добирались до школы — пешком, на автобусе, на машине?

Сколько времени длилась большая перемена в школе, и что вы успевали сделать за это время?

Как вы отвечали на уроках — когда хотели или по вызову учителя?

Какой был выбор предметов в вашей школе? Какие предметы вы лично выбрали?

Часто ли у вас бывали контрольные работы, зачёты и экзамены?

Вы работали в свободное время/по вечерам/по субботам и воскресеньям?

Как вы отдыхали и развлекались по субботам и воскресеньям?

У кого, по-вашему, жизнь легче — у русских, американских школьников или у вас в стране?

Какие отношения, по-вашему, должны быть между учителями, родителями и старшеклассниками?

UNIT **20** урок

In this unit you will learn how to:

- use indefinite pronouns
- use negative particles
- decline **друг друга**

Classwork

A To be able

A1 'To be able' — уме́ть/мочь/успе́ть

☞ The following table illustrates the use of the verbs **уме́ть**, **мочь** and **успе́ть**.

уме́ть + imperfective	мочь + imperfective/perfective	успе́ть + perfective
Хотя́ ему́ то́лько три го́да, он уже́ уме́ет чита́ть. (потому́ что его́ научи́ла ба́бушка)	Я уже́ могу́ чита́ть газе́ты по-ру́сски без словаря́. (потому́ что давно́ занима́юсь ру́сским языко́м)	Я не успе́ю прочита́ть э́ту газе́ту до за́втра. (потому́ что у меня́ нет вре́мени, я за́нят)
Я не уме́ю говори́ть по-кита́йски. (потому́ что не изуча́л кита́йский язы́к)	Я не могу́ вам сказа́ть, где он живёт. (потому́ что не зна́ю его́ а́дреса)	Он продиктова́л мне свой а́дрес по телефо́ну, но не успе́л сказа́ть, как к нему́ дое́хать. (потому́ что в автома́те ко́нчились моне́ты)
У нас девятиме́сячный ребёнок, кото́рый уже́ уме́ет ходи́ть.	Он поправля́ется по́сле опера́ции и уже́ мо́жет ходи́ть. Когда́ мы бы́ли в Петербу́рге, мы могли́ по́льзоваться публи́чной библиоте́кой.	До отъе́зда я успе́л зайти́ к дру́гу попроща́ться. Он успе́л сходи́ть в библиоте́ку и верну́ть кни́ги во́время.

A2 Who can do what? — уме́ть

Соста́вьте табли́цу. Кто что уме́ет де́лать?

ката́ться на конька́х   говори́ть по-испа́нски   води́ть маши́ну
игра́ть в ша́хматы   печа́тать на маши́нке   игра́ть на гита́ре
пла́вать   вку́сно гото́вить

A3 What do you have time to do? — успе́ть

Соста́вьте табли́цу. Что вы успева́ете сде́лать за неде́лю?

сде́лать поку́пки	постира́ть
погла́дить	убра́ть ко́мнату
послу́шать му́зыку	посмотре́ть телеви́зор
позанима́ться в библиоте́ке	позанима́ться в лингафо́нной лаборато́рии
почита́ть люби́мых а́второв	почита́ть газе́ты
встре́титься с друзья́ми	посиде́ть в ба́ре
сходи́ть на дискоте́ку	сходи́ть в го́сти к друзья́м
пригото́вить дома́шние зада́ния	

A4 Why can't you . . . ? — не мочь

Match the entries in the two columns below.

(не) мочь	потому́ что
Я не могу́ чита́ть,	потому́ что не подгото́вилась к нему́.
Я не могу́ петь,	потому́ что маши́на в ремо́нте.
Я не могу́ прие́хать,	потому́ что слома́л но́гу.
Я не могу́ откры́ть дверь,	потому́ что боли́т го́рло.
Я не могу́ танцева́ть,	потому́ что забы́л ключ.
Я не могу́ встава́ть ра́но у́тром,	потому́ что потеря́л очки́.
Я не могу́ уча́ствовать в семина́ре,	потому́ что по́здно ложу́сь.

A5 If I have time — Е́сли успе́ю . . .

Match the entries in the two columns below.

Я сдам сочине́ние во́время,	е́сли успе́ет её прочита́ть.
Она́ сказа́ла, что вернётся в по́лночь,	е́сли успе́ем проанализи́ровать да́нные.
Мы зако́нчим рабо́ту за неде́лю,	е́сли успе́ю его́ написа́ть.
Я обяза́тельно прие́ду вас проводи́ть,	е́сли успе́ет на после́дний авто́бус.
За́втра студе́нт вернёт кни́гу в библиоте́ку,	е́сли успе́ю на вокза́л до отхо́да по́езда.

B Indefinite pronouns and adverbs

B1 Indefinite pronouns and adverbs (1) — . . . -ТО

☞
когда́-то	Жил-был коро́ль когда́-то.
где́-то	Я где́-то об э́том слы́шал.
почему́-то	В кварти́ре почему́-то пога́с свет.
кто́-то*	Кто́-то тебе́ звони́л, но не сказа́л, что переда́ть.
что́-то*	На́до обяза́тельно что́-то ей подари́ть.
како́й-то*	Приходи́л како́й-то мужчи́на и спра́шивал тебя́.

B2 Indefinite pronouns and adverbs (2) — . . . -НИБУДЬ

☞
когда́-нибудь	Когда́-нибудь ты сам о́бо всём узна́ешь.
где́-нибудь	Вы где́-нибудь быва́ли за грани́цей?
кто́-нибудь*	Если кто́-нибудь придёт, пусть подождёт меня́.
	У кого́-нибудь есть каранда́ш?
что́-нибудь*	Не плачь, мы что́-нибудь приду́маем.
како́й-нибудь	У вас есть како́й-нибудь хоро́ший детекти́в?
как-нибу́дь	Мы все учи́лись понемно́гу чему́-нибудь и как-нибу́дь. *(Пушкин)*

*The pronouns **что** and **кто** and the adjective **како́й** decline as normal before **-то** and **-нибу́дь**. What differences can you deduce between the uses of **-то** and **-нибу́дь**? For the declension of indefinite pronouns see 'Grammar summary' (3.7).

 Упражне́ние. *Decide whether to use **-то** or **-нибудь** in the examples below. Translate each sentence into English.*

1. Тебя́ (о чём-то/о чём-нибудь) спра́шивали?
2. На́дя (что́-то/что́-нибудь) отве́тила ему́ шёпотом.
3. Твой оте́ц (чем-то/чем-нибудь) сейча́с за́нят?
4. Она́ сейча́с у́чит (како́й-то/како́й-нибудь) африка́нский язы́к.
5. Скажи́, ты (когда́-то/когда́-нибудь) был влюблён?
6. Дава́йте споём (что-то/что-нибу́дь) весёлое.
7. Ольга всегда́ (куда́-то/куда́-нибудь) спеши́т.
8. Если (кто-то/кто-нибудь) расска́жет на́шу та́йну, то мы его́ побьём.
9. Тебя́ спра́шивала (кака́я-то/кака́я-нибудь) симпати́чная де́вушка.
10. Она́ всегда́ придира́ется, всегда́ (чем-то/чем-нибудь) недово́льна.

C Negation

C1 Negative adverbs — Ни́когда!

☞
никогда́ не	Я никогда́ не жил на э́той у́лице.
нигде́ не	Я нигде́ не мог вас найти́.
никуда́ не	Я никуда́ не уходи́л.
ниотку́да не	Я уже́ давно́ ниотку́да не получа́л пи́сем.
ника́к не	Я ника́к не могу́ э́того позво́лить.

C2   Negative pronouns — Никто!

никто́ не	ничто́ не
никого́ не	ничего́ не
никому́ не	ничему́ не
никого́ не	ничего́ не
ни с кем не	ничём не
ни о ком не	ни о чём не

Например: Никто́ не приходи́л.

Ничего́ но́вого она́ не узна́ла.

Об э́том никому́ не говори́те!

For a discussion of negation see 'Grammar summary' (10.1.1).

State the case of the negative pronoun in the following examples

1. Никто́ не приходи́л и не звони́л.
2. В кварти́ре бы́ло темно́, никого́ не́ было до́ма.
3. Он ни с кем не говори́л об э́том.
4. Ничто́ её не ра́довало.
5. Ничего́ но́вого мы не узна́ли.
6. Пожа́луйста, об э́том никому́ не говори́те!
7. Мы так ни от кого́ ничего́ не смогли́ узна́ть.

Упражне́ние. *Отве́тьте на вопро́сы отрица́тельно.*

1. Кто приходи́л?
2. С кем ты была́ вчера́?
3. О ком вы говори́ли?
4. Кого́ ты лю́бишь?
5. Что ты сказа́л?
6. О чём он спроси́л?
7. Чем ты занима́ешься?
8. Ты уже́ рассказа́л об э́том кому́-нибу́дь?
9. Он кого́-нибу́дь пригласи́л на день рожде́ния?
10. Вы с ке́м-нибу́дь разгова́ривали?

C3   Text — Сирота́

Listen to the following story. Summarise it in English. Then read the text and do the exercises supplied below.

Сирота́ (по Турге́неву)

Умер у Ка́ти оте́ц, умерла́ и мать. Ста́ла Ка́тя кру́глой сирото́й. Не́кому бы́ло Ка́тю пои́ть и корми́ть, не́где ей бы́ло жить. Никого́ у Ка́ти не́ было, кро́ме дя́ди с тётей, но они́ бы́ли лю́ди бе́дные, са́ми жи́ли впро́голодь. Дя́дя пожале́л де́вочку и говори́т жене́:

— Не́чего де́лать, возьмём Ка́тю к себе́.

А жена́ отвеча́ет:

— Нам свои́х дете́й дева́ть не́куда. Возьмём де́вочку — после́дняя копе́йка на неё уйдёт, не́ на что бу́дет со́ли купи́ть, не́чем бу́дет щей посоли́ть.

Дя́дя поду́мал и говори́т:

— Ну, бу́дем щи без со́ли есть.

Ста́ло и тёте жаль де́вочку, и взя́ли они́ Ка́тю к себе́.

(Greene and Ward adaptation of Turgenev's poem in prose in *Graded Russian Reader*, Part 2, Oliver and Boyd, Edinburgh and London, 1961: 34)

In the text find words with the same roots as the following.

бе́дность	смерть	де́тский	го́лод
жа́лость	корми́лица	матери́нский	многолю́дный
о́тчество	отве́т		

C4 Negative pronouns and adverbs — ни- и не́-

The following table illustrates the difference in use between pronouns and adverbs prefixed with the particles ***ни-*** and ***не́-***.

ни- + *a negative verb*	***не́-*** + *infinitive*
Я никогда́ не скуча́ю.	Мне не́когда скуча́ть.
Он нигде́ не рабо́тает.	Ему́ не́где рабо́тать.
Они́ ничего́ не де́лали.	Им не́чего де́лать.
Она́ ни о чём не ду́мает.	Ей не́ о чем ду́мать.
Мы никого́ не вини́ли.	Нам не́кого бы́ло вини́ть.
Она́ ни с кем не ходи́ла в кино́.	Ей не́ с кем бы́ло пойти́ в кино́.

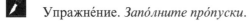

Упражне́ние. *Запо́лните про́пуски.*

1. когда́? — Ольга всегда́ спеши́ла, ей бы́ло всегда́ . . . .
2. где? — У нас на факульте́те . . . посиде́ть и попи́ть ко́фе.
3. куда́? — Жить в дере́вне ску́чно, . . . пойти́ ве́чером.
4. что? — Мы хоте́ли пойти́ в кино́, но в кинотеа́трах . . . смотре́ть.
5. кто? — Мне . . . бы́ло об э́том посове́товаться.
6. что? — Нам . . . говори́ть друг с дру́гом.
7. куда́? — Кварти́ра о́чень ма́ленькая, . . . поста́вить роя́ль.
8. кто? — И ску́чно, и гру́стно, и . . . ру́ку пода́ть. (Ле́рмонтов)

D One another

D1 One another — Друг дру́га

☞ The pronoun *друг дру́га* declines in the following manner.

друг у дру́га	Ра́ньше мы ча́сто быва́ли друг у дру́га.
друг дру́гу	Мы ча́сто звони́м друг дру́гу.
друг дру́га	Они́ хорошо́ зна́ют друг дру́га.
друг на дру́га	Де́вушки смея́лись и иногда́ смотре́ли друг на дру́га.
друг с дру́гом	Они́ давно́ знако́мы друг с дру́гом.
друг за дру́гом	Проходи́те по одному́, друг за дру́гом!
друг о дру́ге	Они́ не забыва́ют друг о дру́ге.

State the grammatical case of друг дру́га in the examples listed below.

Мы не ви́дели друг дру́га уже́ мно́го лет.

Они́ давно́ и та́йно люби́ли друг дру́га.

Мы давно́ перепи́сываемся, но никогда́ не ви́делись друг с дру́гом.

Лю́ди должны́ помога́ть друг дру́гу.

Все вы хорошо́ зна́ете друг дру́га.

Вы давно́ знако́мы друг с дру́гом?

Они́ с сосе́дями жи́ли дру́жно, ча́сто ходи́ли друг к дру́гу в го́сти.

Старики́ не́жно забо́тились друг о дру́ге.

Они́ поссо́рились и тепе́рь друг с дру́гом да́же не здоро́ваются.

Со шко́льных лет они́ говори́ли друг дру́гу пра́вду.

Ра́ньше мы ча́сто быва́ли друг у дру́га.

При встре́че они́ не узна́ли друг дру́га.

Де́ти, нехорошо́ спи́сывать друг у дру́га!

Они́ всегда́ помога́ют друг дру́гу.

Лю́ди мо́лча стоя́ли в о́череди друг за дру́гом.

D2 Brain teaser — Головоло́мка Угада́йте: кто они́?

Прочита́йте текст и реши́те всей гру́ппой. (See the key for the answers.)

Кем рабо́тает	Анто́н?	Ники́та?
	Ра́йса?	Людми́ла?

Кто кого́ лю́бит/не лю́бит?

Кто с кем живёт?

Вот что нам о них изве́стно.

Врач лю́бит Анто́на. Людми́ла и студе́нт ча́сто хо́дят в го́сти друг к дру́гу. Студе́нт лю́бит Ра́йсу. Врач и Анто́н живу́т ря́дом друг с дру́гом. Касси́рша и Ники́та лю́бят друг дру́га. Ра́йса и инжене́р живу́т друг с дру́гом. Анто́н и инжене́р ненави́дят друг дру́га. Врач и Ники́та живу́т далеко́ друг от дру́га. Инжене́р и Людми́ла ча́сто пи́шут друг дру́гу. Студе́нт и Ники́та не здоро́ваются друг с дру́гом.

D3 Who sits where? — Куда́ посади́ть го́стя?

Семья́ Ивано́вых собира́ется обе́дать. У ка́ждого чле́на семьи́ есть своё люби́мое ме́сто за столо́м. Прочита́йте текст под карти́нкой. Напиши́те, кто где обы́чно сиди́т за столо́м. (See key for answers.)

В семье́ Ивано́вых ка́ждый зна́ет своё ме́сто за столо́м.

1. Де́душка всегда́ сиди́т у окна́.
2. Ма́ма всегда́ сиди́т напро́тив ба́бушки, бли́же к две́ри.
3. Пе́тя и Ма́ша никогда́ не сидя́т ря́дом друг с дру́гом.
4. Напро́тив Ма́ши обы́чно сиди́т па́па, а ря́дом с ним сиди́т Пе́тя.
5. Па́па и ба́бушка никогда́ не сидя́т ря́дом друг с дру́гом и́ли напро́тив друг дру́га.

Рабо́та в кла́ссе. Спроси́те преподава́теля, кто где обы́чно сиди́т за столо́м у них в семье́. А тепе́рь расскажи́те друг дру́гу, кто где сиде́л за столо́м у вас до́ма на Рождество́ (и́ли любо́й друго́й семе́йный пра́здник).

Напиши́те, кто где сиди́т за столо́м у вас до́ма, когда́ собира́ется вся семья́.

E   Reading and grammar

E1   Pre-reading exercises — Лекси́ческие упражне́ния

 Prediction/anticipation

Who would you expect to find in a courtroom scene? Match them with the following.

КТО?		
	судья́	подсуди́мый
	подсуди́мая	обвиня́емый
	обвиня́емая	заседа́тель

What does each of the above do?

ЧТО де́лает?		
	обвиня́ть	признава́ть себя́ винова́тым
	разбира́ть де́ло	совеща́ться
	казни́ть	

Match the words above with the following definitions.

1. Рабо́тник суда́, кото́рый су́дит.
2. Госуда́рственный о́рган, кото́рый устана́вливает, кто прав, а кто винова́т.
3. Тот, кто винова́т.

*In the exercises above, find all the words with the roots **-суд-, -каз-, -вин-**.*

E2   Text — В суде́

 (Михаи́л Зо́щенко)

Listen to the story and answer the following questions in as much detail as possible.
1. How many defendants are there?
2. What are they charged with?
3. How do they plead?
4. Why does the judge not believe them?
5. How does the husband account for his ignorance?
6. What do the couple start arguing about?
7. What is the wife's response to this argument?
8. How does the story end?

 Судья́ при́стально смо́трит на обвиня́емых. Их дво́е — муж и жена́. Самого́нщики.
— Так как же, — спра́шивает судья́, — зна́чит, вы, обвиня́емый, не признаёте себя́ винова́тым?
— Нет, — говори́т подсуди́мый, — не признаю́ . . . Она́ во всём винова́та . . . Я ничего́ не зна́ю про э́то . . .
— Позво́льте, — удивля́ется судья́, — как же так? Вы живёте с жено́й в одно́й кварти́ре и ничего́ не зна́ете. Не зна́ете да́же, чем занима́ется ва́ша жена́.
— Не зна́ю, граждани́н судья́ . . . Во всём она́ . . .
— Стра́нно, — говори́т судья́, — подсуди́мая, что вы ска́жете?
— Ве́рно уж, граждани́н нача́льник-судья́, ве́рно . . . Я во всём винова́та . . . Меня́ одну́ и казни́те . . .

— Гражда́нка, — говори́т судья́, — е́сли вы хоти́те вы́городить своего́ му́жа, то напра́сно. Суд всё равно́ разберётся. Вы то́лько заде́рживаете де́ло. . . Вы са́ми посуди́те: не могу́ же я пове́рить, что муж живёт в одно́й кварти́ре с ва́ми и ничего́ не зна́ет. Что вы, не живёте с ним, что ли?

Подсуди́мая молчи́т. Муж ра́достно кива́ет голово́й.

— Не живу́ я с ней, — говори́т он, — вот и́менно: не живу́. Не́которые ду́мают, что я живу́, а я нет. . . Она́ во всём винова́та. . .

— Ве́рно э́то? — спра́шивает судья́ у подсуди́мой.

— Уж ве́рно . . . Меня́ одну́ казни́те, он не винова́т.

— Вот как? — говори́т судья́. — Не живёте. . . Что ж вы, хара́ктером не сошли́сь?

— Хара́ктером, граждани́н судья́, и вообще́. . . Она́ и ста́рше меня́, и. . .

— То есть как э́то ста́рше? — спра́шивает подсуди́мая. — Рове́сники мы с ним, граждани́н судья́. . . На ме́сяц-то всего́ я и ста́рше.

— Э́то ве́рно, — говори́т подсуди́мый, — на ме́сяц то́лько. . . Э́то она́ пра́вильно, граждани́н судья́. . . Ну, а для ба́бы ка́ждый ме́сяц, что год. . . В со́рок-то лет. . .

— И не́ту ещё сорока́. Врёт он, граждани́н судья́.

— Ну хоть и не́ту, а для ба́бы и три́дцать де́вять — во́зраст. И во́лос всё-таки седо́й к сорока́-то и вообще́. . .

— Что вообще́? — возмуща́ется подсуди́мая. — Ты догова́ривай! Не́чего меня́ пе́ред судо́м срами́ть. Что вообще́?

Судья́ улыба́ется.

— Ничего́, Мару́сечка! Я то́лько так, я говорю́: вообще́ . . . И ко́жа уж не та, и морщи́нки, ска́жем, в со́рок-то лет . . . Не живу́ я с ней, граждани́н судья́. . .

— Ах, вот как! — кричи́т подсуди́мая. — Ко́жа тебе́ не по вку́су? Морщи́нки тебе́, мо́рда соба́чья, не нра́вятся? Пе́ред наро́дом меня́ срами́ть вы́думал. . . Врёт он, граждани́н судья́! Живёт он со мной, су́кин сын. Живёт. И самого́нный аппара́т сам покупа́л. . . Я ж для него́, для су́киного сы́на, кровь по́рчу, спаса́ю его́, а он вот что! Срами́ть. . . Пуща́й вме́сте казня́т. . .

Подсуди́мая пла́чет. Подсуди́мый смо́трит на жену́. Пото́м с отча́янием ма́шет руко́й.

— Ба́ба — ба́ба и есть, чёртова ба́ба. . . Пуща́й уж, граждани́н судья́. . . Я то́же. . . И я винова́т. Пуща́й уж. . . У-у, сте́рва!. . .

Судья́ совеща́ется с заседа́телями.

(из журна́ла «Огонёк», 1989: 11)

E3 Exercises — Упражнения к тексту

Comprehension

1. Naming. *How does the narrator refer to each of the characters?*

    муж   жена́   судья́

    How do the characters refer to one another?

    муж — жена́   судья́ — жена́   жена́ — муж   судья́ — муж

How do the characters address one another?

муж — женá	женá — муж	судья́ — женá
муж — судья́	женá — судья́	судья́ — муж

2. **Emotions.** *Who experiences each of the emotions listed below? Account for shifts in each of the characters' emotions as the story develops.*

Кто?	Что дéлает?	Как?
. . .	удивля́ется	с удивлéнием
. . .	рáдуется	рáдостно (с рáдостью)
. . .	возмущáется	с возмущéнием
. . .	улыбáется	с улы́бкой
. . .	плáчет	
. . .		с отчáянием

E4 Poetry — Ты и вы

Listen to the recording of the following poem. Mark on the stress. Record your reading of the poem.

> Пустое вы сердечным ты
> Она, обмолвясь, заменила,
> И все счастливые мечты
> В душе влюбленной возбудила.
>
> Пред ней задумчиво стою,
> Свести очей с нее нет силы;
> И говорю ей: как вы милы!
> И мыслю: как тебя люблю!
> (А. С. Пушкин, 1828)

F Reading and lexis

F1 Text — Букéты

Listen to the story and retell its content in English. Then read the story and comment on the word-building paradigms supplied below.

В учи́тельской кóмнате жéнской гимнáзии сидéло нéсколько учителéй. Стáрый учи́тель матемáтики сказáл:

— Андрéй Владислáвович меня́ зовýт. Никогдá не встречáл человéка с таки́м и́менем-óтчеством.

Недáвно перевéдшаяся в шкóлу учи́тельница истóрии, тóже си́льно пожилáя, возрази́ла:

— Ну, э́то не удиви́тельно. Отчество вáше — у нас, рýсских, довóльно рéдкое. Но вот стрáнность: и и́мя, и óтчество у меня́ сáмые обыкновéнные — Натáлья Алексáндровна, — а я тóже до сих пор никогó не знáла с таки́м и́менем-óтчеством.

Стáрый матемáтик мечтáтельно сказáл:

— Нет, я знал одну́ Ната́лью Алекса́ндровну. Это была́ моя́ пе́рвая любо́вь. Ната́ша Козаче́нко.

Учи́тельница с удивле́нием сказа́ла:

— Прости́те, я вас никогда́ не встреча́ла, а моя́ де́вичья фами́лия — Козаче́нко. Матема́тик пренебрежи́тельно огляде́л её.

— Нет, э́то бы́ли не вы. Мо́жет быть, ро́дственница ва́ша. Гимнази́стка, чуде́сная де́вушка с ру́сой косо́й и си́ними глаза́ми.

— Это в Ки́еве бы́ло?

— Да.

— Она жила́ на Трёхсвяти́тельской у́лице?

— Да, да!

— Так э́то была́ я.

Он при́стально смотре́л на неё, и, как сквозь си́льно запоте́вшее стекло́, сквозь тёмное морщи́нистое лицо́ с потуха́ющими глаза́ми проступи́ло лицо́ пре́жней синегла́зой Ната́ши Козаче́нко.

— Да, да. . . Ведь ве́рно. . . Это, зна́чит, вы и есть!. . .

— Но всё-таки. . . Я вас не зна́ла.

— Ну, фами́лию-то должны́ знать. Я вам ка́ждый день присыла́л по буке́ту роз, у меня́ в саду́ чуде́сные ро́зы росли́. Са́мые среза́л лу́чшие.

— Буке́ты мне приноси́л гимнази́ст Влади́мир Ко́нчер.

— Ну да! От меня́.

— Он э́того не говори́л.

— Как?! — Стари́к уда́рил себя́ по́ лбу. — От своего́ лица́, зна́чит?

— Да.

— Вот подле́ц!

(В. В. Вереса́ев in Л. А. Дериба́с, В. Г. Лоба́нова, *Уче́бное посо́бие по ру́сскому языку́ для студе́нтов-иностра́нцев,* «Ру́сский язы́к», Moscow, 1975: 61–2)

F2   Word-building — Словообразова́ние

	уч	-	и	-	ть		
	уч	-	и	-	ть	-	ся
	уч	-	и	-	тель		
	уч	-	и	-	тель	-	ница
	уч	-	и	-	тель	-	ский
	уч	-	е	-	ник		
	уч	-	ёб	-	а		
	уч	-	еб	-	ник		
на	-	ук	-	а			
на	-	уч	-	ный			

	жен	-	а				
	жен	-	ский				
	жен	-	ат	(-	ый)		
(по)-	жен	-	и	-	ть	-	ся

	мечт	-	а					
	мечт	-	а	-	ть			
	мечт	-	а	-	тель			
	мечт	-	а	-	тель	-	ный	

	жи	-	ть		
про-	жи	-	ть		
	жи	-	знь		
	жи	-	в	(-	ой)
	жи	-	тель		
по-	жи	-	лой		

		глаз		
сине	-	глаз	-	ый
чёрно	-	глаз	-	ый
голубо	-	глаз	-	ый
зелено	-	глаз	-	ый
одно	-	глаз	-	ый
косо	-	глаз	-	ый

	дев	-	а			
	дев	-	очка			
	дев	-	ушка			
	дев	-	иц	-	а	
	дев	-	ич	-	е	- ский

		див	-	о			
у	-	дивл	-	я	-	ть	
у	-	дивл	-	ение			
у	-	див	-	и	-	ть	
у	-	див	-	и	-	тель	- ный

род					
род	-	и	-	ть	- ся
род	-	и	-	тель	
род	-	и	-	на	
род	-	ной			
род	-	ствен	-	ник	
род	-	ствен	-	ница	
рожд	-	ество			
рожд	-	ение			

G   Cultural awareness

G1   Social norms (1) — Как устра́ивают вечери́нки?

Спроси́те ру́сского преподава́теля, как прохо́дят вечери́нки у них до́ма.

1. Когда́/по како́му слу́чаю приглаша́ют госте́й?

2. Когда́ при́нято приходи́ть?
   ☐ пунктуа́льно, во́время
   ☐ с небольши́м опозда́нием
   ☐ с опозда́нием на полчаса́

3. Что обы́чно прино́сят го́сти
   хозя́йке? _____
   хозя́ину? _____

4. Как при́нято одева́ться
   гостя́м? _____
   хозя́евам? _____

5. Переодева́ют ли го́сти о́бувь?   Почему́?

6. Когда́ садя́тся за стол?
   ☐ сра́зу по́сле прихо́да госте́й
   ☐ снача́ла пьют аперити́в и бесе́дуют в друго́й ко́мнате
   ☐ вообще́ не садя́тся за стол

7. Кто сажа́ет госте́й за стол и как?
   ☐ мужья́ и жёны ря́дом друг с дру́гом
   ☐ мужья́ и жёны напро́тив друг дру́га
   ☐ ка́ждый сам сади́тся, куда́ хо́чет

8. Кто начина́ет есть пе́рвым?
   ☐ хозя́йка
   ☐ хозя́ин
   ☐ го́сти

9. Кто гото́вит/прино́сит еду́?
   ☐ хозя́йка?
   ☐ хозя́ин?
   ☐ го́сти?

10. Кто покупа́ет/прино́сит вино́?
    ☐ хозя́йка
    ☐ хозя́ин
    ☐ го́сти

11. Что пьют
    до еды́? _____
    во вре́мя еды́? _____
    по́сле еды́? _____

12. Когда́ при́нято уходи́ть?
    ☐ до полу́ночи
    ☐ по́сле полу́ночи
    ☐ у́тром

G2   Social norms (2) — Как при́нято у нас встреча́ть госте́й?

А тепе́рь расскажи́те, как прохо́дят вечери́нки у вас до́ма.

Как встреча́ют госте́й?

☐ целу́ются
☐ здоро́ваются за́ руку

Что при э́том говоря́т го́сти и хозя́ева? О чём при́нято/не при́нято говори́ть в са́мом нача́ле ве́чера, когда́ собира́ются го́сти? Кто реша́ет, когда́ сади́ться за стол и как расса́живаться за столо́м? Как приглаша́ют госте́й за стол? О чём при́нято/не при́нято говори́ть за столо́м? Как благодаря́т хозя́йку за у́жин? Что говоря́т в конце́ у́жина, когда́ выхо́дят из-за стола́? Как проща́ются с гостя́ми/хозя́евами? То́сты: Кто произно́сит то́сты? За что/кого́ пьют?

G3   Quiz — Игра́ – виктори́на

Пра́вильно и́ли непра́вильно?

Вас пригласи́ли в го́сти роди́тели ва́шего дру́га, пожилы́е москвичи́.

1. Вы звони́те им и спра́шиваете,

☐ кто ещё бу́дет на вечери́нке.
☐ что бу́дет на у́жин.
☐ что принести́ с собо́й.

2. Вы реши́ли принести́

☐ буты́лку вина́.
☐ цветы́.
☐ конфе́ты.

3. Вы реши́ли наде́ть вече́рнее пла́тье/костю́м и га́лстук.

4. В гостя́х вы

☐ снима́ете о́бувь и надева́ете та́почки.
☐ про́сите разреше́ния не снима́ть о́бувь.
☐ са́ми выбира́ете себе́ ме́сто за столо́м.
☐ произно́сите пе́рвый тост за хозя́йку.

5. По́сле ве́чера вы целу́ете

☐ хозя́йку.
☐ хозя́ина.
☐ ру́ку хозя́йки.
☐ проща́етесь с хозя́евами за́ руку.

6. На сле́дующий день вы благодари́те хозя́ев

☐ по по́чте.
☐ по телефо́ну.

Write at least ten pairs of sentences outlining the differences in etiquette between Russia and your country.

Наприме́р: В Росси́и при́нято целова́ть хозя́ев, а у нас . . .

Homework

 Written exercises — Письменные задания

Упражнение 1. Negative particles. «Не-» или «ни-». *Заполните пропуски, используя отрицательные частицы «не-» или «ни-».*

1. — Где у вас на факультете можно посидеть, выпить чашку кофе и поговорить?
   — К сожалению, у нас тут . . . посидеть и попить кофе.
2. — Я искала преподавателя целый день, но его . . . не было. Наверное, он болен.
3. — Что сегодня стоит посмотреть по телевизору? — По-моему, сегодня смотреть совершенно . . . . Я уже просмотрела программу в газете и . . . хорошего там не нашла.
4. — Как вы успеваете и учиться, и работать, и заниматься спортом, да ещё и писать романы? — Да что вы, я совсем . . . не успеваю. Поэтому я всегда спешу, всюду опаздываю, и мне всегда . . . .
5. — Почему бы тебе не поговорить об этом с женой? — Нет, мне с ней говорить . . . . Мы с ней вообще . . . не говорим.
6. — Мне так хотелось кому-нибудь об этом рассказать, но поговорить было . . . : все уже ушли.
7. — Он, как обычно, сделал всё по-своему и . . . не посоветовался.

Упражнение 2. Revision of noun modifiers: prepositional phrases. Словосочетания с существительным в роли главного слова. *Вместо точек вставьте подходящий предлог. Скажите, какой падеж требует каждый предлог.*

1. любовь . . . музыке
   интерес . . . искусству
   подготовка . . . экзамену
2. чай . . . сахара
3. чай . . . сахаром
4. рассказ . . . войне
5. суп . . . овощей
   выход . . . театра
6. лекарство . . . кашля
   письмо . . . сестры
7. приглашение . . . вечер
   ответ . . . письмо
   деньги . . . мороженое

8. поездка . . . границу
   борьба . . . свободу
   борьба . . . мир
   плата . . . билет
9. передача . . . телевизору
   учебник . . . истории
   экзамен . . . литературе
   специалист . . . архитектуре
   разговор . . . телефону
10. билет . . . кино
    вход . . . театр
    приглашение . . . театр
    поездка . . . Италию

Упражнение 3. Cloze and comprehension. Софья Петровна. *Поставьте слова из скобок в нужную форму.*

После (смерть) ..1.. мужа Софья Петровна поступила на курсы машинописи. Надо было непременно приобрести (профессия) ..2..: ведь Коля только что (переходить/перейти) ..3.. в (десятый класс) ..4.. и ещё не скоро начнёт зарабатывать на жизнь. Окончив (школа) ..5.., он должен будет (сдавать/сдать) ..6.. вступительные экзамены в университет. Фёдор Иванович, будь он жив, никогда не допустил бы, чтобы его единственный сын (оставаться/остаться) ..7.. без (высшее образование) ..8.. . Печатать на (машинка) ..9.. Софья Петровна научилась легко и быстро. К тому же она была гораздо грамотнее, чем эти современные девушки. Получив (высшая квалификация) ..10.., она быстро нашла себе работу в одном из (крупные ленинградские издательства) ..11.. .

Работа ей полюбилась сразу. Через месяц она уже понять не могла: как она раньше жила без (служба) ..12.. . Правда, по (утра) ..13.. неприятно было вставать в (холод) ..14.., при (электрический свет) ..15.., холодно было ждать на (трамвайная остановка) ..16.. в толпе невыспавшихся, мрачных (люди) ..17..; правда, от стука пишущих машинок к концу (рабочий день) ..18.. у нее начинала болеть голова — но зато как увлекательно, как интересно оказалось работать!

(Девочка) ..19.. она очень любила ходить в гимназию и плакала, когда её из-за (насморк) ..20.. оставляли дома, а теперь она полюбила (ходить/идти) ..21.. па службу.

(по повести Л. К. Чуковской, *Софья Петровна,* «Московский рабочий», 1988: 5)

Answer the following questions in as much detail as possible (in English).

(1) Why did Sophia Petrovna enrol on a typing course? (2) How old was her son? (3) Did she find it easy to learn how to type? (4) What advantage did she have over the other students? (5) Where did she get a job on qualifying? (6) Did she enjoy working? (7) What aspects of her working life did she find unpleasant? (8) What upset her when she had a cold as a schoolgirl?

Упражнение 4. Aspects. Большой медведь. *Вместо точек вставьте глагол нужного вида.*

Это был большой медведь. Танюша увидела его в магазине. Там было много красивых игрушек, но девочка смотрела только на медведя.

— Мамочка, я очень (хотеть) ..1.. этого медведя.

— Не сейчас, Танюша. Сейчас я не (мочь) ..2.. (покупать/купить) ..3.. его.

Танюше было шесть лет. Отец её (умирать/умереть) ..4.. три года назад. Каждый день Танюша (встречать/встретить) ..5.. мать около дома и (помогать/помочь) ..6.. нести сумку с продуктами.

Последние три дня мама (приходить/прийти) ..7.. поздно. Танюша (ложиться/ лечь) ..8.. спать без неё.

И вот в воскресенье мама (подходить/подойти) ..9.. к кровати Танюши и сказала:

— Вставай, дочка. (Идти/пойти) ..10.. в магазин покупать медведя.

Девочка была очень рада.

В магазине (быть) ..11.. много медведей, но Танюша хотела только медведя, которого она видела раньше. Потом Танюша (бежать/побежать) ..12.. в парк. Она хотела показать медведя своим друзьям. Медведь (нравиться/понравиться) ..13.. всем. Вдруг к Тане (подбегать/подбежать) ..14.. незнакомая девочка.

— Какой у тебя красивый медведь! — (кричать/закричать) ..15.. девочка. — (давать/дать) ..16.. мне его, я хочу поиграть с ним.

Танюша не хотела отдавать медведя. Тогда девочка сказала:

— Ты жадная!

Танюша тихо (отвечать/ответить) ..17..:

— Нет, я не жадная. (Брать/взять) ..18.. медведя, только завтра принеси.

Девочка убежала с медведем, а Танюша шла домой и тихо плакала. Мама (встречать/встретить) ..19.. её и спросила:

— А где медведь?

— Я его (давать/дать) ..20.. одной девочке. Я не жадная.

— Ты знаешь эту девочку? — спросила мать.

— Не знаю, я её первый раз видела, — ответила Танюша. — Но она сказала, что завтра (приносить/принести) ..21.. медведя обратно.

Мама (целовать/поцеловать) ..22.. её и сказала:

— Это хорошо, что ты не жадная. Человек никогда не должен быть жадным. Конечно, девочка принесёт медведя обратно.

На следующий день девочка не (приносить/принести) ..23.. медведя. Не принесла она его и через день. Танюша не (мочь/смочь) ..24.. поверить, что её обманули.

Однажды мать принесла Танюше медведя. Это был такой же медведь, только с другой лентой.

— (Видеть) ..25.., дочка, девочка (возращать/вернуть) ..26.. твоего медведя, — сказала мама. — Это, наверно, хорошая девочка. Она сразу (понимать/понять) ..27.., что медведю больше (идти) ..28.. другая лента.

— Я думала, что девочка больше уже никогда не (приходить/прийти) ..29.., — сказала Танюша.

— Как ты могла так думать? — ответила мать. — Нужно верить людям. Если ты будешь верить людям, они тебя никогда не (обманывать/обмануть) ..30.. .

(по рассказу М. Жигаловой in *Улыбка*, Progress Publishers, 2nd edition, Moscow, 1971: 63)

Упражнение 5. Report writing. От 50 и старше: кто, что и для чего покупает?
Прочитайте два текста и проанализируйте данные в таблице. Составьте таблицу о ситуации в США. Напишите доклад о ситуации в Москве, используя данные из таблицы (10 предложений). Напишите все числительные словами.

Американская фирма *Senior-Net*, занимающаяся обучением работе на персональном компьютере людей старшего поколения, провела опрос среди пожилых американцев (от 50 лет и старше). С помощью опроса компания хочет узнать, как меняется отношение к домашним компьютерам среди пожилых людей, чтобы помочь им приучиться к компьютеру.

Результаты опроса показали, что в Америке 1,5% мужчин старше 50 лет совсем не знакомы с компьютером; среди женщин это число выше — 4,5%. Большинство опрошенных ответили, что научились работать с компьютером на работе (53%) или у друзей и знакомых (33%). Почти четверть опрошенных (24%) сказали, что работать на компьютере их научили внуки. Среди тех, у кого ещё нет собственного компьютера, — а их в Америке меньше 2%, — почти 56% сказали, что пользуются компьютером своих детей, и 42% — компьютером фирмы, где они работают.

По данным за прошедший год, более половины всех персональных компьютеров, проданных в московских магазинах, было куплено не для офисов, а для домашнего пользования. Кто же их покупает? Вот как распределяются владельцы компьютеров по образованию, полу, семейному положению:

Владельцы персональных компьютеров в Москве:

пол		семейное положение		образовательный уровень	
мужчины	женщины	семейные	одинокие	люди со средним образованием	люди с высшим образованием
37%	26%	34%	22%	7%	53%

Listening comprehension

The following sections from Unit 20 have been recorded on tape:
C3   Сирота (по Тургеневу)
E2   В суде
E4   Ты и вы
F1   Букеты

Упражнение 1. Dictation. Российский Клондайк. *Прослушайте текст и вставьте пропущенные слова и статистические данные. Напишите все числительные словами. Ответьте на вопросы по-английски.*

По данным Всемирной организации туризма, за прошлый год во всём мире финансовые поступления от международного туризма составили в целом . . . миллиарда долларов. Испания заработала за этот год на туризме . . . миллиард, Австрия — . . . миллиардов, США — . . . . Сейчас в США туризм стал . . . по величине сектором экономики. Во многих странах, как . . . , так и . . . мира, туризм уверенно выходит на первое место, и ожидается, что к . . . году он опередит все другие виды экономической деятельности.

Россия же, как всегда, идёт «своим путём». Наши турагентства опять упустили шанс.

В прошлом году деньги . . . российских туристов, отдыхавших . . . , перешли прямо в карманы иностранных фирм, минуя наши российские банки и туристские компании.

А иностранные туристские фирмы, между прочим, довольно быстро . . . , что Россия — это Клондайк, безграничный источник нового потока туристов, и . . . как можно скорее выйти на российский туристический рынок. Сейчас в Москве и по всей России существует почти . . . зарубежных турагентств.

Разница между . . . и нашими «доморощенными» турагентствами состоит в том, что иностранные компании уже . . . имеют хорошо развитые связи по всему миру.

Они могут предложить туристу широкий выбор . . . гостиниц, транспорт в аэропорт и . . . , автомобиль с . . . ; могут забронировать чартерные . . . авиарейсы.

И при этом . . . на турпоездки у них всё время падают.

Так что в . . . время, и вероятно надолго, российским туристическим компаниям угрожает . . . конкуренция со стороны зарубежных фирм.

(по материалам «МН Коллекция», июнь 1994)

Comprehension questions:
1. What was the world-wide profit from tourism last year?
2. Indicate the earnings from tourism in at least three countries mentioned in the text.
3. What part does tourism play in the economies of 'first' and 'third' world countries?
4. In what way have Russian tourist agencies missed their chance?
5. How many Russians travelled abroad last year?
6. How many foreign tourist firms are operating in Russia at present?
7. What is the main difference between foreign and Russian tourist agencies?
8. What can foreign firms offer a tourist? (Name at least three things)
9. What is the price pattern at present?
10. Why is Russia described as a Klondyke for the tourist industry?

Упражнение 2. Comprehension and translation. Экспорт невест. *Прослушайте текст и ответьте на вопросы по-английски. Перескажите текст по-английски.*

Comprehension questions:
1. How many 'international' marriages are registered in Moscow every year?
2. What proportion of Russian parents would like a foreign son-in-law?
3. When was the 'Alliance' agency founded and with what purpose?
4. Where are their headquarters and where are their branches located?
5. Describe the manageress of the 'Alliance' (full name, previous/present employment, etc.).
6. Name three main requirements for the women seeking the agency's services.
7. What are the agency's charges for different age groups?
8. What is their 'success rate'?
9. How many names of clients does the agency regularly keep on their files, and from which countries?
10. What measures do they take to check foreigners' credentials?
11. What does the firm 'Nadezhda' specialise in?
12. Describe other types of agencies in Moscow competing with the 'Alliance' and 'Nadezhda'.

Упражнение 3. Expressing opinions. *Как лучше изучать иностранные языки? Прослушайте текст и ответьте на вопросы. Выразите своё мнение о том, как лучше изучать иностранные языки.*

Психологи, учителя, лингвисты, педагоги и методисты давно спорят о том, какой метод изучения иностранных языков самый эффективный. Чтобы узнать мнение самих студентов, провели опрос среди людей разных возрастов и различных профессий. Все эти люди занимаются английским языком – либо на вечерних курсах, либо самостоятельно. И все они хотят как можно скорее и лучше научиться говорить по-английски.

Вот что некоторые из них ответили на вопрос: «Как, по-вашему, лучше самостоятельно изучать иностранные языки?»

Comprehension

Listen to the opinions of the people interviewed in the survey and answer the following comprehension questions in note form in English.

1. Игорь Волков:
   — What two ways does he advocate for learning a foreign language?
   — How do pop records help him?
   — Why does he want to visit an English-speaking country?

2. Аня Пашкова:
   — What is her opinion of the English lessons at her school?
   — What three ways of learning a language does she prefer?
   — What does she dream about?

3. Ольга Комарова:
   — What in her opinion is the most important part of learning a new language?
   — How does she organise her learning?

4. Пауль Арнистэ:
   — What is his declared aim after his retirement?
   — How many languages has he learned so far?
   — How long has he been studying English?
   — What in his opinion are most language learners afraid of?
   — How does he overcome these fears?

Speaking

Using the opinions expressed on the tape as models, record your own opinion on the best way to study a foreign language. You may want to use the key words provided below.

Словарь:
изучать (что?) . . . языки
учить (что?) . . . грамматику, новые слова
(не) бояться . . . делать ошибки
общаться (с кем? *instrumental case*)

Part II: Teachers' guidelines

Teachers' guidelines

General introduction

1.0   The course-type
1.1   The general educational aims of the course
1.2   The general communicative aims of the course
1.3   The behavioural objectives of the course: what the students should be able to do at the end of the course
1.4   The parameters of the course
2.0   The syllabus-type
2.1   The selection, sequencing and spread of materials
2.2   The selection, sequencing and spread of lexical material
2.3   The selection of text-types and topics
3.0   The intended learners
3.1   The learner's role
4.0   The teacher
5.0   The structure of the course
6.0   The units
6.1   The structure of each unit
6.2   Classwork section
6.3   Homework section
6.4   Listening comprehension section
7.0   Reference tools
7.1   Language awareness
7.2   Grammar summary
8.0   Study aids
8.1   Summary of functions
8.2   Vocabulary checklist

Methodological pointers

9.0   What to do with the classroom materials
9.1   The teacher's role
10.0   Developing knowledge
10.1   How to develop knowledge of linguistic form
10.2   What to do with new linguistic forms
10.3   How to develop knowledge of discourse structures
10.4   What to do with new discourse structures
10.5   How to develop knowledge of the world
10.6   What to do with new knowledge of the world

533

Glossary of linguistic terms

Bibliography

General introduction

Rus': a Comprehensive Course is intended for people starting Russian from scratch. To date it has predominantly been used in university departments, but it could equally well be used with senior school students or on evening courses.

The design of the course draws on recent developments in language teaching methodology and applied linguistics. There are four main areas in which this influence is particularly marked:

- Though the designers have attempted to leave a good deal of scope to allow for varying teaching and learning styles, the course favours a communicative approach, one that focuses on using Russian in meaningful interaction.
- This has informed the decision to select textual material which is illustrative of trends in Russian culture during the nineteenth and twentieth centuries. The informative and imaginative texts selected are intended to foster an interest in the cultural context which the language represents and expresses.
- The communicative objectives are complemented by an aim to develop in learners an awareness of how the Russian language works as a system and to encourage students to enquire into the functioning of language in general.
- All these aims are in turn informed by a commitment to involving the students actively in the process of learning and to exploiting their creativity as learners: in the

first case by encouraging their participation in identifying and defining their language needs and their participation in the management of classroom activities; in the second, by encouraging students to look beyond the confines of the textbook to other source materials in their areas of interest; and thirdly, by fostering a spirit of enquiry into language and how it works.

The guidelines below outline how the course is structured and discuss the rationale behind its design. They then suggest the kind of teaching approaches the course facilitates. These pointers are based on the experience of teachers who have used the course during the pilot project. They also contain a glossary of linguistic terms for the benefit of those who may not be familiar with some of the specialist terminology. Words contained in the glossary are highlighted in the text.

A key to the exercises in the course and transcripts of the listening comprehension tasks are available via the Internet.

1.0   The course-type

First and foremost this is intended as a foundation course. That is to say, it is intended to prepare and equip learners for subsequent studies in Russian language and culture. The course predicates the learners' long-term goal of using Russian-language source materials for further study, either independently or in the context of an undergraduate or postgraduate degree programme.

The course aims to develop learners' awareness and knowledge of the functioning of the Russian language, to introduce learners to Russian area studies and to develop in learners the necessary skills and strategies to pursue their enquiries into their particular field of interest.

The course aims to act as a bridge between learner dependency on a formal language learning context (a teacher, a group of peers, a course book) and learner autonomy (independent or group enquiry into the Russian language and/or aspects of Russian culture).

Finally, this course aims to provide a classroom resource which provides opportunities for presenting Russian, not only as the object of instruction, but as a medium of purposeful and meaningful communication.

1.1   The general educational aims of the course

(a) to contribute to students' awareness of language as a system of communication: to give students a critical awareness of how meaning is organised and mediated through the forms and structures of Russian and to develop a basic awareness of the nature of language and language learning;

(b) to give students an awareness of another culture, and thus a more objective perspective on aspects of their own culture: to enable students to acquire some knowledge of the general background of the Russian people and the way they live by integrating the cultural dimension into all other aspects of the course, to develop greater awareness and respect for individual cultural differences in social behaviour, to encourage positive attitudes to the learning of other languages and to their speakers and cultures;

(c) to contribute to the development in students of the capacity to engage in fruitful transactions and interactions with others;

(d) to promote learning skills of a more general application (analysis, memorising, drawing of inferences);

(e) to provide enjoyment and intellectual stimulation;

(f) to give students the possibility of access to sources of information, cultural enrichment and entertainment in Russian;

(g) to encourage and equip students to consider participating in social and cultural activities which involve some use of Russian.

1.2 The general communicative aims of the course

(a) to enable students to cope with normal classroom use of Russian;

(b) to enable students to use Russian as a medium of oral communication inside and outside the classroom, to engage in some degree of interaction and in simple transactions through the medium of Russian;

(c) to enable students to use Russian as a medium of written communication inside and outside the classroom;

(d) to furnish students with linguistic skills which will make it possible for them to pursue at least some aspect of their general interests through the medium of Russian;

(e) to ensure that students' competence in Russian is conducive to the fulfilment of the general educational aims specified above.

1.3 The behavioural objectives of the course: what the students should be able to do at the end of the course

At the end of the course students could be expected to

(a) understand the language when spoken when the topic is within their linguistic experience: to understand aurally stories, questions, dialogues, monologues (tourist guides, reports of events, public/radio announcements);

(b) reply intelligibly, in spoken Russian, to questions on topics within their linguistic experience: to participate in conversations on the topics outlined in the 'Vocabulary checklist'; to tell a story; to report events; to participate in role play activities;

(c) read, with fluency and understanding, a passage of prose in the printed and cursive Cyrillic scripts: to understand narratives and stories; to understand public notices, signs, official forms, advertisements, greeting cards, tickets, timetables and information leaflets or brochures in Russian; to understand personal letters; to understand factual and discursive social/current items from the press; to understand literary texts;

(d) write well-formed Cyrillic script;

(e) express themselves in writing on topics within their linguistic experience: to write personal letters, postcards, messages; to summarise and to respond orally and in writing to any text they may have read;

(f) cope with normal classroom use of Russian: to understand and respond to classroom directions in Russian, to use Russian as a medium of classroom communication.

(g) use reference tools to overcome problems in comprehension and production.

In brief, they should be equipped with the necessary skills and knowledge to assume control of their learning.

1.4 The parameters of the course

The course has three main dimensions: a focus on the forms of Russian, on how meaning is expressed in Russian; a focus on Russian-specific cultural information, on what meaning is expressed in Russian source texts; and a focus on the norms of Russian discourse, on how meaning is structured in Russian speech and writing. The designers believe these to be inter-related and interdependent. Their differentiation here is not intended to suggest that they are distinct or that they can be taught or learnt in isolation from one another, but is simply intended to make explicit their equal status in the course's agenda.

2.0 The syllabus-type

The course is the implementation of a **spiral syllabus** which can best be summarised in the notional terms of 'who does/did what, with whom, when, where and why'. The core **function** is 'imparting and seeking factual information'; the core skill is 'structuring extended spoken and written discourse'. This accounts for the spread and sequencing of grammatical elements. Students are introduced to the noun and verb systems in the first seven units. By the end of the seventh unit students have been exposed to a restricted range of the core uses of each case and to the principal uses of finite verbs in the indicative mood. They are thus equipped to cope linguistically with any topic within their **lexical** competence. This range is then expanded outwards. Each new element is a variant or elaboration on the core notions.

2.1 The selection, sequencing and spread of materials

The one unifying factor determining the selection and sequencing of materials is their anticipated exploitability. That is to say, all materials are seen as having a dual function: they are seen as models of interaction and stimuli for interaction. The materials are intended as a means to an end rather than as ends in themselves: the ultimate end is the classroom activity which recontextualises the materials and confers on them a 'meaningfulness' and authenticity which textbooks, by virtue of being aimed at a general readership, can never aspire to.

2.2 The selection, sequencing and spread of lexical material

The texts in the course are sequenced to ensure that the following core **lexical fields** are constantly consolidated and developed:

(a) The individual: personal data, physical characteristics, character and attitudes, relations with other people, daily routine, interests, leisure and social activities, dress
(b) The wider community: home, family, education, university life, work and leisure, public and professional services, travel and transport, health and welfare, shopping, food and drink
(c) The nation: geography, history, social institutions

The main consideration informing the sequencing and spread of new **lexical material** is that new words should be introduced in a meaningful context. They are thus situated either in an information-bearing or imaginative text which positions them in an interlocking network of **lexical fields** or in a classroom task where the activity requires students to generate sets of semantically related words. These tasks involve students in determining which words they want or need to know in relation to a given topic or situation. This is one of the ways students are encouraged to take an active, and indeed creative, part in assuming control of their learning.

If one compares this course to other beginners' courses currently available, in this one students are exposed to considerably more **lexemes** (*c.* 2,700), but to much the same number of stem **morphemes** (*c.* 700). This reflects the course designers' commitment to using source texts, not simply as illustrations of language usage, but as models of language in use to express information or to tell a story. In order to retain the original texts' integrity as informative or imaginative pieces of writing, most have been abridged, rather than simplified to conform to the students' receptive **lexicon**.

This means that students are exposed to more synonymous constructions than in a traditional course. In the texts on education, for instance, they come across the synonymous constructions пойти в. . . / поступить в. . . / начать, окончить / закончить школу. . . and to a multiplicity of verbs meaning 'to study' or 'to teach': учиться, учить, заниматься; учить, преподавать, etc. Students are also exposed to more instances of word-building and to a wider range of prefixes and suffixes. Furthermore, within each topic there is a common core vocabulary; and within each textual discussion of a given topic there are also peripheral sets of words which have not been simplified. The status accorded to each of these categories of words (synonyms, derived forms and peripheral words) must be determined by the teachers and learners.

The sheer number of words represented in the course make it essential for students to develop the ability to differentiate between three categories of new **lexis** in a text:

(1) access (проходные) words: **lexical** items necessary to understand a given text but which students are unlikely to use or come across ordinarily in their reading (i.e., Tolstoy's having been excommunicated in the biography in Unit 10);

(2) receptive lexis: lexical items and collocations which they might well come across in their reading but are as yet unlikely to want to use productively (выдать замуж: again from Unit 10 'Будильник' as opposed to выйти замуж or пожениться in the same text);

(3) productive lexis: lexical items and collocations the use of which is transferable from one text-type to another (жить, учиться, работать; родиться, поступить, (за-)(о-)кончить, переехать, выйти замуж, пожениться, стать, умереть in the context of the biographies in Units 9 and 10).

2.3 The selection of text-types and topics

All textbooks are, by very definition, designed for a general readership. It is impossible to cater for the specific needs and interests of any individual, or group of individuals, within that readership. Nearly half the texts in this course are narrative, the remainder are informative. There are very few dialogues in the body of the course. Dialogues are used predominantly in the listening comprehension exercises as this is a more authentic environment in which to represent them. However, to counteract this omission, the course is geared in such a way so as to encourage the maximum use of Russian in classroom interaction.

It was the designers' intention that 'input' should not be reduced to a standard corresponding to the students' knowledge of use and that students should be exposed to authentic language (conforming to the reality of communication in the Russian language community) used in an authentic context (to express meaningful content, rather than to illustrate properties of Russian) for authentic purposes (amusement, pleasure, information). All the texts, by virtue of this 'linguistic authenticity', incorporate lexical, morphological and syntactic elements beyond what students are expected to produce in speech or writing. It is the designers' belief that the learners' processing of unsimplified input is a vital prerequisite for their eventual construction of output.

The sources of all the texts which have been borrowed have been supplied. The references to author (type, name and date of publication) are intended to supply students with an indication of the textual context from which the texts have been taken for pedagogic purposes. Students are shown the original source of texts in order to draw on that kind of authenticity which is conferred by establishing a direct link between the text and its origins, by focusing on texts in part as referents to a world beyond the textbook.

3.0 The intended learners

The course is aimed at adult learners on an intensive Russian-language programme who have some prior experience of language learning in a classroom setting. Though it could be used as a self-instructional manual, because of its reliance on classroom interaction, it is primarily targeted for use by teachers with groups of learners.

3.1 The learner's role

The most obvious role of the learner is 'to learn'. This learning can be sub-divided into two spheres: learning about Russian and Russia and learning to do a number of things. The first sphere is the focus of most Russian-language textbooks. The second is what differentiates this textbook from many others. But what are the learners learning to do? Apart from learning how to speak and write correctly and appropriately, to read and understand linguistically and culturally encoded information in Russian texts, it is hoped that they are also learning how to learn and learning how to assume responsibility for their learning.

The absence of descriptive grammar and of a vocabulary glossary involves the students in organising their recording of new material and therefore in the decision-making process of how best to structure their notes into a useful reference tool.

Since one of the aims of the course is to ensure that students acquire the skills to become independent learners, one of the central roles of learners is to manage their own learning.

4.0 The teacher

This course does not aim to be prescriptive about methodology. On the contrary, its function is to serve as a resource enabling teachers to present material as best suits the needs and expectations of their learners. During its piloting the course has been used by teachers of different generations with contrasting approaches. Teachers have shaped their use of the materials to meet their own, and their institutions', requirements.

5.0 The structure of the course

The course consists of three parts:

I   Course Materials (consisting of twenty-one units) (§6)
II Teachers' guidelines (including a 'Glossary of linguistic terms' and a Bibliography)
III Reference tools and Study aids (containing a 'Language awareness' section, a 'Grammar summary', a 'Summary of functions' and a 'Vocabulary checklist'. (§ 7 and 8)

6.0 The units

The first unit is introductory: it presents Russian sounds and the Cyrillic script. Units 1–7 introduce the noun and verb (past and present reference) systems. Unit 8 is a revision unit. Units 9 and 10 focus principally on reference to time. Units 11–19 consolidate the case system with reference to nouns, pronouns and adjectives and in relation to the verb system introduce future reference, prefixed verbs of motion and the imperative mood. Units 19 and 20 tie up some loose ends.

Each unit has a core minimum which must be covered before moving on to the next. This is expressed at the beginning of the unit in **notional** (**general** and **specific**) and functional terms. This is intended to create an explicit awareness of a need and of short-term goals in the students and to provide the teacher with a framework in which to prioritise the focus of the classroom tasks and activities.

I say 'prioritise' because each unit contains substantially more than is listed at its outset. As a general principle, the authors include phrases and **collocations** beyond the students' **productive** competence or knowledge of Russian **syntax** where these are intelligible from contextual clues or where they are essential to the coherence of a given text or task.

6.1 The structure of each unit

Each unit is divided into the following sections

Classwork (6.2)
Homework (6.3)
Listening comprehension (6.4)

These divisions are not absolute: there are homework exercises supplied in the classwork section where these refer to, or are modelled on, a classroom task. Each unit is intended to be viewed as a formal structure delimiting the parameters of a six- to ten-hour block of tuition. Students should be advised to spend no less than one hour in private study for every contact hour. Each unit therefore predicates up to twenty hours of student time.

6.2 The classwork section

The classwork sections are sub-divided into five to nine sub-sections. The units are designed to allow for a considerable degree of flexibility in the order in which sub-sections may be presented. The sub-sections focus on a **function**, **topic**, **notion**, text-type, task-type or on cultural information.

Functions/Tasks. New **functions** are always introduced in the context of a classroom task. Some of these tasks involve the whole group working together (i.e., conducting classroom polls) and some involve the students being divided up into smaller groups.

The aim of the pair work and group work is to ensure that students have the opportunity to practise variations on the **functions** of seeking and providing factual information in a controlled, but not overtly monitored, context. The tasks are predominantly accuracy-oriented; the interaction is rigidly prescribed rather than truly information-oriented. The pair work is conceived of as a bridge between the students' initial exposure to a particular question type and their use of that question type in freer interaction. The pair work can be categorised as follows:

(1) exercises where both students have incomplete tables. The information 'A' has is omitted from 'B's' table and vice versa. The task is to complete both tables. The question is supplied, as are model answers;

(2) exercises which include a problem-solving task or which are guided communicative tasks (pair and/or group work). The question is supplied, model answers are not. The latter provide as close a framework for purposeful interaction as any pair work can, in that there is a resolution marking the end of the exercise. The students have at their disposal the information required to complete a follow-up question or exercise;

(3) exercises which have a function that is not exclusively linguistic and which focus also on the acquisition of knowledge of the world. Unlike in pair work exercises of the first type, where the central focus is on practising a given **function** and the 'content' of the information sought and given is imaginary and free of cultural meaning or value, the material used in the design of these exercises reflects some aspect of Russian culture. In these exercises the focus shifts from exercises in communication to communication of relevant and culturally specific information such as the diminutive forms of Russian names (Unit 2), the names of Russian educational institutions (Unit 5) and historical information (Unit 9).

Some of the tasks involve students in writing texts either as individual or group exercises. The purpose of all guided writing exercises is to enable the students to express themselves, not simply in Russian words, but by modelling their discourse on the norms of written Russian as exemplified in the stimulus text. Of necessity they will write in an interlanguage, a cross between their mother tongue and Russian discourse practices. By stressing guided writing tasks at the expense of 'free' composition or translation, it is expected that the scope for literalism is limited.

Topics. Each unit introduces or consolidates vocabulary in three to four **lexical fields**. In the first couple of units the main focus is on introducing words which are immediately recognisable as international loan words: the words are supplied and the students are required to decipher them and match them to illustrations: professions, household technology, places in a town, etc.

From Unit 2 onwards, where new **lexis** is not introduced in the context of a text, students are encouraged to generate lists of words relating to a given **lexical field** themselves: activities associated with places (Unit 2), possible topics of conversation, reading material, television programmes (Unit 2), leisure pursuits or activities they enjoy (Unit 3), and so on.

Notions. New linguistic forms are introduced either in the context of a classroom activity, or in textual materials.

(1) in the context of classroom activities

In the earlier units in particular, new grammatical material is presented in tabular form as part of a classroom activity. No descriptions are supplied. Teachers have the choice of either presenting and explaining the tables, or of asking the students to explore and hypothesise about the patterns supplied and to generate more examples by analogy.

New grammatical material is consolidated in activities involving the four skills of reading, writing, speaking and understanding such as games or pair and group work.

(2) in the context of textual material

Where new grammatical material is dependent on discourse units longer than a single clause (conjunction, aspects, comparison, etc.), this is introduced in the context of a dialogue or text, rather than in tabular form.

Text-types. These are predominantly informative-factual or narrative (with a dominant storyline/plot) and apocryphal-historical. The first category (informative-factual) has predominantly present reference or has no reference to time (gnomic). The others have past reference. The main ingredients in such texts may be summarised as expressing and finding out who is/was/does/did/what with whom, when, where and why (cause and purpose) in structured spoken or written discourse.

In the first half of the course the texts are predominantly narrative: imaginative, biographical or historical. The structuring principle of these texts combines temporal chronology, the background/ foreground opposition as realised in the aspectual distinction, conjunction and subordination (temporal, spatial and causal). The texts on the education system (Units 6–8) introduce students to expository prose: to the presentation of data; while the letter in Unit 8 introduces them to the presentation and structuring of opinion and argument.

In the second half of the course, from Unit 11 onwards, students are increasingly exposed to discursive and expository texts.

It is one of the course's aims to equip students to tackle Russian primary source materials in their subsequent studies of Russian society and culture. It is therefore essential to start developing in students the skills of reading for global meaning. This is essentially to acknowledge in one's teaching practice that the techniques which students already have in their native language for scanning and skimming textual material, for reading for the gist and to locate specific information are (a) worth developing in relation to this new language, (b) not immediately transferable skills and (c) therefore have to be, if not relearnt, then at least nurtured in the language learning context. There are two possible approaches: the first progresses from the global to the ever more specific, where the students' reading of the text focuses on how textual organisation and graphic representation can assist the reading process. This approach develops the skills of prediction and anticipation. The other pre-teaches core lexical items and shifts from the identification of the **semantic** domain(s) to the text as cohesive entity. This approach develops the skill of global comprehension.

Cultural information. All units contain material about Russia, Russian culture or Russian cultural figures. These texts (literary and informative) are intended as a basis for generating discussion and further exploration into the questions which interest the group of students.

6.3   Homework section

The first few exercises in each unit focus on discrete formal elements of the language. Most operate at the level of sentence. The purpose of these exercises is to practise forms: accuracy is the primary objective.

The exercises in the second half of the homework section are based on extended discourse.

Some of the exercises test reading and inferencing skills. Some combine comprehension and accuracy-oriented tasks: putting the words in brackets into the correct form, supplying prepositions where necessary or selecting the appropriate aspect of verbs. Others require students to produce continuous text. In the earlier units this last requirement consists predominantly of guided dialogues or short, repetitive tasks such as entries in a diary. As the course progresses students are expected to produce longer and more complex texts with varying degrees of guidance.

The lexical exercises develop the students' awareness of lexical items as (1) constituents of **lexical fields** (семья: мать, отец, сын, дочь, брат, сестра, etc.); (2) elements in chains of **morphological** derivations (род, родиться, народ, родной, родитель, родина); (3) components of common adjective-noun (великий поэт, известный писатель, прошлый год, эта неделя, второй этаж) or verb-noun collocations (снимать квартиру, брать отпуск, заниматься русским языком, ходить пешком) and (4) samples from what must appear to students an open-ended system which they can prioritise according to their own preferences and perceived needs.

6.4   Listening comprehension section

This is intended primarily for students' private study. The material in the listening comprehension exercises is closely related to the **functional**, **notional** and thematic content of the units. Invariably one of the reading texts from the classwork section is recorded either as a dictation or comprehension exercise. All the poetry is recorded.

The main exercise types in the listening comprehension are: pronunciation exercises, dictation, comprehension, summary-writing (in English and Russian) and oral composition on the basis of guiding questions.

7.0   Reference tools

7.1   Language awareness

The 'Language awareness' section encourages students to systematise their knowledge of Russian in the context of the functioning of language in general.

This course caters for students from a range of educational backgrounds, students who are used to learning a language in a formal classroom situation and who are acquainted with the metalanguage of descriptive grammar and also students whose exposure to grammatical terminology has been limited. It is considered important that students acquire a knowledge of this terminology, if only to equip them to ask questions when they run into difficulties.

The language awareness component of the course is intended as an optional extra for those who feel they need it and find it helpful. Students become aware of a need for the metalanguage of linguistics at very different stages. Those who have had no exposure to it in their previous language learning experience often feel it is unnecessary and daunting. Those who have been exposed to it may feel they do not require it.

The sequencing of concepts in this section closely parallels the sequence of language exponents in the units. In this way discussion of the key concepts may be integrated into classroom interaction if the students and teacher so wish.

In this section reference is made to other Indo-European languages (Latin, French, German and Spanish) with which the students may be familiar. The aim of including these languages is to enable students to draw on knowledge they already have, not to teach them about other languages and how they function. The exercises focus principally on English (and in later units Russian) **syntax** and morphology. Where exercises address other languages, students should restrict themselves to those they know.

7.2 Grammar summary

Students should be encouraged to use the 'Grammar summary' as a reference tool, and warned about the dangers of becoming dependent on it. It systematises and synthesises the **syntactic** and **morphological** patterns of Russian. It is not intended as a descriptive grammar: it is not a substitute for classroom analyses of the paradigms of Russian **syntax** and **morphology**. The 'Grammar summary' is cross-referenced to the 'Language awareness' section.

8.0 Study aids

8.1 Summary of functions

The 'Summary of **functions**' lists exponents illustrating what the students are learning to **do** with the language. The order of presentation of the **functions** corresponds to their sequence in the course. Students should be encouraged to complete the checklist on completing a unit. This focus on language in use enables the students to monitor and evaluate their progress according to performance criteria they can assess subjectively: can they, for instance, state where something is located? can they ask when something happened? can they suggest a course of action?

8.2 Vocabulary checklist

The 'Vocabulary checklist' details the main topics covered in the course and also leaves room for other topics to be added. Beside each entry there is a series of boxes which the students tick off as their vocabulary on a given topic increases. In the introduction to the section for students it is recommended that they only count words which they have recorded in thematically organised vocabulary lists. This exercise alerts students to the ground already covered, and to the ground not yet covered, both necessary prerequisites for sustaining motivation.

Methodological pointers

9.0   What to do with the classroom materials

This course was conceived primarily as a classroom resource, not as a reference tool. Therefore, it was felt appropriate for the description and explanation of new material (**lexical** and **syntactic**) to be presented by the teacher as and when the need arose and that its articulation correspond to the level of linguistic awareness of the body of students concerned.

The classwork is designed to maximise student participation and classroom interaction. New material is always introduced and exploited in the context of a classroom activity and it can be presented inductively or deductively depending on the teacher's style and the learners' preferences. A methodological rule of thumb is always to introduce new material in the context of what the students already know: thus ensuring that each step forward also recaps on material which the students have mastered and feel confident with.

More so than in traditional course books, teachers need to become aware of, and comfortable with, the material covered in each unit before starting to teach it. This is because the objectives of each unit outlined on their title page only refer to the core **functions**, **notions** and topics covered in a given unit.

In addition to the core material, there are a number of phrases in each unit which students may simply be expected to understand and learn as **lexical** (as opposed to **syntactic**) structures. For instance, in Unit 2 students are exposed to the adverbial phrase в прошлом году (last year), which they are quite happy to reproduce in speech and writing as a set phrase. It would not be appropriate at this stage to explain what case the noun phrase is in (unless asked). One would therefore also not comment on the 'locative' in –y which the noun exemplifies. When one first came to talk about locatives in –y either in Unit 4 in the context of the text «Три медведя» (в лесу), or in Units 9 and 10 with reference to expressing the date and time, one could of course refer students back to the phrase they have learnt as a fixed **collocation**.

The order in which the sections are presented in each Unit is not intended to be prescriptive. From one year to the next, and from one group to the next, the teacher (and learners) may wish to alter the order, to spend proportionately more or less time on some aspects of a Unit, to anticipate the content of future Units, or to use the materials to consolidate the content of previous Units.

9.1   The teacher's role

Teachers can adopt one of two extreme positions, that of instructor or that of facilitator. Equally, they can fluctuate between the two or effect a transition from one to the other as the course progresses. As instructors, teachers position themselves in relation to the learners as custodians of the knowledge they are to teach: they control the learning environment by authoritatively presenting 'new' material, by determining what the students need to know, the pace and the tenor of classroom interaction and by evaluating students' progress. As facilitators, teachers provide a learning environment in which the learners are involved in clarifying and setting short- and long-term goals and in which they are given the scope to develop their problem-solving, planning and evaluation skills. Teachers thus become a classroom resource.

No matter which position they adopt, their primary role is to develop a classroom context in which Russian can be used purposefully, in which Russian is not merely the object of instruction, but also the medium of meaningful and relevant communication.

10.0 Developing knowledge

The absence of descriptive grammar and of a vocabulary glossary involves the students in organising their recording of new material and therefore in the decision process of how best to structure their notes into a useful reference tool.

10.1 How to develop knowledge of linguistic form

Where a text presents a number of elements which have comparable syntactic functions or morphological features, such as the identification of adverbs ending in -**o** or the use of expressions of comparison or degree (as, for instance, in the text «Галопом по Европам» (Unit 16) which analyses the results of a poll carried out to determine various nations' perceptions of their level of happiness), it is possible to ask students to systematise these textual details. In the case of the latter example, they could be asked to produce a table which ranks the expressions of degree in terms of intensity from the 'most' to the 'least'.

10.2 What to do with new linguistic forms

Students may be encouraged to consult reference tools (dictionaries and descriptive grammars) and/or to design and constantly up-date a grammar reference book of their own. In the first case, it is advisable for the teacher to recommend which reference works are suitable for the given profile of students and to practise working with them in class. It is indeed not always obvious to young learners how to use reference works constructively. In the second case, it is important to discuss with the group what sections will be needed in a home-produced grammar book and how best to organise the systematisation of grammatical material for ease of reference.

Students are usually exposed to new linguistic forms in the context of their reading in Units prior to a given **notion** being treated formally. The majority of students focus predominantly on meaning when they are reading and, once they understand the **semantics** of a given utterance, will not even notice syntactic or morphological properties. Others will notice forms of words they have not come across before and will probably ask for clarification. How the teacher responds to such enquiries will in part depend on their objectives for that class and in part on how receptive they feel the group will be to the answer. It is a good idea to answer all queries: it encourages students to ask if they know their questions are always taken seriously. Even if the answer has to be incomplete, it is a good way of preparing the ground for a more formal treatment of the question in hand.

Once the **notion** has been covered formally, it is important to realise the necessity for, and limitations of, mechanical consolidation exercises. That is to say exercises which focus the students only on the question at hand, as for instance the type of exercises in the first part of the homework section. It is often advisable to start these in class in order to ensure that students understand the terms of the exercises. There is no benefit to be derived from students failing to understand what aspect of the language is being reinforced.

I referred above to the limitations of these exercises: students get very good at making mechanical substitutions. This does not mean that they can apply this knowledge in speech or continuous prose. That is one of the reasons this course stresses the importance of guided writing: by transposing the testing of the same **notion** from a drill into a writing exercise, students have to shift their focus from substituting one form for another according to a model (and therefore without necessarily making any reference to meaning) onto expressing meaning (through the new form). That shift in focus from a form often devoid of meaning to a meaning expressed through form is crucial if students are to use the language as a tool for communication.

There is no reason why all the students should be required to do all the exercises in the homework section. All classes are to some extent mixed ability groups. It is important to allow students to determine which exercises, and exercise types, they find most helpful in the context of the goal of improving their ability to communicate in the language.

Where there is a sizeable gap between different sections of a class it is often helpful to be able to set students who need a challenge one of the more advanced exercises, while the teacher consolidates other material with the rest of the class.

10.3   How to develop knowledge of discourse structures

It is important to familiarise students with the conceptual framework in which data is presented. It is important that students recognise in the texts models of structured discourse as much as 'information-/content-bearing' samples. Each text will have its own structuring principles. Take for example, the text «Новое поколение выбирает» in Unit 11. In the materials, students are asked to complete the unfinished words by supplying the end of the stem and an appropriate ending. The number of dots supplied indicates the number of letters which have been omitted. This exercise is more concerned with form than meaning or discourse structure. However, before this exercise can be begun, it is important to familiarise the students with the framework in which the data is presented and discussed. It is indeed at this preliminary stage, that this material offers the possibility of developing students' communicative abilities.

The concept of a hierarchy or pyramid of professions can be introduced: it has an apex (вершина, верх), middle (середина) and base (низ). The various professions are situated along this continuum, occupying an identified place (занимать . . . место) expressed in relation to the model as a whole (являться лидером, в самом низу, в середине списка, на . . . месте, в . . . десятке) or relative to other professions (этажом ниже, чуть ниже, ещё ниже, за ними). From one decade to the next the popularity of professions moves in the scale of ratings (переместиться из . . . в/на . . . / попасть на . . . место).

This conceptual framework can be presented to students in advance of reading the text. It can virtually all be presented in Russian, exploiting the significant number of near synonyms, many of which, though unfamiliar lexical items, are recognisable as international loan-words (престиж → привлекательность; рейтинг = иерархия =

пирамида) or are representable in visual form. One can first focus on the static description of the position of professions along a continuum, using the students' knowledge of the world in which they live to illustrate each of the constructions in an interactive exchange about their aspirations and those of their peers. This not only introduces the constructions as language samples, but also introduces their use in the context of classroom discussion. Similarly, the **collocations** used to describe changing attitudes can be introduced in the context of a discussion of how students' parents and grandparents might have informed their career-related decisions. The data arising from these discussions, once negotiated, recorded and systematised can subsequently be used as a basis for the guided writing exercise: comparing the situation in Russia to that in their own country.

10.4 What to do with new discourse structures

First, the students identify the various functional strands in the text. In the case of the text in Unit 11: the presentation of data (the description of ratings relative to the pyramid), the analysis of data (comparison of ratings between professions and of a given profession across generations) and the interpretation of data (cause and effect: the economic and ideological factors influencing career-decisions). Secondly, students discuss the transferability of each of these strands to other subject matters. Thirdly, students make a note of the key structures and connectives in each strand. Finally, they write a text on a topic of their choice which mirrors the discourse structure of the stimulus text.

10.5 How to develop knowledge of the world

It is not necessary for all students to read all the texts in the Units. For instance in Unit 9, where the **notional** reference is to temporal reference (dates) and three of the texts outline the biographies of Russian cultural figures, one can divide the class into three groups. Each group studies one of the texts; all three groups are asked to identify the **collocations** used to refer to information about their figure's family circumstances, educational background, career and interests. These **collocations** can be compiled into a composite list. Each group can then be asked to write a summary of their figure's biography (who they were, when and where they lived, what and where they studied, where they worked and what they are famous for). These summaries can then be read and written by the other groups as dictations. Thus it is possible to combine intensive reading with lexical development, two forms of writing (summary and dictation) and the communication of meaningful and relevant information.

An exercise such as this involves the students in determining what information is relevant and meaningful, it also involves them in the process of teaching their peers, in selecting and presenting the information they might need to know about a given cultural figure.

It is not necessary, or indeed advisable, for the students to restrict their reading to the texts contained in the course. The texts in the course are exemplary of a range of genres. Students should be encouraged to read similar text-types more extensively. The main cultural topics covered in the course all lend themselves to further exploration using authentic materials. With very few resources it is possible to create a language-rich environment, to develop a resource bank of authentic materials such as reference books, magazines, newspapers, videos, leaflets, brochures, encyclopaedias and Russian school textbooks. The following list suggests some materials which could be used to complement each of the units.

Unit	Topics	Suggested materials
Unit 1	Places in a town	Plans of Russian cities / names of shops / video
Unit 2	School timetable	Educational timetables and course outlines
	Geography	Maps of the former Soviet Union and Russia / school textbooks / videos
Unit 3	Famous people	Current newspapers / encyclopaedias
Unit 4	Literary genres	Histories of literature / class library
	Biographies in brief	Encyclopaedias
Unit 5	Education	Directory of educational institutions
Unit 6	Second-level education	Report cards / Certificates / school textbooks
Unit 7	Weather	Weather forecasts / atlases
	Second-level education	School textbooks
Unit 8	Third-level education	World Wide Web entries
Unit 9	Holidays	Newspapers / greetings cards
	History of Russia	History textbooks / atlases
	Biographies	Encyclopaedias
Unit 10	Television	TV programmes / Russian television broadcasts
	Tolstoy	Class library
Unit 11	Astrology	Newspapers and magazines
	Turgenev	Class library
Unit 12	Dress	Magazines
	Health	Magazines
	Chekhov	Class library
Unit 13	Theatre	Magazines / journals / theatre programmes / tickets
Unit 14	Studying abroad	Advertisements for Russian language courses
	Film	Magazines
Unit 15	Student life	Penpals
Unit 16	Holidays	Tourist brochures, leaflets / hotel brochures
Unit 17	Gender issues	Magazines
	Museums	Museum catalogues
Unit 18	House and home	Magazines
Unit 19	Social gatherings	Etiquette books / leaflets

10.6 What to do with new knowledge the world

Some of what students absorb about Russian life and culture will be related to discrete lexical items they come across in the context of their reading, as for instance the reference to a коммунальная квартира in the text «Тихомировы» in Unit 6. Some topics are developed more thoroughly. It is advisable that students annotate their thematically organised vocabulary with short descriptions of terms relating to Russian realia. It is also important that assessing students' understanding of specifically Russian terms be built into the evaluation of students' progress: that tests focus not only on the linguistic components of the course, but also on the cultural dimension.

It is also advisable to encourage students to pursue research into questions which interest them particularly. They can then be asked to make short presentations to the group. In the initial stages these projects can be written in English, with key words supplied in Russian. In the latter half of the course the relation of English to Russian can be reversed.

10.7 How to develop knowledge of lexical items

The introduction of new **lexis** in text-based materials engenders the need to develop in learners the necessary strategies to ensure that unfamiliar lexical items do not act as an insurmountable barrier to communication. This involves developing prediction, inferencing and decoding skills (see below). The introduction of **lexis** in classroom activities and tasks involves the learners actively in shaping their vocabulary acquisition on the basis of their perceived needs.

10.8 Lexical fields

1. Generated by students

The learners can themselves be involved in generating sets of lexical items within a given **lexical field**. From the very outset it is possible for them to participate in, and indeed control, the scope of their vocabulary. I suggest a few activities below. These can be adapted to virtually any topic.

Unit 1 B. Professions: get the students to supplement the list supplied (all the professions supplied in this unit are international loan-words). Using the combined list students can design a number of games: mix and match (famous people + their professions), bingo, etc.

Unit 1 E. Places in a town: draw the outline of a town-plan on the board. Ask the students to allocate names to the streets, squares, etc. Ask students to suggest what places might be in the town and where they might be. Use this same plan for practising 'Asking for and giving directions'.

This exercise can then be combined with the previous one by asking students to suggest which professions are associated with which places.

Unit 2 F. Topics of conversations / reading material / television broadcasts: elicit from the students what they enjoy talking, reading, watching programmes about. This information can be structured as data in a classroom poll or simply used as the basis for students finding out more about one another. They can then be given a programme for Russian television or radio and asked to identify what each of the programmes is about and which programmes they would be interested in watching / listening to and why.

These exercises can be used to ensure that students consult dictionaries in an informed way: at the initial stages that they are vigilant about information given on the gender of nouns; at more advanced stages, that they take note of references to governance and **collocation**.

2. Generated by texts/text-types

On the basis of a text, students can be asked to design models for organising the lexical items into **lexical fields**. Some models are supplied in the lexical exercises: matching synonyms and antonyms, vocabulary flowers (where the **hypernym** is written in the centre of the flower and the **hyponyms** in each of the petals). It is also useful to get them to represent visually how these **lexical fields** interlock. This can be done using interlocking sets or tables.

10.9 Derivational paradigms

It is useful to draw students' attention to word-building capacity in Russian so that they can systematise their knowledge in recognisable paradigms. Where they come across a lexical item in which they have identified a known stem, it is important to recap on other words in the students' productive repertoire with that same stem (in the first few units students are exposed to a number of words with the stem **morphemes** -уч- and -род-). Sometimes it is also possible to recapitulate on words they know with the same suffixes and prefixes (very early on, for instance, students come across a number of nouns formed from verbs with the suffix -тель).

10.10 Collocations

Where a new lexical item is contained in a verb-noun **collocation**, it is important to revise other **collocations**, focusing either on the syntactic properties of the verb and the **semantic** relations of potential predicates (читать книгу, роман, газету, стихи, etc.) or, at a later stage, on the **semantic** variability of the verb (принимать лекарство, душ; снимать квартиру, фильм, пальто, трубку).

10.11 What to do with new lexical items

Identifying which of the three categories outlined in 2.2 a word belongs to determines in turn how (and whether) students record it in their vocabulary notes.

The first category I recommend they simply jettison (unless they have a particular personal desire to know a given word). The second category I suggest they store in a word-building section of their vocabulary notes. The third category I recommend they record in thematically organised notes, always with examples of its usage (either from the stimulus text or from a learners' dictionary which supplies whole sentence examples).

10.12 Lexical exercises

Since the lexical exercises bear no relation to language in use, it is important that students view them as a means to an end, not an end in themselves. They are not a substitute for learning vocabulary. Weak students often benefit from their lack of ambiguity, i.e., from their focus on lexical items as discrete elements, divorced from syntactic context. This applies particularly to exercises which involve matching pairs of words with the same root **morpheme**, matching antonyms and synonyms, and the crosswords which focus on a closed **lexical field** (family members, parts of the body, days of the week, etc.). Some students find some of the exercises dispiritingly hard; others enjoy the game element.

As with all other exercises, one has to maintain a balance between encouraging students to play with **semantic** patterns by organising what they know into interlocking paradigms, and de-motivating them by requiring them to produce work they know to be unsatisfactory. Whereas in guided writing exercises all students can achieve something and be satisfied with what they have managed to express because they have determined the parameters of their own discourse, in an objective test the parameters are pre-established and rigidly defined by the exercise, they are non-negotiable. It is, therefore, more important to motivate an aspiration to be able to do the exercise, than to de-motivate by requiring all students to attempt all exercises. One of the ways of achieving this is to vary the ways in which the lexical exercises are done: in class or in private study, by individuals or in groups, in a co-operative or competitive context.

11.0   How to develop speaking skills

11.1   Elementary language skills: reading, writing, speaking and listening

In the first couple of units it is recommended that no exercise is ever allowed to take up more than ten to fifteen minutes and that tasks should require students to alternate between receptive and productive activities. For instance, asking students to create the resources required for playing games provides them with learner-focused activities, which individual students do at their own pace, and group activities, which develop interactive skills. Most of the games used are standard family games such as mnemonics, matching pairs, Happy Families, Bingo, Scrabble, Charades, 20 questions, etc. Since games differ from culture to culture adaptations of a few of them are supplied. It is recommended that teachers use the games that their learners are familiar with: the point of the exercise is to play the game, not to learn the rules of a new game.

Mnemonics requires the students to produce pairs of cards with the same word on them. These are then placed face down on the table; each student in turn picks up two cards and reads the words written on them. If the two words are the same, the student keeps that pair of cards; if they are different, they are replaced exactly where they were. The game continues until there are no cards left on the table. The winner is the person with the most pairs of cards.

Matching pairs is a variant of mnemonics proper: instead of the same word being written on both cards, students select two words which are semantically related (antonyms, synonyms, **hyponyms**, and so on).

Bingo-type games can be used with lexical items as well as numbers. For instance, students may be asked to create a 3×3 grid. In each square they write the name of a place:

в театре	в библиотеке	в аудитории
дома	в магазине	в кафе
в кино	в баре	на фабрике

On small pieces of paper they write the activities associated with each of the places they have selected (смотреть пьесу, читать книгу, слушать лекцию, etc.). These are put in a hat or a box; each student in turn picks out a piece of paper and reads out the activity. Those who have listed a place associated with the named activity cross it off on their grid. The first to have crossed off all their places wins. As with mixing pairs, this exercise can be done with any set of words sharing a given **semantic** relation.

11.2 More advanced skills and strategies

It is not sufficient to practise micro-**functions** in the development of language skills. If Russian is eventually to become, not simply the object of learning, but also a tool for meaningful communication, it is essential that students develop the strategies necessary to make the step from reproducing what has been rehearsed and pre-scripted to producing language in exchanges that they control and for which they perceive a need. This involves the development of a number of strategies ranging from paraphrase, approximation, gesture and planning discourse frameworks to compensate for the limitations of their language competence. It is these strategies which should become the central focus of conversation classes.

12.0 How to develop reading skills

12.1 What to do with texts

The exercise types supplied in the course are intended as exemplary, not prescriptive or exhaustive. There are some which may be used repeatedly throughout the course. First, it is important to distinguish between extensive reading and intensive reading.

12.2 What is meant by extensive reading

Extensive reading is where the main focus of reading is on **what** is being expressed in the text. It is the form of reading which most of us spend most of our time doing: reading for information or reading for pleasure. It is a skill which is very often neglected in language courses where often the mechanics of deciphering a text word by word predominate.

12.3 How to develop prediction skills

Stage 1 tasks: using the title, the text's layout and information supplied about its source, identify what the text is about: who did what where, when and why? who enquired into what where, when and why?

Identify how many speaker(s), narrator(s) there are.

In the broadest of terms, identify the genre of the text: repetitive (descriptive), progressive (a narrative), informative, discursive, etc.

Drawing on their prior knowledge of the world, their common sense and their knowledge of textual material, students should be in a position to make plausible guesses as to the broad content and structure of a text. These can be discussed as a group activity, recorded and eventually compared to the actual content and structure and/or analysed to predict the **lexical fields** which are likely to be highly represented in the text.

The vocabulary in most texts can be organised into two to five **lexical fields**. It is helpful for students to become explicitly aware of how these categories combine and complement one another in different genres. This in turn enables them to unlock the structure and main thrust of a text. Take the 'Lonely hearts' columns in Unit 11 for instance. Students can be asked to predict what **lexical fields** are likely to be represented in these short texts. They normally identify 'physical characteristics', 'character and attitudes', 'interests', 'family circumstances', 'personal information' and a 'wish list' which invariably replicates the other categories. Once they have done this, even without knowing the meaning of specific lexical items they are able to assign them to the appropriate **semantic** categories and the texts are perceived as organised collections, rather than random selections, of human characteristics.

Stage 2 tasks: skim the text to locate references to people and places (as expressed in proper nouns) and references to quantity and time (as expressed in numerals) to clarify the agent, temporal, spatial and quantitative parameters of the text.

Students should be asked to verify the hypotheses they articulated after Stage 1 and suggest new hypotheses.

Stage 3 tasks: scan the text and, where the text is informative or discursive, supply each paragraph with a heading which illustrates the logic of the presentation of information (chronological, thematic, differing points of view, etc.) or the thread of the argument; where a text is narrative, identify the main participants and action sequences.

Once the students have conferred about the outcome of Stage 3 and reached a consensus, any number of tasks can be set, either to the whole group, or to sub-sections of each group:

- to locate specific information
- to differentiate between opinion and fact
- to differentiate between main and supporting details
- to differentiate between the background and foreground of a narrative
- to summarise the text (in English or Russian)
- to make (or simulate) a data-base entry for the text (author, title, date, subject, related issues, key words)
- to transcode an interview into a piece of continuous prose or, vice versa, a piece of continuous prose into a question and answer format

12.4   How to develop the skill of global comprehension: creating meaning

Stage 1. The pre-teaching of elements which are essential to unlocking a text can be done in a number of ways:

(a) Indicate the **lexical fields** represented in the narrative and ask the students to predict what lexical items/**collocations** might occur.
(b) Present new lexical items in the context of already familiar morphological and/or **semantic** categories.
(c) Where the text is a narrative, design a composite iconic representation of the fictional world, depicting concrete objects in words and images and discuss the range of activities predicated for/or associated with each setting or object ('The Three Bears': draw a house set in a forest and relevant contents on the board and label the picture, discuss the activities associated with forests, living-, dining and bed-rooms; 'Юкатан': discuss the necessary realia in relation to a map).

Stage 2. Texts may be read, they can also be told. In most units there is a narrative which lends itself to oral narration. After pre-teaching key words, the teacher can tell the story using visual stimuli, gesture, intonation and mime. It is then possible for the students to become absorbed in, and enjoy, the narrative *qua* narrative. They do not have the option of faltering at the first unknown word. It is furthermore much easier to tell a story interactively: in the reading process the students interact with the fixed printed word, in an oral narrative situation they interact with the teller.

Stage 3. As a follow-up to reading the text, to shift the students' participation from a receptive to a productive role, they can be asked to retell the story as a group or individual activity (in writing or orally): focusing on the essential components of who did what when, where and why?

There are two main differences between these two approaches of extensive reading. One is in the respective roles of teacher and learners. The other is in the experience of reading (or hearing) the text.

In the first approach the teacher's role is that of organiser and facilitator and the students learn by 'doing'. It is they who set the agenda, who develop and verify hypotheses in a supportive, rather than controlled, environment. In the second, the teacher retains far greater control over the learning process and keeps custody of the knowledge in the very act of determining which lexical items to pre-teach and what material to give pre-digested to students. They in turn have to accept the role of disciple to the teacher's authority.

In the first approach the reading of the text is non-linear, the text is read exploiting layout and typographical clues to unlock the text. In the second approach the text is read in 'time', the order of telling coincides with the order of reading/listening.

In the designers' experience, the first approach is best suited to informative and discursive texts where the mapping out of information/argument lends itself to a more analytical deciphering and the second to narratives, where the sequential unfurling of an interconnected series of events, set in time and place, and enacted by a group of *dramatis personae* is an essential component of the genre.

12.5   What is meant by intensive reading

In intensive reading the focus shifts from students understanding the global meaning of a text to their examining the medium of expression, from understanding what is said, to analysing how it is said. Intensive reading can only take place once the students have a general conception of the genre, structure and contents of a text. It is not a form of reading which of necessity starts at word one and progresses in a linear fashion through the text: that form of reading, without prior exposure to the text, often counters the students' perception of the text as a coherent entity.

12.6   How to develop inferencing and decoding skills

Assuming students have some familiarity with the parameters of the text, intensive reading focuses on problems of understanding the detail. I would recommend that these problems be approached from two angles:

(1) discussing the reader-strategies that students can employ to unlock problematic

words and phrases: developing the students' awareness of, and confidence in, skills which they already have from processing native-language texts

(2) developing the students' knowledge about the language by relating the 'new' elements to knowledge they already have about Russian

The first approach involves allowing students to develop the skill of 'informed' guessing, where the 'informed' activates their recognition of international loan-words and familiar stem **morphemes**, identification of contextual clues (at the level of **collocation**, sentence and discourse-type), prior knowledge of textual properties and of the world, all of these informed in turn by common sense. Even if students are unable to hypothesise about the exact meaning of a phrase, it is quite possible for them to hypothesise about the syntactic function of a word or phrase (where it has an adverbial function – they can usually also usefully hazard a guess, and justify their guess, as to which adverbial function).

The second approach involves systematising the students' understanding of these new elements and integrating them with their prior knowledge.

The designers would see all forms of guided reading as contributing to the students' (a) awareness of the legitimacy and necessity for the learning process of making informed guesses, (b) knowledge about the functioning of Russian and ability to generalise rules from discrete examples, (c) willingness to model their texts on pre-existing models and finally (d) confidence in their ability to derive meaning from what at first sight seems impenetrable.

13.0 How to develop productive skills on the basis of texts

1. Illustrating texts

There are a number of useful ways of illustrating texts: students can be asked to produce a single composite illustration (a poster, for instance) or a series of illustrations (frames for a screen version or a strip cartoon). In Unit 3, for instance, the students are asked to retell the story «Жили-были мать и сын» in a strip cartoon. They are told to illustrate each element of the narrative visually. This exercise develops a number of skills:

- the purely mechanistic skill of copying discrete lexical items
- the identification of phrase boundaries: each phrase will require differing kinds of visual representations
- the differentiation of background information (indices and informants) from the actions and events
- the differentiation of essential information from supporting details

Furthermore, this exercise type

- concretises the physical objects mentioned in the narrative: the words cease to be signs agreed in a foreign conventional system perceived in an equally unfamiliar graphic or phonemic system and become associated in the students' minds with familiar iconic representations. Students begin to visualise narratives rather than perceiving them as composites of unknown elements. This process serves the dual function of facilitating the acquisition of both **lexis** and **syntax**: the former by conferring on Russian words the materiality of their native English equivalents and the latter by enabling them to perceive the narrative as a cohesive entity with interlocking parts. As in a jig-saw puzzle, where you know theoretically 'how and where' the individual segments 'fit in', knowing where they need to be placed in relation to other segments is essential for the whole to cohere. The strip cartoon or composite illustration ensures that the relationship between the segments (words/ phrases) is foregrounded in the students' perception of a narrative.

2. Writing summaries and recoding texts

Here a number of tasks are proposed. These can either all be done, or teachers can select one or two depending on the students' level, on the content of the text and on the amount of time the teacher and students wish to spend on a given text. All these suggestions involve the students in a creative activity where Russian is the medium of communication, not the end. All of these tasks can be done by individuals or small groups. The end products can be evaluated by the whole class.

Headline for newspaper. The shortest form of summary is the representation of a central theme or character in one word, phrase or sentence.

Telegram format. A slightly longer summary could take the form of a telegram or postcard account of the information/narrative contained in the text.

Catalogue entry. Students can be asked to design a catalogue entry for a text. This will require them to identify the author's name, the genre, the date and place of publication, the subject matter, key words and related topics. (The sources of all texts which have been borrowed have been supplied. These are intended to supply students with an indication of the textual context from which the texts have been taken for pedagogic purposes.)

Précis. A valuable exercise is to ask the class to agree on what ten words (for instance) would be required to convey the essential information in a given text. Then ask them to compose a summary structured around the words they selected.

Altered point of view. Most narrative texts can be rewritten from one of the characters' point of view. With this exercise, different groups could select/be assigned different characters.

Altered genre. Most narrative texts can also be rewritten in a different genre: as a newspaper report, gossipy letter to a friend, obituary, etc.

Altered format. Most texts lend themselves to being transposed into a dialogue: interview or informal conversation. This type of transposition affords the students the possibility of composing questions. Since all too often students' time is spent answering questions put by the teacher and the teaching materials, this exercise allows them to consolidate and reinforce the use of interrogatives, as well as requiring them to clarify the main issues broached in the stimulus text.

Other task-types will depend on the text-type: where the information is supplied in schematic form, students can compose a piece of continuous text from the data.

3.   Responding to texts

Writing letters. The course contains a number of letters to which students are asked to respond. If at all possible, it is of more benefit to students if they can correspond with Russian speakers.

Reviewing texts. It is often useful for the teacher to know how students are responding affectively to certain texts and text-types. One way of eliciting this information is to ask students to write reviews of texts. The reviews can contain information about who wrote the text, what its genre is, a brief summary of its contents. Most important though is the student's evaluation of the text and personal response to it. This information can be used to assist the teacher in determining which text-types to concentrate on in classroom activities and to help them direct students towards suitable independent reading material.

Cultural comparisons. Where the information provided in a text is specific to Russian realia (the education system, the status and popularity of professions, shopping facilities, public holidays, festivals, etc.), students can be asked to compare the Russian situation to its equivalent in their country.

Text-types. Where students have been reading a number of texts of a given genre they can be asked to compose a text of that genre on a topic of their choice. For instance, when they are reading biographies of Russian cultural figures, they can be asked to write a biography of one of their cultural icons; when reading about Russian tourist resorts, they can be asked to write a brochure for their preferred holiday resort, and so on.

14.0   Use of the key

Students can be encouraged to use the key to the exercises. The students thus become actively involved in measuring their own progress and in identifying for themselves what they do and do not know. This in turn enables them to set themselves short-term goals, to channel their efforts more efficiently and to focus their questions more productively. The teacher then serves as a back-up to check student corrections. This relieves the teacher of an enormous burden of correction. He or she can then dedicate more time to assessing the communication exercises (comprehension and guided writing): to evaluating what the students can *do* in the language, rather than what they know *about* the language.

15.0   Concluding remarks

Though this course has been piloted extensively in three university departments where it was taught by up to twenty people, we feel certain that there would be ways it could be improved. We would welcome any queries or comments teachers might care to make on their experience of using the course. Please feel free to contact us.

Glossary of linguistic terms

collocation   The tendency for words to occur together repeatedly [is] called collocation. Halliday (1966), for example, compares the collocation patterns of two adjectives *strong* and *powerful*, which might seem to have similar meanings. Though we can use both for some items, e.g. *strong arguments* and *powerful arguments,* elsewhere there are collocation effects. For example we talk of *strong tea* rather than *powerful tea*; but a *powerful car* rather than a *strong car*. (Saeed, 1997, 60)

function   The communicative use to which an utterance or longer piece of language is put. Examples of functions include: apologising, greeting, describing, defining, contradicting. (Nunan, 1988, 158)

general notion   semantico-grammatical categories such as time, place, quantity, quality, cause, etc.

hypernym   **see hyponym**

hyponym   A hyponym includes the meaning of a more general word, e.g. *dog* and *cat* are hyponyms of *animal*, *sister* and *mother* are hyponyms of *woman*. The more general term is called the superordinate or **hypernym**. (Saeed, 1997, 68)

lexeme   **Semantic** word. (Saeed, 1977, 55)
Lexemes are the units which are conventionally listed in dictionaries as separate entries. (Crystal, 1985, 178)

lexical field   An important organisational principle in the **lexicon** is the lexical field. This is a group of lexemes which belong to a particular activity or area of specialist knowledge, such as the terms in cooking or sailing; or the vocabulary used by doctors, coal miners or mountain climbers. (Saeed, 1997, 63)

lexical (item)   **see lexis**

lexicon   The knowledge a speaker has of the meaning of words is often compared to a mental lexicon or dictionary. (Saeed, 1977, 8)
In the most general sense, the term is synonymous with vocabulary. (Crystal, 1985, 178)

lexis   A term used in linguistics to refer to the vocabulary of a language, and used adjectivally in a variety of technical phrases. A unit of vocabulary is generally referred to as a lexical item, or lexeme. (Crystal, 1985, 179)

morpheme   A **morpheme** [. . .] was seen primarily as the smallest functioning unit in the composition of words. **Morphemes** are commonly classified into free forms (**morphemes** which can occur as separate words) and bound forms (**morphemes** which cannot so occur – mainly affixes). [. . .] A further distinction may be made between 'lexical' and 'grammatical morphemes'; the former are **morphemes** used for the construction of new words in a language, such as in a compound word (e.g. *blackbird*), and affixes such as *-ship*, *-ise*; the latter are **morphemes** used to express grammatical relationships between a word and its context, such as plurality or past tense. (Crystal, 1985, 198–9)

notions   The concepts expressed through language. Examples of **notions** include: time, frequency, duration, causality. (Nunan, 1988, 158)

semantics   **Semantics** is the study of meaning communicated through language. (Saeed, 1977, 3)

specific notion   Topic related **notions** such as family, house and home, education, etc.

spiral syllabus   see Brumfit, 1980, 5: 'The simplest proposal is to use the grammatical system as the core of the syllabus in a ladder-like series of stages and to be prepared to relate all other essential material to this series. Thus **notional**, functional, and situational specifications can be conceived of as a spiral round the basically grammatical core.'

strategy   The familiar ease and fluency with which we sail from one idea to the next in our first language is constantly shattered by some gap in our knowledge of a second language. The gap can take many forms – a word, a structure, a phrase, a tense marker, an idiom. Our attempts to overcome these gaps have been called *communication strategies.* (Bialystok, 1990, 1)

syntax   A traditional term for the study of the rules governing the way words are combined to form sentences in a language. In this use, **syntax** is opposed to morphology, the study of word structure. (Crystal, 1985, 300)

Bibliography

Bialystok, Ellen (1990) *Communication Strategies: A Psychological Analysis of Second-Language Use.* Oxford: Blackwell.

Brumfit, C. (1980) 'From defining to designing: communicative specifications versus communicative methodology in foreign-language teaching.' In Muller (ed.), *The Foreign Language Syllabus and Communicative Approaches to Teaching: Proceedings of a European-American Seminar.* Special issue of *Studies in Second-Language Acquisition*, 1–9.

Crystal, David (1985) *A Dictionary of Linguistics and Phonetics* (2nd edition) Oxford: Blackwell.

Nunan, David (1988) *Syllabus Design.* Oxford: Oxford University Press.

Saeed, John I. (1977) *Semantics.* Oxford: Blackwell.

Part III: Reference tools and study aids

Language awareness

In this section we focus not so much on the grammar of Russian, as on the language needed to talk about the grammar of Russian. The authors of this textbook have learnt from experience that students' ability to learn a language in an academic context in part depends on their level of understanding of the linguistic operations they are putting into action. We have assumed that all students taking up Russian in a University department have some prior knowledge of a Western European language. We therefore use examples from Latin, French, German, Spanish and English to illustrate grammatical concepts and to ensure that what the students are learning about Russian can be contextualised in what they know about other languages. Students should be alerted to the fact that they are not expected to learn about languages they have not come across before. The reason so many languages have been included in this section is to attempt to ensure that all students will be able to root their investigations into how languages operate in a language that they have already studied. Ignore all reference to languages you are not familiar with.

The main areas discussed in this section are:

Morphology: the study of the smallest units of language which carry meaning (morphemes); the analysis and classification of these units of meaning and the effect of their combination within a single word. For example:

```
song
song – s        – the -s- indicates the plural
song – ster     – the -ster- indicates the person performing the song
song – ster – s – as above + plural
```

As can be seen from these examples, some morphemes add grammatical meaning, as for instance the -s. These are called inflectional morphemes. Some enable you to derive new words (as does the -ster). These are called derivational morphemes.

Syntax: the study of the relationship between different parts of a clause, phrase, or sentence. Syntax examines words and the various forms of words from the point of view of their function and interaction in longer linguistic units.

Semantics: the study of how meaning is expressed. Semantics analyses how the meaning of linguistic elements is determined in relation to other comparable elements (e.g. river and stream are differentiated in terms of size) and in relation to other words/contexts they can combine with (e.g. compare: to catch a fish, to catch a cold).

Discourse analysis: the study of the relationship between elements in a dialogue or extended piece of writing.

At the end of each section there are exercises which allow the student to evaluate whether he/she has understood the concepts.

UNIT 1

1.1   Introduction to syntax: words, phrases, clauses and sentences

1.1.1   Words

A word is a single lexical item. It may be a noun, verb, adjective, adverb, etc. We will be looking at each of these categories in turn. At this stage it is enough to recognise that a word in a written text is separated from other words by a gap. It is thus immediately identifiable visually.

1.1.2   Phrases

A phrase is a group of words which combine to fulfil a single function within a clause or sentence:

[Last year] [my brother and I] [hoped to spend] [our summer holidays] [in the South of France].
[On the way] [my brother] [was run over] [by a train].

1.1.3   Clauses

A clause is a group of phrases, including single words, structured around a finite verb.

{[I] [saw] [the boy]} {[who] [broke] [the window]}

1.1.4   Sentences

A sentence is a group of clauses (one and upwards). These clauses relate to each other in two basic ways:

either (i) all the clauses can stand on their own and are joined by coordinating conjunctions 'and, but, while, whereas' (10.1) in which case they are called independent clauses; or (ii) only one clause can stand on its own (= main clause) and the others are subordinate to it in various ways. The latter are called subordinate clauses.

/I saw the boy/	and	/he saw me./
Independent clause	+	Independent clause
/I saw the boy/		/when he got up./
Main clause	+	Subordinate clause of time
/I saw the boy/		/who lives next door./
Main clause	+	Subordinate adjectival clause
/I asked the boy/		/what he liked for tea./
Main clause	+	Subordinate noun clause

Clauses can be 'embedded' in each other:

[The man/who used to live next door/met my friend] [when she went to London].
The man met my friend: main clause; who used to live next door: subordinate adjectival clause embedded in the main clause; when she went to London: subordinate clause of time.

1.1.5   Exercises
Phrases: *Divide the following sentences into phrases.*
Tom and Jane live in a big new house.
My uncle went to France last year.
On the 1st June 1976 we celebrated his 90th birthday.
John spent $500 on a new suit.
She speaks Russian and French without a trace of an accent.

Clauses: *Divide the following sentences into clauses. Which are main and which are subordinate?*
When he arrived in Paris he went straight to his hotel.
I don't know why they left so soon.
She couldn't see him because she had a prior engagement.
I can't conceive of how you did this.
They danced all night and slept all day.

1.2   Syntactic categories: nouns
In English, French, Russian and Spanish two classes of noun are distinguished orthographically (i.e., in the way in which they are written). However, these classes do not always coincide. The two classes are referred to as proper and common nouns.

In English, French, Russian and Spanish proper nouns name a person, geographical place, institution, holiday (public or church) and magazine/book titles. They are written with a capital letter. For example:

John	Jean	Иван	Juan
Paris	Paris	Париж	París
Christmas	Noël	*Рождество	Navidad
**The Times	**Le Monde	Русская мысль	**El PaТs

*In Russian, Church holidays are nowadays usually written with a capital letter: **Рождество** (Christmas), **Пасха** (Easter). In the Soviet era they were usually written with a small letter.

**In French, Spanish and Russian usually only the first word of the title of books is capitalised.

Compare: War and Peace   Guerre et paix   Война и мир   Guerra y paz

In English proper nouns also name days of the week and months of the year: Monday, January, etc. In Russian, French and Spanish, however, these are considered common nouns and are written with a lower case initial letter. For example:

понедельник	lundi	lunes
январь	janvier	enero

1.3   Morphology
A morpheme is the smallest unit of language which carries meaning. There are two kinds of morphemes: (1) lexical or derivational and (2) grammatical or inflectional.

1.3.1   Derivational morphology
Derivational morphology is the means by which new words are derived from existing
words. Lexical morphemes are used to derive new words which very often can be different
parts of speech. Morphemes may be independently occurring words (black + berry =
blackberry) or affixes. In English, for example, affixes may be divided into two categories.

Prefixes are placed in front of the stem/root (un- + happy = unhappy).
Suffixes are placed after the stem/root (dark + -ness = darkness).

A word may be formed with both prefix(es) and suffix(es).

un- + happy + -ness = unhappiness

This may cause orthographic changes in the stem/root.

book – bookish	beauty – beautify – beautification	black – blackberry
dark – darkness	decorate – decorative – decoration	

1.3.1   Exercises
Divide the following words into morphemes (prefix + stem + suffix; stem + stem; etc.)
What meaning do the prefixes and suffixes add?

bookish	booklet	unhealthy	improper	foolishly
dispose	predestination	dissimilar	friendship	friendly
befriend	restless	football	outcast	grandfather

Form nouns from the following nouns:

friend	sense	king	man	bank
patriot	ice	hero	justice	noon

Form nouns from the following adjectives:

apt	absent	wise	obedient	sincere
decent	royal	free	true	just

Form nouns from the following verbs:

look	extend	please	move	explain
study	preside	create		

Form adjectives from the following nouns:

wealth	skill	home	joy	mountain
fool	honour	poet	nation	

Form verbs from the following nouns:

friend	length	strength	danger	prison	cloth

1.3.2   Grammatical/inflectional morphology (1): gender
Grammatical or inflectional morphemes are used to express different grammatical
categories of the one lexical item (word). These are most easily explained by the use of
examples.

In English the gender of a noun is not morphologically marked. That is to say one cannot determine the gender of a noun without knowing its meaning: the gender of a noun depends on the sex of the human being (sometimes also animal) it identifies. For example:

woman – feminine because female
man – masculine because male

Other nouns are neuter: e.g. tree, bread, happiness

In German the gender of a noun may be linked to the sex of persons, but nouns which identify animals, objects and concepts – which have no sex – do still have gender. It is not marked morphologically in the noun itself. It is shown in the articles which precede the noun. For example:

der Mann   ein Mann   masculine
die Frau   eine Frau   feminine
das Kind   ein Kind   neuter

In French, gender is morphologically marked in the noun, though this is only apparent to those who know Vulgar Latin. Again, gender is primarily marked in articles; there is no neuter category, females are usually feminine, males masculine, and non-animates can be either. For example:

la fille   une fille   feminine
l'homme   un homme   masculine
la page   une page   feminine

In Russian, as indeed in Latin and Spanish, gender is normally morphologically marked. That is to say, you can tell by looking at a word's ending what gender it is. For example:

Latin		*Spanish*
dominus	masculine	hombre
rosa	feminine	azucena
templum	neuter	

In Russian, the morphemes used to mark masculine nouns are: ø (zero ending), **-ь**, **-й**:

Consonant + ø (zero ending)   – стол
Consonant + **ь**   – автомобиль
Vowel + **й**   – чай

The morphemes used to mark feminine nouns are: **-a**, **-я**, **-ь**

Consonant + **a**   – музыка
Consonant (other than **м**) + **я**   – Катя
Consonant + **ь**   – площадь
Vowel (**и**) + **я**   – Ирландия

The morphemes used to mark neuter nouns are: **-o**, **-e**, **-(м)я**

Consonant + **o**   – окно

Consonant + **e**	– мо́ре
Vowel (**и**) + **e**	– общежи́тие
Consonant (**м**) + **я**	– и́мя

The only morpheme which can cause confusion is **-ь**, with which masculine and feminine nouns can end.

Generally speaking male animates are designated by masculine nouns, females by feminine nouns, but there are some males who are designated by nouns ending in **-а/-я**. (This is also the case in Latin: *agricola*, *nauta*.) For example:

мужчи́на	and many names:	Ко́ля
дя́дя		Ва́ня
де́душка		Пе́тя etc.

Non-animates can be any gender.

Whereas in English the choice of pronoun (he, she, it) depends on the animate/ inanimate and male/female distinctions, in Russian the choice of pronoun is determined solely by the grammatical gender of a noun. For example:

Ива́н	Ivan	он	he
стол	table	он	it
Ка́тя	Kate	она́	she
кни́га	book	она́	it
окно́	window	оно́	it

1.3.3   Exercises: gender

Replace the following nouns by the pronouns:

he, she, it
он, она́, оно́
il, elle (if you know French)
er, sie, es (if you know German)
él, ella (if you know Spanish)

the book	the table	Peter	the window	the theatre
кни́га	стол	Пётр	окно́	теа́тр
le livre	la table	Pierre	la fenêtre	le théâtre
das Buch	der Tisch	Peter	das Fenster	das Theater
el libro	la mesa	Pedro	la ventana	el teatro

Mary	the man	the mother	the car	the name
Мари́я	мужчи́на	мать	маши́на автомоби́ль	и́мя
Marie	l'homme	la mère	la voiture	le nom
Maria	der Mann	die Mutter	das Auto der Wagen	der Name
María	el hombre	la madre	el coche	el nombre

the park	the letter	the sister	the morning	grandfather
парк	письмо	сестра	утро	дедушка
le parc	la lettre	la soeur	le matin	le grandpère
der Park	der Brief	die Schwester	der Morgen	der Großvater
la abuela	la carta	la hermana	la mañana	el abuelo

UNIT 2

2.1 Syntactic categories: personal pronouns

Personal pronouns are like nouns in syntactical function and in their capacity to follow prepositions. They are used as substitutes for nouns in order to minimise repetition.

> When John had had lunch, John went out to play.

Either of these nouns 'John' may be replaced by the personal pronoun 'he' and the sentence becomes less cumbersome and less ambiguous: in the two sentences above, you might have been talking about two Johns. For example:

> When he had had lunch, John went out to play.
> When John had had lunch, he went out to play.

2.1.1 Pronouns and person

Personal pronouns are subdivided according to a grammatical category not relevant to nouns: that of person.

1st I/we	je/nous	ich/wir	yo/nosostros	я/мы
2nd you	tu/vous	du/Sie/ihr	tú/vosotros	ты/вы
3rd he/she/they	il(s)/elle(s)	er/sie/sie	él/ella/Ud./ellos/ellas/Uds.	он/она/они

2.1.2 Pronouns and gender

Gender in personal pronouns is an overt class.

Masculine	*Feminine*	*Neuter*
he	she	it
il	elle	–
er	sie	es
он	она	оно
él	ella	–

2.1.3 Personal pronouns and case

In English, French and Spanish the difference between personal pronouns and nouns is that the former have a case system. In Russian and German the personal pronoun case system mirrors the noun case system. For example:

English	He saw John. John saw him.
French	Il a vu Jean. Jean l'a vu.
Russian	Он видел Ивана. Иван видел его.
German	Er sah Johann. Johann sah ihn.
Spanish	El vio a Juan. Juan le vio.

In English there are two cases: the subject case (he) and another which is used in all other contexts (him).

subject	He saw John.
other	I saw him. I gave him an apple. I went to the cinema with him.

In Spanish there are two cases: an object (direct and indirect) case and another.

object	Juan le vio. El le dio una manzana.
other	El vio a Juan. Yo fui al cine con él.

In French and German there are three cases: a subject case (il/er), a direct object case (le, l'/ihn), and another (lui/ihm).

subject	Il a vu Jean.
direct object	Jean l'a vu.
other	Il lui a donné une pomme. Je suis allé au cinéma avec lui.

subject	Er sah Johann.
direct object	Johann sah ihn.
other	Ich ging mit ihm zusammen ins Kino.

2.2 Grammatical/inflectional morphology (2): the noun and case

Language often expresses objective reality and the relationships occurring within it. In English, French and Spanish these relationships are expressed primarily by word order and prepositional phrases.

Compare:

The man bites the dog.	The dog bites the man.
L'homme mord le chien.	Le chien mord l'homme.
El hombre muerde al perro.	El perro muerde al hombre.

John buys his wife a slave.	John buys his slave a wife.
Jean achète un esclave pour sa femme.	Jean achète une femme pour son esclave.
Juan compra un esclavo a su mujer	Juan compra una mujer a su esclavo.

John sells his wife as a slave.	John sells his wife a slave.
Jean vend sa femme comme esclave.	Jean vend un esclave à sa femme.
Juan vende a su mujer como esclava.	Juan vende un esclavo a su mujer.

In German, Russian (and Latin) these relations are expressed by the use of cases and prepositional phrases. Each of the cases is marked by an inflectional morpheme. The number of cases varies from language to language: in both Latin and Russian there are six cases. (The order in which they are given is entirely determined by convention.)

nominative	domimus	nominative	стол
vocative	domine	accusative	стол
accusative	dominum	genitive	стола
genitive	domini	dative	столу
dative	domino	instrumental	столом
ablative	domino	prepositional	столе

In German there are four cases.

nominative   der Mann
genitive   des Mannes
dative   dem Mann(e)
accusative   den Mann

The use of cases in Russian, Latin and German leaves word order free to fulfill other functions (e.g. emphasis).

2.3   The semantics of case: the nominative case (**именительный падеж**)
The nominative case form is the one given in dictionaries. In Russian the nominative singular case morpheme identifies the gender of a given noun. For example:

стол   masculine   (ø)
книга   feminine   (-а)
окно   neuter   (-о)

The names of newspapers, of places on a map, of shops on the street, of organisations, institutions and labels (e.g. on goods in a shop) are in the nominative case. For example:

универмаг «Детский мир»
Московский государственный университет
гостиница «Метрополь»
молоко — 2500 руб.
газета «Известия»

The primary function of the nominative case is to name objects, people, etc. as indeed is suggested by the etymology (origin) of the word. Nominative and **именительный** are respectively derived from the Latin and Russian words *nomen* and **имя** which both mean 'name'. For example:

Кто это?   (Это) Иван.
Что это?   (Это) библиотека.

More specifically the function of nouns and pronouns in the nominative case is to:

(a) name the performer of an active action:
Кто писал письмо?   Иван.
                           Письмо писал Иван.

Кто ужинал?   Катя.
                           Ужинала Катя.

Кто работал на заводе?   Я.
                           Я работал на заводе.

(b) name the agent of a passive state:
Кто спал?   Саша.
                           Спал Саша.

Что на столе?   Книга.
                           На столе книга.

(c) designate a feature, quality or property of an object or person:

Кто такой Иван?	Студент.
	Иван — студент.
Кто такой Гагарин?	Юрий Гагарин — космонавт.
Кто такой Пушкин?	Пушкин — русский поэт.
Что такое водка?	Алкогольный напиток.
	Водка — алкогольный напиток.
Кто ваш отец?	Мой отец — учитель.

The nominative case is not preceded by a preposition. The only exception is the preposition **за** in phrases such as: **Что это за книга**?

UNIT 3

3.1   Syntactic categories: the noun – animate and inanimate reference
In English, reference to a named animate noun (common and proper) will require the use of the pronouns *who*, *he*, *she*. Reference to an inanimate noun will require the use of the pronouns *which* and *it*.

In Russian the animate/inanimate distinction is extremely important. Although it does not determine the personal or relative pronoun, it does determine the interrogative pronoun: **кто**. It also affects the form of the noun in the accusative case. The accusative of masculine inanimate nouns is the same as the nominative: **Иван читал роман**. The accusative of masculine animate nouns ends in **-а, -я**: **Иван видел Бориса**. This ensures that you can distinguish between the noun subject and the noun object in the sentence.

3.2   Syntactic categories: the noun – countable, non-countable and collective nouns

3.2.1   Countable nouns
Countable nouns identify objects or people which may be counted and which therefore may be used in the singular and plural. For example:

boy	boys
table	tables

In the singular they are modified by the articles 'a' and 'the', in the plural by the article 'the' or not at all (ø article).

3.2.2   Non-countable nouns
Non-countable nouns refer to substances or materials which may never be in the plural (except with a change of meaning: glasses = spectacles, cheeses = types of cheeses). For example:

bread	water	glass
soap	zinc	ice
gold		

They are modified by the article 'the' or ø article.

3.2.3 Collective nouns

Collective nouns identify groups of people, animals or things. In English these nouns usually govern (or take) a singular verb when the group is acting as one, but a plural verb when the group is acting as a number of individuals. For example:

Our team is the best.   Our team are wearing their new jerseys.

In Russian collective nouns in the singular always govern singular verbs: **Семья ходила на концерт**.

3.2.4 Exercises: the noun

Underline the nouns in the following sentences. State whether they are:

– proper or common
– animate or inanimate
– countable, non-countable or collective

– masculine, feminine or neuter
– singular or plural

1. I saw John last week at the theatre.
2. The Smiths went to France in January.
3. We greatly enjoyed the reading of your mother's play.
4. There are two bottles of milk in the fridge.
5. I met your family on Tuesday.
6. How many children does Mary have?
7. I enjoy Mozart's music.
8. The salmon fishing was good in Galway last week.
9. My friends didn't enjoy the opening of the sports hall.
10. The price of gold has increased twofold.

3.3 The semantics of case: the accusative case (**винительный падеж**)

The function of the accusative case morpheme is to identify the word (noun or pronoun) which is the direct object of a verb. This function is expressed in the word order of an English sentence: John loves Mary.

● A verb which governs a direct object is referred to as a transitive verb.
● A verb which does not govern a direct object is known as an intransitive verb.
● Some verbs may be both transitive and intransitive (*the transitive/intransitive distinction is usually marked in Russian, French and German).

transitive verb + direct object	*intransitive verb*
The engineer stopped the train.	The train stopped
Машинист остановил поезд.	Поезд остановился.
Le mécanicien a arrêté le train.	Le train s'est arrêté.
Der Lokführer hat den Zug angehalten.	Der Zug hielt an.
El ingeniero paró el tren.	El tren paro/El tren se paró.

transitive verb + direct object	*intransitive verb*
I was eating an apple.	I was eating.
Я ел яблоко.	Я ел.
Je mangeais une pomme.	Je mangeais.

Ich aß einen Apfel.   Ich habe gegessen.
Comía una manzana.   Comía.

Some transitive verbs always require a direct object.

I saw the boy.   I bought an apple.   I took a tablet.

3.3.1   Exercises: semantics of case
Underline the subject with a single line and the verb with a double line. Indicate whether the verb is transitive (T) or intransitive (I). Put brackets around the direct object.

1. We cooked a five-course meal on that little stove.
2. The distance from the water supply added to our difficulty.
3. A dog of that size has a tremendous appetite.
4. I sometimes play a set or two before breakfast.
5. The little boat pitched violently on the choppy water.
6. Haven't you any copies of the last issue?
7. There are many stories about the origin of the Christmas tree.
8. There is no need to worry.
9. The lion roared a challenge at the intruders.
10. You should certainly finish before three o'clock.
11. Why did you bring all those bags and boxes with you?
12. Why is Mr Henry carrying the flag?
13. You must give time and attention to this problem.

3.4   Word order: theme and rheme
All sentences in all languages may be divided in two: theme refers to the initial elements of a sentence – to the topic which is going to be elaborated in the remainder of the sentence. It is the element in the sentence which links an utterance to a question or to previous sentences.

Where do you live?   **I live** in Paris.
The mother watched her son.   **He** was playing on the pavement.

The theme thus adds little or no new information, but serves to introduce extra meaning: it is the starting point of the communication.
    Rheme refers to that part of the sentence which advances the process of communication by supplying information about the theme. It conveys the message itself and therefore reflects the purpose of the communication.

Where do you live?   I live **in Paris.**

'In Paris' supplies the information requested in the question.
    In English there is a tendency for the subject and the theme to coincide, primarily because word order has a syntactic function. The rheme is therefore identified with the predicate. The terms theme and rheme refer to the semantics of a sentence; subject and predicate to its syntactic organisation. In Russian the theme need not necessarily be the subject. Indeed, very often it is not: **Лев Толстой написал эту книгу** and **Эту книгу написал Лев Толстой** are both possible.

English uses the passive constructions extensively to bring theme and subject together: 'This book was written by Tolstoy.' Russian does not need this stratagem because of greater possible freedom in word order (see 2.2).

3.4.1 Word order in simple declarative sentences (statements)

● The position of the subject in a sentence

Where the speaker's purpose is to name an action whose agent is known:

theme = subject i.e., names the agent		rheme = verb i.e., names the action
Что делал Иван?	Иван	работал.
	theme	rheme

Where the speaker's purpose is to report who the agent of the action is:

theme = verb i.e., names the action		rheme = subject i.e., names the performer
Кто пришёл?	Пришёл	Иван.
	theme	rheme

● The position of the object in a sentence

Where the speaker's purpose is to name an action + an object whose agent is known:

	theme = subject i.e. names the agent	rheme = verb + direct object
Что делал Иван?	Иван	читал книгу.

Where the speaker's intention is to name the object of an action whose agent is known:

	theme = subject + verb	rheme = object
Что читал Иван?	Иван читал	книгу.

Where the speaker's purpose is to report who is the agent of the action + object:

	theme = object + verb	rheme = subject
Кто написал эту книгу?	Эту книгу написал	Лев Толстой.

3.4.2 Definite and indefinite reference

In English one of the functions of articles (the, a, an) (see Determiners 11.2) is to differentiate between items which have been mentioned earlier, or about which there can be no ambiguity (the: definite reference) and items which are being introduced into the communication for the first time (a, an: indefinite reference).

The theme of a sentence usually has definite reference, since its function is to link the communication with a previously established context: 'The book was on a table.' It is assumed that the addressee knows to which book you are referring. The rheme, by virtue of introducing new information, often has indefinite reference: 'On the table there is a book.' or 'There is a book on the table.'

In Russian there are no articles. The definite/indefinite reference may be expressed by word order:

Книга на столе.	The book is on a table.
На столе книга.	On the table there is a book.
	There is a book on the table.

3.4　Exercises: word order
Which questions, (a) or (b), do the sentences on the right answer?

(a) Кто приехал?　　　　　　　　　Приехал брат.
(b) Что делал брат?

(a) Кто отдыхал?　　　　　　　　　Отец отдыхал.
(b) Что делал отец?

(a) Кто говорил по телефону?　　　Говорила мать.
(b) Что делала мать?

(a) Что делали дети?　　　　　　　Дети играли.
(b) Кто играл?

(a) Кто работал?　　　　　　　　　Все работали.
(b) Что делали все?

3.5　Sociolinguistics: naming and greeting
Introduction: in most languages there are various forms of address which express the degree of intimacy you have with your interlocutor. Different forms of address are often used depending on whether you are talking to a friend, acquaintance or stranger. It is advisable to ensure that the form of address which you use is appropriate to the context of your conversation and to the particular relationship you have with the person concerned. The use of an inappropriate form may cause a breakdown in communication or may cause offence.

In English we address people in a number of ways.

3.5.1　Exercises
Complete the following table to indicate whom you would address how, where and when.

Form of address	whom?	when, where?
the first name the surname the surname prefaced with a title (Mr, Mrs, Miss, Ms, Dr, Professor) Sir or Madam Mr, Mrs, Miss Hey, you! Love Stranger Boy		

Do the same exercise for German, French or Spanish. Indicate also where you would use the tu or vous // Sie, du or ihr // tú or Ud. forms of the pronoun.

French

Form of address	whom?	when, where?
prénom nom (de famille) nom (de famille) précédé de Mr, Mme, Mlle, Docteur, Professeur Monsieur, Madame Hé! vous, là-bas! Mon chéri. Ma chérie. Garçon		

German

Form of address	whom?	when, where?
Vorname Nachname Herr, Frau + Nachname Fräulein mein Herr Herr, Frau Du Meine Liebe Mein Lieber Junge junge Frau		

Spanish

Form of address	whom?	when, where?
nombre apellido el apellido con las formas (Sr., Sra., Srta., Dr., Dra., Professor) Don, Dña. más el nombre Don, Dña. Sr., Sra., Srta. Oiga, Ud. Guapa, Preciosa		

Are there any significant differences between English and other languages?
In Russian the following forms are used to address people you know:

Form of address	Whom?	Pronoun	Greeting
● 1st name	contemporary	ты	Здравствуй!
Наташа! Сергей!	acquaintance	ты	Привет!
			Пока!
● 1st name (diminutive form)			
Настя! Петя!	friends and relations	ты	Привет!
	children		Здравствуй!
	servants		Пока!
● 1st name (full form) and patronymic			
Николай Иванович!	students to teachers	вы	Здравствуйте!
Мария Александровна!	neighbours		
	colleagues		До свидания!
	juniors to seniors		

The following forms are used to address people you do not know at all:

Form of address	Whom?	Pronoun	Greeting
Молодой человек!	to young people (male)	вы	пожалуйста
Девушка!	to waitresses, shop assistants (female)		спасибо
Извините . . . (+ question or request)	to people in the street to older people	вы	

UNIT 4

4.1 Grammatical/inflectional morphology: the noun – number (singular/plural)
Grammatical or inflectional morphemes are used to express different grammatical categories of a single lexical item (word). These are most easily explained by the use of examples.

In English, French and Spanish the singular and plural of nouns are often distinguished by use of the inflectional morpheme -s. For example:

book| – book|s   livre| – livre|s   libro – libro|s
dog| – dog|s   chien| – chien|s   casa – casa|s

Likewise in Russian the plural of nouns is marked by inflectional morphemes:

стол| – стол|ы   товарищ| – товарищ|и

4.1.1   Exercises: number
Indicate whether the following nouns are singular or plural

English	*French*	*Spanish*	*Russian*
bus [ ]	autobus [ ]	autobús [ ]	автобус [ ]
grandmothers [ ]	grand-mère [ ]	abuelas [ ]	бабушки [ ]
libraries [ ]	bibliothèques [ ]	biblioteca [ ]	библиотеки [ ]
newspaper [ ]	journal [ ]	periódico [ ]	газета [ ]
magazines [ ]	magazine [ ]	revista [ ]	журнал [ ]
factory [ ]	usines [ ]	fábricas [ ]	завод [ ]
club [ ]	club [ ]	club [ ]	клубы [ ]
shops [ ]	magasins [ ]	tiendas [ ]	магазины [ ]
parks [ ]	parc [ ]	parque [ ]	парки [ ]
pianist [ ]	pianistes [ ]	pianistas [ ]	пианист [ ]
sisters [ ]	soeur [ ]	hermana [ ]	сёстры [ ]
students [ ]	étudiant [ ]	estudiantes [ ]	студенты [ ]
school [ ]	écoles [ ]	colegio [ ]	школа [ ]

4.2   Syntactic categories: prepositions
Prepositions are invariable words (or sequences of words: see below) which precede nouns and pronouns. Their function is to denote specific relations between that noun or pronoun and some other element in the sentence. For example:

verb + noun:	to look at the house смотреть на дом
noun + noun	a house in the town дом в городе
adverb + noun	far from the city далеко от города

These relations may be:

- spatial: (in, at, to, outside, inside, under, over, beside, near, from, . . .; dans, vers, à, sur, sous, près de, à côté de . . .; в, на, у, около, над, под, из, . . .; in, an, vor, hinter, neben, zu, unter, . . .; en, a, fuera, dentro, debajo de, encima de, al lado de, cerca, de, desde)
- temporal: (on, before, after, prior to, from . . . to . . .; avant, après, depuis, . . .; с, до, перед, . . .; in, vor, nach, während, an, bis, . . .; antes de, despúes de, desde/de . . . a)
- causal: (because of; à cause de; из-за, благодаря, от, из; wegen; a causa de)

The combination of preposition + noun phrase (noun + adjectives/determiners, etc.) is referred to as a prepositional phrase. For example:

I saw him [at Chekhov's new play].

Prepositions which consist of a sequence of words (according to, in spite of . . .) are referred to as complex prepositions.

4.2.1 Exercises

In the following sentences underline the prepositional phrases and circle the prepositions.

1. I'm sure there is more in the kitchen.
2. After a few minutes the crowd dispersed quietly.
3. Why have you brought the daggers from the chamber?
4. The cows were sold in the market.
5. The class will be dismissed at the end of the lesson.
6. They will meet him on his arrival.
7. I wrote the letter at his request.
8. On your return take this book to him.
9. I shall wait till four o'clock.
10. The boy you met when you were coming home, lost his cap at school.
11. The house stands on the landing place, to which we steered our boat when we returned from the island.
12. When I looked from the hotel window, up the river came a swift boat.

In languages where a case system operates, the meaning of the preposition will often alter depending on the case it is governing. For example:

Я ходил в школу.   I went to school.
Ich ging in die Schule.

Я был в школе.   I was at school.
Ich war in der Schule.

Thus the same preposition may be used to express different relations which in non-inflected languages, such as English, have to be distinguished by the use of two different prepositions.

The range of syntactic functions fulfilled by a prepositional phrase varies from language to language, as does the choice of preposition and the cases they govern. In highly inflected languages such as Russian, the function of a noun in an oblique case (any case other than the nominative) is often equivalent to the function of a prepositional phrase in a non-inflected language such as English, e.g.

утром   in the morning

Note that there are also instances where the reverse is true: where English, French, German and Spanish do not require the use of a prepositional phrase but Russian does:

в прошлом году   last year
                          l'année dernière
                          letztes Jahr
                          el año pasado

It is clear that the function of a case system and that of prepositional phrases overlap considerably.

4.3   Word order: in interrogative sentences (questions)

4.3.1 Word order in interrogative sentences without interrogative words
The word order remains the same as in declarative sentences. However, declarative and interrogative sentences differ in intonation. In interrogative sentences the word representing the rheme is marked by a sharp rise in tone.

Вы слышали новости?

Any word may be the rheme, depending on what the speaker is unsure about and what he/she wants to clarify:

Пианист играл сонату Моцарта?   – Да, пианист.
Пианист играл сонату Моцарта?   – Да, играл.
Пианист играл сонату Моцарта?   – Да, сонату Моцарта.

4.3.2 Word order in questions with interrogative pronouns or adverbs
Such questions begin with the interrogative. For example:

Почему ты читал эту книгу?
Кто читал эту книгу?
Когда звонил друг?
Где . . .? Etc.

Where the subject is a noun, it is usually placed after the verb. For example:

Что делал Иван?
О чём говорили студенты?
Когда родился М. Ю. Лермонтов?
Где училась Линда Симпсон?
Куда ездил президент? Etc.

Where the subject is a pronoun, it is placed immediately before the verb. For example:

Что он делал вчера?
Куда ты ходила вечером?
Где вы были летом?
Кого вы видели?
Что ты читала в библиотеке?

4.3.3 Exercise
Make up five sentences consisting of a Subject, Verb and Direct Object. Write them down according to the following three patterns:

THEME	RHEME
S	V + O
S + V	O
O + V	S

What questions does each of these sentences answer? Translate the questions and the answers into English.

UNIT 5

5.1   Syntactic categories: verbs
The function of the verb is to hold all the different elements of a sentence together and to say what is happening to them. There are several kinds of verbs.

5.1.1   Lexical verbs
Some lexical verbs identify actions. They characterise an object or person through its, his or her actions. These verbs are referred to as active. For example:

The man walks along the street.
The ball is flying through the air.
My mother was buying a coat.

Other lexical verbs identify states. They characterise an object or person through its, his or her state or attitude. These verbs are referred to as stative. For example:

The man sleeps on the floor.
The table stands in the hall.
The girl likes milky tea.
The boy knows the song.

5.1.2   Copulas
These are link verbs. Their function is to join an object or person with a noun or adjective which characterises it, him or her. The main copula is the verb 'to be' and all the others are near synonyms of the verb 'to be'. For example:

The boys appear/feel/look/remain/seem sick.
The melons smell/taste rotten.
That sounds nice.
The dogs become/go/grow/turn nasty.

5.1.3   Exercises: verbs
State whether the words underlined are nouns or verbs.

1. I'll *pencil* you in for tomorrow.   Do you have a red *pencil.*
2. He beat his son with a *stick*.   *Stick* it in the post.
3. You can *book* a seat by phone.   She bought a *book.*
4. We could hear *singing* from the neighbouring flat. She was *singing* a Russian song.
5. He scored a *try.*   *Try* this one on.
6. She called for *help*, but nobody came.   I can't *help* you, I'm afraid.
7. Don't forget to *sign* that letter.   *Sign* here!
8. He put on his *coat* and went out.   It needs another *coat* of paint.
9. She enjoys long *walks.*   He *walks* to work.
10. What do you *fear* most?   I have a dreadful *fear* of mice.

5.2   Aspects: aspectual pairs in dialogue
It is important to remember that the aspectual system in Russian is a binary model: the

meaning of a verb in one aspect is always contingent on its meaning in the other. The following mini dialogues illustrate this binary system:

5.2.1 The imperfective to denote the occurrence of an action
The imperfective states the occurrence of an action (a). The perfective invites reference to the consequence of that action (b).

(a) Вы читали эту книгу?   Да, я читал её.
    Вам знакома эта книга?   Да, я читал её.
(b) Вы можете дать мне эту книгу? Да, я прочитал её.

(a) The question is simply enquiring whether or not someone has read a particular book.

(b) The questioner needs to know whether the other person is in a position to surrender the book – whether they have finished with it. The questioner has prior knowledge of the other person's having the book and having started reading it. The same distinction is illustrated in the following examples:

(a) У студентов была контрольная работа?
    Что делали студенты на занятии?   (Да), они писали контрольную работу.
(b) Студенты кончили писать контрольную работу?
    Студенты освободились?   (Да), они написали контрольную.

5.2.2 Exercises
Indicate which answer is appropriate after each of the following questions.

Вопросы:

Что делали туристы до обеда? [ ]
Туристы могут ехать дальше? [ ]
У этой группы туристов была экскурсия по городу? [ ]
Туристы осматривали город? [ ]

Ответы:

1. (Да.) Они осматривали город.
2. (Да.) Они осмотрели город.

Which question would you ask in each of the following contexts?
You want to find out:

What someone was doing? [ ]
If someone is free? [ ]
If lunch is ready? [ ]

Вопросы:

1. Ты готовила обед?
2. Ты приготовила обед?

5.2.3 The imperfective to name actions which took place in the past
The imperfective names actions which took place in the past (a). The perfective refers to actions which had been planned/intended (b).

(a) Вы смотрели фильм «Х»?   Да, смотрел.
                              Нет, не смотрел.

(b) Вы посмотрели фильм «Х»? Да, посмотрел.
                              Нет, не посмотрел.

(a) The speaker is enquiring whether the other person has or has not seen the film.
(b) The speaker knows that the other person was intending to see the film and wants to know whether they actually did/did not.

(a) Кто покупал билеты? Кому я должен отдать деньги?
(b) Вы купили нам билеты на «Лебединое озеро»?

(a) The speaker knows that there are tickets and wants to know who bought them. The principal focus is on the performer of the action + the action itself (here: spending money).
(b) The speaker is interested in whether there are any tickets – in whether the result of buying has been achieved. The principal focus is on the object of the action – its result (here: the tickets).

5.2.4 Exercises
In the following sentences underline the verbs of the correct aspect.

1. Я знаю этот фильм: я уже (смотрел — посмотрел) его.
2. Я не (смотрел — посмотрел) этот фильм, хотя и собирался.
3. Это очень хорошее вино: я его (пил — выпил) однажды.
4. Больной (пил — выпил) лекарство каждый день.
5. Он (пил — выпил) лекарство, и ему стало легче.

5.2.5 The imperfective to refer to a two-part action, where both parts have been effected
The imperfective verb refers to a two-part action, where both parts have been effected (a). The perfective verb refers to the first element in a two-part action (b).

(a) Он открывал окно = Он открыл окно + он закрыл окно = окно закрыто
(b) Он открыл окно = окно открыто

5.2.6 Exercises
Underline the correct form.

1. Я читал эту книгу, но у меня её сейчас нет: я (брал /взял) её у друга.
2. Врач сказал, что тебе нужно лежать. Почему ты там у окна? Почему ты (вставал/встал)?
3. Почему ты (надевал/надел) новый костюм? Разве сегодня праздник?
4. Почтальон (приносил/принёс) вам письмо. Но вас не было.
5. Ребёнок (просыпался/проснулся), но сейчас он опять спит.

5.3   Semantics of case: direct object and complement
Compare the following pairs of sentences:

1. Ivan engaged a lawyer.   Ivan became a lawyer.
2. Ivan appointed an idiot.   Ivan seemed an idiot.
3. Ivan got the best seat.   Ivan got angry.
4. Ivan gave Kim a book.   Ivan considered Kim a fool.

   In the sentences in example (1) the phrases 'a lawyer' are performing two different functions.

- In the first sentence 'a lawyer' refers to an individual distinct from Ivan. In the second sentence 'a lawyer' denotes a property ascribed to Ivan.
- In the first sentence Ivan and the lawyer are subject and direct object. In the second sentence they are subject and complement. The noun complement is here functioning much as an adjective, in so far as it is qualifying the noun subject. (A noun complement may often be replaced by an adjective: Ivan seemed an idiot. = Ivan seemed idiotic/foolish.)
- In the first sentence the verb is transitive and defines the relationship between Ivan and the lawyer. In the second sentence the verb is a copula and links the noun Ivan with a noun which characterises him.
- In Russian the direct object is expressed by an accusative case. In Russian the complement is expressed by a nominative or instrumental case.

   There are a number of verbs which govern both a direct object and a complement. In such cases the complement may be either a noun or an adjective. In English the complement and direct object are differentiated by word order: the direct object always precedes the complement. For example:

Ivan considered   Kim   a fool.
                         DO   C

In French and German the complement is usually preceded by a preposition:

Jean considère Kim comme imbécile.
Johann hielt Kim für einen Idioten.

OR, as in French and Spanish, is expressed in a subordinate clause: Ivan considère que Kim est un imbécile. Juan piensa que Kim es una idiota.

5.3.1   Exercises
In the following sentences label the complements (C) and the direct objects (DO).

1. This summer continued hot and dry.
2. This condition increased the danger of forest fires.
3. One of the apples is wormy.
4. Last year we grew strawberries in the back garden.
5. We parted great friends.
6. I want twenty of those.
7. Saul will be a teacher by the end of the year.
8. In her attic window the staff she set.

9. A foolish son is a grief to his father.
10. The child grew restless and started to misbehave.
11. She continued the lesson without passing any comment.
12. They appointed him head of department.

In the following sentences label the subjects (S), complements (C) and the direct objects (DO). Translate the sentences.

1. Она стала учительницей.
2. У меня мать была медсестрой.
3. Ломоносов был основателем Московского университета.
4. Он работает агрономом.
5. Гиппократ считается отцом медицины.
6. Он вернулся с фронта офицером.
7. В 1934 году Киев стал столицей УССР.
8. Его выбрали секретарём комитета.
9. Он казался мне совсем ребёнком.
10. Её называли красавицей.

UNIT 6

6.1 Morphology: the verb

Inflections in verbs perform a number of functions: reference to the time at which the action/process/state took place (tense); reference to whether it actually/hypothetically/possibly/desirably took place (mood, modality, see the 'Grammar summary' (9.7)). The inflection of the verb also helps to identify its subject, by 'agreeing' with it, having endings which are compatible with the number, gender and person of the subject. In this way subjects are said to 'govern' verbs.

6.1.1 Person (1st, 2nd, 3rd)

All persons may be singular or plural.

- The 1st person refers to oneself (the speaker) or to a group including oneself: i.e., I (singular), we (plural).
- The 2nd person refers to the person or people addressed by the speaker: i.e., you.

In Russian, French, German and Spanish the 2nd persons are sub-divided into formal and informal reference:

	formal	*informal*
singular	Вы	ты
	vous	tu
	Ud.	tú
	Sie	du
plural	вы	вы
	vous	vous
	Uds.	vosotros
	Sie	ihr

- The 3rd person refers to a third party (neither the speaker nor his/her addressee) or to things.

6.1.2 Reference to time

Verbs may refer to past, present or future time, i.e., to before, during or after, the moment of speaking:

> John says: 'I walked into the room.'
> John says: 'I see you here before me.'
> John says: 'You will know more grammar by tomorrow.'

> Jean dit: 'Je suis entré dans la pièce.'
> Jean dit: 'Je vous vois là devant moi.'
> Jean dit: 'Vous saurez encore plus de grammaire demain.'

> Johann sagt: 'Ich habe das Zimmer betreten.'
> Johann sagt: 'Ich sehe dich hier vor mir.'
> Johann sagt: 'Bis morgen kannst du mehr Grammatik.'

> Juan dice: 'Entré en la habitación.'
> Juan dice: 'Te veo aquí en mi presencia.'
> Juan dice: 'Mañana sabrás más gramática.'

These references to time have been expressed by inflectional morphemes (simple tenses), e.g. walk + -ed, or auxiliary verbs (compound tenses), e.g. will + know. Different languages express time reference by different combinations of these methods.

6.1.3 Exercises: inflectional morphology (verbs)

Only attempt the languages that you know. Divide the following verbs into morphemes (stem + inflectional morpheme). What is the function of each of the morphemes?

English
finds
chased
walking
booked

Spanish
amaba – (I, he, she) loved
amo – (I) love
amar – (to) love
amariamos – (we) would love

French
manges – (you) eat
mangera – (he) will eat
mangeaient – (they) ate

Latin
amo – (I) love
amabant – (they) loved
amare – (to) love

Russian
сидеть – (to) sit
сидит – (he) sits
сидят – (they) sit
сидел – (he) sat
сидела – (she) sat
сидели – (we, you, they) sat

German
lieben – (to) love
liebe – (I) love
liebte – (I, he, she) loved
geliebt – loved
liebst – (you) love

6.2 Aspects in a narrative

Learners of Russian often experience difficulties with the Russian verbal system. Romance and Germanic languages typically have a complex array of tenses[1] – where Russian has only three tenses: the present, past and future. However, the past and future tenses can be realised in two aspects, namely the imperfective and perfective.

It is important to understand that these aspectual pairs function as a binary model. That is to say, the meaning of a verb of a given aspect is realised in two ways:

(i)   by virtue of its aspect (as opposed to the other aspect)
(ii) by virtue of its relationship with the aspects of the verbs in the surrounding context.

It is easiest to understand the interrelationship of aspects in a narrative text. Let us take for instance the story of 'The Three Bears' (see Unit 5, F2). In this narrative we can untangle three principal strands:

(1)   the events of the story line
(2)   references which contextualise and characterise the main protagonists within the temporal limits of the story line
(3)   reference to a fictional reality which is presented as extending beyond the temporal limits of the story line

We will take each of these in turn.

6.2.1   The events of the story line
The story begins with a reference to the girl setting off into the forest and ends with her finding her way home.

[1] 1. English:

present simple	I eat	present continuous	I am eating
simple past	I ate / I did eat	past continuous	I was eating
simple future	I will eat	future continuous	I will be eating
present perfect	I have eaten	perfect continuous	I have been eating
past perfect	I had eaten	pluperfect continuous	I had been eating
future perfect	I will have eaten	future perfect continuous	I will have been eating

2. French:

Présent	Je mange	Passé composé:	J'ai mangé
Futur:	Je mangerai	Plus que parfait:	J'avais mangé
Passé simple:	Je mangeai	Futur antérieur:	J'aurai mangé
Imparfait:	Je mangeais	Passé antérieur:	J'eus mangé

3. German:

Präsens	Ich esse	Perfekt	Ich habe gegessen
Präteritum	Ich aß	Plusquamperfekt	Ich hatte gegessen
Futur I	Ich werde essen	Futur II	Ich werde gegessen haben

4. Spanish:

Presente	Yo amo	Futuro imperfecto	Yo amáre
Pretérito indefinido	Yo amé	Pretérito imperfecto	Yo amaba
Pretérito perfecto	Yo he amado	Pretérito pluscuamperfecto	Yo había amado
Pretérito anterior	Yo hube amado	Futuro perfecto	Yo habría amado

Each of the verbs in between these two events which charts and sequences the course of her (and the bears') drama can be distinguished from the verbs which supply background information on the girl herself, the bears or their surroundings.

These verbs supply the foreground, that is to say, the skeletal structure of the events which constitute the story. Without these verbs there would be no story. One of the main characteristics of these verbs is that they alert us to a change in state or state of mind and anticipate a chain of actions all of which anticipate further changes until the final resolution. In Russian these verbs are all expressed by perfective verbs.

6.2.2   Background information

1. *References which contextualise and characterise the main protagonists within the temporal limits of the story*
These verbs describe the reality as perceived or enacted by the participants from the moment of the girl's leaving home until she finally returns there. They refer to states or situations which are necessary for us to understand the motives or attitudes of the main characters. They often amplify or comment on the events of the story line. In this type of tale there is relatively little explicit reference to psychological motivation and therefore relatively few verbs of this type. The events are not in sequence to the foregrounded events, but are often concurrent with them. These verbs are all expressed by imperfective verbs. The verbs from the story 'The Three Bears' in this category are listed below.

Она долго ходила по лесу, искала дорогу домой.
В это время они (медведи) были в лесу.
На столе стояли три миски: большая, средняя и маленькая.
Рядом лежали три ложки: большая, средняя и маленькая.
Эта каша была вкусная.
Он (большой стул) был очень высокий.
Он (средний стул) был неудобный.
Этот (маленький) стул был очень удобный.
Кровать (большая) была очень высокая.
Эта (средняя) кровать была очень неудобная.
Эта (маленькая) кровать была очень удобная, и девочка скоро заснула.

2. *References to a fictional reality which is presented as extending beyond the temporal limits of the storyline*
These verbs typify the fictional world in which the story is set. They broaden out the panorama to supply a picture of the norms of the world which the protagonists inhabit. There are very few such references in this version of the story. But one could conceive of reference, for instance, to where and with whom the girl lived, to her name, age and social and economic background. Such information would belong to this category. In this version of the story the only verbs belonging to this category refer to the fictional reality of the three bears:

В домике жили три медведя: большой медведь, медведица и маленький медвежонок Мишка.
В домике было две комнаты: столовая и спальня.

Там (в столовой) стоял большой стол.

В комнате стояли три стула: большой, средний и маленький.

Там (в спальне) стояли три кровати: большая, средняя и маленькая.

The only verbs occurring in the text to which we have not referred are those occurring in direct speech. We will return to those verbs later.

6.2.3   Exercises

*Read the text **Полуостров «Не понимаю»** (Unit 6, E21). Using three different coloured highlighters, indicate which verbs belong to each of the three categories outlined above.*

6.3   The genitive as nominal attribute

In Russian a noun in the genitive case may denote:

- the owner of an object, animal, etc.

Это велосипед Антона.	This is Anton's bike.
Это книга учителя.	This is the teacher's book.
Это стол Анны.	This is Anna's table.

- part of an object, animal or person:

кусок хлеба	a piece of bread
половина яблока	half an apple
ручка двери	a door handle
крыло самолёта	an airplane wing

- a characteristic of an animal, object or person:

человек большого ума	a person of great intelligence
девушка высокого роста	a tall girl
девочка лет пятнадцати	a fifteen-year-old girl
платье красного цвета	a red dress

- the performer of an action or activity:

лекция профессора	a professor's lecture
роман Тургенева	a Turgenev novel
стихи Пушкина	Pushkin's verse
рассказ отца	father's story

- the object acted upon:

чтение письма	the reading of a letter
решение проблемы	the solving of a problem

- the person/event after whom/which an object is named:

улица Ленина	Lenin Street
библиотека имени Ленина	The Lenin Library
Парк культуры имени Горького	Gorky Park

In Russian a noun acting as a modifier always follows the noun it is modifying. It is not affected by the case of the noun it modifies: when the case of the head noun changes, the modifier remains in the genitive.

nominative	Вот улица Ленина.
genitive	Я живу недалеко от улицы Ленина.
dative	Я иду по улице Ленина.
accusative	Я иду на улицу Ленина.
instrumental	Самолёт летит над улицей Ленина.
prepositional	Я живу на улице Ленина.

UNIT 7

7.1   Semantics of case: direct and indirect objects – the accusative and dative cases

In the sentence 'He gave the girl a book', the two elements which may be labelled object play sharply distinct roles. We must in fact distinguish two types of objects: direct objects and indirect objects.

7.1.1   The direct object (DO) answers the questions:

What was given?	ANSWER: A book.
What did he give?	
Что он дал?	ANSWER: Книгу.

7.1.2   The indirect object (IO) answers the questions:

To whom was the book given?	ANSWER: The girl.
To whom did he give the book?	
Кому он дал книгу?	ANSWER: Девушке.

The indirect object in English may be expressed/replaced by a prepositional phrase which normally follows the direct object:

I sold my friend a book.	I sold a book to my friend.
I bought my sister a book.	I bought a book for my sister.
She asked Jim a favour.	She asked a favour of Jim.

Where the indirect object is expressed without a preposition, it almost always precedes the direct object. The indirect object is often a noun or pronoun referring to a person; to the person who is the recipient or beneficiary of the action. The indirect object can be omitted without affecting the meaning or function of the rest of the sentence. For example:

He gave the girl a book.	He gave a book.

In English, the direct object is the more frequent kind of object and it is usually present if there is an indirect object in the sentence.

In French and Spanish a noun indirect object is always introduced by a preposition: Je donne le livre à Jean / Le di el libro a Juana. A pronoun indirect object does not require a preposition: Je lui donne le livre. / Le di el libro.

In Russian and German the direct object is expressed by a noun or pronoun in the accusative case, whereas the indirect object is expressed by a noun or pronoun in the dative case. The function of the dative case is usually to denote the person who receives something or in some way benefits from the action; the function of the accusative case is usually to refer to the inanimate item which they receive.

| Он написал | письмо | отцу. |
| | асс. | dat. |

OR

| Он написал | отцу | письмо. |
| | dat. | асс. |

Whereas word order is crucial for effective communication in English (compare: *He bought his son a wife* – and – *He bought his wife a son*); in Russian the case system performs that same function, leaving word order free to express other dimensions of the speaker's intent. The normal word order in Russian is

| S | V | DO | IO |

In Russian the indirect object may not be replaced by a prepositional phrase.

Whereas in English indirect objects without prepositions may only be subordinated to verbs, in Russian a noun in the dative may be subordinated to a noun or a verb. For example:

писать другу	письмо другу
помогать сестре	помощь сестре
отвечать подруге	ответ подруге

7.1.3   Exercises
Identify the direct and indirect objects in the following sentences:

1. He gave John a dollar.
2. He told his mother a story.
3. She baked him a cake.
4. Mother wrote them a long letter.
5. Don't tell anyone the truth about my new job.
6. You shouldn't send her such a curt note.
7. You must pay the man his fee.

State which of the following verbs may have
(a) two objects (**что + кому**)
(b) one object (either: **кому** or: **что/кого**)

читать	read	слушать	listen
рассказывать	tell/recount	обещать	promise
посылать	send	звонить	ring/phone
покупать	buy	любить	like/love
объяснять	explain	помогать	help
дарить	give	петь	sing
советовать	advise	писать	write
давать	give		

Check your guesses in a dictionary. Write a sentence with each of the verbs illustrating its use in Russian. ·Compare the Russian usage with the practice in at least one language other than English.

UNIT 8

8.1 Syntactic categories: interrogative pronouns

The function of the interrogative pronoun is to introduce a question. For example:

Who went to the cinema last night?

As with relative pronouns (see 11.4), in English, one must distinguish between animate and non-animate reference. There is a three-term case system:

	animate	*non-animate*
subject	who	what
possessive	whose	whose, of what
other	who, whom	what

In French, animate and non-animate reference are distinguished. Case, number and gender are only distinguished where an interrogative pronoun has non-animate reference and is governed by a preposition:

animate	all cases	qui
non-animate	subject and object	que
	after a preposition	quoi

In Spanish only animate and non-animate reference are distinguished:

animate	all cases	¿Quién?
non-animate	all cases	¿Qué?

In German animate and non-animate reference are distinguished.

animate	subject	wer
non-animate	all cases	was

However, the animate pronoun case system mirrors that of the noun. The non-animate pronoun combines in a different form with prepositions (womit, worum, etc.)

In Russian, animate and non-animate reference are distinguished but number and gender are not. The case system mirrors that of the noun.

	animate	*non-animate*
nominative	кто	что
accusative	кого	что
genitive	кого	чего
dative	кому	чему
instrumental	кем	чем
prepositional	(о) ком	(о) чём

Verbs governed by interrogative pronouns, however, have to have endings which refer to number and gender: these are singular (for both interrogative pronouns). The interrogative **что** is always followed by a neuter singular verb: **Что было на столе**? The interrogative **кто** is always followed by a masculine singular verb: **Кто был в театре**?

8.2   Exercises
Put the interrogative pronouns in brackets into the correct case/form. Translate the resulting sentences into English.

1. (Что accusative)   . . . делать?
2. (Кто nominative)   . . . виноват?
3. (Кто genitive)   . . . сегодня нет?
4. С + (что genitive)   . . . начать?
5. (Что dative)   . . . вы так рады?
6. (Кто dative)   . . . ты звонила?
7. (Что instrumental)   . . . могу вам помочь?
8. С + (кто instrumental)   . . . посоветоваться?
9. Над + (что instrumental)   . . . он сейчас работает?
10. О + (что prepositional)   . . . ты думаешь?
11. О + (кто prepositional)   . . . вы говорили?
12. При + (что prepositional)   . . . тут я?

UNIT 9

9.1   Adverbs and adverbials
Adverbials may be single words (adverbs), phrases (adverbial phrases) or clauses (adverbial clauses). Their function is two-fold:

9.1.1   Modifying a verb or clause
To modify a verb or clause by indicating how, when, where, why, etc. the activity, state, process occurred. For example:

I will see you **tomorrow**. (word)
I will see you **in the morning**. (phrase)
I will see you **when you get up**. (clause)

Je te verrai demain. (word)
Je te verrai demain matin. (phrase)
Je te verrai quand tu te lèveras. (clause)

Wir sehen uns morgen. (word)
Wir sehen uns morgen früh. (phrase)
Wir sehen uns, sobald du aufstehst. (clause)

Te veré mañana. (word)
Te veré por la mañana. (phrase)
Te veré cuando te levantes. (clause)

9.1.2   Modifying an adjective

Word: I was very upset.
                   J'étais très contrariée.
                   Ich war sehr verärgert.
                   Estaba muy enfada.

Phrase:	I was upset for no apparent reason.
	J'étais très contrariée sans raison apparente.
	Ich war aus keinem bestimmten Grund verärgert.
	Estaba enfada sin razón aparente.
Clause:	I was upset because she hit me.
	J'étais très contrariée parce qu'elle m'avait frappée.
	Ich war wütend, weil sie mich geschlagen hat.
	Estaba disgustada porque me golpeo.

9.1.3 Adverbs

Adverbs may take any of the following forms:

- morphologically unmarked words

tomorrow	then	there	here	yesterday
demain	puis	là	ici	hier
morgen	dann	da	hier	gestern
mañana	entonces	ahí, allí	aquí	ayer
завтра	потом	там	здесь	вчера

- adverbs derived from adjectives

quick	vite*	schnell*	rápido	быстрый
quickly	vite	schnell	rapidamente	быстро
slow	lent	langsam*	lento	медленный
slowly	lentement	langsam	lentamente	медленно
bad	mauvais	schlecht*	malo	плохой
badly	mal	schlecht	malamente	плохо

* In some cases in English and French the adverb and adjective have an identical form: e.g. in English, fast → fast. This is always the case in German.

- Inflected nouns with adverbial meaning

утро → утром
дом → дома

9.1.4 Adverbial phrases

These may be prepositional phrases, but need *not be.

at home	last year*	yesterday evening
à la maison	l'année dernière*	hier soir*
zu Hause	letztes Jahr*	gestern abend*
en casa	el año pasado*	ayer por la noche*
дома*	в прошлом году	вчера вечером*

9.1.5 Interrogative adverbs

Questions intending to elicit how, when, where, why . . . something happened are introduced by an interrogative adverb:

where	где?	où?	wo?	¿Dónde?
to where	куда?	où?	wohin?	¿A dónde/Adónde?
when	когда?	quand?	wann?	¿Cuándo?
why (reason)	почему?	pourquoi?	warum?	¿Por qué?
why (purpose)	зачем?	pourquoi?	warum?/wozu?	¿Para qué?
how	как?	comment?	wie?	¿Cómo?

9.1.6   Exercises
Practice in recognising adverbs. Underline the adverbials in the following sentences.

1. The job is almost finished.
2. Meanwhile the procession had moved away.
3. Take him away and scrub him well.
4. The neighbours often come around for tea.
5. The food is always good on Sundays.

Underline the adverbs or adverbial phrases. State what question they are answering: where, when, why or how?

1. The cows were sold in the market.
2. I will come willingly.
3. He made friends everywhere.
4. I shall come presently.
5. The class will be dismissed at the end of the lesson.
6. They will meet him on his arrival.
7. I wrote the letter at his request.
8. On your return take this book to him.
9. Wearily he sat down.
10. I shall wait till four o'clock.

In the following sentences indicate whether the words underlined are adverbs (A), prepositions (P), verbs (V) or nouns (N).

1. He walked up and down for hours on end.   He walked up the stairs
   Eat up!   We all have our ups and downs.
2. Did you see him pass by?   He went to work by bus.
3. My car broke down yesterday.   Your have to down your vodka in one.
   Could you help me down the stairs?
4. I read a book about Peter the Great.   She leaves her clothes strewn about.
5. Don't live in the past.   She walked past without nodding.
6. Don't look back.   We always back the car into the garage.
   Last year she broke her back.   Give me back that book I lent you.

9.2   Word order and adverbials
Sentences often contain three elements:

(1) the subject
(2) what he/she/it did (= verb + object)
(3) in what circumstances (= adverbials)

Any of these three elements can be brought into focus as new information – the 'rheme'.

9.2.1 The subject

If it is the speaker's intention to report 'what happened' in a given place / at a given time / for a given reason, etc. (**что произошло в указанном месте / в данное время / по данной причине** . . .) the word order is as follows:

adverbial modifier	verb + subject
THEME	RHEME
Вчера	был концерт.
У больного	сидела сестра.
В углу	стоит телевизор.

9.2.2 The action/process/event

If it is the speaker's intention to report 'what someone did' at a given time / in a given place, etc.. (**кто что делал в это время / в данном месте** . . .) the word order is as follows:

adverbial modifier + subject	verb
THEME	RHEME
Из Одессы мы	поехали в Ялту.
По утрам брат	читал в библиотеке.
После чая дедушка	лег спать.

9.2.3 The circumstances

If it is the speaker's intention to report 'where, when or why, etc.' an event occurred (**где, когда или почему**. . . **что-то произошло**) the word order is as follows:

subject + verb	adverbial
THEME	RHEME
Спектакли в наших театрах начинаются	в семь часов.
Детский лагерь «Артек» находится	в Крыму.
Статья напечатана	в журнале «Огонёк».

9.2.4 Exercises

Translate the following news items. Divide the theme from the rheme. Comment on the word order.

1. Сегодня в Будапеште открылась выставка русских картин.
2. Вчера в театре «Современник» открылась выставка театральных афиш.
3. 13-ого января из Москвы в Париж отбыла французская делегация во главе с министром экономики и финансов.
4. 15-ого декабря в Копенгагене начался чемпионат Европы по шахматам.
5. 5-ого ноября в Бельгии прошли всеобщие выборы (general elections).
6. Ни одна из политических партий не получила абсолютного большинства.
7. В столице Индии 8 ноября открылась международная конференция «Религиозные деятели в борьбе (struggle) за мир».

8. 14-ого ноября в Нью-Йорке открылся второй съезд (congress) Совета мира США.

9. Численность (number) безработных во Франции превысила (exceeded) в октябре два миллиона человек.

Explain the difference in the speaker's intention in the following groups of sentences. How do we express these differences in English?

1. В первой комнате занимались студенты.
В первой комнате студенты занимались.
Студенты занимались в первой комнате.

3. После звонка началась лекция.
Лекция началась после звонка.

2. В августе родители вернулись.
В августе вернулись родители.
Родители вернулись в августе.

4. Поздно вечером позвонил брат.
Поздно вечером брат позвонил.
Брат позвонил поздно вечером.

Answer the following quesions:

Где ты провёл лето?
Где ты учишься?
Где находится кафедра русского языка?
Кто преподаёт русский язык в этом университете?
Когда началось это занятие?
Что ты делал вчера вечером?

Ask questions to which the following statements are answers:

Уроки в школе начинаются в 9.00.
Профессор ответил на вопросы в конце лекции.
На лекции заснул профессор.
Студенты жили в общежитии.
Студенты сдали экзамены в январе.
В конце мая приехал мой брат.
После занятия я пила кофе.
Пять лет назад я работала в школе.
В парке играли дети.

UNIT 10

10.1 Syntactic categories: conjunctions
The function of conjunctions is to express a coordinated or subordinate relationship between words, phrases or clauses.

10.2 Coordinating conjunctions: and, but, or, while, whereas
Coordinating conjunctions join two words/phrases/clauses which are of equal importance in the sentence.

John	and	Mary	like fishing.
word	+	word	

Last year I went [to the South of France] and [to Northern Italy].
              [phrase]   +   [phrase]

In Russian the coordinating conjunction **и** joins two things closely together: **Отец и сын дома**. The conjunction **а** compares two people or things: **Отец дома, а сын на работе. Это не Иван, а Михаил.**

10.3 Subordinating conjunctions: because, when, while, unless, if, where, etc.
A subordinating conjunction introduces a clause which cannot stand as a sentence in its own right.

Because it was raining . . .
When we last saw you . . .
While you were reading . . .
Unless I am mistaken . . .
If the weather improves . . .
That my mother likes chocolate . . .

It is dependent on the main clause to provide it with a context and is, therefore, subordinated to it.

Because it was raining, we stayed at home.
When we last saw you, we were all in the South of France.
While you were reading, I made a few phone calls.
Unless I am mistaken, his father has been dead for some years.
If the weather improves, we'll have a picnic.
I think that my mother likes chocolate.

Note that in English 'that' is often omitted:

The apple (that) he gave me is rotten.
I think (that) my mother likes chocolate.

10.4 Prepositions and conjunctions – expressing adverbial relations
In English there are a number of prepositions which are identical in form to conjunctions: after, before, without, since, etc. This is sometimes also the case in German and Spanish, though it does not tend to happen in French or Russian. It is important, therefore, to understand the very different functions they perform.

Preposition + noun
After lunch   we went to my aunt's house.
Après le déjeuner   nous sommes allés chez ma tante.
Nach dem Mittagessen   sind wir zu meiner Tante gegangen.
Después del almuerzo   fuimos a casa de mi tía.
После обеда   мы пошли к тёте.

Conjunction + clause
After visiting my aunt,   we went to the cinema.
Après avoir été chez ma tante,   nous sommes allés au cinéma.

Nachdem wir meine Tante besucht hatten,   gingen wir ins Kino.
Después de visitar a mi tía   fuimos al cine.
После того как мы навестили тётю,   мы пошли в кино.

Preposition + noun
Since the outbreak of war   she has lived in Moscow.
Depuis le début de la guerre   elle habite Moscou.
Seit dem Krieg   wohnt sie in Moskau.
Desde el comienzo de la guerra   vive en Moscú.
С начала войны   она живёт в Москве.

Conjunction + clause
Since leaving the country,   she has bought a house.
Après avoir quitté le pays,   elle a acheté une maison.
Seitdem sie das Land verlassen hat,   hat sie sich ein Haus gekauft.
Desde que se marchó del país   ha comprado una casa.
После того как она уехала из страны,   она купила дом.

Conjunctions are often derived from prepositions:

prepositions	conjunctions
après	après, après que
avant	avant de
pendant	pendant que
depuis	depuis que . . .
nach	nachdem
seit	seitdem . . .
después de	después de
antes de	antes de
durante	mientras
desde	desde que
a causa de	porque
после	после того как
с	с тех пор как
до	до того что
из-за	из-за того что

However, sometimes the reverse is true

because of	because

10.4.1   Exercises
In the following sentences indicate whether the words underlined are prepositions (P) or conjunctions (C).

1. The picnic was cancelled <u>because of</u> the rain.
2. I haven't seen him <u>since</u> he got back.

3. She was evacuated <u>during</u> the war.
4. We're all going out <u>after</u> dinner.
5. I'll see you <u>if</u> the weather's fine.
6. He sent a letter <u>because</u> he couldn't come himself.
7. <u>Because of</u> ill health, he was unable to attend.
8. Have you seen her <u>since</u> her father died.
9. I'll see how much I have left <u>after</u> I've paid for the meal.
10. She can't come <u>for</u> lack of money.

In the following text indicate whether the words underlined are prepositions (P) or conjunctions (C). If they are conjunctions, indicate whether they are subordinating (SC) or coordinating (CC).

Был май

<u>Когда</u> мне было 17 лет, я мечтала стать артисткой, <u>и</u> конечно, известной. Я увлекалась театром <u>и</u> в школе занималась только литературой <u>и</u> историей. Я ненавидела математику и физику, и мне казалось, что мои учителя тоже не любят эти предметы. <u>После того как</u> мои родители увидели, что я могу не кончить школу, <u>потому что</u> абсолютно не знаю физику, они нашли мне учителя — студента-физика.

Мой учитель был талантлив и влюблён <u>в</u> физику, <u>а</u> я . . . я была влюблена в него. <u>В то время как</u> он внимательно смотрел <u>на</u> меня и спрашивал: «Скажите, что вам непонятно?», мне хотелось сказать ему: «Мне непонятно, почему вы не пригласите меня в кино, почему вы не замечаете, что у меня красивая кофточка, почему вы не назначаете мне дополнительные уроки, я же погибаю, неужели вы не видите? Неужели вам это непонятно?!»

Был май. Цвела сирень. Но он не замечал ни весны, ни меня, ни других девушек, которые нежно смотрели на него.

Я делала вид, что понимаю физические законы, я читала ему их, как стихи, я рассказывала ему <u>о</u> них, как о своей любви, и каждый день надевала новые кофточки. Но всё было напрасно.

Удивительно, но я всё-таки сдала экзамен и кончила школу.

<u>Через</u> месяц я встретила его <u>на</u> улице . . .

UNIT 11

11.1 Nominal modifiers

(i)	adjectives and determiners:	the nice pie
(ii)	nouns:	the apple pie
(iii)	nouns in the possessive form:	John's pie
(iv)	prepositional phrases:	the North of France
(v)	relative clauses:	the man who lives next door

In all instances other than the prepositional phrases and relative clauses the modifier is placed before the noun it modifies:

Compare: the author's book the book's author

In English one can juxtapose two nouns (category (ii) above). The first noun (the modifier) acquires an adjectival function, that is to say, it describes or identifies some feature or characteristic of the second noun (the head noun). For example:

a brick building ['brick' describes the material from which the building is made]
a building brick ['building' identifies the purpose for which the brick is intended]

a dress designer ['dress' identifies the object of the designer's attention]
a designer dress ['designer' identifies one of the features of the dress in question, namely its exclusivity]

a whale killer ['whale' identifies the intended victim of the killer]
a killer whale ['killer' identifies one of the attributes and distinguishing characteristics of this particular whale]

In English, this use of noun modifiers is a similar phenomenon to the compounding of nouns: e.g. ice-cream, bedroom, etc. The phrase noun modifier + noun (whether written as one word or two) is rendered in other languages in a number of ways.

11.2   Adjectives
Adjectives are one of the parts of speech which we use to qualify a noun, i.e., identify a quality which an object possesses. For example:

the beautiful painting

This syntatic function may be fulfilled in two ways: attributively or predicatively.

11.2.1   Attributive adjectives
An attributive adjective is placed beside the noun it is qualifying. In English it always precedes the noun. For example:

the tall man   the beautiful painting

In French and Spanish certain very common adjectives precede the noun: 'le grand homme', 'un gran hombre', but most adjectives are post-positioned. In German, adjectives precede the noun. In Russian, adjectives usually precede the noun.

11.2.2   Predicative adjectives
A predicative adjective is separated from the noun it is qualifying by a copula verb (see 5.1.2). The term predicative refers to the part of a clause known as the predicate (= everything except the subject). For example:

The painting is/looks/appears beautiful.
The man is/seems tall.

In Russian a special, 'short' form of the adjective is often used in the predicative position. For example:

Эти ботинки малы.

11.2.3   Exercises: adjectives, nouns and verbs
In the following sentences indicate which words are adjectives (A), nouns (N) and verbs (V).

1. He broke his leg. I am broke.
2. All her professional life she worked in developing countries. We are developing a new drug.
3. Did you colour in that picture? I do not like the colour of that room.
4. He's a qualified doctor. He qualified last year.
5. He's a mean old man. He didn't mean to hurt you.
6. I am a university student. At the age of 18 I went to university.

11.3   Determiners
Determiners are words which qualify a noun by making the reference to it more specific.
   In English, French, German and Spanish there are three categories of determiner.

1. possessives attributive	(i) my, your, his, her, our, your, their, its
	mon, ma, mes; ton, ta, tes; son sa, ses; . . .
	mein, dein, sein, ihr, unser, euer, ihr, Ihr
	mi, tu, su, nuestro, vuestro, sus
predicative	(ii) mine, yours, his, hers, ours, yours, theirs
	le mien, le tien, le sien, le notre, . . .
	meiner, meine, meins; deiner, deine, deins, . . .
	mío, mía, míos, mías, tuyo, tuya, tuyos, tuyas, suyo, suya, suyos, suyas
2. demonstratives	this, that, these, those
	ce, cette, ces
	dieser, jener, diese, jene
	este, esta, estos, estas; ese, esa, esos, esas
3. articles	the, a, an
	le, la, les; un, une, des
	der, die, das; ein, eine, ein
	el, la, los, las; un, una, unos, unas

In English articles, demonstratives and possessives (i) may only be used attributively. In English, French and Spanish possessives (ii) may only be used predicatively: 'This house is mine', 'Cette maison est la mienne' and 'Esta casa es mía'. In French and Spanish, demonstratives are also divided into (i) non-predicative and (ii) predicative. For example:

Cette maison est grande.   Esta casa es grande.
La grande maison est celle-ci.   La casa grande es ésta.

In Russian there are only two categories of determiners: 1 (i) and 2. The possessive adjectives **мой, моя, моё, мои; твой, твоя, твоё, твои; наш, наша, наше, наши; ваш, ваша, ваше, ваши; его, её** and **их** may be used attributively or predicatively.

11.4   Personal pronouns and possessive adjectives
In Russian it is important to distinguish between 3rd person personal pronouns and 3rd person possessive adjectives. The personal pronouns **он**, **она** and **они** are prefixed by the letter **н-** when they are governed by a preposition: **У него в комнате два дивана. Он идёт к ней в гости. Катя часто ходит с ними в кино**. However, possessive adjectives which are modifying a noun governed by a preposition are never prefixed: **Я живу у его брата. Мы ходили в кино с её родителями.**

11.4   Exercise
Insert the correct form into the spaces provided.
Сегодня у . . . день рождения. (его/него)
У . . . брата день рождения в декабре. (его/него)
Сестра сказала, что у . . . подруги грипп. (её/неё)
В квартире у . . . всегда было тихо. (её/неё)
Студентам сказали, что в среду у . . . будет экзамен. (их/них)
У студентов и у . . . родителей было хорошее настроение. (их/них)

11.5   Relative pronouns
The functions of a relative pronoun are twofold:

(i)   like personal pronouns, they are used to substitute for a noun (referred to as the antecedent) to avoid repetition.
(ii)   they link a main clause with a clause which has an adjectival function: i.e., it qualifies or characterises the antecedent.

With the sentences 'John is a six-year old boy. John likes playing football' either of these nouns 'John' may be replaced by the relative pronoun 'who' when joining these two sentences. For example:

John, who is a six-year-old boy, likes playing football.
John is a six-year-old boy who likes playing football.

'John' is the noun antecedent of the relative pronoun 'who' and is always placed before it.
In English, relative pronouns distinguish between animate and non-animate reference (who/which) but do not distinguish genders. The use of animate/non-animate forms is determined by the antecedent. The relative pronouns have a three-term case system: a subject form, a genitive/possessive form and a third form for other oblique cases. The use of the cases is determined by the syntactic function of the relative pronoun in the clause it is introducing. Number is not distinguished.

	animate reference	*non-animate reference*
subject	who	which, that
possessive	whose	whose, of which
	other	whom, which, that
animate:	I know the man	who lives next door. (subject)
	I know the man	whose wife ran away with the butcher. (possessive)

	I know the man	of whom you were speaking so rudely. (other)
	I know the women	who live next door. (subject [plural])
inanimate:	This is the book	which/that cost me £100. (subject)
	This is the book	whose author I met last year. (possessive)
	This is the book	which you gave me. about which he spoke. (other)
	These are the books	whose pages are missing. (possessive [plural])

In French, the system of relative pronouns is more complex. The antecedent determines the animate/non-animate reference, gender and number of the relative pronoun. Once again, its case is determined by its function in the clause it introduces.

	animate	*non-animate*
subject	qui	qui
object	que	que
genitive	dont	dont
other	qui	lequel, laquelle, lesquels, lesquelles

In Spanish the relative pronoun does not have to distinguish between animate and inanimate reference. However, where the antecedent is a person you may use either the pronoun **que** or **quien** after a preposition.

In Russian, Latin and German the gender and number of the relative pronoun are determined by the gender and number of the antecedent, but the case is determined by the syntactic function of the relative pronoun in the clause it introduces.

UNIT 12

12.1   Nominal modifiers: prepositional phrases
Some prepositional phrases in the genitive are used to modify a noun:

12.2   **из** + genitive
This phrase indicates

(1)   the material from which an object is made/the ingredients of an object:

платье из шерсти	a woollen dress
салат из овощей	a vegetable salad
скульптура из мрамора	a marble sculpture
игрушки из дерева	wooden toys

This function may sometimes be fulfilled in Russian by an adjective:

шерстяное платье	a woollen dress
мраморная скульптура	a marble sculpture
деревянные игрушки	wooden toys

(2) where something/someone is from:

| книга из библиотеки | a library book |
| студент из МГУ | a Moscow University student |

12.3 для + genitive

This phrase indicates the purpose for which the object is intended:

полка для книг	a book shelf
концерт для скрипки	a violin concerto
мебель для кухни	kitchen furniture

12.4 Common modifying phrases

The following table gives some common prepositional phrases modifying nouns:

без + genitive	чай без сахара
с + instrumental	чай с сахаром
о + prepositional	рассказ о войне
из + genitive	суп из овощей; выход из театра; студент из Москвы
от + genitive	лекарство от кашля; письмо от сестры
на + accusative	приглашение на вечер; ответ на письмо; деньги на мороженое
за + accusative	поездка за границу; борьба за свободу / за мир; плата за билет
в + accusative	билет в кино; вход в театр; приглашение в театр; поездка во Францию

Prepositional phrases used to modify a noun always follow the noun they are modifying.

12.4.1 Exercises

Underline the modifiers in the following sentences. State what part of speech they are. Note whether they pre- or post-modify the noun.

I visited his delightful cottage.	I visited his country cottage.
I visited his uncle's cottage.	I visited his cottage in the hills.
I visited his cottage on the lake.	

Replace the noun modifiers in the following sentences by a prepositional phrase or by a relative clause.

I visited his country home.	I visited his holiday home.
I visited his fisherman's home.	I visited his old people's home.
I visited his ancestors' home.	I visited his uncle's home.

UNIT 13

13.1   Voice

13.2   Introduction

Voice is a grammatical category which reflects the different possible relationships between the person(s) acting, the action, and the person(s)/thing(s) acted upon. The following sentences illustrate three of the possible models:

John told me a story.	active voice
I was told a story.	middle voice
The story was told to me by John.	passive voice

In active sentences the person acting (in this case telling) is expressed as the subject of the verb. The thing acted upon (in this case 'the story') is expressed as the direct object.

In passive sentences these relationships are reversed: the thing acted upon becomes the subject and the person performing the action, the agent (in English expressed by a noun phrase introduced by the preposition 'by').

In the middle voice the person to whom the story is told is expressed as the subject, the thing acted upon (the story) is the direct object and the person performing the action is the agent.

In the passive and middle voice constructions it is possible to omit all reference to the 'actor'.

I am told you're an excellent footballer.	middle voice
Football is played all over the world.	passive voice

13.2   Exercise

Identify which voice is used in each of the following sentences. Identify who performed the action (A), who/what it was done to (B), and who benefited from it (C).

1. The dog bit the boy.
2. John was murdered by a taxi driver.
3. I was awarded a gold medal.
4. She was offered a place for next year.
5. He saw her last week.
6. We gave her a present of a book.
7. My friends are waiting for me.
8. St Petersburg was founded in the 18th century.
9. She was given a box of chocolates by her admirers.
10. The client payed the cashier.
11. I had my hair cut.

13.3   Voice in Russian

There is a tendency in Russian to avoid passive voice constructions. Where English might use a passive voice, Russian expresses the same meaning using word order, reflexive verbs and the third person plural. In a restricted number of contexts it uses passive participles.

Thus the Russian equivalent of the passive meaning of the active sentence **Строители строят библиотеку на нашей улице** may be expressed as follows:

Библиотеку на нашей улице строят строители. Word order

OR if the builders are not referred to:

На нашей улице строится библиотека. Reflexive verb
На нашей улице строят библиотеку. 3rd person plural

13.3.1 Exercises
Compare the following constructions. Indicate the case of each of the nouns.

Библиотекарь выдаёт книги в библиотеке с 9 часов.
Книги в библиотеке выдаёт библиотекарь с 9 часов.
Книги в библиотеке выдаются с 9 часов (*обычно*).
Книги в библиотеке выдают с 9 часов (*сегодня*).

Библиотека открылась в 9 часов.
Библиотека *открыта с 9 часов.
Библиотеку открыли в 9 часов.
Библиотекарь открыл библиотеку в 9 часов.

Я сломал карандаш.
Карандаш был сломан мной.

* The use of the past passive participle is restricted to perfective verbs.

UNIT 14

14.1 Syntactic categories: verbs – auxiliaries
Auxiliaries are always found alongside a copula or lexical verb. Their function is to add to the range of meaning which can be expressed by the latter. Some auxiliaries (do, have, be) are used to give specific reference to time or aspect: e.g. I was swimming.

I have seen him.	I will go.	I had gone.	What did you do?
Je l'ai vu.	—	J'étais parti.	Qu'est-ce que tu as fait?
Ich habe ihn gesehen.	Ich werde gehen.	Ich war gegangen.	Was hast du getan?
Yo le he visto.	—	Yo había ido.	¿Qué has hecho?

The function of the other auxiliaries (modal auxiliaries) is to supply further information about the possibility, probability or necessity of an action.

I <u>may</u> come at six.   I <u>ought</u> to see my grandmother.
Je viendrais peut-être à six heures. Je devrais aller voir grand-mère.
Ich komme vielleicht um 6 Uhr.   Ich sollte meine Großmutter besuchen.
Puede que venga a las seis.   Debería visitar a mi abuela.

I <u>should</u> be there by five.   I <u>must</u> go at once.
Je devrais y être à cinq heures.   Je dois partir tout de suite.
Ich sollte bis fünf Uhr da sein.   Ich muß sofort gehen.
A la cinco estoy ahí.   Tengo que irme enseguida.

I <u>need</u> to go to the bathroom.	I <u>need</u> never see him again.
Il faut que j'aille aux toilettes.	Je n'aurai jamais besoin de le revoir.
Ich muß aufs Klo.	Ich brauche ihn nie wieder zu sehen.
Tengo que ir al lavabo.	¡Ya no tengo que verle nunca más!

14.1.1   Exercises

Underline the verbs in the following sentences. State whether they are lexical [i (active) or ii (stative)], copula or auxiliary [i (temporal) or ii (modal)].

1. She teaches for a living.
2. She is living in Paris.
3. He came early, but did not avoid the crush.
4. I may see you tomorrow.
5. In later years he became sullen and uncommunicative.
6. We must go home as it is getting dark.
7. He told us the result of the match.
8. If I have time, I shall come.
9. You may be sure he will not do that again.
10. I know a place where we can find some nice raspberries.
11. When I met your father, I asked him where he was going.
12. When the cat is away, the mice will play.
13. He was trying hard.

UNIT 15

15.1   Morphology: verbal prefixation
Verbal prefixes in Russian have two functions:

(i)   to alter the aspect of a verb.
(ii) to add a new element of meaning to the verb.

15.2   Stem verbs
It is possible to examine verbal prefixes in relation to the stem verb.
Compounds of the verb **писать** can express the following range of meanings:

Завкафедрой подписал письмо.	под-
Эти цифры я выписал из журнала.	вы-
Вы списали с доски это слово неверно.	с-
Он описал мне всё так хорошо, что я сразу же узнал вас.	о-
Письмо написала мать, а сестра приписала несколько строк внизу.	при-
Я записал ваш адрес и по приезде домой напишу вам письмо.	за- /на-
Скажите, как можно записаться в библиотеку.	за- + ся
Это лекарство прописал мне врач в прошлом году.	про-
В вашей работе очень много ошибок, вы должны переписать её заново.	пере-

Using a dictionary, make sure you understand these sentences. Indicate what additional meaning each of the prefixes adds.

15.2.1 Exercise
Supply appropriate prefixes in the gaps provided.

(a) Prefixes: по-, до-, про-
1. Он . . .читал это объявление в газете.
2. Я . . .читал все книги в нашей библиотеке.
3. Перед сном я немного . . .читал.
4. Сейчас я закончу, мне осталось . . .читать несколько страниц.

(б) Prefixes: пере-, при-, вы-, с-
1. В этой библиотеке . . .дают книги только читателям этого района.
2. Он . . .дал привет через сестру.
3. Она . . .даёт лицу серьёзное выражение.
4. Надо . . .дать пустые бутылки в магазин.

(в) Prefixes: у-, вы-, со-
1. За весь день она . . .брала всю квартиру.
2. Вы . . . бираетесь стать учителем?
3. Иван . . . бирает марки.
4. Вы . . . брали тему сочинения?

15.3 Prefixes
One can also isolate prefixes and attempt to generalise the meaning they add to a range of verbs. Take, for example, the prefix **пере-** which can mean: (a) to do something for a second time: similar to English re- or (b) the conveying of something from one place to another: similar to English trans-.

15.3 Exercise
Supply appropriate verbal stems in the following sentences.
(Verbal stems: делать, читать, дать, сдать, сесть, идти, работать, строить, думать.)

1. Ему нельзя уехать: он должен пере. . . экзамен.
2. Вы можете пере. . . Вере от меня записку?
3. Студент должен был пере. . . свой проект.
4. Этот роман я пере. . . вчера.
5. Стало темно, и я пере. . . поближе к окну.
6. Теперь нам надо пере. . . на другой поезд.
7. Это здание решили пере. . . для больницы.
8. Чтобы лучше слышать, я пере. . . с десятого ряда на первый.
9. Месяц назад он пере. . . на новую работу.
10. Пере. . . заново это упражнение, в нём много ошибок.
11. У тебя вчера было другое мнение по этому вопросу, ты пере. . .?

UNIT 18

18.1 Aspects and functions
Aspects in orders, requests, suggestions, advice, recommendations, desires, decisions, invitations, etc.

18.2 Requests, commands, advice, recommendations
The perfective form is the more usual in these functions: the focus is on someone completing the action and achieving the named (or implied) result (a). The imperfective form is used to initiate the action (b) (i) or to convey an invitation to perform an action (b) (ii).

(a) Perfective	(b) Imperfective
Дома прочитайте рассказ.	Кончили писать упражнения? Теперь читайте рассказ. (i)
Тебе надо посмотреть этот фильм.	Пора ложиться спать. (i)
Советую посмотреть этот фильм.	Дети, ложитесь спать! (i)
Посмотри этот фильм.	
Doctor to patient:	Hostess to guest:
Разденьтесь, сядьте . . .	Проходите в комнату. (ii)
	Садитесь, отдыхайте. (ii)

If the request, command, etc. is negated, the imperfective aspect is used.

Perfective – positive	Imperfective – negative
	Не курите.
	Не надо курить.
	Нельзя курить.
Эту книгу стоит купить.	Эту книгу не стоит покупать.
Нам надо уйти.	Не уходите! Не надо уходить!
Я советую купить эту книгу.	Я советую не покупать эту книгу.
Вы должны зайти в магазин.	Вы можете не заходить в магазин.

18.2 Exercise
Using the following verbs, indicate what you would say in each of the following contexts.
давать/дать; брать/взять; выключать/выключить; проходить/пройти; закрывать/закрыть; шуметь/пошуметь; покупать/купить; идти/пойти; работать/поработать

1. Дети слушают радио, а это мешает вам заниматься.
2. У вас нет ручки, а у вашего друга две.
3. У вас кончились сигареты, а ваш друг идёт в магазин.
4. Ваши друзья пришли к вам в гости.
5. Вы объясняете другу, как доехать к вам от центра города.
6. Вы хотите купить билет в театр. Что вы говорите в кассе театра?
7. Ваш младший брат шумит, когда вы занимаетесь.
8. Ваша сестра берёт ваши книги.
9. Ваш друг хочет взять у вас словарь.

10. В комнате очень холодно, а окно открыто.

11. Вы слышали, что ваш друг собирается летом не отдыхать, а работать.

18.3   Decisions, desire, intention

— Вы будете завтра звонить сестре?

— Да, я хочу (собираюсь, должен, решил, намерен) позвонить ей.

As can be seen from the above example, the perfective infinitive is more usual after the verbs/modals хотеть, собираться, должен, решить, намерен.

18.3.1   Exercises

Answer the following questions using one of the constructions listed in the answer above.

1. Ты будешь смотреть матч по телевизору?

2. Вы будете пить кофе?

3. Ты будешь читать этот роман?

4. Ты будешь покупать в этом году новое пальто?

Where you have decided not to do something the imperfective negative is used:

Мы решили провести отпуск на юге. Мы решили не проводить отпуск на юге.

Answer the following questions stating:
what you have decided to do; what you have decided not to do.

1. Что вы решили? (оставаться/остаться здесь ещё на три дня)

2. О чём вы договорились? (заказывать/заказать билеты на этот фильм)

3. Что вы думаете делать летом? (переезжать/перехать в июне на дачу)

4. Что вы посоветовали брату? (принимать/принять лекарство)

Grammar summary

1.0 Pronunciation and spelling

1.1 Hard and soft consonants

1.1.1 Consonants are referred to as 'hard' in the following situations:

when they are the final letter of a word: **стол, гид, бар, раб**
when they are followed by the vowels **-а, -о, -у, э** or **-ы: лампа, футбол, мэр, столы**
when they are followed by another consonant: **лампа, футбол, столы**
when they are followed by a hard sign: **съесть, объяснять**

1.1.2 Consonants are referred to as 'soft' in the following situations:

when they are followed by the vowels **-я, -е, -ё, -ю** or **-и: тётя, дядя, море, пить, люстра**
when they are followed by a soft sign: **пить, Кремль, Сибирь, письмо**

The letter **-й** is a semi-consonant which is 'soft'.

1.1.3 This distinction affects the endings of noun declensions.
The endings of nouns which have a stem ending in a 'hard' consonant will usually contain the vowels **-а, -о, -у** or **-ы**, whereas the endings of nouns which have a stem ending in a 'soft' consonant will usually contain the vowels **-я, -е, -ё, -ю** or **-и**.
Compare the following declensions of nouns:

	hard	*soft* (1)	*soft* (2)
nom.	стол	спектакль	чай
acc.	стол	спектакль	чай
gen.	стола	спектакля	чая
dat.	столу	спектаклю	чаю
inst.	столом	спектаклем	чаем
prep.	столе	спектакле	чае

1.2 Spelling rules

1.2.1 Spelling rule 1: The letters **г, к, х**, and **ж, ч, ш, щ** can never be followed by **ы**.

- The nominative plural of nouns ending in these consonants always ends in **-и: врачи, книги, руки, ноги, товарищи**, etc.
- The genitive singular of feminine nouns ending in these consonants always ends in **-и: книги, руки, ноги**, etc.

- Adjectives whose stems end in these letters (classified as 'mixed') end in **-ий, -ие**

stress on stem:	русский	хороший	тихий
	русские	хорошие	тихие
stress on ending:	большие	дорогие	плохие

1.2.2 Spelling rule 2: The letters **г, к, х, ж, ч, ш, щ** and **ц** can never be followed by **ю**.

- The accusative singular of feminine nouns ending in these consonants always ends in **-у**: **книгу, руку, кашу**
- The dative singular of masculine nouns ending in these consonants always ends in **-у**: (к) **врачу,** (к) **товарищу**
- The first person singular present tense of verbs which have stems ending in these consonants ends in **-у**: **я пишу** (1st conjugation), **я ищу, я лежу** (2nd conjugation), **я хочу** (mixed conjugation).
- The third person plural present tense of 1st conjugation verbs which have stems ending in these consonants ends in **-ут**: **я пишу — они пишут; я ищу — они ищут; я плачу — они плачут**.

There are a number of exceptions to this rule; they are all words borrowed from other languages: **жюри, парашют, брошюра, Цюрих**.

1.2.3 Spelling rule 3: The letters **г, к, х, ж, ч, ш, щ** and **ц** can never be followed by **я**.

- The genitive singular of masculine nouns ending in these consonants always ends in **-а**: **врача, товарища**.
- The third person plural present tense of 2nd conjugation verbs which have stems ending in these consonants ends in **-ат**: **они лежат, они учат, они кричат**.

1.2.4 Spelling rule 4: The letters **ж, ч, ш, щ** and **ц** can never be followed by an unstressed **-о-**.

- The instrumental singular of masculine nouns ending in these consonants ends in **-ом** if the ending is stressed: **отцом, врачом**.
- The instrumental singular of feminine nouns ending in these consonants ends in **-ой** if the ending is stressed: **свечой**.
- The instrumental singular of masculine nouns ending in these consonants ends in **-ем** if the ending is NOT stressed: **мужем, товарищем, месяцем, ирландцем**.
- The instrumental singular of feminine nouns ending in these consonants ends in **-ей** if the ending is not stressed: **секретаршей, учительницей, больницей**.
- The genitive plural of masculine nouns ending in **-ц** ends in **-ев** if the ending is not stressed: **американцев, ирландцев, немцев**.
- The genitive, dative and prepositional of adjectives which have stems ending in these consonants end in **-ого, -ому, -ом** (masculine and neuter) and **-ой** (feminine) if the ending is stressed:

	masculine	*feminine*
gen.	большого	большой
dat.	большому	большой
prep.	(о) большом	(о) большой

- The genitive, dative and prepositional cases of adjectives which have stems ending in these consonants end in **-его, -ему, -ем** (masculine and neuter) and **-ей** (feminine) if the ending is not stressed:

	masculine	*feminine*
gen.	хорошего	хорошей
dat.	хорошему	хорошей
prep.	(о) хорошем	(о) хорошей

Note that this rule does not apply to adjectives which have stems ending in **г**, **к**, **х** which are never followed by **-его**, **-ем**, **-ей**, etc. whether stressed or unstresssed. For example:

русский	русского, русскому, о русском
русская	русской, русской, о русской

2.0 Nouns

2.1 Gender

2.1.1 Masculine, feminine and neuter
There are three genders in Russian: masculine, feminine and neuter. All nouns belong to one of these three categories. You can usually tell by looking at the dictionary form of a noun what gender it is:

- Masculine nouns end in
  - a consonant — университет, студент
  - -й — герой, чай, музей
  - -ь — Кремль
- Feminine nouns end in
  - -а — школа, студентка
  - -я — няня
  - -ия — история, Россия
  - -ь — ночь, Сибирь
- Neuter nouns end in
  - -о — озеро
  - -е — море
  - -ие — общежитие

2.1.2 The gender of nouns ending in a soft sign -ь
At this stage it is simpler to learn the gender of each of these nouns, as it is hard to tell from the ending whether they are masculine or feminine (they are never neuter). For example:

спектакль is masculine while **тетрадь** is feminine

2.1.3 Masculine nouns ending in -а or -я
All nouns referring to male people are masculine. These include a few which end in **-а** or **-я** such as **папа** (a child's word for father, dad) and **дядя** (uncle). Some men's names also end in **-а** or **-я**: **Миша**, **Ваня**, etc. (see 'Language awareness' 1.3.2).

2.2 The declension of nouns in the singular

2.2.1 Masculine singular

case	hard inanimate	hard animate	soft -й inanimate	soft -й animate	soft -ь inanimate	soft -ь animate
nom.	университет	студент	музей	герой	спектакль	писатель
acc.	университет	студента	музей	героя	спектакль	писателя
gen.	университета	студента	музея	героя	спектакля	писателя
dat.	университету	студенту	музею	герою	спектаклю	писателю
inst.	университетом	студентом	музеем	героем	спектаклем	писателем
prep.	(в) университете	(о) студенте	(в) музее	(о) герое	(о) спектакле	(о) писателе

2.2.1.1 Spelling rules

Spelling rule 4 affects the instrumental singular of nouns which have stems ending in **ж, ч, ш, щ** or **ц** such as (1) **отец** and **врач** and (2) **муж, товарищ, месяц, ирландец, американец.** (See 1.2.4.)

2.2.1.2 Fleeting (mobile) vowels

A number of masculine nouns contain a fleeting (mobile) vowel **-е-** or **-о-** in their final syllable. This vowel is dropped in all forms other than the nominative and accusative singular. Sometimes this vowel is part of the stem, as in **день, камень, угол, ветер, рот.** More usually this vowel is part of the suffixes **-ец** or **-ок** as in **дворец, отец, немец, кусок, городок, подарок.**

case	hard animate	hard inanimate	soft -ь inanimate
nom.	отец	подарок	день
acc.	отца	подарок	день
gen.	отца	подарка	дня
dat.	отцу	подарку	дню
inst.	отцом	подарком	днём
prep.	(об) отце	(о) подарке	(о) дне

It cannot be assumed that all vowels **-е-** or **-о-** in final syllables are mobile. Consider for example **урок** and **кузнец** which retain their **-о-** and **-е-** throughout their declension.

2.2.1.3 Locatives in -y

A number of masculine nouns take the stressed endings **-у** and **-ю** when they are governed by the prepositions **в** or **на** in adverbial expressions of time and place. In this course you will come across the following ones

governed by the preposition **в** (in):

глаз	в глазу
год	в году
край	в краю
круг	в кругу
Крым	в Крыму
лес	в лесу
нос	в носу
порт	в порту
рот	во рту
сад	в саду
снег	в снегу
шкаф	в шкафу

governed by the preposition **на** (at, on):

бал	на балу
берег	на берегу
Дон	на Дону
край	на краю
лоб	на лбу
мост	на мосту
нос	на носу
пол	на полу
снег	на снегу
угол	на углу
шкаф	на шкафу

2.2.2 Neuter singular

The declension of neuter singular nouns is close to that of masculine singular nouns, as illustrated in the table below:

case	hard -о	soft -е	soft -ие
nom.	слово	море	упражнение
acc.	слово	море	упражнение
gen.	слова	моря	упражнения
dat.	слову	морю	упражнению
inst.	словом	морем	упражнением
prep.	(о) слове	(на) море	(в) упражнении

2.2.3 Feminine singular

case	hard inanimate	hard animate	soft -я	soft -ия	soft -ь
nom.	школа	сестра	неделя	лекция	тетрадь
acc.	школу	сестру	неделю	лекцию	тетрадь
gen.	школы	сестры	недели	лекции	тетради
dat.	школе	сестре	неделе	лекции	тетради
inst.	школой	сестрой	неделей	лекцией	тетрадью
prep.	(в) школе	(о) сестре	(на) неделе	(на) лекции	(в) тетради

2.2.3.1 Spelling rules

Spelling rule 1 affects the genitive singular of nouns which have stems ending in **г, к, х, ж, ч, ш** or **щ** such as **книга, рука, старуха, госпожа, передача** and **каша**. (See 1.2.1.)

Spelling rule 4 affects the instrumental singular of nouns which have stems ending in **ж, ч, ш, щ** or **ц** such as (1) **свеча**, (2) **секретарша, буфетчица**. (See 1.2.4.)

2.2.3.2 Fleeting (mobile) vowels

A number of feminine nouns contain a fleeting (mobile) vowel **-о-** in their final syllable. This vowel is dropped in the genitive, dative and prepositional singular.

nom.	любовь	церковь
acc.	любовь	церковь
gen.	любви	церкви
dat.	любви	церкви
inst.	любовью	церковью
prep.	(в) любви	(в) церкви

2.3 The declension of nouns in the plural

2.3.1 Masculine plural

case	hard inanimate университет	hard animate студент	hard fleeting -e отец	soft -й inanimate музей	soft -й animate герой	soft -ь inanimate спектакль	soft -ь animate писатель
nom.	университеты	студенты	отцы	музеи	герои	спектакли	писатели
acc.	университеты	студентов	отцов	музеи	героев	спектакли	писателей
gen.	университетов	студентов	отцов	музеев	героев	спектаклей	писателей
dat.	университетам	студентам	отцам	музеям	героям	спектаклям	писателям
inst.	университетами	студентами	отцами	музеями	героями	спектаклями	писателями
prep.	(в) университетах	(о) студентах	(об) отцах	(в) музеях	(о) героях	(о) спектаклях	(о) писателях

2.3.1.1 Spelling rules

Spelling rule 1 affects the nominative plural of nouns which have stems ending in **г, к, х, ж, ч, ш** or **щ** such as **биолог, рыбак, казах, гараж, врач, латыш**, and **товарищ**. (See 1.2.1.)
Spelling rule 4 affects the genitive plural of nouns which have a stem ending in **ц** such as (1) **отец** and (2) **ирландец, американец**. (See 1.2.4 and 2.4.1.)
   Nouns which have a stem ending in **ж, ч, ш** or **щ** have a genitive plural ending in **-ей**.
(See 2.4.1: **мужей, врачей, латышей, товарищей**.)

2.3.2 Neuter plural

case	hard -о слово	soft -е море	soft -ие упражнение
nom.	слова	моря	упражнения
acc.	слова	моря	упражнения
gen.	слов	морей	упражнений
dat.	словам	морям	упражнениям
inst.	словами	морями	упражнениями
prep.	(о) словах	(на) морях	(в) упражнениях

2.3.3 Feminine plural

case	hard inanimate школа	hard animate сестра	soft -я неделя	soft -ия лекция	soft -ь тетрадь
nom.	школы	сёстры	недели	лекции	тетради
acc.	школы	сестёр	недели	лекции	тетради
gen.	школ	сестёр	недель	лекций	тетрадей
dat.	школам	сёстрам	неделям	лекциям	тетрадям
inst.	школами	сёстрами	неделями	лекциями	тетрадями
prep.	(в) школах	(о) сёстрах	(на) неделях	(на) лекциях	(в) тетрадях

2.3.3.1 Spelling rules

Spelling rule 1 affects the nominative plural of nouns which have stems ending in **г, к, х, ж, ч, ш** or **щ** such as **книга, рука, старуха, госпожа, передача** and **каша**. (See 1.2.1.)

2.4 Summary of genitive plural endings

2.4.1 Masculine nouns

all nouns ending in a consonant (other than **ж, ч, ш, щ**):		-ОВ
студент	студенты	студентов
город	города	городов

all masculine nouns ending in -**й**:		-ЕВ
герой	герои	героев
музей	музеи	музеев

all masculine nouns ending in -**ь**:		-ЕЙ
писатель	писатели	писателей
учитель	учителя	учителей

all masculine nouns ending in **ж, ч, ш, щ**:		-ЕЙ
врач	врачи	врачей
нож	ножи	ножей

Note masculine nouns ending in -**ц**		
if the ending is stressed:		-ОВ
отец	отцы	отцов
if the ending is unstressed:		-ЕВ
немец	немцы	немцев
месяц	месяцы	месяцев

Note the following irregular plurals:		-ЕЙ
человек	люди	людей
ребёнок	дети	детей
сосед	соседи	соседей
друг	друзья	друзей

Several masculine nouns have a zero ending in the genitive plural:	ZERO ending
человек	as in пять человек
раз	as in сколько раз
глаз	as in у него нет глаз
грамм	as in десять грамм

2.4.2 Neuter nouns

all nouns ending in **-o**:			ZERO ending
дело	дела	дел	

Remember to insert mobile vowels where necessary:

окно	окна	окон	
письмо	письма	писем	

some neuter nouns ending in **-e**:			**-ЕЙ**
море	моря	морей	

all neuter nouns ending in **-ие**:			**-ИЙ**
здание	здания	зданий	

2.4.3 Feminine nouns

all nouns ending in **-a**:			ZERO ending
книга	книги	книг	
газета	газеты	газет	

Remember to insert mobile vowels where necessary:

девушка	девушки	девушек	
студентка	студентки	студенток	
сестра	сёстры	сестёр	

all feminine nouns ending in **-ь**:			**-ЕЙ**
очередь	очереди	очередей	
площадь	площади	площадей	

all nouns ending in **-ия**:			**-ИЙ**
фотография	фотографии	фотографий	

2.4.4 Mobile vowels in the genitive plural

Feminine and neuter nouns acquire a mobile vowel only in the genitive plural:

nominative singular	genitive plural	
лодка	лодок	-ОК
сказка	сказок	
девочка	девочек	-ЕК
чашка	чашек	
окно	окон	-ОН
письмо	писем	-ЕМ
кресло	кресел	-ЕЛ
земля	земель	-ЕЛЬ
деревня	деревень	-ЕНЬ
песня	песен	-ЕН

2.5   Irregular declensions

2.5.1   Irregular feminine declensions: **мать** and **дочь**

	singular	plural	singular	plural
nom.	мать	матери	дочь	дочери
acc.	мать	матерей	дочь	дочерей
gen.	матери	матерей	дочери	дочерей
dat.	матери	матерям	дочери	дочерям
inst.	матерью	матерьми/-ями	дочерью	дочерьми/-ями
prep.	(о) матери	(о) матерях	(о) дочери	(о) дочерях

2.5.2   Irregular neuter declensions: **имя** and **время**

	singular	plural	singular	plural
nom.	имя	имена	время	времена
acc.	имя	имена	время	времена
gen.	имени	имён	времени	времён
dat.	имени	именам	времени	временам
inst.	именем	именами	временем	временами
prep.	(об) имени	(об) именах	(о) времени	(о) временах

2.5.3   Irregular plurals

2.5.3.1   **Люди** and **дети**

nom.	люди	дети
acc.	людей	детей
gen.	людей	детей
dat.	людям	детям
inst.	людьми	детьми
prep.	(о) людях	(о) детях

2.5.3.2   Irregular nominative plurals in stressed **-а/-я**

дом	дома	учитель	учителя
глаз	глаза	остров	острова
город	города	доктор	доктора
голос	голоса	берег	берега
поезд	поезда	директор	директора
адрес	адреса	лес	леса
вечер	вечера	профессор	профессора

2.5.3.3 Nouns ending in **-ья** in the nominative plural
These nouns can be categorised in two groups which are distinguished by their stress patterns and their genitive plural endings:

Group 1

nom.	братья	стулья	листья
acc.	братьев	стулья	листья
gen.	братьев	стульев	листьев
dat.	братьям	стульям	листьям
inst.	братьями	стульями	листьями
prep.	(о) братьях	(о) стульях	(о) листьях

Group 2

nom.	друзья	мужья	сыновья
acc.	друзей	мужей	сыновей
gen.	друзей	мужей	сыновей
dat.	друзьям	мужьям	сыновьям
inst.	друзьями	мужьями	сыновьями
prep.	(о) друзьях	(о) мужьях	(о) сыновьях

2.5.3.4 Nouns ending in **-анин/-янин** in the nominative singular and **-ане/-яне** in the nominative plural
These refer to people's ethnic, social or religious affiliations or origins and include **крестьянин, датчанин, гражданин, христианин, англичанин**.

	-ане/-яне
nom.	англичане
acc.	англичан
gen.	англичан
dat.	англичанам
inst.	англичанами
prep.	(об) англичанах

2.5.3.5 Nouns ending in **-ёнок/-онок** in the nominative singular and **-ята/-ата** in the nominative plural
These refer to the young of a named species and include **ребёнок, котёнок, телёнок, медвежонок, волчонок**.

	-ята/-ата
nom.	ребята
acc.	ребят
gen.	ребят
dat.	ребятам
inst.	ребятами
prep.	(о) ребятах

2.5.4   The declension of names
Whereas the declension of first names and patronymics is the same as that of nouns, surnames
in **-ий**, **-ая/-ой**, **-ая** are declined like adjectives. However, the declension of surnames ending in
-ов, **-ова**, **-ев**, **-ева** or **-ин**, **-ина** combines adjectival and nominal endings as follows:

Masculine singular

nom.	Александр	Сергеевич	Пушкин
acc.	Александра	Сергеевича	Пушкина
gen.	Александра	Сергеевича	Пушкина
dat.	Александру	Сергеевичу	Пушкину
inst.	Александром	Сергеевичем	Пушкиным
prep.	(об) Александре	Сергеевиче	Пушкине

Feminine singular

nom.	Елена	Ивановна	Кузнецова
acc.	Елену	Ивановну	Кузнецову
gen.	Елены	Ивановны	Кузнецовой
dat.	Елене	Ивановне	Кузнецовой
inst.	Еленой	Ивановной	Кузнецовой
prep.	(об) Елене	Ивановне	Кузнецовой

Plural of surnames (without reference to gender)

nom.	Волковы	Фомины
acc.	Волковых	Фоминых
gen.	Волковых	Фоминых
dat.	Волковым	Фоминым
inst.	Волковыми	Фомиными
prep.	(о) Волковых	(о) Фоминых

3.0   Pronouns

3.1   The personal pronoun
The following table lists the personal pronouns in Russian in the nominative case.

number	gender	person	nominative case
singular	masculine and feminine	1st person	я
singular	masculine and feminine	2nd person	ты
singular	masculine	3rd person	он
singular	feminine	3rd person	она
singular	neuter	3rd person	оно
plural	masculine and feminine	1st person	мы
plural	masculine and feminine	2nd person	вы
plural	masculine, feminine and neuter	3rd person	они

3.1.1 The gender of personal pronouns

Whereas in English the choice of pronoun (he, she, it) depends on the animate/inanimate and male/female distinctions, in Russian the choice of pronoun is determined solely by the grammatical gender of a noun:

Он replaces all masculine nouns, both animate and inanimate

| студент | он | | student | he |
| стол | он | | table | it |

e.g.   Где студент? — Вот он.

              Где стол? — Вот он.

Она replaces all feminine nouns, both animate and inanimate

| студентка | она | | student | she |
| водка | она | | vodka | it |

e.g.   Где студентка? — Она здесь.

              Где водка? — Вот она.

Оно replaces all neuter nouns which are normally inanimate

| вино | оно | | wine | it |

e.g.   Где вино? — Вот оно.

              Где общежитие? — Оно тут, направо.

Они replaces all plural nouns of any gender or any combination of two or more nouns.

e.g.   Где студентка и профессор? — Они там.

              Где пиво и водка? — Вот они.

3.1.2 The declension of personal pronouns

		singular				plural		
nom.	я	ты	он	она	оно	мы	вы	они
acc.	меня	тебя	его	её	его	нас	вас	их
gen.	меня	тебя	его	её	его	нас	вас	их
dat.	мне	тебе	ему	ей	ему	нам	вам	им
inst.	мной	тобой	им	ей/ею	им	нами	вами	ими
prep.	(обо) мне	(о) тебе	(о) нём	(о) ней	(о) нём	(о) нас	(о) вас	(о) них

Note that the 3rd person pronouns after a preposition start with the letter **-н**: **у него, к ней, с ними, о них**, etc.

3.2 The declension of the interrogative pronouns: **кто?** and **что?**

nom.	кто?	что?
acc.	кого?	что?
gen.	кого?	чего?
dat.	кому?	чему?
inst.	кем?	чем?
prep.	(о) ком?	(о) чём?

Note that in the nominative case **кто** is masculine, e.g. **Кто был на вечере**?; and **что** is neuter, e.g. **Что было задано на дом?**

3.3 The declension of the relative pronoun **который**
In Russian there is only one relative pronoun which may refer to both animate and inanimate antecedents.

	masculine	feminine	neuter	plural
nom.	который	которая	которое	которые
acc.	который/-ого	которую	которое	которые/-ых
gen.	которого	которой	которого	которых
dat.	которому	которой	которому	которым
inst.	которым	которой	которым	которыми
prep.	(о) котором	(о) которой	(о) котором	(о) которых

3.4 The declension of the demonstrative pronoun **этот**

	masculine	feminine	neuter	plural
nom.	этот	эта	это	эти
acc.	этот/этого	эту	это	эти/этих
gen.	этого	этой	этого	этих
dat.	этому	этой	этому	этим
inst.	этим	этой	этим	этими
prep.	(об) этом	(об) этой	(об) этом	(об) этих

3.5 The declension of the definite pronoun **весь**

	masculine	feminine	neuter	plural
nom.	весь	вся	всё	все
acc.	весь/всего	всю	всё	все/всех
gen.	всего	всей	всего	всех
dat.	всему	всей	всему	всем
inst.	всем	всей	всем	всеми
prep.	(обо) всём	(обо) всей	(обо) всём	(обо) всех

3.6. The declension of negative pronouns

nom.	никто не	ничто не
acc.	никого (ни от кого) не	ничего не
gen.	никого (ни на кого) не	ничего (ни от чего) не
dat.	никому (ни к кому) не	ничему (ни к чему) не
inst.	никем (ни с кем) не	ничем (ни с чем) не
prep.	ни о ком не	ни о чём не

3.7 Indefinite pronouns

The particles (or post-fixes) **-то** and **-нибудь** may be added to any interrogative word to form indefinite pronouns, adjectives and adverbs.

3.7.1 Indefinite pronouns with the particle **-то**

The **-то** form is used when you know of the actual presence of someone or something, but cannot name him, her or it.

| кто-то | Кто-то вас искал. |
| что-то | Она что-то сказала, но я не расслышал. |

3.7.2 Indefinite pronouns with the particle **-нибудь**

The **-нибудь** form does not presuppose the existence of someone or something. It is often used in questions, or with reference to the future: the reply to the question may well be negative.

| что-нибудь | Расскажите нам о чём-нибудь. |
| кто-нибудь | Если кто-нибудь позвонит, скажи, что я скоро приду. |

3.7.3 Indefinite pronouns with the particle **-либо**

The **-либо** form has the general meaning '(who) ever you please'. Unlike the **-то** and **-нибудь** forms, it may be used in negative clauses.

4.0 Summary of the semantics of case – without prepositions

4.1 The nominative case
The nominative case expresses the following:

- the subject of an active verb: Отец читает.
- the subject of a stative verb: Отец устал.
- a subject modified by an adjective: Она красивая.
- a subject modified by a noun: Он — учитель.
- the object/victim of a passive construction: Отец убит/ранен/арестован.
                                               У неё родился сын.
- the object of **нравиться**:   Фильм всем понравился.
- the predicate of a possessive construction: У нас есть сын.

4.2 The accusative case
The accusative case expresses the following:

- the direct object in an active construction: любить музыку, читать книгу
- time reference: каждый год; всю ночь; целый день

4.3   The genitive case
The genitive case expresses the following:

- a nominal modifier:

possessive:	дом отца
agent:	приезд гостей
object:	чтение книг

- the object of quantifiers: времени мало; пять минут; кусок сыра

partitive:	чашка чая; бутылка вина

- the absence of a subject or object: Анны нет дома; нет времени
- the date: 4-ого мая 1992-ого года

4.4   The dative case
The dative case expresses the following:

- the subject of a value judgement: мне эта передача не нравится
- the subject of a stative predicate: мне скучно
- the subject of an expression of age: мне 18 лет
- the subject of a modal construction: мне не нужна эта книга
- the subject of a potential action: мне пора идти
- the beneficiary: писать письмо отцу

        давать советы брату

        купить подарок сестре

4.5   The instrumental case
The instrumental case expresses the following:

- an instrument/implement: писать карандашом

        резать ножом

- the predicate: был/будет

    Он работал/работает $\Big\}$ агрономом.

    стал/станет

- the agent in passive constructions: чтение пьесы автором
- time reference: весной, зимой, летом, осенью, утром,

        вечером, днём, ночью

4.6   The prepositional case
The prepositional case is never used without a preposition.

5.0   The use of cases – with prepositions

5.1   The nominative case
The nominative is only used with one preposition. See 'Language awareness' (2.2).

5.2   The accusative case and prepositions

preposition	to express	examples
в	(≠ из) destination	поехать в город; дорога в Москву
	time	в пять часов; в четверть второго; в среду; в прошлую пятницу
	quantity	в два раза больше
	object of «играть»	играть в шахматы
за	(≠ из-за) destination	поехать за границу; солнце зашло за тучу
	points of time	за час/за минуту до обеда
	(≠ под) age	ему за тридцать
	cause (1)	спасибо за помощь
	cause (2)	стыдно за плохое поведение; гордость за брата
	(≠ против) in support of	борьба за мир
	on someone else's behalf	решить за сына
	payment/exchange	платить за покупку
	with the verb «выйти замуж»	она вышла замуж за Ивана
на	(≠ с) destination	идти на лекцию; дорога на юг; смотреть на горы
	medium/language	перевести на английский язык
	points of time	на другой день; на Рождество
	duration	приехать на неделю; планы на будущее
	reaction; response	ответ на вопрос
	cause of negative emotion	сердиться на сестру
	object of comparison	похож на отца
	purpose	деньги на билет; дать (кому-то) на чай
под	points of time	под Новый год
	accompaniment	петь под гитару
	(≠ за) age	ему под семьдесят
про	topic	забыть про холод; сказка про Ивана-дурака
через	transection, across (in space)	дорога через поле; переход через площадь/улицу
	points of time	через полчаса; через день после приезда

5.3   The genitive case and prepositions

preposition	to express	examples
без	(≠ с) absence of	мужчина без шапки; без вас мне скучно
для	intended for for the purpose of	комната для гостей место для курения
до	(≠ от) extent, limit in spatial terms (≠ с) extent, limit in temporal terms	прогулка до реки; дойти до вокзала спать до обеда; работать с утра до ночи
из	(≠ в) origin in spatial terms: origin in temporal terms partitive composed of, comprising origin-source	тётя из Москвы; звонили из деканата из прошлого один из нас обед из двух блюд; квартира из пяти комнат цитата из книги; узнать из газет
из-за	cause (≠ за) origin	ссориться из-за денег он встал из-за стола; он приехал из-за границы
от	(≠ до) origin distance date	отойти от окна далеко от Москвы письмо от 5-ого января
от	(≠ к) origin information cause (1) cause (2) with the verb «зависеть»	письмо от матери привет от друзей мокрый от дождя; радость от встречи цена зависит от качества
против	location: opposite (= напротив) disagreement, conflict	церковь была против школы мы против этого предложения
с	(≠ на) origin in spatial terms (≠ до) origin in temporal terms origin/source	они с Урала с утра; с 1-ого апреля; с прошлого года перевод с русского
у	location possessive possessive-locative previous possession addressee of a request	у моря у нас есть машина; у него грипп; у студентов скоро каникулы у соседей холодно; у нас в России; в субботу у нас была вечеринка взять у брата книгу просить у отца помощи/денег

5.4   The dative case and prepositions

preposition	to express	examples
к	(≠ от) destination (person)	идти к врачу
	(≠ от) destination (place)	аллея к дому; прогулка к морю; ближе к центру
	addressee	обращение к народу; обращаться к врачам
	purpose	готовиться к экзаменам
	object of emotional relations	уважение к старшим; любовь к природе
	attitude to	отношение к учёбе/работе
по	along	идти по дороге; по улице; дорога по берегу моря
	means of communication	говорить по телефону; передача по телевизору
	frequency (plural)	по воскресеньям
	nominal modifier	экзамен по литературе; соседи по вагону

5.5   The instrumental case and prepositions

preposition	to express	examples
за	(≠ из-за) location	сидеть за столом; жить за городом
	points of time	за обедом; за работой; за книгой
	purpose	сходить за водкой/пивом; послать за врачом; очередь за хлебом
	with the adverb «замужем»	она замужем за Иваном
между	location	между небом и землёй; между городом и деревней
	adversarial relations	ссора между мужем и женой
	mutual relations	отношения между Россией и Китаем
над	(≠ под) location	висеть над столом
	object of work	работать над проектом
	object of humour	пошутить над соседом
перед	(≠ за) location	перед домом — газон
	point of time	перед дождём
под	(≠ над) location	дом под Москвой; гулять под дождём
	position of hierarchical dependence	под руководством
с	(≠ без) co-ordination	кофе с молоком; чай с лимоном; бутерброд с сыром
	together with (people)	мы с братом; жить с родителями
	agreeing/disagreeing	согласен с автором; спорить с отцом
	with the verb «поздравлять»	Поздравляем с Новым годом!

5.6   The prepositional case and prepositions

The prepositional case is never used without a preposition. It is used to express:

1. Location (with the prepositions **в**, **на** and **при**)
2. Time (with the prepositions **в**, **на** and **при**)
3. Dress (with the preposition **в**)
4. Topic or theme of something, conversation, a book, a film, etc. (with the preposition **o**)

preposition	to express	examples
в	(≠ из) location points of time item of clothing	в лесу; в университете в августе; в прошлом году, в детстве старик в костюме/очках
на	(≠ с) location situation, event means of transport medium/language with the verb «жениться»	на берегу на войне; на практике; на уроке; на экзамене; на концерте ехать на автобусе книга на немецком языке; говорить на иностранных языках он женился на Ире
o	topic	фильм о Москве; говорить о делах
при	location: adjacent periods in history (personality) in the presence of	при доме был сад; при заводе открыт детский сад при Петре I; при Горбачёве при родителях; при детях

5.7   Summary of the use of prepositions and cases

preposition	acc.	gen.	dat.	inst.	prep.
без		x			
в	x				x
для		x			
до		x			
за	x			x	
из		x			
из-за		x			
к			x		
между				x	
на	x				x

preposition	acc.	gen.	dat.	inst.	prep.
над	x			x	
напротив		x			
о					x
около		x			
от		x			
перед				x	
по			x		x
под	x			x	
при					x
про	x				
против		x			
рядом с				x	
с		x		x	
у		x			
через	x				

6.0 Prepositional phrases: noun and verb collocations

preposition	nouns	verbs
к and dat.	любовь к музыке интерес к искусству подготовка к экзамену подарок (кому?) к празднику	любить музыку интересоваться искусством готовиться к экзамену подарить (что? кому?) к празднику
с and inst.	чай с сахаром женщина с ребёнком поздравление с праздником	пить чай с сахаром сидеть (дома) с ребёнком поздравить с праздником
с and gen.	перевод с английского	переводить/перевести с английского
без and gen.	чай без сахара работа без перерыва	пить чай без сахара работать без перерыва
о and prep.	рассказ о любви разговор о погоде	рассказывать о любви разговаривать о погоде

preposition	nouns	verbs
из and gen.	суп из овощей стол из дерева выход из театра	варить суп из овощей сделать стол из дерева выходить/выйти из театра
в and acc.	билет в кино вход в театр приглашение в ресторан поездка во Францию	купить билет в кино входить/войти в театр пригласить (кого?) в ресторан поехать во Францию
от and gen.	лекарство от кашля письмо от сестры	принять лекарство от кашля получить письмо от сестры
на and acc.	приглашение на вечер перерыв на обед ответ на письмо жизнь на стипендию деньги на мороженое перевод на русский язык	пригласить (кого?) на вечер сделать перерыв на обед ответить на письмо жить на стипендию тратить деньги на мороженое переводить/перевести на русский язык
за and acc.	плата за билет борьба за мир поездка за границу	платить за билет бороться за мир поехать за границу
за and inst.	жизнь за границей	жить за границей
по and dat.	передача по телевизору разговор по телефону учебник по истории сочинение по литературе экзамен по математике специалист по фонетике тема по выбору	передавать по телевизору разговаривать по телефону читать учебник по истории писать сочинение по литературе сдавать/сдать экзамен по математике быть специалистом по фонетике выбирать/выбрать тему

7.0 Adjectives and determiners

7.1 The declension of adjectives

Hard and soft adjectives: as with nouns, in Russian you can distinguish between so-called 'hard' and 'soft' adjectives. 'Hard' adjectives have a stem ending in a hard consonant, 'soft' adjectives in a soft consonant. The hardness or softness of this consonant is, of course, shown by the following vowel-letter. The majority of adjectives are hard with either stressed or unstressed endings. Note that adjectival endings are closely related to the endings of third person personal pronouns.

7.1.1 Hard adjective endings

The following table illustrates the endings of 'hard' adjectives where the stem is stressed such as **новый**, **старый**, **чёрный**, **белый**, **красный**, **первый**.

	masculine	feminine	neuter	plural
nom.	-ый	-ая	-ое	-ые
acc.	-ый (inanimate)	-ую	-ое	-ые (inanimate)
	-ого (animate)			-ых (animate)
gen.	-ого	-ой	-ого	-ых
dat.	-ому	-ой	-ому	-ым
inst.	-ым	-ой	-ым	-ыми
prep.	-ом	-ой	-ом	-ых

For example:

	masculine	feminine	neuter	plural
nom.	новый	новая	новое	новые
acc.	новый/-ого	новую	новое	новые/-ых
gen.	нового	новой	нового	новых
dat.	новому	новой	новому	новым
inst.	новым	новой	новым	новыми
prep.	(о) новом	(о) новой	(о) новом	(о) новых

The following table illustrates the endings of 'hard' adjectives where the ending is stressed such as **молодой, ночной, дневной, второй, шестой, седьмой**.

	masculine	feminine	neuter	plural
nom.	-ой	-ая	-ое	-ые
acc.	-ой (inanimate)	-ую	-ое	-ые (inanimate)
	-ого (animate)			-ых (animate)
gen.	-ого	-ой	-ого	-ых
dat.	-ому	-ой	-ому	-ым
inst.	-ым	-ой	-ым	-ыми
prep.	-ом	-ой	-ом	-ых

For example:

	masculine	feminine	neuter	plural
nom.	больной	больная	больное	больные
acc.	больной/-ого	больную	больное	больные/-ых
gen.	больного	больной	больного	больных
dat.	больному	больной	больному	больным
inst.	больным	больной	больным	больными
prep.	(о) больном	(о) больной	(о) больном	(о) больных

7.1.2 Soft adjectives

Soft adjectives are not as numerous. They mostly ending in **-ний**, such as **летний, зимний, весенний, осенний, синий, соседний, последний, утренний, вечерний**. One 'soft' adjective you will come across fairly frequently does not end in **-ний**: **третий, третья, третье, третьи**. For its declension see section 8.2.2. The following table illustrates the endings of 'soft' adjectives.

	masculine	feminine	neuter	plural
nom.	-ий	-яя	-ее	-ие
acc.	-ий (inanimate)	-юю	-ее	-ие (inanimate)
	-его (animate)			-их (animate)
gen.	-его	-ей	-его	-их
dat.	-ему	-ей	-ему	-им
inst.	-им	-ей	-им	-ими
prep.	-ем	-ей	-ем	-их

For example:

nom.	летний	летняя	летнее	летние
acc.	летний/-его	летнюю	летнее	летние/-их
gen.	летнего	летней	летнего	летних
dat.	летнему	летней	летнему	летним
inst.	летним	летней	летним	летними
prep.	(о) летнем	(о) летней	(о) летнем	(о) летних

7.1.3   Spelling rules

As with nouns, adjectives are affected by two of the spelling rules. These apply to adjectives ending in **г, к, х, ж, ч, ш, щ**. The declension of these adjectives is sometimes referred to as 'mixed'. All are affected by spelling rule 1; adjectives ending in **ч, ш, щ** where the stress is on the stem are also affected by spelling rule 4. These can be categorised as follows:

(1) Adjectives which have stems ending in **г, к, х** and where the stress is on the stem, such as **маленький, советский, английский, русский, лёгкий, детский, тихий** and **широкий**. These are affected by spelling rule 1.

(2) Adjectives which have stems ending in **г, к, х, ж, ч, ш, щ** and where the stress is on the ending, such as **другой, дорогой, какой, такой, плохой, сухой, глухой, чужой** and **большой**. These are affected by spelling rule 1.

(3) Adjectives which have stems ending in **ж, ч, ш, щ** and where the stress is on the stem, such as **хороший, рабочий, бывший, младший, будущий, лучший, старший** and participles ending in **-щий**. These are affected by spelling rules 1 and 4.

The following tables illustrate each of these categories.

(1) Stress on stem: ends in -г, -к, -х

nom.	русский	русская	русское	русские
acc.	русский/русского	русскую	русское	русские/русских
gen.	русского	русской	русского	русских
dat.	русскому	русской	русскому	русским
inst.	русским	русской	русским	русскими
prep.	(о) русском	(о) русской	(о) русском	(о) русских

(2) Stress on ending: ends in -г, -к, -х, -ж, -ч, -ш, -щ

nom.	большой	большая	большое	большие
acc.	большой/большого	большую	большое	большие/больших
gen.	большого	большой	большого	больших
dat.	большому	большой	большому	большим
inst.	большим	большой	большим	большими
prep.	(о) большом	(о) большой	(о) большом	(о) больших

(3) Stress on stem: ends in -ж, -ч, -ш, -щ

nom.	хороший	хорошая	хорошее	хорошие
acc.	хороший/хорошего	хорошую	хорошее	хорошие/хороших
gen.	хорошего	хорошей	хорошего	хороших
dat.	хорошему	хорошей	хорошему	хорошим
inst.	хорошим	хорошей	хорошим	хорошими
prep.	(о) хорошем	(о) хорошей	(о) хорошем	(о) хороших

7.1.4.   Adjectives used as nouns

There are a number of adjectives in Russian which function as nouns. Some of these refer to people: **рабочий**, **русский** (a Russian), some to the names of rooms: **столовая**, **гостиная**, **ванная**. They decline like long adjectives.

7.2   The declension of the determiners

7.2.1   The declension of the possessive adjectives: **мой**, **твой**, **наш** and **ваш**

	masculine and neuter	feminine	masculine and neuter	feminine
nom.	мой/моё	моя	наш/наше	наша
acc.	мой/моё	мою	наш/наше	нашу
	моего	мою	нашего	нашу
gen.	моего	моей	нашего	нашей
dat.	моему	моей	нашему	нашей
inst.	моим	моей	нашим	нашей
prep.	(о) моём	(о) моей	(о) нашем	(о) нашей

Notes:

1. The possessive adjectives **твой/-я/-ё** and **свой/-я/-ё** decline exactly as **мой/-я/-ё**.

2. The possessive adjective **ваш/-а/-е** declines exactly as **наш/-а/-е**.

3. The 3rd person possessive pronouns: **его** (his, its), **её** (her, its), and **их** (their) are invariable in all genders and cases. They always refer to a person other than the subject.

4. When the possessive adjective in a given clause refers to the subject of the clause, the reflexive possessive adjective **свой** must be used.

7.2.2 The declension of the demonstrative adjective этот

	masculine	feminine	neuter	plural
nom.	этот	эта	это	эти
acc.	этот/этого	эту	это	эти/этих
gen.	этого	этой	этого	этих
dat.	этому	этой	этому	этим
inst.	этим	этой	этим	этими
prep.	(об) этом	(об) этой	(об) этом	(об) этих

7.2.3 The declension of the definite adjective весь

	masculine	feminine	neuter	plural
nom.	весь	вся	всё	все
acc.	весь/всего	всю	всё	все/всех
gen.	всего	всей	всего	всех
dat.	всему	всей	всему	всем
inst.	всем	всей	всем	всеми
prep.	(обо) всём	(обо) всей	(обо) всём	(обо) всех

7.3 The short form of adjectives

The short form of adjectives is preferred when the adjective is used predicatively, i.e., when it is separated from the noun by the verb 'to be' or equivalent (often absent in the present tense). Short form adjectives are used only in the nominative case, and agree with the noun in gender and number. Short form adjectives tend to refer to a characteristic which is relative (as opposed to absolute) to the noun it is qualifying. Short form adjectives are often modified by a noun phrase which specifies the context of a given quality.

It is often difficult to decide whether to use a long or short form adjective in any specific predicative context. One rule of thumb is to try inserting the word 'one' or 'person' in the English sentence: if this is possible, a long form adjective is likely, if not, a short form.

| Дом старый. | The house is an old one (it belongs to a set of 'old houses'). |
| Дом стар. | The house is old (this is one of its attributes). |

7.3.1 Formation of the short form adjective

The short form adjective is formed by taking the ending off the long form and adding a zero ending for masculine, -a for feminine, -o for neuter and -ы/-и for plural. Very few soft adjectives have short forms. A mobile -o- , -e- or -ё- may be necessary in the masculine singular: some rules exist for the choice of this vowel, but it is more practical to learn each adjective separately. The stressing of short adjectives is highly complex: it is only practical at this stage to learn the more frequent forms.

старый	стар, стара́, старо́, ста́ры
молодой	мо́лод, молода́, мо́лодо, мо́лоды
интересный	инте́ресен, интере́сна, инстере́сно, инстере́сны
холодный	хо́лоден, холодна́, хо́лодно, хо́лодны ог холодны́
громкий	гро́мок, громка́, гро́мко, гро́мки

7.3.1.1 Commonly used short form adjectives which differ in meaning from the long form

болен, больна, больно, больны	ill	чем?	Он болен гриппом.
здоров, здорова, здорово, здоровы	well	. . .	Он поправился, теперь он здоров.
велик, велика, велико, велики	too large	кому?	Это пальто ребёнку велико.
мал, мала, мало, малы	too small	кому?	Эти ботинки ему малы.
свободен, свободна, свободно, свободны	free	. . .	Вы свободны завтра вечером?
занят, занята, занято, заняты	busy	. . .	Нет, к сожалению, я занята.
благодарен, благодарна, благодарно, благодарны	grateful	кому? за что?	Я благодарен другу за помощь. Мы благодарны вам за работу.
готов, готова, готово, готовы	ready	+ infinitive к чему?	Я готов поспорить с вами об этом. Студенты готовы к экзаменам.
доволен, довольна, довольно, довольны	pleased	чем? кем? что + clause	Учитель доволен успехами детей. Мать довольна, что сын поступил в институт.
жив, жива, живо, живы	alive	. . .	Он попал под машину, но остался жив.
знаком, знакома, знакомо, знакомы	known familiar	кому? с кем? с чем?	Эта статья вам уже знакома. Мы знакомы с ней давно. Я не знаком с этой работой.
нужен, нужна, нужно, нужны	necessary	кому?	Больному нужен покой.
похож, похожа, похоже, похожи	similar	на кого?	Он похож на отца.
рад, рада, рады	glad	чему? кому? + infinitive что + clause	Мы все рады этому. Я вам очень рад. Рад вас видеть. Отец рад, что сын делает успехи.
счастлив, счастлива, счастливо, счастливы	happy	+ clause	Ольга была счастлива, когда нашла новую работу.

7.3.2 Short form past passive participles

Some short forms are formed from perfective verbs. These are known as short past passive participles. They fall into two broad categories:

7.3.2.1 The -н stem

согласен, согласна, согласно, согласны	agreed	с кем? с чем?	Вы со мной согласны? Я не согласен с его мнением.
уверен, уверена, уверено, уверены	sure	в чём? (в том), что	Я в этом уверен. Он уверен, что сын хорошо сдаст экзамены.
сломан, сломана сломано, сломаны	broken	. . .	У него сломана нога. Этот карандаш сломан.

7.3.2.2 The -т stem

закрыт, закрыта, закрыто, закрыты	closed	когда? на что?	Библиотека закрыта в воскресенье. Магазин закрыт на ремонт.
открыт, открыта, открыто, открыты	open	когда?	Музей открыт с 10 до 18 часов.
одет, одета, одето, одеты	dressed	как?	Ребёнок тепло одет.
занят, занята, занято, заняты	busy, occupied	когда? чем? . . .	Профессор сейчас очень занят. Учёные заняты важным делом. Это место занято.

7.3.3 Use of short adjectives to express need and obligation

7.3.3.1 Need

While English uses the verb 'need', Russian expresses need by means of the short adjective **нужен, нужна, нужно, нужны** 'necessary'. The object of the English clause becomes the subject, while the subject of the English clause goes into the dative case.

Студенту нужен учебник. Студенту нужна книга. Студенту нужны словари.

7.3.3.2 Obligation

There are several ways of expressing obligation in Russian. One of the most common is with the short form adjective **должен, должна, должны**. There is a nuance of 'duty'.

Он должен работать. Она должна работать. Они должны работать.

7.4 The comparative degree of adjectives (and adverbs)

The comparative form of adjectives is used when comparing two people or objects. It enables one to say which person or object is characterised by being more/less of some quality. There are two forms of the comparative: a simple form (one-word) and compound form (two-word).

The distinction between short and long form adjectives is carried forward into the comparative degree. Simple comparatives correspond in their functions to short adjectives (i.e. are only used predicatively); compound comparatives correspond to long adjectives (predicative or attributive use). The simple form comparative is indeclinable. In the compound form the adjective declines and agrees with the noun it qualifies, like any long form adjective. The words **более/менее** do not change.

7.4.1 The formation of comparatives

The simple comparative is usually formed by the addition of **-ее** (less commonly **-ей**) to the stem of the adjective. However, in a limited number of very common words, **-е** is added to a mutated stem (see below). The compound form is formed using the adverbs **более** or **менее** and the appropriate form of the long form of the adjective.

		simple form	*compound form*	
strong	сильный	сильнее	более сильный	stronger
			менее сильный	less strong
light	светлый	светлее	более светлый	lighter, brighter
			менее светлый	less bright
dark	тёмный	темнее	более тёмный	darker
			менее тёмный	less dark
interesting	интересный	интереснее	более интересный	more interesting
			менее интересный	less interesting
beautiful	красивый	красивее	более красивый	more beautiful
			менее красивый	less beautiful

7.4.2 The use of the comparative

When comparing two people or objects, the first element is expressed in the nominative case. When the simple form of the comparative is used, the person or object it is being compared to may be expressed in two ways. (1) It may be expressed using the genitive case without a conjunction. (2) It may be expressed in the nominative case after the conjunction **чем**. When the compound form is used one must always use the conjunction **чем**.

Simple   Достоевский интереснее, чем Толстой. (nominative after **чем**)

              Достоевский интереснее Толстого. (genitive without **чем**)

Compound   Достоевский — более интересный писатель, чем Толстой.

7.4.3 Alternation of consonants in the formation of simple comparatives

Many simple comparative forms are affected by the following alternations of consonants. These are illustrated below:

г → ж	к → ч	ск → щ
д → ж	т → ч	ст → щ
з → ж	х → ш	

Examples:

г → ж :	дорогой	дороже	dear/-er
д → ж :	молодой	моложе	young/-er
к → ч :	яркий	ярче	bright/-er
т → ч :	богатый	богаче	rich/-er
ст → щ :	простой	проще	simple/-r
х → ш :	тихий	тише	quiet/-er

In the formation of the comparative of a number of adjectives with suffixes **-к** or **-ок**, these suffixes are dropped:

з → ж:	низ-к-ий	ниже	low/-er
	близ-к-ий	ближе	near/-er
	уз-к-ий	уже	narrow/-er
с → ш:	выс-ок-ий	выше	high/-er
т → ч:	корот-к-ий	короче	short/er
д → ж:	ред-к-ий	реже	rare/-r

7.4.4 Irregular simple comparatives
Remember the following:

far — далёкий — дальше	good — хороший — лучше
cheap — дешёвый — дешевле	bad — плохой — хуже
long time — долгий — дольше	big — большой — больше
early — рано — раньше	small — маленький — меньше
wide — широкий — шире	old — старый — старше
young — молодой — младше/моложе	

7.4.5 The comparative of adverbs
Comparative adverbs have the same form as the short comparative adjectives. Note the following common comparative adverbs:

далеко → дальше	долго → дольше	рано → раньше
хорошо → лучше	много → больше	мало → меньше

7.5 The superlative degree of adjectives
The superlative degree of adjectives is used to express which person or object is the most of some quality. There are two forms of the superlative, a simple one and a compound one. The compound form is formed with **самый** and the adjective. Both parts decline. The short form superlative has the same form as the comparative and is followed by **всех**, when people are being compared or **всего** for things:

Он лучше всех.	(adjective)
Он играет лучше всех.	(adverb)
Он ест больше всех.	(quantifier)

There is also a simple form of the superlative which does not have comparative force. It is mostly used in the official/formal language register. It can be recognised by the suffix **-айший/-ейший**; these forms decline as adjectives.

the most interesting writer	самый интересный писатель
a most interesting, an extremely interesting writer	интереснейший писатель
an article about the most interesting writer	статья о самом интересном писателе/ об интереснейшем писателе

Note the options in the superlative for the ten adjectives listed below (all of which decline):

- хороший
  1. лучший
  2. самый лучший
  3. самый хороший

- плохой
  1. худший
  2. самый худший
  3. самый плохой
- большой
  1. самый большой
  2. наибольший (official)
- маленький
  1. самый маленький
  2. наименьший (official)
- старый
  1. самый старый
  2. самый старший (ребёнок в семье)
- молодой
  1. самый молодой
  2. самый младший (ребёнок в семье)
- высокий
  1. самый высокий
  2. высший = superior (figurative)
- низкий
  1. самый низкий
  2. низший = inferior (figurative)
- близкий
  1. самый близкий
  2. ближайший = next, nearest (in time expressions)
- далёкий
  1. самый далёкий
  2. дальнейший = following, further (to . . .)

7.6 Interrogative adjectives

Russian has two interrogative adjectives: **какой**, **какая**, **какое**, **какие** and the interrogative possessive adjective **чей**, **чья**, **чьё**, **чьи**. **Какой** is used to elicit 'which' person or object is being referred to. **Чей** is used to elicit 'whose' object is being referred to. Both agree with the noun they qualify. **Какой** declines like an adjective. **Чей** is most commonly used in the nominative case.

В каком году он родился?	В 1967-ом году.
Чья это машина?	Это машина отца.

8.0 Numerals

8.1 The declension of cardinal numerals

Cardinal numerals, as all other parts of speech, decline in Russian. Their case is dependent on the function they fulfil within an utterance. The following tables summarise the declension of cardinal numerals.

The numbers 1 and 2 are the only two numerals to differentiate between genders. The number 1 has three forms: masculine, feminine and neuter; the number 2 has two forms: a masculine and neuter form and a feminine form.

1 and 2	masculine	feminine	neuter	masculine and neuter	feminine
nom.	один	одна	одно	два	две
acc.	один/одного	одну/одну	одно	два/двух	две/двух
gen.	одного	одной	одного	двух	двух
dat.	одному	одной	одному	двум	двум
inst.	одним	одной	одним	двумя	двумя
prep.	(об) одном	(об) одной	(об) одном	(о) двух	(о) двух

nom.	три	четыре
acc.	три/трёх	четыре/трёх
gen.	трёх	четырёх
dat.	трём	четырём
inst.	тремя	четырьмя
prep.	(о) трёх	(о) четырёх

Numerals ending in **-ь** in the nominative form are declined like soft feminine nouns:

nom.	пять	шесть	семь	восемь
acc.	пять/пяти	шесть/шести	семь/семи	восемь/восьми
gen.	пяти	шести	семи	восьми
dat.	пяти	шести	семи	восьми
inst.	пятью	шестью	семью	восьмью
prep.	(о) пяти	(о) шести	(о) семи	(о) восьми

nom.	девять	десять	одиннадцать	двенадцать	двадцать
acc.	девять	десять	одиннадцать	двенадцать	двадцать
gen.	девяти	десяти	одиннадцати	двенадцати	двадцати
dat.	девяти	десяти	одиннадцати	двенадцати	двадцати
inst.	девятью	десятью	одиннадцатью	двенадцатью	двадцатью
prep.	(о) девяти	(о) десяти	(об) одиннадцати	(о) двенадцати	(о) двадцати

Note that with numerals 50, 60, 70, 80 both components (i.e., the five and the ten in fifty) decline:

nom.	тридцать	сорок	пятьдесят	шестьдесят
acc.	тридцать	сорок	пятьдесят	шестьдесят
gen.	тридцати	сорока	пятидесяти	шестидесяти
dat.	тридцати	сорока	пятидесяти	шестидесяти
inst.	тридцатью	сорока	пятьюдесятью	шестьюдесятью
prep.	(о) тридцати	(о) сорока	(о) пятидесяти	(о) шестидесяти

nom.	семьдесят	восемьдесят	девяносто	сто
acc.	семьдесят	восемьдесят	девяносто	сто
gen.	семидесяти	восьмидесяти	девяноста	ста
dat.	семидесяти	восьмидесяти	девяноста	ста
inst.	семьюдесятью	восьмьюдесятью	девяноста	ста
prep.	(о) семидесяти	(о) восьмидесяти	(о) девяноста	(о) ста

643

8.1.1 Uses of cardinal numerals

8.1.1.1 The nominative case
Cardinal numerals are used in the nominative form to express:

(1) age: ему пять лет
(2) the time: без пяти семь

8.1.1.2 Inflected forms of numerals
These forms are used particularly frequently

(1) in adverbials of time after the prepositions **с**, **до**, **к**, such as **Магазин открыт с девяти до пяти** and **Я приду к трём**.
(2) in the expression of approximations after the preposition **около**: **Ему около сорока**.

8.1.2 Numerals and nouns

8.1.2.1 The nominative case
The cardinal numeral **один**, **одна**, **одно** and its compounds (**двадцать один**, **тридцать один**, **сорок один** . . .) is always followed by a noun in the nominative singular form.

> один час   одна минута   двадцать один рубль

The cardinal numerals **два/две**, **три** and **четыре** and their compounds (**двадцать два**, **тридцать два**, **сорок два** . . ., **двадцать три**, **тридцать три**, **сорок три** . . ., **двадцать четыре**, **тридцать четыре**, **сорок четыре** . . .) are always followed by a noun in the genitive singular form.

> два часа   две минуты   двадцать два рубля

The cardinal numerals from **пять** to **девять** and their compounds (**двадцать пять**, **тридцать пять**, **сорок пять** . . ., **двадцать шесть**, **тридцать шесть**, **сорок шесть** . . ., **двадцать семь**, **тридцать семь**, **сорок семь** . . .) are always followed by a noun in the genitive plural form.

> пять часов   пять минут   двадцать пять рублей

The cardinal numerals from **десять** to **двадцать** and every numeral ending in a zero are always followed by a noun in the genitive plural form.

> двенадцать часов   двенадцать минут   двенадцать рублей

8.1.2.2 The accusative case of inanimate nouns
The forms of the numeral and inanimate noun in a phrase in the accusative are the same as in the nominative. For example:

> Я купил два карандаша.
> Я купил две книги.
> Я купил пять карандашей.
> Я купил пять книг.

The only exception to this rule is with the feminine form of the numeral **одна** which has an accusative form distinct from the nominative one: **Я купил одну книгу**.

8.1.2.3   Oblique cases
In all other cases the numeral and the noun both decline. Both are used in the case required by their function in the sentence. The noun declines in the plural. For example:

Я приду к пяти часам.

Он работает с двух (часов) до пяти (часов).

8.2   Ordinal numerals
Ordinal numerals function as adjectives. They decline as adjectives: they have to agree in number, gender and case with the noun that they qualify. The following table lists the ordinal numerals 1–9, 10–90 and 100–900 in the masculine singular nominative form.

1st первый	10th десятый	100th сотый
2nd второй	20th двадцатый	200th двухсотый
3rd третий	30th тридцатый	300th трехсотый
4th четвёртый	40th сороковой	400th четырёхсотый
5th пятый	50th пятидесятый	500th пятисотый
6th шестой	60th шестидесятый	600th шестисотый
7th седьмой	70th семидесятый	700th семисотый
8th восьмой	80th восьмидесятый	800th восьмисотый
9th девятый	90th девяностый	900th девятисотый

8.2.1   The gender of ordinal numerals
The gender of ordinal numerals is expressed in the same way as in adjectives. Note that all ordinal numerals other than 'third' have 'hard' endings.

	Masculine	*Feminine*	*Neuter*
1st	первый	первая	первое
2nd	второй	вторая	второе
3rd	третий	третья	третье
4th	четвёртый	четвёртая	четвёртое
5th	пятый	пятая	пятое
6th	шестой	шестая	шестое
7th	седьмой	седьмая	седьмое
8th	восьмой	восьмая	восьмое
9th	девятый	девятая	девятое
10th	десятый	десятая	десятое
11th	одиннадцатый	одиннадцатая	одиннадцатое

8.2.2   The declension of ordinal numerals
Ordinal numerals decline as adjectives. They can be sub-categorised into the following three groups: (1) **первый, четвёртый, пятый, девятый, десятый**, etc. are hard with the stress on the stem; (2) **второй, шестой, седьмой, восьмой**, etc. are hard with the stress on the ending; and (3) **третий** is soft. The following table illustrates the declension of **третий**. Note that it acquires a **-ь-** before the ending in all cases and forms except the masculine nominative singular one.

	masculine	neuter	feminine	plural
nom.	третий	третье	третья	третьи
acc.	animate: третьего inanimate: третий	третье	третью	animate: третьих inanimate: третьи
gen.	третьего	третьего	третьей	третьих
dat.	третьему	третьему	третьей	третьим
inst.	третьим	третьим	третьей	третьими
prep.	о третьем	о третьем	о третьей	о третьих

8.2.3 Uses of ordinal numerals

8.2.3.1 The expression of times and dates
Ordinal numerals are frequently used in the following three forms to express dates:

(1) The neuter nominative case: to express what the date is, as in **Сегодня 5-ое мая**.

(2) The genitive case: to express on what date an event occurred, as in **5-ого мая**; to express on what date of what year an event occurred, as in **5-ого мая 1987-ого года**; or to express at what time something happened, as in **десять минут первого** (12:10).

(3) The prepositional case: to express in which year an event occurred, as in **в 1987-ом году** or in which century an event occurred, as in **в двадцатом веке**.

nom. masculine	nom. neuter	gen.	prep.
1-ый	первое	первого	(в) первом
2-ой	второе	второго	(во) втором
3-ий	третье	третьего	(в) третьем
4-ый	четвёртое	четвёртого	(в) четвёртом
5-ый	пятое	пятого	(в) пятом
6-ой	шестое	шестого	(в) шестом
7-ой	седьмое	седьмого	(в) седьмом
8-ой	восьмое	восьмого	(в) восьмом
9-ый	девятое	девятого	(в) девятом
10-ый	десятое	десятого	(в) десятом
11-ый	одиннадцатое	одиннадцатого	(в) одиннадцатом

8.2.3.2 Other uses of ordinal numerals
Ordinal numerals are also used to express

(1) on what floor/level something is situated: **Он живёт на пятом этаже**. (Remember that in Russian street level is referred to as the first floor.);

(2) in which semester a course is running: **в первом семестре**. (Academic years in Russian third-level institutions are divided into semesters, not terms.);

(3) in what year someone is studying: **Он учится на втором курсе**.

8.3 Collective numerals
The collective numerals **двое, трое, четверо** take a noun in the genitive plural. They are used:

(a) with nouns which only occur in the plural: **двое суток**;

(b) with a restricted number of nouns denoting persons who are being viewed as a group: **двое братьев, четверо детей**;

(c) in the expressions **нас/их было двое/трое/четверо**: the idea of a group is predominant here, too.

9.0 Verbs

9.1 Finite and non-finite forms of the verb

Verbal forms may perform a number of functions within a sentence. When a verb functions as the cornerstone of the structure of a sentence it is said to be a finite verb (see 9.1.4). There are other verbal forms, however, which have functions that correspond more closely to other parts of speech. The noun-function in Russian is performed by infinitives; the adjectival function by participles; and the adverbial function by gerunds. These forms are all referred to as non-finite forms.

9.1.1 Infinitives

The infinitive is the form of the verb you will find in a dictionary. The infinitive of most Russian verbs ends in -ть (**быть, читать, смотреть, пить**). There are a number of verbs which have infinitives ending in -ти (**идти, нести, расти, вести**) or -чь (**мочь, помочь**). The infinitive functions much as a verbal noun: it can be the subject or object of its clause as in **Интересно учиться русскому языку** or **Я люблю читать**. Its most common uses are summarised below:

(a) after verbs which express the speaker's attitude or capacity towards the activity in question:
Я люблю читать.   Я хочу читать.   Я собираюсь читать.
Я могу прийти завтра.   Я умею плавать.

(b) with the modals **надо, нельзя, можно, нужно, должен**
Надо принимать лекарство каждый день.   Нельзя курить.
Можно войти?

(c) with verbs referring to the beginning, end or continuation of an activity: **начать, стать, кончить, перестать, продолжать**. (In this case an imperfective infinitive is always used.)

(d) with adverbs: **трудно сказать**

(e) with the conjunctions **если** and **чтобы**: **если сказать правду** . . .

(f) in questions: **Что делать?**

9.1.2 Participles

These are more typical of the written than the spoken language. Participles are verbal adjectives, and like adjectives qualify nouns. They can be replaced by a relative clause introduced by **который**. There are two basic kinds of participle: active and passive. In this course you will only come across present active participles and short form passive participles. At this stage of your studies, you are not expected to use present active participles in your writing or speech. You should, however, recognise them in your reading.

9.1.2.1 Present active participles

Present active participles are formed from the present tense stem and end in the adjectival ending -щий (-щая, -щее, -щие). Their function corresponds to that of a relative clause: **Студентка, говорящая с профессором, — моя сестра. = Студентка, которая говорит с профессором, — моя сестра.**

There are a number of common present active participles which are used as nouns, such as **учащийся** (= **студент**).

9.1.2.2 Past passive participles (short form)

This participle is of high frequency. It is virtually always found in the perfective aspect. It is often found after the copula **быть**. You will come across a number of these participles in the course. The most common are:

открыт (open)	закрыт (closed)	сломан (broken)
занят (busy)	основан (founded)	одет (dressed)

9.1.3   Gerunds
Russian gerunds are verbal adverbs, and qualify verbs or whole clauses. They can be replaced by clauses of time or cause (e.g. Speaking quickly, he reads the lecture in half an hour). There are two verbal adverbs: (a) an imperfective gerund and (b) a perfective gerund. These forms are not covered in this course. It is enough to know that gerundial clauses substitute for adverbial clauses, clauses introduced by a conjunction, with a finite verb. Imperfective gerunds indicate that the action denoted by them is going on at the same time as the action denoted by the verb of the main clause, whether in the present or past; they therefore substitute for adverbial clauses introduced by 'as', 'since', 'while', as in 'As he sat/Sitting on the bus, John thought about his holidays.' Perfective gerunds indicate that the action denoted by them has finished before the action denoted by the main verb; they substitute for adverbial clauses introduced by 'when', 'after', etc. as in 'When they had/Having entered the room, they sat down and took out their books.'

9.1.4   Finite forms
Finite verbs function as the cornerstone of main and independent clauses. In Russian they may be in one of three tenses (past, present or future: see 9.2–9.4 and 'Language awareness', 6.1.2); in one of three voices (active, middle or passive: see 9.8 and 'Language awareness', section 13.); in one of four moods (indicative, imperative, subjunctive or conditional: see 9.9); in one of three persons (1st, 2nd or 3rd: see 'Language awareness', 2.1. and 6.1.) and in one of two numbers (singular or plural).

9.2   The formation of the present tense
Since it is the nature of the present tense to be viewing an action as a process, continuing at the time of speaking, only the imperfective aspect is found here. In the present tense verb endings indicate:

(a)   the person (1st, 2nd or 3rd) of the subject
(b)   the number (singular or plural)

The present tense stem cannot always be derived directly from the infinitive.

9.2.1   The present tense of the verb 'to be'
The present tense of the copula 'to be' is omitted. Simple juxtaposition of two items forms a sentence: **Сын тут, а дочь там**. Where both elements in the sentence are nouns, as in the sentence **Мой брат — инженер**, both the subject and the predicate are found in the nominative case. To indicate the slight pause between the subject and the predicate, a dash (—: **тире**) is sometimes used in writing. **Есть** is a relic of the present tense of the copula 'to be' (cf. Latin *est*). It is used to emphasise the existence of something:

У вас дочь? The addressee is known to have a child, its gender is being ascertained.
У вас есть дочь? The existence or otherwise of a daughter is being ascertained, no interest in children of the other gender is expressed.

9.2.2   The following table illustrates the endings of present tense verbs

1st person singular	I	я	-у/-ю
2nd person singular	you (familiar)	ты	-. . .шь
3rd person singular	he/she	он/она	-. . .т
1st person plural	we	мы	-. . .м
2nd person plural	you (formal and plural)	вы	-. . .те
3rd person plural	they	они	-. . .т

The vowel inserted before these endings depends on three factors:

- whether the stem ends in a vowel or consonant
- whether the stem is stressed or not
- whether the verb belongs to the first or second conjugation

9.2.3 First conjugation verbs

	stress: on the stem	*stress: on the ending*
	читать: чита-	вставать: вста-
stem ending	я читаю	я встаю
	ты читаешь	ты встаёшь
in a vowel	он/она читает	он/она встаёт
	мы читаем	мы встаём
	вы читаете	вы встаёте
	они читают	они встают
	ехать: ед-	идти: ид-
stem ending	я еду	я иду
	ты едешь	ты идёшь
in a consonant	он/она едет	он/она идёт
	мы едем	мы идём
	вы едете	вы идёте
	они едут	они идут

9.2.3.1 The present tense of verbs which have an infinitive ending in **-ать**: **читать, завтракать, принимать, думать**

infinitive	я	ты	он/она	мы	вы	они
читать	читаю	читаешь	читает	читаем	читаете	читают
завтракать	завтракаю	завтракаешь	завтракает	завтракаем	завтракаете	завтракают
принимать	принимаю	принимаешь	принимает	принимаем	принимаете	принимают
думать	думаю	думаешь	думает	думаем	думаете	думают

9.2.3.2 The present tense of the reflexive verbs: **заниматься, увлекаться, одеваться, начинаться**
Reflexive verbs end in **-ся** after consonants and in **-сь** after vowels.

infinitive	я	ты	он/она	мы	вы	они
заниматься	занимаюсь	занимаешься	занимается	занимаемся	занимаетесь	занимаются
увлекаться	увлекаюсь	увлекаешься	увлекается	увлекаемся	увлекаетесь	увлекаются
одеваться	одеваюсь	одеваешься	одевается	одеваемся	одеваетесь	одеваются
начинаться	—	—	начинается	—	—	начинаются

9.2.3.3 The present tense of some common verbs which have a present tense stem that differs from the infinitive stem: **жить, писать, пить, петь**

infinitive	я	ты	он/она	мы	вы	они
жить	живу	живёшь	живёт	живём	живёте	живут
писать	пишу	пишешь	пишет	пишем	пишете	пишут
пить	пью	пьёшь	пьёт	пьём	пьёте	пьют
петь	пою	поёшь	поёт	поём	поёте	поют

9.2.3.4 The present tense of verbs which have an infinitive ending in **-ти: идти, нести, расти, вести**

infinitive	я	ты	он/она	мы	вы	они
идти	иду	идёшь	идёт	идём	идёте	идут
нести	несу	несёшь	несёт	несём	несёте	несут
расти	расту	растёшь	растёт	растём	растёте	растут
вести	веду	ведёшь	ведёт	ведём	ведёте	ведут

9.2.3.5 The present tense of verbs which have an infinitive ending in **-чь**

infinitive	я	ты	он/она	мы	вы	они
мочь	могу	можешь	может	можем	можете	могут

9.2.3.6 The present tense of verbs which have an infinitive ending in **-авать**
1st conjugation verbs with the suffix **-ава-** lose this suffix in the present tense. For example:

infinitive	я	ты	он/она	мы	вы	они
вставать	встаю	встаёшь	встаёт	встаём	встаёте	встают
давать	даю	даёшь	даёт	даём	даёте	дают

9.2.3.7 The present tense of verbs which have an infinitive ending in **-овать, -евать**
1st conjugation verbs with the suffix **-ова-, -ева-** lose this suffix in the present tense, it is replaced by the vowel **-у-**. For example:

infinitive	я	ты	он/она	мы	вы	они
рисовать	рисую	рисуешь	рисует	рисуем	рисуете	рисуют
таневать	танцую	танцуешь	танцует	танцуем	танцуете	танцуют

9.2.3.8 Alternation of consonants in the formation of the present tense
A small number of verbs of the 1st conjugation undergo a change of consonant in the stem in the conjugation. The most common alternations are listed in the following table:

г → ж	(я) могу: (ты) можешь	can
к → ч	плакать: я плачу, ты плачешь	cry
с → ш	писать: я пишу, ты пишешь	write
ск → щ	искать: я ищу, ты ищешь	look for

9.2.4 The endings of second conjugation verbs

1st person singular	I	я	-у/-ю
2nd person singular	you (familiar)	ты	-ишь
3rd person singular	he/she	он/она	-ит
1st person plural	we	мы	-им
2nd person plural	you (formal and plural)	вы	-ите
3rd person plural	they	они	-ат/-ят

9.2.4.1 Spelling rules

The vowel inserted before the 1st person singular and 3rd person plural endings depends on spelling rules 2 and 3: after the consonants **ж**, **ч**, **ш**, and **щ** use -у not -**ю** and -**ат** not -**ят**:

ж	я лежу	они лежат
	я держу	они держат
ч	я учусь	они учатся
ш	я спешу	они спешат

9.2.5 Alternation of consonants in the formation of the present tense of second conjugation verbs

Many verbs of the 2nd conjugation undergo a change of consonant in the stem. Unlike in first conjugation verbs, this affects only the first person singular form. The most common alternations are listed in the following table:

б → бл	любить: я люблю, ты любишь	love, like
в → вл	готовить: я готовлю, ты готовишь	prepare, cook
п → пл	спать: я сплю, ты спишь	sleep
д → ж	сидеть: я сижу, ты сидишь	sit
	ходить: я хожу, ты ходишь	walk
	ездить: я езжу, ты ездишь	travel
	видеть: я вижу, ты видишь	see
з → ж	возить: я вожу, ты возишь	carry, transport
т → ч	платить: я плачу, ты платишь	pay
с → ш	носить: я ношу, ты носишь	carry (on foot)
ст → щ	простить: я прощу, ты простишь	forgive

9.2.6 'Mixed' conjugations: хотеть, есть

There are a small number of verbs which have a 'mixed' conjugation, that is, one which combines elements of the first and second conjugations. Two such verbs are the verbs to 'want' and to 'eat'.

я	хочу	ем
ты	хочешь	ешь
он	хочет	ест
мы	хотим	едим
вы	хотите	едите
они	хотят	едят

9.3 The formation of the past tense

To form the past tense, remove the morpheme marking the infinitive -ть and add the following endings:

masculine singular	-л
feminine singular	-ла
neuter singular	-ло
all genders plural	-ли

When an infinitive does not end in -ть, consult a dictionary.

In the past tense the verb endings indicate:

(a)	the tense of the verb	|л|
(b)	the gender (masculine, feminine or neuter) of the subject	|ø|,|а|,|о|
(c)	the number (singular or plural) of the subject	|и|

9.3.1 The formation of the past tense of Russian verbs

9.3.1.1 The past tense of the verb **быть** (to be)

infinitive	masculine я/ты/он	feminine я/ты/она	neuter оно	plural мы/вы/они
быть	был	была	было	были

9.3.1.2 The past tense of verbs which have an infinitive ending in -ть: **читать, жить, сидеть, стоять**

infinitive	masculine я/ты/он	feminine я/ты/она	plural мы/вы/они
читать	читал	читала	читали
жить	жил	жила	жили
сидеть	сидел	сидела	сидели
стоять	стоял	стояла	стояли

9.3.1.3 The past tense of reflexive verbs: **заниматься, учиться, интересоваться**

Reflexive verbs end in –ся after consonants and in -сь after vowels.

infinitive	masculine я/ты/он	feminine я/ты/она	plural мы/вы/они
заниматься	занимался	занималась	занимались
учиться	учился	училась	учились
интересоваться	интересовался	интересовалась	интересовались

9.3.1.4 The past tense of verbs which have an infinitive ending in -сть: **класть, упасть, есть, сесть**

infinitive	masculine я/ты/он	feminine я/ты/она	plural мы/вы/они
класть	клал	клала	клали
упасть	упал	упала	упали
есть	ел	ела	ели
сесть	сел	села	сели

9.3.1.5   The past tense of verbs which have an infinitive ending in **-ти: идти, нести, расти, вести**

infinitive	masculine я/ты/он	feminine я/ты/она	plural мы/вы/они
идти	шёл	шла	шли
нести	нёс	несла	несли
расти	рос	росла	росли
вести	вёл	вела	вели

9.3.1.6   The past tense of verbs which have an infinitive ending in **-чь: мочь, помочь**

infinitive	masculine я/ты/он	feminine я/ты/она	plural мы/вы/они
мочь	мог	могла	могли
помочь	помог	помогла	помогли

9.3.2   Past tense verbs governed by interrogative pronouns
The verb after the interrogative pronoun **кто** (who) goes into the masculine form. For example:

Кто читал этот журнал?   Кто ходил в кино?

The verb after the interrogative pronoun **что** (what) goes into the neuter form. For example:

Что было на столе?   Что было в магазине?

9.3.3   Aspects
The past tense of Russian verbs can be realised in two aspects: the imperfective and the perfective. There are no hard and fast rules for determining which aspect to use. The following indicators should be treated as rules of thumb. As you will see there is a certain degree of overlap between these rules. (See also 'Language awareness', 5.2. and 6.2.)

(1)   Imperfective verbs are used to supply background information (to describe characters and their settings). This use is often found at the beginning of narratives to set the scene and introduce the players and their context.
The opening lines of the fairy tale Little Red Riding Hood: **Жила-была** девочка. Её **звали** Красная Шапочка. Она **жила** с мамой в городе, а её бабушка **жила** в лесу.

(2)   Imperfective verbs are used to refer to habitual and repeated actions which typify the characters and their routines.
The continuation of the fairy tale Little Red Riding Hood: Каждую неделю Красная Шапочка **ходила** в гости к бабушке. В лесу **жил** волк. Он всегда очень **хотел** есть.

(3)   Imperfective verbs are used to indicate what activity did, or did not, take place without reference to its outcome. This use is common in conversations such as:
(a) — Что ты делал вчера?   (b) — Куда ты ходил вчера?
— Вчера я сидел дома и читал роман.   — Я ходил в кино.

(4)   Imperfective verbs are used to express activities which happened simultaneously.

(5)   Perfective verbs are used to sequence events in a narrative.

(6)   Perfective verbs focus on the outcome, end product or consequences of an activity, rather than on the activity itself.

9.3.4   Possession, lack, need, obligation in the past tense

9.3.4.1   Possession in the past tense
An appropriate form of the past tense of the verb **быть** is added to the present tense construction:

present tense	*past tense*
У меня словарь.	У меня был словарь.
У учителя книга.	У учителя была книга.
У отца молоко.	У отца было молоко.
У вас есть книги?	У вас были книги?

9.3.4.2   Lack or absence
Negative impersonal constructions with **нет** in the present tense change this to **не было** in the past:

present tense	*past tense*
На столе нет сыра.	На столе не было сыра.
У учителя нет книги.	У учителя не было книги.
У меня нет словаря.	У меня не было словаря.
У вас нет карандаша?	У вас не было карандаша?

9.3.4.3   Need
Since 'need' is expressed in the present tense by the omitted copula verb and the short form adjective **нужен (нужна, нужно, нужны)**, the past tense is arrived at by adding **был (была, было, были)** to agree with the gender and number of the thing needed.

present tense	*past tense*
Мне нужен билет.	Мне нужен был билет.
Вам нужна эта книга.	Вам нужна была эта книга.

9.3.4.4   Obligation and other modal expressions
It is important to distinguish between personal (**должен, должна, должны**) and impersonal (**надо, нужно, можно, нельзя**) constructions. In the former the past tense of the verb **быть** has to agree in gender and number with the noun or pronoun subject. In the latter the neuter form of the past tense (**было**) is used.

present tense	*past tense*
Иван должен работать.	Иван должен был работать.
Катя должна работать.	Катя должна была работать.
Они должны работать.	Они должны были работать.
Надо заниматься.	Надо было заниматься.
Здесь можно курить.	Здесь можно было курить.
Там нельзя курить.	Там нельзя было курить.

9.4   The future tense

9.4.1   The future tense of the verb **быть**

я	буду
ты	будешь
он	будет
мы	будем
вы	будете
они	будут

9.4.1.1   Possession, necessity, possibility, prohibition in the future
In expressions of possession, necessity, etc. in the future tense, a form of the future tense of **быть** is added to the present tense expression; this agrees with the subject of the Russian clause:

(a) possession

present tense	*future tense*
У меня дом.	У меня будет дом.
У Ивана книги.	У Ивана будут книги.
У учителя много книг.	У учителя будет много книг.

(b) need, obligation, necessity, possibility, permission, prohibition

present tense	*future tense*
Мне нужен дом.	Мне нужен будет дом.
Студентке нужны книги.	Студентке нужны будут книги.
Сын должен работать.	Сын должен будет работать.
Нам надо отдыхать.	Нам надо будет отдыхать.
Можно взять словарь?	Можно будет взять словарь?

9.4.1.2   Lack, non-existence in the future
To express non-existence in the future, use **не будет** and the genitive case (corresponding to **нет** in the present tense and **не было** in the past).

present tense	*future tense*
У Ивана нет ручки.	У Ивана не будет ручки.
Его сегодня нет дома.	Его завтра не будет дома.

9.4.2   Formation of the imperfective (compound) future
The imperfective future of other verbs is formed from the future tense of **быть** (used as an auxiliary, see 'Language awareness' 14) plus the imperfective infinitive.

я	буду	
ты	будешь	
он	будет	
мы	будем	and imperfective infinitive
вы	будете	
они	будут	

The imperfective future is also sometimes called the compound future, because it consists of two words. It corresponds to all the English future tenses: 'shall/will read; shall/will be reading; be going to read/be reading'. The emphasis, as with the imperfective past tense, is on the action as process. The use of the present tense to express actions in the immediate future is as restricted as in English: **Я иду на работу в два часа**.

9.4.3   Formation of the perfective (simple) future:

	прочитать	написать
я	прочитаю	напишу
ты	прочитаешь	напишешь
он	прочитает	напишет
мы	прочитаем	напишем
вы	прочитаете	напишете
они	прочитают	напишут

Notes:

1. The conjugation in the perfective (simple) future is not necessarily the same as in the present tense, as they are often formed from a different stem.

2. Verbs which form perfective infinitives by prefixation **читать/прочитать**; **видеть/увидеть**; **ехать/поехать**; **думать/подумать**, etc. remain in the same conjugation as in the present tense.

9.4.4 Alternation of consonants

г → ж	т → щ	с → ш	к → ч	б → бл
д → ж	ст → щ	х → ш	т → ч	в → вл
з → ж	ск → щ	м → мл		
	п → пл			
	сл → шл			

сказать:	посетить:	спросить:	встретить:	послать:
скажу	посещу	спрошу	встречу	пошлю
скажешь	посетишь	спросишь	встретишь	пошлёшь

показать:	пригласить:	ответить:	купить:
покажу	приглашу	отвечу	куплю
покажешь	пригласишь	ответишь	купишь

9.4.5 The future tense of the verb **дать**

я дам	мы дадим
ты дашь	вы дадите
он даст	они дадут

9.4.6 Suffixation in the formation of the future

Note the following conjugations of verbs affected by a stem change in the perfective future.

suffix -н-

стать	стану, станешь
встать	встану, встанешь
устать	устану, устанешь
начать	начну, начнёшь
отдохнуть	отдохну, отдохнёшь
привыкнуть	привыкну, привыкнешь
одеть(-ся)	одену(-сь), оденешь(-ся)

suffix -м-

взять	возьму, возьмёшь
понять	пойму, поймёшь
снять	сниму, снимешь
поднять	подниму, поднимешь

suffix -д-

сесть	сяду, сядешь
перевести	переведу, переведёшь
пойти	пойду, пойдёшь
найти	найду, найдёшь

suffix -г-/-ж-

лечь	лягу, ляжешь
смочь	смогу, сможешь
помочь	помогу, поможешь

-о- stem

закрыть	закрою, закроешь
открыть	открою, откроешь
помыть(ся)	помою(сь), моешь(ся)

9.5 Frequently used verbs

9.5.1 Imperfective: present (and past) forms

бежать	бегу, бежишь, . . . бегут	run
бить	бью, бьёшь, . . . бьют	hit, beat
бояться	боюсь, боишься, . . . боятся	be afraid
брать	беру, берёшь, . . . берут	take
видеть	вижу, видишь, . . . видят	see
возить	вожу, возишь, . . . возят	carry (by transport)
вставать	встаю, встаёшь, . . . встают	get up
готовить	готовлю, готовишь, . . . готовят	prepare, cook
давать	даю, даёшь, . . . дают	give
ездить	езжу, ездишь, . . . ездят	go (by transport)
есть	ем, ешь, ест, едим, едите, едят (past: он ел, она ела)	eat
ехать	еду, едешь, . . . едут	go (by transport)
ждать	жду, ждёшь, . . . ждут	wait
жить	живу, живёшь, . . . живут	live
звать	зову, зовёшь, . . . зовут	call, name
идти	иду, идёшь, . . . идут	go (on foot)
искать	ищу, ищешь, . . . ищут	look for, search
казаться	кажусь, кажешься, . . . кажутся	seem
класть	кладу, кладёшь, кладут (past: он клал, она клала)	put (lying down)
лететь	лечу, летишь, . . . летят	fly
ложиться	ложусь, ложишься, . . . ложатся (past: он лёг, она легла)	lie down, go to bed
мочь	могу, можешь, может, можем, можете, могут (past: он мог, она могла)	can, be able
надеяться	надеюсь, надеешься, . . . надеются	hope
нести	несу, несёшь, . . . несут (past: он нёс, она несла)	carry (on foot)
носить	ношу, носишь, . . . носят	wear, carry
петь	пою, поёшь, . . . поют	sing
писать	пишу, пишешь, . . . пишут	write
пить	пью, пьёшь, . . . пьют	drink
плакать	плачу, плачешь, . . . плачут	cry

платить	плачу, платишь, . . . платят	pay
плыть	плыву, плывёшь, . . . плывут	swim
просить	прошу, просишь, . . . просят	ask (for something)
расти	расту, растёшь, . . . растут	grow
	(past: он рос, она росла)	
садиться	сажусь, садишься, . . . садятся	sit down
сидеть	сижу, сидишь, . . . сидят	sit
слышать	слышу, слышишь, . . . слышат	hear
спать	сплю, спишь, . . . спят	sleep
ставить	ставлю, ставишь, . . . ставят	put (standing)
становиться	становлюсь, становишься, . . . становятся	become, turn
уметь	умею, умеешь, . . . умеют	be able
ходить	хожу, ходишь, . . . ходят	go (on foot)
хотеть	хочу, хочешь, хочет, хотим, хотите, хотят	want

9.5.2   The formation of aspectual pairs
There are two basic ways of forming aspects.

9.5.2.1   Perfective infinitives formed by prefixation
To form a perfective verb, a prefix may be added to an imperfective verb. Most prefixes, when added to an imperfective verb, not only change the aspect but also the lexical meaning (e.g. **писать** – **переписать** 'to copy'): many common verbs, however, have lost this change of meaning.

imperfective	писать	читать	делать	видеть
perfective	написать	прочитать	сделать	увидеть

9.5.2.2   Imperfective infinitives formed by suffixation
The vast majority of verbs form their imperfective from the perfective by suffixation; the suffixes are **-а-** (stressed) and **-ыва-/-ива-** (stress on the stem).

perfective	получить	кончить	ответить	купить
imperfective	получать	кончать	отвечать	покупать

perfective	встать	дать	сдать	перестать
imperfective	вставать	давать	сдавать	переставать

perfective	спросить	показать	заказать	рассказать
imperfective	спрашивать	показывать	заказывать	рассказывать

9.5.2.3   Other
A few verb-pairs have no formal relationship:

imperfective	говорить	брать
perfective	сказать	взять

9.5.2.4 The following table illustrates a number of common aspectual pairs

imperfective infinitive	perfective infinitive	imperfective infinitive	perfective infinitive
брать (1)	взять (1)	падать (1)	упасть (1)
возвращаться (1)	вернуться (1)	переставать (1)	перестать (1)
вставать (1)	встать (1)	покупать (1)	купить (2)
встречать (1)	встретить (2)	помогать (1)	помочь (1)
говорить (2)	сказать (1)	понимать (1)	понять (1)
давать (1)	дать (mixed conj.)	открывать (1)	открыть (1)
забывать (1)	забыть (1)	поступать (1)	поступить (2)
закрывать (1)	закрыть (1)	посылать (1)	послать (1)
заниматься (1)	заняться (1)	предлагать (1)	предложить (2)
засыпать (1)	заснуть (1)	принимать (1)	принять (1)
издавать (1)	издать (mixed conj.)	продавать (1)	продать (mixed conj.)
кончать (1)	кончить (2)	просыпаться (1)	проснуться (1)
ложиться (2)	лечь (1)	садиться (2)	сесть (1)
называть (1)	назвать (1)	сдавать (1)	сдать (mixed conj.)
находить (2)	найти (1)	снимать (1)	снять (1)
начинать (1)	начать (1)	спасать (1)	спасти (1)
одевать (1)	одеть (1)	становиться (2)	стать (1)
оставаться (1)	остаться (1)	убивать (1)	убить (1)
останавливаться (1)	остановиться (2)	узнавать (1)	узнать (1)
отвечать (1)	ответить (2)	умирать (1)	умереть (1)

9.5.3 The perfective future (and past)

perfective infinitive	perfective future (past tense)	English
взять (1)	возьму, возьмёшь, . . . возьмут (past: взял, взяла)	take
встать (1)	встану, встанешь, . . . встанут	get up
встретить (2)	встречу, встретишь, . . . встретят	meet
дать (mixed conj.)	дам, дашь, даст, дадим, дадите, дадут	give
забыть (1)	забуду, забудешь, . . . забудут	forget
закрыть (1)	закрою, закроешь, . . . закроют	close
занять (1)	займу, займёшь, . . . займут	occupy, borrow
купить (2)	куплю, купишь, . . . купят	buy
лечь (1)	лягу, ляжешь, . . . лягут (past: лёг, легла)	lie down
назвать (1)	назову, назовёшь, . . . назовут	name
начать (1)	начну, начнёшь, . . . начнут	begin
одеть (1)	одену, оденешь, . . . оденут	dress
остаться (1)	останусь, останешься, . . . останутся	remain
ответить (2)	отвечу, ответишь, . . . ответят	answer
открыть (1)	открою, откроешь, . . . откроют	open, discover
помочь (1)	помогу, поможешь, . . . помогут (past: помог, помогла)	help
понять (1)	пойму, поймёшь, . . . поймут	understand
послать (1)	пошлю, пошлёшь, . . . пошлют	send

принять (1)	приму, примешь, . . . примут	take, accept
сесть (1)	сяду, сядешь, . . . сядут	sit down
сказать (1)	скажу, скажешь, . . . скажут	say, tell
спасти (1)	спасу, спасёшь, . . . спасут (past: спас, спасла)	save
стать (1)	стану, станешь, . . . станут (past: стал, стала)	become
убить (1)	убью, убьёшь, . . . убьют	kill
умереть (1)	умру, умрёшь, . . . умрут (past: умер, умерла)	die
упасть (1)	упаду, упадёшь, . . . упадут (past: упал, упала)	fall

9.6 Reflexive verbs

Reflexive verbs are used with various functions.

9.6.1 True reflexives

The subject performs an action on him/herself. For example:

Мать одевалась.	The mother dressed.
Отец мылся.	The father washed.

Note that the English translation of the Russian reflexive verb is an intransitive (object-less) verb.

9.6.2 Reciprocal actions

Two or more people perform the action on each other. For example:

Мать и отец встречались.	My mother and father used to meet.

9.6.3 Other

Some verbs have no corresponding non-reflexive form and lack any reflexive or reciprocal value. For example:

просыпаться	to wake up
смеяться	to laugh

9.7 Verbs of motion

In Russian, verbs denoting motion (going, sailing, flying, etc.) are divided into pairs, called determinate and indeterminate. For each mode of motion there are therefore two verbs.

9.7.1 Uses of **ходить/идти** type verbs in the present tense

The distinction between these two forms is easily illustrated for speakers of English, since it corresponds largely to a distinction which the English verbal system makes in relation to all verbs. In English there are two present tenses: a simple present and a continuous present (I eat and I am eating). In most Russian verbs both these meanings are expressed by the same form (**я ем**). Verbs of motion have two imperfective forms (**ходить/идти**; **ездить/ехать**; **летать/лететь**). The use of these two forms corresponds closely to the use of the two English tenses: **Я хожу в университет** (I go to university; I am a student); **Я иду в университет** (I am going to the university, I am on my way into university). The determinate verb (**идти**) implies motion in one direction at one specific time; the indeterminate verb (**ходить**) lacks this precise value and is therefore used for habitual journeys, for motion in many directions and for the physical capacity for the kind of motion involved.

Possibly the simplest rule of thumb is to associate each of the verb types with the temporal adverbs they are most commonly found with:

ходить: как часто? (часто, редко, обычно, иногда, всегда, никогда не, каждый день, раз в неделю)

идти: когда? (сейчас, сегодня, сегодня вечером, на этой неделе, на днях, в этом году, этим летом)

9.7.2 Uses of **ходить/идти/пойти** type verbs in the past tense

The following examples illustrate the use of the three forms which refer to motion on foot in the past tense. In English we can make similar distinctions either by using a simple past as opposed to a continuous past or by using two different verbs.

As a crude rule of thumb, **ходить** translates as 'to go', **идти** as 'to be going, to be on one's way' and **пойти** as 'to set/head off'. **Ходить в кино** thus refers to the activity of cinema-going, **идти в кино** refers to the process of getting oneself to the cinema and **пойти в кино** refers to the event of setting out for the cinema. In other words **ходить** refers to an outing in its entirety from the moment of its inception to the moment of its conclusion. The action of 'going to the cinema' (**ходить в кино**) includes setting off, getting to the cinema, buying a ticket, watching the film and heading home. The process of 'going to the cinema' (**идти в кино**) refers to your journey there, which might have been punctuated with planned or unexpected incidents (you might for instance have met someone on the way). Whereas the event of 'going to the cinema' (**пойти в кино**) refers to the moment at which you stopped doing something else and headed off to the cinema. Similarly all other prefixed perfective forms refer to the moments which punctuate your 'going': 'leaving', 'arriving', 'crossing the road', 'passing the bakery' and so on.

ходить:	— Что ты делал вчера?	— Куда ты ходил вчера?
	— Я ходил в кино/театр/университет.	— На выставку/в бар.

идти: — Что ты делал, когда шёл в университет? (= по дороге в университет)
— Ел мороженое / думал о Кате / учил новые слова, etc.

— Что ты делал, когда начался дождь?
— Я шёл в университет.

— Что ты сделал, когда шёл в университет? (= по дороге в университет)
— Купил газету / встретил Катю / узнал о новой выставке.

пойти: — Во сколько/в котором часу ты пошёл в университет?
— В 9 часов.
— А когда ты пришёл на лекции?
— В 10 часов. Лекции кончились в 2 часа.
— А потом куда ты пошёл?
— В библиотеку.
— А когда ты пошёл домой?
— Я кончил читать в 5 часов и пошёл домой.

9.7.3 Un-prefixed verbs of motion: present (and past) tense forms

Type A indeterminate	Type B determinate
ходить: to go on foot, walk хожу, ходишь, ходит, ходим, ходите, ходят • Я часто хожу в театр.	идти: to go on foot, walk иду, идёшь, идёт, идём, идёте, идут (past: шёл, шла, шли) • Сегодня вечером я иду в театр.

Type A indeterminate	Type B determinate
носить: to carry on foot ношу, носишь, носит, носим, носите, носят ● Почтальон носит письма по домам.	нести: to carry on foot несу, несёшь, несёт, несём, несёте, несут (past: нёс, несла, несли) ● Смотри, идёт почтальон и несёт нам письмо.
водить: to lead by the hand вожу, водишь, водит, водим, водите, водят ● Каждый день мать водит ребёнка в детский сад.	вести: to lead by the hand веду, ведёшь, ведёт, ведём, ведёте, ведут (past: вёл, вела, вели) ● Сегодня мать больна, поэтому отец ведёт ребёнка в детский сад.
бегать: to run бегаю, бегаешь, бегает, бегаем, бегаете, бегают ● Во время перерыва дети бегают по школьному двору.	бежать: to run бегу, бежишь, бежит, бежим, бежите, бегут ● Маша увидела отца и бежит к нему.
ездить: to travel, drive езжу, ездишь, ездит, ездим, ездите, ездят ● Я часто езжу во Францию.	ехать: to travel, drive еду, едешь, едет, едем, едете, едут ● Но в этом году я еду в Испанию.
возить: to transport something вожу, возишь, возит, возим, возите, возят ● Обычно почту возят на самолёте.	везти: to transport something везу, везёшь, везёт, везём, везёте, везут (past: вёз, везла, везли) ● Но сегодня забастовка, и почту везут на поезде.
летать: to fly летаю, летаешь, летает, летаем, летаете, летают ● Я часто летаю «Аэрофлотом».	лететь: to fly лечу, летишь, летит, летим, летите, летят ● Но в этот раз я лечу на самолёте другой авиакомпании.

9.7.4 Verbs of motion with prefixes

Once they have a prefix, verbs of motion are no longer characterised by the determinate-indeterminate distinction. They form perfective-imperfective aspect pairs. The following table illustrates the uses of the most common prefixes.

prefixes	prepositions	examples
при- arriving	к, в, на	Отец дома, он уже пришёл. Я приду к вам в клуб. Принеси мне словарь.
у- leaving	от, из, с	Брат ушёл из дома ещё утром. Когда вы уйдёте с завода? Мы ушли с факультета в три часа. Мы ушли от Николая в пять. Во время каникул он уезжал в Киев к друзьям.
в-	к, в	Студенты вошли в аудиторию.

motion into		Можно к вам войти?
вы-	от, из, с	Мы вышли из зала.
motion out of		Больной вышел от врача.
		Его нет, он вышел.
	из-за	Он вышел из-за стола.
от-	от	Мы отошли от окна.
motion away from		Он отвёл меня в сторону.
	в, на,(кому?)	Отнеси газету соседу!
		Нужно отнести часы в мастерскую.
		Поезд отходит в 20.25.
до-	до	Мы дошли до угла и пошли направо.
motion as far as		Наконец, мы дошли до дома.
		Я доехал до вас за десять минут.
		Как доехать до галереи?
пере-	через	Улицу переходят здесь.
motion across		Переведите его через улицу.
		Мальчики перелезли через забор в сад.
	из – в	Вы перешли в другой зал.
	от – к	Он переходил от экспоната к экспонату.
про-	мимо	Будете проходить мимо киоска, купите газету.
motion past	над	Над нами пролетают самолёты.
	между	Я пройду между столами.
	в, на	Пройдите в зал.
		Я зачитался и проехал свою остановку.
за-	в, на, к	Утром я пойду в библиотеку и зайду к тебе.
dropping in		А, Николай! Заходи!
	за	Солнце зашло за тучу.
о-		Мы обошли здание.
motion around		Мы обошли все залы музея.
		Я обошёл всех знакомых.
		Врач обошёл всех больных.
с-	с	Птица слетела с ветки.
motion down		
раз-	по	Лекция кончилась, все разошлись по домам.
motion in various		Письма уже разнесли по домам.
directions		Я поговорил с Сашей, и мы разошлись.

9.8   Ways of expressing the passive

The use of the passive in English enables one to:

1.   avoid naming the agent altogether: Newspapers are sold here.
2.   postpone naming the agent to the end of the sentence: One goes to the library to borrow books. Books are issued by the librarian.

In Russian these effects can be achieved by various means.

1. to avoid naming the agent:	(a) use of the impersonal 3rd person plural
	(b) use of reflexive verbs
	(c) use of past passive participles
2. to postpone naming the agent:	(a) change of word order
	(b) use of reflexive verbs and the instrumental case
	(c) use of past passive participles

1.(a) Use of the impersonal 3rd person plural (without an agent)

Сочинения проверяют/проверяли. (imperfective)

The essays are/were being marked.

Сочинения проверили. (perfective)

The essays have been marked.

1.(b) Use of a reflexive verb without an agent

Сочинения проверяются/проверялись. (imperfective)

The essays are/were being marked.

1.(c) Use of short passive participles without an agent

Сочинения (уже) проверены. (perfective)

The essays are/have been (already) marked.

2.(a) Change of word order by putting the agent, i.e., subject at the end

Сочинения [обычно, всегда] проверяют преподаватели. (imperfective)

The essays are [usually, normally, always . . .] marked by teachers.

Сочинения проверили преподаватели. (perfective)

The essays have been marked by teachers.

2.(b) Use of a reflexive verb with an agent

Сочинения проверяются/проверялись преподавателями. (imperfective)

The essays are/were being marked by teachers.

2.(c) Short passive participles 'postponing' the agent to the end of the sentence.

Сочинения проверены преподавателями. (perfective)

The essays are/were/have been marked by the teachers.

9.8.1   Translating the passive

The table below provides some examples of translating the English passive into Russian.

1. Without an agent
(a) imperfective: reflexive verb or 'impersonal' 3rd person plural

Здесь продаются газеты. = Здесь продают газеты.	Newspapes are sold here.
Книги выдаются с 9 до 9. = Книги выдают с 9 до 9.	Books are issued from 9.00 to 9.00.
Выставка закрывается завтра. = Выставку закрывают завтра.	The exhibition is closing tomorrow.
Осторожно, двери закрываются! [сейчас]	Please be careful! The doors are closing.
Двери общежития закрываются в полночь. = Двери общежития закрывают в полночь. [обычно]	The hostel doors close at midnight.

b. perfective: 'impersonal' 3rd person plural or passive participle

Все билеты продали. = Все билеты проданы.	The tickets are all sold out.
Комнату убрали. = Комната убрана.	The room has been cleaned.
Отца арестовали. = Отец был арестован.	My father was arrested.

Note that with the following perfective verbs it is also possible to use a reflexive form: открыться/ закрыться/покрыться, etc.

Дверь открыли.	The door (was) opened.
Дверь открылась.	The door (was) opened.
Дверь открыта.	The door is open.
Библиотеку закрыли в 8.	The library closed at 8.
Библиотека закрылась в 8.	The library closed at 8.
Библиотека закрыта.	The library is closed.

2. With a 'postponed' agent

(a) imperfective: Active sentence/Changed word order

Эту передачу особенно любят дети.	This programme is particularly enjoyed by children.
Ребёнка водила в школу няня.	The child was brought to school by his nanny.
Пуделя стрижёт парикмахер.	The poodle is shorn by the hairdresser.
У нас в семье посуду моет дочка.	In our family the washing up is done by our daughter.
Демонстрацию организует профсоюз.	The demonstration is organised by the union.

b) perfective: changed word order or passive participle

Америку открыл Колумб в 1492 г. = Америка (была) открыта Колумбом в 1492 г.	America was discovered by Columbus in 1492.
«Войну и мир» написал Л. Толстой. «Война и мир» написана Л. Толстым.	'War and Peace' was written by Tolstoy.
Демонстрацию организовал профсоюз. Демонстрация организована профсоюзом.	The demonstration was organised by the union.

9.9   Mood

Mood is a verbal category which reflects the speaker's perception of the certainty, possibility, probability, necessity, advisability of an action.

9.9.1   The indicative

The indicative mood in Russian has three tenses: past, present and future. In relation to the past and present the speaker has a high degree of certainty about the status of the action referred to:

| He has arrived. | Он пришёл. |
| He likes dancing. | Он любит танцевать. |

These statements are verifiable. They can be either truth or lie, correct or incorrect; they purport to refer to the world as it is. In relation to the future, indicative verbs make the same claim. The sentence **Он придёт к шести часам**, though not verifiable in the same way as reference to the past and present, suggests that the action will happen. The scope for doubt is referred to as modality.

The indicative is the only mood to reflect a high degree of certainty and is the only mood in which tense oppositions operate. The other moods reflect the speaker's awareness that the action referred to may, might, should or could happen. There is considerable overlap between the functions of the non-indicative moods. The subjunctive and conditional moods in Russian are marked in the same way: by the particle **бы**.

9.9.2   The imperative

The imperative mood is used to express commands, requests, orders and invitations. It is one way in which the speaker prompts another (or others) to behave in a particular way. It is addressed directly to that other person.

9.9.2.1   Formation of the singular imperative

Take the stem of the present/future 3rd person plural and add:

| 1. if the stem ends in a vowel: add **-й** | (с)делать – (с)делают – (с)делай!
(про)читать – (про)читают – (про)читай! |

(a) Note: irregular stems   пить – пьют – пей!
(b) Note: verbs in **-авать** form the imperative directly from the infinitive stem:
                     вставать – вставай!

| 2. if the stem ends in a single consonant and the stem is stressed throughout the conjugation:
         add **-ь** | (при)готовить – (при)готовят – (при)готовь! |

(a) Note the following monosyllabic verbs: быть – будут – будь!
                                     сесть – сядут – сядь!
                                     встать – встанут – встань!
(b) Note the irregular forms: есть – ешь!
                                       лечь – ляг!

| 3. if the stem ends in two or more consonants:
         add **-и** | помнить – помнят – помни!
взять – возьмут – возьми! |

> 4. if the stress is either always on the end or shifts in the conjugation:
> add **-и**   брать – берут – бери!
>   бежать – бегут – беги!
>   идти – идут – иди!

There are two forms of the imperative: singular and plural. The plural is formed by adding **-те** to the singular imperative.

Reflexive verbs follow the usual rules before adding the reflexive **-ся/-сь**. For example:

учись!/учитесь!   занимайся!/занимайтесь!

Verbs of Motion: Only one imperative form exists for the prefixed derivatives of **ехать/ездить**. For example:

приехать = приезжать – приезжай(те)!
уехать = уезжать – уезжай(те)!

9.9.3 The subjunctive

The particle **бы** marks the subjunctive mood. It neutralises tense oppositions and is found with the past tense form or with the infinitive. It usually comes after the verb. Its uses can be listed under three headings:

9.9.3.1 Clauses of purpose

(a) **чтобы** and infinitive: where the subjects of the main and purpose clauses are identical:
   Он вышел на палубу, чтобы посмотреть на море.

(b) **чтобы** and past tense form: where the subjects of the main and purpose clauses are different:
   Он вывел её на палубу, чтобы она посмотрела на море.

9.9.3.2 Optative

Expression of a desire or a mild command:
   Я почитал бы ещё немножко.
   Ты показал бы отцу подарок.
   Только бы уехать!

9.9.3.3 In expressions of desire, wish, insistence

Verbs and nouns denoting a wish, desire, command, permission, persuasion, etc. require **чтобы** when the subjects of the main and subordinate clauses are different:
   Она хотела, чтобы он взял её с собой.
   Он приказал/попросил/уговорил, чтобы она никогда не уходила.

9.9.4 The conditional mood

As with the subjunctive, the particle **бы** marks the conditional or hypothetical mood. It neutralises tense oppositions and is found with the past tense form or with the infinitive. It usually comes after the verb.

9.9.4.1 Hypothetical conditional sentences

(a) Если бы . . ., . . . бы . . . where **бы** occurs in both the conditional and main clauses:
   Если бы он пришёл, было бы хорошо.

(b) as in English, conditional clauses can be constructed without **если**/if, but with inversion:

Не опоздали бы вы к поезду, так я бы не познакомился бы с вами.

(c) the conditional clause is sometimes replaced by an imperative:

Будь то сам генерал, я не слушал бы его.

Не будь меня, он бы умер.

9.9.4.2   Hypothesis

This is a conditional sentence without the conditional clause:

Я бы поехал с вами с удовольствием.   I'd be delighted to go with you.

10.0   Adverbs and adverbials

10.1   General comments

Adverbs are words which modify adjectives, adverbs or verbs. In relation to adjectives and adverbs they express degree: **Он очень/более талантливый пианист. Я говорю только по-русски.** In relation to verbs they express how, when, where or why something happened (see 'Language awareness', 9.1).

10.1.1   Negative adverbs

These are formed from interrogative words with the addition of the prefixed particle **ни**-. This is not strictly a negative particle and these words must be combined with **не** before the verb.

никогда не	Я никогда не жил на этой улице.
нигде не	Я нигде не мог вас найти.
никуда не	Он никуда не уходил.
ниоткуда не	Я уже давно ниоткуда не получал писем.

Only if there is no verb do they have value on their own:

Когда он ходит в школу? Никогда.

Two or more of these words can be put in one clause without their cancelling each other out; only one **не** is used: Она никогда ничего не говорит.

10.1.2   Indefinite pronouns and adverbs

10.1.2.1   Indefinite pronouns and adverbs with the particle -**то**

These are used in the meaning of sometime, somewhere, etc.

когда-то	Когда-то здесь жил известный поэт.
где-то	Мы где-то с вами уже встречались.

10.1.2.2   Indefinite pronouns and adverbs with the particle -**нибудь**

These mean *any*- in questions, but are also used in a hypothetical meaning in the future, with imperatives, conditionals and subjunctives in the same way as -**то**.

когда-нибудь	Вы когда-нибудь летали «Аэрофлотом»?
где-нибудь	Я уверен, что мы где-нибудь ещё встретимся.

10.1.3   Interrogative adverbs
Interrogative adverbs are used to elicit information from your addressee about when, where, why and how something happened:

when?	когда?
where? (location)	где?
where to? (motion)	куда?
from where?	откуда?
why? (cause)	почему?
why? (purpose)	зачем?
how?	как?

10.1.4   The formation of adverbs of manner
In Russian, adverbs are formed from adjectives. The adjectival endings **-ий**, **-ый** and **-ой** are replaced by the morpheme **-о** or **-е**. Sometimes the position of the stress is altered (either from the stem to the ending as in *хорóший – хорошó*, or from the ending to the stem as in *плохóй – плóхо*).

adjectives	adverbs
хороший	хорошо
плохой	плохо
жаркий	жарко
тёплый	тепло
холодный	холодно
быстрый	быстро
медленный	медленно

10.2   Adverbials of place
There are three main categories of adverbials of place.
(a) Adverbials which express where someone or something is located. In Russian these answer the question **где**? These adverbs are used to express the place where something is or where someone is doing something. The following verbs are commonly used with these adverbials:

работать	на заводе	отдыхать	во Франции
сидеть	на стуле	висеть	на стене
лежать	на кровати		
стоять	в очереди		

(b) Adverbials which express where someone or something is going to. In Russian these answer the question **куда**? These adverbs are used to express the place where something is being put or where someone is going to. The following verbs are commonly used with these adverbials:

ходить	на завод	ездить	во Францию
сесть	на стул	повесить	на стену
лечь	на кровать	положить	на стул
встать	в очередь	поставить	на пол

(c) Adverbials which express where someone or something is coming from. In Russian these answer the question **откуда**?

10.2.1 Summary of adverbials of place

где? Книга лежит на столе.
кула? Он положил книгу на стол.
откуда? Он взял книгу со стола.

где? Студенты занимаются в библиотеке.
кула? Студент вошёл в библиотеку.
откуда? Студент вышел из библиотекн.

где? Он работает на заводе.
кула? Он вошёл на завод.
откуда? Он вышел с завода.

где? Он живёт у родителей.
кула? Он пошёл к родителям.
откуда? Он вернулся от родителей.

где? Чемодан под столом.
кула? Он поставил чемодан под стол.
откуда? Он достал чемодан из-под стола.

где? Он стоит за углом.
кула? Он повернул за угол.
откуда? Он вымел из-за угла.

где? Он сидит за столом.
кула? Он сел за стол.
откуда? Он встал из-за стола.

где? Он отдыхает за границёй.
кула? Он поехал за границу.
откуда? Он вернулся из-за границы.

где? Учитель стоит перед доской.
кула? Учитель подошёл к доске.
откуда? Учитель отошёл от доскл.

где? Самолёт летит над городом.

10.2.2 Nouns governed by the prepositions в and на in the prepositional case

в		на	
в магазине	в библиотеке	на станции	на заводе
в музее	в поликлинике	на вокзале	на фабрике
		на почте	на стадионе
в школе	в университете	на уроке	на лекции
в классе	в аудитории	на матче	на семинаре
в театре	в кино	на спектакле	на концерте
в клубе	в цирке		
в стране	в городе	на площади	на севере
в Англии	в Москве	на улице	на юге
в Сибири	в Лондоне	на Волге	на востоке
		на Кавказе	на западе

10.3 Adverbials of time

There are three main categories of adverbials of time.

(a) Adverbials which express when something happened. In Russian these answer the question **когда**?

(b) Adverbials which express for how long something lasted. In Russian these answer the question **сколько времени/как долго**?

(c) Adverbials which express how often something happened. In Russian these answer the question **как часто**?

10.3.1   Summary of adverbials of time: in answer to **когда**?

10.3.1.1   Когда? Во сколько? В котором часу?

(a) on the hour: в час

в 2/3/4 часа

в 5/6/7 . . . 12 часов

(b) from the hour to the half hour: в пять минут первого	12.05
в двадцать пять минут третьего	2.25
в четверть пятого	4.15
в половине шестого (в половину is also used)	5.30

(c) from the half hour to the hour:

без пяти час (the preposition **в** is not used before **без**)	12.55
без десяти два	1.50
без двадцати пяти три	2.35
без четверти пять	4.45

10.3.1.2   Когда? В какой день?

в понедельник	во вторник	в среду
в четверг	в пятницу	в субботу
в воскресенье		

10.3.1.3   Когда? В каком месяце?

в январе	в феврале	в марте
в апреле	в мае	в июне
в июле	в августе	в сентябре
в октябре	в ноябре	в декабре

- Начало, середина, конец . . .

в начале января	в первой половине января
в конце января	во второй половине января
в середине января	в первой четверти января

10.3.1.4   Когда? Какого числа?

1-ого января	2-ого февраля	3-его марта
4-ого апреля	5-ого мая	6-ого июня
7-ого июля	8-ого августа	9-ого сентября
10-ого октября	11-ого ноября	12-ого декабря

- day and month
- day, month and year

первого мая	пятого сентября тысяча девятьсот пятьдесят пятого года
второго июня	шестого октября тысяча восемьсот шестьдесят седьмого года
третьего июля	восьмого ноября тысяча шестьсот тридцать четвёртого года

10.3.1.5   Когда? В каком году?

в тысяча девятьсот пятьдесят пятом году

в тысяча пятьсот сорок шестом году

10.3.1.6   В каком веке?

в двадцатом веке   в девятнадцатом веке

10.3.1.7   Summary of adverbials of time which answer the question: **когда**?

days of the week on . . . every . . .	**в** and *acc.* **по** and *dative* plural	в субботу по субботам
months / in (a month)	**в** and *prep.*	в январе
dates / on (the date)	*gen.*	первого января
year / in (year only)	**в** and *prep.*	в 1985-ом году
month and year	**в** and *prepositional* and *genitive*	в мае 1985-ого года
date and year	*genitive* and *gen.*	Он родился 1-ого марта 1963-его года.
day and date and year	**в** and *accusative* and *genitive* and *gen.*	Он родился в среду 1-ого марта 1963-его года
years/decades	**в** and *accusative* plural **в** and *prepositional* plural	в шестидесятые годы в шестидесятых годах
times of day	*inst.*	утром, днём, вечером
seasons	*inst.*	зимой, весной, летом, осенью
times of life	**в** and *prep.*	в детстве, в молодости, в юности, в старости

10.3.1.8   This, last, next: **этот, прошлый, будущий/следующий**

(on) that day, evening . . .	**в** and *acc.*	в этот/в тот день, вечер, в эту/ту ночь; в это/то утро
next day, evening . . .	**на** and *acc.*	на другой/на следующий день, вечер, на другое утро
last night, yesterday afternoon, morning	**вчера** and *inst.*	вчера вечером, днём, утром
the other day/recently	**на** and *prepositional* plural	на днях
this/last/next week	**на** and *prep.*	на этой, на прошлой, на будущей/следующей неделе
month	**в** and *prep.*	в этом, в прошлом, в будущем/следующем месяце
year	**в** and *prep.*	в этом, в прошлом, в будущем году

10.3.1.9   Temporal relations: before, during and after

	One-termed	*Two-termed*
before	**до** and *gen.*	**за** and *accusative.* . . **до** and *genitive.* . .
	перед and *instrumental*	
during	**во время** and *genitive*	
after	**после** and *gen.*	**через** and *accusative.* . . **после** and *genitive.* . .
from. . . to. . .		**с** and *genitive* . . **до** and *genitive.* . .

10.3.2   Summary of adverbials of time: in answer to the **сколько времени, как долго?**

10.3.2.1   Periods of time

час	два часа	пять часов
год	два года	пять лет

10.3.2.2   Целый and весь

целый час/день/месяц/год	весь час/день/месяц/год
целую неделю	всю неделю

10.3.3   Summary of adverbials of time: in answer to **как часто?**

10.3.3.1   Single words

часто   обычно   иногда   редко   никогда не

10.3.3.2   Каждый

каждый понедельник	=	по понедельникам
каждый вторник	=	по вторникам
каждую среду	=	по средам
каждый четверг	=	по четвергам
каждую пятницу	=	по пятницам
каждую субботу	=	по субботам
каждое воскресенье	=	по воскресеньям

каждый час/вечер/день/месяц/год
каждую неделю
каждое утро   =   по утрам

Summary of functions

The following table lists the language functions introduced in the course. A function, in the linguistic sense of the word, refers to the use to which we put language in social interaction. This table outlines how to perform certain actions in Russian: these actions are listed in the second column.

The functions are listed in the order in which they are introduced in the course: the number in the first column indicates the unit in which a function is first introduced. In the far right-hand column there is a box. We recommend that you keep a record of what you can **do** in Russian by ticking the relevant box as and when you feel you are comfortable with a given function.

1	Asking for and giving clarification	Как по-русски. . .? Как по-английски. . .?		☐
1	Asking for and giving directions	Скажите, пожалуйста, где университет?	Идите прямо/направо/налево.	☐
1	Asking for/giving people's names	Как вас зовут? Как тебя зовут? Как его зовут? Как её зовут?	Меня зовут. . . Его зовут. . . Её зовут. . .	☐
1	Asking for/saying what something is	Что это? Это вино? Это вино или водка?	Это вино. Да, это вино. Нет, это не вино, а водка. Это вино.	☐
1	Asking for / saying where something / someone is	Где ресторан? Где почта? Где вино? Где вино и водка? Где мама? Где папа? Где мама и папа? Где здесь магазин? Где здесь библиотека? Где здесь метро?	Вот он. Вот она. Вот оно. Вот они. Вот она. Вот он. Вот они. Магазин тут/там. Библиотека тут/там. Метро тут/там.	☐
		Где здесь поликлиника? Где здесь парк? Где здесь кафе?	Она направо. Он прямо. Оно налево.	☐

1	Asking for / saying who someone is	Кто это? Это мама? Это мама или папа?	Это мама. Да, это мама. Нет, это не мама, а папа. Это мама.	☐
1	Expressing gratitude	Спасибо.		☐
1	Greeting	Привет!/Здравствуй(те)!		☐
1	Introducing people	Познакомьтесь: это Саша, а это Маша.		☐
1	Taking leave	До свидания!		☐
1	Thanking	Спасибо!		☐
2	Asking and telling about frequency of actions or about habitual actions in the past	Вы часто ходили в кино?	Да, часто. / Нет, не часто. Мы ходили в кино. . . . . .каждый день . . .каждый вечер . . .иногда . . .обычно	☐
2	Asking and telling about recent reading / play / film or topic of conversation	О чём была лекция? О чём вы разговаривали? О чём был журнал? О ком был фильм?	Лекция была об истории. Мы разговаривали о политике. Журнал был о музыке. Фильм был о Сталине.	☐
2	Asking and telling what someone did/ used to do	Что ты делал? Что ты делала? Что вы делали? Что вы читали?	Я слушал радио. Я сидела дома. Мы ходили в театр. Я читал журнал.	☐
2	Asking and telling where someone was	Где ты был? Где вы были? Где ты была?	Я был на уроке. Я был в магазине. Я была дома.	☐
2	Asking and telling where someone went / used to go	Куда ты ходил? Куда ты ходила? Куда вы ходили?	Я ходил в магазин. Я ходила на вокзал. Мы ходили в кино. А я ходил на концерт.	☐
2	Expressing knowledge of information	Ты знаешь, где. . .?	Да, знаю. Нет, не знаю.	☐
3	Asking and telling about desire / want / wish	Ты хочешь. . .? Вы хотите. . .?	*(positively)*: Хочу. *(negatively)*: Не хочу.	☐

3	Asking and telling what someone has to / is obliged to do	Что ты / он должен делать? Что ты / она должна делать? Что вы / они должны делать?	Я / он должен работать. Я / она должна работать. Мы / они должны работать.	☐
3	Asking and telling when someone did something	Когда ты писал письмо?	Я писал письмо сегодня утром / вечером.	☐
3	Asking for and giving permission	Можно?	Можно.	☐
3	Introducing oneself and others and responding	Давайте познакомимся. Меня зовут. . ., а как вас зовут? Познакомьтесь: это. . ., а это. . .	Меня зовут. . . Его / Её зовут. . . Очень рад / рада. Очень приятно.	☐
3	Talking about likes and dislikes	Ты любишь. . .? Ты больше любишь. . . или. . .? Что ты больше любишь: . . . или. . .?	Да, люблю. / Нет, не люблю. Я больше люблю. . .	☐
4	Asking and telling how long someone did something	Сколько времени ты читал?	Я читал целый день / вечер.	☐
4	Asking and telling what the time is	Сколько сейчас времени? Который час? Скажите, пожалуйста, который час?	Два часа дня. Пять часов утра. Сейчас шесть часов вечера.	☐
4	Asking and telling when someone did something	Во сколько / Когда ты лёг спать?	Я лёг спать в 12 часов.	☐
4	Asking and telling when something happened	Во сколько / Когда / В котором часу началась лекция?	Лекция началась в два часа.	☐
4	Asking and telling why someone did something	Почему ты встал поздно сегодня утром?	Потому что я долго читал вчера вечером.	☐
4	Identifying people precisely	Кто такой. . .? Кто такая. . .?	Он поэт. Она киноактриса.	☐

5	Asking / telling with whom someone did something	С кем ты говорил по телефону? С кем вы были вчера в клубе?	Я говорил по телефону с другом. С подругой.	☐
5	Expressing your opinion		По-моему. . .	☐
5	Enquiring about a wish or a desire and responding	Кем ты хочешь стать. . .?	Я хочу стать. . .	☐
5	Stating whether something is correct or not	Правильно! Неправильно!		☐
5	Talking about interests/occupations (a) in the present	Чем он занимается? Чем она интересуется? Чем увлекается Джим?	(Он занимается) литературой. (Она интересуется) историей России. Футболом.	☐
5	Talking about interests/occupations (b) in the past	Чем занимался ваш брат? Чем ты интересовался? Чем вы увлекались в детстве?	Он занимался музыкой. Я интересовался литературой. Я увлекался футболом.	☐
5	Talking about professions	Кем вы работали? Кем был Чехов? Кем стала ваша сестра?	Я работал инженером. Он был писателем. Врачом.	☐
5	Talking about where someone went	Куда ты ходила вчера вечером? Куда они ездили летом? Куда он ездил в воскресенье?	В театр. В Россию. В гости.	☐
6	Asking and telling about ownership / possession	У тебя есть словарь?	Да, есть. Нет, нету.	☐
6	Talking about people's lives (a) where they worked / are working	Кем он работал? Кем она стала? Где он работает? Кем он работает?	Он работал учителем. Она стала инженером-программистом. Он работает на заводе. Он работает учителем.	☐
6	Talking about people's lives (b) where they were born	Где она родилась? Где он родился?	Она родилась в Ленинграде. Он родился в Москве.	☐

6	Talking about people's lives (c) *where they lived/live*	Где он жил в детстве?	В детстве он жил в Москве.	☐
		Где она жила в старости?	В старости она жила в деревне.	
		Где он / она живёт?	Он живёт в Москве.	
		Где они живут?	Они живут в деревне.	
6	Talking about people's lives (d) *their interests and hobbies*	Чем они интересуются?	Они интересуются театром.	☐
		Чем она интересуется?	Она интересуется музыкой.	
		Чем она увлекается?	Она увлекается рисованием.	
6	Talking about people's lives (e) *where they studied*	Когда он пошёл в школу?	Он пошёл в школу в 7 лет.	☐
		В какой институт он поступил после школы?	В медицинский.	
		На какой факультет она поступила?	На филологический.	
		Где он учился?	Он учился в МГУ.	
		В каком институте она училась?	Она училась в библиотечном институте.	
		На каком факультете он учился?	Он учился на историческом факультете.	
		Сколько лет он учился?	Он учился 2/3/4 года. . . 5/6/7. . . лет.	
6	Talking about people's lives (f) *their marital status*	Вы женаты?	Да, я женат. У меня есть жена. Мою жену зовут Нина. Я женился на Нине 10 лет назад.	☐
		Вы замужем?	Да, я замужем. У меня есть муж. Моего мужа зовут Иван. Я вышла замуж за Ивана 10 лет назад.	
		Когда поженились Иван и Нина?	10 лет назад.	
		Когда поженились ваши родители?	20 лет назад.	
6	Enquiring about and expressing a wish / desire	Ты хочешь играть в карты?	Да, хочу. Нет, не хочу. Я не хочу играть в карты. Я хочу пойти в кино.	☐

7	Expressing and enquiring about age	Сколько тебе лет? Сколько вам лет?	Мне 21 год. Мне 22 года. Мне 25 лет.	☐
7	Expressing and enquiring about likes and dislikes	Тебе нравится этот роман? Тебе нравится эта книга? Тебе нравятся эти книги?	Да, нравится. Да, нравятся.	☐
7	Expressing necessity	мне / тебе нужен отдых нужна гласность ему / ей нужны реформы нужны специалисты нам / вам / им нужен покой		☐
7	Asking for an explanation	Что значит «. . .»? Объясните, пожалуйста,. . .		☐
7	Structuring discourse		во-первых, потому что. . ., во-вторых, потому что. . . одни. . ., другие. . ., третьи. . ., четвёртые. . .	☐
7	Expressing an opinion		по-моему по моему мнению	☐
7	Expressing emotions		мне стыдно мне смешно	☐
7	Expressing agreement / disagreement		правильно неправильно	☐
7	Suggesting a course of action	Давай пойдём вместе на дискотеку.	Давай, но когда?	☐
7	Expressing regret	К сожалению,. . .		☐
9	Asking and telling what date it is	Какое сегодня число? Какое число было вчера? Какое число будет завтра?	10-ое января. 9-ое января. 11-ое января.	☐
9	Asking and telling on what day of the week something happened	В какой день ты ходишь в бассейн? Когда будет лекция по истории?	В среду. В пятницу.	☐

9	Asking and telling in what month something happened	В каком месяце идут экзамены?	В июне.	☐
		Когда в этом году Пасха?	В апреле.	
9	Asking and telling in what year something happened	Когда умер Толстой?	В 1910-ом году.	☐
		В каком году вы поступили в университет?	В 1992-ом году.	
9	Asking and telling in what month and year something happened	Когда кончилась война?	В мае 1945-ого года.	☐
		Когда вы ездили в Париж?	В августе 1990-ого года.	
9	Asking and telling when / on what date something happened	Когда у тебя день рождения?	17-ого сентября.	☐
		Какого числа приезжает брат?	24-ого декабря.	
		Когда начинаются весенние каникулы?	15-ого марта.	
9	Asking and telling when / on what date, month and year something happened	Когда родился Пушкин?	6-ого июля 1799-ого года.	☐
		Когда первый человек полетел в космос?	12-ого апреля 1961-ого года.	
		Когда был путч в Москве?	19-ого августа 1991-ого года.	
9	Expressing greetings and good wishes on special occasions	Поздравляю (вас) с Новым годом / с Рождеством / с днём рождения / с Женским днём!	Желаю (вам) счастья / здоровья / успехов!	☐
10	Inviting someone to go somewhere and responding to an invitation	Ты хочешь пойти со мной в / на. . .?	Да, с удовольствием. Нет. К сожалению, не могу.	☐
11	Describing someone's character		По характеру он / она. . . человек.	☐
11	Explaining what people do		Врач — человек, который лечит больных.	☐
12	Describing someone's appearance	Кто во что одет? Кто как одет? Что на нём?		☐
12	Talking about one's health	Что с тобой? Что у тебя болит? Что у тебя с ногой?	У меня грипп. У меня болит зуб. У меня сломана нога.	☐

13	Seeking, granting and withholding permission	Можно?	Можно. Пожалуйста. Да, конечно. Лучше не надо. Очень жаль, но. . . Нет, нельзя.	☐
14	Expressing what you intend to do	Что вы будете делать вечером? Что вы собираетесь делать (завтра)? Что ты будешь делать, когда сдашь экзамны?	Я буду смотреть телевизор. Я собираюсь встретиться с другом. Я буду отдыхать. Я поеду домой.	☐
14	Expressing where you intend to go	Куда вы собираетесь?	Я собираюсь в отпуск. Я собираюсь поехать в отпуск.	☐
14	Expressing when you intend to do something	Когда вы собираетесь поехать в Москву?	В мае.	☐
14	Suggesting a course of action	— Давай(те) пойдём завтра на выставку. — Давай(те) посмотрим вечером новый фильм. — Давай(те) встретимся у театра перед началом спектакля.	Давай! / Давайте. Давай пойдём. К сожалению, не могу: я очень занят. Я бы с удовольствием, но мне надо работать. Хорошо. Давай(те).	☐
15	Asking for and giving directions	Как дойти / доехать до. . .?	Идите прямо. Надо доехать до. . . Поверните направо.	☐
17	Sequencing	Во-первых. . . во вторых. . . в-третьих. . . С одной стороны. . ., с другой стороны. . . Одни. . ., другие. . ., третьи. . . (считают, что. . .) Некоторые считают, что. . ., а другие думают, что. . .		☐
17	Expressing necessity	(Здесь) нужно сказать, что. . . Нужно отметить, что. . . Я хочу / хотел бы сказать следующее:. . .		☐
17	Expressing your own opinion	По-моему. . . По моему мнению. . . Я считаю, что. . . Мне кажется, что. . . Я хочу (хотел бы) сказать, что. . .		☐

17	Enquiring about someone's opinion	Как по-твоему. . .? Как по-вашему. . .? Как ты думаешь. . .? Как вы думаете. . .?	☐
17	Asking to express agreement/ disagreement	Вы согласны? Вы согласны с этим? Вы согласны со мной?	☐
17	Agreeing with someone	Да, правильно. Вы правы. Пожалуй, вы правы. По-моему, вы правы. Я согласен / согласна с вами / с этим.	☐
17	Disagreeing with someone	Нет, неправильно. Вы не правы. Да, нет. Что вы! Совсем наоборот:. . . Я не согласен / не согласна с вами / с этим.	☐
17	Expressing uncertainty	Не могу вам сказать точно. . . Трудно сказать. . . Это / Всё зависит от. . . Я ещё не решил, что. . ./когда. . ./как. . .	☐
17	Concluding	В заключение можно сказать, что. . . Итак, мы знаем теперь, что. . . Из (всего) сказанного выше следует, что. . .	☐
18	Asking for repetition/ explanation/ clarification	Говорите громче! Повторите, пожалуйста, что вы сказали. Будьте добры, повторите ещё раз. Простите / извините пожалуйста, я не расслышал(-а), что вы сказали. Объясните, пожалуйста, ещё раз, мы не поняли.	☐
18	Asking someone to do something	Передайте, пожалуйста, деньги на билет.	☐
18	Asking someone not to do something	Не курите здесь! Никому не говорите об этом. Не плачь, девочка. Дети, не шумите, не мешайте отцу работать!	☐
18	Advising	Поезжайте лучше на такси. Обязательно посмотри этот фильм.	☐

18	Inviting	Проходите! Садитесь! Раздевайтесь! Будьте как дома!	☐
18	Requesting, ordering	Мой руки перед едой. Посмотрите направо /налево. Пройдите на пятую платформу. Подождите минутку! Принесите, пожалуйста, счёт.	☐
18	Giving instructions	Заполните пропуски. Напишите сочинение. Ответьте на вопросы.	☐

Vocabulary checklist

1. Basic personal information, family and home life

	5 words	10	15	20	25	30+
Basic personal information	☐	☐	☐	☐	☐	☐
Daily routine	☐	☐	☐	☐	☐	☐
Family	☐	☐	☐	☐	☐	☐
The institution of the family	☐	☐	☐	☐	☐	☐
Professions, occupations	☐	☐	☐	☐	☐	☐
Likes and dislikes	☐	☐	☐	☐	☐	☐
Interests and hobbies	☐	☐	☐	☐	☐	☐
Character and temperament	☐	☐	☐	☐	☐	☐
Physical characteristics	☐	☐	☐	☐	☐	☐
Dress	☐	☐	☐	☐	☐	☐
Relations with other people	☐	☐	☐	☐	☐	☐
Other	☐	☐	☐	☐	☐	☐

2. House and home

	5 words	10	15	20	25	30+
Types of accommodation	☐	☐	☐	☐	☐	☐
Rooms and amenities	☐	☐	☐	☐	☐	☐
Household equipment and furniture	☐	☐	☐	☐	☐	☐
Housework	☐	☐	☐	☐	☐	☐
Other	☐	☐	☐	☐	☐	☐

3. Free time, leisure pursuits, public entertainment and amenities

	5 words	10	15	20	25	30+
Leisure time	☐	☐	☐	☐	☐	☐
Broadcasting	☐	☐	☐	☐	☐	☐
Theatre	☐	☐	☐	☐	☐	☐
Music	☐	☐	☐	☐	☐	☐
Cinema	☐	☐	☐	☐	☐	☐
Clubs and societies	☐	☐	☐	☐	☐	☐
Museums, galleries, exhibitions	☐	☐	☐	☐	☐	☐
Games	☐	☐	☐	☐	☐	☐
Arts and crafts	☐	☐	☐	☐	☐	☐
Sport	☐	☐	☐	☐	☐	☐
Parties	☐	☐	☐	☐	☐	☐

Special interests ☐ ☐ ☐ ☐ ☐ ☐
Other ☐ ☐ ☐ ☐ ☐ ☐

4. Week-ends, holidays, travel, transport

	5 words	10	15	20	25	30+
General	☐	☐	☐	☐	☐	☐
Accommodation	☐	☐	☐	☐	☐	☐
Public holidays	☐	☐	☐	☐	☐	☐
Public transport	☐	☐	☐	☐	☐	☐
Private transport	☐	☐	☐	☐	☐	☐
Finding one's way, directions	☐	☐	☐	☐	☐	☐
Tourism and holidays	☐	☐	☐	☐	☐	☐
Entering and leaving a country	☐	☐	☐	☐	☐	☐
Seaside	☐	☐	☐	☐	☐	☐
City	☐	☐	☐	☐	☐	☐
Countryside	☐	☐	☐	☐	☐	☐
Other	☐	☐	☐	☐	☐	☐

5. Education, careers, work

	5 words	10	15	20	25	30+
Conditions of work	☐	☐	☐	☐	☐	☐
Curriculum	☐	☐	☐	☐	☐	☐
Exams, qualifications, diplomas	☐	☐	☐	☐	☐	☐
Facilities	☐	☐	☐	☐	☐	☐
Marking system	☐	☐	☐	☐	☐	☐
Organisation of school / academic year	☐	☐	☐	☐	☐	☐
Places of learning	☐	☐	☐	☐	☐	☐
Places of work	☐	☐	☐	☐	☐	☐
Student and teacher materials	☐	☐	☐	☐	☐	☐
Trades, professions, occupations	☐	☐	☐	☐	☐	☐
Training	☐	☐	☐	☐	☐	☐
Other	☐	☐	☐	☐	☐	☐

6. Shopping and public services

	5 words	10	15	20	25	30+
General	☐	☐	☐	☐	☐	☐
Shopping for food and drink	☐	☐	☐	☐	☐	☐
Shopping for clothes	☐	☐	☐	☐	☐	☐
Other	☐	☐	☐	☐	☐	☐
Public and professional services / amenities	☐	☐	☐	☐	☐	☐
Other	☐	☐	☐	☐	☐	☐

7. Geography, urban and rural life, language and nationality, weather

	5 words	10	15	20	25	30+
Names of countries and continents	☐	☐	☐	☐	☐	☐
Nationalities	☐	☐	☐	☐	☐	☐
Geographical terminology	☐	☐	☐	☐	☐	☐
Politics and government	☐	☐	☐	☐	☐	☐
Animal world	☐	☐	☐	☐	☐	☐
Natural world	☐	☐	☐	☐	☐	☐
Climate and weather	☐	☐	☐	☐	☐	☐
Language	☐	☐	☐	☐	☐	☐
Other	☐	☐	☐	☐	☐	☐

8. Biographies; relating, reporting factual narratives

	5 words	10	15	20	25	30+
Basic personal information	☐	☐	☐	☐	☐	☐
Education	☐	☐	☐	☐	☐	☐
Interests	☐	☐	☐	☐	☐	☐
Family life	☐	☐	☐	☐	☐	☐
Main achievements	☐	☐	☐	☐	☐	☐
Other	☐	☐	☐	☐	☐	☐

9. History

	5 words	10	15	20	25	30+
Major historical events	☐	☐	☐	☐	☐	☐
Titles and ranks of historical figures	☐	☐	☐	☐	☐	☐
Other	☐	☐	☐	☐	☐	☐

10. Other

	5 words	10	15	20	25	30+
	☐	☐	☐	☐	☐	☐
	☐	☐	☐	☐	☐	☐
	☐	☐	☐	☐	☐	☐
	☐	☐	☐	☐	☐	☐
	☐	☐	☐	☐	☐	☐
	☐	☐	☐	☐	☐	☐

Inventory of tasks

1. Basic personal information, family and home life

Describing daily routine. ☐
Describing family gatherings. ☐
Filling in a simple form / making out a simple *curriculum vitae*. ☐
Identifying and describing oneself, family, friends and others: name, sex, age, dates ☐

of birth, marital status, physical features, occupation, birth place, likes and
dislikes.

Writing a short personal letter: describing oneself, one's family, friends, likes and
dislikes. ☐

2. House and home

Describing one's home, neighbourhood and household possessions. ☐
Understanding advertising material for houses, flats. ☐

3. Free time, leisure pursuits, public entertainment and amenities

Describing a visit to a place of public entertainment. ☐
Expressing opinions about performances. ☐
Seeking information about what is on, where and when. ☐
Talking and asking about free time, interests and activities.
Talking in simple terms about content of film, play or TV programme. ☐
Understanding tickets, brochures, announcements and radio advertisements. ☐

4. Week-ends, holidays, travel, transport

Comparing holidays at home and abroad (at a dacha, in the country, at a resort) ☐
Describing a tourist visit to a place of interest. ☐
Discussing holiday hopes, preferences and possibilities. ☐
Enquiring and telling about tourist facilities. ☐
Giving an account of holidays and visits. ☐
Writing for holiday information. ☐
Comparing home festivals and customs with those of other countries. ☐
Explaining the significance of the main festivals of the year. ☐
Describing their associated gifts and customs. ☐

5. Education, careers, work

Talking about subjects studied, timetable, homework, extra-curricular activities. ☐
Comparing different school routines / systems and length / frequency of holidays. ☐
Describing one's career / further study plans/hopes. ☐
Describing employment: type of work, place of work, hours of work, daily routine. ☐
Discuss reasons for choice of career / study plans. ☐
Enquiring about educational courses. ☐
Understanding job advertisements and notices about educational courses. ☐

6. Shopping and public services

Comparing shops at home and in Russia and comparing what items are bought
in which shops. ☐

Discussing types of shops. ☐
Finding out about days / times of opening / closing. ☐
Making up shopping lists. ☐

Understanding forms etc. from post offices, exchange desks, visa sections. . . ☐
Understanding shop signs, notices, labels, instructions and simple advertising ☐
   material.

7. Geography, urban and rural life, language and nationality, weather

Comparing towns / villages in Russia and at home. ☐
Comparing the weather in Russia and at home. ☐
Contrasting town, village and coutryside in Russia and at home. ☐
Describing places / buildings in simple terms. ☐
Describing the weather and seasons. ☐
Discussing where one would like to live and why. ☐
Stating facts about one's home country. ☐
Understanding basic information about Russia. ☐
Understanding public signs, notices, names of buildings and roads, town plans ☐
   and maps.
Understanding straightforward weather forecasts. ☐

8. + 9. Biographies; relating, reporting factual narratives; history

Reporting what someone did or did not do with whom, when, where and why. ☐
Reporting what someone does or does not do with whom, when, where and why. ☐
Reporting what someone will or will not do with whom, when, where and why. ☐
Reporting what someone would or would not do with whom, when, where and ☐
   why, if . . .
Understanding the main elements of short (authentic) newspaper / magazine reports. ☐

Index of texts

The following table lists all the texts in the course in alphabetical order. The second and third columns indicate in which section of which unit a text occurs.

Index of grammatical concepts